中华优秀传统文化系列教材

ZHONGHUA YOUXIU CHUANTONG WENHUA XILIE JIAOCAI

中华文化原典选读

第2版

曹顺庆◎主编

北京师范大学出版集团
BEIJING NORMAL UNIVERSITY PUBLISHING GROUP
北京师范大学出版社

图书在版编目(CIP)数据

中华文化原典选读/曹顺庆主编. —2 版. —北京：北京师范大学出版社，2024.4(2026.1 重印)
(中华优秀传统文化系列教材)
ISBN 978-7-303-28608-9

Ⅰ.①中… Ⅱ.①曹… Ⅲ.①中华文化—高等学校—教材 Ⅳ.①K203

中国版本图书馆 CIP 数据核字(2022)第 258648 号

ZHONGHUA WENHUA YUANDIAN XUANDU
出版发行：北京师范大学出版社 https://www.bnupg.com
北京市西城区新街口外大街 12-3 号
邮政编码：100088
印　刷：河北虎彩印刷有限公司
经　销：全国新华书店
开　本：787 mm×1092 mm　1/16
印　张：26.75
字　数：547 千字
版　次：2024 年 4 月第 2 版
印　次：2026 年 1 月第 3 次印刷
定　价：48.00 元

策划编辑：周劲含　　责任编辑：钱君陶
美术编辑：李向昕　　装帧设计：李向昕
责任校对：段立超　　责任印制：马　洁

前　言

多年来，我一直在思考一个问题：为什么中国当代几乎没有培养出堪称学术大师的一批杰出人才？

“江山代有才人出，各领风骚数百年。”(清·赵翼《论诗》)在中国历史上，曾产生过无数的学术大师，他们与全世界学术大师一起，如一颗颗璀璨的明星，在夜空中闪耀星光：西方有古希腊的苏格拉底、柏拉图、亚里士多德，东方有中国的老子、孔子、庄子、孟子；西方出了个耶稣，东方出了个释迦牟尼；西方是但丁、莎士比亚、歌德，东方是屈原、李白、杜甫……即便到了近现代，在八国联军的侵略下，在日本铁骑的烧杀掳掠中，在解放战争的隆隆炮火中，中国的学术界，仍然是人才辈出，大师云集。从王国维到鲁迅，从钱锺书到季羡林，这些学术大师甚至是群体性地出现。例如，文学上的鲁(迅)郭(沫若)茅(盾)、巴(金)老(舍)曹(禺)，学术研究上的王国维、刘师培、陈寅恪、范文澜，乃至自然科学上的“三钱”(钱学森、钱三强、钱伟长)，我们还可以例举出一大批堪称学术大师的名家，限于篇幅，兹不赘述。

然而，近半个多世纪以来，中国不但没有出现如司马迁、李白、李时珍那样可以傲视全球的大家，甚至几乎没有产生一位堪与王国维、鲁迅等人相媲美的学术大师。钱锺书在当代中国便可以成为一个“高山仰止”的神话，学者们及广大青年学子对钱锺书学贯中西、博古通今的学识佩服得五体投地。其实，有钱锺书这般学识的人，在中国近现代史上几以十数(如马建忠、林纾、严复、章太炎、梁启超、熊十力、胡适、吴宓以及我们前面提到的若干学者)。诚然，钱锺书神话的形成，“钱学”(钱锺书研究)热的兴起，有着正面的意义，这至少反映了学界及广大青年学子对学术的景仰和向往。但从另一个角度看，也可以说是中国学界的悲哀：偌大一个中国，十几亿众生，当钱锺书等大师级人物相继去世之后，竟再也找不出承续其学术香火者，在近期内，几乎不可能再产生这样学贯中西的学术大师了，更不用说产生如王国维、严复、鲁迅、郭沫若等一批泰斗级学者了。正如有人所说，这是一个没有大师的时代。当代中国究竟怎么了？为什么会出现如此严重的人才断层？这是值得亿万中华儿女深刻反省的重大问题。中国要想真正强盛起来，恐怕必须直面这一严峻问题。

问题究竟出在哪里？有人认为，自20世纪50年代以来，政治运动不断，尤其是“文化大革命”，大整知识分子，大大伤害了学术元气；在“知识越多越反动”的口号中，自然只会产生不学无术的“白卷英雄”和投机取巧的小人。这一点谁都不会否认。但是，“文化大革命”早已经结束，中国社会经济发展走上了快车道，改革开放成就卓著。然而，我们的人才培养怎么样呢？尽管我们培养了大批的大学生、研究生，但是学术大师几乎没有！有人说，“文化大革命”后成长起来的人，他们还年轻，但是，人才成长的历史告诉我们，几乎所有的大师，都是在年轻的时候成名于世的。且不论世界级大师，仅举我们大家所熟知的几位近现代文学与学术大师：郭沫若 29 岁(1921)时出版了代表作《女神》，36 岁时写出《中国古代社会研究》《甲骨文字研究》；鲁迅 27 岁(1908)时写出了《摩罗诗力说》，37 岁时发表《狂人日记》；梁启超 23 岁(1896)在上海主编《时务报》，发表《变法通议》，24 岁主讲长沙时务学堂；胡适 26 岁任北大教授，倡导文学改革。更有甚者，刘师培 36 岁即去世，年纪轻轻的刘师培，被时人公认为国学大师！看看现在，1977 年后入大学者，年纪小一点的已经中年，年纪大一点的也已退休。大师何在？是这一代人不努力，不用功吗？绝对不是！看看今天中小学生读书的辛苦状，多少父母亲都为之心痛；再看看今天为考研而拼搏的大学生，就知道他们多么努力，多么用功！

造成这种“无大师时代”的原因是多方面的，教育(包括初等教育与高等教育)问题无疑是其中一个重要原因。我们在整个教育体制、课程设置、教学内容、教材编写等方面，都出现了严重的问题，导致了人才培养方面的严重失误。这种失误何在？我曾在《中国高等教育》(2000 年第 21 期)上发表过一篇题为《高校中文学科课程设置之我见》的文章，谈到我们今天大学课程设置的一些问题，原文如下：

> 目前高校中文学科课程设置主要存在的问题是：多、空、旧、窄。所谓“多”是课程设置太多，包括课程门数多，课时多，课程内容重复多。不仅本科生与硕士生甚至博士生开设的课程内容有不少重复，而且有的课程如大学写作课、现代汉语等课程还与中学重复，我们给学生开了那么多课，灌了许多东西，为什么没有培育出像钱锺书、季羡林这样的学者？这并不意味着这一代人不努力，而应当从教育机制上进行反思。课程越设越多，专业越分越窄，讲授越来越空，学生基础越来越差恐怕是原因之一。现在许多学生读不懂中国文化原典，甚至不知《十三经》为何物，外语学了多少年，仍不能读懂外文原著，在国际学术会议上开不了口，李白的“浪漫主义”、杜甫的“现实主义”、几个“斯基”的理论学了一大堆，但离钱锺书、季羡林等大师的学术素养还差得很远，这样的教育机制如果继续下去，对中国现代化建设是很不利的。
>
> 怎样解决课程设置太多及重复设置问题？我认为应当“消肿”。即适当减少课程门数、减少课时。可根据课程分类制定恰当的比例，要不然各门课都想扩张自己，想“消肿”也消不下去。有些课程可适当合并，如文学史与文学作品选课、现代文学与当代文学课、文学概论课与马列主义文论课，甚至可考虑把中国古代文学史与中国现当代文学史合为一门“中国文学史”课程，便于压缩课程，贯通古今。本科课程设置还应当与研究生学科目录修订结合起来考虑，使

> 课程设置具有连贯性和前瞻性。主干课程可大致考虑为7门：文学概论、古代汉语、中国古代原典导读、古代文学史、现当代文学史、语言学与现代汉语、世界文学与比较文学。也可将现代汉语与语言学及应用语言学结合起来设置。世界文学课应与比较文学相结合，将原开设的外国文学史改为世界文学与比较文学史，即在世界文学史的纵向论述中，增加各国文学的横向比较，以开阔学生眼界，增强鉴别能力。开设中国古代原典导读，对增强学生的国学基础，对于打通文史哲等人文学科，拓宽知识面，极有益处。
>
> 对于课程内容“空”(空洞)的问题，许多人颇有感触，认为我们现在的课程，大而化之的“概论”“通论”太多，具体的“导读”较少，导致学生只看“论”，只读文学史，而很少读甚至不读经典作品就可以应付考试，以致空疏学风日盛，踏实作风渐衰。古汉语考试体系，连古典文学教师也适应不了，看得懂古籍的人反而考不及格，岂非怪事。针对这种“空洞”现象，建议增开中国古代原典(《论语》《老子》《孟子》《庄子》《史记》等)导读，减少文学史课时，教材搞简单一点，集中讲授，不要什么都讲。应倡导启发式教育，要让学生自己去读原著，读作品，规定学生必读书目，老师可采取各种方法检查学生读原著(作品)情况，如抽问、抽查、课堂讨论、写读书报告等，这既可养成学生的自学习惯，又可改变老师满堂灌的填鸭式教育方式……

我在这里要重点强调这篇文章中所谈到的原典阅读问题。仔细琢磨一下学术大师的成功之路，他们大多具备非常厚实的基础，这个基础就是博古通今，学贯中西。而我们今天的教育，既不博古，也不通今；既不通中，也不贯西。这并不是说我们不学古代的东西，不学西方的东西，而是学的方式不对。《诗经》《楚辞》《论语》《史记》我们大家多少都会学一点，但这种学习基本上是走了样的。为什么是“走了样”的呢？因为今天的教育，多半是由老师讲时代背景、主要内容、艺术特色之类的“导读”，而不是由学生真正阅读文本。另外，教学基本是以“古文今译”的方式来进行，而并非让同学们直接进入文化原典文本，直接用文言文阅读文化与文学典籍。这样的学习就与原作隔了一层。古文经过“今译”之后，已经走样变味，不复是文学原典了。仅以《诗经》为例，《诗经·关雎》：“关关雎鸠，在河之洲。窈窕淑女，君子好逑。”对这几句，余冠英先生译为：“鱼鹰儿关关和唱，在河心小小洲上。好姑娘苗苗条条，哥儿想和她成双。”[①]余先生的翻译是下了功夫的，但无论怎样翻译，还是将《诗经》翻成了打油诗。还有译得更好玩的：“河里有块绿洲，水鸭勒轧朋友；阿姐身体一扭，阿哥跟勒后头。”[②]试想，读这样的古文

① 余冠英：《诗经选》，5页，北京，人民文学出版社，1979。
② 倪海曙：《苏州话诗经》，1页，上海，方言出版社，1949。

今译，能真正进入中国古代文化吗？能真正“博古”吗？能真正“学贯中西”吗？当然不可能！诚然，古文今译并非不可用，但最多只能作为参考，要真正“博古”，恐怕还是只有读原文，从原文中去品味理解。我的老师杨明照先生，是当今公认的“龙学”(《文心雕龙》研究)泰斗。他研究了一辈子《文心雕龙》，但决不搞《文心雕龙》今译。曾有出版社多次约杨师明照先生搞《文心雕龙》今译本，并许以高稿酬，但先生坚决不干。在先生看来，《文心雕龙》不可译为现代汉语，因为一加今译，就走样了，会害人不浅。如今，我们终于认识到“古文今译”之害(弊端)了。甚至有人提出，古文今译而古文亡，到中国人都读不懂古文之时，就是中国文化危机之日了。其实，这种危机状态已经开始呈现了，其显著标志便是中国文化与文论的“失语症”。读不懂中国古代典籍，必然会失语。问题的关键就在这里！我们有些中青年学者，常常以批判传统文化相标榜，但传统文化究竟是什么？他们却并不真正懂，这是很糟的事情。传统文化当然可以批判，但你首先要了解它，知晓它，否则你从何批判呢？可是，当今的中青年学者，大多没有真正地从原文读过原汁原味的《十三经》，读过《诸子集成》，以致造成了今日学界极为严重的空疏学风。可想而知，在这种弥漫学界的空疏学风之下，能产生真正“博古通今”“学贯中西”的大师吗？当然不可能！“告诸往而知来者”，“博古”做不好，就不可能真正“通今”。但我们是否在“贯西”上做得好一点呢？看看学界这些年的现状，情况同样不乐观。

“全盘西化”曾是时髦的口号，从某种意义上说，只要不是“全盘”，我也赞成“西化”。在我看来，当今中国学术界、教育界，不但“博古”不够，而且“西化”也不够，准确地说是很不够！为什么这样说呢？详观学界，学者们引证的大多是翻译过来的二手货，甚至是三手货、四手货。不少人外语没过关，在基本上看不懂外文原文或者干脆不读外文原文的情况下，就夸夸其谈地向国人贩卖西方理论。以致有一些专攻西方学术的人，完全不懂外语，居然也可以当上外国文学教授、西方历史学教授、西方哲学教授等。这种学术状况近年来虽有所改善，但在不少高校中仍然或多或少地存在着。一些中文系外国文学学者仍然依赖译文来做研究，我并不是说不可以参照译文来研究，而是强调应该尽量阅读外文原文，因为如果完全不读原文，一定会出问题。遗憾的是，我们不少学生依然只能读着厚厚的以二手货贩来的以己昏昏使人昭昭的中国式的西方文论专著。可想而知，在这种状况下怎么可能产生学贯中西的学术大师呢？

这种不读原文(包括古文原文与外文原文)的错误风气，大大地伤害了学术界与教育界，直接的恶果，就是空疏学风日盛，害了大批青年学生，造就了一个没有学术大师的时代，造成了中国文化与文论的严重失语，造成了当代中国文化创新能力的衰减。

正是基于以上的考虑，近年来，我大力倡导用古文(不用今译)读中国文化与文学典籍，用英文来读西方文化与文学典籍。自 1995 年起，我开设了“中国文化原典：《十三经》”课程，要求学生阅读原汁原味的中国文化原典，教材直接用阮元主持校刻的《十三经注疏》本，不用今译今注本。开始同学们都读得很艰难，但咬牙坚持下来，一年后古文及中国文化修养皆大为提高，基本能够自己查阅古代典籍，学术功底大大加强，不少学生进入毕业论文写作阶段后，才真正尝到了原典阅读的甜头。我还开设了“中国古代文论”课程，要求同学们背诵《文心雕龙》(起码背10篇)、《文赋》等中国文论典籍，同学们开始皆感到“苦不堪言”，但在我严格要求下，每个学生都必须过此关，结果效果非常好，无论是写文章，还是开会发言，同学们对中国文论典籍信手拈来，文采斐然。从1998年开始，我直接用英文版教材开设“文学研究方法论：当代西方文论导读”，要求每位同学在课堂上都必须用英文抽读西方文论著作。经过一番艰苦磨炼，同学们虽然感觉艰苦，但收获良多。我的用心，就是试图作一个教学改革尝试，让同学们能读到原汁原味的东西，获得实实在在的知识与智慧，而不是大讲空论，凌空蹈虚。不是在岸上大讲游泳理论，而是让同学跳下水去学游泳，教师只是从旁边给予必要的指导与点拨。

为达此目的，我还与中文系的另外3名教师一起，申报了一项教育部教学改革重点研究项目：“文化原典与中文学科人才培养研究”，结果获得批准。这部《中华文化原典选读》，正是该项目的内容之一。

这部《中华文化原典选读》，各篇选文略加注释，不搞今译，目的是让同学们直接去读，直接跳下水去游。开始可能很困难，可能读不懂，但坚持多读几遍，仔细品味，慢慢就进入状态了。读书百遍，其义自见，讲的就是这个道理。当然，实在困难，可查阅工具书、请教老师，或参考别的注释本，但仍然要以自己的沉潜诵读为根本。没有自己的深沉的文本体验，是学不好古代典籍的。犹如不跳下水去，是永远学不会游泳的。

文化是一个国家、一个民族的灵魂，有文化自信的民族，才能立得住、站得稳、行得远。习近平总书记指出：“文化自信，是更基础、更广泛、更深厚的自信。”坚定文化自信，是事关国运兴衰、事关文化安全、事关民族精神独立性的大问题。这部《中华文化原典选读》，如果同学们能够“枕藉观之”，“酝酿胸中，久之自然悟入”(严沧浪语)，相信有朝一日定能够进窥中国文化与文学之堂奥。

曹顺庆
四川大学文学与新闻学院

目　录

一　《周易》

［引言］

《周易》与《连山》和《归藏》合称"三易"。《连山》、《归藏》和《周易》分别是夏朝、殷商和周朝的卜筮之书，史称"三代易名"。相传《连山》失传于汉初，《归藏》亦在魏晋以后失传，仅《周易》流传至今。

《周易》包括《易经》和《易传》两部分。《易经》由"上经"三十卦和"下经"三十四卦构成，共六十四卦、三百八十四爻。六十四卦由三画的八卦两两相重而成。八卦相传为伏牺氏所创，它们是乾、坤、震、巽、坎、离、艮、兑，分别对应天、地、雷、风、水、火、山、泽八种事物。

《易传》共有十篇文章，旧传为孔子所作，是对《易经》及其卦辞和爻辞的注释和解读，如《易经》的羽翼，故又称《十翼》。这十篇文章为《彖》（上、下）、《象》（上、下）、《系辞》（上、下）、《文言》、《说卦》、《序卦》、《杂卦》。

秦皇焚书坑儒之时，《周易》作为占卜之书而幸存。之后易学研究贯穿于各个朝代，包括汉代的京房、郑玄，魏晋时代的王弼，唐代的陆德明、李鼎祚、孔颖达，宋代的邵雍、程颐、朱熹等。历史上研究《周易》的大致可分为义理派和象数派。义理派强调从八卦和六十四卦卦名的含义来解释卦爻象和卦爻辞。象数派注重从八卦所象征的物象来解释卦爻象和卦爻辞。义理派偏重《周易》的哲学价值，如王弼、程颐等；象数派则强调将《周易》用于占卜，如京房、邵雍等。

《易经》对中华文化各领域均有重要影响，如儒家、道家、中医、政治、军事等，被誉为"群经之首，大道之源"，实乃中华民族生生不息之"文化活化石"。

四库全书总目周易正义十卷提要[1]

魏王弼、晋韩康伯[2]注，唐孔颖达疏[3]。

《易》本卜筮之书，故末派寖流于谶纬[4]。王弼乘其极敝而攻之[5]，遂能排击汉儒，自标新学。然《隋书·经籍志》载晋扬州刺史顾夸等有《周易难王辅嗣义》一卷，《册府元龟》又载顾悦之难王弼《易》义四十余条，京口闵康之又申王难顾，是在当日已有异同。王俭、颜延年以后，此扬彼抑，互诘不休。[6]至颖达等奉诏作《疏》[7]，始专崇王《注》，而众说皆废，故《隋志·易类》称"郑学寖微，今殆绝矣"[8]。盖长孙无忌等作《志》之时[9]，在《正义》既行之后也。今观其书如《复·彖》"七日来复"，王偶用六日七分之说，则推明郑义之善；《乾·九二》"利见大人"，王不用利见九五之说，则驳诘郑义之非。于"见龙在田时舍也"，则曰"经但云时舍，注曰必以时之通舍者，则辅嗣以通解舍[10]，舍是通义也"，而不疏"舍"之何以训"通"。于"天玄而地黄"，则曰"恐庄氏之言，非王本意，今所不取"，而不言庄说之何以未允。如斯之类，皆显然偏袒。至《说卦传》之分阴分阳，韩注二、四为阴，三、五为阳，则曰"辅嗣以为初上无阴阳定位，此注用王之说"。"帝出乎震"，韩氏无注，则曰"《益卦》六二，'王用享于帝，吉'，辅嗣注云，'帝者生物之主，兴益之宗，出震而齐巽者也'，则辅嗣之意，以此帝为天帝也"。是虽弼所未注者，亦委曲旁引以就之。然疏家之体，主于诠解《注》文，不欲有所出入，故皇侃《礼疏》或乖郑义[11]，颖达至斥为狐不首丘[12]，叶不归根，其墨守专门，固通例然也。至于诠释文句，多用空言，不能如诸经《正义》，根据典籍，源委粲然[13]，则由王《注》扫弃旧文，无古义之可引，亦非考证之疏矣。此书初名"义赞"，后诏改"正义"，然卷端又题曰"兼义"，未喻其故[14]。《序》称十四卷，《唐志》作十八卷，《书录解题》作十三卷，此本十卷，乃与王、韩注本同，殆后人从注本合并欤。乾隆四十一年十月恭校上[15]。

[1]四库全书：中国历史上规模最大的丛书。该书始纂于清乾隆三十八年(1773)，历时十年，收录了先秦迄清乾隆时的重要古籍，分为经、史、子、集四部，涵盖了中国古代几乎所有学术领域。[2]韩康伯：名伯，字康伯，颍川长社(今河南长葛)人，东晋玄学家，著有《易系辞传注》。[3]注：对经书字句的注解，又称传、笺等。疏：对注的注解，又称义疏、正义、疏义等。[4]末派：最浅薄无根底的流派。寖：通"寖(浸)"，渐。寖流于：逐渐流于。谶纬(chèn wěi)：中国古代对谶书和纬书的合称，流行于汉代。谶是巫师或方士制作的一种隐语或预言，作为吉凶的符验或征兆。纬是附会儒家经典衍生出来的各种书籍。[5]极敝：极其破敝。[6]王俭(452—489)：字仲宝，

祖籍琅邪临沂(今属山东),南朝齐文学家、目录学家。颜延年:即颜延之(384—456),字延年,刘宋琅邪临沂人,其与谢灵运号称"颜谢"。扬:褒奖。抑:打击。诘:诘难,谴责。[7]颖达:即孔颖达(574—648),字冲远,冀州衡水(今属河北)人,唐代儒学大师。奉诏:接受皇帝唐太宗的命令。[8]郑学:经学中的东汉郑玄学派。郑玄(127—200):字康成,北海高密(今属山东)人,东汉著名经学大师。寖:息,停止。微:衰微,衰落。殆:几乎。[9]长孙无忌(约 597—659):字辅机,唐代河南洛阳人,太宗李世民内兄,系唐朝开国元勋。[10]辅嗣:王弼之字。王弼(226—249):魏国山阳(今河南焦作)人,魏晋时著名玄学家,著有《周易注》《周易略例》《老子注》《老子指略》《论语释疑》等。[11]皇侃(488—545):吴郡(今江苏苏州)人,南朝梁时经学家,著《论语义疏》十卷,另有佚著《礼记义疏》《礼记讲疏》等。乖:背离,抵触。[12]狐不首丘:源于成语"狐死首丘",传说狐狸将死时,头必朝向出生的山丘,比喻不忘本。[13]源委:事情的本末和底细。粲然:明了。[14]喻:明白。[15]恭:奉,奉行。

(按:《提要》以个例入手,简要叙述了《易》学史上诸家相互辩难的情况,并点明著作编撰《周易正义》所择取的参照文本为王、韩注本这一原则。)

周易正义序[1]

唐国子祭酒、上护军、曲阜县开国子臣孔颖达奉敕撰定[2]。

夫易者,象也[3]。爻者,效也[4]。圣人有以仰观俯察,象天地而育群品;云行雨施,效四时以生万物。[5]若用之以顺,则两仪序而百物和[6];若行之以逆,则六位倾而五行乱[7]。故王者动必则天地之道,不使一物失其性;行必协阴阳之宜,不使一物受其害。[8]故能弥纶宇宙,酬酢神明。[9]宗社所以无穷,风声所以不朽。[10]非夫道极玄妙,孰能与于此乎?斯乃乾坤之大造[11],生灵之所益也。若夫龙出于河,则八卦宣其象;[12]麟伤于泽,则《十翼》彰其用。[13]业资凡圣,时历三古。[14]及秦亡金镜[15],未坠斯文;汉理珠囊[16],重兴儒雅。其传《易》者,西都则有丁、孟、京、田[17],东都则有荀、刘、马、郑[18],大体更相祖述[19],非有绝伦。唯魏世王辅嗣之《注》独冠古今。所以江左诸儒[20],并传其学;河北学者[21],罕能及之。其江南义疏,十有余家,皆辞尚虚玄,义多浮诞。[22]

[1]周易正义:《五经正义》之一。参与撰修《周易正义》之人,除孔颖达外,还有马嘉运、赵乾叶、苏德融等。《周易正义》乃唐代科举取士标准用书,长期立于学官,是《易》学史上的重要典籍。[2]孔颖达:孔安之子,字冲远,孔子三十二代孙,唐朝经学家。任国子监祭酒,奉唐太宗之命编纂《五经正义》,融合南北经学多种见解,集魏晋南北朝以来经学之大成。孔颖达所疏或正义的经书

包括《周易》《尚书》《诗经》《礼记》《左传》等。[3]象：象征。[4]效：仿效，模拟。[5]群品：指自然万物。四时：春夏秋冬。[6]两仪：天地。序：使……处于有序状态，即和谐有序之意。[7]六位：指君臣、父子、夫妇等六种人伦关系。倾：指六种人伦关系因失去规约性而崩溃。五行：意指在中国哲学思想中构成世界的五种基本元素，即金、木、水、火、土。[8]则：以……为准则，即合乎之意。协：协和于。[9]弥纶：统摄，包含。酬酢(zuò)：应对。古时主人敬客人酒称"酬"，客还敬主人酒称"酢"。[10]宗社：宗庙、社稷之合称。风声：指教化风气。[11]乾坤：就《周易》的符号体系而言，指乾、坤两卦；就其所象征的卦象而言，指能化育万物的天、地。大造：最高的自然造化。[12]龙出于河：传说中黄河龙马身上的图像，伏羲仿效而作八卦。八卦：乾、坤、震、巽、坎、离、艮、兑，是《周易》中的八种基本图形，用以象征天、地、雷、风、水、火、山、泽。[13]麟伤于泽：麟为泽所困，喻指《周》道被遮蔽。《十翼》：即《易传》，是对《易经》的注释，共有十篇，故称《十翼》，包括《上彖》《下彖》《上象》《下象》《上系》《下系》《文言》《说卦》《序卦》《杂卦》，相传为孔子所作。[14]凡圣：佛教语，谓凡夫与圣者。三古：指上古时期尧、舜、禹三代帝王。[15]金镜：郑玄注："金镜，喻明道也。"[16]珠囊：郑玄注："珠，谓五星也。遗其囊者，盈缩失度也。"五星：即金、木、水、火、土。[17]西都：西汉。丁：丁宽，不详。孟：孟喜(约前90—?)，汉东海兰陵(今山东苍山)人，字长卿。京：京房(前77—前37)，西汉学者，本姓李，字君明，东郡顿丘(今河南清丰)人。田：田王孙，不详。[18]东都：东汉。荀、刘、马、郑：即荀爽、刘表、马融、郑玄。荀爽(128—190)：字慈明，东汉颍阴(今河南许昌)人，著有《礼传》《易传》《诗传》《尚书正经》《春秋条例》等。刘表(142—208)：字景升，山阳高平(今山东邹城)人，汉室宗亲，为荆州牧。[19]祖述：派派相因，代代相传。[20]江左：东晋及南朝宋、齐、梁、陈各代的基业都在江左(长江下游以东地区)，故时人又称这五朝及其统治下的全部地区为江左，南朝人专称东晋为江左。[21]河北：指黄河以北。[22]江南：长江以南，又称江表。浮诞：浮浅怪诞。

(按：本段意在阐释《周易》之"经纬区宇，弥纶彝宪"之用及其阐释史，并提出在诸多阐释性著作中，唯魏世王辅嗣之《注》独冠古今这一观点。)

原夫易理难穷，虽复玄之又玄，至于垂范作则，便是有而教有。若论住内住外之空、就能就所之说，斯乃义涉于释氏，[1]非为教于孔门也[2]，既背其本，又违于《注》。至若《复卦》云："七日来复。"并解云："七日当为七月，谓阳气从五月建午而消，至十一月建子始复，[3]所历七辰，故云'七月'。"今案：辅嗣注云："阳气始剥尽至来复时，凡七日。"则是阳气剥尽之后，凡经七日始复，但阳气虽建午始消，至建戌之月，阳气犹在，何得称七月来复？故郑康成引《易纬》之说，建戌之月，以阳气既尽，建亥之月，纯阴用事，至建子之月，阳气始生，隔此纯阴一卦，卦主六日七分，举其成数言之，而云"七日来复"。仲尼之《纬》分明[4]，辅嗣之《注》若此，康成之说遗迹可寻。辅嗣注之于前，诸儒背之于后，考其义理，其可通乎？又《蛊卦》云："先甲三日，后甲三日。"辅嗣注云："甲者创制之令。"又若汉世之时甲令、乙令也。辅嗣又云："令洽乃诛，故后之三日。"又《巽卦》云："先庚三日，后庚三日。"辅嗣注云："申命令谓之庚。"辅嗣又云："甲庚皆申命之谓也。"诸儒同于郑氏之说，以为甲者宣令之日，先之三日而用辛也，欲取改新之义；后之三日而用丁也，取其丁宁之义。王氏《注》意本不如此，而又不顾其《注》，妄作异端。

[1]住内住外之空、就能就所之说：源出佛教《金刚经》"应无所住，而生其心"。释氏：释迦牟尼及其创立的佛教。[2]孔门：孔子及其创立的儒家。[3]建午：十二支月建中的五月。十二支月建：正月建寅(立春)、二月建卯(惊蛰)、三月建辰(清明)、四月建巳(立夏)、五月建午(芒种)、六月建未(小暑)、七月建申(立秋)、八月建酉(白露)、九月建戌(寒露)、十月建亥(立冬)、十一月建子(大雪)、十二月建丑(小寒)。[4]仲尼：孔子。

（按：本段意在通过三个具体材料的分析，诘难河北、江南诸学而进一步阐释其王《注》独冠古今的观点。）

今既奉敕删定，考察其事，必以仲尼为宗，义理可诠。先以辅嗣为本，去其华而取其实，欲使信而有征，其文简，其理约，寡而制众[1]，变而能通，仍恐鄙才短见，意未周尽，谨与朝散大夫行大学博士臣马嘉运[2]、守大学助教臣赵乾叶等对共参议[3]，详其可否。至十六年，又奉敕与前修疏人及给事郎守四门博士上骑都尉臣苏德融等[4]，对敕使赵弘智覆更详审[5]，为之正义。凡十有四卷，庶望上裨圣道、下益将来，故序其大略附之卷首尔。

[1]寡而制众：语言简练而义理精微，能统括万事万理。[2]马嘉运(？—645)：魏州繁水(今河南南乐)人，曾出家为僧，还俗后研究讲授儒学于白鹿山。后任太学博士、弘文馆学士、崇贤馆学士、国子博士，参与撰写《周易正义》。[3]赵乾叶：唐时经师，生卒年不详，参与撰修《周易正义》。[4]苏德融：唐朝经师，生卒年不详，参与撰修《周易正义》《尚书正义》《春秋正义》等。[5]赵弘智(572—653)：河南新安人，唐代经师，参与撰修《周易正义》《春秋正义》《毛诗正义》等。

（按：本段系孔颖达《周易正义》撰写的总纲，以仲尼思想为宗，王《注》为底本，达于"信而有征，其文简，其理约，寡而制众，变而能通"的撰述目标。）

周易正义卷首

自此下分为八段

第一　论《易》之三名

第二　论重卦之人

第三　论三代《易》名

第四　论卦辞爻辞谁作
第五　论分上下二篇
第六　论夫子《十翼》
第七　论传《易》之人
第八　论谁加“经”字

第一　论《易》之三名

正义曰：夫“易”者，变化之总名，改换之殊称。自天地开辟，阴阳运行，寒暑迭来，日月更出，孚萌庶类[1]，亭毒群品[2]，新新不停，生生相续，莫非资变化之力[3]，换代之功。然变化运行在阴阳二气，故圣人初画八卦，设刚柔两画，象二气也；布以三位，象三才也[4]。谓之为“易”，取变化之义。既义总变化，而独以“易”为名者，《易纬·乾凿度》云[5]：“易一名而含三义[6]，所谓易也，变易也，不易也。”又云：“易者，其德也。光明四通，简易立节，天以烂明，日月星辰，布设张列，通精无门，藏神无穴，不烦不扰，淡泊不失，此其‘易’也。‘变易’者，其气也。天地不变，不能通气，五行迭终，四时更废，君臣取象，变节相移，能消者息，必专者败，此其‘变易’也。‘不易’者，其位也。天在上，地在下，君南面[7]，臣北面[8]，父坐子伏，此其‘不易’也。”郑玄依此义作《易赞》及《易论》云：“易一名而含三义：易简，一也；变易，二也；不易，三也。”故《系辞》云：“乾、坤其易之蕴邪[9]？”又云：“易之门户邪[10]？”又云：“夫乾，确然示人易矣；夫坤，隤然示人简矣[11]。”“易则易知，简则易从。”此言其“易简”之法则也。又云：“为道也屡迁，变动不居，周流六虚[12]，上下无常，刚柔相易，不可为典要，唯变所适。”此言顺时“变易”，出入移动者也。又云：“天尊地卑，乾坤定矣。卑高以陈，贵贱位矣。[13]动静有常，刚柔断矣。[14]”此言其张设布列“不易”者也。崔觐、刘贞简等并用此义[15]，云：“易者，谓生生之德，有易简之义；不易者，言天地定位，不可相易；变易者，谓生生之道，变而相续。”皆以《纬》称“不烦不扰，淡泊不失”。此明是“易简”之义，无为之道。故易者，易也，作难易之音。而周简子云：“‘易’者，易也；不易者，变易也。‘易’者，易代之名。凡有无相代，彼此相易，皆是‘易’义；‘不易’者，常体之名，有常有体，无常无体，是‘不易’之义；‘变易’者，相变改之名，两有相变，此为‘变易’。”张氏、何氏并用此义[16]，云：“‘易’者，换代之名，待夺之义。”因于《乾凿度》云：“易者其德也，或没而不论，或云德者得也。”万法相形，皆得相易。不顾《纬》文“不烦不扰”之言，所谓用其文而背其义，何不思之甚？故今之所用，同郑康成等[17]。易者，易也，音为难易之音，义为简易之义，得《纬》文之本实也。盖易之三义，唯在于有，然有从无出，理则包无，故《乾凿度》云：“夫有形者生于无形，则乾坤安从而生，故有太易，有太初，有太始，有太素[18]。太易者，未见气也；太初者，气之始也；太始者，形之始也；太素者，质之始也。气、形、质具而未相离，谓之浑沌。浑沌者，言万物相浑沌而未相离也。视之不见，听之不闻，循之不得，故曰易也。”是知易理备包有无，而易象唯在于有者，盖以圣人作《易》，本以垂教[19]，教之所备，本备于有。故《系辞》云“形而上者谓之道”，道即无也；“形而下者谓之器”，器即有也。[20]故以无言之，存乎道体；以有言之，存乎器用；以变化言之，存乎其神；以生成言之，存乎其易；以真言之，存乎其性；以邪言之，存乎其情；以气言之，存乎阴阳；以质言之，存乎爻象；以教言之，存乎精义；以人言之，存乎景行[21]。此等是也。且易者象也，物无不可象也。作《易》所以垂教者，即《乾凿度》云：“孔子曰：上古之时，人民无别，群物未殊，[22]未有衣食器用之利，伏牺乃仰观象于天，俯观法于地，中观万物之宜。于是始作八卦，以通神明之德，以类万物之情。故易者所以断天地，理人伦，而明王道。是以画八卦，建五气[23]，以立五常之行[24]；象法乾坤，顺阴阳，以正君臣、父子、夫妇之义；度时制宜，作为罔罟[25]，以佃以渔[26]，以赡民用。于是人民乃治，君亲以尊，臣子以顺，群生和洽，各安其性。”此其作《易》垂教之本意也。

[1]孚：孵化。萌：萌生，萌芽。庶类：众多物类。[2]亭毒：养育，化育。群品：万事万物。[3]资：凭借。[4]三才：天、地、人。[5]《易纬·乾凿度》：西汉末纬书《易纬》中的一篇，是纬书中保存完好、哲学思想较为丰富的作品。[6]易一名而含三义：即简易、变易、不易。[7]君南面：古代帝王临朝坐北朝南。[8]臣北面：古代等级制度严格，君主受臣子朝见时，南面而坐，臣子北面而立。[9]其：大概，应该。蕴：深奥。邪：吧。[10]门户：出入口，喻重要。[11]隤(tuí)然：柔顺随和的样子。[12]六虚：六爻。[13]陈：排列，陈列。位：占据相应的位置。[14]常：规律。断：分。[15]崔觐：唐时儒者，生卒年不详，不好仕途，与妻隐居林泉，以啸咏自娱。[16]张氏：即张讥，字直言，清河武城(今河北故城)人，生卒年不详，梁武帝时著名易学家。何氏：即何妥，字栖凤，西城(今陕西安康)人，生卒年不详，南北朝时著名易学家。[17]郑康成：郑玄。[18]太易：原始混沌的状态。太初：天地未分之前的混沌元气。太始：天地开辟、万物开始形成的时代。太素：古代谓最原始的物质。[19]垂教：垂训，赐教。[20]形而上：抽象的，无形的。道：精神因素。形而下：具体的，实在的。器：物质状态。[21]景行：光明正大的行为。[22]别：区别。殊：区分。[23]五气：指五运之气，即金、木、水、火、土。[24]五常：指仁、义、礼、智、信五种中华民族的价值观。[25]罔罟(wǎng gǔ)：指捕鱼和鸟的网具。罔：通“网”。[26]佃(tián)：通“畋”，狩猎，田猎。渔：捕鱼。

（按：本章节内容意在探讨《易》学史上对“易”的含义之理解阐发，即“易”之三名。）

第二　论重卦之人

《系辞》云：“河出图，洛出书，[1]圣人则之[2]。”又《礼纬·含文嘉》曰：“伏牺德合上下[3]，天应以鸟兽文章[4]，地应以《河图》《洛书》，伏牺则而象之，乃作八卦。”故孔安国[5]、马融[6]、王肃[7]、姚信[8]等并云：伏牺得《河图》而作《易》。是则伏牺虽得《河图》，复须仰观俯察，以相参正[9]，然后画卦。伏牺初画八卦，万物之象，皆在其中。故《系辞》曰“八卦成列，象在其中矣”是也[10]。虽有万物之象，其万物变通之理，犹自未备，故因其八卦而更重之。卦有六爻，遂重为六十四卦也。《系辞》曰“因而重之，爻在其中矣”是也。然重卦之人，诸儒不同，凡有四说[11]：王辅嗣等以为伏牺重卦，郑玄之徒以为神农重卦[12]，孙盛以为夏禹重卦[13]，史迁等以为文王重卦[14]。其言夏禹及文王重卦者，案《系辞》，神农之时已有，盖取《益》与《噬嗑》[15]。以此论之，不攻自破。其言神农重卦，亦未为得，今以诸文验之，案《说卦》云：“昔者圣人之作《易》也，幽赞于神明而生蓍[16]。”凡言“作”者，创造之谓也。神农以后，便是述修[17]，不可谓之“作”也。则幽赞用蓍，谓伏牺矣。故《乾凿度》云：“垂皇策者牺。”《上系》论用蓍云：“四营而成易，十有八变而成卦[18]。”既言圣人作《易》，十八变成卦，明用蓍在六爻之后，非三画之时。伏牺用蓍，即伏牺已重卦矣。《说卦》又云：“昔者圣人之作《易》也，将以顺性命之理。是以立天之道曰阴与阳，立地之道曰柔与刚，立人之道曰仁与义，兼三才而两之[19]，故易六画而成卦。”既言圣人作《易》，“兼三才而两之”，又非神农始重卦矣。又《上系》云：“易有圣人之道四焉，以言者尚其辞[20]，以动者尚其变，以制器者尚其象，以卜筮者尚其占。”此之四事，皆在六爻之后，何者？三画之时，未有《彖》《繇》，不得有“尚其辞”。因而重之，始有变动，三画不动，不得有“尚其变”。揲蓍布爻[21]，方用之卜筮，蓍起六爻之后，三画不得有“尚其占”。自然中间以制器者“尚其象”，亦非三画之时。今伏牺结绳而为罔罟，则是制器，明伏牺已重卦矣。又《周礼·外史》“掌三皇五帝之书”[22]，明三皇已有书也。《下系》云：“上古结绳而治[23]，后世圣人易之以书契[24]，……盖取诸《夬》[25]。”既象夬卦而造书契，伏牺有书契则有夬卦矣。故孔安国《书序》云：“古者伏牺氏之王天下也，始画八卦，造书契，以代结绳之政。”又曰“伏牺、神农、黄帝之书，谓之《三坟》”是也[26]。又八卦小成，爻象未备，重三成六，能事毕矣。若言重卦起自神农，其为功也，岂比《系辞》而已哉！何因《易纬》等数所历三圣，但云伏牺、文王、孔子，竟不及神农，明神农但有盖取诸《益》，不重卦矣。故今依王辅嗣以伏牺既画八卦，即自重为六十四卦，为得其实。其重卦之意，备在《说卦》，此不具叙。伏牺之时，道尚质素[27]，画卦重爻，足以垂法。后代浇讹[28]，德不如古，爻象不足以为教，故作《系辞》以明之。

[1]河出图：传说黄河跃出龙马，其身呈现神秘的图像，伏牺仿效之作八卦。洛出书：传说中洛水神龟背上的文采，大禹仿照它作《洪范》。[2]则：取法。[3]伏牺：亦写作“伏羲”，中华民族人文始祖，相传他根据天地万物的变化，创制八卦而结束“结绳记事”的历史。[4]应：感应。文章：花纹色彩。[5]孔安国(约前156—前74)：字子国，孔子第十一代孙，西汉鲁国(今山东曲阜)人，经

学博士，撰有《尚书孔氏传》。[6]马融(79—166)：字季长，右扶风茂陵(今陕西兴平)人。东汉古文经学家，编辑注释《周易》《尚书》《毛诗》《论语》《孝经》等。[7]王肃(195—256)：字子雍，东海郡郯(今山东郯城)人，三国时魏国著名经学家。[8]姚信：字符直，生卒年不详，精于天文易数之学。[9]参正：即参证。[10]成列：排成行列。象：万物的象征。[11]凡：总共。[12]神农：传说中农业和医药的发明者。[13]夏禹：姓姒，名文命，崇伯鲧之子。娶涂山氏之女，有子启。禹继其父鲧之业，为消除水患，三过家门而不入，后受舜禅。[14]史迁：《史记》作者司马迁。据《汉书·司马迁传》记载："西伯(文王)拘而演《周易》；仲尼厄而作《春秋》；屈原放逐，乃赋《离骚》；左丘失明，厥有《国语》；孙子膑脚，《兵法》修列；不韦迁蜀，世传《吕览》；韩非囚秦，《说难》《孤愤》；《诗》三百篇，大抵贤圣发愤之所为作也。"[15]《益》与《噬嗑》(shì hé)：《益》和《噬嗑》均为《周易》卦名。[16]幽赞：深刻地阐明。神明：不可测知的自然而然的变化。蓍：蓍草。[17]述修：传述、传承，遵循前人之说。[18]有：又。[19]两之：每两卦相重。[20]尚：主管。[21]揲(shé)：抽数，排列蓍草以占卜。[22]三皇：伏牺、神农、燧人。五帝：黄帝、颛顼、帝喾、尧、舜。[23]结绳：结绳记事。[24]书契：文字。[25]《夬》(guài)：《易经》中六十四卦之一，乾下兑上。[26]《三坟》：传说为三皇时代之书，已佚。[27]质素：素朴而不加文饰。[28]浇讹：浮薄、诈伪。

（按：本章节意在叙述探讨《易》学史上关于重卦的创制者这一问题，孔颖达则取王弼《注》本以为伏牺所作。）

第三　论三代《易》名

案《周礼·大卜》"三易"云："一曰《连山》[1]，二曰《归藏》[2]，三曰《周易》[3]。"杜子春云："《连山》，伏牺。《归藏》，黄帝。"郑玄《易赞》及《易论》云："夏曰《连山》，殷曰《归藏》，周曰《周易》。"郑玄又释云："《连山》者，象山之出云，连连不绝；《归藏》者，万物莫不归藏于其中；《周易》者，言易道周普，无所不备。"郑玄虽有此释，更无所据之文。先儒因此遂为文质之义，皆烦而无用，今所不取。案《世谱》等群书，神农一曰连山氏，亦曰列山氏，黄帝一曰归藏氏。既连山、归藏并是代号，则《周易》称周，取岐阳地名[4]。《毛诗》云："周原膴膴"[5]是也。又文王作《易》之时，正在羑里[6]，周德未兴，犹是殷世也，故题周，别于殷。以此文王所演，故谓之《周易》，其犹《周书》《周礼》，题"周"以别余代。故《易纬》云"因代以题周"是也。先儒又兼取郑说云："既指周代之名，亦是普遍之义。"虽欲无所遐弃，亦恐未可尽通。其《易》题周，因代以称周，是先儒更不别解，唯皇甫谧云[7]："文王在羑里演六十四卦，著七八九六之爻，谓之《周易》。"以此文王安"周"字。其《系辞》之文，《连山》《归藏》无以言也。

[1]《连山》：《连山》、《归藏》和《周易》，并称三易，均为古代占卜之书。《连山》相传为伏牺氏或神农氏所创，成书于夏朝，失佚于汉初。[2]《归藏》：《归藏》是三易之一，相传为黄帝所作，成

书于商代，魏晋以后失传。[3]《周易》：《周易》包括《易经》和《易传》。《易经》成书很早，大约在西周时期。《十翼》大概撰写于春秋战国时代，又称为《易传》，以解读《易经》。《周易》被儒家尊为五经之首。[4]岐阳：今陕西岐山县。[5]膴膴(wǔ)：肥沃。[6]羑(yǒu)里：今河南省安阳市汤阴县。[7]皇甫谧(215—282)：幼名静，字士安，自号玄晏先生，安定郡朝那人，西晋学者、医学家。

（按：本章节意在简述《易》在夏、商、周三代的不同版本及名称。）

第四　论卦辞爻辞谁作

其《周易·系辞》凡有二说[1]，一说所以卦辞爻辞并是文王所作。知者，案《系辞》云：“《易》之兴也，其于中古乎[2]？作《易》者，其有忧患乎?”又曰：“《易》之兴也，其当殷之末世[3]，周之盛德邪？当文王与纣之事邪?”又《乾凿度》云：“垂皇策者牺[4]，卦道演德者文[5]，成命者孔[6]。”《通卦验》又云：“苍牙通灵昌之成[7]，孔演命明道经。”准此诸文[8]，伏牺制卦，文王系辞，孔子作《十翼》，《易》历三圣[9]，只谓此也。故史迁云“文王囚而演《易》”，即是“作《易》者，其有忧患乎”。郑学之徒并依此说也[10]。二以为验爻辞多是文王后事。案《升卦·六四》：“王用亨于岐山[11]。”武王克殷之后，始追号文王为王。若爻辞是文王所制，不应云“王用亨于岐山”。又《明夷·六五》：“箕子之明夷[12]。”武王观兵之后，箕子始被囚奴，文王不宜豫言“箕子之明夷”[13]。又《既济·九五》：“东邻杀牛，不如西邻之禴祭[14]。”说者皆云：“西邻”谓文王，“东邻”谓纣。文王之时，纣尚南面[15]，岂容自言己德受福胜殷，又欲抗君之国，遂言东西相邻而已。又《左传》韩宣子适鲁[16]，见《易象》云：“吾乃知周公之德[17]。”周公被流言之谤，亦得为忧患也。验此诸说，以为卦辞文王，爻辞周公。马融、陆绩等并同此说[18]，今依而用之。所以只言三圣，不数周公者，以父统子业故也。案《礼·稽命征》曰：“文王见礼坏乐崩，道孤无主，故设礼经三百，威仪三千[19]。”其三百、三千，即周公所制《周官》《仪礼》。明文王本有此意，周公述而成之，故系之文王。然则《易》之爻辞，盖亦是文王本意，故《易纬》但言“文王”也。

[1]凡：总共。[2]中古：次于上古的时代。相传伏牺为上古，文王为中古，孔子为下古。此指商周之际。[3]殷：又称殷商。其始祖契封于商；汤有天下，遂号为商。后来屡次迁都，到盘庚迁殷地后，改为殷。[4]皇策：指《周易》中的八卦。牺：伏牺。[5]文：周文王，周武王之父。[6]孔：孔子。[7]苍牙：伏牺的别称。昌：指周文王。[8]准：按照、比照。[9]三圣：此指伏牺、文王、孔子。[10]郑学：指经学中的东汉郑玄学派。[11]岐山：山名，上古称“岐”，在今陕西省岐山县。[12]箕子：箕子与微子、比干合称“殷有三仁”。箕子是纣王的叔父，官至太师，因劝谏纣王而遭囚禁。武王灭商后，命召公释放箕子，并询以治国之道，记载于《尚书·洪范》。[13]豫：预先、事先。[14]禴(yuè)祭：宗庙祭祀名。殷代春祭为禴，周代夏祭为禴。[15]南面：面向南方。古代礼

仪以坐北朝南为尊，帝王见群臣，皆面南而坐，臣子面北而立。此处用以指纣王身居帝王之位。[16]适：到，往。[17]周公：姓姬，名旦，因采邑在周城，称为周公。周公是周文王之子，周武王之弟。周公受孔子推崇，被儒家尊为圣人，汉代儒家更是将周公、孔子并称。[18]陆绩（188—219）：字公纪，吴县（今江苏苏州）人，通晓天文、历算，曾作《浑天图》，注《易经》，撰写《太玄经注》。[19]礼经：古代关于礼仪的经典。威仪：古代典礼中的礼仪。

（按：本段意在叙述《易》学史上关于卦爻辞的创作者的不同观点。）

第五 论分上下二篇

案《乾凿度》云："孔子曰：阳三阴四，位之正也。"故《易》卦六十四，分为上下而象阴阳也[1]。夫阳道纯而奇[2]，故上篇三十，所以象阳也。阴道不纯而偶[3]，故下篇三十四，所以法阴也。《乾》《坤》者，阴阳之本始[4]，万物之祖宗，故为上篇之始而尊之也。离为日，坎为月，日月之道，阴阳之经，所以始终万物，故以《坎》《离》为上篇之终也。《咸》《恒》者，男女之始，夫妇之道也。人道之兴，必由夫妇，所以奉承祖宗，为天地之主，故为下篇之始而贵之也。《既济》《未济》为最终者，所以明戒慎而全王道也。以此言之，则上下二篇，文王所定，夫子作《纬》以释其义也[5]。

[1]上下：《周易》包括《易经》和《易传》两个部分。《易经》经文分为"上经"和"下经"两部分，一共有六十四卦。其中上经三十卦，下经三十四卦。[2]奇：奇数。象征天的奇数是一、三、五、七、九。[3]偶：偶数。象征地的偶数是二、四、六、八、十。[4]本始：原始，本初。[5]夫子：孔夫子。

（按：本章节在解释《易》分上下篇的原因。）

第六 论夫子《十翼》

其《彖》《象》等《十翼》之辞[1]，以为孔子所作，先儒更无异论[2]，但数《十翼》亦有多家。既文王《易经》本分为上下二篇，则区域各别，《彖》《象》释卦，亦当随《经》而分。故一家数《十翼》云：《上彖》一、《下彖》二、《上象》三、《下象》四、《上系》五、《下系》六、《文言》七、《说卦》八、《序卦》九、《杂卦》十。郑学之徒，并同此说，故今亦依之。

[1]翼：辅助。[2]先儒：已去世的儒者。

（按：本章节意在解释《十翼》。）

第七　论传《易》之人

孔子既作《十翼》，《易》道大明，自商瞿已后[1]，传授不绝。案《儒林传》云："商瞿子木本受《易》于孔子，以授鲁桥庇子庸，子庸授江东馯臂子弓[2]，子弓授燕周丑子家，子家授东武孙虞子乘，子乘授齐田何子庄。及秦燔书[3]，《易》为卜筮之书[4]，独得不禁，故传授者不绝。汉兴，田何授东武王同子中及雒阳周王孙、梁人丁宽、齐服生[5]，皆著《易传》数篇。同授菑川杨何字叔元，叔元传京房[6]，京房传梁丘贺[7]，贺授子临，临授御史大夫王骏[8]。其后丁宽又别授田王孙，孙授施雠，雠授张禹[9]，禹授彭宣[10]。"此前汉大略传授之人也。其后汉则有马融、荀爽、郑玄、刘表、虞翻、陆绩等及王辅嗣也。

[1]商瞿：字子木，比孔子小29岁，孔门传道者之一。[2]馯(hán)臂子弓：姓馯，名臂，字子弓，战国人。[3]燔书：焚毁典籍。指秦始皇焚毁典籍，坑杀书生的事件。[4]卜筮：古代用龟甲推算吉凶祸福的称"卜"，用蓍草推算吉凶祸福的称"筮"，合称"卜筮"。[5]雒阳：即洛阳。[6]京房(前77—前37)：西汉学者，本姓李，字君明，东郡顿丘(今河南清丰)人，开创今文《易》学"京氏学"。[7]梁丘贺：复姓梁丘，字长翁，琅邪诸(今山东诸城西南)人，西汉时今文《易》学"梁丘学"开创者。[8]王骏(？—前15)：西汉谏议大夫王吉之子，历任谏大夫、赵内史、幽州刺史、司隶校尉、少府、京兆尹、御史大夫。[9]张禹(？—前5)：字子文，西汉河内轵(今河南济源)人。[10]彭宣：字子佩，号玉徵，生卒年不详，深通《易经》，学识渊博。

(按：本章节在叙述《易》学阐释接受史上的诸流派。)

第八　论谁加"经"字

但《子夏传》云[1]：虽分为上下二篇，未有"经"字。"经"字是后人所加，不知起自谁始。案：前汉孟喜《易本》云"分上下二《经》"[2]，是孟喜之前，已题"经"字。其篇题"经"字，虽起于后，其称"经"之理则久在于前。故《礼记·经解》云："絜静精微，《易》教也。"既在《经解》之篇，是《易》有称"经"之理。案《经解》之篇，备论六艺，则《诗》《书》《礼》《乐》并合称"经"。而《孝经纬》称《易》建八卦，序六十四卦，转成三百八十四爻，运机布度，其气转易，故称"经"也。但《纬》文鄙伪，不可全信。其八卦方位之所，六爻上下之次，七八九六之数，内外承乘之象，入《经》别释，此未具论也。

[1]子夏(前507—?)：姓卜，名商，字子夏，孔门十哲之一，善于文学。[2]孟喜(约前90—?)：

字长卿，汉代今文经学家，师从田王孙学《易经》。

（按：本章节在探讨《易》后加“经”的肇始者，无定论。）

乾

乾[1]：元、亨、利、贞。[2]

初九[3]，潜龙勿用。[4]

九二，见龙在田，利见大人。[5]

九三，君子终日乾乾，夕惕若，厉，无咎。[6]

九四，或跃在渊，无咎。[7]

九五，飞龙在天，利见大人。[8]

上九，亢龙有悔。[9]

用九，见群龙无首，吉。[10]

[1]乾：卦名，代表天、健、阳刚等。[2]元、亨、利、贞：据《周易正义》：“《子夏传》云：‘元，始也；亨，通也；利，和也；贞，正也。’言此卦之德有纯阳之性，自然能以阳气始生万物而得元始亨通，能使物性和谐各有其利，又能使物坚固贞正得终。”元、亨、利、贞代表仁、礼、义、正，被称为君子“四德”。[3]初九：《周易》有六十四卦，每卦各有六爻，从下而上分别是初、二、三、四、五、上。本爻处于卦下第一位，故曰“初”。“九”“六”为《周易》占蓍之数，“九”表示阳，“六”表示阴。《正义》云：“居第一之位，故称初；以其阳爻，故称九。”[4]潜龙勿用：龙潜深渊之下，暂不要有所作为。龙为神话传说中的动物，威猛刚健，用以象征《乾》卦之六爻。[5]见（xiàn）：出现、显露。田：田地、田间。大人：身居高位且有道德作为之人。[6]君子：有德之人。乾乾：振作、勤勉。惕：警惕。若：……的样子。厉：危险。咎：灾难。[7]“或跃”二句：巨龙或跃入深渊，但不会遭遇危险。或：副词，不确定。咎：危害。[8]“飞龙”二句：巨龙腾飞天上，有利于大人出现。[9]亢龙：朱熹《周易本义》云：“亢者，过于上而不能下之意也。阳极于上，动必有悔。”亢龙有悔：腾龙高飞在天，达到极致，终将悔恨不已。[10]用九：《乾》卦特有的爻辞。“见群龙”二句：群龙出现，没有首领，吉祥。

《彖》曰[1]：大哉乾元[2]！万物资始[3]，乃统天[4]。云行雨施[5]，品物流形[6]。大明终始[7]，六位时成[8]，时乘六龙以御天[9]。乾道变化[10]，各正性命[11]，保合大和，乃利贞。[12]首出庶物，万国咸宁。[13]

[1]《彖》(tuàn)：指《十翼》之《彖传》，是解释卦辞的文字。[2]大：广大。乾元：天之元气。[3]资：依赖。[4]统：统领。[5]行：兴起。施：降落。[6]品物：万物。流形：指流变以成形。[7]大明：太阳。终始：东升西落。[8]六位：对天地四时的称呼。六位时成：日月运行，天在上，地在下，四时寒暑变化因日照而成。[9]乘：驾。六龙：指六爻之阳气。御：行。[10]乾道：天道，自然规律。[11]各正性命：规范各自的属性和命运，使之各得其所。[12]大(tài)：太也，极大。大和：四时运行的"太和元气"。贞：正也。利贞：有利于守持正固、各得其所。[13]首：始。出：生。庶物：万物。万国：天下。咸：皆。

《象》曰[1]：天行健，君子以自强不息。[2]

[1]《象》：《十翼》之《象传》，是解释卦爻辞的文字。[2]"天行健"二句：天道的运行刚健，君子观此卦象，效法天道，自强不息。

"潜龙勿用"，阳在下也[1]；"见龙在田"，德施普也[2]；"终日乾乾"，反复道也[3]；"或跃在渊"，进无咎也；"飞龙在天"，大人造也[4]；"亢龙有悔"，盈不可久也[5]；"用九"，天德不可为首也[6]。

[1]阳在下：初九阳气初生，居于下位。[2]德施普：德泽普及万物。[3]反复道：反复行道，不舍昼夜。道：正道。[4]造：为也，作也，有所作为之意。[5]盈：满，极致。[6]"天德"句：上天之德决定了不能做首领。天德：即天道。

《文言》曰[1]：元者，善之长也[2]；亨者，嘉之会也[3]；利者，义之和也[4]；贞者，事之干也[5]。君子体仁足以长人[6]，嘉会足以合礼，利物足以和义，贞固足以干事。君子行此四德者[7]，故曰："乾：元、亨、利、贞。"

[1]《文言》：《十翼》之一，又称《文言传》，是解释《乾》《坤》两卦的文字。文：饰也。[2]善之长：百善之首。[3]嘉：嘉美，美好。会：会合。[4]和：体现，反映。[5]干：主干，根本。[6]体仁：履行仁义，践行仁德。长人：为人尊长。[7]四德：仁、礼、义、正。

初九曰"潜龙勿用"，何谓也？子曰[1]："龙，德而隐者也。[2]不易乎世，不成乎名；[3]遁世无闷，不见是而无闷；[4]乐则行之，忧则违之，[5]确乎其不可拔[6]，'潜龙'也。"

[1]子：孔子。传《文言》为孔子所作，未必可信。[2]"龙"二句：潜龙，比喻有德而隐的君子。[3]"不易"二句：君子不为世俗改变操守，不贪恋功名。[4]"遁世"二句：不因逃离世俗而苦闷，不因无人称赞而烦恼。遁：隐居，避世。是：赞许。无闷：没有烦恼。[5]"乐则"二句：君子对于自

己称心的事就会付诸实施，不喜欢的事就避而远之。违：回避。[6]“确乎”句：坚定不可改变。确：坚定。拔：动摇、改变。

九二曰“见龙在田，利见大人”，何谓也？子曰：“龙德而正中者也[1]。庸言之信，庸行之谨；[2]闲邪存其诚[3]，善世而不伐[4]，德博而化[5]。《易》曰：‘见龙在田，利见大人’，君德也。”

[1]正中：九二居下卦之中位。[2]“庸言”二句：常言必守信，常行必谨慎。庸：平常。[3]“闲邪”句：防范邪恶，保持诚挚。闲：防范。[4]善世：劝世人归善、行善。伐：夸耀。[5]博：广博、广大。化：教化。

九三曰“君子终日乾乾，夕惕若，厉，无咎”，何谓也？子曰：“君子进德修业[1]。忠信，所以进德也；修辞立其诚，所以居业也。[2]知至至之，可与几也；[3]知终终之，可与存义也。[4]是故居上位而不骄，在下位而不忧。故乾乾因其时而惕[5]，虽危无咎矣。”

[1]进德修业：增进美德，建立功业。[2]修辞：修饰言语。居业：陈梦家《周易浅述》：“居者守而勿失，如屋之既修，居之乃为我有也。”[3]“知至”二句：人若能预知事物发展的进程，并努力实现它，就可以与之讨论事物发展的隐微道理。至：前一个是名词，指进取的目标；后一个是动词，达到、实现之意。几：事物发展的征兆。[4]“知终”二句：预知事物发展的终极结果，并及时终止它。义：适宜，合宜的道德行为。[5]因其时：随时。因：沿。时：一天的各个时段。

九四曰“或跃在渊，无咎”，何谓也？子曰：“上下无常，非为邪也；[1]进退无恒，非离群也。[2]君子进德修业，欲及时也[3]，故‘无咎’。”

[1]“上下”二句：（象龙）或上或下而无定数，不是为了邪僻。为：是。邪：偏离正道。[2]“进退”二句：或进或退而无常规，并非脱离众人，而是顺从形势。此句与上句是互文关系。[3]及时：抓住时机。

九五曰“飞龙在天，利见大人”，何谓也？子曰：“同声相应，同气相求；[1]水流湿，火就燥；云从龙，风从虎；圣人作而万物睹[2]；本乎天者亲上，本乎地者亲下，[3]则各从其类也。”

[1]“同声”二句：声同的相互应和，气同的互相求取。[2]“圣人”句：圣贤治世，万人仰而慕之。[3]“本乎天”二句：依存于天的亲于上，依存于地的近乎下。

上九曰“亢龙有悔”，何谓也？子曰：“贵而无位[1]，高而无民[2]，贤人在下位而无辅[3]，是以动而‘有悔’也。”

[1]贵而无位：尊贵而无地位。[2]高而无民：处高位却没有百姓支持。[3]“贤人”句：贤明之人处下位而无其辅佐对象。

“潜龙勿用”，下也[1]；“见龙在田”，时舍也[2]；“终日乾乾”，行事也[3]；“或跃在渊”，自试也[4]；“飞龙在天”，上治也[5]；“亢龙有悔”，穷之灾也[6]；乾元“用九”，天下治也。

[1]下：初九居下位，阳气微弱，喻人地位低下。[2]时舍：喻暂时潜伏于民间（等待时运）。[3]行事：将事业付诸实施。[4]自试：自试其能。[5]上治：居君主之位以治理天下，出现最好的局面。[6]穷之灾：穷极而灾难生。

“潜龙勿用”，阳气潜藏；[1]“见龙在田”，天下文明；[2]“终日乾乾”，与时偕行；[3]“或跃在渊”，乾道乃革；[4]“飞龙在天”，乃位乎天德；[5]“亢龙有悔”，与时偕极；[6]乾元“用九”，乃见天则[7]。

[1]“潜龙”二句：初九居下位，犹如阳气潜伏。[2]“见龙”二句：九二，阳气初发，万物焕彩。文明：文采彰明。[3]“终日”二句：九三，阳气发展到一定阶段，万物将要繁盛。[4]“或跃”二句：九四，阳气继续发展，万物面临变化。乾道：天道。革：转变。[5]“飞龙”二句：九五，阳气发展到极致，万物繁盛。[6]“亢龙”二句：上九，阳气与时节一起达到盛极。[7]天则：天之法则。

“乾元”者，始而亨者也；“利贞”者，性情也[1]。乾始能以美利利天下[2]，不言所利，大矣哉！大哉乾乎！刚健中正，纯粹精也；六爻发挥，旁通情也；时乘六龙，以御天也；云行雨施，天下平也[3]。

[1]性情：天德之本性。[2]美利：美好的恩惠。利天下：惠及天下。[3]平：太平。

君子以成德为行[1]，日可见之行也。“潜”之为言也[2]，隐而未见[3]，行而未成[4]，是以君子弗用也[5]。

[1]“君子”句：君子把成就道德作为立身修行之目的。成：完成。[2]“潜”句：初九爻辞所说的“潜”。[3]见（xiàn）：显露。[4]成：显著。[5]“是以”句：故君子暂时不宜施展才用。

君子学以聚之[1]，问以辩之[2]，宽以居之[3]，仁以行之[4]。《易》曰"见龙在田，利见大人"，君德也。

[1]聚之：积累知识。[2]问以辩之：通过发问解决疑惑。辩：通"辨"。[3]宽：胸怀宽广。居：与人相处。[4]仁以行之：将仁爱之心诉诸一切行为。

九三重刚而不中[1]，上不在天，下不在田，[2]故乾乾因其时而惕，虽危无咎矣。

[1]刚：指阳爻，初九、九二、九三均为阳爻，故称重刚。不中：不处于上下卦之中间。[2]"天"：指九五"飞龙在天"。"田"：指九二"见龙在田"，九三处于"天"和"田"之间。

九四重刚而不中，上不在天，下不在田，中不在人，[1]故"或"之[2]。"或"之者，疑之也，故"无咎"。

[1]不中：不居于中位。"上不"三句：上不达于天，下不居于地，中不处于人境。[2]"或"：同"惑"，疑虑。

夫"大人"者，与天地合其德[1]，与日月合其明[2]，与四时合其序[3]，与鬼神合其吉凶[4]。先天而天弗违，后天而奉天时。[5]天且弗违，而况于人乎？况于鬼神乎？

[1]"与天地"句：其德行堪比天地。[2]"与日月"句：其圣明犹如日月。[3]"与四时"句：其行动井然有序，好比春夏秋冬。[4]"与鬼神"句：料事灵验，可比鬼神。[5]"先天"二句：其先于天启而动，天不违之；其根据天启而行事，亦能遵循天道。

"亢"之为言也[1]，知进而不知退，知存而不知亡，知得而不知丧。其唯圣人乎[2]！知进退存亡而不失其正者，其唯圣人乎！

[1]"亢"之为言也：上九所说的"亢龙有悔"。[2]其唯圣人乎：大概只有圣人才是明智的吧。

坤

坤[1]：元亨[2]，利牝马之贞[3]。君子有攸往[4]，先迷，后得主，[5]利。西南得朋[6]，东北丧朋。安贞吉[7]。

[1]坤：卦名，代表地、阴性、顺从等。[2]元亨：指地配合天，也能生发万物，各得亨通。[3]牝(pìn)马：母马，雌马。[4]君子：问卦之人。攸：所。[5]迷：迷失方向。主：指房主人。[6]朋：卦爻辞中的朋指朋贝，乃货币单位，十贝为一朋。[7]安贞：占卜是否平安。吉：吉祥，遇到此卦则大吉大利。

《彖》曰：至哉坤元[1]，万物资生，乃顺承天。[2]坤厚载物，德合无疆[3]；含弘光大，品物咸亨。[4]牝马地类，行地无疆，柔顺利贞。[5]君子攸行，先迷失道，后顺得常[6]。西南得朋，乃与类行[7]；东北丧朋，乃终有庆[8]。安贞之吉，应地无疆[9]。

[1]至哉坤元：真是尽善尽美啊，配合上天开创万物的大地！至：极。[2]资：依靠，依赖。承：秉承，遵照。[3]合：广合，聚合。无疆：无涯，广大无边，没有尽止。[4]“含弘”二句：包容广阔，滋养万物，众物亨通畅达。弘：大。光：通“广”。品物：众多。[5]牝马地类：母马是雌性动物，与地同类。行地无疆：驰骋在无边的大地上。利贞：有利于守持正道。[6]常：正道。[7]类：同类。[8]庆：喜庆，吉庆。[9]应：适应。

《象》曰：地势坤[1]，君子以厚德载物[2]。

[1]坤：柔顺，和顺。[2]“君子”句：大地无所不包，无所不载，故君子效法之，待人以仁德宽厚。

初六[1]：履霜，坚冰至。[2]

[1]初六：居卦下第一位，所以称“初”；因是阴爻，故称“六”。[2]“履霜”二句：脚下踩到霜雪，知道坚冰就在前面。

《象》曰：“履霜坚冰”，阴始凝也[1]；驯致其道[2]，至坚冰也。

[1]阴：阴气。凝：凝结。[2]驯致：顺推。

六二，直方大[1]，不习无不利[2]。

[1]直方大：顺直、端方、宏大。[2]“不习”句：不研习也没有什么不利。

《象》曰：六二之动，直以方也[1]；“不习无不利”，地道光也[2]。

[1]以：且。[2]地道：大地的柔顺之道。光：通“广”，指大地厚德载物，广大无边。

六三，含章可贞[1]，或从王事，无成有终[2]。

[1]含：蕴涵。章：文采。贞：守持正道。[2]无成：没有成功。有终：能善始善终。

《象》曰“含章可贞”，以时发也[1]；“或从王事”，知光大也[2]。

[1]以时发也：六三待机而动，根据时机发挥作用。[2]知：智慧，睿智。光大：广大恢宏。

六四，括囊[1]，无咎无誉[2]。

[1]括：捆扎。囊：袋子，包裹。括囊：喻闭口不言，选择沉默。[2]无咎无誉：没有过错也没有赞誉。

《象》曰：“括囊无咎”，慎不害也[1]。

[1]慎不害也：因为谨慎，所以能趋利避害。

六五，黄裳[1]，元吉[2]。

[1]裳：裙子、裤子。黄裳：黄色的裙裤，表示尊贵。[2]元：大。元吉：大吉大利。

《象》曰：“黄裳元吉”，文在中也[1]。

[1]文：文采，这里喻指坤的美德。

上六，龙战于野[1]，其血玄黄[2]。

[1]战：阴阳交合，喻指天地交合，生发万物。野：田野，原野。[2]玄：青色。玄黄：青黄相杂的颜色。

《象》曰：“龙战于野”，其道穷也[1]。

[1]道：上六的阴柔之道。穷：穷尽。

用六，利永贞[1]。

[1]利永贞：利于对长远事物的吉凶进行占问。

《象》曰：用六“永贞”，以大终也。

《文言》曰：坤至柔而动也刚，至静而德方。[1]后得主而有常，含万物而化光。[2]坤道其顺乎！承天而时行[3]。

[1]柔：柔顺。德方：古人认为天圆而地方，此坤以象地，故言德方。[2]得主：坤变动而生阳，阳为主，故曰“后得主”。化光：教化广大。[3]承天而时行：秉承上天意志而沿着四时运行。

积善之家，必有余庆；积不善之家，必有余殃。臣弑其君[1]，子弑其父，非一朝一夕之故，其所由来者渐矣！由辩之不早辩也[2]。《易》曰：“履霜，坚冰至”，盖言顺也[3]。

[1]弑：以下杀上称为“弑”。[2]辩：通“辨”，察觉。[3]顺：顺序。

“直”其正也，“方”其义也。[1]君子敬以直内，义以方外，[2]敬义立而德不孤[3]。“直方大，不习无不利”，则不疑其所行也[4]。

[1]“直”二句：直是指品德正直，方是指行为适宜。义：宜也，适宜。[2]“君子”二句：君子内心正直，外在行为端方。此句意思与上句同。[3]德不孤：美德广播，万人响应。[4]不疑其所行也：一切行为都让人信服，无须怀疑。

阴虽有美，含之以从王事，弗敢成也[1]。地道也，妻道也，臣道也。[2]地道无成而代有终也[3]。

[1]弗敢成：辅佐君王有成，不敢将功劳归属自己。[2]“妻道”二句：这就是为妻之道，为臣之道。[3]代：代替。

天地变化，草木蕃[1]；天地闭，贤人隐[2]。《易》曰：“括囊，无咎无誉”，盖言谨也。

[1]蕃：繁盛。[2]隐：隐退，藏匿。

君子黄中通理[1]，正位居体[2]，美在其中而畅于四支[3]，发于事业，美之至也！

[1]黄中：即"黄裳元吉，文在中也"。黄色被视为美丽尊贵之色，故借黄裳以喻君子内心之美。通理：顺性命之理。[2]正位居体：即体居正位。[3]畅：畅达。支：通"肢"。

阴疑于阳必战[1]。为其嫌于无阳也[2]，故称"龙"焉；犹未离其类也[3]，故称"血"焉。夫玄黄者，天地之杂也，天玄而地黄。

[1]疑：通"拟"。战：交合。[2]嫌：或写作"兼"，兼并。[3]类：朋类，阳性配偶。

屯

屯[1]：元亨，利贞；[2]勿用有攸往[3]，利建侯[4]。

[1]屯(zhūn)：卦名，代表初生、始创、艰难。[2]"元亨"二句：至为亨通，利于守正。[3]勿用有攸往：不宜远行。攸：所。[4]建侯：分封土地建立诸侯邦国。

《彖》曰：屯，刚柔始交而难生[1]；动乎险中[2]，大亨贞。雷雨之动满盈[3]，天造草昧[4]；宜寻建侯而不宁[5]。

[1]"刚柔"句：阴阳二气开始交接，艰难必多。[2]动乎险中：在险境中变化发展。动：孕育，变动。[3]满盈：充塞，充盈。[4]草昧：草木萌芽，有所掩藏。[5]不：通"丕"，大。不宁：非常平安。

《象》曰：云雷，屯[1]；君子以经纶[2]。

[1]屯：聚集。[2]经纶：经营策划，治理。

初九，盘桓[1]，利居贞[2]，利建侯。

[1]盘桓：徘徊不前，进退维谷。[2]贞：正也。利居贞：利于居守正道。

《象》曰：虽盘桓，志行正也[1]；以贵下贱[2]，大得民也。

[1]志：志向，志气。[2]以贵下贱：初九阳爻处于下位，故有此说，喻尊贵之人以谦逊的态度对待庶民。

六二，屯如邅如[1]，乘马班如[2]，匪寇婚媾[3]；女子贞不字[4]，十年乃字。

[1]屯如邅(zhān)如：徘徊不进，进退两难。[2]班(pán)：通“盘”，进退迟疑之意。[3]匪寇婚媾：他们不是贼寇，而是求婚者。匪：同“非”。[4]女子贞不字：少女占问其不孕的原因。字：怀孕。

《象》曰：六二之难，乘刚也；[1]十年乃字，反常也[2]。

[1]“六二”二句：六二行进艰难，是因为阴爻凌驾于阳爻初九之上。乘：凌驾。[2]反常：违反常理。

六三，即鹿无虞[1]，惟入于林中[2]；君子几不如舍[3]，往吝[4]。

[1]即：追逐。虞：虞人，掌管山泽之官，君王打猎时，为之赶出鸟兽。即鹿无虞：追逐野鹿没有虞人指引。[2]惟：只管。[3]几：知机。舍：放弃。[4]往吝：执意前往，必定后悔。吝：后悔、悔恨。

《象》曰：“即鹿无虞”，以从禽也[1]；君子舍之，往吝，穷也[2]。

[1]从禽：追逐禽兽。[2]穷：穷困。

六四，乘马班如，求婚媾[1]；往吉，无不利。

[1]婚媾：婚配。

《象》曰：求而往[1]，明也[2]。

[1]求而往：君王求贤，故前往。[2]明：明智。

九五，屯其膏[1]。小，贞吉；大，贞凶。[2]

[1]屯：积聚。膏：油脂，肥肉；喻膏泽，财货。[2]“小”四句：贞问小事可获吉祥，贞问大事可防凶险。

《象》曰：“屯其膏”，施未光也[1]。

[1]施未光也：九五所施膏泽不够广泛，未能普遍施舍。光：广也。

上六，乘马班如，泣血涟如[1]。

[1]泣血涟如：泣血伤心，泪落不止。涟如：连续不断。

《象》曰：“泣血涟如”，何可长也[1]？

[1]何可长也：怎么可能长久如此呢？指上六终将变化，泣血之忧将会结束。

系辞上

[引言]

据现代人考订，《系辞》基本上是战国中期的作品。其运用取义说、取象说、爻位说等学说解释了卦爻辞的意义及卦象爻位，并论述了揲蓍求卦的过程；用数术法解释了《周易》筮法和卦画的产生和形成。作为讲述圣人之道的典籍，《周易》提出了四种圣人之道，即察言、观变、制器、卜占之道。

天尊地卑，乾坤定矣。[1]卑高以陈，贵贱位矣。[2]动静有常，刚柔断矣。[3]方以类聚，物以群分，[4]吉凶生矣。在天成象，在地成形，[5]变化见矣。是故刚柔相摩，八卦相荡。[6]鼓之以雷霆[7]，润之以风雨；日月运行，一寒一暑。[8]乾道成男，坤道成女。[9]乾知大始，坤作成物。[10]乾以易知，坤以简能；[11]易则易知，简则易从；易知则有亲，易从则有功；有亲则可久，有功则可大；可久则贤人之德，可大则贤人之业。易简而天下之理得矣，天下之理得，而成位乎其中矣[12]。

[1]尊：尊贵。卑：低下。定：确定。[2]陈：排列，陈列。位：确定其位。[3]常：规律。断：分。[4]方：道，或门类。物：具体事物。[5]象：日月星辰等。形：山川草木等。[6]相摩：相互摩擦，相互交错。相荡：相互推移变动。[7]鼓：鼓动，振动。[8]“日月”二句：日月往来运行，出现四季交替。[9]“乾道”二句：乾道构成男性，坤道构成女性。[10]知：掌管，主持。大(tài)始：太初，万物资之形成的混沌之气。成物：孕育万物。[11]易：简易。知：通“智”。简：简约。[12]成位：定位。

（按：本章以造化之实，示作经之理。）

圣人设卦观象[1]，系辞焉而明吉凶[2]，刚柔相推而生变化[3]。是故吉凶者，失得之象也；悔吝者，忧虞之象也；[4]变化者，进退之象也；刚柔者，昼夜之象也[5]。六爻之动，三极之道也[6]。是故君子所居而安者，《易》之序也；[7]所乐而玩者[8]，爻之辞也。是故君子居则观其象而玩其辞，动则观其变而玩其占，是以自天佑之，吉无不利[9]。

[1]设卦观象：观察物象而创设六十四卦。[2]系辞：联系六十四卦和三百八十四爻的卦爻辞。[3]刚柔：阳爻和阴爻。相推：相互推移。[4]悔：后悔，悔恨。吝：遗憾惋惜。忧虞：忧患。[5]昼夜：昼为阳，夜为阴。[6]三极：三才，即天、地、人。[7]居：家居。安：安稳。序：六爻的序位。[8]玩：揣摩，玩味。[9]占：占问，占蓍。

（按：此章言圣人作《易》，君子用《易》之事。）

彖者[1]，言乎象者也；爻者[2]，言乎变者也。吉凶者，言乎其失得也；悔吝者，言乎其小疵也[3]；无咎者，善补过也。是故列贵贱者存乎位[4]，齐小大者存乎卦[5]，辩吉凶者存乎辞，忧悔吝者存乎介[6]，震无咎者存乎悔[7]。是故卦有小大，辞有险易[8]；辞也者，各指其所之。

[1]彖：指卦辞。[2]爻：爻辞。[3]疵：瑕疵，毛病。[4]列：陈列。存：在。位：爻位。[5]齐：整齐，犹言排列。[6]介：细小，细节。[7]震：动，指行动。悔：悔悟。[8]险：凶险。易：吉祥。

（按：本章释卦爻辞之通例。）

《易》与天地准[1]，故能弥纶天地之道[2]。仰以观于天文，俯以察于地理，是故知幽明之故；[3]原始反终，故知死生之说；[4]精气为物，游魂为变，[5]是故知鬼神之情状。与天地相似，故不违；知周乎万物而道济天下，故不过；[6]旁行而不流[7]，乐天知命[8]，故不忧；安土敦乎仁，故能爱。[9]范围天地之化而不过[10]，曲成万物而不遗[11]，通乎昼夜之道而知[12]，故神无方而《易》无体[13]。

[1]准：相当，符合。[2]弥纶：普遍包括。[3]天文：天象。地理：地形。幽明：无形和有形之

物。[4]“原始”二句：探究事物发展的始末，可知万物的生死规律。[5]精气：阴阳凝聚之气，万物皆由之生。游魂：浮游飘散的精气。[6]知(zhì)：通“智”。济：匡济。过：偏颇。[7]旁行：广泛推行。流：泛滥，流溢。[8]乐天知命：乐从天道，安守命运。[9]“安土”二句：安于本土，敦行仁义，故能泛爱天下。安：安居。敦：敦厚。[10]范围：效法。化：化育。过：偏离。[11]曲成：曲尽细密以求成全。遗：遗漏。[12]知：通“智”。[13]无方：不拘泥一方，即无所不包。无体：不拘泥一体，即变化多端。

（按：本章言易道周普及圣人之用。）

一阴一阳之谓道[1]，继之者善也[2]，成之者性也[3]。仁者见之谓之仁，知者见之谓之知[4]，百姓日用而不知，故君子之道鲜矣[5]。显诸仁[6]，藏诸用[7]，鼓万物而不与圣人同忧[8]，盛德大业至矣哉[9]。富有之谓大业[10]，日新之谓盛德[11]。生生之谓易[12]，成象之谓乾[13]，效法之谓坤[14]，极数知来之谓占[15]，通变之谓事[16]，阴阳不测之谓神[17]。

[1]一阴一阳之谓道：阴阳既矛盾对立又相互转化的自然规律。道：自然规律。[2]继：传继，传续。[3]成：实现，完成。[4]知：智也。[5]鲜(xiǎn)：少，指知道的人少之又少。[6]显：显露。诸：之于。[7]藏：藏匿。[8]鼓：鼓动，激发。不与圣人同忧：与圣人之忧不同。[9]盛德大业：盛大的品德和功业。至：极。[10]富有：无所不备，无所不包。[11]日新：时时更新。[12]生生：生生不息，繁衍生息。易：变易。[13]成象：成为天之象征。[14]效法：仿效大地的样式。[15]极：穷尽。数：蓍数。知来：预知未来。占：占蓍。[16]通变：通晓万物变化规律。[17]阴阳不测：阴阳变化难以预测。

（按：此章言阴阳乃道之体用。）

夫《易》广矣大矣！以言乎远则不御[1]，以言乎迩则静而正[2]，以言乎天地之间则备矣。夫乾，其静也专[3]，其动也直[4]，是以大生焉；夫坤，其静也翕[5]，其动也辟[6]，是以广生焉。广大配天地，变通配四时，阴阳之义配日月，易简之善配至德[7]。

[1]不御：没有止境。[2]迩：近。[3]专(tuán)：聚集。[4]直：直道。[5]翕(xī)：闭合，收缩。[6]辟(pì)：开辟，打开。[7]易简：平易简约。至德：最高的道德。

子曰：“《易》，其至矣乎[1]！夫《易》，圣人所以崇德而广业也[2]。知崇礼卑[3]，崇效天，卑法地。[4]天地设位[5]，而《易》行乎其中矣。成性存存，道义之门。[6]”

[1]至矣乎：至善至美。[2]崇德：尊崇道德。广业：广大事业。[3]知崇礼卑：智慧贵在高深，礼节讲究谦卑。知：智也。[4]效：仿效。法：取法。[5]设位：设立上下尊卑之位。[6]存存：不断

积累。门：门户，方法。

（按：本章同上章同言《易》道周普之义。）

圣人有以见天下之赜[1]，而拟诸其形容，象其物宜[2]，是故谓之象[3]。圣人有以见天下之动，而观其会通，以行其典礼，[4]系辞焉以断其吉凶，是故谓之爻。言天下之至赜，而不可恶也；言天下之至动，而不可乱也。[5]拟之而后言，议之而后动，[6]拟议以成其变化。"鸣鹤在阴，其子和之；我有好爵，吾与尔靡之。"子曰："君子居其室，出其言善，则千里之外应之，况其迩者乎？居其室，出其言不善，则千里之外违之，[7]况其迩者乎？言出乎身，加乎民；行发乎迩，见乎远。言行，君子之枢机[8]。枢机之发，荣辱之主也；言行，君子之所以动天地也，可不慎乎！""同人，先号咷而后笑。"子曰："君子之道，或出或处，或默或语。二人同心，其利断金；同心之言，其臭如兰[9]。""初六，藉用白茅，无咎。"子曰："苟错诸地而可矣，藉之用茅，何咎之有？慎之至也。夫茅之为物薄，而用可重也。[10]慎斯术也以往，其无所失矣。""劳谦，君子有终，[11]吉。"子曰："劳而不伐，有功而不德，厚之至也。[12]语以其功下人者也。德言盛，礼言恭；谦也者，致恭以存其位者也。""亢龙有悔。"子曰："贵而无位，高而无民，贤人在下位而无辅，是以动而有悔也[13]。""不出户庭，无咎。"子曰："乱之所生也，则言语以为阶[14]。君不密则失臣，臣不密则失身，几事不密则害成[15]。是以君子慎密而不出也。"子曰："作《易》者其知盗乎？《易》曰：'负且乘，[16]致寇至。'负也者，小人之事也；乘也者，君子之器也。小人而乘君子之器[17]，盗思夺之矣；上慢下暴，盗思伐之矣。[18]慢藏诲盗，冶容诲淫。[19]《易》曰：'负且乘，致寇至'，盗之招也[20]。"

[1]赜(zé)：深奥，幽深。[2]象：象征。宜：适宜。[3]象：《易》之象。[4]会通：聚会变通。典礼：规范，法规，常规。[5]恶：轻视。乱：错乱。[6]拟：比拟。言：言说。议：审议。动：行动，即揭示变化规律。[7]应：响应，呼应。违：背离，违反。[8]枢：门户的转轴。机：门橛。[9]臭(xiù)：同"嗅"，气味，芬芳。[10]薄：轻微，微薄。重：重要。[11]劳谦：勤劳而谦虚。有终：保持始终。[12]伐：自夸。厚：敦厚。[13]动：轻举妄动。[14]阶：阶梯。[15]几事：办事刚开始。几：开始，开初。[16]盗：盗寇。负且乘：背负东西而乘坐大车。[17]器：车具。[18]慢：懈怠，轻慢。暴：暴虐。伐：侵伐。[19]"慢藏"二句：怠于收藏就会招引贼寇，打扮妖艳就会致人淫荡。诲：诱导。冶容：妖艳的打扮。[20]招：被招引。

（按：本部分介绍圣人作《易》取象的规则、卦爻之用等。）

大衍之数五十，其用四十有九。[1]分而为二以象两[2]，挂一以象三[3]，揲之以四以象四时[4]，归奇于扐以象闰[5]；五岁再闰，故再扐而后挂。天数五，地数五，[6]五位相得而各有合[7]，天数二十有五，地数三十，凡天地之数五十有五，[8]此所以成变化而行鬼神也。《乾》之策二百一十有六，《坤》之策百四十有四，[9]凡三百有六十，当期之日。[10]二篇之策，万有一千五百二十，[11]当万物之数也。是故四营而成《易》[12]，十有八变而成卦[13]，八卦而小成[14]。引而伸之[15]，触类而长之[16]，天下之能事毕矣。显道神德行[17]，是故可与酬酢，可与佑神矣。[18]子曰："知变化之道者，其知神之所为乎？"

[1]"大衍"二句：用五十根蓍草占问推演，虚空其中一根，实用四十九根。大：广。衍：推衍，演绎。数：蓍数。[2]象两：象征两仪，即天地。[3]三：三才，即天、地、人。[4]揲(shé)：抽取。四时：四季。[5]奇：余数。扐(lè)：夹在手指之间。[6]"天数"二句：天地之数各五，象征天的奇数是一、三、五、七、九；象征地的偶数是二、四、六、八、十。[7]"五位"句：五个奇数和五个偶数相互搭配，彼此谐和。[8]"天数"三句：象征天的奇数累加起来是二十五，象征地的偶数累加起来是三十，两者相加是五十五。[9]"《乾》之策"二句：阳爻六，每爻三十六策，六爻共二百一十六策；阴爻六，每爻二十四策，六爻共一百四十四策。有：通"又"。[10]凡：共。期(jī)：一年，一周年。[11]二篇：即上下经六十四卦。万有一千五百二十：六十四卦阴阳爻各一百九十二爻，阳爻乘三十六，阴爻乘二十四，加起来得此数。[12]四营：指前面的"分而为二以象两，挂一以象三，揲之以四以象四时，归奇于扐以象闰"这四个程序。[13]十有八变：十八变。根据上文，一爻三变，三变乘以一卦六爻，故得十八。[14]八卦而小成：八卦未若六十四卦穷尽万物情理，因而只能算作"小成"。[15]引而伸之：朝六十四卦引申推演。[16]触类而长之：以此类推，推而广之。[17]显：彰显。[18]酬酢：应对。古时主人敬客人酒称"酬"，客还敬主人酒称"酢"。佑：帮助。

（按：此章言天地大衍之数，揲蓍求卦之法。）

《易》有圣人之道四焉[1]：以言者尚其辞，以动者尚其变，以制器者尚其象，以卜筮者尚其占。是以君子将有为也，将有行也，问焉而以言，其受命也如响，[2]无有远近幽深，遂知来物[3]。非天下之至精，其孰能与于此[4]？参伍以变[5]，错综其数；通其变，遂成天下之文；[6]极其数，遂定天下之象。非天下之至变，其孰能与于此？《易》无思也，无为也，[7]寂然不动，感而遂通天下之故[8]。非天下之至神，其孰能与于此？夫《易》，圣人之所以极深而研几也[9]。唯深也，故能通天下之志；唯几也，故能成天下之务；唯神也，故不疾而速，不行而至。子曰"《易》有圣人之道四焉"者，此之谓也。

[1]圣人之道四焉：即后面所说的尚辞、尚变、尚象、尚占。[2]问：占问。响：响应。[3]来物：未来的事物。[4]与：及也，达到。[5]参：三也。伍：五也。[6]通：会通。文：文采。[7]"《易》无思"二句：《易》的道理并非源于冥想，而是源于自然。[8]感：交感会通。故：事物，万物。[9]几(jī)：事物发展的苗头。

（按：本章言《易》之用，即"以言者尚其辞，以动者尚其变，以制器者尚其象，以卜筮者尚其占"。）

天一、地二，天三、地四，天五、地六，天七、地八，天九、地十。[1]子曰："夫《易》何为者也[2]？夫《易》开物成务，冒天下之道，[3]如斯而已者也。"是故圣人以通天下之志，以定天下之业，以断天下之疑。是故蓍之德圆而神，卦之德方以知，[4]六爻之义易以贡[5]。圣人以此洗心[6]，退藏于密[7]，吉凶与民同患；神以知来，知以藏往，其孰能与此哉？[8]古之聪明睿知，神武而不杀者夫[9]。是以明于天之道，而察于民之故，是兴神物以前民用[10]。圣人以此齐戒[11]，以神明其德夫。是故阖户谓之坤，辟户谓之乾，[12]一阖一辟谓之变，往来不穷谓之通；见乃谓之象，形乃谓之器，[13]制而用之谓之法，利用出入，民咸用之谓之神。[14]是故《易》有太极[15]，是生两仪，两仪生四象[16]，四象生八卦，八卦定吉凶[17]，吉凶生大业[18]。是故法象莫大乎天地；变通莫大乎四时；县象著明莫大乎日月[19]；崇高莫大乎富贵；备物致用，立成器以为天下利，莫大乎圣人；探赜索隐[20]，钩深致远，以定天下之吉凶，成天下之亹亹者[21]，莫大乎蓍龟。是故天生神物[22]，圣人则之；天地变化，圣人效之[23]；天垂象，见吉凶，圣人象之；[24]河出图，洛出书，[25]圣人则之。《易》有四象，所以示也；系辞焉，所以告也；定之以吉凶，所以断也。

[1]"天一"十句：即天数五地数五的意思；五位奇数象征天，五位偶数象征地。[2]"夫《易》"句：《易》为什么取这些天地数呢？[3]物：人物。务：事务。冒：覆盖，包含。[4]蓍：蓍数。圆：圆通。方：方正。知：智也。[5]易：变化，变易。贡：告知。[6]洗心：净化心智。[7]退藏于密：藏而不露。[8]神以知来，知以藏往：前一个"知"是预知的意思，后一个"知"通智，智慧。与：达到，做到。[9]神武而不杀者夫：虽然神武，却广施仁德，不以刑杀服人。杀：残暴。[10]兴：兴起。神物：占问，蓍占。前：诱导，指引。[11]齐(zhāi)戒：斋戒，即修身自洁。[12]阖：关闭。辟：开启。[13]"见(xiàn)乃"二句：有"在天成象，在地成形"的意思。[14]"利用"二句：与"百姓日用而不知"的意思接近。[15]太极：太一，太初，指天地未分之前的混沌状态。[16]四象：指少阳、老阳、少阴、老阴；或指春夏秋冬；或指东南西北。[17]八卦定吉凶：八卦衍生成六十四卦，卦爻变动，可断吉凶祸福。[18]生大业：成就宏大事业。[19]县(xuán)：通"悬"。[20]赜：深奥，幽深。索：求索。[21]亹亹(wěi)：勤勉。[22]神物：用作卜筮的蓍草和灵龟。[23]效：仿效。[24]见(xiàn)：显现，出现。象：模拟。[25]河：黄河。洛：洛水。

（按：本章意在解释《易》之四用。）

《易》曰："自天佑之[1]，吉无不利。"子曰："佑者，助也。天之所助者，顺也；人之所助者，信也。履信思乎顺，又以尚贤也，是以'自天佑之，吉无不利'也。"子曰："书不尽言，言不尽意。[2]"然则圣人之意其不可见乎？子曰："圣人立象以尽意，设卦以尽情伪[3]，系辞焉以尽其言，变而通之以尽利[4]，鼓之舞之以尽神[5]。"乾坤，其《易》之缊邪[6]？乾坤成列，而《易》立乎其中矣；乾坤毁，则无以见《易》；《易》不可见，则乾坤或几乎息矣[7]。是故形而上者谓之道，形而下者谓之器，[8]化而裁之谓之变[9]，推而行之谓之通[10]，举而错之天下之民谓之事业[11]。是故夫象，圣人有以见天下之赜，而拟诸其形容[12]，象其物宜[13]，是故谓之象。圣人有以见天下之动，而观其会通[14]，以行其典礼[15]，系辞焉以断其吉凶[16]，是故谓之爻。极天下之赜者存乎卦；鼓天下之动者存乎辞[17]；化而裁之存乎变；推而行之存乎通；神而明之存乎其人；默而成之[18]，不言而信，存乎德行。

[1]天佑：上天保佑。[2]“书不尽言”二句：书面文字不能穷尽作者的语言，语言难以充分表达作者的全部思想。[3]情伪：真假，真情与造作。[4]变：变通。之：三百八十四爻。[5]鼓之舞之：鼓舞，激励。[6]缊(yùn)：通“蕴”，深奥。[7]几：近乎，接近。息：灭绝，终止。[8]形而上：抽象的，无形的。道：精神状态。形而下：具体的，实在的。器：物质状态。[9]化：变化。裁：裁节。[10]推：推广。行：施行。[11]错：通“措”，施行，或放置。[12]形容：形状。[13]物宜：事物的规律和性质。[14]会通：会合变通。[15]典礼：典章礼仪。[16]断：判断。[17]鼓天下之动：鼓动天下。辞：卦爻辞。[18]默而成之：默默潜修，获得成功。

（按：本章言《易》能反映人的思想、言论与活动，以及天地万物的变化；人类各项事业的发展根本原因在于能利用道与器而加以通变。）

系辞下

八卦成列，象在其中矣；[1]因而重之，爻在其中矣；[2]刚柔相推，变在其中焉；系辞焉而命之，动在其中矣。[3]吉凶悔吝者[4]，生乎动者也；刚柔者，立本者也[5]；变通者，趣时者也[6]。吉凶者，贞胜者也；[7]天地之道，贞观者也[8]；日月之道，贞明者也[9]；天下之动，贞夫一者也[10]。夫乾，确然示人易矣；夫坤，隤然示人简矣。[11]爻也者，效此者也；象也者，像此者也。爻象动乎内，吉凶见乎外，功业见乎变，圣人之情见乎辞。天地之大德曰生，圣人之大宝曰位。何以守位[12]？曰仁。何以聚人？曰财。理财正辞、禁民为非曰义[13]。

[1]成列：排成行列。象：万物的象征。[2]“因而”二句：将八卦重叠成六十四卦，三百八十四爻就在其中了。[3]刚柔：阳爻和阴爻。命：告知吉凶。动：适时而动。[4]悔吝：灾祸。[5]立本：确立根本。[6]趣时：适应当下的时机。趣(qū)：通“趋”，适应。[7]“吉凶”二句：无论吉凶还是祸福，只要守持正道，就能获胜。[8]贞观：信守正道，就能为人敬仰。观：仰望，瞻仰。[9]贞明：信守正道，就能获得光明。[10]贞夫一：专心守持一种正道。[11]确然：坚定，刚强。隤然：随和，柔顺。[12]守位：保守地位。[13]理财：管理财物。正辞：义正辞严，端正言辞。禁民为

非：禁止百姓为非作歹。

（按：此章言卦爻、吉凶、造化、功业。）

古者包牺氏之王天下也[1]，仰则观象于天，俯则观法于地，观鸟兽之文[2]，与地之宜[3]，近取诸身，远取诸物，于是始作八卦，以通神明之德，以类万物之情。[4]作结绳而为罔罟[5]，以佃以渔[6]，盖取诸《离》。包牺氏没，神农氏作，斫木为耜，[7]揉木为耒[8]，耒耨之利[9]，以教天下，盖取诸《益》。日中为市，致天下之民，聚天下之货，交易而退，各得其所，盖取诸《噬嗑》[10]。神农氏没，黄帝、尧、舜氏作，通其变，使民不倦[11]，神而化之，使民宜之。《易》穷则变，变则通，通则久，是以“自天佑之，吉无不利”。黄帝、尧、舜垂衣裳而天下治[12]，盖取诸《乾》《坤》。刳木为舟[13]，剡木为楫[14]，舟楫之利以济不通，致远以利天下，盖取诸《涣》。服牛乘马[15]，引重致远，以利天下，盖取诸《随》。重门击柝[16]，以待暴客[17]，盖取诸《豫》。断木为杵，掘地为臼，臼杵之利[18]，万民以济[19]，盖取诸《小过》。弦木为弧[20]，剡木为矢，弧矢之利，以威天下，盖取诸《睽》。上古穴居而野处，后世圣人易之以宫室，上栋下宇，以待风雨，盖取诸《大壮》。古之葬者，厚衣之以薪[21]，葬之中野[22]，不封不树[23]，丧期无数[24]。后世圣人易之以棺椁[25]，盖取诸《大过》。上古结绳而治，后世圣人易之以书契，百官以治，万民以察，盖取诸《夬》。

[1]包牺氏：即伏牺氏，传说中的三皇之一，始画八卦。王：统治，治理。[2]鸟兽之文：飞禽走兽的花纹和脚印。[3]地之宜：适宜在大地上生存的植物。[4]通：贯通，会通。类：仿拟，模仿。[5]作：发明。[6]以佃以渔：狩猎和捕鱼。[7]没(mò)：离世。斫(zhuó)：砍，削。耜(sì)：耕地翻土的农具。[8]揉木：使木头弯曲。耒(lěi)：耕地的农具，犁头。[9]耨(nòu)：锄头。[10]《噬嗑》：《周易》六十四卦卦名之一。[11]不倦：不懈进取。[12]垂衣裳而天下治：黄帝以后，定衣裳为服饰而天下大治，喻无为而治。[13]刳(kū)：剖开，挖空。[14]剡(yǎn)：削，削尖。[15]服牛乘马：让牛马驾车。服牛：驾牛。[16]重门击柝：屋门层层设防，晚上敲梆警戒巡视。柝(tuò)：古时用来敲击报更的木棒。[17]暴客：强盗，寇贼。[18]臼杵(jiù chǔ)：舂米用的器具。臼：舂米的凹形容器。杵：舂米用的棒槌。[19]济：受益，得益。[20]弦：装上弓弦。[21]厚衣(yì)之以薪：用柴禾将尸体层层包裹。[22]中野：原野中。[23]封：将土堆成坟墓。树：种树。[24]无数：没有期限。[25]椁(guǒ)：大棺。

（按：本章言圣人制器尚象之事。）

是故《易》者，象也；象也者，像也[1]。彖者[2]，材也[3]；爻也者，效天下之动者也[4]。是故吉凶生而悔吝著也[5]。

[1]像：模仿，仿拟。[2]彖(tuàn)：断卦之辞。[3]材：裁定，裁断。[4]效：效仿。动：变动。

[5]著：显著，出现。

（按：本章言《易》之卦爻象及卦爻辞可以体现人事吉凶悔吝等。）

阳卦多阴，阴卦多阳。其故何也？[1]阳卦奇，阴卦耦。[2]其德行何也？阳一君而二民，君子之道也；阴二君而一民，小人之道也。[3]

[1]“阳卦”三句：阳卦中阴爻居多，阴卦中阳爻居多。这是为什么呢？[2]奇：奇数。耦：偶数。[3]一君而二民：一个君主两个百姓，君为民所拥戴。二君而一民：两个君主一个百姓，一臣侍奉二君。

（按：本章意在解释何谓阴阳二卦。）

《易》曰：“憧憧往来，朋从尔思。[1]”子曰：“天下何思何虑[2]？天下同归而殊涂，一致而百虑。天下何思何虑？日往则月来，月往则日来，日月相推而明生焉；寒往则暑来，暑往则寒来，寒暑相推而岁成焉。往者屈也，来者信也，[3]屈信相感而利生焉。尺蠖之屈[4]，以求信也；龙蛇之蛰[5]，以存身也。精义入神，以致用也；[6]利用安身，以崇德也。过此以往，未之或知也；[7]穷神知化，德之盛也。[8]”《易》曰：“困于石，据于蒺藜，入于其宫，不见其妻，凶[9]。”子曰：“非所困而困焉，名必辱；非所据而据焉，身必危。既辱且危，死期将至，妻其可得见耶？”《易》曰：“公用射隼于高墉之上，获之，无不利。[10]”子曰：“隼者，禽也；弓矢者，器也；射之者，人也。君子藏器于身，待时而动，何不利之有？动而不括[11]，是以出而有获，语成器而动者也[12]。”子曰：“小人不耻不仁，不畏不义，不见利不劝，不威不惩。小惩而大诫，此小人之福也。《易》曰：‘履校灭趾，无咎。[13]’此之谓也。”“善不积不足以成名，恶不积不足以灭身。小人以小善为无益而弗为也，以小恶为无伤而弗去也，故恶积而不可掩，罪大而不可解。《易》曰：‘何校灭耳，凶。[14]’”子曰：“危者，安其位者也；亡者，保其存者也；乱者，有其治者也[15]。是故君子安而不忘危，存而不忘亡，治而不忘乱。是以身安而国家可保也。《易》曰：‘其亡其亡，系于苞桑。[16]’”子曰：“德薄而位尊，知小而谋大，力小而任重，鲜不及矣。[17]《易》曰：‘鼎折足，覆公𫗧，其形渥，凶。[18]’言不胜其任也。”子曰：“知几其神乎？君子上交不谄，下交不渎，[19]其知几乎？几者，动之微，吉之先见者也。君子见几而作，不俟终日。《易》曰：‘介于石，不终日，贞吉。[20]’介如石焉，宁用终日？断可识矣[21]！君子知微知彰，知柔知刚，万夫之望[22]。”子曰：“颜氏之子[23]，其殆庶几乎[24]？有不善，未尝不知；知之，未尝复行也。《易》曰：‘不远复，无祇悔，元吉。[25]’”“天地𬘡缊，万物化醇；[26]男女构精[27]，万物化生。《易》曰：‘三人行，则损一人；一人行，则得其友。[28]’言致一也。”子曰：“君子安其身而后动，易其心而后语[29]，定其交而后求。君子修此三者，故全也[30]。危以动，则民不与也[31]；惧以语，则民不应也；无交而求，则民不与也；莫之与，则伤之者至矣。《易》曰：‘莫益之，或击之，立心勿恒，凶。[32]’”

[1]“憧憧”二句：《咸》九四爻辞。[2]“天下”句：天下事何须思虑，何必担忧？[3]屈：收缩。信(shēn)：伸直。[4]尺蠖(huò)：屈伸虫。[5]蛰：潜伏，冬眠。[6]精义：精研道义。致：献。[7]过：超过。往：发展。或：有。[8]“穷神”二句：穷尽神妙会通变化，达到道德的最高境界。[9]“困于石”五句：《困》六三爻辞。[10]“公用”三句：《解》上六爻辞。[11]括：阻塞。[12]器：器用。[13]“履校”二句：《噬嗑》初九爻辞。[14]“何校”二句：《噬嗑》上九爻辞。[15]“危者”六句：身处危险者，曾经安享其位；灭亡者，曾经以为可以永远存在；身处混乱者，曾经以为能够长治久安。[16]“其亡”二句：《否》九五爻辞。[17]知：智也。鲜不及：很少有不涉及祸害的。[18]“鼎折足”四句：《鼎》九四爻辞。[19]几：事情的先兆。渎：轻慢。[20]“介于石”三句：《豫》六二爻辞。[21]断可识矣：当即便可悟知。断：马上，断然。[22]万夫之望：万人敬仰。[23]颜氏之子：孔子的弟子颜回。[24]殆：大概。庶几：接近。[25]“不远复”三句：《复》初九爻辞。[26]絪缊(yīn yūn)：阴阳二气交互作用的状态。醇：厚。[27]男女：阴阳二性。构：交合。[28]“三人行”四句：《损》六三爻辞。[29]易：平静，平和。[30]全：两全其美。[31]民不与：百姓不配合。[32]“莫益之”四句：《益》上九爻辞。

（按：以上诸节意在叙述孔子解释《易经》爻辞共十一条的含义。）

子曰：“乾、坤，其《易》之门邪[1]？”乾，阳物也；坤，阴物也。阴阳合德而刚柔有体，以体天地之撰[2]，以通神明之德。其称名也，杂而不越，[3]于稽其类[4]，其衰世之意邪？夫《易》，彰往而察来，而微显阐幽[5]。开而当名辨物，正言断辞，则备矣[6]。其称名也小，其取类也大，[7]其旨远，其辞文，其言曲而中，[8]其事肆而隐[9]。因贰以济民行[10]，以明失得之报。

[1]其：大概，应该。门：门户，喻重要。邪：吧。[2]撰：创作，创造。[3]称名：卦爻辞所称述之物名。杂：复杂。越：逾越。[4]稽：考察。[5]微显：显微。[6]备：具备，完备。[7]“其称名”二句：卦爻辞所称谓的物名虽然细小，但取类比喻却非常广大。[8]文：有文采。中：中肯，切中事理。[9]事：典故。肆：显露。隐：深奥。[10]贰：阴阳二气。

（按：此章言《易经》卦爻之阴阳，象征天地万物之阴阳两性，次言卦爻辞之特点功用。）

《易》之兴也，其于中古乎？[1]作《易》者，其有忧患乎[2]？是故《履》[3]，德之基也。《谦》[4]，德之柄也。《复》，德之本也[5]。《恒》[6]，德之固也。《损》[7]，德之修也。《益》[8]，德之裕也。《困》[9]，德之辨也。《井》[10]，德之地也。《巽》[11]，德之制也。《履》，和而至[12]。《谦》，尊而光[13]。《复》，小而辨于物[14]。《恒》，杂而不厌[15]。《损》，先难而后易。《益》，长裕而不设[16]。《困》，穷而通。《井》，居其所而迁[17]。《巽》，称而隐[18]。《履》以和行，《谦》以制礼，《复》以自知，《恒》以一德，《损》以远害，《益》以兴利，《困》以寡怨，《井》以辨义，《巽》以行权[19]。

[1]兴：兴起。中古：殷商之末的周文王时期。[2]“作《易》者”二句：创作《周易》的人，一定怀有强烈的忧患意识吧？[3]《履》：六十四卦之一，有“谨慎行走”的意思，指古代礼仪制度，是道德的基石。[4]《谦》：六十四卦之一，有“谦逊”之意。道德与谦逊的关系，犹如斧头与斧柄，所以称谦逊为“德之柄也”。[5]《复》：六十四卦之一，有“回复”之意。回复善道，是“德之本也”。本：根本。[6]《恒》：六十四卦之一，有“持之以恒”的意思。[7]《损》：六十四卦之一，有“减少过失”之意。[8]《益》：六十四卦之一，有“增益”的意思。[9]《困》：六十四卦之一；困者，困境也；身处困境，仍应坚守正道。[10]《井》：六十四卦之一，井水能养人，喻美德，以德报人。[11]《巽》：六十四卦之一，有“忍让、顺从”之意。[12]和：和顺。至：达。[13]尊：受人尊敬。光：光大。[14]小：细微的征兆。辨：明辨。[15]厌：厌倦，满足。[16]裕：美德。设：虚设。[17]迁：把惠泽施与别人。[18]称：称赞。隐：隐退。[19]行权：顺应变化，行使权利。

（按：此章点明作卦者的忧患意识。）

《易》之为书也不可远[1]，为道也屡迁[2]。变动不居[3]，周流六虚[4]，上下无常，刚柔相易，不可为典要[5]，唯变所适[6]。其出入以度外内[7]，使知惧。又明于忧患与故[8]，无有师保[9]，如临父母。初率其辞而揆其方[10]，既有典常[11]。苟非其人，道不虚行。[12]

[1]不可远：不可远离；任何人不可须臾离开它。[2]屡迁：时常变化。[3]居：止也。[4]六虚：六爻。[5]典要：纲要，准则。[6]唯变所适：跟着变化。适：往。[7]出入：出于本卦，入于变卦。度：法则。外内：本卦为内，变卦为外。[8]故：事情。[9]师保：古时候教育王室和贵族子弟的师长。[10]率：遵循。辞：卦爻辞。揆(kuí)：度。[11]典常：常法，规律。[12]苟：如果。其人：圣贤。虚：凭空。

（按：此章言卦爻无常而其中义理可寻，可导引人事，关键在于善于体会运用。）

《易》之为书也，原始要终以为质也[1]。六爻相杂，唯其时物也[2]。其初难知，其上易知，本末也，[3]初辞拟之，卒成之终。[4]若夫杂物撰德，辩是与非，则非其中爻不备。[5]噫！亦要存亡吉凶，则居可知矣[6]。知者观其彖辞，则思过半矣。[7]二与四同功而异位[8]，其善不同；二多誉，四多惧，近也。[9]柔之为道，不利远者[10]；其要无咎[11]，其用柔中也。三与五同功而异位[12]，三多凶，五多功，贵贱之等也[13]。其柔危，其刚胜邪[14]？

[1]原：推究。要(yāo)：探求。质：本质。[2]时：适宜。物：物象。[3]初：初爻。上：上爻。本：指初爻；末：上爻。[4]初辞：初爻的爻辞。拟：比拟。卒：上爻。[5]若夫：至于。辩：通“辨”。中爻：卦中二至五爻。[6]居：闲居无所作为。[7]知：智也。彖辞：卦辞。思过半：领悟

其中的大半。[8]二：第二爻。四：第四爻。功：作用。[9]誉：美誉。惧：警惕，惧怕。近：靠近君位。[10]远：远大。[11]要：要领，要旨。[12]三：第三爻。五：第五爻。[13]等：等级划分，即贵五贱三。[14]胜：胜任。

（按：此章言六爻特征，但均非通例。）

《易》之为书也，广大悉备。有天道焉，有人道焉，有地道焉。兼三材而两之，故六[1]。六者，非它也，三材之道也。道有变动，故曰爻；[2]爻有等，故曰物；[3]物相杂，故曰文；[4]文不当[5]，故吉凶生焉。

[1]六：六画。[2]"道有"二句：六爻仿拟天地人的变化之道。[3]等：上下等级之分。物：物象。[4]杂：阴阳混合。文：文理。[5]文不当：文理错综或有不当。

（按：本章言《易》包括天地人三道，尤其示人以吉凶。）

《易》之兴也，其当殷之末世，周之盛德邪？当文王与纣之事邪[1]？是故其辞危[2]。危者使平，易者使倾；[3]其道甚大，百物不废[4]。惧以终始，其要无咎，[5]此之谓《易》之道也。

[1]文王：姬昌，周文王。纣：纣王。[2]辞：卦爻辞。危：警戒畏惧，警惕自危。[3]平：平安。易：轻慢。[4]不废：没有例外。[5]惧：警惕。要：要旨。

（按：本章言《易》可能作于殷末，与王事相关。）

夫乾，天下之至健也，德行恒易以知险[1]；夫坤，天下之至顺也，德行恒简以知阻[2]。能说诸心[3]，能研诸侯之虑[4]，定天下之吉凶，成天下之亹亹者。是故变化云为[5]，吉事有祥；象事知器[6]，占事知来。天地设位[7]，圣人成能；人谋鬼谋[8]，百姓与能。八卦以象告[9]；爻彖以情言；刚柔杂居，而吉凶可见矣。变动以利言，吉凶以情迁[10]；是故爱恶相攻而吉凶生，远近相取而悔吝生[11]，情伪相感而利害生[12]。凡《易》之情，近而不相得则凶[13]；或害之，悔且吝。将叛者其辞惭[14]，中心疑者其辞枝[15]，吉人之辞寡[16]，躁人之辞多[17]，诬善之人其辞游[18]，失其守者其辞屈[19]。

[1]恒：恒久。易：平易。[2]简：简约。[3]说(yuè)：愉悦。[4]研：探究。[5]云为：言论和行为；有为。[6]象事：模仿事物。[7]设位：确立位次。[8]人谋：圣人的策划。鬼谋：占问，占卜，卜蓍。[9]以象告：用卦象告知。[10]以情迁：因情况而变化。迁：推移。[11]相取：取舍不当。[12]情伪：真情与虚伪。相感：相互影响。[13]近：靠近。得：融洽。[14]惭：羞愧。[15]中心：心中。枝(qí)：不置可否，模棱两可。[16]吉人：善人。[17]躁人：性情急躁之人。[18]诬：诬蔑。游：游移不定。[19]守：操守。屈：理亏；曲折弯转。

（按：此章言天道险易均有，地道简阻共存，人须研究此种现象方能知吉凶。）

说卦

昔者圣人之作《易》也，幽赞于神明而生蓍[1]，参天两地而倚数[2]，观变于阴阳而立卦[3]，发挥于刚柔而生爻[4]，和顺于道德而理于义，穷理尽性以至于命[5]。

[1]幽赞：深刻地阐示。[2]参：三。参天：采取天之奇数“三”。两地：地之偶数“二”。倚：依靠，根据。数：天地奇偶之数。[3]立：确立。卦：卦形，卦象。[4]生：产生。[5]穷理：穷尽万物之理。尽性：通晓人之本性。命：命运。

昔者圣人之作《易》也，将以顺性命之理。是以立天之道曰阴与阳，立地之道曰柔与刚，立人之道曰仁与义。兼三才而两之，故《易》六画而成卦[1]；分阴分阳，迭用柔刚[2]，故《易》六位而成章[3]。

[1]六画：三画的八卦两两相重，构成六画。[2]迭：交替，更替。[3]成章：构成一个章节。

（按：前两章言圣人取象于天、地、人三道以作《易经》。）

天地定位，山泽通气，雷风相薄[1]，水火不相射[2]，八卦相错[3]。数往者顺，知来者逆，是故《易》逆数也[4]。

[1]薄：通“搏”，搏击。[2]射(yì)：厌恶，厌弃。[3]相错：既对立又统一地相互交错。[4]数：推算。逆数：逆推将要发生的事。

雷以动之，风以散之，雨以润之[1]，日以烜之[2]，艮以止之，兑以说之[3]，乾以君之[4]，坤以藏之[5]。

[1]雨：水。[2]日：火。烜(xuān)：晒干。[3]说：悦也。[4]君：君临，统治，主宰。[5]藏：储藏。

帝出乎震[1]，齐乎巽[2]，相见乎离[3]，致役乎坤[4]，说言乎兑[5]，战乎乾[6]，劳乎坎[7]，成言乎艮[8]。万物出乎震，震东方也[9]。齐乎巽，巽东南也；齐也者，言万物之絜齐也[10]。离也者，明也，万物皆相见，南方之卦也；圣人南面而听天下，向明而治，[11]盖取诸此也。坤也者，地也，万物皆致养焉[12]，故曰致役乎坤。兑，正秋也[13]，万物之所说也，故曰说言乎兑。战乎乾，乾西北之卦也，言阴阳相薄也[14]。坎者，水也，正北方之卦也，劳卦也，万物之所归也[15]，故曰劳乎坎。艮，东北之卦也，万物之所成终，而成始也，[16]故曰成言乎艮。

[1]帝：大自然主宰，元气。[2]齐：整齐。[3]见：同“现”。[4]役：致力于。[5]说：悦也。[6]战：阴阳交合。[7]劳：疲劳。[8]成：成就，成功。[9]震东方也：震卦象征东方。[10]絜齐：整洁一致。絜：洁也。[11]南面：坐北面南。听：问政。向：面向。[12]养：养育。[13]正秋：秋分。[14]相薄：相互搏击。[15]归：归藏，休息。[16]成终：成功意味着终结。成始：成功又是新的开始。

神也者，妙万物而为言者也。[1]动万物者莫疾乎雷，桡万物者莫疾乎风[2]，燥万物者莫熯乎火[3]，说万物者莫说乎泽[4]，润万物者莫润乎水，终万物始万物者莫盛乎艮[5]。故水火相逮[6]，雷风不相悖，山泽通气，然后能变化，既成万物也。

[1]神：大自然之神奇。“妙万物”句：指的是奇妙化生万物而言的。[2]桡(ráo)：搅动，扰乱，吹拂。[3]熯(hàn)：炎热，干燥。[4]说：悦也。[5]“终万物”句：成就万物而又重新生发万物的，没有比艮更盛大的。[6]逮：及也。

（按：以上诸章乃八卦卦象总论，阐述八卦象天、地、雷、风、水、火、山、泽，及配八方四时之义。）

乾，健也。坤，顺也。震，动也。巽，入也。坎，陷也[1]。离，丽也[2]。艮，止也。兑，说也[3]。

[1]陷：陷落。[2]丽：附丽。[3]说：悦也，欢悦。

（按：本节讲的是八卦之性情。）

乾为马，坤为牛，震为龙，巽为鸡，坎为豕[1]，离为雉[2]，艮为狗，兑为羊。

[1]豕：猪。[2]雉：野鸡。

（按：本节用八种动物，说明八卦取象的例子。）

乾为首，坤为腹，震为足，巽为股，坎为耳，离为目，艮为手，兑为口。

（按：本节用八种器官，进一步说明八卦取象的例子。）

乾，天也，故称乎父。坤，地也，故称乎母。震一索而得男[1]，故谓之长男。巽一索而得女，故谓之长女。坎再索而得男，故谓之中男。离再索而得女，故谓之中女。艮三索而得男，故谓之少男。兑三索而得女，故谓之少女。

[1]索：求合，阴阳交合。

（按：本节用家庭成员作比喻，说明八卦所含父母及其所生三男三女之象。）

乾为天，为圜[1]，为君，为父，为玉，为金，为寒，为冰，为大赤[2]，为良马，为老马，为瘠马[3]，为驳马，为木果。

[1]圜(yuán)：圆也。[2]大赤：大红色。[3]瘠马：瘦马。

（按：本节以及后面几节大量列举了八卦取象的事例，共一百一十二例。）

坤为地，为母，为布[1]，为釜[2]，为吝啬，为均，为子母牛，为大舆[3]，为文[4]，为众，为柄[5]，其于地也为黑。

[1]布：布匹。[2]釜：鼎釜。[3]大舆：大车。[4]文：文采，纹理。[5]柄：斧柄。

震为雷，为龙，为玄黄，为旉[1]，为大涂[2]，为长子，为决躁[3]，为苍筤竹[4]，为萑苇[5]。其于马也为善鸣，为馵足[6]，为作足，为的颡[7]。其于稼也为反生，其究为健，为蕃鲜。

[1]旉(fū)：花朵。[2]大涂：大道。[3]决躁：刚毅躁动。[4]苍筤(láng)竹：青竹。[5]萑(huán)：草名。[6]馵(zhù)：指后左脚白色的马。后右脚白色的马叫骧。[7]的(dí)：白色。颡(sǎng)：额头。

巽为木[1]，为风，为长女，为绳直[2]，为工[3]，为白，为长，为高，为进退，为不果[4]，为臭[5]。其于人也为寡发，为广颡[6]，为多白眼，为近利市三倍，其究为躁卦。

[1]木：树木。[2]绳直：笔直的准绳。[3]工：工匠。[4]不果：犹豫不决。[5]臭(xiù)：气味。[6]广颡(sǎng)：宽额。

坎为水，为沟渎，为隐伏，为矫輮[1]，为弓轮[2]。其于人也为加忧，为心病，为耳痛，为血卦，为赤。其于马也为美脊，为亟心[3]，为下首[4]，为薄蹄，为曳[5]。其于舆也为多眚[6]，为通，为月[7]，为盗。其于木也为坚多心。

[1]矫：把弯曲的拉直。輮：把直的弄弯曲。[2]弓轮：弯弓和车轮。[3]亟心：心急，内心患病。[4]下首：低头。[5]曳：拖曳，摇曳。[6]多眚(shěng)：多灾多难。[7]月：月亮。

离为火，为日，为电，为中女，为甲胄[1]，为戈兵。其于人也为大腹。为乾卦，为鳖，为蟹，为蠃[2]，为蚌，为龟。其于木也为科上槁[3]。

[1]甲胄：铠甲，盔甲。[2]蠃(luó)：螺。[3]科上槁：空心的枝干。科：空心。

艮为山，为径路，为小石，为门阙，为果蓏[1]，为阍寺[2]，为指[3]，为狗，为鼠，为黔喙之属[4]。其于木也为坚多节。

[1]蓏(luǒ)：瓜类植物。[2]阍(hūn)：守门人，看门人。寺：守巷之人。[3]指：手指。[4]黔：黑色。黔喙：黑嘴鸟兽。

兑为泽，为少女，为巫[1]，为口舌[2]，为毁折，为附决[3]。其于地也为刚卤[4]。为妾，为羊。

[1]巫：巫者，巫师。[2]口舌：搬弄是非。[3]附决：附从别人决断。[4]刚卤：坚硬的荒地、盐碱地。

（按：以上诸节分记八卦所象征之八类事物。）

二 《尚书》

[引言]

《尚书》原称《书》，战国后儒家称《书经》，汉代改称《尚书》，意谓上古之书，是关于中国上古历史和部分追述古代著作的汇编，是中国最早的散文总集、官方史书，是儒家经典之一。

“书”，在上古专指史官的记载，记载君主言论与重大事件。《尚书》所录，为虞、夏、商、周各代典、谟、训、诰、誓、命等文献。“典”是重要史实或专题史实的记载；“谟”记君臣谋略；“训”是臣开导君主的话；“诰”是勉励的文告；“誓”是君主训诫士众的誓词；“命”是君主的命令。按时代先后分为《虞书》《夏书》《商书》《周书》四部分。自汉以来，《尚书》一直被视为中国社会的政治哲学经典，既是帝王的教科书，又是贵族子弟及士大夫必遵的“大经大法”，在历史上有极大影响。唐孔颖达《尚书正义序》云：“所以辞不苟出，君举必书，欲其昭法诫，慎言行也。”

现在通行《十三经注疏》本中的《尚书》是《今文尚书》和伪《古文尚书》的合编。《今文尚书》为汉初伏生所传，《古文尚书》系东晋梅赜伪作。伪《古文尚书》比《今文尚书》多出 25 篇。今天，《尚书》是研究上古三代历史以及其后两千年间政治思想史、传统文化史的基本资料。

四库全书总目尚书正义二十卷提要

旧本题“汉孔安国传”。其书至晋豫章内史梅赜始奏于朝[1]，唐贞观十六年孔颖达等为之疏，永徽四年长孙无忌等又加刊定。孔《传》之依托[2]，自朱子以来递有论辩，至国朝阎若璩作《尚书古文疏证》[3]，其事愈明。其灼然可据者，梅鷟《尚书考异》攻其注《禹贡》“瀍水出河南北山”一条[4]，“积石山在金城西南羌中”一条，地名皆在安国后。朱彝尊《经义考》攻其注《书序》“东海驹骊、扶余、馯貊之属”一条，谓驹骊王朱蒙至汉元帝建昭二年始建国，安国，武帝时人，亦不及见。[5]若璩则攻其注《泰誓》“虽有周亲，不如仁人”，与所注《论语》相反。又安国《传》有《汤誓》，而注《论语》“予小子履”一节，乃以为《墨子》所引《汤誓》之文。皆证佐分明，更无疑义。至若璩谓“定从孔《传》，以孔颖达之故”，则不尽然。考《汉书·艺文志》叙《古文尚书》，但称“安国献之，遭巫蛊事[6]，未立于学官”，不云作《传》。而《经典释文·叙录》乃称：“《艺文志》云：‘安国献《尚书传》，遭巫蛊事，未立于学官。’”始增入一“传”字，以证实其事，又称“今以孔氏为正”。则定从孔《传》者，乃陆德明，非自颖达。惟德明于《舜典》下注云：“孔氏《传》亡《舜典》一篇，时以王肃注颇类孔氏，故取王注从‘慎徽五典’以下为《舜典》，以续孔《传》。”又云“曰若稽古，帝舜曰重华，协于帝”十二字是姚方兴所上，孔氏《传》本无。阮孝绪《七录》亦云：“方兴本或此下更有‘浚哲文明，温恭允塞，玄德升闻，乃命以位’，凡二十八字异，聊出之，于王注无施也。”则开皇中虽增入此文，尚未增入孔《传》中，故德明云尔。今本二十八字当为颖达增入耳。梅赜之时，去古未远，其传实据王肃之注而附益以旧训，故《释文》称：“王肃亦注今文，所解大与古文相类，或肃私见孔《传》而秘之乎?”此虽以末为本，未免倒置，亦足见其根据古义，非尽无稽矣。颖达之疏，晁公武《读书志》谓“因梁费甝疏广之”，然颖达原序称“为正义者，蔡大宝、巢猗、费甝、顾彪、刘焯、刘炫”六家，而以“刘焯、刘炫最为详雅”，其书实因二刘，非因费氏。公武或以《经典释文》所列义疏仅甝一家，故云然与?《朱子语录》谓：“五经疏《周礼》最好，《诗》《礼记》次之，《易》《书》为下。”其言良允。然名物训故，究赖之以有考，亦何可轻也。

[1]梅赜(zé)：字仲真，东晋汝南(今湖北武昌)人，曾任豫章(地名)内史(官名)。献伪《古文尚书》及伪《尚书孔氏传》，东晋君臣信以为真，立于学官。至清阎若璩作《古文尚书疏证》、惠栋作《古文尚书考》，才完全证明其所献确为伪书。[2]依托：伪造。[3]阎若璩(qú)：字百诗，号潜丘，清初著名学者，清代考据学发轫之初最重要的代表人物之一。[4]梅鷟(zhuó)：明学者，字致斋。著

《尚书考异》《尚书谱》，力攻古文之伪。[5]“谓驹(gāo)骊王”四句：谓驹骊是在汉武帝以后建国的，汉武帝时期的孔安国不可能知道其名。[6]巫蛊：一种诅咒害人的巫术。巫蛊事：汉武帝末年，丞相公孙贺之子公孙敬声被人告发为巫蛊咒武帝，武帝命宠臣江充为使者治巫蛊，江充与太子刘据有隙，遂陷害太子。

尚书序

(西汉)孔安国

古者伏羲氏之王天下也[1]，始画八卦，造书契[2]，以代结绳之政[3]，由是文籍生焉。

[1]王(wàng)天下：称王天下。[2]书：文字；契：刻木而书其侧。书契：这里指文字。[3]结绳：在文字产生以前古人用绳子结扣来记事，相传大事打大结，小事打小结。

伏羲、神农、黄帝之书[1]，谓之“三坟”，言大道也。少昊、颛顼、高辛、唐、虞之书[2]，谓之“五典”，言常道也[3]。至于夏、商、周之书，虽设教不伦[4]，雅诰奥义，其归一揆[5]。是故历代宝之，以为大训。八卦之说，谓之“八索”，求其义也。九州之志，谓之“九丘”。丘，聚也，言九州所有，土地所生，风气所宜，皆聚此书也。《春秋左氏传》曰，楚左史倚相“能读三坟、五典、八索、九丘”，即谓上世帝王遗书也。

[1]伏羲、神农、黄帝：三皇。[2]少昊、颛顼、高辛、唐、虞：五帝。[3]常道：五帝之道，可以百代常行，所以称常道。[4]伦：类也。五帝称“典”，三王劣而不伦，不得称“典”。[5]一揆(kuí)：同一道理，一个模样。这里指虽然三王的书不得称“典”，但道理上同“典”。

(按：本节简述中国文字的起源及“三坟”“五典”“八索”“九丘”。)

先君孔子，生于周末，睹史籍之烦文，惧览之者不一[1]，遂乃定《礼》《乐》[2]，明旧章，删《诗》为三百篇[3]，约史记而修《春秋》[4]，赞《易》道以黜八索[5]，述《职方》以除九丘[6]。讨论坟典，断自唐、虞以下，讫于周。芟夷烦乱[7]，翦截浮辞，举其宏纲，撮其机要，足以垂世立教，典、谟、训、诰、誓、命之文，凡百篇。所以恢弘至道，示人主以轨范也。帝王之制，坦然明白，可举而行，三千之徒并受其义[8]。

[1]“惧览”句：孔子因为史籍不必是正史，是后代好事者作，因此惧其不一。[2]定：修而不改曰“定”。[3]删：就而减削曰“删”。[4]约：准依其事曰“约”。[5]赞：因而佐成曰“赞”。[6]述：显

而明之曰“述”。上文“修《春秋》”之“修”，也是此意。[7]芟夷：原意除草，此指删削。[8]三千之徒：《家语》及《史记》皆云孔子弟子三千人。

及秦始皇灭先代典籍，焚书坑儒，天下学士，逃难解散。我先人用藏其家书于屋壁[1]。汉室龙兴，开设学校，旁求儒雅，以阐大猷[2]。济南伏生，年过九十，失其本经，口以传授。裁二十余篇。以其上古之书，谓之《尚书》。百篇之义，世莫得闻。

[1]“我先人”句：指汉代发现孔子宅壁中书。近人认为这些书是战国时的写本，至秦始皇焚书坑儒时，孔子后人藏入壁中的。[2]大猷(yóu)：大道。

至鲁共王好治宫室[1]，坏孔子旧宅，以广其居，于壁中得先人所藏古文虞、夏、商周之书，及传《论语》《孝经》，皆科斗文字[2]。王又升孔子堂，闻金石丝竹之音，乃不坏宅，悉以书还孔氏。科斗书废已久，时人无能知者，以所闻伏生之书考论文义，定其可知者，为隶古[3]定，更以竹简写之，增多伏生二十五篇[4]。伏生又以《舜典》合于《尧典》，《益稷》合于《皋陶谟》，《盘庚》三篇合为一，《康王之诰》合于《顾命》，复出此篇，并序，凡五十九篇，为四十六卷。其余错乱摩灭，弗可复知，悉上送官，藏之书府，以待能者。

承诏为五十九篇作传，于是遂研精覃思，博考经籍，采摭群言，以立训传。约文申义，敷畅厥旨，庶几有补于将来。

《书序》，序所以为作者之意。昭然义见，宜相附近，故引之各冠其篇首，定五十八篇。既毕，会国有巫蛊事，经籍道息，用不复以闻，传之子孙，以贻后代。若好古博雅君子，与我同志，亦所不隐也。

[1]鲁共(gōng)王：汉景帝之子，名馀。死谥为共。[2]科斗文字：古文字体的一种。笔画多头大尾小，形如蝌蚪，故称。[3]隶古：隶为隶书，古为科斗。指用隶书写古文。孔颖达疏：“言隶古者，正谓就古文体而从隶定之，存古为可慕，以隶为可识，故曰隶古，以虽隶而犹古。”[4]“增多”句：此二十五篇今称伪《古文尚书》。二十五篇谓《虞书·大禹谟》，《夏书》的《五子之歌》《胤征》，《商书》的《仲虺之诰》《汤诰》《伊训》《太甲》三篇、《咸有一德》《说命》三篇，《周书》的《泰誓》三篇、《武成》《旅獒》《微子之命》《蔡仲之命》《周官》《君陈》《毕命》《君牙》《冏命》。

（按：本节主要回溯《尚书》的由来、《今文尚书》及伪《古文尚书》的形成过程。）

尧　典

昔在帝尧[1]，聪明文思[2]，光宅天下[3]。将逊于位[4]，让于虞舜，作《尧典》。

[1]在：有。[2]聪明：听远为聪，见微为明。[3]光宅：开拓。[4]逊：遁。禅让。

曰若稽古帝尧[1]，曰放勋[2]，钦、明、文、思、安安，[3]允恭克让[4]，光被四表，格于上下。[5]克明俊德，以亲九族；[6]九族既睦，平章百姓[7]；百姓昭明，协和万邦；黎民于变时雍[8]。

[1]"曰若"句：能顺考古道而行之者是帝尧。若：顺。稽：考。[2]放勋：尧的名字。[3]钦、明、文、思：东汉经学家马融："威仪表备谓之钦，照临四方谓之明，经纬天地谓之文，道德纯备谓之思。"安安：安天下之当安者。[4]允恭克让：待人接物信恭能让。克：能。[5]"光被(pī)"二句：圣德美名充满被溢于四方之外，又至于上天下地。[6]"克明"二句：能察明俊德之士并任用之，使上至高祖下至玄孙之亲和睦。[7]平章百姓：使百官平和章明。百姓：百官。[8]"黎民"句：天下民众皆变化从上，是以风俗大和。时：是。雍：和。

乃命羲、和[1]，钦若昊天，历象日月星辰，敬授人时[2]。分命羲仲，宅嵎夷，曰旸谷。[3]寅宾出日，平秩东作；[4]日中星鸟，以殷仲春；[5]厥民析，鸟兽孳尾。[6]申命羲叔，宅南交，平秩南讹，敬致；日永星火[7]，以正仲夏；厥民因，鸟兽希革。[8]分命和仲，宅西，曰昧谷。[9]寅饯纳日[10]，平秩西成；宵中星虚[11]，以殷仲秋；厥民夷，鸟兽毛毨。[12]申命和叔，宅朔方，曰幽都。平在朔易[13]；日短，星昴，[14]以正仲冬；厥民隩，鸟兽氄毛。[15]帝曰："咨！汝羲暨和。期三百有六旬有六日，[16]以闰月定四时，成岁。允厘百工，庶绩咸熙。"

[1]羲、和：马融："羲氏掌天官，和氏掌地官，四子掌四时。""四子"指下文中的羲仲、羲叔、和仲、和叔四人。[2]敬授人时：古本作"敬授民时"。[3]宅：居。嵎夷：代指东方。旸谷：日出于谷而天下明，故称旸谷。传说中日出的地方。[4]"寅宾"二句：东方之官羲仲恭敬地迎接日出，平均按次序安排农耕的事务。寅：恭敬。宾：导。秩：序。东作：春天的农事耕作。下文的南讹、西成、朔易分别指夏天、秋天、冬天的农事。[5]"日中"二句：春分之昏，鸟星毕见，以正仲春的节气，转以推季孟则可知。日中：春分之日，昼夜长度相等。星鸟：星名，南方朱鸟七宿。殷：正。[6]厥：其。

析：其民老壮分析。厥民析：年轻力壮的人开始进行耕作。孳尾：鸟兽繁殖。[7]永：长之意。日永：指夏至，白昼最长的日子。星火：星名，南方火星。[8]因：指老弱者也同丁壮者一同下田耕作。希革：鸟兽毛羽稀少改易。革：改也。[9]昧：冥，天黑之意。日入于谷而天下冥，所以昧谷就是日落之地，西方。和仲为居西方之官，掌秋天之政。[10]寅：导，迎接。饯：送。太阳升起则导，太阳落下则送，因事之宜。[11]宵：夜。春言日，秋言夜。宵中为秋分，夜与日一般长。虚：玄武之中星。[12]夷：平。指同夏天一样，老壮都在田耕作。毛毨(xiǎn)：鸟兽的毛更生整理。[13]朔：北。北称幽都。岁更易于北方，平均在察其政，以顺天常。[14]日短：冬至。昴：白虎之中星。[15]隩：室。居民进入室内，以避风寒。氄(rǒng)毛：鸟兽皆生细毛以使自己温暖。[16]咨：嗟叹之意。暨：与。期：四时轮一遍为期，即一年。

(按：本节主要描述尧帝的品德功绩以及尧帝制定历法的情况。)

帝曰："畴，咨，若时登庸？[1]"放齐曰："胤子朱启明。"[2]帝曰："吁！嚚讼可乎？[3]"

[1]"畴"三句：谁能咸熙庶绩，果能做到者，将登用之。畴：谁。庸：用。[2]放齐：臣名。胤：国名。子：爵。朱：人名。启：开。[3]吁：疑怪之辞。嚚讼可乎：他言不忠信，又好争讼，可以吗？

帝曰："畴，咨，若予采？"[1]驩兜曰："都！共工方鸠僝功。[2]"帝曰："吁！静言庸违，象恭滔天。[3]"

[1]"帝曰"四句：尧再问谁能胜任他的政事。采：事。[2]都：叹美之辞。共工：官称。鸠：聚。僝(zhuàn)：见。[3]"静言"二句：尧认为共工自为谋言，而行事却违背之。貌似恭敬，心里却傲慢得很，言不可用。静：谋。滔：漫。

帝曰："咨！四岳[1]，汤汤洪水方割[2]，荡荡怀山襄陵，浩浩滔天，下民其咨，有能俾乂[3]？"佥曰："於！鲧哉。"帝曰："吁！咈哉，方命圮族[4]。"岳曰："异哉，试可乃已[5]。"帝曰："往！钦哉！"九载，绩用弗成。

[1]四岳：羲和之四子，分掌四岳之诸侯。[2]汤汤：大水流动的样子。割：害。洪水为害天下。[3]俾：使。乂：治。下民嗟叹忧愁，尧问四岳谁能治理好水患。[4]咈：戾。圮：毁。族：类。尧认为鲧性情佷戾，命其行事，只能毁败善类。[5]异：已。已：退。四岳说其他人都被排除了，只有鲧可以前往一试，做不成则放退之。

帝曰："咨！四岳。朕在位七十载[1]，汝能庸命，巽朕位[2]？"岳曰："否德忝帝位[3]。"曰："明明扬侧陋[4]。"师锡帝曰："有鳏在下，曰虞舜。"[5]帝曰："俞！予闻，如何？”岳曰：“瞽子，父顽，母嚚，象傲；[6]克谐以孝，烝烝乂，不格奸[7]。”帝曰：“我其试哉！”

[1]朕在位七十载：尧十六岁以唐侯升为天子，在位七十年，这时已经八十六岁，老将求代。[2]巽：顺。尧说四岳能用帝命，所以想禅让帝位给他们。[3]否：不。忝：辱。四岳推辞不堪此重任。[4]明明扬侧陋：尧知子不肖，有禅让之志，有意在出身低微的人中选拔贤能之士。[5]师：众。锡：与。鳏：无妻为鳏。[6]瞽：无目为瞽。舜的父亲有眼睛，但不分善恶，所以人称瞽。顽：指舜的父亲无德义。象傲：舜的弟弟象傲慢不友。[7]“克谐以孝”三句：舜以至孝来和谐亲人的顽嚚昏傲，使他们更进一步以善自治，不至于走向奸恶。烝(zhēng)：进。

女于时，观厥刑于二女。[1]厘降二女于妫汭，嫔于虞。[2]帝曰：“钦哉[3]！”

[1]“女于时”二句：尧于是以二女妻舜，观察舜对待二女的法度，以其治家的情况观其治国能力。女：妻，动词。刑：法。[2]降：下嫁。嫔：妇，使二女行妇道于舜。[3]钦哉：尧叹舜能修己行敬以安人，是治国良才。

（按：本节主要叙述尧帝挑选接班人的过程，鲧堙洪水没有成功，舜成功地治理了洪水并通过了尧帝的其他考验。）

舜　典

虞舜侧微[1]，尧闻之聪明，将使嗣位，历试诸难，[2]作《舜典》。

[1]侧微：舜是庶人，出身微贱。[2]嗣：继。尧以治民的诸多难事试舜。

曰若稽古帝舜，曰重华协于帝[1]。浚哲文明，温恭允塞，玄德升闻，乃命以位。慎徽五典，五典克从；[2]纳于百揆，百揆时叙；[3]宾于四门，四门穆穆；[4]纳于大麓，烈风雷雨弗迷。[5]帝曰：“格！汝舜。询事考言，乃言底可绩，三载。汝陟帝位。[6]”

[1]重华协于帝：大意是舜的文德与尧相合，舜同尧一样圣明。[2]徽：美。五典：五常之教，父义、母慈、兄友、弟恭、子孝。克从：能顺从。[3]纳于百揆：使舜度百事，总百官。叙：服从，有秩序。[4]宾：迎接宾客。穆穆：美。一说仪容齐整。舜流四凶族，四方诸侯来朝，舜宾迎之，皆有美德。[5]大麓：山脚。烈风雷雨弗迷：狂风暴雨、电闪雷鸣也不迷失方向。[6]格：来。乃：

你。厎(zhǐ)：求得。可绩：十分正确。陟：登上。

（按：伪《古文尚书》把《尧典》下半篇分出，并加入二十八字："曰若稽古帝舜，曰重华协于帝。浚哲文明，温恭允塞，玄德升闻，乃命以位。"作为《舜典》。）

舜让于德，弗嗣。[1]正月上日，受终于文祖[2]。在璇玑玉衡[3]，以齐七政[4]。肆类于上帝[5]，禋于六宗，望于山川，遍于群神。辑五瑞[6]。既月[7]，乃日觐四岳群牧[8]，班瑞于群后[9]。

[1]让于德：让给更有德行的人。嗣：嗣承，继承帝位。[2]终：指尧终帝位的事。文祖：庙名。[3]在：察。璇玑玉衡：北斗七星。[4]七政：祭祀、班瑞、东巡、南巡、西巡、北巡、归格艺祖。[5]肆：于是。类：祭祀。后面的禋、望、遍，也是祭祀之意。[6]辑：收集。五瑞：五种等级的玉器，诸侯拿来作为信符。[7]月：正月。[8]觐(jìn)：见。[9]班：还。

岁二月，东巡守，[1]至于岱宗[2]，柴[3]。望秩于山川[4]，肆觐东后，协时月正日，同律度量衡。[5]修五礼、五玉、三帛、二生、一死贽。[6]如五器，卒乃复。[7]五月南巡守，至于南岳，如岱礼。八月西巡守，至于西岳，如初。十有一月朔巡守，至于北岳，如西礼。归，格于艺祖，用特。[8]五载一巡守。群后四朝，敷奏以言，明试以功，车服以庸。[9]

[1]岁二月：这年二月。守：诸侯为天子守土，所以称守。东巡守：到东方巡视。[2]岱宗：泰山。[3]柴：燔柴祭天。[4]秩：依次。[5]东后：东方诸侯国君。正：确定。同：统一。律：乐律。度：尺度。量：斗斛。衡：斤两。[6]五礼：吉、凶、军、宾、嘉之礼。三帛：纁帛、玄帛、黄帛。二生：羊羔和雁。贽：雉。[7]五器：即五瑞。卒乃复：礼仪完毕然后归还。[8]格于艺祖：告至文祖之庙。特：公牛。[9]群后四朝：会朝于四岳。"明试"二句：根据政绩评定官员，功成则赐给车服表示其可用。

（按：本节主要描述舜接受的历练以及舜登基的情况：修历法、统一度量衡、严明礼仪等级、巡视四方、赏赐功臣。）

肇十有二州[1]，封十有二山[2]，浚川[3]。

[1]肇：始。[2]封：大。[3]浚：疏通河道。

象以典刑[1]，流宥五刑[2]，鞭作官刑，扑作教刑[3]，金作赎刑。眚灾肆赦，怙终贼刑。[4]钦哉，钦哉，惟刑之恤哉[5]！

[1]象以典刑：法用常刑。[2]流宥五刑：以流放的方法代替五刑以示宽大。[3]扑作教刑：不勤道业就用木条挞之。[4]"眚灾"二句：犯了过失有害，应当缓赦之。犯罪又不知道悔改，应当刑杀之。[5]恤：忧，慎重。

流共工于幽州[1]，放驩兜于崇山，窜三苗于三危，殛鲧于羽山，四罪而天下咸服[2]。

[1]流：流放。后文放、窜、殛都是驱逐、流放的意思。幽州：北方极远之地。下文崇山指南方，三危指西方，羽山指东方。[2]四罪：四个罪人都得到应有的处罚。

二十有八载，帝乃殂落[1]。百姓如丧考妣[2]，三载，四海遏密八音[3]。

[1]殂落：舜帝去世。[2]考妣：父母。[3]遏：绝。八音：八种乐器，金、石、丝、竹、匏、土、革、木。

月正元日，舜格于文祖，询于四岳，辟四门，明四目，达四聪。[1]咨十有二牧[2]，曰："食哉惟时！柔远能迩。[3]惇德允元，而难任人，[4]蛮夷率服。"

[1]格：到，至。"明四目"二句：广视听于四方，使天下无雍塞。[2]牧：州的行政长官。[3]食哉惟时：民以食为天，惟应敬授民时。柔：怀柔，安抚。能：善待。迩：近。[4]惇：厚。允：信。元：善。难：拒斥。任人：佞人。

（按：本节主要叙述舜帝登基后做的三件事：划定州界、制定刑罚、放逐尧的大臣。并讲到舜慎用刑罚，外交上以怀柔安抚为主。）

舜曰："咨！四岳。有能奋庸熙帝之载[1]。使宅百揆，亮采惠畴？[2]"佥曰："伯禹作司空[3]。"帝曰："俞！咨禹，汝平水土，惟时懋哉[4]！"禹拜稽首，让于稷、契暨皋陶。帝曰："俞！汝往哉！"

帝曰："弃，黎民阻饥，汝后稷，播时百谷。[5]"

帝曰："契，百姓不亲，五品不逊，汝作司徒，敬敷五教在宽。[6]"

帝曰："皋陶，蛮夷猾夏，寇贼奸宄。汝作士，五刑有服，五服三就。[7]五流有宅，五宅三居。惟明克允。[8]"

[1]奋：起。庸：功。熙帝：此指尧。载：事。[2]"使宅"二句：可以掌百官，信立其功，顺其事者有谁？惠：助词。畴：谁。[3]司空：三公之一，掌管土地。[4]时：是。懋：勉力。[5]黎：众。阻饥：困于饥荒。后：主持。稷：农官，主管播种百谷的事。时：通"莳"，耕种。[6]五品：同上文五典，父义、母慈、兄友、弟恭、子孝。司徒：三公之一，主管民政。敷：布，施行。五教：

五品之教。[7]猾：扰乱。寇贼奸宄(guǐ)：群行攻劫曰寇，杀人曰贼，在外曰奸，在内曰宄。五服三就：服从五刑，行刑当就三处，大罪于原野，大夫于朝，士于市。[8]五流：五种流放。宅：处所。三居：三种处所。明：明察。允：公允。

帝曰："畴若予工[1]？"佥曰："垂哉[2]！"帝曰："俞！咨垂。汝共工[3]。"垂拜稽首，让于殳斨暨伯与[4]。帝曰："俞！往哉汝谐[5]。"

帝曰："畴若予上下草木鸟兽[6]？"佥曰："益哉！"帝曰："俞！咨益，汝作朕虞[7]。"益拜稽首，让于朱虎、熊罴。帝曰："俞！往哉，汝谐。"

帝曰："咨！四岳。有能典朕三礼[8]？"佥曰："伯夷。"帝曰："俞！咨伯。汝作秩宗[9]。夙夜惟寅，直哉惟清。[10]"伯拜稽首，让于夔、龙。帝曰："俞！往，钦哉！"

帝曰："夔！命汝典乐，教胄子[11]，直而温，宽而栗，[12]刚而无虐，简而无傲。[13]诗言志，歌永言。[14]声依永，律和声。[15]八音克谐，无相夺伦，神人以和。"夔曰："于！予击石拊石，百兽率舞。[16]"

帝曰："龙！朕堲谗说殄行[17]，震惊朕师。命汝作纳言，夙夜出纳朕命，惟允。"

[1]若：善。工：官名，主百工之官。[2]垂：人名。[3]共工：官名，主管百工之事。[4]殳斨、伯与：人名。[5]谐：一同。[6]上下：上指山，下指泽。[7]虞：官名，掌管山林之官。[8]典：主持。三礼：天事、地事、人事之礼。[9]秩宗：官名，掌管次序尊卑之礼。[10]"夙夜"二句：早晚敬思其职，典礼施政教，使正直而清明。[11]胄：长。胄子指天子或诸侯的嫡长子以下至卿大夫子弟。[12]"直而温"二句：正直而温和，宽弘而能庄栗。[13]"刚而"二句：刚毅而不苛刻，简易而不傲慢。[14]"诗言志"二句：诗是用来表达人的意志的，歌是延长诗的语言，徐徐咏唱，以突出诗的意义。[15]"声依永"二句：声音的高低又和长言相配合，律吕用来调和歌声。[16]"予击石"二句：敲击石磬，乐感百兽，使百兽相率而舞。[17]堲(jí)：疾，厌恶。

(按：本节主要描述舜制定百官的过程。著名的"诗言志"说就是出于此。)

帝曰："咨！汝二十有二人，钦哉！惟时亮天功[1]。三载考绩，三考黜陟幽明[2]。"庶绩咸熙。分北三苗。

舜生三十征庸，三十在位，五十载，陟方乃死。

帝厘下土，方设居方，[3]别生分类[4]，作《汩作》《九共》九篇、《槁饫》。

[1]惟时亮天功：只有这样才能信立天下之功。[2]黜陟幽明：黜退其幽者，升进其明者。[3]"帝厘"二句：舜理四方诸侯，各设其官居其方。[4]生：姓。

洪 范

武王胜殷，杀受[1]，立武庚[2]，以箕子归[3]，作《洪范》[4]。

[1]受：古音同纣，纣王。纣王自焚，所以说杀受。[2]武庚：纣王的儿子。[3]箕子：纣王的诸父，一说是纣王的庶兄，封于箕。[4]“洪”：大；“范”：法则。《洪范》：《尚书孔氏传》曰：“归镐京，箕子作之。”

（按：本节是本篇的《书序》。）

惟十有三祀[1]，王访于箕子[2]。王乃言曰：“呜呼！箕子。惟天阴骘下民[3]，相协厥居[4]，我不知其彝伦攸叙[5]。”

箕子乃言曰：“我闻在昔，鲧堙洪水[6]，汩陈其五行[7]，帝乃震怒，不畀‘洪范’九畴[8]，彝伦攸斁[9]。鲧则殛死[10]，禹乃嗣兴[11]。天乃锡禹‘洪范’九畴[12]，彝伦攸叙。”

[1]惟：句首语气词。有：同“又”，古人用在整数与零数之间，表示整数之外再加零数。祀：年，商曰祀。十有三祀：指周武王十三年，即武王克殷后两年。[2]访：向……询问。[3]阴骘：默默地使安定。[4]相协厥居：使他们和睦相处。相：使。协：和睦。厥：其。[5]“我不知”句：我不知道上天规定了哪些治国的常理。彝伦：常理次序。攸：连词，相当于“所以”。叙：次序，用作动词，有制定、规定之意。[6]堙(yīn)：堵塞。[7]汩陈：错乱陈列。汩：乱。[8]畀(bì)：给予。九畴：“初一”至“次九”的九类治国大法。[9]攸；连词，相当于“于是”，下同。斁(dù)：败坏。[10]殛：流放。[11]嗣兴：继承并振兴。[12]锡：通“赐”，下同。

（按：本节交代武王向箕子请教洪范九畴。以下篇幅则依次解释九条治国大法。）

初一曰五行，次二曰敬用五事[1]，次三曰农用八政[2]，次四曰协用五纪[3]，次五曰建用皇极[4]，次六曰乂用三德[5]，次七曰明用稽疑[6]，次八曰念用庶征[7]，次九曰向用五福[8]，威用六极[9]。

[1]敬：慎重。五事：指古代统治者修身的五件事，详见下文。[2]农：勤勉。八政：古代国家施政的八个方面，详见下文。[3]协用：正确使用。五纪：五种计时的方法，详见下文。[4]建：建立。皇极：帝王统治天下的最高法则。[5]乂(yì)：治理。三德：三种品德，详见下文。[6]明：明察事理。稽疑：用卜筮决疑，详见下文。[7]念：思考。庶征：各种症候，详见下文。[8]向：同

“飨”，款待。五福：五种幸福，详见下文。[9]威：畏惧。六极：六种极其凶恶之事，详见下文。

一、五行：一曰水，二曰火，三曰木，四曰金，五曰土。水曰润下[1]，火曰炎上[2]，木曰曲直[3]，金曰从革[4]，土爰稼穑[5]。润下作咸，炎上作苦，曲直作酸，从革作辛，稼穑作甘。

二、五事：一曰貌[6]，二曰言[7]，三曰视[8]，四曰听[9]，五曰思[10]。貌曰恭，言曰从[11]，视曰明，听曰聪，思曰睿。恭作肃[12]，从作乂，明作晢[13]，聪作谋[14]，睿作圣[15]。

[1]曰：语气助词，无实义，下同。润下：指水性就下以滋润万物。[2]炎上：火向上燃烧。[3]曲直：弯曲和平直。[4]从革：依从人的意愿而改变形状。[5]土爰稼穑：土可以种，可以敛。种曰稼，敛曰穑。[6]貌：荣仪。[7]言：词章。[8]视：观正。[9]听：察是非。[10]思：心虑所行。[11]从：正当合理。[12]作：则。肃：恭敬。[13]晢(zhì)：明智，不受蒙蔽。[14]谋：判断正确。[15]圣：圣明。

三、八政：一曰食[1]，二曰货[2]，三曰祀[3]，四曰司空[4]，五曰司徒[5]，六曰司寇[6]，七曰宾[7]，八曰师[8]。

[1]食：勤农业。[2]货：宝用物。[3]祀：敬鬼神以成教。[4]司空：主空土以居民。[5]司徒：主徒众，教以礼义。[6]司寇：主奸盗，使无纵。[7]宾：礼宾客，无不敬。[8]师：简师所任必良，士卒必练。

四、五纪：一曰岁，二曰月，三曰日，四曰星辰[1]，五曰历数[2]。

[1]星：二十八星宿。辰：一说指日、月、星的统称；一说指日、月的交汇点。[2]历数：推算岁时节候的方法。

五、皇极：皇建其有极[1]。敛时五福[2]，用敷锡厥庶民[3]；惟时厥庶民于汝极[4]，锡汝保极[5]。凡厥庶民，无有淫朋[6]，人无有比德，惟皇作极[7]。凡厥庶民，有猷有为有守[8]，汝则念之。不协于极，不罹于咎，皇则受之，[9]而康而色[10]。曰：“予攸好德[11]。”汝则锡之福，时人斯其惟皇之极。无虐茕独，而畏高明。[12]人之有能有为，使羞其行，而邦其昌。[13]凡厥正人，既富方谷。[14]汝弗能使有好于而家，时人斯其辜。[15]于其无好德，汝虽锡之福，其作汝用咎[16]。

[1]皇：君王。建：建立。极：中正之道。[2]敛：集中。时：此，下同。[3]用：以。敷锡：施

赐。[4]惟：只。于：重视。[5]保极：遵守法则，保守中道。[6]淫朋：互相勾结营私的朋党。下文比德也是结党营私之意。[7]惟皇作极：只以君王建立的中道为准则。[8]猷(yóu)：谋略。为：作为。守：操守。[9]协：合。罹：陷入。咎：罪过。受：宽容。[10]而康而色：你应当使你的脸色安详温和，以谦下人。[11]予攸好德：我所爱好的是美好的德行。[12]斯：则。茕：单，独。高明：宠贵者。[13]羞：进行。而：则。一说指你。[14]正人：正直的人。既富方谷：应该赐给他福禄使他富贵，又当以善道待之。[15]好：善，好处。家：国家。辜：归罪。[16]作：使。用：行。咎：恶。一说"汝用咎"即咎汝，宾语前置。

无偏无陂[1]，遵王之义；无有作好[2]，遵王之道；无有作恶，遵王之路。无偏无党，王道荡荡[3]；无党无偏，王道平平[4]；无反无侧[5]，王道正直。会其有极，归其有极。[6]曰皇极之敷言[7]，是彝是训[8]，于帝其训[9]。凡厥庶民极之敷言，是训是行，以近天子之光。曰天子作民父母，以为天下王。

[1]偏：不平。陂：不正。[2]好(hào)：私好。[3]荡荡：广大貌；博大貌。[4]平平：治理有序，安详娴熟。[5]反：反常。侧：倾斜。[6]"会其"二句：会其中道而行之，则天下皆归于中道。[7]皇极之敷言：所陈述有关皇极的话。[8]彝：常规。训：训诫。[9]帝：天帝。训：顺从。

六、三德：一曰正直[1]，二曰刚克[2]，三曰柔克[3]。平康，正直[4]；强弗友，刚克[5]；燮友，柔克[6]。沈潜，刚克；高明，柔克。[7]惟辟作福，惟辟作威，惟辟玉食。[8]臣无有作福、作威、玉食。臣之有作福、作威、玉食，其害于而家，凶于而国。人用侧颇僻，民用僭忒。[9]

[1]正直：能正人之曲直。[2]刚克：刚能立事。[3]柔克：和柔能治。[4]"平康"二句：世道平安，用正直之道来治理。[5]"强弗友"二句：世道强御不顺，用刚之道来治理。友：顺。[6]"燮友"二句：世道和顺，用柔之道来治理。[7]沈潜：指地。地虽柔但也有刚，能出金石。高明：指天。天虽刚但也有柔，不干四时。比喻臣应当执刚以正君，君也当怀柔以纳臣。[8]"惟辟"三句：只有君王才能专威福，食用珍贵的美食。辟(bì)：君王。[9]"人用"二句：居上位的官员如果不敦平，下民就会越礼逾制。

七、稽疑[1]：择建立卜筮人[2]，乃命卜筮。曰雨，曰霁，[3]曰蒙[4]，曰驿[5]，曰克[6]，曰贞，曰悔，[7]凡七。卜五，占用二，[8]衍忒[9]。立时人作卜筮，三人占，则从二人之言。汝则有大疑[10]，谋及乃心，谋及卿士，谋及庶人，谋及卜筮。汝则从，龟从，筮从，卿士从，庶民从，是之谓大同；身其康强，子孙其逢吉。汝则从，龟从，筮从，卿士逆，庶民逆，吉。卿士从，龟从，筮从，汝则逆，庶民逆，吉。庶民从，龟从，筮从，汝则逆，卿士逆，吉。汝则从，龟从，筮逆，卿士逆，庶民逆，作内吉[11]；作外凶。龟筮共违于人，用静吉；用作凶。

[1]稽疑：考正疑事。[2]卜筮：古时预测吉凶，用龟甲称卜，用蓍草称筮，合称卜筮。[3]“曰雨”二句：龟兆形(龟壳经烧过后表面出现的裂纹)有似雨的，有似雨停的。[4]蒙：阴暗。[5]驿：云气稀疏。[6]克：龟兆形交错。[7]贞：《易》的内卦，即下三爻。悔：《易》的外卦，即上三爻。[8]“卜五”二句：前五种是占卜所得的龟兆，后两种是占筮所得的卦象。[9]衍忒：推算变化。[10]则：假如。下文的则同此意。[11]作内：做国内的事。

八、庶征[1]：曰雨，曰旸[2]，曰燠[3]，曰寒，曰风，曰时。五者来备，各以其叙，[4]庶草蕃庑[5]。一极备凶[6]；一极无凶。

[1]庶：众。征：验。[2]旸(yáng)：出太阳。[3]燠(yù)：温暖。[4]备：完备，齐备。叙：次序。[5]蕃庑：茂盛。[6]一：五者之一。极：过度。

曰休征[1]：曰肃，时雨若[2]；曰乂，时旸若；曰晢，时燠若；曰谋，时寒若；曰圣[3]，时风若。

[1]休征：吉祥的征兆。[2]若：象。[3]圣：通达。

曰咎征[1]：曰狂[2]，恒雨若；曰僭[3]，恒旸若；曰豫[4]，恒燠若；曰急[5]，恒寒若；曰蒙[6]，恒风若。

[1]咎征：恶行的报应。[2]狂：狂妄。[3]僭：差错。[4]豫：明不照物则行。与晢相反。[5]急：与“谋”相当，指不知谋略，急于自用。[6]蒙：昏暗不明。

曰：王省惟岁[1]，卿士惟月，师尹惟日。[2]岁月日[3]、时无易，百谷用成[4]，乂用明，俊民用章，[5]家用平康。日月岁、时既易，百谷用不成，乂用昏不明，俊民用微[6]，家用不宁。

[1]王省惟岁：君王视察政事，像岁统领日月。[2]卿士：指卿、大夫。师尹：各属官之长。[3]岁月日：三者有统属关系，岁统领日月，月统属于岁，日又统属于月，比喻君臣关系。[4]用：介词，以，表示凭借或原因。[5]明：开明。俊民：贤人，才智杰出的人。章：表彰，提拔。[6]微：隐匿。

庶民惟星，星有好风[1]，星有好雨。日月之行，则有冬有夏。月之从星，则以风雨。[2]

[1]好(hào)：喜好。古人认为箕星好风，毕星好雨。[2]“月之”二句：月进入箕星的星域就多风，进入毕星的星域就多雨。

九、五福：一曰寿，二曰富，三曰康宁，四曰攸好德，五曰考终命[1]。六极：一曰凶短折[2]，二曰疾[3]，三曰忧[4]，四曰贫[5]，五曰恶[6]，六曰弱[7]。

武王既胜殷，邦诸侯，班宗彝，作《分器》[8]。

[1]考终命：老而善终。考：老。[2]凶：儿童未换牙就死了。短：未等到二十岁加冠就死了。折：没结婚就死了。[3]疾：常抱疾苦。[4]忧：多忧。[5]贫：困于财。[6]恶：丑陋。[7]弱：愚懦不坚毅。[8]“武王”四句：武王战胜殷商后，制邦国以封有功者为诸侯，班赋宗庙彝器以赐之，同时有言诰戒教，做《分器》之篇。

三 《诗经》

[引言]

《诗经》是我国最早的诗歌总集，共三百零五篇，相传由孔子所编。《诗经》作者绝大部分已不可考，部分作品为贵族文人所作，部分为乐官从民间搜集整理而成。

《诗经》分为《风》《雅》《颂》三部分。《风》包括《周南》《召南》《邶风》《鄘风》《卫风》《王风》《郑风》《齐风》《魏风》《唐风》《秦风》《陈风》《桧风》《曹风》《豳风》，共一百六十篇，是地方风土歌谣。《雅》分为《大雅》和《小雅》，《大雅》共三十一篇，《小雅》共七十四篇，是王畿之乐。《颂》包括《周颂》《商颂》《鲁颂》，共四十篇，是宗庙祭祀乐歌。

汉初传授《诗经》者，共有四家，包括鲁国的申培、齐国的辕固生、燕国的韩婴、赵国的毛亨和毛苌(即大毛公和小毛公)，简称鲁诗、齐诗、韩诗、毛诗。前三家皆为今文经学，已佚。今日所传为毛诗一派之传本。

四库全书总目毛诗正义四十卷提要

汉毛亨传[1]，郑元笺[2]，唐孔颖达疏。案《汉书·艺文志》："《毛诗》二十九卷，《毛诗故训传》三十卷。"然但称毛公，不著其名。《后汉书·儒林传》始云"赵人毛长传《诗》，是为《毛诗》"。其"长"字不从"艸"[3]。《隋书·经籍志》载"《毛诗》二十卷，汉河间太守毛苌传，郑氏笺"，于是《诗传》始称毛苌。然郑元《诗谱》曰："鲁人大毛公为《训诂传》于其家，河间献王得而献之，以小毛公为博士。"陆玑《毛诗草木虫鱼疏》亦云："孔子删《诗》授卜商，商为之序以授鲁人曾申，申授魏人李克，克授鲁人孟仲子，仲子授根牟子，根牟子授赵人荀卿，荀卿授鲁国毛亨，毛亨作《训诂传》以授赵国毛苌。时人谓亨为大毛公，苌为小毛公。"据是二书，则作传者乃毛亨，非毛苌，故孔氏《正义》亦云："大毛公为其传，由小毛公而题毛也。"《隋志》所云，殊为舛误[4]，而流俗沿袭，莫之能更。朱彝尊《经义考》乃以《毛诗》二十九卷题"毛亨撰"，注曰"佚"；《毛诗故训传》三十卷题"毛苌撰"，注曰"存"：意主调停，尤为于古无据。今参稽众说[5]，定作传者为毛亨，以郑氏后汉人，陆氏三国吴人，并传授《毛诗》，渊源有自，所言必不诬也[6]。

[1]毛亨：生平不详，一说西汉鲁(今山东曲阜)人；一说河间(今河北献县东南)人，作《毛诗故训传》，开"毛诗"学派，时人谓之为毛公。[2]郑元：即郑玄。元：本作"玄"，为避唐玄宗讳改为"元"。笺：古书的注解。[3]"艸"：即草，谓部首"艹"。[4]舛：违背；背离。[5]稽：查考；考核。[6]诬：歪曲。

郑氏发明毛义，自命曰"笺"。《博物志》曰："毛公尝为北海郡守，康成是此郡人，故以为敬。"推张华所言，盖以为公府用记[1]、郡将用笺之意。然康成生于汉末，乃修敬于四百年前之太守，殊无所取。案《说文》曰："笺，表识书也。"郑氏《六艺论》曰："注《诗》宗毛为主[2]。毛义若隐略，则更表明。如有不同，即下己意，使可识别。"然则康成特因毛传而表识其傍[3]，如今人之签记，积而成帙[4]，故谓之"笺"，无庸别曲说也[5]。

[1]记：公文；文告。[2]宗：推崇；敬重。[3]傍：依傍；依靠。[4]帙：卷册；书籍。[5]无庸：不用，用不着。

自郑笺既行，齐、鲁、韩三家遂废。然笺与传义亦时有异同。魏王肃作《毛诗注》

《毛诗义驳》《毛诗奏事》《毛诗问难》诸书，以申毛难郑[1]。欧阳修引其释《卫风·击鼓》五章，谓“郑不如王”。王基又作《毛诗驳》，以申郑难王。王应麟引其驳《芣苢》一条，谓“王不及郑”。晋孙毓作《毛诗异同评》，复申王说。陈统作《难孙氏毛诗评》，又明郑义。祖分左右，垂数百年。至唐贞观十六年，命孔颖达等因郑笺为正义，乃论归一定，无复歧途。

[1]申：伸张；舒展。

毛传二十九卷，《隋志》附以郑笺作二十卷，疑为康成所并[1]。颖达等以疏文繁重，又析为四十卷。其书以刘焯《毛诗义疏》、刘炫《毛诗述义》为稿本，故能融贯群言，包罗古义，终唐之世，人无异词。惟王谠《唐语林》记刘禹锡听施士匄[2]讲《毛诗》所说“维鹈在梁”“陟彼岵兮”“勿翦勿拜”“维北有斗”四义，称毛未注，然未尝有所诋排也。至宋郑樵，恃其才辨，无故而发难端，南渡诸儒始以掊击毛、郑为能事。元延祐科举条制，《诗》虽兼用古注疏，其时门户已成，讲学者讫不遵用。沿及明代，胡广等窃刘瑾之书作《诗经大全》，著为令典，于是专宗朱《传》，汉学遂亡。然朱子从郑樵之说，不过攻《小序》耳。至于《诗》中训诂，用毛、郑者居多。后儒不考古书，不知《小序》自《小序》，传、笺自传、笺，哄然佐斗，遂并毛、郑而弃之。是非惟不知毛、郑为何语，殆并朱子之《传》亦不辨为何语矣。

[1]并：通“摒”。排除；抛弃。[2]匄(gài)：通“丐”。

我国家经学昌明[1]，一洗前明之固陋。乾隆四年，皇上特命校刊《十三经注疏》，颁布学宫，鼓箧之儒皆骎骎乎研求古学[2]。今特录其书与《小序》，同冠诗类之首，以昭六义渊源，其来有自，孔门师授，端绪炳然，终不能以他说掩也。

[1]国：诸侯的封地。家：卿大夫的封地。[2]箧(qiè)：指小箱子，或特指竹箱。骎骎(qīn)：指马快跑的样子。

毛诗序

[引言]

《毛诗序》分为《大序》与《小序》。小序者，附于每首诗后以阐释其主旨。如本文中“《关雎》，后妃之德也，《风》之始也，所以风天下而正夫妇也。故用之乡人焉，用之邦国焉……是以《关雎》乐得淑女，以配君子，忧在进贤，不淫其色；哀窈窕，思贤才，而无伤善之心焉。是《关雎》之义也。"大序者，系对《诗三百》作整体阐释的文字，如本文中之"风，风也，教也；风以动之，教以化之……正始之道，王化之基。"

《毛诗序》提出了诗学史上很多著名的命题、概念，如诗与言、志、乐、舞的关系问题；诗的风谏与教化说；诗经六义说；诗四始说、"发乎情，止乎礼义"说、变风变雅说，等等。

至于《毛诗序》的作者，《经典释文》引沈重云："案郑(玄)《诗谱》意，《大序》是子夏(卜商)作，《小序》是子夏、毛公合作。"又引或云："小序是东海卫敬仲(宏)所作。"故目前尚无定论。

《关雎》[1]，后妃之德也，《风》之始也[2]，所以风天下而正夫妇也[3]。故用之乡人焉，用之邦国焉[4]。风，风也，教也；风以动之，教以化之。

[1]《关雎》：《诗・周南》首篇的篇名。[2]《风》：指十五国风。[3]风(fèng)：教化之意。[4]邦国：诸侯的封地。

诗者，志之所之也[1]，在心为志，发言为诗。情动于中而形于言[2]，言之不足故嗟叹之，嗟叹之不足故永歌之[3]，永歌之不足，不知手之舞之、足之蹈之也。

[1]之：《说文》："之，出也。"[2]形：表达，表现。[3]永：长，久。

情发于声，声成文谓之音[1]。治世之音安以乐，其政和；乱世之音怨以怒，其政乖[2]；亡国之音哀以思，其民困。故正得失，动天地，感鬼神，莫近于诗[3]。先王以是经夫妇[4]，成孝敬，厚人伦，美教化，移风俗。

[1]文：指文采。[2]乖：指反常，乖戾。[3]莫近于诗：即莫过于诗。孔颖达《毛诗正义》："何休云：莫近，犹莫过之也。"[4]经：常，常道。这里作动词用，谓使之正常。

故诗有六义焉：一曰风[1]，二曰赋，三曰比，四曰兴，五曰雅，六曰颂。上以风化下，下以风刺上，主文而谲谏[2]，言之者无罪，闻之者足以戒，故曰风。至于王道衰，礼义废，政教失，国异政，家殊俗，而变风[3]、变雅作矣。国史明乎得失之迹，伤人伦之废，哀刑政之苛，吟咏情性，以风其上，达于事变而怀其旧俗者也。故变风发乎情，止乎礼义。发乎情，民之性也；止乎礼义，先王之泽也。是以一国之事，系一人之本，谓之风；言天下之事，形四方之风，谓之雅。雅者，正也，言王政之所由废兴也。政有小大，故有小雅焉，有大雅焉，颂者，美盛德之形容，以其成功告于神明者也。是谓四始[4]，诗之至也。

[1]风：指风化，讽刺。[2]谲(jué)谏：指用委婉的措辞进谏而不直言过失。[3]变：与下文"达于事变"意思相同，指时世、政教等由盛至衰。[4]四始：指国风之《关雎》，小雅之《鹿鸣》，大雅之《文王》，颂之《清庙》，共四篇。

然则《关雎》《麟趾》之化，王者之风，故系之周公。南，言化自北而南也。《鹊巢》《驺虞》之德[1]，诸侯之风也，先王之所以教，故系之召公。《周南》《召南》，正始之道，王化之基。是以《关雎》乐得淑女，以配君子，忧在进贤，不淫其色；哀窈窕[2]，思贤才，而无伤善之心焉。是《关雎》之义也。

[1]驺(zōu)：指古代养马驾车的人。[2]窈窕：指善良美好。

柏　舟

[引言]

本诗用饱含情感的诗句抒发了一位妇女对丈夫的幽怨之情。

泛彼柏舟[1]，亦泛其流。耿耿不寐，如有隐忧。微我无酒[2]，以敖以游[3]。
我心匪鉴[4]，不可以茹[5]。亦有兄弟，不可以据[6]。薄言往愬[7]，逢彼之怒。
我心匪石，不可转也。我心匪席，不可卷也。威仪棣棣[8]，不可选也。
忧心悄悄[9]，愠于群小[10]，觏闵既多[11]，受侮不少。静言思之，寤辟有摽[12]。
日居月诸，胡迭而微[13]？心之忧矣，如匪澣衣[14]。静言思之，不能奋飞。

[1]泛：漂浮；乘船航行。[2]微：如果没有，要不是。[3]敖：通"遨"。[4]匪：不，不是。鉴：青铜大盆，亦指青铜镜。[5]茹：一说为容纳，包含；一说为度，猜度。[6]据：凭借，依据。[7]愬：通"诉"，告诉，诉说。[8]棣棣：雍容娴雅的样子。[9]悄悄：忧愁，愁苦。[10]小：道德低下的人，小人。[11]觏(gòu)：遭受，遭遇。闵：哀伤；忧患。[12]寤：醒悟。辟：通"擗"，捶胸。摽：击；打。[13]胡：疑问代词，何。迭：轮换；交替。微：精妙；深奥。[14]澣：通"浣"，洗涤。

硕 人

[引言]

《毛诗序》："《硕人》，闵庄姜也。庄公惑于嬖妾，使骄上僭。庄姜贤而不答，终以无子。国人闵而忧之。"本诗即赞美了庄姜夫人的美好品德。

硕人其颀[1]，衣锦褧衣[2]。齐侯之子，卫侯之妻，东宫之妹，邢侯之姨，谭公维私[3]。

手如柔荑[4]，肤如凝脂，领如蝤蛴[5]，齿如瓠犀[6]，螓首蛾眉[7]，巧笑倩兮[8]！美目盼兮[9]！

硕人敖敖，说于农郊[10]。四牡有骄[11]，朱幩镳镳[12]，翟茀以朝[13]。大夫夙退，无使君劳。

河水洋洋，北流活活[14]。施罛濊濊[15]，鳣鲔发发[16]，葭菼揭揭[17]。庶姜孽孽[18]，庶士有朅[19]。

[1]硕：大。颀(qí)：修长，高大。[2]褧(jiǒng)：用麻布制成的单罩衣。[3]私：古代称姐妹的丈夫。[4]荑(tí)：茅草的嫩芽，以泛指草木的嫩芽。[5]蝤蛴(qiú qí)：天牛的幼虫，黄白色，身长足短，呈圆筒形。[6]瓠(hù)：瓠子，又叫瓠瓜，草本植物。犀：锋利，坚固。[7]螓(qín)首：一种像蝉的小虫。螓首指额头方而广，形容女子美貌。[8]倩：笑靥美好的样子。[9]盼：眼睛黑白分明的样子。[10]说(yuè)：高兴，愉快。[11]牡：雄性的马匹。骄：马高大健壮。[12]幩(fén)：缠在马口两边镳上的绸子。镳(biāo)：盛美的样子。[13]翟：用雉羽装饰或绘有雉羽图案的衣服。茀：车厢上的遮蔽物，车蔽。[14]活活：流水的声音。[15]罛(gū)：大渔网。濊(huò)：指撒网入水或水流受阻发出的声音。[16]鳣(zhān)：指鲟一类的大鱼；或音 shàn，指黄鳝。鲔(wěi)：鱼类的一种。[17]葭(jiā)：初生的芦苇。菼(tǎn)：初生的荻草。揭：举起；竖起。[18]庶：希望。姜：姜水，地名。孽孽：盛饰。[19]朅(qiè)：离开、离去。

鹿 鸣

[引言]

《毛诗序》："《鹿鸣》，燕群臣嘉宾也。既饮食之，又实币帛筐篚，以将其厚意，然后忠臣嘉宾得尽其心矣。”本诗叙述了贵族宴会时的情景。

呦呦鹿鸣，食野之苹[1]。我有嘉宾，鼓瑟吹笙。吹笙鼓簧，承筐是将[2]。人之好我，示我周行[3]。

呦呦鹿鸣，食野之蒿[4]。我有嘉宾，德音孔昭[5]。视民不恌[6]，君子是则是效[7]。我有旨酒，嘉宾式燕以敖[8]。

呦呦鹿鸣，食野之芩[9]。我有嘉宾，鼓瑟鼓琴。鼓瑟鼓琴，和乐且湛[10]。我有旨酒，以燕乐嘉宾之心。

[1]苹：植物名，指艾蒿。[2]承：捧着；托着。将：奉献；奉养。[3]周行：至美至善之道。[4]蒿：蒿草。[5]德音：郑玄：“先王道德之教也。”孔：很，甚。[6]恌：通“佻”，轻佻之意。[7]则：规律；法则。[8]燕：通“宴”。敖：游逛，游玩。[9]芩：植物名，芦苇。[10]湛(dān)：欢乐。

生 民

[引言]

《毛诗序》：“《生民》，尊祖也。后稷生于姜嫄。文武之功，起于后稷，故推以配天焉。”本诗主要是周人为纪念其始祖后稷而作。叙述了后稷的诞生(帝王感孕生)以及对周人农业文明的开拓之功，表达了周人对始祖后稷的崇敬之情。

厥初生民[1]，时维姜嫄[2]。生民如何？克禋克祀[3]，以弗无子[4]。履帝武敏歆[5]，攸介攸止，载震载夙[6]，载生载育，时维后稷。

[1]厥：代词。其；此。[2]姜嫄：远古传说中周始祖后稷的母亲，嫄为谥号，取本源之义。[3]克：能。禋(yīn)：焚柴生烟，烟气上达于天，泛指祭祀。[4]弗：通“祓”，古代除灾去邪的祭礼。[5]武：足迹，脚印。敏：通“拇”，脚的大拇指。歆：欣喜，高兴的样子。[6]震：通“娠”，怀孕。夙：一说为肃敬，一说通“肃”，孕后生活有规律。

诞弥厥月[1]，先生如达[2]。不坼不副[3]，无菑无害。以赫厥灵[4]，上帝不宁？不康禋祀[5]？居然生子[6]。

[1]诞：语助词。[2]达：初生的羔羊。[3]不坼不副：指胎儿裹在胎衣中生出。副(pì)：指剖开。[4]灵：神异。[5]康：安宁，安乐。[6]居然：徒然，枉然。

诞寘之隘巷[1]，牛羊腓字之[2]。诞寘之平林，会伐平林[3]。诞寘之寒冰，鸟覆翼之。鸟乃去矣，后稷呱矣。实覃实讦[4]，厥声载路[5]。

[1]寘(zhì)：通“置”，放置，摆放。[2]腓(féi)：庇护。字：哺育；哺养。[3]会：恰巧。[4]实：通“寔”，此也。讦：大也。[5]载：充满。

诞实匍匐，克岐克嶷[1]，以就口食。蓺之荏菽[2]，荏菽旆旆[3]，禾役穟穟[4]，麻麦幪幪[5]，瓜瓞唪唪[6]。

[1]岐：知意，会意；引申为聪明。嶷(nì)：一说为聪明；一说为站立。[2]蓺(yì)：种，种植。荏(rěn)：植物名，指白苏。菽(shū)：豆子。[3]旆旆(pèi)：指植物生长茂盛的样子。[4]役：通“颖”，谷穗。穟穟：禾穗成熟下垂的样子。[5]幪幪：覆盖。[6]瓞(dié)：小瓜。唪唪(fěng)：指茂盛的样子。

诞后稷之穑[1]，有相之道[2]。茀厥丰草[3]，种之黄茂。实方实苞，实种实褎，实发实秀，实坚实好，实颖实栗，即有邰家室。

[1]穑(sè)：收获庄稼；泛指农事。[2]相：看，观察。[3]茀：除掉，清除。

诞降嘉种，维秬维秠[1]，维穈维芑[2]。恒之秬秠，是获是亩。恒之穈芑，是任是负[3]。以归肇祀[4]。

[1]秬(jù)：黑黍，古人称之为嘉种。秠：良种黍。[2]穈(mén)：赤苗。芑(qǐ)：白苗。[3]任：抱也。[4]肇：开始，起始。

诞我祀如何？或舂或揄[1]，或簸或蹂[2]。释之叟叟[3]，烝之浮浮[4]。载谋载惟[5]，取萧祭脂[6]，取羝以軷[7]。载燔载烈[8]，以兴嗣岁[9]。

[1]舂：用杵和臼捣去谷物的皮壳。揄：舀取。[2]簸：簸扬，用簸箕扬去谷物中的糠等杂物。[3]释：淘米。叟叟：淘米声。[4]烝：通“蒸”。浮浮：热气上升的样子。[5]惟：思，思考。[6]萧：植物名，艾萧。脂：祭祀牲口之脂。[7]羝：公羊。軷：祭祀路神。[8]燔(fán)：烤。[9]嗣：随后，后来。嗣岁指来年。

卬盛于豆[1]，于豆于登[2]。其香始升，上帝居歆[3]。胡臭亶时[4]！后稷肇祀，庶无罪悔，以迄于今。

[1]卬：通“仰”。向上；仰望。引申为举。豆：古代盛食物的器皿，类似高脚盘子。[2]登：古代盛食物的器具。[3]歆：指祭祀时神明享受祭品的香气。[4]胡：大。臭：气味。亶(dǎn)：诚然，确实。

四 《楚辞》

[引言]

“楚辞”是滥觞于战国时楚国的一种诗歌体式，其名最早见于《史记·酷吏列传》：“买臣以‘楚辞’与助俱幸，侍中为太中大夫，用事。”宋黄伯思《校定楚辞序》以为，其以“楚声”“楚歌”“楚语”“记楚地”“名楚物”而命名。该诗歌体式的形成，伟大的文学家屈原功不可没，故鲁迅《汉文学史纲要》云：“在韵言则有屈原起于楚，被谗放逐，乃作《离骚》。逸响伟辞，卓绝一世。后人惊其文采，相率仿效，以原楚产，故称‘楚辞’。”

汉成帝时，刘向把屈原、宋玉及汉代人模仿“楚辞”这一诗歌体式而创作的作品汇编成集，共16卷，名为《楚辞》，已佚。汉安帝元初初年，王逸注《楚辞》而加入其所创《九思》成集，重名之为《楚辞章句》，共17卷，为现通行本。

《楚辞》与《诗经》被视为中国古典诗歌的两大源头，屈原更被誉为华夏民族文人文学的百世不祧之祖。

楚辞章句序

(东汉)王　逸

[引言]

《楚辞章句序》主要从论述屈原高洁品质入手，认为其对待现实“进不隐其谋，退不顾其命”的态度，及“依托五经以立义焉”的《离骚》写作规范性，均符合传统儒家的人生规训与诗教原则，从而驳斥了班固对屈原“露才扬己，怨刺其上”的失当批评，回应了淮南王刘安及史学家司马迁对屈原的推崇嘉赞。

王逸：生卒年不详。字师叔，南郡宜城(今属湖北)人。东汉安帝元初年间(114—119)为校书郎，顺帝时官至侍中。事迹可考于《后汉书》卷八十《文苑传》。其《楚辞章句》是现存最早的《楚辞》注本，前16卷注释屈原至刘向的作品，第17卷注释王逸自作之《九思》。

昔孔子睿圣明哲，天生不群[1]，定经术，删《诗》《书》，正《礼》《乐》，制作《春秋》，以为后王法[2]。门人三千，罔不昭达[3]。临终之日，则大义乖而微言绝[4]。

[1]不群：杰出、卓越。[2]以为：“以之为”的省略。后王：其后的帝王。法：效法的准则。[3]昭达：明白通达。[4]大义乖而微言绝：即孔子所确立的“微言大义”之书写传统遭到违背弃绝。

(按：本节意在点明孔子开创的“微言大义”传统在其千古之后而失传的现实。)

其后周室衰微，战国并争，道德陵迟[1]，谲诈萌生[2]，于是杨、墨、邹、孟、孙、韩之徒[3]，各以所知著造传记，或以述古，或以明世。而屈原履忠被谮，忧悲愁思，独依诗人之义，而作《离骚》，上以讽谏，下以自慰。遭时暗乱[4]，不见省纳[5]，不胜愤懑，遂复作《九歌》以下凡二十五篇。楚人高其行义，玮其文采，以相教传。

[1]陵迟：逐渐衰颓或衰败。[2]谲诈：欺诳、诡诈。[3]杨、墨、邹、孟、孙、韩之徒：指杨朱、墨翟、邹衍、孟轲、孙(荀)卿、韩非。[4]暗乱：谓君主昏庸，朝纲紊乱。[5]不见：不被。省纳：接受、采纳。

(按：本节意在点明屈原创作《离骚》的背景及原因。)

至于孝武帝[1]，恢廓道训[2]，使淮南王安作《离骚经章句》[3]，则大义粲然[4]。后世雄俊，莫不瞻慕，舒肆妙虑，缵述其词。[5]逮至刘向典校经书，分为十六卷。孝章即位[6]，深弘道艺，而班固、贾逵复以所见改易前疑[7]，各作《离骚经章句》。其余十五卷，阙而不说[8]。又以壮为状[9]，义多乖异，事不要括，[10]今臣复以所识所知，稽之旧章[11]，合之经传，作十六卷章句。虽未能究其微妙，然大指之趣略可见矣。

[1]孝武帝(前156—前87)：即汉武帝刘彻，字通，谥号孝武。[2]恢廓：扩展。[3]"使淮南王"句：《汉书·淮南王安传》"使为《离骚传》"，《离骚经章句》即指此，已佚。[4]粲然：明显、显著的样子。[5]舒肆：发泄、渲发。肆：尽、极。舒肆妙虑：酣畅淋漓地抒写情怀。缵(zuǎn)述：继续。缵述其词：谓继承《离骚》的体制。[6]孝章(56—88)：即东汉章帝刘炟。[7]贾逵：(30—101)：河东襄陵人，字景伯，东汉经学家。[8]阙而不说：存留而不加以说明。[9]以壮为状：指班、贾《离骚经章句》把屈原《离骚》中的"壮"注为"状"。但班、贾《离骚经章句》今佚。[10]乖异：乖谬、违背意旨。要括：概述精要、精当。[11]稽：考查、核对。

(按：本节主要概述了淮南王刘安、历史学家班固、经学家贾逵等人对《离骚》的注疏阐释史，并指出虽然这些注疏阐释"大指之趣略可见矣"，但均"未能究其微妙"。)

且人臣之义，以忠正为高，以伏节为贤[1]。故有危言以存国[2]，杀身以成仁。是以伍子胥不恨于浮江，比干不悔于剖心，然后忠立而行成，荣显而名著。若夫怀道以迷国[3]，详愚而不言[4]，颠则不能扶，危则不能安[5]，婉娩以顺上[6]，逡巡以避患[7]，虽保黄耇[8]，终寿百年，盖志士之所耻，愚夫之所贱也。

[1]伏节：坚守气节。[2]危言：正直的言论，逆耳之忠言。存国：使国家得以存在，即捍卫国家安全。[3]怀道以迷国：心怀治国大道而不贡献于国家。[4]详愚：同"佯愚"，犹言装呆。[5]"颠则"二句：不能使将被颠覆之国得到扶正，不能使处于危乱之国变得安全。[6]婉娩：温顺。婉娩以顺上：指献媚于其上、同流于其君的苟且态度。[7]逡(qūn)巡：徘徊不前，欲进又止，指胆小畏缩。[8]黄耇(gǒu)：高寿、长寿。

(按：本节首先申明"人臣之义，以忠正为高，以伏节为贤"的观点，然后驳斥了乱世国亡之中明哲保身的做法，认为这是"志士之所耻，愚夫之所贱"的行为，为下文崇扬屈原高洁精神、批驳班固陋见作铺垫。)

今若屈原，膺忠贞之质[1]，体清洁之性[2]，直若砥矢[3]，言若丹青，进不隐其谋，退不顾其命，此诚绝世之行，俊彦之英也[4]。而班固谓之"露才扬已"，"竞于群小之中，怨恨怀王，讥刺椒、兰，苟欲求进，强非其人，不见容纳，忿恚自沈[5]"，是亏其高明，而损其清洁者也。昔伯夷、叔齐让国守分[6]，不食周粟，遂饿而死，岂可复谓有求于世而怨望哉？且诗人怨主刺上曰："呜呼小子，未知臧否[7]。匪面命之，言提其耳。[8]"风谏之语，于斯为切。然仲尼论之，以为大雅[9]。引此比彼，屈原之词，优游婉顺[10]，宁以其君不智之故[11]，欲提携其耳乎[12]？而论者以为"露才扬己"，"怨刺其上"，"强非其人"，殆失厥中矣[13]。

[1]膺：胸怀。膺忠贞之质：胸怀忠贞的高洁品质。[2]体：身行，即身体力行。体清洁之性：身体力行高洁之品行。[3]直：正直。砥(dǐ)：磨刀石。矢(shǐ)：箭。[4]俊：才智出众。彦：有才德。俊彦：才能之士。[5]忿恚(fèn huì)：愤怒。[6]让国：谦让国位。[7]臧否(zāng pǐ)：好坏、善恶、优劣。[8]"匪面"二句：即耳提面命之意，形容恳切地教导。[9]以为大雅：把其(即上文所引《诗经》之《抑》篇)列入《诗·大雅》之篇目。[10]婉顺：温顺。[11]宁：岂，难道不是。[12]提携其耳：即耳提面命之意。[13]中：公允。殆失厥中：确实有失公允。

(按：本节主要引述历史典故，证明屈原高洁情操，以批驳班固对屈原"露才扬己，竞于群小之中，怨恨怀王，讥刺椒、兰，苟欲求进，强非其人，不见容纳，忿恚自沈"的错误批评。)

夫《离骚》之文，依托五经以立义焉。"帝高阳之苗裔"，则"厥初生民，时维姜嫄[1]"也。"纫秋兰以为佩"，则"将翱将翔，佩玉琼琚[2]"也。"夕揽洲之宿莽"，则《易》"潜龙勿用[3]"也。"驷玉虬而乘鹥"，则"时乘六龙以御天[4]"也。"就重华而陈词"，则《尚书》咎繇之谋谟也[5]。"登昆仑而涉流沙"，则《禹贡》之敷土也[6]。故智弥盛者其言博，才益多者其识远。屈原之词，诚博远矣。自终没以来，名儒博达之士，著造词赋，莫不拟则其仪表[7]，祖式其模范，取其要妙，窃其华藻。所谓金相玉质[8]，百世无匹，名垂罔极[9]，永不刊灭者矣[10]。

[1]见《诗·大雅·生民》。厥：其。初：始。时：是。姜嫄：高辛之妃，后稷之母。诗谓周族的先代是姜嫄所生。[2]见《诗·郑风·有女同车》。将：且。琼琚：玉佩名。诗谓将翱翔之际，所佩乃是琼琚之玉。[3]见《周易·乾》初九。九：阳爻又称为九。潜：隐伏。龙：阳气的象征。潜龙：阳气潜伏在地下，称为潜龙。潜龙勿用：圣人虽有龙德，但时运不适只应潜伏，勿可用世。[4]见《周易·乾》彖辞。六龙：《易》卦爻共六位，六爻均为阳爻，阳爻为九，而阳为龙之象征，故称六龙。御天：登天。六位随时运而用，处则为潜龙，出则为飞龙，故云时乘六龙。[5]咎繇：即皋陶。谟：谋。舜为帝时，禹、伯夷、皋陶均在舜前议论，皋陶陈述其谋。[6]见《尚书·禹贡》。敷：分布，分治九州水土。[7]拟则：效法。仪表：形式。[8]相、质：互文。金相玉质：谓其质如金玉。[9]罔极：无尽。[10]刊灭：磨灭。

(按：本节运用简单对应这种仿似互文本性的方法分析了几例《离骚》与五经文本的关系来证明屈原《离骚》乃"依托五经以立义"之作，进而肯定屈原及《离骚》在文学史上的价值和地位。)

离 骚

[引言]

《离骚》共三百七十三句，二千四百七十七字，是屈原带自叙性质的抒情诗，抒发了作者在楚王昏庸、奸臣乱政背景下的感时伤怀、怀才不遇的境遇，反映出其强烈的宗国情结。

《离骚经》者[1]，屈原之所作也[2]。屈原名平，与楚同姓[3]，仕于怀王[4]，为三闾大夫[5]。三闾之职，掌王族三姓：曰昭、屈、景。屈原序其谱属[6]，率其贤良，以厉国士[7]。入则与王图议政事，决定嫌疑；出则监察群下，应对诸侯。谋行职修，王甚珍之。同列上官大夫及用事臣靳尚，妒害其能，共谮毁之。王乃疏屈原。屈原执履忠贞而被谗衺[8]，忧心烦乱，不知所愬，乃作《离骚经》。离，别也；骚，愁也；经，径也。言已放逐离别，中心愁思，犹陈直径以风谏君也[9]。故上述唐虞三后之制，下序桀、纣、羿、浇之败，冀君觉悟，反于正道而还己也[10]。是时秦昭王使张仪谲诈怀王[11]，令绝齐交，又使诱楚，请与俱会武关[12]，遂胁与俱归，拘留不遣，卒客死于秦。其子襄王复用谗言[13]，迁屈原于江南。而屈原放在山野，复作《九章》，援天引圣以自证明，终不见省，不忍以清白久居浊世，遂赴汨罗之渊自沈而死[14]。《离骚》之文，依《诗》取兴，引类譬谕。故善鸟香草以配忠贞，恶禽臭物以比谗佞，灵修美人以媲于君，宓妃佚女以譬贤臣，[15]虬龙鸾凤以托君子，飘风云霓以为小人。其词温而雅，其义皎而朗。凡百君子，莫不慕其清高，嘉其文采，哀其不遇，而闵其志焉。

[1]《离骚经》："经"于西汉始成为儒家经典专称。《离骚》并未成为官方界定之经，而王逸尊称其为经，系拔高屈原地位之举措。[2]关于屈原生辰日期，学界存有三种主要观点：郭沫若《屈原研究》推算为楚宣王三十年即公元前 340 年正月初七；浦江清《屈原生年月日的推算问题》认为是楚威王元年即公元前 339 年正月十四日；胡念贻《屈原生年新考》则认为是楚宣王十七年即公元前 353 年正月二十三日。[3]与楚同姓：楚王族本姓芈(mǐ)，楚武王子瑕封于屈，因以屈为氏。屈原是瑕的后裔。[4]怀王(？—前 296)：楚威王熊商之子，顷襄王熊横之父，前 329—前 299 年在位，公元前 296 年囚死于秦国。[5]闾(lǘ)：古代居民组织单位，二十五家为一闾。[6]序：古代学校名，引申为教育。谱：指古代记录氏族世系的书。属：族、类。序其谱属：意谓教授昭、屈、景三闾族人以其氏族历史。[7]率：带领。厉：通"励"，振奋。[8]衺：邪也。[9]陈直：直率地陈述见解。径：直接。风谏：用含蓄的语言暗示或劝告。[10]反于正道：返回正确的道路。还己：使自己返回朝廷辅

政。[11]秦昭王(前 325—前 251)：又称昭襄王，是秦惠文王之子，秦武王之弟，前 306—前 251 年在位。张仪(？—前 309)：魏国大梁人，魏国贵族后裔，战国时著名的纵横家。谲诈：欺诳、诡诈。[12]武关：今陕西丹凤县东武关河北岸，与函谷关、萧关、大散关并称“关中四塞”。[13]襄王：楚怀王之子，芈姓，熊氏，名横。谗言：陷害人的坏话。[14]汨(mì)罗：位于湖南省洞庭湖东侧，属洞庭湖水系。[15]媲(pì)：匹配。宓(fú)妃：神话中洛水女神，相传为伏羲氏之女。佚(yì)女：美女。譬：比喻。

帝高阳之苗裔兮[1]，朕皇考曰伯庸[2]。
摄提贞于孟陬兮[3]，惟庚寅吾以降[4]。
皇览揆余初度兮[5]，肇锡余以嘉名[6]：
名余曰正则兮[7]，字余曰灵均[8]。
纷吾既有此内美兮，又重之以修能[9]。
扈江离与辟芷兮[10]，纫秋兰以为佩[11]。

[1]帝：天帝，古代指天神。高阳：传说为楚人崇拜的天神颛顼别号，系崇拜太阳神的部落首领。苗裔：后代。[2]朕：我的。皇考：太祖、远祖。伯庸：句亶(dǎn)王熊伯庸，熊渠长子，屈氏受姓之祖。[3]摄提：又名摄提格，指地支纪年中的寅年。贞：正当(dāng)。孟陬(zōu)：正月。[4]惟：句首发语词。庚寅：指干支纪日中的庚寅日。[5]皇：即上文之“皇考”。揆(kuí)：度量。初度：初生之际。[6]肇(zhào)：“兆”之假借字，卦兆。锡：通“赐”，赐予。[7]正则：公允的法则，即“平”之意。[8]均：《说文解字》云，“平遍也，从土从匀”。引申为平地。灵均：美好的平地。[9]重(chóng)：加上。能(tài)：通“态”。全句意为：又加上美好的外在美。[10]扈(hù)：楚方言，披着之意。江离：蘼芜(mí wú)，又称芎藭(xiōng qióng)。芷(zhǐ)：即白芷，辟芷即长在偏僻之处的芷草。此句所指的植物均为香草名。[11]纫：串连。秋兰：秋季开兰草。佩：古人佩戴在身上的饰物。

(按：本节系屈原对其高贵的家族身份及生辰、名字来源之自述，对其内在与外在之美的自我肯定。)

汨余若将不及兮[1]，恐年岁之不吾与。
朝搴阰之木兰兮[2]，夕揽洲之宿莽[3]。

[1]汨(yù)：楚方言，形容水流迅急，比喻时光如逝水一样过得很快。[2]搴(qiān)：楚方言，拔取。阰(pí)：楚方言，高大的山坡。木兰：即黄心树，紫玉兰，皮如桂，状似楠树，数仞高，传去皮而不死，是香树名。[3]洲：水中的陆地。宿莽：一种拔心不死、经冬不死的香草。

(按：本节抒发屈原自伤岁月消逝之情，常取木兰、宿莽等香草香木以励志。)

日月忽其不淹兮[1]，春与秋其代序[2]。
惟草木之零落兮，恐美人之迟暮[3]。
不抚壮而弃秽兮[4]，何不改乎此度？
乘骐骥以驰骋兮[5]，来吾道夫先路[6]！

[1]淹：停留，滞留。[2]代序：逐次轮转替换。[3]美人：喻指君主楚怀王。[4]抚壮：趁着年壮。秽：污秽的行为。[5]骐骥：良马，此喻贤能之士。[6]道：同“导”，引导。夫(fú)：语气词。先路：喻指国家前进之道路。

（按：本节感叹时间易逝，发问君主为何不珍惜时间，起用忠良而建功立业。）

昔三后之纯粹兮[1]，固众芳之所在[2]。
杂申椒与菌桂兮[3]，岂维纫夫蕙茝[4]！
彼尧舜之耿介兮[5]，既遵道而得路[6]。
何桀纣之猖披兮[7]，夫唯捷径以窘步[8]。
惟党人之偷乐兮[9]，路幽昧以险隘[10]。
岂余身之惮殃兮，恐皇舆之败绩[11]！
忽奔走以先后兮[12]，及前王之踵武[13]。
荃不揆余之中情兮[14]，反信谗以齌怒[15]。
余固知謇謇之为患兮[16]，忍而不能舍也。
指九天以为正兮[17]，夫唯灵修之故也[18]！
曰黄昏以为期兮，羌中道而改路[19]！
初既与余成言兮，后悔遁而有他。
余既不难夫离别兮[20]，伤灵修之数化[21]。

[1]三后：赵逵夫认为指句亶王熊伯庸、鄂王熊红、越章王熊疵等楚国三位国王。纯粹：指德行完美。[2]众芳：比喻众多有才之士。[3]杂：汇集。申椒：申地即南阳所产花椒。菌(jùn)桂：即箘桂，一种桂树。申椒、菌桂，均喻指贤良之士。[4]维：同“唯”，只。蕙：与兰草同类之香草。茝(chǎi)：白芷，亦为香草。蕙茝：均喻贤才。[5]耿介：光明正大。[6]既：已经。遵道：遵循正道。得路：找到正确的道路。[7]猖披：猖獗放肆。[8]夫(fú)：语气词。捷径：旁出的小路，喻偏出正道。窘步：难以行步。[9]党人：结党营私的奸臣。[10]路：喻政治道路。幽昧：黑暗。险隘：危险狭隘。[11]皇舆：君王所乘之车，喻楚王朝。败绩：喻楚王朝倾覆。[12]忽：繁忙的样子。奔走以先后：指竭尽全力辅佐楚王。[13]及：赶上。踵武：足迹。[14]荃：名为荪的香草，喻楚王。中情：内心。[15]齌(jì)怒：暴怒。[16]謇謇(jiǎn)：忠直。[17]九天：上古传说天分九层，上帝居最上，九天即喻上天。正：通“证”。[18]灵修：本为妻子对丈夫的称呼，此处喻屈原对楚怀王的美称。[19]羌：助词，无实义。改路：改变道路，喻指中途变节。[20]难(nán)：以……为难(过的

事)。[21]数(shuò)化：指怀王在与屈原达成政治合谋方面表现出的屡变无常。

(按：本节意在抒发对楚怀王不能踵武先王，不能遵守与屈原的约定励精图治治理国家而中道变节的昏庸之幽怨。)

余既滋兰之九畹兮[1]，又树蕙之百亩。
畦留夷与揭车兮[2]，杂杜衡与芳芷[3]。
冀枝叶之峻茂兮，愿俟时乎吾将刈[4]。
虽萎绝其亦何伤兮，哀众芳之芜秽[5]。
众皆竞进以贪婪兮，凭不厌乎求索[6]。
羌内恕己以量人兮[7]，各兴心而嫉妒[8]。

[1]滋：栽种。畹(wǎn)：土地面积单位，十二亩或三十亩为一畹。九畹：表示种兰花很多。[2]畦(qí)：田垄，此处用作动词，意为分垄栽种。留夷：香草名，又名芍药。揭车：香草名，又名叶黄、花白、味辛。[3]杜衡：香草名，又作"杜蘅"，或名杜葵、马蹄香，似葵且香。芳芷：白芷。[4]俟(sì)：等待。刈(yì)：收割。[5]众芳：指上文所言作者种植的兰、蕙、留夷、揭车、杜衡、芳芷等香草。芜秽：荒芜污秽。[6]凭：楚方言，满的意思。求索：追求索取。[7]内：自己。恕：用己心推想他者之心。量(liáng)人：估量别人。[8]兴(xīng)心：起心。

(按：本节用比喻的手法谴责自己培养的学生中途变节，随波逐流，及其他群小的贪婪肮脏行径，体现出对他们极大的愤慨失望之情。)

忽驰骛以追逐兮[1]，非余心之所急。
老冉冉其将至兮[2]，恐修名之不立[3]。
朝饮木兰之坠露兮，夕餐秋菊之落英。
苟余情其信姱以练要兮[4]，长顑颔亦何伤[5]。
揽木根以结茝兮[6]，贯薜荔之落蕊[7]。
矫菌桂以纫蕙兮[8]，索胡绳之纚纚[9]。
謇吾法夫前修兮[10]，非世俗之所服[11]。
虽不周于今之人兮[12]，愿依彭咸之遗则[13]！
长太息以掩涕兮[14]，哀民生之多艰。
余虽好修姱以鞿羁兮[15]，謇朝谇而夕替[16]。
既替余以蕙纕兮[17]，又申之以揽茝[18]。
亦余心之所善兮[19]，虽九死其犹未悔！

[1]驰骛：赶着马快跑。追逐：指追名逐利。本句形容世俗群小热衷于获取名利的样子。[2]冉

冉：渐渐。[3]修名：美好名声，指建功立业的政治美名。[4]苟：如果。信：确实。姱(kuā)：美好。练要：精粹。[5]顑颔(kǎn hàn)：面容憔悴的样子。[6]木根：木兰的根。结：串连。[7]薜(bì)荔：俗名木馒头，一种木本植物，茎蔓生，开小花，又名木莲。[8]矫：举起。[9]索：名词用作动词，搓绳。胡绳：香草名，叶可作绳。缅缅(xǐ)：连续不断的样子。[10]謇(jiǎn)：句首助词，无实义。法：效法。前修：前代贤人。[11]服：钱锺书《管锥编》以为此词"涵虚两意"，一指服饰即修洁衣服，兼指服行即服法前贤。[12]不周：不苟合。[13]依：遵循。彭咸：殷代贤大夫，因劝谏国君，不为采纳而沉江自杀。[14]太息：叹息。掩涕：擦眼泪。[15]鞿(jī)羁：马的缰绳和笼头，喻受人牵累。[16]謇：楚方言，发语词。谇(suì)：谏诤。替：废除、罢免。[17]纕(xiāng)：佩戴。[18]申：重、又。[19]善：爱好。

（按：本节抒写了作者因年月流逝而功业未立的伤感，忠贞而不为楚王所用的哀怨，以及效法彭咸而矢志不渝、拒绝同流的决心。）

怨灵修之浩荡兮[1]，终不察夫民心[2]。
众女嫉余之蛾眉兮[3]，谣诼谓余以善淫[4]。
固时俗之工巧兮[5]，偭规矩而改错[6]。
背绳墨以追曲兮[7]，竞周容以为度[8]。
忳郁邑余侘傺兮[9]，吾独穷困乎此时也[10]。
宁溘死以流亡兮[11]，余不忍为此态也[12]！
鸷鸟之不群兮[13]，自前世而固然。
何方圜之能周兮[14]，夫孰异道而相安！
屈心而抑志兮，忍尤而攘诟[15]。
伏清白以死直兮[16]，固前圣之所厚[17]！
悔相道之不察兮[18]，延伫乎吾将反[19]。
回朕车以复路兮[20]，及行迷之未远[21]。
步余马于兰皋兮[22]，驰椒丘且焉止息[23]。
进不入以离尤兮[24]，退将复修吾初服[25]。
制芰荷以为衣兮[26]，集芙蓉以为裳[27]。
不吾知其亦已兮[28]，苟余情其信芳[29]。
高余冠之岌岌兮[30]，长余佩之陆离[31]。
芳与泽其杂糅兮[32]，唯昭质其犹未亏[33]。
忽反顾以游目兮[34]，将往观乎四荒[35]。
佩缤纷其繁饰兮，芳菲菲其弥章[36]。
民生各有所乐兮，余独好修以为常[37]。
虽体解吾犹未变兮[38]，岂余心之可惩[39]！

[1]浩荡：荒唐、糊涂。[2]民心：指屈原对楚王的忠诚之心。[3]众女：喻楚王身边的权臣。蛾眉：美貌象征。[4]谣诼：诽谤。善淫：沉溺于淫荡的生活。[5]工巧：长于投机取巧。[6]偭：违背。错：通“措”。[7]绳墨：喻正道。追曲：追求歪门邪道。[8]周容：苟合见容。度：法度。[9]忳(tún)：忧郁、烦闷。邑：同“悒”，愁闷。忳郁邑：形容忧愁烦闷的样子。[10]穷困：政治上处境窘迫。[11]溘(kè)死：忽然死去。流亡：随水流逝。[12]此态：指上文所言苟合见容于党人群小。[13]鸷(zhì)鸟：鹰、雕类凶猛的鸟类。不群：喻不同流合污于世俗小人。[14]圜：同“圆”。周：相契合。[15]忍尤：忍受不白之过。攘(rǎng)：含、忍受。攘诟：忍受侮辱。[16]伏：抱。死：为……而死，动词的为动用法。死直：为正直而死，或死于正直。[17]厚：看重、推崇。[18]相(xiàng)：观察、观看。道：喻政治道路。不察：没有仔细思考。[19]延伫：长久伫立，喻踌躇不前。反：同“返”。[20]回：掉转。复路：走回头路。[21]及：趁着。行迷：迷路，喻错误地选择了不当的政治道路。[22]兰皋(gāo)：长着兰草的水边高地。[23]椒丘：长着椒树的山丘。焉：兼词，于此。止息：休息。[24]进不入：即“不进入”。进：指步入仕途。离尤：遭受罪过。[25]退：隐退。复：重、再。初服：喻初衷。[26]芰(jì)荷：楚方言，指荷叶。衣：上衣。[27]芙蓉：荷花。裳：下衣。[28]不吾知：即“不知吾”的倒装。已：停止。[29]信芳：确实芳洁。[30]高：形容词使动用法，“使……高耸”。岌岌(jí)：高的样子。[31]长：形容词使动用法，“使……变长”。佩：佩剑。陆离：长的样子。[32]杂糅：混杂于一体。[33]唯：发语词，无实义。昭质：光洁的质地。亏：污损。[34]反顾：回头看。游目：放眼远眺。[35]四荒：指四方僻远之地。[36]芳菲菲：形容香气很浓的情形。章：通“彰”，明显。[37]好修：喻爱好加强自我品德修养。[38]体解：肢解，古代一种酷刑。[39]惩：戒惧。

（按：本节描述了众多弄臣的谗世媚俗的丑态，作者志向高蹈而不同流俗、不合时污的品质。）

女媭之婵媛兮[1]，申申其詈予[2]。
曰：“鲧婞直以亡身兮[3]，终然殀乎羽之野[4]。
汝何博謇而好修兮[5]，纷独有此姱节[6]。
赍菉葹以盈室兮[7]，判独离而不服[8]。
众不可户说兮[9]，孰云察余之中情[10]？
世并举而好朋兮[11]，夫何茕独而不予听[12]？”

[1]女媭(xū)：传说为屈原姐姐。婵媛(chán yuán)：牵持不舍。[2]申申：反复。詈(lì)：责骂，此指劝告。予：我。[3]鲧(gǔn)：神话人物，传为夏禹之父，因治水失败而被虞舜放逐至羽山并终老于斯。婞(xìng)直：刚愎。亡身：即“忘身”，指不顾安危以治水。[4]殀(yāo)：《文选》作“夭”，闻一多《楚辞校补》以为是“永遏在羽山”之意。羽：神话中地名，传为在东海之滨。野：郊野。[5]博謇：过多的直言。[6]姱节：美好的节操。[7]赍(zī)：通“资”，积累。菉(lù)：草名，又名王刍。葹(shī)：草名，双名卷耳、苍耳。盈：堆满。[8]判：区别。服：佩戴。[9]户说：挨家挨户说

明。[10]余：我们。[11]并举：相互抬举。好朋：喜欢结成党羽。[12]茕(qióng)独：孤独而无友。不予听："不听予"的倒装语。

（按：本节是屈原姐姐以鲧治水的故事劝谕其放弃独标高洁的志向，而应与时俗同处。）

依前圣以节中兮[1]，喟凭心而历兹[2]。
济沅湘以南征兮[3]，就重华而陈词[4]：
"启《九辩》与《九歌》兮[5]，夏康娱以自纵[6]。
不顾难以图后兮[7]，五子用失乎家巷[8]。
羿淫游以佚畋兮[9]，又好射夫封狐[10]。
固乱流其鲜终兮[11]，浞又贪夫厥家[12]。
浇身被服强圉兮[13]，纵欲而不忍[14]。
日康娱以自忘兮[15]，厥首用夫颠陨[16]。
夏桀之常违兮[17]，乃遂焉而逢殃[18]。
后辛之菹醢兮[19]，殷宗用而不长[20]。
汤禹俨而祗敬兮[21]，周论道而莫差[22]。
举贤而授能兮，循绳墨而不颇[23]。
皇天无私阿兮[24]，览民德焉错辅[25]。
夫维圣哲以茂行兮[26]，苟得用此下土[27]。
瞻前而顾后兮，相观民之计极[28]。
夫孰非义而可用兮[29]，孰非善而可服[30]？
阽余身而危死兮[31]，览余初其犹未悔[32]。
不量凿而正枘兮[33]，固前修以菹醢[34]。"

[1]节中：折中，含公正之意。[2]喟(kuì)：叹息。凭心：内心愤懑。历兹：直到现在。[3]济：渡过。沅湘：沅水与湘水，均在湖南境内，注入洞庭湖。南征：南行。[4]就：靠近。重华：舜帝之名。陈词：诉说衷情。[5]启：禹之子，夏开国之君。《九辩》《九歌》：上古传说中夏启从天帝处盗来的古乐曲名。[6]夏：夏启。康：即乐。康娱：寻欢作乐。自纵：放纵自我。[7]顾：想到。难(nàn)：危难。图后：考虑后果。[8]五子：人名，一名武观，或五观，夏启之子，太康之弟；或说夏启之弟。用：享受。失(yì)："佚"之古文，"淫佚"之意。家巷：宫中巷道。[9]羿：后羿，传说夏代有穷国君主，曾兴兵推翻夏启之子太康。淫游：溺于游乐。佚：放肆。畋(tián)：打猎。[10]封狐：大狐。[11]乱流：淫乱之辈。鲜：少。终：结果。[12]浞(zhuó)：人名，即寒浞，传为后羿之相，因贪恋后羿之妻，勾结其家臣逢蒙把后羿杀死。厥：其，指后羿。家：妻室。[13]浇(ào)：通"敖"，又名"过(guō)浇"，传说为寒浞与后羿之妻所生，力大，能陆地行舟。被(pī)服：同"披服"。强圉(yǔ)：强暴有力。[14]忍：克制。[15]日：名词用作副词，"每日"。自忘：忘掉自身所处的危

险境地。[16]厥：代词，其。首：头。用：因为。颠陨(yǔn)：掉落。[17]常违：行为违背常理。[18]乃：于是。遂(zhuì)：于省吾《泽螺居楚辞新证》认为通“坠”，坠落之意。[19]后：君王。辛：即殷纣王，名辛，又称帝辛，传说中的典型暴君。菹醢(jū hǎi)：古代酷刑，把人剁成肉酱。[20]殷宗：殷朝的宗庙，代指殷商王朝统治。[21]汤禹：商汤和夏禹。俨(yǎn)：严肃。祗(zhī)：与“敬”义同。[22]周：指周初的文王、武王。论道：讲论道理。莫差：没有差错。[23]循：遵循。绳墨：喻指标准。颇：偏颇。[24]私阿(ē)：偏袒。[25]错：通“措”，实施。辅：辅助。[26]圣哲：指圣明且富于智慧的人。茂行：美盛的德行。[27]苟：尚、才。用：享有。下土：泛指天下。[28]相(xiàng)：考察。观：即观察选拔。计：即衡量。极：即标准。观民之计极：即观察选拔大臣的标准。全句意为：我详细考察了古代圣王考察选拔大臣的标准。[29]非义：不义之德行。用：起用。[30]非善：不良的道德品质。服：行。[31]阽(diàn)：动词使动用法，“使临近危险”。危死：险些死去。[32]余初：我最初之志。[33]量(liáng)：度量。凿：榫(sǔn)眼。正枘(ruì)：方榫头。[34]以：因此。菹醢：名词用动词，“被剁成肉酱”。

（按：本节是屈原以上古神话、传说及历史之王朝盛衰之事向舜帝发问，借以抒发苦闷、幽怨之情，明其不合流于污浊之世的志向。）

曾歔欷余郁邑兮[1]，哀朕时之不当[2]。
揽茹蕙以掩涕兮[3]，沾余襟之浪浪[4]。
跪敷衽以陈辞兮[5]，耿吾既得此中正[6]，
驷玉虬以乘鹥兮[7]，溘埃风余上征[8]。
朝发轫于苍梧兮[9]，夕余至乎县圃[10]。
欲少留此灵琐兮[11]，日忽忽其将暮。
吾令羲和弭节兮[12]，望崦嵫而勿迫[13]。
路曼曼其修远兮，吾将上下而求索。
饮余马于咸池兮[14]，总余辔乎扶桑[15]。
折若木以拂日兮[16]，聊逍遥以相羊[17]。
前望舒使先驱兮[18]，后飞廉使奔属[19]。
鸾皇为余先戒兮[20]，雷师告余以未具[21]。
吾令凤鸟飞腾兮，继之以日夜。
飘风屯其相离兮[22]，帅云霓而来御[23]。
纷总总其离合兮[24]，斑陆离其上下[25]。
吾令帝阍开关兮[26]，倚阊阖而望予[27]。
时暧暧其将罢兮[28]，结幽兰而延伫[29]。
世溷浊而不分兮[30]，好蔽美而嫉妒[31]。
朝吾将济于白水兮[32]，登阆风而绁马[33]。

忽反顾以流涕兮，哀高丘之无女[34]。
溘吾游此春宫兮[35]，折琼枝以继佩[36]。
及荣华之未落兮[37]，相下女之可诒[38]。
吾令丰隆乘云兮[39]，求宓妃之所在[40]。
解佩纕以结言兮[41]，吾令蹇修以为理[42]。
纷总总其离合兮[43]，忽纬繣其难迁[44]。
夕归次于穷石兮[45]，朝濯发乎洧盘[46]。
保厥美以骄傲兮[47]，日康娱以淫游[48]。
虽信美而无礼兮，来违弃而改求[49]。
览相观于四极兮[50]，周流乎天余乃下[51]。
望瑶台之偃蹇兮[52]，见有娀之佚女[53]。
吾令鸩为媒兮[54]，鸩告余以不好。
雄鸠之鸣逝兮[55]，余犹恶其佻巧[56]。
心犹豫而狐疑兮，欲自适而不可[57]。
凤皇既受诒兮[58]，恐高辛之先我[59]。
欲远集而无所止兮[60]，聊浮游以逍遥[61]。
及少康之未家兮[62]，留有虞之二姚[63]。
理弱而媒拙兮[64]，恐导言之不固[65]。
世溷浊而嫉贤兮，好蔽美而称恶[66]。
闺中既以邃远兮[67]，哲王又不寤[68]。
怀朕情而不发兮[69]，余焉能忍而与此终古[70]！

[1]曾：通“层”，屡次。歔欷(xū xī)：哽咽。郁邑：苦闷。[2]时：时运。不当：没有赶上。[3]茹蕙：柔软的蕙草。[4]沾：浸湿。浪浪：泪流不断的样子。[5]敷(fū)：铺开。衽(rèn)：衣襟。跪敷衽：跪在铺开的衣襟上。[6]耿：光明。中正：正道。[7]驷(sì)：驾驶。玉：玉的颜色。虬(qiú)：传说中的虬龙。鹥(yì)：凤凰类的神鸟。[8]溘(kè)：忽然。埃风：夹着尘埃的大风。上征：上路，即下文作者乘凤驶龙遨游天界以追寻自己的政治理想之描述。[9]轫(rèn)：停车时用来撑住车轮使其不转的木头。发轫：拿掉阻止车轮的木头，使之启动前行。苍梧：即九嶷山，湖南宁远县东南，传虞舜死于苍梧之野，葬于九嶷山。[10]县圃(xuán pǔ)：即“悬圃”，神话中昆仑山之地名，即“悬在空中的花园”。[11]灵琐：通“灵薮”，神灵聚集之方。[12]羲(xī)和：神话中太阳神之驭者。弭(mǐ)：止。节：与“策”同义，马鞭。[13]崦嵫(yān zī)：神话中日落之山，即《天问》中蒙汜(sì)、昧谷。迫：迫近。[14]饮(yìn)：给……喝。咸池：神话中太阳出来时洗澡的天池。[15]总：拴系。扶桑：神话中生长在东方日出处的大树。[16]若木：神话中生长在西方日落处的大树。拂日：为太阳拂去尘埃。[17]聊：姑且。逍遥：优游自得的情态。相羊：通“徜徉”(cháng yáng)，徘徊。[18]前：名词的使动用法，“使……向前”。望舒：即纤阿(xiān ē)，神话中月神之驭

者。[19]后：名词的使动用法，“使……处后”。飞廉：神话中之风神。属(zhǔ)：跟随。[20]鸾皇：即鸾凰，凤凰类的神鸟。先戒：在前面戒备开道。[21]雷师：神话中的雷神。未具：没有准备齐全。[22]飘风：旋风。屯：聚集。离：通“丽”，附着。[23]帅：率领。云霓：云霞。御：通“迓”(yà)，迎接。[24]纷总总：聚集众多的样子。离合：忽离忽合。[25]斑陆离：色彩斑斓的样子。上下：忽上忽下。[26]帝阍(hūn)：天庭的看门人。开关：打开门闩。[27]阊阖(chāng hé)：天门。[28]时：时光，指天色。暧暧：日光昏暗的样子。罢：结束。[29]结幽兰：把兰草打结串连起来，楚俗喻指男女相慕。延伫：长久站立。[30]溷(hùn)浊：混浊。不分：不分善恶。[31]好(hào)：喜欢。蔽：遮盖。美：有才能的人。[32]白水：神话中源于昆仑山之水名，饮之不死。[33]阆风：即悬圃。绁(xiè)：拴住。[34]高丘：楚山名，闻一多《离骚解诂》释为巫山之高丘。[35]春宫：神话中东方青帝所居之宫，此处指昆仑悬圃中的神宫仙室。[36]继佩：又一次佩戴。[37]荣华(huā)：指琼枝上的花。[38]相(xiàng)：看。下女：下界女子。诒(yí)：赠送。[39]丰隆：神话中的雷神与云神之复合体。[40]宓(fú)妃：神话中为伏羲之女，溺死于洛水，遂为洛神。[41]佩纕(xiāng)：佩戴。结言：以佩戴打结的方式示爱。[42]蹇(jiǎn)修：章太炎《菿汉闲话》以为指钟磬声乐。理：媒人。[43]纷总总：形容态度暧昧。离合：指宓妃态度变化无定。[44]纬繣(huà)：乖戾。[45]次：停宿。穷石：神话中的山名，为河伯之妻宓妃与有穷氏后羿幽会之所。[46]洧(wěi)盘：神话中发源于崦嵫山的水名。[47]保：恃仗。厥：其，指宓妃。[48]日康娱以淫游：指宓妃与后羿通情之事。[49]来：汤炳正先生《楚辞类稿》以为乃助动词，于动词“违弃”前，表示要“违弃”宓妃之意。违弃：放弃。改求：另追求其他。[50]览相观：汤炳正先生《屈赋新探》认为“览”“相”“观”系“同义联迭”，看的意思。四极：四方之极远处。[51]周流：周游。[52]偃(yǎn)蹇：高耸。[53]有娀(sōng)：传说中古代的部落名。佚女：美女。有娀之佚女：即帝喾(kù)妃简狄。[54]鸩(zhèn)：一种毒鸟，其羽毛泡的酒即能致人死命，此处喻坏人。[55]鸠(jiū)：斑鸠，喜欢歌唱，此处喻轻佻的人。鸣逝：边飞边叫。[56]恶(wù)：厌恶。佻(tiāo)巧：轻薄。[57]适：到、往。自适：自己去说情求婚。[58]凤皇：即“凤凰”。受：同“授”，给予、赠送。诒：通“贻”，此处指聘礼，联系下句指凤凰受高辛氏委托先给简狄送去说媒的聘礼。[59]高辛：传说系帝喾即位后的称号。[60]集：栖居。远集：到远处栖居。止：可居留之地方。[61]浮游：游荡。[62]少康：夏代中兴之君主，夏相之子。未家：没有立家。[63]有虞：古部落，舜帝后裔，姚姓。二姚：有虞国君的两位女儿。[64]理：指说媒的使者。[65]导言：媒人作媒时撮合双方的言词。固：说词有力。[66]称：抬举。[67]闺：旧时女子所居之内室。邃(suì)远：幽深。[68]哲王：圣明之君主。寤：通“悟”，醒悟。[69]发：倾诉。[70]终古：永久。

（按：本节是屈原乘凤驭虬而至天五次“求女”过程的描写，置入了大量古代神话，具有较高的神话学价值。同时借此隐喻其追求君臣相得的艰辛及其失败过程。）

索藑茅以筳篿兮[1]，命灵氛为余占之[2]。
曰："两美其必合兮，[3]孰信修而慕之[4]？
思九州之博大兮[5]，岂惟是其有女[6]？"
曰："勉远逝而无狐疑兮，[7]孰求美而释女[8]？
何所独无芳草兮[9]，尔何怀乎故宇[10]？
世幽昧以昡曜兮[11]，孰云察余之善恶[12]？
民好恶其不同兮[13]，惟此党人其独异[14]。
户服艾以盈要兮[15]，谓幽兰其不可佩。
览察草木其犹未得兮[16]，岂珵美之能当[17]？
苏粪壤以充帏兮[18]，谓申椒其不芳。"
欲从灵氛之吉占兮，心犹豫而狐疑。
巫咸将夕降兮[19]，怀椒糈而要之[20]。
百神翳其备降兮[21]，九疑缤其并迎[22]。
皇剡剡其扬灵兮[23]，告余以吉故[24]。
曰[25]："勉升降以上下兮，求矩矱之所同[26]。
汤禹严而求合兮[27]，挚咎繇而能调[28]。
苟中情其好修兮[29]，又何必用夫行媒[30]。
说操筑于傅岩兮[31]，武丁用而不疑[32]。
吕望之鼓刀兮[33]，遭周文而得举[34]。
宁戚之讴歌兮[35]，齐桓闻以该辅[36]。
及年岁之未晏兮[37]，时亦犹其未央[38]。
恐鹈鴂之先鸣兮[39]，使夫百草为之不芳[40]。"

[1]藑(qióng)茅：一种开红花的草，古代用以占卜。筳篿(tíng zhuān)：用以占卜的竹片。[2]灵氛：传说中上古神巫，即"巫肦(fén)"。占(zhān)：占卜。[3]曰：主语为灵氛，此处指占卜前灵氛代文中抒情主人公向神灵说明要占卜的事项。两美：用以喻君臣关系的"美男""美女"。[4]信：真正。修：美，代指美女，喻明君。慕：思念。之：代指屈原。[5]九州：《周礼·夏官·职方氏》把古代中国分为扬州、荆州、豫州、青州、兖州、雍州、幽州、冀州、并州，此处以九州代指中国。[6]是：此地。女：美女，喻圣明之君。[7]曰：主语为灵氛，其代神灵回诗中抒情主人公的话。远逝：远走。[8]美：指美男，喻忠臣。释：放弃。女：通"汝"，指屈原。[9]何所：何处。芳草：美女，喻明君。[10]怀：眷恋。故宇：故土，指楚国。[11]幽昧：昏暗。昡曜(xuàn yào)：眼花缭乱。昡：一作"眩"。[12]云：句中助词，无实义。[13]民：人。好(hào)：所喜欢的。恶(wù)：厌恶的。[14]党人：结党营私的弄臣。[15]户：人人。服：佩戴。艾：艾蒿，恶草名。盈：使……挂满。要：通"腰"。[16]未得：不得当。[17]珵(chéng)：美玉。当：胜任。[18]苏：拿、取。粪

壤：粪土。充：装满。帏(wéi)：香囊。[19]巫咸：传说为殷代神巫，名咸。[20]怀：揣着。椒：花椒，用以降(jiàng，使……降落)神。糈(xǔ)：精米，用以祭神。要：求。之：代巫咸。[21]翳(yì)：遮蔽。备：皆，都。[22]九疑：即九嶷山。缤：缤纷，以拟人化手法想象九嶷山迎接百神降临时的多姿情态。[23]皇：通“煌”，辉煌。剡剡(yǎn)：光芒闪烁的样子。其：代巫咸。扬灵：泛发灵光。[24]吉故：吉利的故事，系指下文君臣相知而志合之事。[25]曰：主语为巫咸，下文至“使夫百草为之不芳”都是巫咸代神灵“告余以吉故”的内容。[26]矩：画方形或直角的工具。矱(yuē)：量长短的工具。矩矱：比喻准则。[27]严：形容求才的虔诚样子。[28]挚：传说系奴隶出身、后来被商汤委以国政而成为一代名相的伊尹。咎繇(gāo yáo)：即皋陶(yáo)，被舜帝任命为掌管刑法的大臣。后事禹而成为贤臣，因早死而未能继禹之帝位。调：协调。[29]中情：内心之品德操守。好：爱好。修：修洁、美好。[30]行媒：作媒的人，喻通君侧之士。[31]说(yuè)：即傅说，传说系奴隶出身，后事殷高宗而为贤相。操：拿着。筑：筑墙之木棒。傅岩：地名，在山西省平陆县东，傅说即以此地为姓。[32]武丁：即殷高宗，传说其曾梦得贤臣，后于傅岩发现筑墙的傅说与梦见的人相貌相合，便起他为相，于是殷朝大治。[33]吕望：即吕尚，因封于吕，故以吕为氏；又称姜太公；因曾称为太公望，故为吕望。鼓刀：传说姜太公在殷都朝歌宰牛为生，以敲刀发声招揽生意。[34]周文：即周文王姬昌。[35]宁戚：春秋时卫国人，传说其为商贩时宿于齐国东门外，喂牛且歌以讽其怀才而不遇，时逢齐桓公夜出，桓公知其贤而车载回宫，拜为卿。[36]该：预备。该辅：预备作为辅佐大臣。[37]晏：迟。[38]未央：未尽。[39]鹈鴂(tí jué)：一种鸟名，又名杜鹃、子规、伯劳，于春末夏初这样一个落花时节鸣啼，故人们以鹈鴂鸣喻指时不待我的时间紧迫感。先鸣：啼叫得早。[40]百草：喻有才能的人。

(按：本节主要讲述屈原请巫咸向神灵占卜并代神灵向自己告谕占卜结果这一过程。其中既表现出了自己内心怀才不遇的苦闷，又揭示出自己欲出离故土以求知遇之君而施展才华但又依恋故土的彷徨心情。)

何琼佩之偃蹇兮[1]，众薆然而蔽之[2]。
惟此党人之不谅兮[3]，恐嫉妒而折之[4]。
时缤纷其变易兮[5]，又何可以淹留[6]。
兰芷变而不芳兮，荃蕙化而为茅。
何昔日之芳草兮，今直为此萧艾也[7]？
岂其有他故兮，莫好修之害也。
余以兰为可恃兮[8]，羌无实而容长[9]。
委厥美以从俗兮[10]，苟得列乎众芳[11]。
椒专佞以慢慆兮[12]，樧又欲充夫佩帏[13]。
既干进而务入兮[14]，又何芳之能祇[15]。
固时俗之流从兮[16]，又孰能无变化？
览椒兰其若兹兮[17]，又况揭车与江离[18]。

惟兹佩之可贵兮[19]，委厥美而历兹[20]。
芳菲菲而难亏兮[21]，芬至今犹未沬[22]！
和调度以自娱兮[23]，聊浮游而求女[24]。
及余饰之方壮兮[25]，周流观乎上下[26]。

[1]琼佩：喻美德。偃蹇：高耸，引申为高贵的意思。[2]薆(ài)然：隐蔽的样子。[3]不谅：没有信义。[4]折：毁坏。[5]时：时事。缤纷：复杂纷纭。[6]淹留：久留。[7]直：简直。萧艾：即艾蒿，诗意象中被视为一种恶草。[8]兰：兰草，此处可能隐喻怀王之子令尹子兰，为屈原学生。可恃：可信赖依靠。[9]羌：句首发语词。容长：外表美丽。[10]委：抛弃。厥美：指兰草的美丽品质。[11]苟：如果。[12]椒：花椒，此处可能隐射楚大夫子椒。专佞：专擅于巧言谄媚。慢慆(tāo)：怠慢、堕慢。[13]榝(shā)：又名山茱萸、吴茱萸、食茱萸，落叶小乔木，果实为核果，长椭圆形，枣红色，喻昔日稍有才华而变节者。帏(wéi)：香囊。[14]干进：贪求钻营。务人：义同"干进"。[15]祗：通"振"，拯救。[16]流从：如水一样随波逐流。[17]若兹：尚且如此。[18]揭车：一种叶黄花白味辛的香草名。江离：又名蘼芜、芎䓖(xiōng qióng)，香草名。[19]兹佩：指上文所写的玉佩，喻自己的品德。[20]委：被人鄙弃。厥美：指"兹佩"之美，即自己品德之美好。历兹：至于此等程度。[21]亏：亏损。[22]沬(mèi)：通"昧"，本义指光线昏暗，引申为香气暗淡。[23]和调度(hé tiáo dù)："和""调""度"系三同义复词连用，为"联迭"修辞手法，调谐之意。[24]浮游：游荡。求女：承上文灵氛之说"岂唯是其有女"而言，作者决意到别国求贤君。[25]及：趁着。饰：佩饰，喻品德才能。壮：盛。[26]周流：周游、遍游。

（按：本节是屈原对针对巫咸向自己告以神灵启示后的议论，引发出对群芳变节的慨叹。）

灵氛既告余以吉占兮[1]，历吉日乎吾将行[2]。
折琼枝以为羞兮[3]，精琼爢以为粻[4]。
为余驾飞龙兮[5]，杂瑶象以为车[6]。
何离心之可同兮，吾将远逝以自疏[7]。
邅吾道夫昆仑兮[8]，路修远以周流。
扬云霓之晻蔼兮[9]，鸣玉鸾之啾啾。
朝发轫于天津兮[10]，夕余至乎西极[11]。
凤皇翼其承旂兮[12]，高翱翔之翼翼[13]。
忽吾行此流沙兮[14]，遵赤水而容与[15]。
麾蛟龙使梁津兮[16]，诏西皇使涉予[17]。
路修远以多艰兮，腾众车使径待[18]。
路不周以左转兮[19]，指西海以为期[20]。
屯余车其千乘兮[21]，齐玉轪而并驰[22]。

驾八龙之婉婉兮[23]，载云旗之委蛇[24]。
抑志而弭节兮[25]，神高驰之邈邈[26]。
奏《九歌》而舞《韶》兮[27]，聊假日以媮乐[28]。
陟升皇之赫戏兮[29]，忽临睨夫旧乡[30]。
仆夫悲余马怀兮[31]，蜷局顾而不行[32]。

[1]吉占：吉利之卦。此为灵氛祭祷后再次卜筮之结果。[2]历：选择。[3]羞：通“脩”，即腊肉。此处指以琼枝为腊肉而充当干粮。[4]精：精选。琼靡(mí)：玉屑。粻(zhāng)：粮食。[5]飞龙：良马。[6]杂：杂取。瑶：美玉。象：象牙。[7]自疏：自我疏离于世。[8]邅(zhān)：楚方言，转道。[9]云霓：此处指用云霞织成的旗帜。晻(yǎn)蔼：云霞蔽日的样子。[10]天津：银河，也叫天河、天汉、天江。[11]西极：指诗人想象中到达的西方的穷尽之处。[12]承：接。旂(qí)：一种画有二龙相依图案且竿头系有铃铛的旗帜，本处引申为旗帜。[13]翼翼：悠闲自适的样子。[14]流沙：神话中位于西方的沙漠之地，沙子不停地流动。[15]遵：顺着。赤水：神话中源出昆仑山的水名。容与：踌躇不前。[16]麾(huī)：指挥。蛟龙：非马，疑为鼋鼍(鳄鱼)类的水生动物。梁：名词作动词，驾桥。津：渡口。[17]西皇：神话中上古帝王少皞(hào)氏。涉：渡过。[18]腾：传令。径待：径相侍卫。[19]路：路过。不周：即神话中位于昆仑山西北的不周山。传说不周山经常发生“风穴”“不周风”，即风暴，故取道不周山而至西海须左转以克服“风穴”“不周风”。[20]西海：神话中位于西方之海。期：会合。[21]屯：聚集。乘(shèng)：量词，古代四马拉一车曰“乘”。[22]齐：使……对齐。玉轪(dài)：用玉饰成的车轮。楚方言称车轮为轪。[23]八龙：八匹骏马。婉婉：曲折前行的样子。[24]委蛇(wēi yí)：舒卷自如的样子。[25]抑志：即“抑帜”，垂下旗帜。弭(mǐ)：止。节：与“策”同义，马鞭。弭节：即停车。[26]神：神思。高驰：飞扬。邈邈：遥无边际的样子。[27]《九歌》：乐曲名，传说为夏启从天帝处偷来的。《韶》：即《九韶》，传说为虞舜时乐舞。[28]假日：假借时日。媮(yú)：通“愉”。[29]陟(zhì)：上升。升皇：初升的太阳。赫戏：光艳的样子。[30]临：居高而下视。睨(nì)：斜视。旧乡：故土，指楚国。[31]仆夫：仆人，指为屈原驭马车之人。[32]蜷(quán)局：曲身不肯前行。

(按：本节写诗人听从灵氛之语，驾飞龙而远游的经历，具有较高的神话学价值。其中表现了作者丰富的想象力与神话学的历史记忆，也凸现了作者对故国的眷恋。)

乱曰[1]：“已矣哉[2]！国无人莫我知兮[3]，
又何怀乎故都[4]？既莫足与为美政兮[5]，
吾将从彭咸之所居[6]！”

[1]乱：古代乐歌结尾时的齐奏合唱曰“乱”。[2]已矣哉：算了吧，表达失望之情。[3]莫我知：即“莫知我”的倒装。[4]故都：指故国，即楚国。[5]美政：即如“选贤修能”“修明法度”等屈原的美好政治设想。[6]彭咸：殷朝贤大夫，传说因劝谏国君不为纳用而投水自杀。所居：所居住的地方，

意指效法彭咸舍身以守节。

（按：本节为全篇收篇之作，表明了屈原不同流合污而愿效法彭咸的最终价值选择。）

湘君、湘夫人

[引言]

湘君、湘夫人乃湘水之配偶神。传说尧之女娥皇、女英为舜之二妃。舜南巡时将二妃留于家中，后二妃追舜至洞庭时，闻舜死于苍梧而葬于九嶷山，遂南望痛哭至于投水自尽。由于舜死葬之苍梧、九嶷山系湘水发源之地，且二妃亦殉情于此，故楚人以帝舜为湘水男神，而以二妃为湘水女神，并演绎此段离合悲欢之事以纪念这一神话事件。

湘　君

君不行兮夷犹[1]，蹇谁留兮中洲[2]。
美要眇兮宜修[3]，沛吾乘兮桂舟[4]。
令沅湘兮无波，使江水兮安流。
望夫君兮未来[5]，吹参差兮谁思[6]：
驾飞龙兮北征[7]，邅吾道兮洞庭[8]。
薜荔柏兮蕙绸[9]，荪桡兮兰旌[10]。
望涔阳兮极浦[11]，横大江兮扬灵[12]。
扬灵兮未极[13]，女婵媛兮为余太息[14]。
横流涕兮潺湲[15]，隐思君兮陫侧[16]。
桂棹兮兰枻[17]，斲冰兮积雪[18]。
采薜荔兮水中，搴芙蓉兮木末[19]！
心不同兮媒劳[20]，恩不甚兮轻绝[21]！
石濑兮浅浅[22]，飞龙兮翩翩。
交不忠兮怨长[23]，期不信兮告余以不闲[24]。
鼂骋骛兮江皋[25]，夕弭节兮北渚[26]。
鸟次兮屋上[27]，水周兮堂下[28]。
捐余玦兮江中[29]，遗余佩兮澧浦[30]。

采芳洲兮杜若[31]，将以遗兮下女[32]。
时不可兮再得，聊逍遥兮容与[33]。

[1]君：系湘君。夷犹：犹豫不决。[2]谁留：为谁而滞留。中洲：沙洲之中。洲：水中陆地。[3]要眇(yāo miǎo)：美好的样子。美要眇：义同"要眇"。宜修：打扮得恰如其分。[4]沛：船顺流而下的样子。吾：装扮湘君的男巫之自称。桂舟：用桂木所做的船。[5]夫君：指湘君，系主巫对湘君的称呼。[6]参差(cēn cī)：箫之别称。谁思：倒装，即思谁。[7]飞龙：龙船，即上文的"桂舟"。北征：向北行驶。[8]邅(zhān)：楚方言，转弯。[9]薜(bì)荔：香草名，又称为木莲。柏：即柏壁、搏壁，指船舱壁挂着用薜荔织成的席。蕙：香草名，亦名佩兰。绸：通"帱(chóu)"，帐子。[10]荪(sūn)：香草名，即溪荪、石菖蒲。桡(ráo)：短桨。荪桡：用溪荪饰成的船桨。兰旌：用兰花饰成的旌旗。[11]涔(cén)阳：地名，湖南澧县涔水之北岸。浦：水滨。极浦：江河极远的水滨。[12]横：渡过。扬灵：王逸《楚辞章句》释为"扬己精诚"。[13]未极：未到。[14]婵媛(chán yuán)：通"啴咺"，楚方言，喘息之意。余：主巫自指。太息：深深叹息。[15]潺湲：泪流涟涟的样子。[16]隐：伤痛。君：湘君。陫(fěi)侧：通"悱恻"，内心凄苦的样子。[17]棹(zhào)：船桨。枻(yì)：船舷。[18]斲(zhuó)：砍，这里意为破开。[19]搴(qiān)：拔取。木末：树梢。按："采薜荔兮水中，搴芙蓉兮木末"，用"倒反"的艺术表现手法喻主巫迎降湘君之事犹如缘木求鱼而无所获也。[20]劳：徒劳无获。[21]甚：深。轻绝：易于决绝。[22]石濑(lài)：沙石上的湍流。浅浅(jiān)：水流湍急的样子。[23]怨长：即"长怨"，长久的伤怨。[24]期：幽约。[25]鼂(zhāo)：通"朝"，早晨。骋骛：奔跑。江皋：江边的高地。[26]弭：止。节：同"策"，马鞭。弭节：停马。渚(zhǔ)：水中小洲。[27]次：停宿。[28]周：环绕。[29]捐：丢弃。余：主巫自称。玦(jué)：有缺口的环形玉器，以之赠人，表诀别或断绝之意；捐玦于江，示永不诀别之意。[30]遗：丢下。佩：玉佩，佩与"背"音同；遗佩于江，示彼此不相背离之意。[31]芳洲：长着芳草的水中小洲。杜若：香草名，又名山姜。[32]遗(wèi)：赠送。下女：湘君的侍女。[33]容与：徘徊漫步。

（按：《湘君》主要写男巫扮湘君模样，于湘水乘舟迎接湘君，直到大江。虽精诚之致，但仍未能接遇到湘君。由此抒发男巫对湘君的缠绵哀怨之情。）

湘夫人

帝子降兮北渚[1]，目眇眇兮愁予[2]。
袅袅兮秋风[3]，洞庭波兮木叶下[4]。
白薠兮骋望[5]，与佳期兮夕张[6]。
鸟何萃兮蘋中[7]？罾何为兮木上[8]？
沅有茝兮醴有兰[9]，思公子兮未敢言[10]。
荒忽兮远望[11]，观流水兮潺湲[12]。

麋何食兮庭中[13]？蛟何为兮水裔[14]？
朝驰余马兮江皋[15]，夕济兮西澨[16]。
闻佳人兮召予[17]，将腾驾兮偕逝[18]。
筑室兮水中，葺之兮荷盖[19]。
荪壁兮紫坛[20]，采芳椒兮成堂[21]。
桂栋兮兰橑[22]，辛夷楣兮药房[23]。
罔薜荔兮为帷[24]，擗蕙櫋兮既张[25]。
白玉兮为镇[26]，疏石兰兮为芳[27]。
芷葺兮荷屋[28]，缭之兮杜衡[29]。
合百草兮实庭[30]，建芳馨兮庑门[31]。
九嶷缤兮并迎，灵之来兮如云[32]。
捐余袂兮江中，遗余褋兮醴浦[33]。
搴汀洲兮杜若[34]，将以遗兮远者[35]。
时不可兮骤得[36]，聊逍遥兮容与。

[1]帝子：与下文“公子”义同，指湘夫人，因传说中其为尧帝之女，且古代女儿也可称子，故曰“帝子”。[2]眇眇：远望的样子，一说为眯眼远望的样子。愁予：使我发愁。予：扮湘夫人之女巫自称。[3]袅袅：微风吹拂的样子。[4]波：动词，起水波。[5]白薠(fán)：水草名，即薠草，又名青薠，秋季生于湖泽，状似莎草而略大。骋望：极目远眺。[6]佳：佳人，指湘夫人。期：幽约。夕：黄昏。张：陈设。[7]萃(cuì)：聚集。蘋：一种生于浅水中的水草，四小叶成一复叶而呈现为“田”字状，故亦名“四叶菜”“田字草”。[8]罾(zēng)：用竹竿或木棍做支架的方形鱼网。木上：于树上。“鸟何萃兮蘋中？罾何为兮木上”，用“倒反”的艺术表现手法喻缘木求鱼而致的徒劳无获。[9]沅：沅水，位于湖南西部。醴(lǐ)：通“澧”，澧水，位于湖南澧县南。兰：兰草。[10]公子：系湘君，古代称女子亦为公子。[11]荒忽：即“恍惚”，渺茫，看不清楚。[12]潺湲：水流缓慢的样子。[13]麋：即“麋鹿”，又叫“四不像”。[14]蛟：传说为常居深渊、能发洪水的一种龙。裔：边缘。水裔：水边。[15]驰：使……飞驰。余：女巫自指。皋：水边高地。[16]澨(shì)：水滨。[17]闻：听说，表幻觉。佳人：湘夫人。予：女巫自指。[18]腾驾：传话。偕逝：同往。[19]葺：覆盖。荷盖：荷叶状如伞盖，故曰“荷盖”。[20]荪壁：用溪荪来饰墙壁。紫：紫贝，一种珍美的水产。坛：楚方言，中庭。紫坛：用紫贝来铺中庭。[21]采：古“播”字，播撒。椒：花椒。成：通“盛”，涂饰。[22]栋：屋梁。桂栋：用桂木做的屋梁。橑(lǎo)：屋椽(chuán)。兰橑：用木兰做的屋椽。[23]辛夷：木兰科落叶乔木，又名木笔。楣(méi)：门上横梁。辛夷楣：用辛夷做的门楣。药：白芷。房：卧室。药房：用白芷做的卧室。[24]罔：通“网”，作动词，编结。[25]擗(pǐ)：剖开。櫋(mián)：屋檐板。既张：业已挂好。[26]镇：镇席，古人用以压住坐席的东西，常为玉石等。[27]疏：散发。石兰：又名山花，兰花之一品种。[28]荷屋：以荷叶为盖的屋子。[29]缭：缠绕。杜衡：即杜蘅，又名马蹄香。[30]合：采集。实：充满。[31]建：布陈。芳馨：指各种香花。庑(wǔ)门：堂下

周围廊屋之门。[32]灵：指九嶷山群神。如云：形容神灵众多。[33]遗：丢下。褋(dié)：古人射箭时戴在右拇指上用以钩弦的扳指，常用象骨、晶玉制成，古常称“玦”或“决”，隐喻离别。文中“遗余褋兮醴浦”，则为永不诀别之意。醴浦：醴水之滨。[34]汀(tīng)洲：水中或水边的平地。杜若：香草名，又名山姜。[35]遗(wèi)：赠予。远者：远处的人，指湘夫人。[36]骤：屡次。

（按：本篇系祭祀湘夫人之祭歌，由扮演湘夫人的女巫独唱，表达对湘夫人的幽思之情。）

附：

文心雕龙·辨骚

（梁）刘　勰

[引言]

《文心雕龙·辨骚》系刘勰有感于屈原及其文学作品在汉代儒家话语、儒家诗教体系中的价值、地位之争论而创作的篇章。文章首先祖述了在汉代儒家话语与诗教体系中刘安、王逸、刘向、扬雄、班固五家对屈原的抵牾性评价，然后运用其儒家诗教观念即“宗经”观简略分析比较了《离骚》与儒家经典文本，指出其既“同于风雅”，又“异乎经典”的特征，提出“凭轼以倚雅颂，悬辔以驭楚篇，酌奇而不失其真，翫华而不坠其实”的观点，以期指导文学创作，这对辩证看待屈原及其作品在文学史中的价值地位问题具有启示意义。

自风雅寝声[1]，莫或抽绪[2]，奇文郁起[3]，其《离骚》哉！固已轩翥诗人之后[4]，奋飞辞家之前[5]，岂去圣之未远[6]，而楚人之多才乎！昔汉武爱骚，而淮南作传，[7]以为国风好色而不淫，小雅怨诽而不乱。若《离骚》者，可谓兼之。蝉蜕秽浊之中，浮游尘埃之外，皭然涅而不缁，虽与日月争光可也。[8]班固以为露才扬己，忿怼沉江；羿、浇、二姚，与左氏不合；[9]昆仑、悬圃，非经义所载[10]；然其文辞丽雅，为词赋之宗，虽非明哲，可谓妙才。王逸以为：诗人提耳，屈原婉顺，《离骚》之文，依经立义，驷虬乘翳，则时乘六龙，昆仑、流沙，则《禹贡》敷土，名儒辞赋，莫不拟其仪表，所谓金相玉质，百世无匹者也。及汉宣嗟叹[11]，以为皆合经术；扬雄讽味，亦言体同诗雅。[12]四家举以方经，而孟坚谓不合传，[13]褒贬任声，抑扬过实，可谓鉴而弗精，玩而未核者也[14]。

[1]寝声：停息消失。风雅寝声：指周朝衰微，风人辍采诗之职，乐官流散民间，故诗不再为

人所注意。[2]或：有人。莫或：没有人。抽：引出。绪：余绪。莫或抽绪：没有后来之人来承扬风雅的精神。[3]奇文：新奇瑰丽的屈原作品。郁起：郁勃涌现。[4]轩翥(zhù)：高飞。诗人：指《诗经》的作者。[5]辞家：指汉代的辞赋家。[6]去圣之未远：距离孔子的时代不远。实是指屈原《离骚》"熔式经诰"，离"经"不远。[7]"昔汉武"二句：指刘安献《内篇》于武帝刘彻，武帝喜之，命刘安作《离骚传》，刘安"旦受诏，日食时上"一事。见《汉书·淮南王传》。[8]淫：过分。诽：讥讽。乱：没有节制。皭(jiào)然：洁净的样子。涅(niè)：染黑。缁：黑色。[9]忿怼(duì)：怨恨。与左氏不合：指《离骚》所载关于羿、浇、二姚的典故与《左传》不相吻合。按：考稽二书，实则相合。[10]非经义所载：班固认为"经书"里面没有记载昆仑、悬圃。[11]汉宣(前91—前49)：本名刘病已，字次卿，即位后改名询。[12]扬雄(前53—18)：字子云，西汉蜀郡成都人，学者、辞赋家、语言学家。此处所引扬雄之言无可考。[13]四家：指刘安、王逸、刘询、扬雄。方：并比。孟坚：班固之字。[14]玩：鉴赏。未核：没有仔细推究。

(按：本节简述了汉代五家对《离骚》的评价，认为他们的评论皆"抑扬过实"。)

将核其论，必征言焉[1]。故其陈尧、舜之耿介，称汤、武之祗敬，典诰之体也[2]；讥桀、纣之猖披，伤羿、浇之颠陨，规讽之旨也[3]；虬龙以喻君子，云蜺以譬谗邪，比兴之义也[4]；每一顾而淹涕，叹君门之九重，忠怨之辞也[5]；观兹四事，同于风雅者也。至于托云龙，说迂怪，丰隆求宓妃，鸩鸟媒娀女，诡异之辞也；康回倾地，夷羿弹日，[6]木夫九首，土伯三目，[7]谲怪之谈也；依彭咸之遗则，从子胥以自适，狷狭之志也[8]；士女杂坐，乱而不分，[9]指以为乐，娱酒不废，沉湎日夜，[10]举以为欢，荒淫之意也。摘此四事，异乎经典者也。故论其典诰则如彼[11]，语其夸诞则如此[12]。固知《楚辞》者，体宪于三代[13]，而风杂于战国[14]，乃雅颂之博徒[15]，而词赋之英杰也。观其骨鲠所树，肌肤所附，[16]虽取镕经意，亦自铸伟辞。故《骚经》《九章》，朗丽以哀志；《九歌》《九辩》，绮靡以伤情；《远游》《天问》，瑰诡而惠巧[17]；《招魂》《招隐》，耀艳而深华；《卜居》标放言之致[18]；《渔父》寄独往之才[19]。故能气往轹古，辞来切今，[20]惊采绝艳，难与并能矣。

[1]征言：引原作中的语言以证明之。[2]典诰：《尚书》中的两类文体，如《尧典》《舜典》《大诰》《酒诰》等。典诰之体：具有典诰的体制。[3]规讽之旨：具有《诗经》那样的规劝、讽喻之旨。[4]比兴之义：用《诗经》式的比兴手法表达思想情感。[5]忠怨之辞：即符合"发乎情，止乎礼义"的为国效忠之辞。[6]康回倾地：见《天问》："康回凭怒，地何以东南倾?"康回：即共工。夷羿弹(bì)日：见《天问》："羿焉弹日，乌焉解羽?"弹：射。[7]"木夫"二句：见《招魂》："一夫九首，拔木千斤些。""土伯九约，其角觺(yí)觺些……三目虎首，其身若牛些。"木夫：神话中拔木大力士。土伯：神话中的土地神。按：《招魂》或曰屈原作，或曰宋玉作。[8]狷狭：急躁褊狭。狷狭之志：褊狭的胸襟。[9]"士女"二句：见《招魂》："士女杂坐，乱而不分些。"[10]"娱酒"二句：见《招魂》："娱酒不废，沉日夜些。"[11]典诰：儒家经典。[12]夸诞：夸饰到荒唐、虚妄的程度。[13]体：体式。宪：取法。

三代：夏、商、周。[14]风：风格。杂：夹杂。风杂于战国：风格杂有战国纵横之气象。[15]博徒：微贱者。[16]骨鲠(gěng)：骨髓，喻文章的思想内容。肌肤：喻文章的藻辞。[17]瑰诡：炜烨奇伟。惠巧：指文辞纵横奇伟的风格。[18]放言：辞人被流放后放纵不羁的忠怨之辞。[19]独往之才：不与世同流、自我独清的品行。[20]气：气度。轹(lì)：车轮辗过，引申为超过。切：切断，绝，引申为超越。

（按：本节以“宗经”为批评的标准，分析了《离骚》与经典的异同，并试图厘定其历史地位：“乃雅颂之博徒，而词赋之英杰也”，即次于前贤之经典而优于其后辞家所创的词赋。）

自《九怀》以下[1]，遽蹑其迹[2]，而屈、宋逸步[3]，莫之能追。故其叙情怨，则郁伊而易感[4]；述离居，则怆快而难怀[5]；论山水，则循声而得貌；言节候，则披文而见时。是以枚、贾追风以入丽[6]，马、扬沿波而得奇[7]，其衣被词人[8]，非一代也。故才高者菀其鸿裁[9]，中巧者猎其艳辞[10]，吟讽者衔其山川[11]，童蒙者拾其香草[12]。若能凭轼以倚雅颂[13]，悬辔以驭楚篇[14]，酌奇而不失其真，玩华而不坠其实，[15]则顾盼可以驱辞力，欬唾可以穷文致，[16]亦不复乞灵于长卿，假宠于子渊矣[17]。

[1]《九怀》：系王褒作。《楚辞》自《九怀》以下，系汉人模仿《离骚》所作之作品。[2]遽(jù)蹑：奋起急追。遽：急骤。[3]逸步：快步。指屈、宋作品让人无法企及。[4]郁伊：郁抑。[5]怆快：郁抑凄怆。[6]枚：枚乘(？—前140)，字叔，古淮阴人，西汉辞赋家，其传见于《汉书》。贾：贾谊(前200—前168)，洛阳人，西汉初年政论家、文学家，其传见于《史记》。风：屈原作品的风格体貌。[7]马：司马相如(前179？—前127)，字长卿，蜀郡成都人，西汉大辞赋家，其传见于《史记》《汉书》。扬：扬雄。沿波：循着屈原、宋玉的余波。奇：辞藻宏丽。[8]衣被(pī)词人：指屈原、宋玉所创的骚体赋影响后世辞人。[9]菀(wān)：通“捥”，取的意思。鸿裁：文章的鸿大体制。[10]中(zhòng)巧者：偶受启发灵感一现而得巧思者。[11]衔：时时涵咏。[12]童蒙者：初学之少年。拾其香草：意如《论语·阳货》之“多识于鸟兽草木之名”。[13]凭轼：靠着车厢前供人凭倚的横木。本句意为：写作时以《诗经》为依据。[14]悬辔：在马头上加辔头。驭：驾驭。[15]奇、真：作品内容的虚构与真实。华、实：喻文章的文质关系。[16]顾盼、欬(kài)唾：均形容时间短暂，暂态。本句意为：写作则可不必费大力气。[17]子渊：王褒的字。王褒，文学家，生卒年不详，蜀地资中人。

（按：本节阐释屈原《离骚》对后世创作的深远影响，并探讨了后人如何向《雅》《颂》《楚辞》学习借鉴的问题。）

赞曰：不有屈原，岂见《离骚》。惊才风逸[1]，壮志烟高[2]。山川无极[3]，情理实劳[4]。金相玉式[5]，艳溢锱毫[6]。

[1]惊才：令人惊慕之才。风逸：如风似的飘逸。[2]烟高：似烟云般高远。[3]无极：没有尽头。[4]劳："辽"的同音假借，意为广阔。[5]金相：金质。式：用。玉式：犹言玉质。[6]锱(zī)：古代称量单位，一两的四分之一。毫：古代称量或长度单位，十丝为一毫。句意谓字字句句皆充溢着动人的光彩。

五 《春秋左传》

[引言]

《春秋》是我国现存最早的编年体史书，原为鲁国历代史官所作，后经孔子“笔则笔，削则削”，编订而成《春秋》。以此为书名是因为中国农历中只有春分和秋分，所以言春以包夏，言秋以含冬。《春秋》采用的是鲁国纪年，记述了从鲁隐公元年(前722)到鲁哀公十四年(前481)共242年的历史。虽然以鲁国纪年，但书中兼及其他各国的史实，可以说，这也是现存的第一部中国通史。

《春秋》记事，文字简洁，但又微言大义，以一字寓褒贬，后世读者常常不得要领。所以后来就出现了专门阐发其中义理的著作，称为“经传”。后世阐发《春秋》的经传很多，特别是《春秋》被尊为经，成为科举的敲门砖后，更是有不少人逐字逐句地附庸专研。现在流传最广、影响最大的有《春秋左氏传》《春秋穀梁传》《春秋公羊传》，合称“春秋三传”，后并列入《十三经》中。春秋三传虽同是阐释《春秋》，但其侧重面各有不同。朱熹在《朱子语类》中说：“《左传》是史学，《公》《穀》是经学。史学者记得事却详，于道理上便差；经学者于义理上有功，然记事多误。”

春秋三传中，以《春秋左氏传》最为著名。《春秋左氏传》又称为《春秋左传》或《左传》，相传为左丘明所作，其中虽有一些是解释《春秋经》的，但它比《春秋》的史料更完备，在文学上的价值也更突出。杜预在《春秋左氏传序》中指出：“发传之体有三，为例之情有五。”发传之体，即正例、变例、非例，用以对史料中不符合儒家礼仪规范的事例进行褒贬；为例之情，即微而显、志而晦、婉而成章、尽而不污、惩恶而劝善，就是用这五种方法对历史事件进行点评、解释。这种错文见义的方法，对后世历史散文创作产生了深远影响。《左传》的艺术成就还表现在：一、精彩的叙事。它巧妙地将人物的生平行事和历史事件相结合，剪裁得当，周密传神；二、人物形象鲜明。它注重在历史事件的冲突中展现人物个性的一面，更为真实、鲜明；三、辞令巧妙，从容典雅，引经据典，依礼而论，使人折服。

当然，在思想上，《左传》推崇儒家思想，维护“义”和“礼”的内涵，在微言大义中阐发了惩恶而劝善的理想。这些都与《春秋》的精神一致，且进一步升华了儒家学说的要义。现在重读《左传》，我们可以让“经”的意义退居其次，而更多地从历史和文学方面来品读。

四库全书总目春秋左传正义六十卷提要

周左丘明传，晋杜预注，唐孔颖达疏。自刘向、刘歆、桓谭、班固皆以《春秋传》出左丘明，左丘明受经于孔子。魏晋以来，儒者更无异议。至唐赵匡始谓左氏非丘明，盖欲攻传之不合经[1]，必先攻作传之人非受经于孔子。与王柏欲攻《毛诗》，先攻《毛诗》不传于子夏，其智一也[2]。宋、元诸儒，相继并起。王安石有《春秋解》一卷，证左氏非丘明者十一事，陈振孙《书录解题》谓出依托。今未见其书，不知十一事者何据。其余辨论，惟朱子谓“虞不腊矣”为秦人之语[3]，叶梦得谓记事终于智伯，当为六国时人，似为近理。然考《史记·秦本纪》称惠文君十二年始腊，张守节《正义》称“秦惠文王始效中国为之”[4]，明古有腊祭，秦至是始用，非至是始创。阎若璩《古文尚书疏证》亦驳此说，曰：“史称秦文公始有史以记事，秦宣公初志闰月，岂亦中国所无，待秦独创哉?”则腊为秦礼之说，未可据也。《左传》载预断祸福[5]，无不征验，盖不免从后傅合之。惟哀公九年称赵氏其世有乱，后竟不然，是未见后事之证也。经止获麟[6]，而弟子续至孔子卒。传载智伯之亡，殆亦后人所续。《史记·司马相如传》中有扬雄之语，不能执是一事，指司马迁为后汉人也，则载及智伯之说，不足疑也。今仍定为左丘明作，以祛众惑。至其作传之由，则刘知幾“躬为国史”之言，最为确论。疏称大事书于策者，经之所书；小事书于简者，传之所载。观晋史之书赵盾，齐史之书崔杼及宁殖，所谓载在诸侯之籍者，其文体皆与经合。《墨子》称《周春秋》载“杜伯”，《燕春秋》载“庄子仪”，《宋春秋》载“祐观辜”，《齐春秋》载“王里国中里”。核其文体，皆与传合。经、传同因国史而修，斯为显证，知说经去传为舍近而求诸远矣。《汉志》载“《春秋》古经十二篇，经十一卷”，注曰“公羊、穀梁二氏”，则《左氏》经文不著于录。然杜预《集解序》称“分经之年，与传之年相附，比其义类，各随而解之”。陆德明《经典释文》曰“旧夫子之经与丘明之传各异，杜氏合而释之”，则《左传》又自有经。考《汉志》之文，既曰“古经十二篇”矣，不应复云“经十一卷”，观公、穀二传皆十一卷，与“经十一卷”相配，知十一卷为二传之经，故有是注。徐彦《公羊传》疏曰：“《左氏》先著竹帛，故汉儒谓之古学。”则所谓“古经十二篇”即《左传》之经，故谓之古。刻《汉书》者误连二条为一耳。今以《左传》经文与二传校勘，皆《左氏》义长，知手录之本确于口授之经也。言《左传》者，孔奇、孔嘉之说久佚不传[7]，贾逵、服虔之说亦仅偶见他书。今世所传，惟杜注孔疏为最古。杜注多强经以就传，孔疏亦多左杜而右刘，是皆笃信专门之过，不能不谓之一失。然有注、疏而后《左氏》之义明，《左氏》之义明而后二百四十二年内善恶之迹一一有征。后儒妄作聪明，以私臆谈褒贬者，犹得据传文以知其谬，则汉晋以来，借《左氏》以知经义，宋元以后，更借《左氏》以杜臆说矣。传与注、疏均谓有大功于《春秋》可也。

[1]攻：攻击，批评。[2]智：策略。[3]腊：腊祭。古代称祭百神为“蜡”，祭祖先为“腊”；秦、汉以后统称“腊”。[4]中国：古时通常泛指中原地区，与“中华”“中土”等同义。因华夏族、汉族建国于黄河流域一带，以为居天下之中，故称。[5]预断：事先断定。[6]经止获麟：指《春秋经》中的最后记载止于鲁哀公十四年(前481)春。鲁哀公狩猎时得一怪兽，孔子辨认后认为是麒麟。[7]佚：失落，散失。

（按：本文主要说明《左传》的成书、版本以及各家对《左传》作者的质疑和攻辩。）

春秋左传序

(晋)杜 预[1]

[引言]

杜预在《春秋序》里主要探讨了以下几个方面的内容：一、“春秋”一词的含义、典籍渊源；二、传为孔子定《春秋经》的背景、原因、目的；三、试图厘定《春秋》经传关系、春秋三传间的关系等相关的重要问题；四、总结提出了“春秋五例”这一书写原则，对其后中国历史书写、文学书写等方面均产生了重要而深刻影响。

“春秋”者，鲁史记之名也。[2]记事者，以事系日[3]，以日系月，以月系时，以时系年，所以纪远近、别同异也。故史之所记，必表年以首事[4]。年有四时，故错举以为所记之名也。[5]《周礼》有史官，掌邦国四方之事，达四方之志。诸侯亦各有国史，大事书之于策，小事简牍而已。[6]孟子曰：楚谓之《梼杌》，晋谓之《乘》，[7]而鲁谓之《春秋》，其实一也。

[1]杜预(222—284)：字元凯，京兆杜陵(今陕西西安)人，西晋时期著名的政治家、军事家和学者。[2]“春秋”：“春秋”一词见于传记而不见于经，指鲁国史官所记史书之名，后成为史书的代称。史：职掌文书记事之官。[3]系：联属、归属。以事系日：意谓此日发生此事，故以此事系日。[4]表：显示。首：始。[5]“年有”二句：一年有春夏秋冬四时，不可遍举四季之词以为书名，故交错互举而取“春秋”二字以包举四时，以为所记之名。[6]策：通“册”，古代串编起来的记事著书的竹简或木简。简牍：古代书写用的狭长木片。[7]《梼杌》(táo wù)：楚国史书名。《乘》(shèng)：晋

国史书名。

韩宣子适鲁[1]，见《易·象》与《鲁春秋》，曰："周礼尽在鲁矣，吾乃今知周公之德，与周之所以王[2]。"韩子所见，盖周之旧典礼经也。

[1]韩宣子(？—前514)：姬姓，韩氏，名起，谥号"宣"，史称韩宣子，春秋时晋国卿大夫。适：到、往。[2]王：统一天下而称王。

(按：前两节重在讲解"春秋"一词的含义及其所掌握到的典籍学来源。)

周德既衰，官失其守。上之人不能使《春秋》昭明，赴告策书[1]，诸所记注，多违旧章。仲尼因鲁史策书成文[2]，考其真伪，而志其典礼，[3]上以遵周公之遗制，下以明将来之法。其教之所存，文之所害，则刊而正之[4]，以示劝戒。其余皆即用旧史[5]，史有文质，辞有详略，不必改也。故传曰："其善志。"又曰："非圣人孰能修之？"盖周公之志，仲尼从而明之。

[1]赴：帝王崩薨为赴。告(gù)：诸侯每月朔日告祭祖庙以福祸曰告。[2]因：根据。[3]考：校勘。志：识记。[4]刊：修订。[5]"其余"句：意谓孔子在编订《春秋》时，除了有所新解的部分之外，其余的都遵从旧史。

(按：本节意在阐明孔子作《春秋经》的背景、目的及其意义。)

左丘明受经于仲尼[1]，以为经者不刊之书也，故传或先经以始事[2]，或后经以终义[3]，或依经以辨理，或错经以合异[4]，随义而发。其例之所重，旧史遗文，略不尽举，非圣人所修之要故也。

[1]"左丘明"句：言《春秋经》为孔子所定制，而左丘明则为《春秋经》作传，故言左丘明受经于仲尼。[2]始事：开启后经所载之事。[3]终义：总结前经所载之事的意义。[4]"或错经"句：意谓传或错经为文以合此经之异。

(按：本节意在探讨《左传》解经的特征，即《左传》与《春秋经》间的关系。)

身为国史，躬览载籍[1]，必广记而备言之[2]。其文缓，其旨远，将令学者原始要终[3]，寻其枝叶，究其所穷[4]。优而柔之[5]，使自求之；餍而饫之[6]，使自趋之。若江海之浸，膏泽之润，涣然冰释，怡然理顺[7]，然后为得也。

[1]载籍：典籍、书籍。[2]备：详尽。[3]原：追溯。要：探究。[4]穷：尽头、本源。[5]优、柔：宽舒之意。[6]餍、饫：饱。[7]怡然：身心愉悦的样子。

其发凡以言例[1]，皆经国之常制[2]，周公之垂法[3]，史书之旧章。仲尼从而修之，以成一经之通体。其微显阐幽，裁成义类者，皆据旧例而发义，指行事以正褒贬。诸称“书”“不书”“先书”“故书”“不言”“不称”“书曰”之类，皆所以起新旧，发大义，谓之变例。然亦有史所不书，即以为义者，此盖《春秋》新意，故传不言“凡”，曲而畅之也。其经无义例，因行事而言，则传直言其归趣而已，非例也。

[1]凡：大概、要略。发凡：指揭示全书的要旨或体例。[2]经国：治理国家。常制：恒常不变的制度。[3]垂法：颁布的法规。

故发传之体有三[1]，而为例之情有五。一曰“微而显”，文见于此[2]，而起义在彼。“称族，尊君命；舍族，尊夫人”“梁亡”“城缘陵”之类是也。二曰“志而晦”[3]，约言示制，推以知例。参会不地[4]、与谋曰“及”之类是也。三曰“婉而成章”[5]，曲从义训，以示大顺。[6]诸所讳辟，璧假许田之类是也。四曰“尽而不污”[7]，直书其事，具文见意。丹楹刻桷、天王求车、齐侯献捷之类是也。五曰“惩恶而劝善”，求名而亡，欲盖而章。书齐豹“盗”、三叛人名之类是也。

[1]发传之体有三：即上文之发凡正例、新意变例、归趣非例。[2]见(xiàn)：显现、显露。[3]志：载录。晦：义与“微”同，含蓄隐晦。[4]参(sān)：同“三”。会：会盟。不地：会盟中会事不成，曰“不地”。[5]婉：曲。婉而成章：言辞委婉顺理成章。[6]“曲从”二句：言辞屈曲委婉以从其义，以示臣伦大顺之道。[7]污(yū)：通“纡”，纡回、曲折。

推此五体，以寻经传，触类而长之[1]。附于二百四十二年行事，王道之正，人伦之纪备矣。

[1]长：增长、丰富。

（按：上述几节意在交代《左传》的体例问题，即三体；并提出“春秋五例”这一重要的史书书写原则。）

或曰：《春秋》以错文见义[1]。若如所论，则经当有事同文异而无其义也。先儒所传，皆不其然。答曰：《春秋》虽以一字为褒贬，然皆须数句以成言，非如八卦之爻，可错综为六十四也，故当依传以为断。古今言《左氏春秋》者多矣，今其遗文可见者十数家。大体转相祖述[2]，进不成为错综经文以尽其变[3]，退不守丘明之传[4]。于丘明之传，有所不通，皆没而不说，而更肤引《公羊》《穀梁》[5]，适足自乱。预今所以为异，专修丘明之传以释经。经之条贯，必出于传[6]。传之义例，总归诸凡。推变例以正褒贬，简二传而去异端[7]，盖丘明之志也。其有疑错，则备论而阙之，以俟后贤。然刘子骏创通大义[8]，贾景伯父子[9]、许惠卿[10]，此先儒之美者也，末有颍子严者[11]，虽浅近亦复名家，故特举刘、贾、许、颍之违，以见同异。分经之年，与传之年相附。比其义类，各随而解之，名曰《经传集解》。又别集诸例，及地名、谱第、历数，相与为部，凡四十部，十五卷，皆显其异同，从而释之，名曰《释例》。将令学者观其所聚，异同之说，《释例》详之也。

[1]错文见义：孔颖达释之曰“其文异者必应有义存焉”。[2]祖述：阐述、发扬。祖：始。[3]“进不成”句：意谓经所载事之说略本无宏旨，而后人为之所作之传却强为之说，但究其理则不通。[4]“退不守”句：意谓于丘明之传外另立异端。[5]肤引：意谓肤泛地引用。[6]经之条贯，必出于传：谓作传释经，故经义得传，谓之条贯。[7]二传：指《公羊传》《穀梁传》。[8]刘子骏（约前50—23）：刘歆，字子骏，西汉著名学者。[9]贾景伯（30—101）：贾逵，字景伯，扶风平陵（今陕西咸阳）人，东汉经学家、天文学家，其父贾徽，字元伯。[10]许惠卿：名淑，魏郡人。[11]颍子严：名容，陈郡人。

或曰：《春秋》之作，《左传》及《穀梁》无明文，说者以仲尼自卫反鲁，修《春秋》，立素王，丘明为素臣。言《公羊》者，亦云黜周而王鲁[1]，危行言孙[2]，以避当时之害，故微其文，隐其义。《公羊》经止获麟，而《左氏》经终孔丘卒，敢问所安？

[1]黜：废除、排斥。王（wàng）：以……为王。[2]危：高峻。孙：同“逊”，卑顺。

答曰：异乎余所闻！仲尼曰：“文王既没，文不在兹乎？”此制作之本意也。叹曰：“凤鸟不至，河不出图，吾已矣夫！[1]”盖伤时王之政也。麟凤五灵[2]，王者之嘉瑞也。今麟出非其时[3]，虚其应而失其归[4]，此圣人所以为感也。绝笔于获麟之一句者，所感而起，固所以为终也。

[1]语出《论语·子罕》。[2]五灵：指麟、凤、龟、龙、白虎。[3]非其时：谓麟出于不合时宜之际，即指衰乱之时。[4]虚其应：言上无明王，故麟出而虚其应。失其归：言麟于衰乱之际出而为人所获，故失其所归。

曰：然则《春秋》何始于鲁隐公？答曰：周平王，东周之始王也。隐公，让国之贤君也[1]。考乎其时则相接，言乎其位则列国，本乎其始则周公之祚胤也[2]。若平王能祈天永命，绍开中兴，隐公能弘宣祖业，光启王室，则西周之美可寻，文武之迹不队[3]，是故因其历数，附其行事，采周之旧，以会成王义，垂法将来。所书之王，即平王也；所用之历，即周正也；所称之公，即鲁隐也，安在其黜周而王鲁乎！子曰：“如有用我者，吾其为东周乎！”此其义也。若夫制作之文，所以章往考来[4]，情见乎辞。言高则旨远，辞约则义微。此理之常，非隐之也。圣人包周身之防[5]，既作之后，方复隐讳以辟患，非所闻也。子路欲使门人为臣，孔子以为欺天。[6]而云仲尼素王，丘明素臣，又非通论也。先儒以为制作三年，文成致麟，既已妖妄。又引经以至仲尼卒，亦又近诬。据《公羊》经止获麟，而《左氏》小邾射不在三叛之数，故余以为感麟而作，作起获麟，则文止于所起，为得其实。至于“反袂拭面”，称“吾道穷”，亦无取焉。

[1]让国：言隐公礼让国家于桓公。[2]祚胤（zuò yìn）：福祚之胤。[3] 队：同“坠”，衰落。[4]章：同“彰”。[5]“圣人”句：言圣人防虑之心必周于身，自知无患于己方始作之。[6]“子路”二句：言子路以为孔子将死，于是使门人为臣而欲以臣葬君之礼葬孔子；孔子病愈后责怪子路，认为这是欺凌上天的行为。

（按：上述几节主要运用互文本的方法来探讨三传与《春秋经》间的几个基本关系，即如起始时间的差异性、具体事件的详略增损，以及某些具体细节的真假甄别等问题。）

隐　公

传

惠公元妃孟子[1]。孟子卒[2]，继室以声子[3]，生隐公[4]。宋武公生仲子[5]。仲子生而有文在其手[6]，曰为鲁夫人，故仲子归于我[7]。生桓公而惠公薨[8]，是以隐公立而奉之[9]。

[1]元妃：诸侯第一次婚配所娶的正夫人。孟子：即宋国诸侯王的长女。子：宋国诸侯的姓；古代长幼次序为孟、仲、叔、季。[2]卒：死。[3]继室：古代贵族娶夫人时，有侄或娣随嫁，称为媵。元妃死后由次妃掌管内事，称为继室。声子：孟子随嫁而来的侄或娣。[4]隐公：惠公和声子所生之子。隐：不在其位而摄政事为隐。[5]仲子：即孟子的妹妹。[6]文：通“纹”，即“鲁夫人”字样。[7]故：因此。归：古代称女性出嫁为归。我：这里指鲁国。[8]桓公：即惠公与仲子所生之子。薨（hōng）：周代诸侯死称为薨。[9]立而奉之：立桓公而隐公拥戴之。古代王位是嫡长子继承制，隐公虽年长，但是庶出，桓公虽年幼但为嫡出，故应立。但由于桓公年幼不能亲政，则由隐公代摄政。

（按：本节说明隐公和桓公的身世，交代历史背景。）

经

元年[1]，春，王正月[2]。

三月，公及邾仪父盟于蔑[3]。

夏，五月，郑伯克段于鄢[4]。

秋，七月，天王使宰咺来归惠公、仲子之赗。[5]

九月，及宋人盟于宿[6]。

冬，十有二月，祭伯来[7]。

公子益师卒[8]。

[1]元年：这里指隐公元年(前722)，虽然隐公没有即位，但摄政也要祭祀天地，重定正朔，改元易服，表示新的年代的开始。[2]王正月：王指周王朝，这里的正月是周历的正月。加上“王”字与鲁国的月份区别开来。[3]公：隐公。及：和、与。邾(zhū)：又作“邹”，国名，今山东邹城。仪父：邾子克的字。盟于蔑：在蔑地结盟。盟，即古代诸侯在神前缔约立誓，杀牲歃血，如果违背，将被神灵惩罚，是当时外交活动的主要项目。[4]郑伯：即郑庄公。克：打败。段：共(gōng)叔段，即庄公的同母弟弟。鄢：地名，今河南鄢陵县。[5]天王：周平王。使宰：使官。咺：人名。归：通“馈”，馈赠。赗(fèng)：助丧之物，包括车马束帛等。[6]宿：地名，今山东东平县东南。[7]祭伯：祭为国名，伯是爵位。祭伯为周王卿士。[8]益师：鲁孝公之子。

（按：经记事较简略，多选取一年中所发生的大事加以记载，以上记载了隐公元年各国所发生的重大事件，按一年的时间顺序记载。）

传

元年，春，王周正月[1]，不书即位[2]，摄也[3]。

三月，公及邾仪父盟于蔑，邾子克也。未王命[4]，故不书爵[5]。曰“仪父”，贵之也[6]。公摄位而欲求好于邾，故为蔑之盟。

夏，四月，费伯帅师城郎[7]。不书，非公命也[8]。

[1]王周正月：言周以别夏商。这里指周代所定正朔之月。[2]书：写，记载。[3]摄：不在其位而代理政事。[4]未王命：没有经过周王的任命。这里不记载是因为不符合礼仪。[5]爵：爵位，古代有公、侯、伯、子、男等爵位。[6]贵：尊敬。[7]费伯：鲁国大夫。城郎：在郎地筑城。[8]非公命：不是隐公的命令。与上面“未王命”一样，都是违背礼仪规范的，因此不记载。

（按：本节说明了有些事件在经中不记载的原因。）

初[1]，郑武公娶于申[2]，曰武姜，生庄公及共叔段。庄公寤生[3]，惊姜氏[4]，故名曰寤生，遂恶之[5]。爱共叔段，欲立之[6]。亟请于武公[7]，公弗许[8]。及庄公即位，为之请制[9]。公曰："制，严邑也[10]，虢叔死焉[11]。佗邑唯命[12]。"请京[13]，使居之，谓之京城大叔[14]。祭仲曰[15]："都[16]，城过百雉[17]，国之害也[18]。先王之制[19]：大都，不过参国之一[20]；中，五之一；小，九之一。今京不度[21]，非制也，君将不堪[22]。"公曰："姜氏欲之，焉辟害[23]？"对曰："姜氏何厌之有[24]？不如早为之所[25]，无使滋蔓[26]！蔓，难图也[27]。蔓草犹不可除，况君之宠弟乎？"公曰："多行不义，必自毙[28]，子姑待之[29]。"

[1]初：当初。[2]郑武公：郑国姬姓，"武"是谥号。申：国名，姜姓，今河南南阳。[3]寤(wù)生：逆生，脚先出，为难产。[4]惊：使……受到惊吓。[5]遂恶之：于是很厌恶他。遂：于是。恶(wù)：厌恶。[6]立：立为太子。[7]亟(qì)请：多次请求。[8]弗许：不答应。[9]制：地名，今河南荥阳。[10]严邑：地势险要的都城。[11]虢(guó)叔：东虢的国君。死焉：死在这里的意思。[12]佗邑唯命：其他城邑任其所请，无不唯命是听。[13]京：郑国地名，今荥阳东南。[14]大叔：太(tài)叔，本指位在前，是庄公的第一个弟弟。[15]祭(zhài)仲：郑国大夫。[16]都(dū)：都邑。[17]城：城墙。雉：古代计算城墙的计量单位。高一丈、长一丈为一堵，三堵为雉。一雉为三丈。[18]害：祸害。[19]先王：古代君王。制：准则。[20]参国之一：国都的三分之一。后面的五之一、九之一都是省去了都、国。[21]不度：不合于法度。[22]不堪：不胜，意思是将会受不了。[23]焉辟害：何处逃避祸害？意思是无法避免。焉：何。辟：逃避。[24]何厌之有：有什么可以满足呢。厌：满足。[25]为之所：为他安排个地方。[26]滋蔓：滋长、蔓延。[27]难图：不好对付。[28]毙：失败。[29]姑：姑且。待之：等着瞧吧。

（按：本节详细记载了庄公和共叔段的矛盾源头和大夫祭仲的谏言。）

既而大叔命西鄙、北鄙贰于己。[1]公子吕曰[2]："国不堪贰，君将若之何[3]？欲与大叔[4]，臣请事之[5]；若弗与，则请除之[6]，无生民心[7]。"公曰："无庸[8]，将自及[9]。"大叔又收贰以为己邑[10]，至于廪延[11]。子封曰："可矣。厚将得众[12]。"公曰："不义[13]，不暱[14]。厚将崩[15]。"

[1]既而：不久。贰：两属，动词。[2]公子吕：郑国大夫，字子封。[3]若之何：对他怎么办。[4]与：给予(权力、君位)。[5]事：侍奉。[6]除：清除。[7]无生民心：不要使人民产生二心。[8]无庸：不用。[9]将自及：将自己遇上(祸患)。[10]贰：名词，两属之地，即西鄙、北鄙。[11]廪延：地名，今河南延津县。[12]厚：实力雄厚。[13]义：对君忠义。[14]暱(nì)：对兄长亲和。[15]崩：坍塌。

（按：本节记述了共叔段变乱的情况，公子吕的谏言以及庄公的态度。）

大叔完、聚[1]，缮甲、兵[2]，具卒、乘[3]，将袭郑[4]，夫人将启之[5]。公闻其期，曰："可矣。"命子封帅车二百乘以伐京[6]。京叛大叔段[7]。段入于鄢。公伐诸鄢。五月，辛丑，大叔出奔共[8]。

书曰[9]："郑伯克段于鄢[10]。"段不弟[11]，故不言弟；如二君，故曰克；称郑伯[12]，讥失教也[13]；谓之郑志[14]。不言出奔，难之也[15]。

遂寘姜氏于城颍[16]，而誓之曰[17]："不及黄泉[18]，无相见也！"既而悔之。

[1]完：修整城廓。聚：囤积粮食。[2]缮：修理。甲：盔甲。兵：武器。[3]具：备置。卒：步兵。乘：车辆。[4]袭：偷偷进攻。[5]夫人：这里指姜氏。启：开城门。[6]帅：带领。乘(shèng)：兵车一辆为一乘，每车甲士 3 人，步卒 72 人。[7]叛：反叛。[8]出奔：逃跑、投向。共(gōng)：地名，今河南辉县。[9]书：指《春秋经》。[10]克：战胜。[11]不弟：不像做弟弟的样子。[12]郑伯：把郑公降一级，说成是郑伯。[13]失教：庄公有教育弟弟的责任而没有做到，所以说是失教。[14]郑志：郑庄公的本意。[15]难(nán)之：对此也感到为难。另有解释为难(nàn)之：责难。[16]寘：同"置"，安置。城颍：即颍城，地名，在今河南临颍西。[17]誓：发誓。[18]黄泉：地下的泉水。这里指代阴间。

（按：以上几节记载了共叔段预备与姜氏里应外合发动叛乱，庄公在鄢地将之打败，并流放其母姜氏到颍城，还发誓说只有见到地下的黄泉才相见，后来又有点后悔。）

颍考叔为颍谷封人[1]，闻之，有献于公[2]。公赐之食。食舍肉[3]，公问之。对曰："小人有母[4]，皆尝小人之食矣[5]；未尝君之羹[6]，请以遗之[7]。"公曰："尔有母遗[8]，繄我独无[9]！"颍考叔曰："敢问何谓也？"公语之故[10]，且告之悔。对曰："君何患焉[11]？若阙地及泉[12]，隧而相见[13]，其谁曰不然[14]？"公从之[15]。公入而赋[16]："大隧之中，其乐也融融[17]。"姜出而赋："大隧之外，其乐也泄泄[18]。"遂为母子如初。君子曰[19]："颍考叔，纯孝也[20]，爱其母，施及庄公[21]。《诗》曰：'孝子不匮，永锡尔类。[22]'其是之谓乎？[23]"

[1]封人：地方长官。[2]献：对庄公进献礼物以便进谏。[3]食舍肉：吃的时候把肉放在一边。[4]小人：颍考叔对自己的谦称。[5]皆：都，全部是。[6]羹：熟肉有汁。[7]遗(wèi)：馈赠。[8]尔：你。[9]繄(yī)我独无：唯独我没有。繄：语气词。[10]语(yù)：告诉。故：原因。[11]患：担心。[12]若：如果。阙：通"掘"，挖掘。泉：地下泉水。本句意思是如果挖掘到有泉水的地方。[13]隧：在隧道里。[14]不然：不是这样。[15]从：听从。[16]赋：作诗。[17]融融：形容暖和舒适。[18]泄泄(yì)：形容舒畅愉快。[19]君子：道德高尚的人。[20]纯孝：大孝，指非常高尚的孝。[21]施(yì)：延及，推广。[22]"孝子"二句：见《诗经·大雅·既醉》。匮：尽。锡：通"赐"。尔类：你的同类的人。[23]其：发语词，表推测的意思。是之谓：即"谓之是"，就是说的这个意思吧。

（按：本节为颍考叔对庄公的婉谏，他知道庄公想要尽孝道，又碍于自己原来的誓言，颍考叔献计说黄泉就是地下水，只要挖个隧道见到泉水就可以和姜氏见面了。庄公依他所言，母子相见其乐融融。）

秋，七月，天王使宰咺来归惠公、仲子之赗。缓[1]，且子氏未薨[2]，故名[3]。

天子七月而葬，同轨毕至[4]；诸侯五月，同盟至[5]；大夫三月，同位至[6]；士踰月，外姻至[7]。赠死不及尸[8]，吊生不及哀[9]，豫凶事[10]，非礼也[11]。

[1]缓：惠公上年已死，早已下葬，七月才送来助丧物品，故称缓。[2]子氏：指仲子。[3]故名：所以称她的名字。[4]同轨：车子左右两轮距离相同，这里借指各诸侯邦国。[5]同盟：有过盟约的。[6]同位：有相同爵位的。[7]外姻：亲戚。[8]尸：没有下葬以前称尸。本句的意思是，赠送给死者的助丧物没有在下葬前送达。[9]哀：孝子哭泣的时候。[10]豫：提前防备出现凶事。[11]非礼也：不是符合礼仪规范的。

（按：本节说明了古代葬礼的一些规矩。认为周天子的使者在死人下葬之后才来吊丧，在人未死之时就送来吊唁物品是不吉祥的，很失礼。）

八月，纪人伐夷[1]。夷不告[2]，故不书。

有蜚[3]。不为灾，亦不书。

惠公之季年[4]，败宋师于黄[5]。公立，而求成焉[6]。九月，及宋人盟于宿，始通也[7]。

冬，十月庚申，改葬惠公[8]。公弗临[9]，故不书。

惠公之薨也，有宋师[10]，太子少[11]，葬故有阙[12]，是以改葬。

卫侯来会葬[13]，不见公，亦不书。郑共叔之乱[14]，公孙滑出奔卫。卫人为之伐郑[15]，取廪延[16]。郑人以王师、虢师伐卫南鄙[17]。请师于邾，邾子使私于公子豫[18]，豫请往，公弗许，遂行，及邾人、郑人盟于翼[19]。不书，非公命也。

新作南门，不书，亦非公命也。

十二月，祭伯来，非王命也。

众父卒[20]，公不与小敛[21]，故不书日。

[1]纪：国名，在今山东寿光。[2]告：报告。[3]蜚：一种有害的小飞虫。[4]季年：晚年。[5]黄：地名，今河南杞县北。[6]求成：追求解怨通好。[7]始通也：开始与宋国通好。[8]改葬：重新安葬。[9]弗临：不亲自来现场。[10]有宋师：指正与宋人作战。[11]少：年少。[12]有阙：有缺陷，不完备。[13]会葬：参加葬礼。[14]乱：反叛。[15]伐：讨伐，凡出师有钟鼓曰伐。[16]取：攻取。[17]以：率领。鄙：边境。[18]私：私下请求。[19]翼：地名，今山东费县西。[20] 众父：公子益师的字。[21] 小敛：以衣衾加盖于死者之尸为小敛。将死者之尸入棺称为大敛。

（按：这几节记载了八月到十二月所发生的事情，交代了有的事情不予记载的原因。）

经

二年，春，公会戎于潜[1]。
夏，五月，莒人入向[2]。
无骇帅师入极[3]。
秋，八月，庚辰，公及戎盟于唐[4]。
九月，纪裂繻来逆女[5]。
冬，十月，伯姬归于纪[6]。
纪子帛、莒子盟于密[7]。
十有二月，乙卯，夫人子氏薨。
郑人伐卫。

[1]戎：少数民族国名，今山东菏泽西南。潜：地名，今山东济宁。[2]莒：国名，嬴姓，今山东莒县。向：地名，今山东莒县南。[3]无骇：鲁国司空。极：国名，姬姓，今山东鱼台。[4]唐：地名，今山东鱼台东。[5]裂繻：纪国大夫。逆：迎接，这里指迎亲。[6]伯姬：鲁惠公长女。[7]子帛：裂繻的字。莒子：莒国国君。密：地名，今山东昌邑东。

（按：以上按时间顺序，简略记载了隐公二年鲁国及其他诸侯国发生的大事。）

传

二年，春，公会戎于潜，修惠公之好也[1]。戎请盟，公辞[2]。
莒子娶于向，向姜不安莒而归[3]。夏，莒人入向，以姜氏还。
司空无骇入极，费庈父胜之[4]。
戎请盟，秋，盟于唐，复修戎好也。
九月，纪裂繻来逆女，卿为君逆也。
冬，纪子帛、莒子盟于密，鲁故也[5]。
郑人伐卫，讨公孙滑之乱也[6]。

[1]修……好：指重修旧好。[2]辞：拒绝。[3]不安莒：（姜氏）不安心待在莒。[4]费庈（qín）

父(fǔ)：即费伯。[5]鲁故：莒鲁不和，纪侯娶鲁女，派大夫与莒结盟，使莒、鲁和解，所以称“鲁故”。[6]公孙滑之乱：指公孙滑攻打郑国廪延，得到了卫国的帮助。

（按：传中解释了经中所记载的事情发生的原因及具体的细节。）

经

三年，春，王二月，己巳，日有食之[1]。

三月，庚戌，天王崩[2]。

夏，四月，辛卯，君氏卒[3]。

秋，武氏子来求赙[4]。

八月，庚辰，宋公和卒[5]。

冬，十有二月，齐侯、郑伯盟于石门[6]。

癸未，葬宋穆公。

[1]日有食之：有什么东西吃太阳，即日食。[2]天王：指周平王。天子死称崩。[3]君氏：桓公的母亲声子。[4]武氏子：周大夫的嗣子。赙：助丧用的财物。[5]宋公和：宋穆公，名和。[6]齐侯：齐僖公。郑伯：郑庄公。石门：齐地，今山东平阴县北、长清县西南。

（按：经中按时间顺序简略记载了隐公三年鲁国及其他诸侯国发生的重大事件，如日食，周平王、君氏和宋穆公去世等。）

传

三年，春，王三月，壬戌，平王崩。赴以庚戌[1]，故书之。

夏，君氏卒。声子也。不赴于诸侯，不反哭于寝[2]，不祔于姑[3]，故不曰“薨”。不称夫人，故不言葬，不书姓。为公故，曰“君氏”。

郑武公、庄公为平王卿士[4]。王贰于虢[5]。郑伯怨王。王曰：“无之。”故周、郑交质[6]。王子狐为质于郑[7]，郑公子忽为质于周[8]。王崩，周人将畀虢公政[9]。四月，郑祭足帅师取温之麦[10]。秋又取成周之禾[11]。周、郑交恶[12]。

[1]赴：通“讣”(fù)，讣告丧事。庚戌：周平王是壬戌日去世的，但讣告上说庚戌，提前12天，以让诸侯早日临丧。[2]寝：指宗庙的后殿，存衣冠的地方。反哭：指安葬死者后，从墓地哭着回到宗庙，表示将死者灵魂带回宗庙。[3]祔：祭名，新死者的神主放在祖先神主旁合祭称祔。姑：

指女性先祖。古代夫人的丧礼，例应赴于诸侯，反哭于寝，祔于祖姑，三礼完备才称“薨”。[4]卿士：执政官。[5]贰于虢(guó)：贰分，分权给虢公的意思(另有解释为偏爱虢公)。[6]交质：交换人质。[7]王子狐：周平王的儿子。[8]郑公子忽：郑庄公太子，即后来的昭公。[9]畀(bì)：交给。[10]祭足：即郑大夫祭仲。温：周地，今河南温县南。[11]成周：周地，今河南洛阳东。[12]交恶：互相憎恨。

(按：上文详细交代周平王、声子去世的情况，以及周、郑交恶的缘由。)

君子曰：“信不由中[1]，质无益也。明恕而行[2]，要之以礼[3]，虽无有质，谁能间之[4]？苟有明信[5]，涧、谿、沼、沚之毛[6]，蘋、蘩、蕰藻之菜[7]，筐、筥、锜、釜之器[8]，潢、污、行、潦之水[9]，可荐于鬼神[10]，可羞于王公[11]，而况君子结二国之信，行之以礼，又焉用质？《风》有《采蘩》《采蘋》[12]，《雅》有《行苇》《泂酌》[13]，昭忠信也[14]。”

[1]信：信任。中：同“衷”，内心。[2]明恕：互相体谅。[3]要(yāo)：约束。[4]间：离间。[5]明信：彼此了解，坦诚相待。[6]涧、谿：山间小溪。沼、沚：小池塘。毛：通“茅”，野草。[7]蘋：浮萍。蘩：白蒿。蕰藻：水草。菜：这里指野菜。[8]筐、筥(jǔ)：竹子做的盛器，方的为筐，圆的叫筥。锜(qí)、釜：炊具，有脚的叫锜，无脚的叫釜。器：器皿。[9]潢、污(wū)：池塘。行、潦(liáo)：路上的积水。[10]荐：进献。[11]羞：贡奉食物。[12]《采蘩》《采蘋》：《诗经·召南》篇名，写女子采集野菜以供祭祀。[13]《行苇》《泂(jiǒng)酌》：《诗经·大雅》篇名，《行苇》写周先祖宴享老人，忠厚仁德。《泂酌》写汲取行潦之水以供宴享。[14]昭：表明，显示。

(按：通过周、郑交恶的原因，指出两国之间的友好、稳定不在于交换人质，而在于互守诚信。)

武氏子来求赙，王未葬也。

宋穆公疾，召大司马孔父而属殇公焉[1]，曰：“先君舍与夷而立寡人[2]，寡人弗敢忘。若以大夫之灵[3]，得保首领以没[4]，先君若问与夷，其将何辞以对？请子奉之，以主社稷[5]。寡人虽死，亦无悔焉[6]。”对曰：“群臣愿奉冯也[7]。”公曰：“不可。先君以寡人为贤，使主社稷。若弃德不让，是废先君之举也，岂曰能贤？光昭先君之令德[8]，可不务乎[9]？吾子其无废先君之功！”使公子冯出居于郑。八月庚辰，宋穆公卒，殇公即位。

君子曰：“宋宣公可谓知人矣[10]。立穆公，其子飨之[11]，命以义夫[12]！《商颂》曰：‘殷受命咸宜，百禄是荷。[13]’其是之谓乎！”

[1]孔父：即孔嘉，为大司马，亦孔子先祖。属：嘱咐。殇公：名与夷，宣公之子，穆公之侄，这里指拥戴殇公即位。[2]先君：指宣公。寡人：诸侯的自谦之称。[3]灵：威灵，这里指得到大夫的鼎力帮助。[4]保首领以没：这里指善终。首领：脑袋。[5]社稷：古代帝王祭祀的土神和谷神，引申为国家。[6]悔：遗憾。[7]冯(píng)：公子冯，即后来的庄公。[8]令德：美好的德行。[9]务：

专力从事。[10]知人：了解人。[11]飨：享受。[12]命以义夫：命令是符合道义的吧。[13]“殷受命”二句：见《诗经·商颂·玄鸟》。殷商受命都合乎道义，所以蒙受了各种福禄。荷(hè)：承担，蒙受。

（按：此处详述宋宣公让位于穆公，穆公又让位于殇公，都是出于义的考虑。）

冬，齐、郑盟于石门，寻卢之盟也[1]。庚戌，郑伯之车偾于济[2]。

卫庄公娶于齐东宫得臣之妹[3]，曰庄姜，美而无子，卫人所为赋《硕人》也[4]。又娶于陈[5]，曰厉妫，生孝伯，早死。其娣戴妫[6]，生桓公，庄姜以为己子[7]。

[1]寻：重续。卢：齐地，今山东长清西。[2]偾(fèn)：翻倒。济：济水。[3]东宫：太子的居所。得臣：齐庄公的太子。[4]《诗经·硕人》写的就是庄姜的美丽、车马服饰的讲究和婚姻美满。[5]陈：国名，妫姓。[6]娣：妹妹。古代女子出嫁时，陪嫁妹妹称娣。[7]以为：以之为，把他当自己的儿子。

公子州吁[1]，嬖人之子也[2]。有宠而好兵，公弗禁。[3]庄姜恶之。石碏谏曰[4]：“臣闻爱子，教之以义方[5]，弗纳于邪[6]。骄、奢、淫、泆[7]，所自邪也。四者之来，宠禄过也[8]。将立州吁，乃定之矣；若犹未也，阶之为祸[9]。夫宠而不骄[10]，骄而能降[11]，降而不憾[12]，憾而能眕者[13]，鲜矣[14]。且夫贱妨贵，少陵长，远间亲，新间旧，小加大，淫破义，所谓六逆也[15]；君义，臣行，父慈，子孝，兄爱，弟敬，所谓六顺也[16]。去顺效逆[17]，所以速祸也[18]。君人者，将祸是务去[19]，而速之[20]，无乃不可乎?”弗听。其子厚[21]，与州吁游[22]，禁之，不可[23]。桓公立，乃老[24]。

[1]州吁：人名，卫庄公庶子，桓公异母弟。[2]嬖(bì)人：古代指地位低下，但受到君侯宠爱的人。[3]好兵：指喜欢打斗。禁：禁止，管教。[4]石碏(què)：卫国大夫。[5]义方：正确的方法。[6]纳于邪：指进入邪僻之道。纳：进入。[7]骄：骄横。奢：跋扈。淫：嗜欲无度。泆：通“佚”，指放荡不羁。[8]过：过分。[9]阶之为祸：指因这件事一步步导致祸乱。[10]宠而不骄：得到宠爱而不骄横。[11]骄而能降：骄傲而安心地位下降。[12]降而不憾：地位下降而无所怨恨。憾：怨恨。[13]憾而能眕(tiǎn)：怨恨而能自我克制。眕：克制。[14]鲜：很少。[15]六逆：即卑贱的妨碍高贵的；年幼欺凌年长的；疏远的离间亲近的；新人离间旧人；权势小的超越权势大的；邪恶破坏道义。[16] 六顺：即君义：国君行事合乎道义；臣行：臣子奉命行事；父慈：父亲慈爱；子孝：儿子孝顺；兄爱：哥哥友爱；弟敬：弟弟恭敬。[17]去顺效逆：即抛开六顺而效法六逆。去：抛弃。效：效法。[18]速祸：指不久将招致祸患。[19]务去：尽力除去。[20]速之：使(祸患)更快来临。[21]厚：石厚，石碏的儿子。[22]游：交游。[23]不可：办不到。[24] 老：告老还乡，即退休。

（按：以上详细记述了卫国桓公和公子州吁的身世，大夫石碏认为州吁的行为有悖六顺，将成为祸害，建议庄公除去，庄公不听，后在桓公时告老还乡。）

经

四年，春，王二月，莒人伐杞[1]，取牟娄[2]。

戊申，卫州吁弑其君完[3]。

夏，公及宋公遇于清[4]。

宋公、陈侯、蔡人、卫人伐郑[5]。

秋，翚帅师会宋公、陈侯、蔡人、卫人伐郑[6]。

九月，卫人杀州吁于濮[7]。

冬，十有二月，卫人立晋[8]。

[1]杞：国名，姒氏，今河南杞县。[2]牟娄：杞邑，今山东诸城。[3]弑：以下杀上曰弑。完：卫桓公。[4]宋公：即宋殇公与夷。遇：指临时定期，简化礼节的会面。清：卫邑，今山东东阿县。[5]宋公：宋殇公。陈侯：陈桓公。指两国是国君亲自领阵。蔡人、卫人：这里指两国由大夫领军出征。[6]翚(huī)：公子翚，鲁大夫。不称公子，因为他出兵并没有得到鲁君的命令。[7]濮：河名，流经河南。[8]晋：公子晋，立为卫宣公。

（按：以上按时间顺序记载了隐公四年各国发生的重大事件。）

传

四年，春，卫州吁弑桓公而立[1]。公与宋公为会，将寻宿之盟。未及期[2]，卫人来告乱[3]。夏，公及宋公遇于清。

宋殇公之即位也，公子冯出奔郑。郑人欲纳之[4]。及卫州吁立，将修先君之怨于郑[5]，而求宠于诸侯[6]，以和其民[7]。使告于宋曰："君若伐郑，以除君害[8]，君为主[9]，敝邑以赋[10]，与陈、蔡从，则卫国之愿也。"宋人许之。于是陈、蔡方睦于卫[11]，故宋公、陈侯、蔡人、卫人伐郑，围其东门，五日而还[12]。

[1]立：自立为君。[2]期：预定的时间。[3]告乱：报告发生了叛乱。[4]纳之：送公子冯回国为君。[5]修：清理前事、报复之意。[6]求宠：讨好。[7]和：使……和谐。即安定百姓。[8]君害：对君有害的（公子冯）。[9]主：主力。[10]赋：兵赋，作战所需的人力、财物。[11]睦：友好。[12]还：撤兵。

（按：以上详细记述了州吁弑杀卫桓公自立为王，并伙同宋、陈、蔡国一起攻打郑国的事件。）

公问于众仲曰[1]："卫州吁其成乎[2]？"对曰："臣闻以德和民，不闻以乱。以乱，犹治丝而棼之也[3]。夫州吁阻兵而安忍[4]。阻兵，无众；安忍，无亲。众叛亲离[5]，难以济矣[6]。夫兵，犹火也；弗戢[7]，将自焚也[8]。夫州吁弑其君，而虐用其民[9]，于是乎不务令德[10]，而欲以乱成，必不免矣[11]。"

秋，诸侯复伐郑[12]。宋公使来乞师[13]，公辞之。羽父请以师会之，公弗许。固请而行[14]。故书曰"翚帅师"，疾之也[15]。诸侯之师，败郑徒兵[16]，取其禾而还[17]。

[1]众仲：鲁国大夫。[2]成：成功。[3]治丝而棼：想把丝线理清反而弄乱。棼：纷乱。[4]阻兵：借助兵力。安忍：安于残忍。[5]众叛亲离：民众叛变，亲信离散。[6]济：达到、成功。[7]戢：收藏、控制。[8]自焚：烧到自己。[9]虐用：暴虐地使用。[10]于是乎：在这件事情上。[11]免：免除祸患。[12]复：再次。[13]乞师：请求出兵救援。[14]固请：执意请求。[15]疾：责难。[16]徒兵：步兵。[17]禾：稻谷。还：回兵。

（按：通过隐公和众仲的问答再次说明了州吁骄兵必败。同时也认为公子翚不听君命而带兵帮助宋国是不对的。）

州吁未能和其民，厚问定君于石子[1]，石子曰："王觐为可[2]。"曰："何以得觐？"曰："陈桓公方有宠于王。陈、卫方睦，若朝陈使请[3]，必可得也。[4]"厚从州吁如陈。石碏使告于陈曰："卫国褊小，老夫耄矣[5]，无能为也。此二人者，实弑寡君，敢即图之[6]。"陈人执之[7]，而请莅于卫[8]。九月，卫人使右宰丑莅[9]，杀州吁于濮。石碏使其宰獳羊肩，莅杀石厚于陈。

君子曰："石碏，纯臣也[10]。恶州吁而厚与焉[11]。'大义灭亲'，其是之谓乎！"

卫人逆公子晋于邢[12]。冬，十二月，宣公即位。书曰"卫人立晋"，众也[13]。

[1]定君：稳定国君地位(的办法)。石子：即石碏。[2]王觐：朝见周天子。[3]朝：诸侯相会。使请：请(陈)派使者向天子请求。[4]得：达到目的。[5]耄：八十岁称耄。指年老。[6]敢即图之：请你们借机除掉他们。[7]执：抓起来。[8]莅于卫：请卫国的人到宋国来(处置)。[9]右宰：官名；丑：人名。[10]纯臣：纯粹的、忠贞不贰的臣子。[11]"恶州吁"句：厌恶州吁连同石厚也一起厌恶了。与焉：一起。[12]逆：迎接。邢：邢国，姬姓。今河北邢台。[13]众：符合大家的愿望。公子晋不当即位，石碏立之，是得到众人的拥戴的。

（按：此处详述石碏大义灭亲，为卫国除去州吁和石厚，而立公子晋，是众望所归。）

经

五年，春，公矢鱼于棠[1]。

夏四月，葬卫桓公。

秋，卫师入郕[2]。

九月，考仲子之宫[3]。初献六羽[4]。

邾人、郑人伐宋。

螟[5]。

冬，十有二月，辛巳，公子弧卒[6]。

宋人伐郑，围长葛[7]。

[1]矢：陈列。鱼：渔具，即捕鱼的器具。棠：即唐，鲁地，今山东鱼台县。[2]郕(chéng)：国名，姬姓，今河南范县。[3]考：落成，修好。宫：神庙。[4]初献：古代祭祀有三次奠爵：初献、亚献、终献。羽：将雉尾束于竿上执而舞之。六羽，即六行舞羽的人，每行八人。古代乐舞八人为一列，称一佾。爵位不同，匹配的数列也不同。天子八佾，诸侯六佾，大夫四佾，士二佾。[5]螟：食禾心的害虫。这里指螟虫造成了灾害。[6]弧(kōu)：即臧僖伯，鲁大夫。[7]长葛：郑邑，今河南长葛。

（按：以上按时间顺序简略记载了隐公五年各国发生的重大事件。）

传

五年，春，公将如棠观鱼者[1]。臧僖伯谏曰："凡物不足以讲大事[2]，其材不足以备器用[3]，则君不举焉[4]。君将纳民于轨物者也[5]。故讲事以度轨量谓之轨[6]，取材以章物采谓之物[7]。不轨不物[8]，谓之乱政。乱政亟行[9]，所以败也。故春搜、夏苗、秋狝、冬狩[10]，皆于农隙以讲事也。三年而治兵[11]，入而振旅[12]。归而饮至[13]，以数军实[14]。昭文章[15]，明贵贱，辨等列，顺少长，习威仪也。鸟兽之肉，不登于俎[16]，皮革、齿牙、骨角、毛羽不登于器，则公不射，古之制也。若夫山林、川泽之实，器用之资，皂隶之事[17]，官司之守[18]，非君所及也。"公曰："吾将略地焉[19]。"遂往，陈鱼而观之，僖伯称疾不从。书曰"公矢鱼于棠"，非礼也，且言远地也[20]。

[1]如：到。[2]大事：指祭祀和军事。[3]备器用：作为礼器和军用。[4]举：选用、操办。[5]纳：收纳。轨物：法度与礼制。[6]度：衡量。[7]章：发扬。[8]不轨不物：举事不合法度，取材不能彰显物采以用于大事。[9]亟行：多次发生。[10]搜、苗、狝、狩：指四季不同的狩猎方式。春搜：春天猎取没有怀孕的动物。夏苗：夏天猎取践踏庄稼的兽。秋狝(xiǎn)：秋天杀死兽。冬狩：冬天围猎。[11]治兵：外出(郊外)整治军队。[12]振旅：回都城时整顿军队。[13]饮至：诸侯外出朝覲、作战等要先去祖庙祭祀，回来后也要到祖庙告返，这时候，随同的人要有所慰劳，称为饮至。[14]数：计数。军实：兵车、人数、器械等所获物品。[15]昭：表明。文章：服饰、旌旗的颜

色花纹。[16]登：装进。俎(zǔ)：祭祀时所用的礼器。[17]皂隶：下等仆役。[18]官司之守：一般官吏的分内职守。[19]略地：巡行视察边界。[20]远地：远离国都。

（按：以上说明君王的言行必须符合身份，亲自去做的事一定要重大且不能轻易离开都城。）

曲沃庄伯[1]，以郑人、邢人伐翼[2]，王使尹氏、武氏助之[3]。翼侯奔随[4]。

夏，葬卫桓公。卫乱是以缓。

四月，郑人侵卫牧[5]，以报东门之役[6]。卫人以燕师伐郑[7]，郑祭足、原繁、泄驾，以三军军其前[8]，使曼伯与子元潜军军其后[9]。燕人畏郑三军，而不虞制人[10]。六月，郑二公子以制人败燕师于北制[11]。君子曰："不备不虞，不可以师。[12]"

曲沃叛王[13]。秋，王命虢公伐曲沃，而立哀侯于翼[14]。

卫之乱也，郕人侵卫，故卫师入郕。

[1]曲沃：地名，今山西闻喜县。[2]翼：晋邑，今山西翼城县东。[3]尹氏、武氏：周朝的世族大夫。[4]随：晋地，今山西介休。[5]牧：卫地，今河南汲县。[6]报：报复。东门之役：即卫国围攻郑国东门的战役。[7]燕师：南燕，今河南汲县西。指南燕的军队。[8]军其前：驻军在(南燕)阵前。[9]潜军：偷偷领兵驻扎。[10]不虞：没有提防。制人：从制来的军队。[11]二公子：即曼伯与子元。[12]备：提防。师：作战。[13]叛王：背叛周天子。[14]哀侯：晋鄂侯子，名光。

（按：以上详细记述了郑、卫之间的战乱。）

九月，考仲子之宫，将万焉[1]。公问羽数于众仲[2]。对曰："天子用八，诸侯用六，大夫四，士二。夫舞所以节八音[3]，而行八风[4]，故自八以下。"公从之。于是初献六羽，始用六佾也。

[1]万：舞名。[2]羽数：跳羽舞的人数。[3]节八音：调节八音。八音：指金(钟)、石(磬)、丝(琴瑟)、竹(箫管)、土(埙)、木(柷敔)、匏(笙)、革(鼓)。[4]行：传播。八风：东方谷风、东南清明风、南风凯风、西南凉风、西方阊阖风、西北不周风、北方广莫风、东北融风。

宋人取邾田[1]。邾人告于郑曰："请君释憾于宋[2]，敝邑为道[3]。"郑人以王师会之[4]，伐宋。入其郛[5]，以报东门之役。宋人使来告命[6]。公闻其入郛也，将救之，问于使者曰："师何及[7]？"对曰："未及国。"公怒，乃止[8]。辞使者曰[9]："君命寡人，同恤社稷之难[10]，今问诸使者[11]，曰'师未及国'，非寡人之所敢知也。"

冬，十二月，辛巳，臧僖伯卒。公曰："叔父有憾于寡人[12]，寡人弗敢忘。"葬之加一等[13]。

宋人伐郑，围长葛，以报入郛之役也[14]。

[1]田：土地。[2]释憾：报复解恨。[3]道：向导。[4]王师：周天子的军队。[5]郛：外城。[6]告命：即策书，奉君命向他国求援。[7]何及：到哪里了？[8]乃止：于是停止发兵。[9]辞：辞谢。[10]恤：忧虑。[11]诸：之于。[12]憾：不满。[13]葬之加一等：按照原来的等级再加一级来安葬。[14]报：报复。

（按：以上主要记载了宋、郑之间的战争。）

经

六年，春，郑人来渝平[1]。

夏，五月，辛酉，公会齐侯[2]，盟于艾[3]。

秋，七月。[4]

冬，宋人取长葛。

[1]渝平：指抛弃前嫌而修好。渝：改变。平：和好而不结盟。[2]齐侯：指齐僖公。[3]艾：地名，今山东临沂西。[4]秋，七月：按照《春秋》体例，有事则记载，无事则写出该季度首月，以备四时。

（按：以四季顺序来记载隐公六年各国发生的大事。无事发生就只记季度首月，这是春秋记事的一种方法。）

传

六年，春，郑人来渝平，更成也[1]。

翼九宗[2]，五正[3]，顷父之子嘉父[4]，逆晋侯于随[5]，纳诸鄂[6]，晋人谓之鄂侯。

夏，盟于艾，始平于齐也[7]。

五月，庚申，郑伯侵陈[8]，大获[9]。

往岁，郑伯请成于陈[10]，陈侯不许[11]。五父谏曰[12]：“亲仁、善邻，国之宝也[13]。君其许郑！”陈侯曰：“宋、卫实难[14]，郑何能为？”遂不许。

君子曰：“善不可失，恶不可长[15]，其陈桓公之谓乎？长恶不悛[16]，从自及也[17]。虽欲救之，其将能乎！《商书》曰：‘恶之易也[18]，如火之燎于原，不可乡迩[19]，其犹可扑灭？’周任有言曰[20]：‘为国家者[21]，见恶，如农夫之务去草焉[22]，芟夷蕴崇之[23]，绝其本根[24]，勿使能殖[25]，则善者信矣[26]。’”

[1]更成：重新媾和或修好。[2]翼：晋国以前的都城，唐叔在此接受“怀”姓。九宗：同一姓下分为九族。[3]五正：五官之长。[4]顷父、嘉父：均为晋大夫。此处嘉父新为大夫，称顷父是为了彰显门庭。[5]逆：迎接。[6]纳：安置。鄂：晋邑，今山西宁县南。[7]平：和平，修好。[8]侵：入侵。[9]大获：俘获很多。[10]成：结好。[11]陈侯：陈桓公。不许：不答应。[12]五父：陈公子佗，桓公之弟。[13]宝：国家的重要政策。[14]难：畏难、祸害。[15]长：滋长。[16]长恶：滋长恶。悛(quān)：改正。[17]从：随后，跟着。自及：殃及自己。[18]易：蔓延。[19]乡：通“向”，面对。迩：接近。[20]周任：周大夫，史官。[21]为国家者：治理国家的人。[22]务：尽力。[23]芟：割除。夷：削平。蕴崇：堆积。[24]绝：消除。[25]殖：生长。[26]信：同“伸”，即发展。

（按：以上记述了郑、晋与郑、陈之间的政治关系。）

秋，宋人取长葛。

冬，京师来告饥[1]，公为之请籴于宋、卫、齐、郑[2]，礼也。

郑伯如周，始朝桓王也[3]。王不礼焉[4]。周桓公言于王曰[5]：“我周之东迁，晋、郑焉依[6]。善郑以劝来者[7]，犹惧不蔇[8]，况不礼焉？郑不来矣。”

[1]饥：饥荒。谷不熟为饥。[2]籴(dí)：购进粮食。[3]始朝：第一次朝见。[4]不礼：不加礼遇。[5]周桓公：周执政大臣。又称周公黑肩。[6]晋、郑焉依：依靠的就是晋、郑。焉：是。[7]善：好好对待。劝：鼓励。[8]蔇(jì)：及、至。

经

七年，春，王三月，叔姬归于纪[1]。

滕侯卒[2]。

夏，城中丘[3]。

齐侯使其弟年来聘[4]。

秋，公伐邾。

冬，天王使凡伯来聘[5]。戎伐凡伯于楚丘[6]，以归[7]。

[1]叔姬：伯姬之妹，伯姬出嫁时按照礼仪应当从嫁，但由于年幼，到现在才嫁到纪国。[2]滕：国名，姬姓，今山东滕州。[3]城：修城墙。中丘：鲁邑，今山东临沂东。[4]年：即夷仲年。聘：聘问，诸侯间派大夫执玉帛前往问候修好。[5]凡：国名，今河南辉县。伯：爵位。[6]楚丘：卫地，今山东曹县东南。[7]以归：把(凡伯)抓回到国内。

（按：以上按照四季先后顺序记载了隐公七年各国发生的重大事件。）

传

七年，春，滕侯卒，不书名，未同盟也[1]。凡诸侯同盟，于是称名，故薨则赴以名[2]，告终[3]，称嗣也[4]，以继好息民[5]，谓之礼经[6]。

夏，城中丘。书不时也[7]。

齐侯使夷仲年来聘，结艾之盟也[8]。

秋，宋及郑平[9]。七月，庚申，盟于宿。公伐邾，为宋讨也[10]。

初，戎朝于周，发币于公卿[11]，凡伯弗宾[12]。冬，王使凡伯来聘。还，戎伐之于楚丘，以归。

陈及郑平。十二月，陈五父如郑莅盟[13]。壬申，及郑伯盟，歃如忘[14]。泄伯曰[15]："五父必不免[16]，不赖盟矣[17]。"

郑良佐如陈莅盟[18]，辛巳，及陈侯盟，亦知陈之将乱也。

郑公子忽在王所[19]，故陈侯请妻之[20]，郑伯许之，乃成昏[21]。

[1]同盟：共同结盟。[2]赴以名：诸侯结盟时将名写在盟书上告于神明，所以死后也以名告之结盟的诸侯。赴：讣告。[3]告终：报告死去的人名字。[4]称嗣：通知由谁嗣位。[5]继好息民：继续修好，安定人民。[6]礼经：礼仪法则。[7]不时：不合时令。[8]结：巩固。[9]平：修好。[10]为宋讨：隐公五年时，邾、郑伐宋，宋向鲁国告急而被拒绝。现在宋郑结好，鲁国为了讨好宋国而讨伐邾国。[11]发币：赠送束帛。[12]宾：待以客礼。[13]莅盟：参加盟会。[14]歃(shà)：歃血，会盟时，将牲口的血含在嘴里或者涂在嘴边，表示信誓。如忘：心不在焉。[15]泄伯：郑大夫泄驾。[16]不免：免不了(灾难)。[17]不赖盟：不依赖结盟国家。[18]良佐：郑大夫。[19]公子忽：当时在周王处，深得宠爱。[20]妻之：把女儿嫁给他。[21]昏：同"婚"，定婚。

(按：以上详述了鲁齐、鲁宋之间的结盟，以及陈国、郑国之间的结盟、通婚。)

经

八年，春，宋公、卫侯遇于垂[1]。

三月，郑伯使宛来归祊[2]。庚寅，我入祊。

夏，六月，己亥，蔡侯考父卒[3]。

辛亥，宿男卒[4]。

秋，七月，庚午，宋公、齐侯、卫侯盟于瓦屋[5]。

八月，葬蔡宣公。

九月，辛卯，公及莒人盟于浮来[6]。

螟。

冬，十有二月，无骇卒。

[1]宋公：指宋殇公。卫侯：指卫宣公。垂：卫地，今山东曹县。[2]宛：郑大夫。祊：地名，今山东费县。[3]蔡侯：蔡宣侯。[4]宿男：宿国国君，男爵。[5]瓦屋：周地，今河南洧川。[6]浮来：莒地，今山东莒县。

（按：以上按月份时间顺序记载了鲁隐公八年各诸侯国发生的重大事件。）

传

八年，春，齐侯将平宋、卫，有会期[1]。宋公以币请于卫[2]，请先相见[3]。卫侯许之，故遇于犬丘[4]。

郑伯请释泰山之祀而祀周公[5]，以泰山之祊易许田[6]。三月，郑伯使宛来归祊，不祀泰山也。

夏，虢公忌父始作卿士于周[7]。

四月，甲辰，郑公子忽如陈，逆妇妫[8]。辛亥，以妫氏归。甲寅，入于郑。陈针子送女[9]。先配而后祖[10]。针子曰："是不为夫妇，诬其祖矣[11]，非礼也，何以能育[12]？"

齐人卒平宋、卫于郑[13]。秋，会于温，盟于瓦屋，以释东门之役[14]，礼也。

八月，丙戌，郑伯以齐人朝王，礼也。

[1]会期：盟会的日期。[2]币：礼物。[3]先：提前。[4]犬丘：即垂这个地方。[5]释：舍弃。泰山之祀：祭祀泰山。[6]祊：祊地。易：交换。许田：许国的地方。[7]始作：开始担任。[8]逆妇妫(guī)：迎娶妻子妫。[9]陈针子：陈大夫。[10]配：成亲。祖：祭高祖庙。古时候，婚姻应先告于宗庙才去迎亲。郑公子的做法有违礼仪，这句话是陈针子对他的批评。[11]诬：欺骗。[12]育：生育。[13]卒：终于。[14]释：捐弃。

（按：以上详述了郑国和鲁国互换泰山周围的陪祭之地，宋、卫讲和，郑、陈通婚，但郑公子先成亲再去祖庙祭祀的行为是不合礼仪的。）

公及莒人盟于浮来，以成纪好也[1]。

冬，齐侯使来告成三国[2]。公使众仲对曰："君释三国之图[3]，以鸠其民[4]，君之惠也。寡君闻命矣，敢不承受君之明德[5]。"

无骇卒，羽父请谥与族[6]。公问族于众仲。众仲对曰："天子建德，因生以赐姓[7]，胙之土而命之氏[8]。诸侯以字为谥[9]，因以为族。官有世功[10]，则有官族[11]。邑亦如之。"公命以字为展氏[12]。

[1]成纪好：达成纪国的好意。[2]三国：齐、鲁、纪三国讲和的事情。[3]图：图谋，戒备。[4]鸠：安定。[5]明德：完美的德行。[6]羽父：即公子翚。谥与族：谥号与氏族。族：氏族命名的制度。[7]生：出生的地方。[8]胙：以土地赐予功臣。氏：姓的分支，用以明白子孙所出而确立宗族。[9]以字为谥：以字作为谥号。[10]世功：世代累积的功劳。[11]官族：用官名作为族姓。[12]展氏：隐公命令无骇以公子展的展字为氏族。

（按：以上详细记述了隐公和莒国结盟，因无骇有功，特用其祖父的字"展"作为氏族的字。）

经

九年，春，天子使南季来聘[1]。
三月，癸酉，大雨震电[2]。
庚辰，大雨雪[3]。
挟卒[4]。
夏，城郎[5]。
秋七月。
冬，公会齐侯于防[6]。

[1]南季：周大夫，南为氏，季为字。[2]大雨：下大雨。震电：打雷。[3]大雨(yù)雪：下大雪。[4]挟：鲁大夫。[5]郎：地名，今山东曲阜。城郎：即在郎地修城墙。[6]防：鲁地，今山东费县东北。

（按：以上按月、季度顺序，简略记载了鲁隐公九年诸侯国发生的重大事件。）

传

九年，春，王三月，癸酉，大雨霖以震[1]，书始也[2]。庚辰，大雨雪，亦如之。书时失也[3]。

凡雨，自三日以往为霖，平地尺为大雪。

夏，城郎。书不时也。

宋公不王[4]，郑伯为王左卿士，以王命讨之[5]。伐宋，宋以入郛之役怨公[6]，不告命[7]。公怒，绝宋使[8]。

秋，郑人以王命来告伐宋[9]。

冬，公会齐侯于防，谋伐宋也[10]。

北戎侵郑[11]。郑伯御之，患戎师[12]，曰："彼徒我车，惧其侵轶我也[13]。"公子突曰[14]："使勇而无刚者[15]，尝寇[16]，而速去之[17]。君为三覆以待之[18]。戎轻而不整[19]，贪而无亲[20]；胜不相让，败不相救。[21]先者见获[22]，必务进[23]；进而遇覆，必速奔[24]。后者不救，则无继矣[25]。乃可以逞[26]。"从之。

戎人之前遇覆者奔，祝聃逐之[27]，衷戎师[28]，前后击之，尽殪[29]。戎师大奔。十一月，甲寅，郑人大败戎师。

[1]霖：大雨连续下三天以上为霖。[2]书：记载。始：开始(下雨)的具体时间。[3]时失：时令季候不正常。[4]不王：不朝见周王，不受周王节制。[5]王命：周王的命令。[6]怨：不满，怨恨。[7]不告命：不告诉(隐公)这是周王的命令。[8]绝：断绝。[9]告：通告、知会。[10]谋：商量。[11]北戎：北方少数民族，居今河北迁安，常常扰侵齐、郑等国。[12]患：忧虑。[13]侵轶：包抄、围攻。[14]公子突：庄公子，即位后为厉公。[15]勇而无刚：此处指勇敢而且不以后退为耻辱。[16]尝寇：试探敌人。[17]速去之：快速退回。[18]三覆：三处埋伏。[19]轻：轻率。整：整肃。[20]贪：贪心。亲：亲爱。[21]让：礼让。救：救援。[22]先：前面的(士兵)。获：财货俘虏。[23]务进：急于前进。[24]速奔：快速逃走。[25]继：救援的(兵力)。[26]逞：得逞，成功的意思。[27]祝聃：郑大夫。[28]衷：包围。[29]殪(yì)：毙命。

(按：以上详细记述了因为天气不正常，经中记载了具体的时间。夏天修城也不符合时令，所以记载。鲁国因与宋国谈和不成，又听说周王命令郑国攻打宋国，所以与齐国商议攻打宋国。郑国用公子突的计策而打败北戎。)

经

十年，春，王二月，公会齐侯、郑伯于中丘。

夏，翚帅师会齐人、郑人伐宋[1]。

六月，壬戌，公败宋师于菅[2]。辛未，取郜[3]。辛巳，取防[4]。

秋，宋人、卫人入郑。宋人、蔡人、卫人伐戴[5]。郑伯伐取之[6]。

冬，十月，壬午，齐人、郑人入郕。

[1]翚：公子翚，因没有国君的命令就领兵出去会师，不合法度，所以直呼其名。[2]菅：宋地，今山东金乡、成武两县之间。[3]郜：宋邑，今山东成武县东南，又称南郜。[4]防：今山东金

乡西，为区别于鲁防，称之为西防。[5]戴：国名，子姓，今河南考城东南。[6]取之：攻取(戴国)。

（按：以上按时间顺序简略记载了鲁隐公十年诸侯国所发生的重大事件。）

传

十年，春，王正月，公会齐侯、郑伯于中丘。癸丑，盟于邓[1]，为师期[2]。

夏，五月，羽父先会齐侯、郑伯伐宋。

六月，戊申，公会齐侯、郑伯于老桃[3]。壬戌，公败宋师于菅。庚午，郑师入郜。辛未，归于我[4]。庚辰，郑师入防。辛巳，归于我。

君子谓郑庄公[5]：“于是乎可谓正矣[6]，以王命讨不庭[7]，不贪其土[8]，以劳王爵[9]，正之体也[10]。”

蔡人、卫人、郕人不会王命[11]。

秋七月，庚寅，郑师入郊[12]，犹在郊。宋人、卫人入郑，蔡人从之伐戴。八月，壬戌，郑伯围戴。癸亥，克之，取三师焉[13]。

宋、卫既入郑，而以伐戴召蔡人，蔡人怒，故不和而败[14]。

九月，戊寅，郑伯入宋。

冬，齐人、郑人入郕，讨违王命也。

[1]邓：鲁地，今山东兖州。[2]为师期：约定会师的日期。[3]老桃：宋地，今山东济宁。[4]归于我：归属我(鲁国)。[5]谓：告诉。[6]正：符合正道。[7]不庭：不参加朝觐的国家。[8]土：诸侯的领地。[9]劳：犒劳。[10]正之体：即治理政务的本体。正：通“政”。[11]会：听从。[12]入郊：回师进入自己的郊外。[13]三师：即蔡、卫、郕三国的军队。[14]不和而败：因不和导致战败。

（按：以上详细记载了鲁、齐、郑一起攻打宋国，但蔡、卫、郕三国违背周王命令不去攻打宋国。郑国攻下宋国之后，又和鲁、齐一起讨伐蔡、卫、郕三国。）

经

十有一年，春，滕侯、薛侯来朝[1]。

夏，公会郑伯于时来[2]。

秋，七月，壬午，公及齐侯、郑伯入许[3]。

冬，十有一月，壬辰，公薨[4]。

[1]朝：朝见。[2]时来：地名，今河南荥阳。[3]许：国名，姜姓。今河南许昌。[4]公薨：隐公去世。

（按：以上按季度先后，简略记载了鲁隐公十一年诸侯国发生的大事。隐公去世后桓公即位，记史的方式改为桓公在位的年份来纪年。）

传

十一年，春，滕侯、薛侯来朝，争长[1]。薛侯曰："我先封。"滕侯曰："我，周之卜正也[2]；薛，庶姓也[3]，我不可以后之[4]。"

公使羽父请于薛侯曰[5]："君与滕君，辱在寡人[6]，周谚有之曰：'山有木，工则度之[7]；宾有礼，主则择之。[8]'周之宗盟，异姓为后。寡人若朝于薛，不敢与诸任齿[9]。君若辱贶寡人[10]，则愿以滕君为请[11]。

薛侯许之[12]，乃长滕侯[13]。

[1]争长：争班列的先后。[2]卜正：周朝卜官之长。[3]庶姓：同姓以外诸姓。[4]后之：在之后，即排列不能在他的后边。[5]请：开导。[6]辱：委屈问候。[7]工：工匠。度：揣量。[8]宾：客人。择：选择。[9]齿：并列。[10]贶(kuàng)：赐予。[11]请：请求排在前面。[12]许：答应。[13]长滕侯：以滕侯为长。

（按：以上详述了滕侯、薛侯争班列的先后，隐公开导薛侯让滕侯排在前面。）

夏，公会郑伯于郲，谋伐许也。

郑伯将伐许。五月，甲辰，授兵于大宫[1]。公孙阏与颍考叔争车[2]，颍考叔挟辀以走[3]，子都拔棘以逐之[4]。及大逵[5]，弗及，子都怒。

秋，七月，公会齐侯、郑伯伐许[6]。庚辰，傅于许[7]。颍考叔取郑伯之旗蝥弧以先登[8]，子都自下射之，颠[9]。瑕叔盈又以蝥弧登[10]，周麾而呼曰[11]："君登矣！"郑师毕登[12]。壬午，遂入许。许庄公奔卫。

齐侯以许让公。公曰："君谓许不共[13]，故从君讨之。许既伏其罪矣[14]，虽君有命，寡人弗敢与闻[15]。"乃与郑人。

[1]授兵：分发兵器。大宫：太宫，即宗庙。[2]公孙阏(è)：郑大夫，字子都。[3]挟辀：把车辕夹在胳膊下。辀(zhōu)：车辕。[4]棘：通"戟"。[5]逵：即大路。四通八达的路叫逵。[6]会：会同、一起。[7]傅：迫近。[8]蝥(máo)弧：旗名。[9]颠：掉下来。[10]瑕叔盈：郑大夫。[11]周麾：向四周挥动旗帜。[12]毕登：全部登上城楼。[13]共：通"恭"，恭顺。[14]既：已经。[15]与闻：领受。

（按：以上详细记述了鲁、齐、郑一起攻打许国的经过。）

郑伯使许大夫百里，奉许叔以居许东偏[1]，曰："天祸许国[2]，鬼神实不逞于许君[3]，而假手于我寡人[4]，寡人唯是一二父兄[5]，不能共亿[6]，其敢以许自为功乎？寡人有弟[7]，不能和协，而使糊其口于四方[8]，其况能久有许乎？吾子其奉许叔，以抚柔此民也[9]，吾将使获也佐吾子[10]。若寡人得没于地[11]，天其以礼悔祸于许[12]，无宁兹许公[13]，复奉其社稷，唯我郑国之有请谒焉[14]，如旧昏媾[15]，其能降以相从也[16]。无滋他族[17]，实偪处此[18]，以与我郑国争此土也。吾子孙其覆亡之不暇，而况能禋祀许乎[19]？寡人之使吾子处此，不唯许国之为，亦聊以固吾圉也[20]。"乃使公孙获处许西偏，曰："凡而器用财贿[21]，无寘于许。我死，乃亟去之[22]！吾先君新邑于此[23]，王室而既卑矣[24]，周之子孙，日失其序[25]。夫许，大岳之胤也[26]。天而既厌周德矣[27]，吾其能与许争乎？"

[1]许叔：许庄公的弟弟，后即位为穆公。东偏：都城东边。[2]天祸：上天降祸。[3]不逞：不满意。[4]假：借。[5]父兄：父老兄弟，指同姓臣子。[6]共亿：相安无事。[7]寡人：君王的自称。弟：即共叔段。[8]糊其口：靠喝粥勉强度日。四方：指寄食外乡。[9]抚柔：安抚。[10]获：公孙获，郑大夫。[11]得没于地：得以寿终安埋地下。[12]悔祸：撤销降临的祸害。[13]无宁：宁可。无：发语词，无意义。[14]请谒：请求。[15]昏媾：婚姻。[16]降以相从：降格同意。委屈自己，随和别人。[17]滋：蔓延。他族：别的国家。[18]实：定居。偪：逼近。处此：留在这里。[19]禋祀：祭祀。[20]圉(yǔ)：边境。[21]而：你。财贿：财物。[22]亟：快速。[23]先君：指郑武公。新邑：新建的都城。[24]既：已经。卑：衰微。[25]序：通"绪"，指前人的功绩。[26]大岳：太岳，上古官名，掌管四岳祭祀，是四方诸侯的首领。胤：后嗣。[27]厌：厌弃。

（按：郑庄公认为许国失败是上天降予的惩罚，自己攻打并取得许国只是为了巩固自己的边境，是顺天意而行事。）

君子谓郑庄公："于是乎有礼。礼经国家[1]，定社稷[2]，序民人[3]，利后嗣者也[4]。许无刑而伐之[5]，服而舍之[6]，度德而处之[7]，量力而行之。相时而动[8]，无累后人[9]，可谓知礼矣。"

郑伯使卒出豭[10]，行出犬、鸡[11]，以诅射颍考叔者[12]。

君子谓郑庄公："失政刑矣[13]。政以治民，刑以正邪。既无德政，又无威刑，是以及邪。邪而诅之，将何益矣！"

王取邬、刘、蒍、邘之田于郑[14]，而与郑人苏忿生之田[15]，温、原、絺、樊、隰郕、欑茅、向、盟、州、陉、隤、怀。[16]

君子是以知桓王之失郑也。恕而行之，德之则也[17]，礼之经也。己弗能有，而以与人。人之不至，不亦宜乎？

[1]经：治理。[2]定：安定。[3]序：使人民有次序等级，不至于混乱。[4]利：有利。[5]无刑：不守法度。[6]服：认罪。[7]度：估量。[8]相时：看准时机。[9]累：拖累、添麻烦。[10]卒：古时军队每一百人为一卒。豭(jiā)：公猪。[11]行：步兵每二十五人为一行。[12]诅：祭神，使降灾害于某人。[13]政刑：政治与刑法。[14]邬、刘：今河南偃师。蔿、邘：今河南沁阳。[15]苏忿生：周武王司寇。[16]温：今河南温县。原：今河南济源。絺：今河南沁阳南。樊：阳樊，今河南济源。隰郕：今河南武陟县西。欑茅：今河南修武西北。向：今河南济源南。盟：今河南孟州。州：今河南沁阳东南。陉：今河南沁阳西北。隤(tuí)：今河南获嘉县西北。怀：今河南武陟县西南。[17]则：准则。

（按：郑庄公派人祭神来诅咒射杀颍考叔的人，是不符合礼制的。周王随意分割土地，有违恕道，也是失礼的行为。）

郑、息有违言[1]。息侯伐郑，郑伯与战于竟[2]，息师大败而还。

君子是以知息之将亡也："不度德，不量力，不亲亲，不征辞[3]，不察有罪。犯五不韪[4]，而以伐人，其丧师也[5]，不亦宜乎[6]？"

冬，十月，郑伯以虢师伐宋。壬戌，大败宋师，以报其入郑也。

宋不告命[7]，故不书。凡诸侯有命，告则书，不然则否。师出臧否[8]，亦如之。虽及灭国，灭不告败，胜不告克，不书于策。

[1]息：国名，姬姓，今河南息县。违言：言语不和而失和。[2]竟：通"境"，境内。[3]征辞：考察"违言"失和的原因。[4]五不韪：(上面所述的)五条过错。[5]丧师：兵败。[6]宜：应该。[7]命：国家大事、政令。[8]臧否：善恶得失。

（按：以上详述了郑国打败息国、宋国的经过。）

羽父请杀桓公，将以求大宰[1]。公曰："为其少故也，吾将授之矣。使营菟裘[2]，吾将老焉。"羽父惧，反谮公于桓公[3]，而请弑之。

公之为公子也，与郑人战于狐壤[4]，止焉[5]。郑人囚诸尹氏。赂尹氏而祷于其主钟巫。遂与尹氏归，而立其主[6]。十一月，公祭钟巫，齐于社圃[7]，馆于寪氏[8]。壬辰，羽父使贼弑公于寪氏，立桓公，而讨寪氏，有死者[9]。不书葬，不成丧也[10]。

[1]大宰：太宰，天官之长，辅助君王治理国家的官。[2]菟(tú)裘：地名，今山东泗水县。[3]谮：讲坏话、诬陷。[4]狐壤：郑地，今已不详。[5]止焉：被抓做俘虏。因为是国君，不说是被获，而说是止。[6]主：主神。[7]齐：同"斋"，斋戒。社圃：园名。[8]馆：住宿。寪氏：鲁大夫。[9]死：此处指枉死。[10]"不书葬"二句：此处指桓公没有按国君的丧礼为隐公发丧，因此不记载。

（按：以上详细交代了隐公的死因。）

六 《论语》

[引言]

孔子(前551—前479)，名丘，字仲尼，鲁国陬邑(今山东曲阜)人。曾为鲁国大司寇，后周游列国而终不为君王所用。归鲁讲学，弟子三千，身通六艺者七十二人。《论语》记载孔子及其弟子的言行。按班固《汉书·艺文志》："《论语》者，孔子应答弟子、时人及弟子相与言而接闻于夫子之语也。当时弟子各有所记，夫子既卒，门人相与辑而论纂，故谓之《论语》。"《论语》传到汉代有：《鲁论语》二十篇，《齐论语》二十二篇，皆有传授。其中《齐论语》二十篇章句多与《鲁论语》相同，且多出《问王》《知道》两篇。汉景帝时鲁共王于孔子旧宅发现《古文论语》，不传。西汉末年，安昌侯张禹先学《鲁论语》，后讲《齐论语》，以《鲁论语》篇目为据，将二者合一，号为《张侯论》，为世所贵。《古文论语》，据何晏说，先有孔安国后有马融为之注，不过后世对此颇有争议。东汉末，郑玄以《张侯论》为依据，参照《齐论语》《古文论语》，作《论语注》。郑玄注本独传，《齐论语》《古文论语》亡佚。《十三经注疏》用魏何晏《论语集解》，宋代邢昺疏。

论语注疏解经序

（魏）何　晏

叙曰：汉中垒校尉刘向言《鲁论语》二十篇，皆孔子弟子记诸善言也。太子太傅夏侯胜、前将军萧望之、丞相韦贤及子玄成等传之。《齐论语》二十二篇，其二十篇中，章句颇多于《鲁论》。琅邪王卿及胶东庸生、昌邑中尉王吉皆以教授。故有《鲁论》，有《齐论》。鲁共王时尝欲以孔子宅为宫，坏，得《古文论语》。《齐论》有《问王》《知道》，多于《鲁论》二篇。《古论》亦无此二篇，分《尧曰》下章“子张问”以为一篇，有两《子张》，凡二十一篇。篇次不与《齐》《鲁论》同。安昌侯张禹本受《鲁论》，兼讲《齐》说，善者从之，号曰“张侯论”，为世所贵。包氏、周氏《章句》出焉。《古论》唯博士孔安国为之训解，而世不传，至顺帝时，南郡太守马融亦为之训说。汉末，大司农郑玄就《鲁论》篇章考之《齐》《古》，为之注。近故司空陈群、太常王肃、博士周生烈皆为《义说》。前世传授师说，虽有异同，不为训解。中间为之训解，至于今多矣。所见不同，互有得失。今集诸家之善，记其姓名，有不安者颇为改易，名曰《论语集解》。光禄大夫关内侯臣孙邕、光禄大夫臣郑冲、散骑常侍中领军安乡亭侯臣曹羲、侍中臣荀顗、尚书驸马都尉关内侯臣何晏等上。

（按：此序说明了《鲁论语》《齐论语》的各自传承和《古文论语》的发现，以及三种《论语》版本之间的差异。最后以《鲁论语》为底本，兼及《齐论语》和《古文论语》，考订而成现在通用的版本。）

学　而

[引言]

《学而》为《论语》首篇。此篇内容涉及诸多方面，按邢昺疏：“此篇论君子、孝弟、仁人、忠信、道国之法、主友之规，闻政在乎行德，由礼贵于用和，无求安饱以好学，能自切磋而乐道，皆人行之大者，故为诸篇之先。既以‘学’为章首，遂以名篇，言人必须学也。”

子曰[1]："学而时习之[2]，不亦说乎[3]？有朋自远方来，不亦乐乎？人不知而不愠[4]，不亦君子乎？"

[1]子：《论语》中"子曰"的"子"都是指孔子，以下皆同。[2]"学而"句：指学习要按时温习。时：按时。[3]说：通"悦"，高兴、快乐。[4]愠：怒，恼怒。

有子曰[1]："其为人也孝弟[2]，而好犯上者[3]，鲜矣[4]；不好犯上，而好作乱者，未之有也。君子务本[5]，本立而道生[6]。孝弟也者，其为仁之本与！"

[1]有子：孔子的弟子，姓有，名若，鲁国人。[2]孝弟：孝于父母，顺于兄长。弟：通"悌"，敬事兄长。下同。[3]犯上：冒犯上位的人。[4] 鲜(xiǎn)：少。[5]本：基础，根本。[6]道：指孔子提倡的仁道。

子曰："巧言令色[1]，鲜矣仁[2]！"

[1]巧言：花言巧语。令色：伪善的面貌。令：使……美好。[2]仁：仁德。

曾子曰[1]："吾日三省吾身[2]，为人谋而不忠乎[3]？与朋友交而不信乎[4]？传不习乎[5]？"

[1]曾子：孔子的弟子，姓曾，名参(shēn)，字子舆，鲁国人。[2]三省：指多次检查。三：言其多，非实在的次数。省(xǐng)：检查，反省。[3]谋：为别人谋事。忠：忠心，尽心。[4]信：诚信，守信。[5]传(chuán)：老师传授的知识。习：温习。

子曰："道千乘之国[1]，敬事而信[2]，节用而爱人[3]，使民以时[4]。"

[1]道：治理。千乘之国：有千辆马车的国家。乘(shèng)：古代用四匹马拉的兵车。春秋时期常用兵车的数量来衡量一个国家的实力。[2]敬事：对待事情要谨慎。[3]节：节约，节省。爱人：爱护人民。[4]使民以时：指要役使百姓按照农时来耕作(另有解释说"役使百姓应在农时"，即不违农时之意)。时：农时。

子曰："弟子入则孝[1]，出则悌[2]，谨而信，泛爱众[3]，而亲仁[4]。行有余力，则以学文[5]。"

[1]弟子：年幼的人，少年。入：在家。[2]出：在外。[3]此处指君子的宽博之爱。泛：广泛。

[4]亲仁：亲近仁德的人。[5]学文：学习有用的知识，这里指《诗》《书》《礼》《乐》《易》《春秋》。

子夏曰[1]："贤贤易色[2]；事父母[3]，能竭其力[4]；事君，能致其身[5]；与朋友交，言而有信。虽曰未学[6]，吾必谓之学矣[7]。"

[1]子夏：孔子的弟子，姓卜，名商，字子夏，卫国人。[2]贤贤：第一个贤是动词，指尊重；第二个贤是名词，指有德之人。易：改，改变。色：女色。（另有解释说，以下三句都是对此句的解释，对应了事亲、事君、事友这三种人际关系。因此，"贤贤易色"可以解释为夫妻关系中，对妻子应"重视品德不重容貌"。）[3]事：服侍，侍奉。[4]竭其力：尽心尽力。[5]致：奉献。[6]未学：没有进入学堂学习。[7]谓：认为。

子曰："君子不重则不威[1]，学则不固[2]。主忠信[3]。无友不如己者[4]。过，则勿惮改。[5]"

[1]重：敦重，庄重。威：威严。[2]固：牢固、巩固。[3]主忠信：以忠信为主。[4]"无友"句：不要与自己不同志气的人交朋友。（另有解释为：不与不如自己的人交朋友。）[5]过：过失，过错。惮：害怕、畏惧。

曾子曰："慎终[1]，追远[2]，民德归厚矣[3]。"

[1]慎：慎重对待。终：父母的丧事。[2]追远：追念、祭祀远代的祖先。[3]归厚：归于淳朴厚道。

子禽问于子贡曰[1]："夫子至于是邦也[2]，必闻其政，求之与，抑与之与？[3]"子贡曰："夫子温、良、恭、俭、让以得之[4]。夫子之求之也，其诸异乎人之求之与[5]？"

[1]子禽：姓陈，名亢(kàng)，字子禽，陈国人。子贡：孔子的弟子，姓端木，名赐，字子贡，卫国人。[2]夫子：古时对男子的敬称，凡做过大夫的人都可以称作"夫子"。孔子曾经做过鲁国的司寇，因此被学生称为夫子，后世用以泛指老师。邦：诸侯国。[3]"求之与"二句：孔子主动求于国君还是国君自愿与孔子商议。[4]温：敦良仁厚，温和。良：行不犯物，善良。恭：和从不逆，恭敬。俭：去奢从约，俭朴。让：先人后己，谦让。[5]其诸：大概，或许的意思。

子曰："父在观其志[1]，父没观其行[2]，三年无改于父之道[3]，可谓孝矣。"

[1]在：在世，活着。其：指儿子，子女。志：志向。[2]没：去世，死亡。行：行为。[3]父之

道：父亲的处事原则，这里指孝子在丧三年哀慕不改变。

有子曰：“礼之用，和为贵。[1]先王之道，斯为美；[2]小大由之[3]。有所不行[4]，知和而和[5]，不以礼节之[6]，亦不可行也。”

[1]用：作用。和：适合、恰当。[2]先王之道：先王治民之道。斯为美：可贵之处就在这里。[3]小大由之：小事、大事都按照这样的原则来处理。[4]有所不行：有些是行不通的。[5]知：为了。[6]节：节制，约束。

有子曰：“信近于义[1]，言可复也[2]。恭近于礼，远耻辱也[3]。因不失其亲[4]，亦可宗也[5]。”

[1]近：接近，符合。义：合理的，合适的。[2]复：“履”的通假字，指实践承诺。[3]远：动词，避免。[4]因：依靠。亲：亲族。[5]宗：尊敬。

子曰：“君子食无求饱，居无求安[1]，敏于事而慎于言[2]，就有道而正焉[3]，可谓好学也已。”

[1]安：安逸，舒适。[2]敏：敏捷。慎：谨慎。[3]有道：有道德的人。正：端正、匡正。

子贡曰：“贫而无谄[1]，富而无骄[2]，何如[3]？”子曰：“可也；未若贫而乐[4]，富而好礼者也。”

子贡曰：“《诗》云：‘如切如磋，如琢如磨。[5]’其斯之谓与[6]？”子曰：“赐也，始可与言《诗》已矣，告诸往而知来者。[7]”

[1]谄：谄媚，奉承。[2]骄：傲逸。[3]何如：怎么样？[4]未若：比不上。[5]“如切”二句：语见《诗经·卫风·淇奥》，意思是切割骨角、象牙、玉石，然后加以细细磨制、磨琢，成为器皿，含有研讨、探求之意。[6]斯：这个。[7]“赐也”三句：孔子赞扬子贡能以《诗经》的句子作比喻，有举一反三的才能。诸：“之于”。往：过去的事。来者：未来的事。

子曰：“不患人之不己知[1]，患不知人也。”

[1]患：担心。不己知：不了解自己。

为 政

[引言]

本篇分为二十四章，论及为政、教化、孝道、学习、修养等方面的内容。孔子主张德政礼治，认为治理政事必须以教化为首任，从政必须以学习为前提，对于疑问之事采取谨慎的态度。国君要任用正直之人来辅政，当政者要从修养自身做起，使社会形成友爱、孝悌、信勇等道德风气；概述自己为学进德的经历，提倡学思并重的学习方法，倡导学习正经善道，反对研习异端学说。其中对孝道的内涵作了集中阐释：无论是父母在世时的赡养侍奉，还是父母去世后的祭祀悼亡，皆应以礼的规范办事。不要胡作妄为让父母担忧，父母的担心只能出于疾病这一人力不可控制的情况，这也是孝顺父母的方式。孝顺父母必须怀有“敬”的情感；本篇还谈到考察人的品性应以行动为依据，并分析了君子的特点：多才多能、堪当重任、积极实践、言行一致，最后总结了政治文化世代承袭的特点。

子曰：“为政以德，譬如北辰[1]，居其所，而众星共之[2]。”

[1]北辰：指北极星。[2]共(gǒng)：通“拱”，环抱、拱卫。

子曰：“《诗》三百[1]，一言以蔽之，曰：‘思无邪[2]’。”

[1]《诗》三百：《诗经》实有三百零五篇，“三百”概举其整数。[2]思无邪：《诗经·鲁颂·駉》中的句子，孔子借用来评论所有诗篇。思：语助词。(另有解释为思想。)

子曰：“道之以政[1]，齐之以刑[2]，民免而无耻[3]。道之以德，齐之以礼，有耻且格[4]。”

[1]道：治理。政：制度。[2]齐：整治。刑：刑罚。[3]免：苟且免祸。耻：羞耻之心。[4]格：原意为树上的长枝。引申为标准、法度。

(按：此章意为用政和刑等强制权力来治理百姓，人民为了苟且免祸而暂时顺从，但却产生了逃逸之心。而用仁德来治理，用礼仪来引导人民，就可以使人民自己有羞耻之心而懂得自律。)

子曰："吾十有五而志于学[1]，三十而立[2]，四十而不惑，五十而知天命，六十而耳顺，七十而从心所欲，不踰矩[3]。"

[1]有：通"又"。[2]立：站得住脚。引申为有一定的事业基础。[3]踰：超越，超过。

（按：此章意为十五岁而有志于学问，三十岁因知礼而行事站得住脚，四十岁因通晓各种知识而不至于困惑，五十岁因融汇了知识和自己的体验而懂得了自然的规律，六十岁能辨明别人所说的真伪而不再计较得失，到了七十岁能听从内心的召唤而行事，也不会逾越规矩了。）

孟懿子问孝[1]。子曰："无违[2]。"

樊迟御[3]，子告之曰："孟孙问孝于我，我对曰，无违。"樊迟曰："何谓也？"子曰："生，事之以礼；死，葬之以礼，祭之以礼。"

[1]孟懿子：鲁国大夫，三家之一，姓仲孙，名何忌，"懿"为其谥号。[2]违：违背。[3]樊迟：孔子的弟子，名须，字子迟。御：驾车。

孟武伯问孝[1]。子曰："父母唯其疾之忧[2]。"

[1]孟武伯：孟懿子的儿子，姓仲孙，名彘，"武"是谥号。[2]其：第三人称代词，"他的""他们的"。

子游问孝[1]。子曰："今之孝者，是谓能养。至于犬马，皆能有养；不敬，何以别乎？"[2]

[1]子游：孔子的弟子，姓言，名偃，字子游，吴国人。[2]至于：谈到，提到。《盐铁论·孝养篇》："善养者，不必刍豢也……以己之所有，尽事其亲，孝之至也。故匹夫勤劳，犹足以顺礼，歠菽饮水，足以致其敬。"

（按：此章意为养不等于孝。狗马这些动物也有人养。供养父母，如果没有敬爱之心，那么这样的养法和养动物有什么区别呢？）

子夏问孝[1]。子曰："色难[2]。有事，弟子服其劳[3]；有酒食，先生馔[4]，曾是以为孝乎[5]？"

[1]子夏：孔子的弟子，姓卜，名商，字子夏。[2]色：指敬爱和悦的容色态度。这句话是说子

女奉养父母总是面带悦色是件难以做到的事情。[3]弟子：此处指代年龄辈分较低的人。[4]先生：指年岁辈分稍长的人。馔：食用。[5]曾(zēng)：竟，乃。

子曰："吾与回言终日[1]，不违如愚。退而省其私[2]，亦足以发[3]，回也不愚。"

[1]回：颜回，字子渊，鲁国人，孔子弟子。终日：整天。[2]省(xǐng)：内省，察看。私：独处。[3]发：谓明白(孔子)所言之理。

子曰："视其所以[1]，观其所由[2]，察其所安[3]。人焉廋哉[4]？人焉廋哉？"

[1]以：做事的方法。[2]由：经也。所由：指所经从的道路。[3]所安：《四书辨疑》："所安者，言其本心所主定止之处也。"[4]焉：哪里。廋(sōu)：隐藏。

子曰："温故而知新[1]，可以为师矣。"

[1]温：温习。故：旧，指学过的知识。

子曰："君子不器[1]。"

[1]器：原意为器物、用具。《论语集注》："器者，各适其用而不能相通。成德之士，体无不具，故用无不周，非特为一才一艺而已。"这里指君子要博学，要无所不通。

子贡问君子。子曰："先行其言，而后从之[1]。"

[1]从：跟随。这里指君子就是能信守、践行自己的说过的话的人。

子曰："君子周而不比[1]，小人比而不周。"

[1]周：合，团结。比：勾结。

子曰："学而不思则罔[1]，思而不学则殆[2]。"

[1]罔：欺骗。[2]殆：疑惑。

子曰："攻乎异端[1]，斯害也已[2]。"

[1]攻：致力，学习。(另有解释为攻击、批判。)异端：这里指诸子百家中不符合经书的杂书。[2]斯：代词，这。害：害处。已：语气词，无实义。(另有解释为停止、消灭。)

子曰："由[1]！诲女知之乎[2]？知之为知之，不知为不知，是知也[3]。"

[1]由：仲由，孔子的弟子，字子路，卞(今山东兖州)人。[2]女：通"汝"，你，你们。[3]知(zhì)：智慧。

子张学干禄[1]。子曰："多闻阙疑[2]，慎言其余，则寡尤[3]；多见阙殆，慎行其余，则寡悔。言寡尤，行寡悔，禄在其中矣。"

[1]子张：孔子的弟子，名颛孙师，字子张，陈国人。干：求。禄：古时指官吏的俸禄。[2]阙：动词，空而不言，保留。[3]尤：过失。

哀公问曰[1]："何为则民服？"孔子对曰："举直错诸枉[2]，则民服；举枉错诸直，则民不服。"

[1]哀公：鲁国国君，姓姬，名蒋，定公之子，在位27年(前494—前466)。"哀"为其谥号。[2]举：推荐，选用。错：通"措"，放置。枉：邪曲不正。

季康子问[1]："使民敬、忠以劝[2]，如之何？"子曰："临之以庄[3]，则敬；孝慈，则忠；举善而教不能，则劝。"

[1]季康子：季孙肥，鲁哀公时正卿，当时政治上最有权力的人。"康"是其谥号。[2]以：连词，和。劝：勤勉。[3]临：统治。

或谓孔子曰[1]："子奚不为政[2]？"子曰："《书》云：'孝乎惟孝，友于兄弟，施于有政[3]。'是亦为政，奚其为为政？"

[1]或：有人。[2]奚：疑问词，为何。[3]施(yì)：延及。有：词头，无义。《论语正义》："为政之道，不外明伦，故但能明孝弟之义，即有政道。"

子曰："人而无信[1]，不知其可也。大车无輗，小车无軏，[2]其何以行之哉？"

[1]而：连词，表示假设，译作"如果"。[2]大车：指牛车。輗(ní)：大车车辕与驾辕的衡木相

衔接的活销。小车：指马车。轨(yuè)：古代车辕前端与车衡衔接处的关键。

子张问："十世可知也[1]？"子曰："殷因于夏礼[2]，所损益可知也[3]；周因于殷礼，所损益可知也。其或继周者，虽百世，可知也。"

[1]《论语正义》："三十年为一世。"陈澧《东塾类稿》："十世者，言其极远也。"[2]因：承袭。[3]损：减少。益：增加。

子曰："非其鬼而祭之[1]，谄也[2]。见义不为，无勇也。"

[1]鬼：指死去的祖先。[2]谄：谄媚，阿谀。

述 而

[引言]

朱熹《四书章句集注》谓《述而》一篇"多记圣人谦己诲人之辞及其容貌行事之实"。此外，这一篇对贤人君子、仁者之德行等思想范畴作了进一步阐释。

子曰："述而不作[1]，信而好古[2]，窃比于我老彭[3]。"

[1]述：传述。作：创作、创始。[2]好(hào)：喜好。[3]窃：自比老彭而不敢显言故云窃，以示尊敬。老彭：人名，具体所指有争论。一说为殷贤大夫，好述古事；一说为老子与彭祖二人；一说即老子。

子曰："默而识之[1]，学而不厌，诲人不倦，何有于我哉[2]？"

[1]识(zhì)：记。[2]何有：有何难。于我有什么难呢？即不难之意。(另有解释为"有什么"，意即我能有哪一点做到了呢？)

子曰："德之不修，学之不讲，闻义不能徙，不善不能改，是吾忧也[1]。"

[1]吾忧：孔子恐自己有不修、不讲、不徙、不改之事，是谓吾忧。

子之燕居[1]，申申如也，夭夭如也。[2]

[1]燕居：退朝而处，闲居。[2]申申：整敕貌。如：如此，如是，谓容色如此。夭夭：和舒貌。

子曰："甚矣，吾衰也！久矣，吾不复梦见周公[1]！"

[1]周公：姓姬，名旦，文王之子，武王之弟，鲁国始祖，孔子敬服的古代圣人之一。孔子盛时尝梦见周公，欲行其道。如今久不复梦见周公，叹己衰老之甚。

子曰："志于道[1]，据于德[2]，依于仁[3]，游于艺[4]。"

[1]志：慕也，心之所之。[2]据：守，坚守。[3]依：倚也，依凭。[4]游：解释不一。一说，不足据依所以称游；二说，游是闲暇无事之游，不急迫之意；三说，游者，玩物适情之乐。艺：即六艺，礼、乐、射、御、书、数。

子曰："自行束脩以上[1]，吾未尝无诲焉。"

[1]脩：脯也。束脩即十脡脯，在古代算是薄礼。(另有解释为"束脩"表年，指年十五以上者。)

子曰："不愤不启[1]，不悱不发[2]。举一隅，不以三隅反，则不复也。[3]"

[1]愤：懑也，心求通而不得。[2]悱(fěi)：口欲言而未能，有话说不出。[3]反：反而思之。意思是举一隅当反类一隅而思之，则可知三隅。不复：即不复重教之。

子食于有丧者之侧，未尝饱也。[1]

[1]丧(sāng)者哀戚，若饱食于其侧，则是无恻隐之心。

子于是日哭，则不歌。[1]

[1]哭：吊哭。一日之内，余哀未忘，于是不歌。

子谓颜渊曰："用之则行，舍之则藏，惟我与尔有是夫！"
子路曰："子行三军[1]，则谁与[2]？"
子曰："暴虎冯河[3]，死而无悔者，吾不与也。必也临事而惧[4]，好谋而成者也[5]。"

[1]三军：一万二千五百人为军，大国三军。[2]谁与：即与谁共事的意思。子路见孔子独美颜渊，以为己勇，故问孔子若行三军之事则当谁与，意即与己。[3]暴虎：徒手搏虎。冯(píng)：同“凭”，渡河。冯河：徒足渡河。意思是不借助工具就去和老虎搏斗、去涉渡大河。比喻只知道用蛮力去做事情是不明智的。[4]惧：谨慎、警惕。[5]好(hào)谋：懂得计谋。此句意思是子路之勇若暴虎冯河，孔子抑而教之，使慎其勇。

子曰：“富而可求也[1]，虽执鞭之士[2]，吾亦为之。如不可求，从吾所好[3]。”

[1]求：合于道。[2]执鞭之士：古代天子及诸侯出行时，有二至八人执鞭开路，这里指低贱的职事。(另有解释为市场执鞭维持秩序的守门人。)[3]好(hào)：孔子所好即古人之道。(此处有两种说法：富贵当修德以得，若合于道，虽贱职亦为之；或富与禄相关，其时可仕，则出而求禄。)

子之所慎：齐[1]，战，疾。

[1]齐：通“斋”，古人祭祀之前的斋戒。

子在齐闻《韶》[1]，三月不知肉味，曰：“不图为乐之至于斯也。”

[1]《韶》：舜时乐曲名。

冉有曰：“夫子为卫君乎[1]？”子贡曰：“诺，吾将问之。”

入曰：“伯夷、叔齐[2]，何人也？”曰：“古之贤人也。”曰：“怨乎[3]？”曰：“求仁而得仁，又何怨？”

出曰：“夫子不为也[4]。”

[1]为：犹助也。卫君：指卫出公辄，卫灵公之孙，蒯聩之子。太子蒯聩得罪卫灵公夫人南子，被逐，逃在晋国。灵公薨，立辄为君。后晋国赵鞅送蒯聩回国，借以入侵卫国。卫拒之。时孔子在卫，为辄所宾礼，人疑孔子助辄，故冉有问之。[2]伯夷、叔齐：孤竹君之二子。孤竹君立叔齐，父卒，叔齐让伯夷。伯夷曰：“父命也。”遂逃去。叔齐亦不肯立而逃之，国人立其中子。及周，伯夷、叔齐耻之，义不食周粟，隐于首阳山，采薇而食，终饿死。[3]怨：犹悔，后悔。[4]夫子不为：孔子以伯夷、叔齐让国求仁之举，比之于卫父子争国之恶行，故知不助卫君明矣。

子曰：“饭疏食、饮水[1]，曲肱而枕之[2]，乐亦在其中矣。不义而富且贵，于我如浮云。”

[1]饭：作动词，吃。疏食：粝米粗粮。疏：粗也。粝米与粺米比较，粝为粗。稷与黍稻粱比较，稷为粗。水：古代常以汤和水相对而言。汤，《说文》："热水也。"水，即冷水。[2]肱(gōng)：臂也。

子曰："加我数年[1]，五十以学《易》，可以无大过矣[2]。"

[1]加：给予。[2]可以无大过：《汉书·儒林传》：孔子"盖晚而好《易》，读之韦编三绝，而为之传"。又《易》被称为"穷理尽性以至于命"之书，而孔子以五十知天命终始之年学《易》，能无过咎。但说无大过，是自谦之辞。

子所雅言[1]，《诗》《书》、执礼[2]，皆雅言也。

[1]雅言：古时指通语，与方言相对。当时以周朝王都丰镐(今西安西北地区)的语音为雅言。雅，正也。所：作助词。[2]执礼：行礼。

叶公问孔子于子路[1]，子路不对。子曰："女奚不曰[2]，其为人也，发愤忘食，乐以忘忧，不知老之将至云尔[3]。"

[1]叶(shè)：楚地(今河南叶县南)。叶公：姓沈，名诸梁，字子高，叶县尹。[2]女：汝。奚：何。[3]云尔：亦作云耳，用于语尾，表示如此而已。

子曰："我非生而知之者，好古，敏以求之者也[1]。"

[1]敏：快速，敏捷之意。(另有解释为勤勉之意。)

子不语怪、力、乱、神[1]。

[1]怪：怪异也。力：勇力。譬如传说中的大力士乌获举千钧之力，夏时寒浞之子奡之多力，相传能陆地行舟。乱：悖乱，臣弑君、子弑父之类。神：即鬼神之事。
(按：关于孔子"不语"有几种说法。一说是无益于教化所不忍言；一说圣人语常而不语怪，语德而不语力，语治而不语乱，语人而不语神；一说"子不语怪力，乱神"。)

子曰："三人行[1]，必有我师焉：择其善者而从之，其不善者而改之。[2]"

[1]三人：三个人，或众辞也。行：同行；另有，言行之行。[2]善，不善：一说，二人者一人

善一人不善；二说，本无贤愚，善与不善随事所见。另有，据子产“其所善者，吾则行之，其所恶者，吾则改之。是吾师也”，此善与不善理解为彼二人以为我为善或不善。

子曰：“天生德于予，桓魋其如予何[1]？”

[1]桓魋(tuí)：宋国司马向魋，宋桓公后代，故也称桓魋。《史记·孔子世家》：“孔子去曹适宋，与弟子习礼大树下。宋司马桓魋欲杀孔子，拔其树。孔子去。弟子曰：‘可以速矣。’孔子曰：‘天生德于予，桓魋其如予何？’”

子曰：“二三子以我为隐乎[1]？吾无隐乎尔。吾无行而不与二三子者，是丘也。”

[1]二三子：诸弟子。隐：隐瞒、隐惜之意。包咸曰：“圣人知广道深，弟子学之不能及，以为有所隐匿，故解之。”(另有解释说夫子以身教，不专以言教，故弟子疑有所隐。)

子以四教：文[1]，行[2]，忠[3]，信[4]。

[1]文：即文献，古籍。[2]行：德行。也有躬行之意。[3]忠：尽己之谓忠，对人尽心竭力。[4]信：以实之谓信，诚实之意。

子曰：“圣人吾不得而见之矣；得见君子者，斯可矣。”

子曰：“善人吾不得而见之矣；得见有恒者[1]，斯可矣。亡而为有[2]，虚而为盈，约而为泰[3]，难乎有恒矣。”

[1]恒：常也。有恒者，谓有常德之人。[2]亡(wú)：无。[3]约：穷困之意。泰：富足、奢侈的意思。

子钓而不纲[1]，弋不射宿[2]。

[1]钓：用鱼竿钓鱼。纲：用大绳挂网，横拦于河道捕鱼。[2]弋(yì)：用带丝绳的箭射。宿：即回巢栖宿的鸟。

子曰：“盖有不知而作之者，我无是也。多闻，择其善者而从之；多见而识之[1]；知之次也[2]。”

[1]识(zhì)：记也。[2]知之次：《季氏篇》有“孔子曰：‘生而知之者，上也；学而知之者，次也。’”

互乡难与言[1]，童子见，门人惑。子曰："与其进也，不与其退也，[2]唯何甚[3]？人絜己以进[4]，与其絜也，不保其往也[5]。"

[1]互乡：地名。[2]与：赞许。进、退有两种解释。一说：进，进步；退，退步。二说：进，即进见孔子，退即离开之后。[3]唯：语辞。[4]絜：通"洁"，洁身自好。[5]往：此处有两种解释，一指从今以往；二指往日的行为。

子曰："仁远乎哉？我欲仁，斯仁至矣。[1]"

[1]包咸曰："仁道不远，行之即是。"
（按：此句的意思是，"仁"就在平时的一言一行中，离我们并不遥远，只要心中想到仁行，按照仁的标准去做事，那么仁就自然而然地出现了。）

陈司败问[1]："昭公知礼乎[2]？"孔子曰："知礼。"

孔子退，揖巫马期而进之[3]，曰："吾闻君子不党[4]，君子亦党乎？君取于吴为同姓[5]，谓之吴孟子[6]。君而知礼，孰不知礼？"

巫马期以告。子曰："丘也幸，苟有过[7]，人必知之。"

[1]陈司败：陈大夫，司败，主刑之官，即司寇；另有解释说陈司败是人名。[2]昭公：鲁昭公，名裯，襄公庶子，谥号"昭"。[3]巫马期：姓巫马，名施，字子期，孔子弟子。[4]党：偏袒、包庇。[5]取：同"娶"。同姓：鲁国是周公之后，吴国为泰伯之后，俱是姬姓。[6]吴孟子：国君夫人称号应是国名加本姓，即应称吴姬。按周礼同姓不婚，讳而称吴孟子。[7]过：孔安国曰："讳国恶，礼也。圣人道弘，故受以为过。"朱熹："孔子不可自谓讳君之恶，又不可以娶同姓为知礼，故受以为过而不辞。"《论语正义》："君有过恶，亦人臣之责。昭公时，孔子本未仕，既未得谏，而为君讳，故《注》以为道宏也。"

子与人歌而善，必使反之[1]，而后和之[2]。

[1]反：重也。[2]和(hè)：应和。

子曰："文莫吾犹人也[1]。躬行君子，则吾未之有得。"

[1]莫：无也。文无即文不，文不吾犹人，意思是文不胜于人，但犹如常人。另有：莫，大约。有"文莫"作一词，假借"忞慔"。《说文》："忞，强也。慔，勉也。"忞慔，即勤勉的意思。

子曰："若圣与仁，则吾岂敢？抑为之不厌[1]，诲人不倦，则可谓云尔已矣。"公西华曰："正唯弟子不能学也。"

[1]抑：语辞。为之：一说，即前文"圣与仁"。朱熹："为之，谓为仁圣之道；诲人，亦谓以此教人也。"二说，为，学。《孟子·公孙丑》："子贡曰：'学不厌，智也；教不倦，仁也。仁且智，夫子既圣矣。'"

子疾病[1]，子路请祷[2]。子曰："有诸？"子路对曰："有之。《诔》曰[3]：'祷尔于上下神祇[4]。'"子曰："丘之祷久矣[5]。"

[1]疾病：病重。[2]祷：祝告请求于鬼神。[3]《诔》(lěi)：杨伯峻以为："本应作讄，祈祷文，和哀悼死者的诔不同。"[4]上下：指天与地。神祇：古称天神为神，地神为祇。[5]丘之祷久矣：邢昺疏："孔子不许子路，故以此言拒之。若人之履行违忤神明，罹其咎殃，则可祷请。孔子素行合于神明，故曰丘之祷久矣。"

子曰："奢则不孙[1]，俭则固[2]。与其不孙也，宁固。"

[1]孙(xùn)：同"逊"，恭顺。不孙，意即僭上而不顺。[2]固：陋也，鄙陋、寒酸的意思。

子曰："君子坦荡荡[1]，小人长戚戚[2]。"

[1]坦荡荡：心胸宽广。[2]长戚戚：时常忧愁的样子。

子温而厉，威而不猛，恭而安。

七 《孟子》

［引言］

孟子(前372—前289)，名轲，字子舆，战国时邹(今山东邹城东南)人，是中国古代著名思想家、教育家。他继承并发扬了孔子的思想，有“亚圣”之称，与孔子合称为“孔孟”。孟子三岁丧父，孟母艰辛哺育，管束甚严，其“孟母三迁”“孟母断织”等故事，成为千古美谈，是蒙童教育的典范。《孟子》一书是孟子的言论汇编，由孟子及其弟子共同编写而成，是记录孟子的语言、政治观点和政治行动的儒家经典著作。孟子发展了孔子的“礼治”和“德政”思想，提倡“王道”，主张“仁政”。他说：“民为贵，社稷次之，君为轻。”但他同时却又十分强调统治者与被统治者的地位之不可改变，他说：“劳心者治人，劳力者治于人；治于人者食人，治人者食于人，天下之通义也。”他带领弟子到齐、梁、鲁、邹、宋、滕等国游说诸侯，但不被当时各国所接受。孟子还提出“性善论”，认为人性有四端，即仁、义、礼、智四个“善端”，但还必须通过教育，加强道德修养，尽量去扩充和发展这些“善端”。他主张只要人们不断地探索内心的“善端”，就会通过对人性的了解而达到对天命的认识。他认为君子要长养“浩然之气”，能够“居仁由义”的人，也能做到“富贵不能淫，贫贱不能移，威武不能屈”。《孟子》有七篇传世：《梁惠王》上、下；《公孙丑》上、下；《滕文公》上、下；《离娄》上、下；《万章》上、下；《告子》上、下；《尽心》上、下。其学说出发点为“仁政”“王道”，主张德治。南宋时朱熹将《孟子》与《论语》《大学》《中庸》合在一起称“四书”。孟子的思想在儒家经典中占有极为重要的地位，对后世影响极大。

四库全书总目孟子正义十四卷提要

汉赵岐注，其《疏》则旧本题“宋孙奭撰[1]”。岐字邠卿，京兆长陵人，初名嘉，字台卿，永兴二年辟司空掾[2]，迁皮氏长[3]。延熹元年，中常侍唐衡兄玹为京兆尹，与岐夙隙[4]，岐避祸逃避四方，乃自改名字。后遇赦，得出，拜并州刺史。又遭党锢十余岁。中平元年，征拜议郎，举敦煌太守，后迁太仆，终太常。事迹具《后汉书》本传。

[1]孙奭(962—1033)：北宋著名经学家、教育家，博川博平(今山东茌平博平镇)人。[2]辟：被征召。司空掾：古代官名。[3]皮氏长：古代官名。[4]夙隙：一向不和。

奭字宗古，博平人，太宗端拱中九经及第[1]，仁宗时官至兵部侍郎，龙图阁学士，事迹具《宋史》本传。是注即岐避难北海时在孙宾家夹柱中所作。汉儒注经，多明训诂名物[2]，惟此注笺释文句，乃似后世之口义，与古学稍殊。然孔安国、马融、郑玄之注《论语》，今载于何晏《集解》者，体亦如是。盖《易》《书》文皆最古，非通其训诂则不明；《诗》《礼》语皆征实，非明其名物亦不解；《论语》《孟子》词旨显明，惟阐其义理而止：所谓言各有当也。

[1]九经：此指以九经取士的科举考试。及第：科举应试中选。[2]训诂：解释古语，此指古语的意义。名物：事物的名称、特征。

(按：本节简述《孟子》的注者汉代学者赵岐、传说中的疏者北宋经学家孙奭的生平，并说明该注“阐其义理而止”的特色。)

其中如谓宰予、子贡、有若缘孔子圣德高美而盛称之，孟子知其太过，故贬谓之污下之类，纰缪殊甚[1]；以屈原憔悴为征于色，以宁戚叩角为发于声之类[2]，亦比拟不伦。然朱子作《孟子集注》《或问》，于岐说不甚掊击[3]，至于书中人名，惟盆成括、告子不从其学于《孟子》之说，季孙、子叔不从其二弟子之说，余皆从之；书中字义，惟折枝训按摩之类[4]，不取其说，余亦多取之。盖其说虽不及后来之精密，而开辟荒芜，俾后来得循途而深造[5]，其功要不可泯也。

[1]纰缪：错误。[2]宁戚：春秋时卫国人，为齐国大夫。叩角：敲牛角(而歌唱)。“宁戚叩角”喻指

不遇之士自求用世。[3]掊(pǒu)击：批评、抨击。[4]训：解释为。[5]俾(bǐ)：使。

（按：本节指出朱熹作《孟子集注》《或问》多从赵注，肯定了其虽不精密，但富于开拓性的学术价值。）

胡爌《拾遗录》据李善《文选注》引《孟子》曰“墨子兼爱，摩顶致于踵[1]”，赵岐曰“致，至也”，知今本经文及注均与唐本不同。今证以孙奭《音义》所音岐注，亦多不相应(语详《孟子音义》条下)，盖已非旧本。至于《尽心》下篇“夫子之设科也”，注称“孟子曰夫我设教授之科”云云，则显为“予”字，今本乃作“夫子”；又“万子曰”句，注称“万子，万章也”，则显为“子”字，今本乃作“万章”：是又注文未改，而经文误刊者矣。

[1]摩顶致于踵：从头顶到脚跟都磨破，形容为利他人而不辞辛劳。

其疏虽称孙奭作，而《朱子语录》则谓邵武士人假托、蔡季通识其人。今考《宋史·邢昺传》称“昺于咸平二年受诏[1]，与杜镐、舒雅、孙奭、李慕清、崔偓佺等校定《周礼》《仪礼》《公羊》《穀梁》《春秋传》《孝经》《论语》《尔雅》义疏”，不云有《孟子正义》；《涑水纪闻》载奭所定著有《论语》《孝经》《尔雅》正义，亦不闻有《孟子正义》，其不出奭手确然可信。其疏皆敷衍语气，如乡塾讲章，故《朱子语录》谓其全不似疏体，不曾解出名物制度，只绕缠赵岐之说。

[1]受诏：奉圣旨。

（按：本节考证疏之作者并非北宋经学家孙奭。）

至岐注好用古事为比，疏多不得其根据，如注谓非礼之礼，若陈质娶妻而长拜之；非义之义，若藉交报仇。此诚不得其出典[1](案藉交报仇，似谓藉交游之力以报仇，如朱家郭解，非有人姓藉名交也，疑不能明，谨附识于此)。至于单豹养其内，而虎食其外，事出《庄子》，亦不能举，则弇陋太甚[2]。

[1]出典：典故出处。[2]弇陋太甚：意为学识过于浅陋。弇(yǎn)：遮蔽。陋：浅陋。

朱彝尊《经义考》摘其欲见西施者人输金钱一文事诡称《史记》，今考注以尾生为不虞之誉[1]、以陈不瞻为求全之毁[2]，疏亦并称《史记》。尾生事实见《庄子》，陈不瞻事实见《说苑》(案《说苑》作“陈不占”，盖古字同音假借)，皆《史记》所无。如斯之类，益影撰无稽矣[3]。以久列学官，姑仍旧本录之尔。

[1]不虞之誉：意想不到的赞扬。虞：料想。誉：称赞。[2]求全之毁：一心想保全声誉，反而受到了毁谤。毁：毁谤。[3]影撰：凭空杜撰。

（按：本节举例说明传为孙奭所作之疏讹误、杜撰众多，但因其已久列学官，仍收录之。）

孟子注疏题辞解

（汉）赵 岐

[引言]

《孟子注疏题辞解》叙述了孟子的渊源来历及其生平经历，重点描述了孟子所处的大变革时代环境及其学术生涯：战国时期各国用兵争强，大道衰落，孟子师从孔子之孙子思，精通儒学，曾周游列国，后退而与弟子共同著书，即《孟子》七篇。《题辞解》将孟子尊为亚圣，把孟子及其著作与孔子及其《论语》相比拟，高度肯定了孟子其人其作的重要价值。

题辞解　《孟子题辞》者，所以题号《孟子》之书，本末指义文辞之表也[1]。孟，姓也。子者，男子之通称也。此书孟子之所作也，故总谓之《孟子》。

[1]“本末”句：叙述孟子生平来历之始末，阐明《孟子》之文辞。

其篇目，则各自有名。孟子，邹人也[1]，名轲，字则未闻也。邹本春秋邾子之国，至孟子时改曰邹矣。国近鲁，后为鲁所并。又言邾为楚所并，非鲁也，今邹县是也。或曰：孟子鲁公族孟孙之后。故孟子仕于齐，丧母而归葬于鲁也。

[1]邹：即春秋时邾（zhū）国，鲁穆公时改称邹。在今山东省邹城市。

（按：本节叙述了孟子的家族渊源。）

三桓子孙既以衰微[1]，分适他国[2]。孟子生有淑质，夙丧其父，幼被慈母三迁之教，[3]长师孔子之孙子思，治儒述之道，通五经，尤长于《诗》《书》。周衰之末，战国纵横，用兵争强，以相侵夺，当世取士，务先权谋以为上贤。先王大道陵迟隳废，异端并起，若杨朱、墨翟放荡之言以干时惑众者非一[4]。

[1]摭(zhí)取：摘取。[2]西京：西汉都城长安，在今陕西西安市。[3]世寻丕祚：意为根据世代溯其渊源。丕祚(pī zuò)：指世系。[4]遘(gòu)：遭遇。屯、蹇：《易》之卦名，皆指灾难。诡姓遁身：更改姓名而逃生。[5]八纮：八极。纮：维。[6]心剿：劳心。瘵(zhài)：病。[7]矜：怜悯，怜惜。劬瘁(qú cuì)：劳累。[8]眷：看。[9]乱思遗老：治其忧思，忘记年老。乱：治。遗：忘。[10]违阙：违理缺误之处。

（按：本节点出了孟子长于比喻说理等特色；后为注者赵岐自叙其经历的甘苦之言。）

梁惠王章句上

[引言]

《孟子》本无篇名，现有篇名一般是后人取自每篇开头的几个重要字眼；东汉赵岐又把《孟子》七篇都分为上下卷，故题皆为“章句上”“章句下”。《梁惠王章句上》中，孟子在与梁惠王、梁襄王、齐宣王的对话中阐述了儒家推己及人的仁政思想。孟子采用设问、举例、比喻等手法说明施行仁政的必要性和重要性，其论说环环相扣，具有很强的说服力。

孟子见梁惠王[1]。王曰：“叟[2]！不远千里而来，亦将有以利吾国乎？”

[1]梁惠王(前369—前319年在位)：即魏惠王，战国时期魏国国君，名䓨，“惠”为谥号。前362年魏惠王迁都大梁(今河南开封)，故魏也被称为梁，魏惠王亦被称为梁惠王。[2]叟：老年男子。

孟子对曰：“王！何必曰利？亦有仁义而已矣[1]。王曰：‘何以利吾国？’大夫曰：‘何以利吾家[2]？’士、庶人曰[3]：‘何以利吾身？’上下交征利而国危矣[4]。

[1]亦：只。[2]家：大夫的封邑。[3]庶人：老百姓。[4]交：互相。征：追逐求取。

万乘之国[1]，弑其君者[2]，必千乘之家；千乘之国，弑其君者，必百乘之家。万取千焉，千取百焉，不为不多矣。苟为后义而先利[3]，不夺不餍[4]。未有仁而遗其亲者也，未有义而后其君者也[5]。王亦曰仁义而已矣，何必曰利？”

[1]乘(shèng)：古代一车四马为一乘。[2]弑：古代称下杀上、卑杀尊为弑，如臣杀君、子女杀父母。[3]苟为：如果。[4]餍(yàn)：满足。[5]后：怠慢。

（按：本节系孟子与梁惠王的对话，阐明了儒家对待义利关系的看法，指出因利行事的危害，提出应以“仁义”为治国之道。）

孟子见梁惠王。王立于沼上[1]，顾鸿雁麋鹿[2]，曰：“贤者亦乐此乎？”

孟子对曰：“贤者而后乐此，不贤者虽有此，不乐也。《诗》云：‘经始灵台[3]，经之营之，庶民攻之[4]，不日成之。经始勿亟[5]，庶民子来[6]。王在灵囿，麀鹿攸伏[7]，麀鹿濯濯[8]，白鸟鹤鹤[9]。王在灵沼，于牣鱼跃[10]。’文王以民力为台为沼，而民欢乐之，谓其台曰灵台，谓其沼曰灵沼，乐其有麋鹿鱼鳖。古之人与民偕乐，故能乐也。《汤誓》曰[11]：‘时日害丧[12]，予及女偕亡[13]。’民欲与之偕亡，虽有台池鸟兽，岂能独乐哉？”

[1]沼：水池。[2]顾：望。[3]经始灵台：引诗。意为开始建造灵台。[4]攻：建造。[5]亟：急。“勿亟”是指文王的话，指他对建造灵台不加催促。[6]子来：像儿子来为父亲干事似的。[7]麀(yōu)：母鹿。攸伏：安其所伏，没被惊动。[8]濯濯(zhuó)：肥胖而毛有光泽。[9]鹤鹤：羽毛洁白的样子。[10]牣：满。[11]《汤誓》：《尚书》中的篇名，记载了商汤讨伐暴君夏桀的誓师之词。[12]时日害丧：意为“这个太阳，何时灭亡？”时：这。害：通“曷”，何时。[13]女：通“汝”，你。

（按：本节提出“与民同乐”的思想，从正反两方面举例说明了君王唯有施行仁政，方能得到真正的安乐。）

梁惠王曰：“寡人之于国也，尽心焉耳矣[1]。河内凶[2]，则移其民于河东[3]，移其粟于河内。河东凶亦然。察邻国之政，无如寡人之用心者。邻国之民不加少[4]，寡人之民不加多，何也？”

[1]焉耳矣：三个语气词叠加，加重语气。[2]河内：黄河北岸土地，今河南省济源一带，当时是魏国领地。凶：灾荒。[3]河东：黄河以东土地，今山西省安邑一带，魏国领地。[4]加少：减少。

孟子对曰：“王好战，请以战喻[1]。填然鼓之[2]，兵刃既接，弃甲曳兵而走[3]。或百步而后止，或五十步而后止。以五十步笑百步，则何如？”

[1]请：表敬副词，无实意。[2]填然：鼓声咚咚直响的样子。鼓：击鼓，名词作动词。[3]甲：铠甲。兵：兵器。走：跑。

曰：“不可，直不百步耳[1]，是亦走也。”

曰："王如知此，则无望民之多于邻国也。不违农时，谷不可胜食也；数罟不入洿池[2]，鱼鳖不可胜食也；斧斤以时入山林[3]，材木不可胜用也。谷与鱼鳖不可胜食，材木不可胜用，是使民养生丧死无憾也[4]。养生丧死无憾，王道之始也。

[1]直：只是。[2]数罟(cù gǔ)：密网。洿(wū)池：大池。[3]斤：大斧。[4]憾：不满。

五亩之宅，树之以桑，五十者可以衣帛矣[1]。鸡豚狗彘之畜[2]，无失其时，七十者可以食肉矣。百亩之田，勿夺其时，数口之家可以无饥矣。谨庠序之教[3]，申之以孝悌之义[4]，颁白者不负戴于道路矣[5]。七十者衣帛食肉，黎民不饥不寒[6]，然而不王者[7]，未之有也。

狗彘食人食而不知检[8]，涂有饿莩而不知发[9]；人死，则曰'非我也，岁也[10]'，是何异于刺人而杀之，曰'非我也，兵也'。王无罪岁[11]，斯天下之民至焉。"

[1]衣帛：穿丝织品。[2]豚：小猪。彘：猪。[3]谨：认真做好。庠(xiáng)序：古代的地方学校。[4]申：反复教导。孝悌(tì)之义：孝顺父母、敬爱兄长的道理。[5]颁白：也作"斑白"，头发花白。负戴：背负或头顶东西。[6]黎民：老百姓。[7]王：以王道统一天下。[8]检：制止。[9]饿莩(piǎo)：饿死的人。发：发放赈灾粮。[10]岁：凶年。[11]无罪：不要怪罪。

（按：本节中孟子解答了梁惠王的疑问，指出国家不见强盛的根本原因在于未实行仁政，并以比喻、图景描述等方式论述了何谓"仁政"。）

梁惠王曰："寡人愿安承教[1]。"

孟子对曰："杀人以梃与刃[2]，有以异乎？"

曰："无以异也。"

"以刃与政，有以异乎？"

曰："无以异也。"

曰："庖有肥肉[3]，厩有肥马，民有饥色，野有饿莩，此率兽而食人也[4]。兽相食，且人恶之，为民父母，行政，不免于率兽而食人，恶在其为民父母也[5]？仲尼曰：'始作俑者，其无后乎！[6]'为其象人而用之也[7]。如之何其使斯民饥而死也？"

[1]愿安承教：意为乐意接受教导。安：乐意。承：接受。[2]梃：棍棒。刃：刀剑。[3]庖(páo)：厨房。[4]率兽而食人：率领野兽来吃人。[5]恶(wū)在：何在。[6]"始作"二句：意为第一个用土偶木偶来殉葬的人，大概会断绝后代吧？古代最初用活人殉葬，后来逐渐改为俑来殉葬。孔子误认为先有俑殉，后发展为人殉，故有此说。俑：古代殉葬用的土偶木偶。后：后代。[7]象：通"像"。

（按：本节指出君王理应行仁政，使百姓免于疾苦。）

梁惠王曰："晋国[1]，天下莫强焉[2]，叟之所知也。及寡人之身，东败于齐，长子死焉；[3]西丧地于秦七百里[4]；南辱于楚[5]。寡人耻之，愿比死者一洒之[6]，如之何则可？"

[1]晋国：此即指魏国，魏从三家分晋而来，故梁惠王称魏国为晋国。[2]莫强：没有比它强的。[3]"东败"二句：公元前341年马陵之战，齐国大败魏国，太子申被俘杀。[4]西丧地于秦七百：马陵之战后，魏与秦作战屡败，割河西之地给秦以求和。[5]南辱于楚：公元前323年，楚伐魏，取八邑。[6]比：替、代。一：全、都。洒：洗雪。

孟子对曰："地方百里而可以王[1]。王如施仁政于民，省刑罚，薄税敛，深耕易耨[2]，壮者以暇日修其孝悌忠信[3]，入以事其父兄[4]，出以事其长上，可使制梃以挞秦楚之坚甲利兵矣[5]。彼夺其民时，使不得耕耨以养其父母。父母冻饿，兄弟妻子离散。彼陷溺其民[6]，王往而征之，夫谁与王敌？故曰：'仁者无敌。'王请勿疑！"

[1]地方百里：土地面积有方圆百里。[2]耨(nòu)：耕田除草。[3]暇日：耕种之余的闲暇之日。[4]入：在家。[5]制：制作。[6]陷溺：坑害。

（按：本节提出"仁者无敌"的思想。梁惠王欲以战复仇，孟子提出只有于内施行仁政，安养百姓，方能无敌于天下。）

孟子见梁襄王[1]，出，语人曰[2]："望之不似人君，就之而不见所畏焉[3]。卒然问曰[4]：'天下恶乎定[5]？'吾对曰：'定于一。''孰能一之？'对曰：'不嗜杀人者能一之。''孰能与之[6]？'对曰：'天下莫不与也。王知夫苗乎？七、八月之间旱[7]，则苗槁矣。天油然作云，沛然下雨，则苗浡然兴之矣[8]。其如是，孰能御之？今夫天下之人牧[9]，未有不嗜杀人者也。如有不嗜杀人者，则天下之民皆引领而望之矣[10]。诚如是也，民归之，由水之就下[11]，沛然谁能御之？'"

[1]梁襄王(前318—前296年在位)：梁惠王之子，名嗣。[2]语：告诉。[3]就：靠近。[4]卒：通"猝"，突然。[5]恶(wū)乎：怎样，如何。[6]与：跟从，归顺。[7]七、八月：周代历法，相当于夏历的五、六月。[8]浡(bó)然：形容蓬勃兴起的样子。[9]人牧：治理百姓的人，指人君。[10]引领：伸长脖子。[11]由：通"犹"，如同。

（按：本节系孟子与梁襄王的对话，指出唯有施行仁政，方能使天下归心。）

齐宣王问曰[1]："齐桓、晋文之事[2]，可得闻乎？"

孟子对曰："仲尼之徒无道桓、文之事者，是以后世无传焉，臣未之闻也。无以，则王乎？[3]"

[1]齐宣王(前319—前301年在位)：战国时齐国国君，姓田，名辟疆。[2]齐桓：齐桓公，春秋时齐国国君姜小白。晋文：晋文公，春秋时晋国国君姬重耳。皆为春秋五霸之一。[3]“无以”二句：不得已(一定要我讲的话)，那就谈谈王道吧？

曰：“德何如，则可以王矣？”

曰：“保民而王[1]，莫之能御也。”

曰：“若寡人者，可以保民乎哉？”

曰：“可。”

曰：“何由知吾可也？”

曰：“臣闻之胡龁曰[2]，王坐于堂上，有牵牛而过堂下者，王见之，曰：‘牛何之[3]？’对曰：‘将以衅钟[4]。’王曰：‘舍之！吾不忍其觳觫[5]，若无罪而就死地[6]。’对曰：‘然则废衅钟与？’曰：‘何可废也？以羊易之！’不识有诸？”

[1]保：安定。[2]胡龁(hé)：齐国的大臣。[3]何之：去哪里。[4]衅钟：古代新钟铸成后，杀牲畜以血涂钟行祭。[5]觳觫(hú sù)：因恐惧而战栗的样子。[6]就：靠近。

曰：“有之。”

曰：“是心足以王矣。百姓皆以王为爱也[1]，臣固知王之不忍也。”

王曰：“然；诚有百姓者[2]。齐国虽褊小[3]，吾何爱一牛？即不忍其觳觫，若无罪而就死地，故以羊易之也。”

曰：“王无异于百姓之以王为爱也[4]。以小易大，彼恶知之？王若隐其无罪而就死地[5]，则牛羊何择焉？”

王笑曰：“是诚何心哉？我非爱其财而易之以羊也。宜乎百姓之谓我爱也[6]。”

曰：“无伤也，是乃仁术也，[7]见牛未见羊也。君子之于禽兽也，见其生，不忍见其死；闻其声，不忍食其肉。是以君子远庖厨也。”

[1]爱：吝惜。[2]诚有百姓者：确实有这样议论的百姓。[3]褊小：狭小。[4]异：惊异。[5]隐：可怜。[6]宜乎：应该的、理所当然的。[7]“无伤”二句：没有关系，这就是施行仁道。

王说曰[1]：“《诗》云：‘他人有心，予忖度之。[2]’夫子之谓也。夫我乃行之，反而求之，不得吾心。夫子言之，于我心有戚戚焉[3]。此心之所以合于王者，何也？”

[1]说：通“悦”，高兴。[2]“他人”二句：出自《诗经·小雅·巧言》。意为别人想什么，我能猜得出。忖度：猜想。[3]戚戚：心动的样子。

曰："有复于王者曰：'吾力足以举百钧[1]，而不足以举一羽；明足以察秋毫之末[2]，而不见舆薪[3]。'则王许之乎[4]？"

曰："否。"

"今恩足以及禽兽，而功不至于百姓者，独何与[5]？然则一羽之不举，为不用力焉；舆薪之不见，为不用明焉；百姓之不见保，为不用恩焉。故王之不王，不为也，非不能也。"

[1]钧：三十斤为一钧。[2]秋毫之末：秋天野兽毫毛的尖端，形容极细小之物。[3]舆薪：满车的柴，形容大而易见之物。[4]许：相信。[5]独何与：偏偏是什么原因呢？

曰："不为者与不能者之形何以异？"

曰："挟太山以超北海[1]，语人曰：'我不能。'是诚不能也。为长者折枝[2]，语人曰：'我不能。'是不为也，非不能也。故王之不王，非挟太山以超北海之类也；王之不王，是折枝之类也。

"老吾老，以及人之老；幼吾幼，以及人之幼。天下可运于掌。《诗》云：'刑于寡妻，至于兄弟，以御于家邦。[3]'言举斯心加诸彼而已。故推恩足以保四海，不推恩无以保妻子。古之人所以大过人者，无他焉，善推其所为而已矣。今恩足以及禽兽，而功不至于百姓者，独何与？权[4]，然后知轻重；度，然后知长短。物皆然，心为甚[5]。王请度之！抑王兴甲兵[6]，危士臣，構怨于诸侯[7]，然后快于心与？"

[1]挟太山以超北海：当时常用的比喻，喻难事。太山：泰山。超：跳过。北海：渤海。[2]折枝：按摩肢体。[3]"刑于"三句：出自《诗经·大雅·思齐》。刑：同"型"，示范。寡妻：正妻。[4]权：称量。[5]心为甚：人心更是如此。[6]抑：或者。[7]構怨：结下仇怨。

王曰："否，吾何快于是？将以求吾所大欲也。"

曰："王之所大欲可得而闻与？"

王笑而不言。

曰："为肥甘不足于口与？轻暖不足于体与？抑为采色不足视于目与？声音不足听于耳与？便嬖不足使令于前与[1]？王之诸臣皆足以供之，而王岂为是哉？"

曰："否，吾不为是也。"

曰："然则王之所大欲可知已，欲辟土地，朝秦、楚[2]，莅中国而抚四夷也。以若所为求若所欲[3]，犹缘木而求鱼也[4]。"

[1]便嬖(pián bì)：王左右之宠臣。[2]朝：使朝见。[3]若：你。[4]缘木：爬到树上。

王曰："若是其甚与[1]？"

曰："殆有甚焉。缘木求鱼，虽不得鱼，无后灾。以若所为求若所欲，尽心力而为之，后必有灾。"

曰："可得闻与？"

曰："邹人与楚人战，则王以为孰胜？"

曰："楚人胜。"

曰："然则小固不可以敌大，寡固不可以敌众，弱固不可以敌强。海内之地方千里者九，齐集有其一。以一服八，何以异于邹敌楚哉？盍亦反其本矣[2]。今王发政施仁，使天下仕者皆欲立于王之朝，耕者皆欲耕于王之野，商贾皆欲藏于王之市，行旅皆欲出于王之途，天下之欲疾其君者皆欲赴愬于王[3]。其若是，孰能御之？"

[1]若是其甚与：竟然有如此严重吗？[2]盍亦反其本矣：何不回到根本上。盍(hé)：何不。[3]疾：痛恨。愬：同"诉"。

王曰："吾惛[1]，不能进于是矣。愿夫子辅吾志，明以教我。我虽不敏，请尝试之。"

曰："无恒产而有恒心者，惟士为能。若民[2]，则无恒产，因无恒心。苟无恒心，放辟邪侈[3]，无不为已。及陷于罪，然后从而刑之，是罔民也[4]。焉有仁人在位罔民而可为也？是故明君制民之产[5]，必使仰足以事父母，俯足以畜妻子，乐岁终身饱，凶年免于死亡。然后驱而之善，故民之从之也轻[6]。

[1]惛：同"昏"，糊涂。[2]若：至于。[3]放辟邪侈：胡作非为。[4]罔民：使人民陷入罗网。[5]制：订立制度。[6]轻：容易。

"今也制民之产，仰不足以事父母，俯不足以畜妻子，乐岁终身苦，凶年不免于死亡。此惟救死而恐不赡[1]，奚暇治礼义哉[2]？王欲行之，则盍反其本矣。五亩之宅，树之以桑，五十者可以衣帛矣。鸡豚狗彘之畜，无失其时，七十者可以食肉矣。百亩之田，勿夺其时，八口之家可以无饥矣。谨庠序之教，申之以孝悌之义，颁白者不负戴于道路矣。老者衣帛食肉，黎民不饥不寒，然而不王者，未之有也。"

[1]救死：维持生命。不赡：顾不了。[2]奚暇：哪里还有空闲。

（按：本节系孟子与齐宣王的对话，表现了儒家推己及人的人际关系准则，强调将一己之仁爱之心推及天下，即以仁治国，使普天之下人心皆向往之，即可使天下归服、统一。）

尽心章句上

[引言]

《尽心章句上》中，孟子提出修养善心，就可知本性，进而知天命，并把尽心、知性、知天命三者合为一体，而求备于一心；并进一步说明了存心、养性、事天的途径：一是内在的自我修养，即孟子提出的良知、良能的独特思想，要求致良知；一是外在的施行仁义。《尽心章句上》还广泛地论述了儒家对于施行仁政、君子本性、道德修养、学习方法以及仁政得以实施后理想生活图景的看法等。

孟子曰："尽其心者，知其性也。知其性，则知天矣。存其心，养其性，所以事天也[1]。夭寿不贰[2]，修身以俟之[3]，所以立命也。"

[1]事天：对待天命的方法。[2]夭寿不贰：不论长寿还是短命都不会三心二意。[3]俟：等待。

孟子曰："莫非命也[1]，顺受其正。是故知命者不立乎岩墙之下[2]。尽其道而死者，正命也；桎梏死者[3]，非正命也。"

[1]莫非命也：无一不是受命运支配。[2]岩墙：有倒塌危险的墙壁。[3]桎梏(zhì gù)：约束犯人的刑具，此指犯罪。

孟子曰："求则得之，舍则失之；是求有益于得也，求在我者也。求之有道，得之有命，是求无益于得也，求在外者也[1]。"

[1]求在外者也：所求的对象存在于我本身之外。

（按：本节指出修养善心，就可知本性，进而知天命；顺理行道所受的即是正命；而修心养性之努力在我，而外物的得失在于天命。）

孟子曰："万物皆备于我矣。反身而诚[1]，乐莫大焉。强恕而行[2]，求仁莫近焉。"

[1]反身：反躬自问。[2]强恕：努力按推己及人的恕道行事。

孟子曰："行之而不著焉[1]，习矣而不察焉，终身由之而不知其道者，众也[2]。"

孟子曰："人不可以无耻。无耻之耻，无耻矣。[3]"

孟子曰："耻之于人大矣。为机变之巧者[4]，无所用耻焉。不耻不若人，何若人有[5]？"

[1]著：明白。[2]众：普通人。[3]"无耻"二句：如果能以没有羞耻心为耻辱，便不再有耻辱了。[4]机变之巧者：玩弄权术诡计的人。[5]何若人有：怎么能比得上别人呢？

孟子曰："古之贤王好善而忘势[1]；古之贤士何独不然？乐其道而忘人之势，故王公不致敬尽礼，则不得亟见之[2]。见且由不得亟[3]，而况得而臣之乎？"

[1]势：权势。[2]亟：多次。[3]由：尚、还。

孟子谓宋句践曰[1]："子好游乎[2]？吾语子游。人知之，亦嚣嚣[3]；人不知，亦嚣嚣。"曰："何如斯可以嚣嚣矣？"

曰："尊德乐义，则可以嚣嚣矣。故士穷不失义，达不离道。穷不失义，故士得己焉[4]；达不离道，故民不失望焉。古之人，得志，泽加于民；不得志，修身见于世。穷则独善其身，达则兼善天下。"

[1]宋句践：人名，身世不详。[2]游：游说。[3]嚣嚣：悠然自得、无欲无求的样子。嚣：通"闲"。[4]得己：保持自己的操守。

孟子曰："待文王而后兴者[1]，凡民也。若夫豪杰之士，虽无文王犹兴。"

孟子曰："附之以韩、魏之家[2]，如其自视欿然[3]，则过人远矣。"

[1]兴：奋发兴起。[2]附：增加、增益。韩、魏之家：春秋末期晋国六卿中的韩、魏两家，在当时很有权势，拥有众多财富。[3]欿(kǎn)："坎"的假借字，不自满。

（按：本节以论述人的品德修养为主。孟子提出"万物皆备于我"，人若扪心自问是忠诚踏实的，便是最大的快乐，再努力便能达到仁的境界；指出知耻的重要性及儒士自得其乐的原因在于其崇尚道德，喜爱仁义；提出著名的"穷则独善其身，达则兼善天下"的儒家处世态度。）

孟子曰："以佚道使民[1]，虽劳不怨。以生道杀民[2]，虽死不怨杀者。"

[1]佚道：为老百姓谋求安乐之道。佚：通“逸”。[2]生道：为老百姓谋求生存之道。

孟子曰：“霸者之民驩虞如也[1]，王者之民皞皞如也[2]。杀之而不怨，利之而不庸[3]，民日迁善而不知为之者。夫君子所过者化，所存者神，[4]上下与天地同流，岂曰小补之哉？”

[1]驩虞：即“欢娱”，愉快欢乐。[2]皞皞(hào)如：广大自得的样子。[3]庸：此指报答。[4]“夫君子”二句：圣人经过之处，人们受到感化，停留之处，所起的作用神妙莫测。

孟子曰：“仁言不如仁声之入人深也[1]，善政[2]不如善教之得民也。善政，民畏之；善教，民爱之。善政得民财，善教得民心。”

[1]仁声：仁德的音乐。[2]善政：良好的政治。

孟子曰：“人之所不学而能者，其良能也；所不虑而知者，其良知也。孩提之童无不知爱其亲者，及其长也，无不知敬其兄也。亲亲[1]，仁也；敬长，义也；无他，达之天下也。”

[1]亲亲：爱自己的亲人。

孟子曰：“舜之居深山之中，与木石居，与鹿豕游，其所以异于深山之野人者几希[1]。及其闻一善言，见一善行，若决江河，沛然莫之能御也。”

[1]几希：很少，极少。

孟子曰：“无为其所不为，无欲其所不欲，如此而已矣。”

孟子曰：“人之有德慧术知者，恒存乎疢疾[1]。独孤臣孽子[2]，其操心也危，其虑患也深，故达。”

[1]疢(chèn)疾：灾患。[2]孤臣：被疏远的臣子。孽子：庶子。

孟子曰：“有事君人者，事是君则为容悦者也[1]；有安社稷臣者，以安社稷为悦者也；有天民者，达可行于天下而后行之者也[2]；有大人者，正己而物正者也。”

[1]容悦者：一味讨君主欢喜的人。[2]“达可”句：他的道可以行于天下，然后去实行的人。

孟子曰：“君子有三乐，而王天下不与存焉。父母俱存，兄弟无故[1]，一乐也；仰不愧于天，俯不怍于人[2]，二乐也；得天下英才而教育之，三乐也。君子有三乐，而王天下不与存焉。”

[1]故：病灾。[2]怍(zuò)：惭愧。

孟子曰：“广土众民，君子欲之，所乐不存焉；中天下而立，定四海之民，君子乐之，所性不存焉[1]。君子所性，虽大行不加焉[2]，虽穷居不损焉，分定故也。君子所性，仁、义、礼、智根于心，其生色也，睟然见于面[3]，盎于背[4]，施于四体[5]，四体不言而喻[6]。”

[1]所性不存焉：本性不在这儿。[2]大行：理想通行于天下。[3]睟(suì)然：纯正温润的样子。[4]盎(àng)：显现。[5]施：延及。[6]不言而喻：不必言语别人就能了解。

（按：本节以论述为政、人性、修养以及儒家君子的本性为主，提出要行仁政，而行仁政中要重视正确引导的作用；提出了“良知”“良能”这样独特的哲学术语；点明儒家君子所乐三事，指出君子乐于安定天下，但其本性植根于仁、义、礼、智。）

孟子曰：“伯夷辟纣[1]，居北海之滨，闻文王作兴，曰：‘盍归乎来[2]！吾闻西伯善养老者。’太公辟纣，居东海之滨，闻文王作兴，曰：‘盍归乎来！吾闻西伯善养老者。’天下有善养老，则仁人以为己归矣。五亩之宅，树墙下以桑，匹妇蚕之，则老者足以衣帛矣；五母鸡，二母彘，无失其时，老者足以无失肉矣；百亩之田，匹夫耕之，八口之家可以无饥矣。[3]所谓西伯善养老者，制其田里，教之树畜[4]，导其妻子，使养其老。五十非帛不暖，七十非肉不饱。不暖不饱谓之冻馁，文王之民无冻馁之老者，此之谓也。”

[1]辟：避开。[2]盍归乎来：何不归到那里去呢。[3]“五亩之宅”至“可以无饥矣”：参见《梁惠王章句上》。[4]树畜：栽种、畜牧。

孟子曰：“易其田畴[1]，薄其税敛，民可使富也。食之以时，用之以礼，财不可胜用也。民非水火不生活[2]，昏暮叩人之门户求水火，无弗与者，至足矣。圣人治天下，使有菽粟如水火[3]。菽粟如水火，而民焉有不仁者乎？”

[1]易：整治。田畴：田地。[2]水火：水和火。[3]菽粟：代指粮食。

孟子曰："孔子登东山而小鲁[1]，登泰山而小天下，故观于海者难为水，游于圣人之门者难为言。观水有术，必观其澜。日月有明，容光必照焉[2]。流水之为物也，不盈科不行[3]；君子之志于道也，不成章不达[4]。"

[1]东山：蒙山，在今山东蒙阴县南。[2]容光：指极小的缝隙。[3]盈科：流满洼坑。[4]成章：指达到一定阶段或程度。

孟子曰："鸡鸣而起，孳孳为善者[1]，舜之徒也；鸡鸣而起，孳孳为利者，跖之徒也[2]。欲知舜与跖之分，无他，利与善之间也[3]。"

[1]孳(zī)孳：孜孜不倦。[2]跖(zhí)：盗跖，春秋时的大盗。[3]间：区别。

孟子曰："杨子取为我[1]，拔一毛而利天下，不为也。墨子兼爱，摩顶放踵利天下[2]，为之。子莫执中[3]；执中为近之。执中无权，犹执一也。[4]所恶执一者，为其贼道也，举一而废百也。"

[1]杨子：杨朱，战国诸子之一。取：主张。[2]摩顶放踵：磨秃头顶，磨破脚跟，形容为利他人而不辞辛劳之态。[3]子莫：战国时鲁国贤人。执中：主张折中之道。[4]"执中"二句：意为主张中道而不知变通，仍是偏执一边了。权：权变。

孟子曰："饥者甘食[1]，渴者甘饮，是未得饮食之正也[2]，饥渴害之也。岂惟口腹有饥渴之害？人心亦皆有害。人能无以饥渴之害为心害，则不及人不为忧矣[3]。"

[1]甘：以之为甘美。[2]饮食之正：饮食正常的味道。[3]及：赶上。

孟子曰："柳下惠不以三公易其介[1]。"

孟子曰："有为者辟若掘井，掘井九轫而不及泉[2]，犹为弃井也。"

[1]三公：指大官。易：改变。介：操守。[2]轫：同"仞"，古代八尺(或说七尺)为一仞。

(按：本节描述了仁政施行的美好图景；在学习方法上指出君子有志于道，应循序渐进；在思想方法上提出不应偏激，而应执中而知权变；在品德修养上指出君子应有操守，行道应坚持不懈。)

孟子曰："尧、舜，性之也[1]；汤、武，身之也[2]；五霸，假之也[3]。久假而不归，恶知其非有也[4]？"

[1]性之也：本性使然。[2]身之也：身体力行。[3]假之也：借来利用。[4]恶知其非有也：怎么知道他们不是终于变成自己的了呢？

公孙丑曰："伊尹曰：'予不狎于不顺[1]，放太甲于桐[2]，民大悦。太甲贤，又反之，民大悦。'贤者之为人臣也，其君不贤，则固可放与？"

孟子曰："有伊尹之志，则可；无伊尹之志，则篡也[3]。"

[1]狎：亲近。顺：遵守(礼义)。[2]放：流放。太甲：商朝君王，为商汤之嫡长孙。[3]篡：篡位。

公孙丑曰："《诗》曰：'不素餐兮[1]。'君子之不耕而食，何也？"孟子曰："君子居是国也，其君用之，则安富尊荣；其子弟从之，则孝悌忠信。不素餐兮，孰大于是？"

[1]不素餐兮：出自《诗经·魏风·伐檀》。意为不白吃饭，不无功受禄。素：白白地。

王子垫问曰[1]："士何事？"

孟子曰："尚志[2]。"

曰："何谓尚志？"

曰："仁义而已矣。杀一无罪非仁也，非其有而取之非义也。居恶在？仁是也。路恶在？义是也。居仁由义[3]，大人之事备矣。"

[1]王子垫：齐国王子，名垫。[2]尚志：使志向高尚。[3]居仁由义：居于仁，行于义。

孟子曰："仲子[1]，不义与之齐国而弗受[2]，人皆信之，是舍箪食豆羹之义也。人莫大焉亡亲戚君臣上下[3]。以其小者信其大者，奚可哉？"

[1]仲子：即陈仲子，战国时齐国人。[2]"不义"句：假如不合道义地把齐国交给他，他都不会接受。[3]"人莫"句：人的(罪过)，没有比不要父兄君臣尊卑更大的了。仲子避兄离母，耻其兄为齐卿，孟子大不以为然，说他无亲戚君臣上下。

桃应问曰[1]："舜为天子，皋陶为士，瞽瞍杀人，则如之何？"孟子曰："执之而已矣。”

“然则舜不禁与？”

曰：“夫舜恶得而禁之？夫有所受之也[2]。”

“然则舜如之何？”

曰：“舜视弃天下犹弃敝蹝也[3]。窃负而逃，遵海滨而处，终身䜣然[4]，乐而忘天下。”

[1]桃应：孟子的弟子。[2]有所受之也：是承受了职责的。[3]蹝(xǐ)：亦作“屣”，没有脚跟的鞋子，一说草鞋。[4]䜣(xīn)然：高兴的样子。䜣：同“欣”。

孟子自范之齐[1]，望见齐王之子，喟然叹曰[2]：“居移气，养移体，大哉居乎！夫非尽人之子与[3]？”

孟子曰：“王子宫室、车马、衣服多与人同，而王子若彼者，其居使之然也；况居天下之广居者乎[4]？鲁君之宋，呼于垤泽之门[5]。守者曰：‘此非吾君也，何其声之似我君也？’此无他，居相似也。”

[1]范：齐国地名，在今河南省范县东南。[2]喟(kuì)然：感慨的样子。[3]“夫非”句：他难道不也是人的儿子吗？[4]广居：此指仁。[5]垤(dié)泽之门：宋国东城南门之名。

孟子曰：“食而弗爱[1]，豕交之也；爱而不敬，兽畜之也。恭敬者，币之未将者也[2]。恭敬而无实，君子不可虚拘[3]。”

孟子曰：“形色，天性也；惟圣人然后可以践形[4]。”

[1]食(sì)而弗爱：养活而不爱。[2]币之未将者：意为赠送礼物之前就该具有的。将：送。[3]虚拘：徒然被虚假的礼数约束住。[4]践形：指无愧于(他的)这种天赋。践：践行。

（按：本节指出尧舜行仁政是出于本性，商汤和武王是身体力行，而五霸则不过假借其名；举例说明了判断大臣是否篡位的标准；并举例表明了血亲伦理在儒家思想中的重要地位；指出环境对人有重要的影响作用。）

齐宣王欲短丧[1]。公孙丑曰：“为朞之丧，犹愈于已乎？[2]”孟子曰：“是犹或紾其兄之臂[3]，子谓之姑徐徐云尔[4]，亦教之孝悌而已矣[5]。”王子有其母死者，其傅为之请数月之丧。公孙丑曰：“若此者，何如也？”曰：“是欲终之而不可得也，虽加一日愈于已。谓夫莫之禁而弗为者也[6]。”

[1]短：缩短。[2]“为朞”二句：守孝一年还是比完全不守孝强吧？朞(jī)：一年。[3]紾(zhěn)：扭。[4]“子谓”句：你对他说姑且慢慢地扭。[5]亦：也只有。[6]“谓夫”句：这是对那些没有人禁止他守孝却不守孝的人说的。

孟子曰：“君子之所以教者五：有如时雨化之者，有成德者，有达财者[1]，有答问者，有私淑艾者[2]。此五者，君子之所以教也。”

[1]达财者：培养才能。财：同“才”。[2]私：独。淑：拾取。艾：收获。私淑艾：被后人所私下学习的。

公孙丑曰：“道则高矣，美矣，宜若登天然[1]，似不可及也；何不使彼为可几及而日孳孳也？”

孟子曰：“大匠不为拙工改废绳墨[2]，羿不为拙射变其彀率[3]。君子引而不发，跃如也。中道而立，能者从之。”

[1]宜若：几乎像。[2]绳墨：木工取直用的工具。[3]彀率：拉弓的标准。

孟子曰：“天下有道，以道殉身[1]；天下无道，以身殉道[2]。未闻以道殉乎人者也[3]。”

[1]以道殉身：道为自己所运用，施行道。[2]以身殉道：为守道而死。[3]以道殉乎人者也：歪曲破坏道以迁就人。

公都子曰：“滕更之在门也[1]，若在所礼[2]，而不答，何也？”

孟子曰：“挟贵而问[3]，挟贤而问，挟长而问，挟有勋劳而问，挟故而问，皆所不答也。滕更有二焉。”

[1]滕更：滕国国君之弟，曾就学于孟子。[2]若在所礼：似乎应在以礼相待之列。[3]挟：倚仗、凭借。

孟子曰：“于不可已而已者[1]，无所不已。于所厚者薄，无所不薄也。其进锐者，其退速。”

[1]已：放弃、停止。

孟子曰："君子之于物也，爱之而弗仁；于民也，仁之而弗亲。亲亲而仁民[1]，仁民而爱物。"

[1]仁民：仁爱百姓。

孟子曰："知者无不知也[1]，当务之为急；仁者无不爱也，急亲贤之为务。尧、舜之知而不遍物[2]，急先务也；尧、舜之仁不遍爱人，急亲贤也。不能三年之丧，而缌、小功之察[3]；放饭流歠，而问无齿决，是之谓不知务。[4]"

[1]知者：智者。[2]尧、舜之知而不遍物：尧、舜的智慧虽高，却不遍知所有事物。[3]缌、小功之察：意为对缌、小功这样轻的丧礼苛察。缌、小功：古代五种丧服中最轻的两种。[4]"放饭"三句：在长辈面前大口吃饭、喝汤，却讲求不要用牙齿咬断干肉，这是不识大体。放：大。歠(chuò)：长饮。齿决：用牙咬断干肉。以上皆为不合礼仪之举。

（按：本节论述了君子教育的五种方式；表达了儒家坚持其道的执着；再次点出儒家推己及人以达于万物的原则；指明智者行事应识大体，分清轻重缓急。）

八 《老子》

［引言］

《老子》被道教尊奉为《道德经》，是道家学派最重要的经典。此书主题论“道、德之义”，不仅对后世政治哲学有重要影响，而且深刻形塑着中国人的宇宙观、社会观和人生观。

作者老子，其人其事尚未能确考，《史记·老子韩非列传》记述：“老子者，楚苦县厉乡曲仁里人也，姓李氏，名耳，字聃，周守藏室之史也。”但司马迁同时列举了老聃、老莱子、周太史儋等三人事迹，指出无法确认谁为“老子”。从文献与考古中大致可知的是，老子是先秦时代的思想家，是南方人，老子与庄子开创了先秦时期一个重要的学术流派，即道家，道家是道教的重要理论基础与精神渊流。

全书分为上、下两篇，八十一章，五千余字。今日之通行本前三十七章为上篇《道经》，后四十四章为下篇《德经》。《老子》版本众多，目前发现最重要的有两种：一是1972年长沙马王堆汉墓发现的帛书本《老子》；二是1993年荆门郭店楚墓发现的竹简本《老子》。竹简本经整理辨析，被分为甲、乙、丙三组，而甲组文义被认为是最接近《老子》祖本。《老子》注本种类繁多，最重要的有四种：一是《韩非子》的《解老》《喻老》两篇，是现存对《老子》最早的注解；二是西汉河上公的《老子道德经章句》，在道教中颇为流行；三是西汉末年严遵的《老子指归》，比较忠实于《老子》原本，但注文有散佚；四是魏王弼的《老子道德经注》，注文言简意深，影响最为广大。

老子思想里最博大精深的乃是其对“道”的论述，体现出朴素的自然主义精神。从道到德，老子提出“人法地，地法天，天法道，道法自然”，旨在关心如何消解人类社会由利与欲引发的纷争扰攘，如何使人们获得安宁幸福。老子期望政治权力不要干涉人们的自然生活，统治者与人民一道取法于道的自然性与自发性。《老子》是中华智慧的结晶，其“无为无不为”的道之精神渗透在中国文化的潜意识里，深刻而静默地影响着中华民族的心性与命运。

第一章

道可道[1]，非常道[2]。名可名[3]，非常名[4]。
无名，天地之始；有名，万物之母。[5]
故常无欲，以观其妙；常有欲，以观其徼。[6]
此两者同出而异名，同谓之玄。[7]玄之又玄，众妙之门。[8]

[1]第一个“道”是名词，指“道理”，是人们习称之道；第二个“道”是动词，意思为表述、解释。[2]非：不是。常：通常、永恒。道：指宇宙万象的本原，无名无形，是个“无”，是暗昧、寂静、虚空的状态。这个“道”是老子哲学的专有名词。[3]第一个“名”是名词，是用来指具体事物的称谓。第二个“名”是动词，意思为称呼。[4]这个“名”是老子哲学专用术语，是称“道”之名。[5]这句话的主语是指“道”。天地之始：天地的本始。万物之母：万物的根源。“无名”“有名”指道无形质与有形质的状态与转化过程。此句历来有两种句读法，本书所取为严遵、王弼注，取“无名”“有名”；而王安石等断句为：“无，名天地之始；有，名万物之母。”[6]王弼本以“无欲”“有欲”为读，王樵等人则认为，“旧注‘有名’‘无名’，犹无关文义；‘无欲’‘有欲’恐有碍宗旨。老子言‘有欲’，‘无欲’则闻所未闻。”(《老子解》)因此现通行本大多断句为：“故常无，欲以观其妙；常有，欲以观其徼。”此句释义根据后者断句而来：经常体察“无”，可以理解道的奥妙；经常体察“有”，可以理解道的端倪。无：本质、规律。有：与“无”相对，指天地万物，但是指表面现象，不是规律。欲：可以、将要。妙：奥妙。徼(jiào)：边际、角落。“徼”历来有多种解释，如：归终、空窍、光明、边际等。[7]两者：指“有”和“无”。同出：来自同一个母体。异名：名字不同。玄：幽昧深远。[8]玄之又玄：指“道”的玄妙不可测。众妙之门：道是一切奥妙的门径。

第二章

天下皆知美之为美，斯恶已。皆知善之为善，斯不善已。[1]
故有无相生[2]，难易相成[3]，长短相较[4]，高下相倾[5]，音声相和[6]，前后相随。
是以圣人处无为之事，行不言之教；[7]万物作焉而不辞[8]，生而不有[9]，为而不恃[10]，功成而弗居[11]。夫惟弗居，是以不去[12]。

[1]天下都知道美之所以是美，于是“丑”的观念相应产生了。斯：于是。恶(è)：丑。已：语气词，同“矣”。这两句中“美”与“恶”、“善”与“不善”，以及下段中“有无相生”等六句，都说明观念是在对立中形成并在对立中彰显。[2]有无：指事物的显在与隐匿之状态，与第一章中“有”与“无”不同，后者分别指事物的现象与规律。相：互相。生：产生，依存。[3]成：生成，促成。[4]较：比

较中显现。[5]倾：通行本为“倾”，帛书本为“盈”。“盈”与“呈”为通假字，即高和下互相呈现的意思。[6]音：乐器发出的声音。声：人发出的声音。和：调和。[7]圣人：通晓自然规律、体察自然、挣脱外界束缚、智慧通达的人。在人格形态、政治思想、人生观等方面均不同于儒家的“圣人”，后者是指伦理化的道德人。无为：顺应自然。不言之教：不进行刻意教化的教导，尤指政教号令。[8]作：兴起、生长。辞：限制，干涉。[9]生：生养万物。有：占为己有。[10]为：有所作为。恃：依仗，自恃己能。[11]功：功业。成：有成就。弗：不。居：居功。[12]不去：功绩永不泯灭。

第三章

不尚贤，使民不争；[1]不贵难得之货，使民不为盗；[2]不见可欲[3]，使民心不乱。

是以圣人之治[4]，虚其心[5]，实其腹[6]，弱其志[7]，强其骨[8]。

常使民无知无欲[9]。使夫智者不敢为也[10]。为无为，则无不治[11]。

[1]尚：推崇。贤：贤明。这里的尚贤，有好名之意。贤的另一解为“多财之人”。争：争名夺利。[2]贵：重视，珍视。难得之货：珍贵稀少的财货。不为盗：不起偷盗之心。[3]见：同“现”(xiàn)，显露。欲：引发欲望的事。[4]治：治理天下，管理百姓。[5]虚：净化。心：心思。虚其心：使人心思清静纯洁。[6]实：充实。实其腹：使生活安饱。[7]弱：使柔韧。志：意志。弱其志：使其意志柔韧。本文中的“虚”“弱”是老子哲学特有用语，指虚静、柔韧，是正面、积极的意义。[8]强：强壮。骨：骨骼，指体魄。[9]知：同“智”，心智，特指巧诈之智。欲：欲求，特指贪欲。[10]夫：那些。为：妄为。[11]为无为：以无为(顺其自然)的方式去为。为：用。无为：顺其自然地做事。无不治：没有治理不好的事。

第四章

道冲而用之或不盈[1]。渊兮似万物之宗[2]；挫其锐，解其纷，和其光，同其尘。[3]

湛兮似或存[4]。吾不知谁之子，象帝之先。[5]

[1]冲：同“盅”(zhōng)，《说文》：“盅，虚器也。”言“道”为虚空之意。盈：满、穷尽。此句以虚器比喻“道”，“道”体为虚而其作用却永不穷竭。[2]渊：原意为峡谷的水，形容“道”很深厚。宗：始祖。[3]“挫其锐”四句：这四句疑是五十六章错简重出。这四句少了主语“道”。挫：消减。其：万物。锐：锋芒。解：消解。纷：纷争。和：调和。光：光耀。同：混同。尘：凡尘。整句指“道”能使万物不露锋芒，纷扰消解，光耀收敛，混同尘世。[4]湛：原意指水深的样子，形容“道”高深

莫测。似：似乎。存：存在。[5]“吾不知”二句：我不知“道”从哪里产生，好像是天帝的宗祖。象帝之先的“象”字有两种解释，一为“命名”，称呼；二为比喻之意。

第五章

天地不仁[1]，以万物为刍狗[2]；圣人不仁，以百姓为刍狗。[3]

天地之间，其犹橐龠乎[4]？虚而不屈[5]，动而愈出[6]。

多言数穷[7]，不如守中[8]。

[1]不仁：无所偏爱。[2]刍(chú)狗：古时用草扎成狗的样子，用于祭祀，祷时用之，祭祀完毕则弃之。这句话指天地让万物顺其自然发展，自作自息。[3]“圣人”二句：指圣人亦无所偏爱与厌憎，效法天地，让百姓自生自成。[4]犹：犹如。橐(tuó)龠(yuè)：古时为炉火鼓风的器具，现代意义指风箱。[5]虚：虚静、虚空。屈：竭，尽。[6]动：开辟，张弛。愈：更加。出：生生不息。[7]多言：教化的言论多、政令繁苛。数：同“速”，加速。穷：困窘、败亡。[8]守中：把持虚静。“中”是前一章的“道冲”的意思，即虚空，与儒家所言的不走极端守中庸的“中”不同，这里的守中，象征着虚静无为的道体，是老子的重要思想。

第六章

谷神不死[1]，是谓玄牝[2]。玄牝之门，是谓天地根。[3]绵绵若存[4]，用之不勤[5]。

[1]谷神不死：虚空(道)的变化无穷无竭。谷：以“谷”形容虚空。神：变化莫测的状态。死：喻变化的不停止、竭尽。[2]谓：称作。玄：玄妙、微妙。牝(pìn)：指生殖。此句指“道”生育万物却无声无息，无迹可寻，变化莫测，因此是玄牝，道即是一种玄妙的母性。[3]“玄牝”二句：微妙的母性之门径，是天地的根源。[4]绵绵：延续不断。存：存在。[5]勤：衰竭。言其体用不会穷竭。

第七章

天长地久。天地所以能长且久者，以其不自生，故能长生。[1]

是以圣人后其身而身先[2]；外其身而身存[3]。

非以其无私邪？故能成其私。[4]

[1]“以其”二句：指天地的运作不是为了自己，因此能长久存在。[2]后其身而身先：把自己置之于后，即先人而后己，反而被尊推为先。[3]外其身而身存：把自己置之度外反而能保全生命。[4]私：自身，自己。邪：同“耶”，语气词。成其私：成就自己。难道不正是因为他不首先考虑自己，反而能成就自己吗？

第八章

上善若水[1]。水善利万物而不争[2]，处众人之所恶[3]，故几于道[4]。

居善地[5]，心善渊[6]，与善仁[7]，言善信[8]，正善治[9]，事善能[10]，动善时[11]。夫唯不争，故无尤[12]。

[1]上：上等。善：品德。若：像。[2]善：善于。利：对……有利。争：争名利。[3]处：处于。恶：厌恶。[4]故：所以。几(jī)：接近。[5]居善地：(像水一样高尚的人)善于安居(无论何地)。善：善于，后面的六个“善”字作同样解释。[6]心善渊：心思善于保持沉静。[7]与善仁：与人交往仁爱友善。[8]言善信：言行守信。[9]正：同“政”。正善治：善于治理政事。[10]事善能：做事善于发挥专长。[11]动善时：行动时善于把握时机。[12]尤：怨责，过失。

第九章

持而盈之，不如其已；[1]
揣而锐之，不可长保；[2]
金玉满堂，莫之能守[3]；
富贵而骄，自遗其咎[4]。
功成身遂，天之道。[5]

[1]持：执持。盈：满。已：止，适可而止。执守盈满，不如适可而止。[2]揣：锤击。锐：使……锋利。显露锋芒，未可久长。[3]守：守住，守藏。[4]遗：招来。咎：灾祸。[5]“功成”二句：功成名就即收敛锋芒，适可而止，是顺应天道。

第十章

载营魄抱一[1]，能无离乎[2]？

专气致柔[3]，能婴儿乎[4]？
涤除玄览[5]，能无疵乎[6]？
爱民治国，能无知乎[7]？
天门开阖[8]，能无雌[9]乎？
明白四达，能无知乎[10]？
生之、畜之。生而不有，为而不恃，长而不宰，是谓玄德。[11]

[1]载：语气助词。营：魂，指人体外的精神。魄：人体内的灵魂。抱一：合一，指魂和魄合二为一，即合于一"体"或合于"道"。[2]离：分离。[3]专：凝聚。气：精气。柔：柔顺。[4] 能婴儿乎：能像初生的婴儿(那样精充气和)吗？[5]涤除：清除。玄览：形容心境透彻明亮。[6]疵：瑕疵。[7]无知：无智巧，指不用机巧而顺应自然。[8]天门：人的感官。开阖：开闭。[9]雌：柔弱、守静。[10]知：同"智"，智慧。[11]这几句在句式与内容上似乎与上文不关联，且与第五十一章重复，故如马叙伦、陈鼓应等学者主张删去。具体注释请见第五十一章。

第十一章

三十辐共一毂[1]，当其无，有车之用。[2]
埏埴以为器[3]，当其无，有器之用[4]。
凿户牖以为室[5]，当其无，有室之用[6]。
故有之以为利[7]，无之以为用[8]。

[1]辐(fú)：车轮中连接轴心和外圈的木条。古时的车轮有三十辐。共：同"拱"，环绕。毂(gǔ)：车轮中心的圆孔，可以插轴。[2]其：代指车毂。无：中间有孔，是空的。用：作用。有了车毂中空的地方，才有了车的作用。[3]埏(yán)：和。埴(zhí)：土。埏埴：拌合泥土。[4]器：器皿。[5]凿：凿开。户牖(yǒu)：门窗。[6]室：房屋。[7]有：车的辐和毂，做器皿的泥土，房屋的四壁等这些是"有"。利：提供便利。[8]无：毂中可以插轴的空的部分，器皿中空的部分，房屋的空间等这些是"无"。用：发挥作用。

第十二章

五色令人目盲[1]，五音令人耳聋[2]，五味令人口爽[3]，驰骋田猎令人心发狂[4]；难得之货令人行妨[5]。

是以圣人为腹不为目[6]，故去彼取此[7]。

[1]五色：青、赤、黄、白、黑，泛指多种颜色。目盲：眼花缭乱，看不清东西。[2]五音：古时的宫、商、角、徵(zhǐ)、羽五种声音，泛指多种音声。聋：不灵敏。[3]五味：酸、苦、甘、辛、咸，泛指多种味道。口爽：味觉不敏锐，爽为差失之意。[4]驰骋：驾马纵情。田猎：打猎。发狂：放荡狂野不能制止。[5]难得：难以得到。货：财货。行妨：品德有损害。[6]为腹：为填饱肚子。为目：满足耳目之欲。只求安饱，只要简单清静的生活，不求纵情于声色之娱。[7]彼：指"为目"的生活。此：指"为腹"的生活。

第十三章

宠辱若惊[1]，贵大患若身[2]。

何谓宠辱若惊？宠，为下，[3]得之若惊，失之若惊，是谓宠辱若惊。

何谓贵大患若身？吾所以有大患者，为吾有身[4]，及吾无身，吾有何患？[5]

故贵以身为天下，若可寄天下；爱以身为天下者，若可托天下。[6]

[1]宠：受宠。辱：受辱。惊：惊慌。[2]贵：重视。大患：指前面的"荣"和"辱"。身：生命、身体。重视身体如重视大患。[3]宠，为下：意指得宠其实是下贱之事，而无宠则可傲然而立。下：卑下。此句有多种版本，王弼本为"宠，为下"，另有"宠为上，辱为下"以及"辱为下"。[4]为：因为。身：身体。言有患是因为有身体，身体承受一切外患("为腹"与"为目"的生活)，所以要贵身。[5]及：如果。患：灾祸。这里并不是指要轻"身"，而是指要贵身，修身。[6]这两句指珍爱天下像珍爱自身的生命那样，才可以把天下寄托给他。也有解作：能够以贵身、爱身的态度去治理天下，才可以将天下寄托给他。这种强调"贵身"的思想，实际是强调"修身"之道。

第十四章

视之不见名曰夷[1]；听之不闻名曰希[2]；搏之不得名曰微[3]。此三者不可致诘[4]，故混而为一[5]。其上不皦[6]，其下不昧[7]。绳绳不可名[8]，复归于无物[9]。是谓无状之状，无物之象，是谓忽恍。[10]迎之不见其首，随之不见其后。执古之道[11]，以御今之有[12]。以知古始[13]，是谓道纪[14]。

[1]夷：无色。[2]希：无声。[3]搏：接触。微：无形。"夷""希""微"这三个词都是指"道"的一种感官不能察觉的状态。[4]致诘：探究。[5]一：道。[6]皦(jiǎo)：明亮。[7]昧：昏暗。[8]绳绳：飘渺迷茫。名：名状。[9]复归：回归。无物：没有形状的状态。[10]是谓：这叫作。忽恍：飘忽不定。[11]执：把握。古之道：早已存在的道。[12]御：驾驭。有：此处的"有"，指具体的事物，与

第一章的“有”不同。[13]古始：远古的开端或老子所说的“道”的初始。[14]道纪：道的法则。

第十五章

古之善为士者[1]，微妙玄通，深不可识。夫唯不可识，故强为之容[2]：

豫兮若冬涉川[3]；

犹兮若畏四邻[4]；

俨兮其若容[5]；

涣兮若冰之将释[6]；

敦兮其若朴[7]；

旷兮其若谷[8]；

浑兮其若浊[9]；

孰能浊以静之徐清[10]？孰能安以久动之徐生[11]？

保此道者不欲盈[12]。夫唯不盈，故能蔽不新成[13]。

[1]善：善于。为士：行道认道。“士”，帛书乙本作“道”。[2]强：勉强。容：形容。[3]豫：迟疑慎重。若：像。冬涉川：冬天渡过冰河，比喻小心谨慎如履薄冰。[4]犹：谨慎戒备。畏四邻：提防四周，不敢放肆。[5]俨：庄重严肃。容：庄重不妄动。[6]涣：释然，洒脱的样子。冰之将释：冰雪消融。[7]敦：敦厚，质素。朴：未加工过的木材。[8]旷：空旷、宽广。谷：深山幽谷。[9]浑：浑厚。浊：浊水。喻随和，不清高的样子。[10]谁能在动荡中安静下来而慢慢清澈？浊是一种动荡的状态，体道之士在动态中通过静定而达到清澄，这是动极而静。[11]谁能在安定中变动起来而慢慢充满生机？这是静极而动。[12]保：保有。盈：盈满，显现。[13]蔽不新成：去故更新。王弼本作“蔽不新成”，易顺鼎认为当是“蔽而新成”，“不”是“而”字之误。

第十六章

致虚极[1]，守静笃[2]。

万物并作[3]，吾以观其复[4]。

夫物芸芸[5]，各复归其根[6]。归根曰静，是谓复命[7]。复命曰常[8]，知常曰明[9]。不知常，妄作[10]，凶[11]。

知常容[12]，容乃公[13]，公乃王[14]，王乃天[15]，天乃道，道乃久，没身不殆[16]。

[1]致虚极：达到心境虚空的顶点。[2]守静笃：把守内心的宁静笃定。[3]作：兴盛、发展。

[4]复：循环往复。[5]芸芸：纷繁茂盛。[6]根：根本，也就是“无”。[7]复命：回归本性。[8]常：万物运动变化回环往复的规律。[9]明：对规律的认识和了解。[10]妄作：胡乱运作。[11]凶：凶险。[12]容：包容。[13]公：公正。[14]王：今本“王”字是“全”字的缺损所误。全，周到，周普。[15]天：自然。[16]没身不殆：终身不会有危险。

第十七章

太上[1]，下知有之[2]；其次[3]，亲而誉之[4]；其次，畏之[5]；其次，侮之[6]。信不足，焉有不信焉。[7]

犹兮其贵言[8]。功成事遂[9]，百姓皆谓我自然[10]。

[1]太上：最好时代的君王。[2]下知有之：省略了主语“百姓”，后面的分句“亲而誉之”“畏之”“侮之”也同样省略主语“百姓”。下知：不知道。之：代词，指“太上”。[3]其次：比“太上”稍次一点的君王。“其次”与“太上”相比，是从价值等级而非时代先后而言。[4]亲：亲近。誉：赞誉。[5]畏：畏惧。[6]侮：轻蔑。[7]“信不足”二句：统治者不诚信，人民不会相信他。[8]犹：悠然自得，同“悠”。贵言：很少发号施令。[9]遂：顺利完成。[10]自然：本来就是这样的。

第十八章

大道废[1]，有仁义；慧智出，有大伪[2]；六亲不和[3]，有孝慈；国家昏乱，有忠臣。

[1]大道：顺乎自然、无为而治的“道”。[2]伪：虚伪狡诈。[3]六亲：父、子、兄、弟、夫、妇。

第十九章

绝圣弃智[1]，民利百倍；绝仁弃义[2]，民复孝慈；绝巧弃利[3]，盗贼无有。此三者，以为文不足，[4]故令有所属[5]：见素抱朴[6]，少私寡欲。

[1]绝圣弃智：郭店简本作“绝智弃辨”。[2]绝仁弃义：郭店简本作“绝伪弃诈”。[3]巧：智巧。[4]“此三者”二句：这三者全是巧饰的，不足以治理天下。此三者：指智辨、伪诈、巧利。文：文饰，引申为规则、示范。不足：不足(以治理天下)。[5]所属：(人民)有所归属。[6]见素抱朴：这里喻指保持自然本色。见(xiàn)：同“现”，呈现，推出。素：没有染色的生丝。朴：没有加工的原木。

第二十章

绝学无忧[1]。唯之与阿，相去几何?[2] 善之与恶，相去若何？人之所畏，不可不畏。[3]

荒兮其未央哉[4]！

众人熙熙[5]，如享太牢[6]，如春登台[7]。

我独泊兮其未兆[8]；

如婴儿之未孩[9]；

儽儽兮若无所归[10]。

众人皆有余[11]，而我独若遗[12]。我愚人之心也哉[13]！沌沌兮[14]，

俗人昭昭[15]，我独昏昏[16]。

俗人察察[17]，我独闷闷[18]。

澹兮其若海[19]，飂兮若无止[20]。

众人皆有以[21]，而我独顽似鄙[22]。

我独异于人，而贵食母[23]。

[1]绝学无忧：弃绝异化之学可无烦扰。[2] 唯：恭敬的应答。阿：怠慢的应答。几何：有多少呢。[3]“人之”二句：别人畏惧的，我不可能不畏惧。[4]荒：广阔的样子。未央：没有边际。[5]熙熙：快乐高兴。[6]享太牢：参加盛宴。享：祭祀。太牢：古代牛、羊、豕用作祭祀，这三牲齐备叫太牢。[7]如春登台：春日登台眺望。[8]泊：淡泊。兆：征兆，迹象。意思是淡泊不炫耀自己。[9]孩：同“咳”，婴儿的笑声。[10] 儽儽：比喻落落不群、无所依傍的样子。若无所归：好像没有归宿。[11]余：多的(财、智等)。[12]遗：不足。[13]愚人之心：质朴、愚拙的心。[14]沌沌：混混沌沌。[15]昭昭：明辨方向。[16]昏：幽暗不明。[17]察察：清晰明亮。[18]闷闷：昏暗蒙昧，或作淳朴的样子解。[19]澹兮：沉静的样子。[20] 飂(liù)兮：高风，形容飘来荡去。[21]有以：有所作为。[22]顽：愚钝。鄙：粗野鄙陋。[23]贵食母：以守道、遵道为归。贵：归。食：养生。母：即滋养万物的“道”。

第二十一章

孔德之容[1]，惟道是从[2]。

道之为物，惟恍惟惚[3]。惚兮恍兮，其中有象[4]；恍兮惚兮，其中有物[5]。窈兮冥兮[6]，其中有精[7]；其精甚真[8]，其中有信[9]。

自古及今，其名不去[10]，以阅众甫[11]。吾何以知众甫之状哉？以此[12]。

[1]孔：大。德：道的显现与作用为德。容：容态，样态。[2]惟道是从：只是跟从“道”。

[3]恍、惚：恍恍惚惚，模糊迷离。[4]象：形象，迹象。[5]物：物象。[6]窈：深远。冥：幽昧。[7]精：精妙的本质。[8]真：真切。[9]信：真实。[10]其名："道"的名称。去：消失。[11]以阅众甫：以观察认识众物的起源。阅：认识。甫：与"父"通假，本源、起始之意。[12]此：道。

第二十二章

曲则全[1]，枉则直[2]，洼则盈[3]，敝则新[4]，少则得[5]，多则惑[6]。

是以圣人抱一为天下式[7]。不自见[8]，故明[9]；不自是[10]，故彰[11]；不自伐[12]，故有功；不自矜[13]，故长[14]。夫唯不争[15]，故天下莫能与之争。古之所谓"曲则全"者，岂虚言哉！诚全而归之[16]。

[1]曲：弯曲，委屈。全：求全，保全。[2]枉：屈就。直：伸直。[3]洼则盈：低洼反而能充盈。洼：低洼。盈：盈满。[4]敝：敝旧。新：生长新的。[5]少：少取。得：多得。[6]惑：迷惑。[7]抱：坚持。一：道。式：范式。[8]见（xiàn）：炫耀。[9]明：彰显。[10]自是：自以为是。[11]彰：彰明。[12]伐：夸耀。[13]自矜：自负。[14]长：长久发展。[15]争：争斗，争夺。[16]诚全而归之：确实能够达到。

第二十三章

希言自然[1]。故飘风不终朝[2]，骤雨不终日[3]。孰为此者？天地。天地尚不能久，而况于人乎？故从事于道者[4]，道者同于道[5]；德者同于德[6]；失者同于失[7]。同于道者，道亦乐得之[8]；同于德者，德亦乐得之；同于失者，失亦乐失之。信不足[9]，焉有不信焉[10]。

[1]希言：少言，引申为少施加政令。[2]飘风不终朝：狂风刮不到一整个早晨。飘风：狂风。朝：一整个早晨。[3]骤雨不终日：暴雨下不了一整天。日：整天。[4]从事于：认同并致力于。[5]"道者"二字疑为衍文。同：归同。[6]德者：（认同并致力于）"德"的人。[7]失者：失"道"、失"德"的人。[8]乐得：乐于接受。[9]信：诚信。[10]信：相信。

第二十四章

企者不立[1]；跨者不行[2]；自见者不明；自是者不彰；自伐者无功；自矜者不长。[3]其在道也[4]，曰：余食赘形[5]。物或恶之[6]，故有道者不处[7]。

[1]企：同"跂"(qǐ)，踮起脚尖。[2]跨：大步跨前。[3]"自见者不明"四句释义参见第二十二章。[4]其在道也：从"道"的角度来看。[5]余食赘形：剩饭赘瘤，比喻无用的东西。[6]恶：厌恶。[7]有道者：得"道"的人。不处：不这样做。

第二十五章

有物混成[1]，先天地生[2]。寂兮寥兮[3]，独立不改[4]，周行而不殆[5]，可以为天下母[6]。吾不知其名，字之曰道[7]，强为之名曰大[8]。大曰逝，逝曰远，远曰反。[9]

故道大，天大，地大，人亦大[10]。域中有四大[11]，而人居其一焉。

人法地，地法天，天法道，道法自然[12]。

[1]物：指"道"。混成：混然成一体。[2]先天地生：先天地而存在。[3]寂：寂静。寥：无形。[4]独立：独立存在。[5]周行：周而复始地运行。殆：倦怠。[6]母：本源、母体。[7]字：勉强命名。[8]强：勉强。名：命名。大：形容道的无际无际，无所不包。[9]三个"曰"字可作"而""则"之意解。逝：周流不息；远：运行遥远；反：同"返"，回归本源。大、逝、远、反都是描述道的运行过程，即"周行而不殆"。[10]人亦大：王弼本原作"王亦大"，据傅奕本、范应元本改为"人亦大"，更符合老子视人在宇宙中有显越位置的哲学理念。[11]域中：空间中，宇宙中。[12]法：以……为法则，效法。道法自然：是说道纯任自然，即道的本质是自然而然的，并非说在道之上还有一个"自然"为"道"所取法。

第二十六章

重为轻根[1]，静为躁君[2]。是以圣人终日行不离辎重[3]。虽有荣观[4]，燕处超然[5]。奈何万乘之主[6]，而以身轻天下[7]？轻则失本[8]，躁则失君。

[1]重为轻根：厚重是轻率的根本。根：根本。[2]静：静定。躁：躁动。君：主宰，主体。[3]圣人：王弼本作"圣人"，另有多种古本均作"君子"。终日行：整天行走。辎重：军队中装载器械、粮草的车。[4]荣观：华丽的房屋。[5]燕处：安居。超然：超脱、安然。[6]万乘之主：君主，大国的君主。[7]轻：轻浮、轻率。身轻天下：轻率躁动以治天下。[8]本：根本。

第二十七章

善行无辙迹[1]，善言无瑕谪[2]；善数不用筹策[3]；善闭无关楗而不可开[4]，善结无绳约而不可解[5]。

是以圣人常善救人[6]，故无弃人[7]；常善救物[8]，故无弃物。是谓袭明[9]。

故善人者不善人之师[10]；不善人者善人之资[11]。不贵其师[12]，不爱其资，虽智大迷[13]，是谓要妙[14]。

[1]辙迹：痕迹。[2]瑕：瑕疵。谪：指责。[3]数：计算。筹策：筹划。[4]关楗：门拴。不可开：别人打不开。[5]结：打结。绳约：绳索。[6]救人：使人尽其才。[7]无弃人：没有被抛弃的、无用的人。[8]救物：使物尽其用。[9]袭：沿袭。明：道的智慧。[10]"故善人"句：善人可以成为不善人的老师。[11]"不善人"句：不善人可以成为善人的借鉴。资：资取，借资，借鉴。[12]贵：尊重。[13]迷：迷惑、迷糊之人。[14]妙：奥妙精深。

第二十八章

知其雄，守其雌，[1]为天下谿[2]。为天下谿，常德不离，复归于婴儿。[3]

知其白，守其黑，[4]为天下式[5]。为天下式，常德不忒[6]，复归于无极[7]。

知其荣，守其辱，[8]为天下谷[9]。为天下谷，常德乃足，复归于朴[10]。

朴散则为器[11]，圣人用之，则为官长，故大制不割。[12]

[1]"知其雄"二句：深知雄强，却安守雌柔。雄：刚硬，躁进。守：安守。雌：柔弱，谦下。[2]谿(xī)：低下的溪谷之地。谿与下文的谷，皆水归之处。[3]常德：永恒的德。婴儿：婴儿质朴的状态。[4]白：光耀。黑：幽暗。[5]式：范式。[6]忒：改变。[7]无极：终极的状态。[8]荣：荣耀。辱：屈辱之地。[9]谷：低下的山谷。[10]朴：朴素、自然的道。[11]散：分散。器：万物。[12]官长：百官的首长，即君主。大制不割：完善的政治制度是不割裂的。

第二十九章

将欲取天下而为之[1]，吾见其不得已[2]。天下神器[3]，不可为也[4]。为者败之，执者失之[5]。

故物或行或随[6]，或嘘或吹[7]，或强或羸，或挫或隳[8]。

是以圣人去甚去奢去泰[9]。

[1]取：取得。为：治理，此处指强力为之。[2]不得：得不到。[3]天下神器：天下是神圣的东西。[4]为：把握、操纵。[5]执：把持。[6]或：有时。行：前行。随：跟随在后。[7]嘘：轻缓地吐气。吹：急速地吐气。[8]王弼本作"或挫或隳"，河上公本作"或载或隳"，按"载"为安全之意，与"隳"相对。隳(huī)：危险。[9]甚：极端的。奢：奢侈的。泰：过度的。

第三十章

以道佐人主者[1]，不以兵强天下[2]。其事好还[3]。师之所处[4]，荆棘生焉。大军之后[5]，必有凶年[6]。善有果而已[7]，不敢以取强[8]。果而勿矜[9]，果而勿伐[10]，果而勿骄。果而不得已[11]，果而勿强。物壮则老[12]，是谓不道[13]，不道早已[14]。

[1]佐：辅佐。[2]兵：武力。强：逞强。[3]其事：代指“以兵强天下”这件事。还：遭到报应。[4]师：军队。[5]大军：战争。[6]凶年：生灵涂炭。[7]善有：或为“善者”，善于用兵的人。果：取得胜果。[8]取强：逞强再战。[9]矜：自高自大。[10]伐：夸耀。[11]果而不得已：取得胜果也是出于不得已。[12]壮：强壮，此指武力兴暴得来的“强壮”。老：衰逝。[13]不道：不符合“道”的法则。[14]已：灭亡。

第三十一章

夫佳兵者不祥之器[1]，物或恶之[2]，故有道者不处[3]。君子居则贵左[4]，用兵则贵右。

兵者不祥之器，非君子之器，不得已而用之，恬淡为上[5]。

胜而不美[6]，而美之者，是乐杀人。夫乐杀人者，则不可得志于天下矣[7]。

吉事尚左，凶事尚右。偏将军居左，上将军居右，言以丧礼处之[8]。杀人之众，以悲哀泣之，战胜以丧礼处之。

[1]兵：兵器、战争。[2]物：人们。[3]有道者：得道的人。不处：不与之相处。[4]君子居则贵左：有道之人日常居行以左为贵。左：古时认为左阳右阴，阳生而阴杀。[5]恬淡：淡然处之。[6]美：赞美、得意。[7]得志：成就大事。[8]以丧礼处之：出兵打仗用丧事的仪式来处理。

第三十二章

道常无名[1]，朴虽小[2]，天下莫能臣也[3]。侯王若能守之[4]，万物将自宾[5]。

天地相合[6]，以降甘露，民莫之令而自均[7]。

始制有名[8]，名亦既有，夫亦将知止[9]，知止所以不殆[10]。

譬道之在天下[11]，犹川谷之于江海[12]。

[1]道常无名：道永远是无名的，质朴的。[2]朴：质朴，木之未制成器者。小：幽深微小，隐而不见。[3]臣：控制。[4]侯王：君主。守：坚守、顺应。之：道。[5]宾：归顺，服从。[6]天地

相合：天地间阴阳之气协调交融。[7]令：指令。均：均衡。[8]始制：万物开始运作。名：名称。[9]止：适可而止。[10]殆：危险。[11]譬：譬如。在：融入。[12]犹：如同。之于：归于。道存在于天下，犹如江海为河川所注一样。

第三十三章

知人者智，自知者明。
胜人者有力，自胜者强。
知足者富[1]。强行者有志[2]。
不失其所者久[3]，死而不亡者寿[4]。

[1]富：内心富足。[2]强行者有志：坚持不懈的人有志向。[3]所：根本。[4]死而不亡：身形消失了但精神长存。

第三十四章

大道泛兮[1]，其可左右[2]。万物恃之而生而不辞[3]，功成不名有[4]。衣养万物而不为主[5]，常无欲，可名于小；万物归焉[6]，而不为主，可名为大。以其终不自为大[7]，故能成其大。

[1]泛：水向四处漫流，叫作泛滥，即流行广泛。[2]其可左右：无所不在。[3]恃：依赖。生：生长。辞：有几种解释。一说推辞；一说言辞、称说的意思；一说当读为“司”，管理、干涉的意思。今从最后一解，即指干涉、操控。[4]不名有：不自己居功。[5]衣养：养育，护养。主：主宰。[6]归：归附。[7]不自为大：不自以为伟大。

第三十五章

执大象[1]，天下往[2]。往而不害，安平太[3]。
乐与饵[4]，过客止。道之出口[5]，淡乎其无味，视之不足见，听之不足闻，用之不可既[6]。

[1]执：坚守。大象：大道。[2]往：归附。[3]安：相当于乃、于是的意思。平：和平。太：即“泰”，安泰。[4]乐：音乐。饵：美食。[5]出口：说出口，表述。[6]既：完，穷尽。

第三十六章

将欲歙之[1]，必固张之[2]；将欲弱之，必固强之；将欲废之，必固兴之；将欲夺之，必固与之。是谓微明[3]。柔弱胜刚强。鱼不可脱于渊，国之利器不可以示人[4]。

[1]将：将要。歙(xī)：收敛，收拢。[2]必固：必须、一定。张：扩张。[3]微明：幽微的征兆。[4]利器：一说指权道、权谋；一说指权势禁令等政治手段；一说指军事力量。示：炫耀。

第三十七章

道常无为而无不为[1]。侯王若能守之[2]，万物将自化[3]。化而欲作[4]，吾将镇之以无名之朴[5]。无名之朴，夫亦将无欲。[6]不欲以静，天下将自定。[7]

[1]无为：无所作为、顺其自然。无不为：是说没有一件事是“道”所不能为的。[2]守：把持。[3]自化：自我化育、自生自长。[4]作：产生欲望。[5]镇之以无名之朴：用朴素的无名的“道”安定之。镇：同“贞”，安、定之意。[6]“无名”二句：用道的朴实来安定万物，万物就不会有多余的欲求。[7]“不欲”二句：不欲而安静，天下自然归于安定。

第三十八章

上德不德[1]，是以有德[2]；下德不失德，是以无德。[3]

上德无为而无以为[4]；下德为之而有以为[5]。

上仁为之而无以为[6]；上义为之而有以为[7]。

上礼为之而莫之应[8]，则攘臂而扔之[9]。

故失道而后德[10]，失德而后仁，失仁而后义，失义而后礼。

夫礼者，忠信之薄[11]，而乱之首。

前识者[12]，道之华[13]，而愚之始。是以大丈夫处其厚不居其薄[14]；处其实不居其华[15]。故去彼取此[16]。

[1]上德不德：指具有上等品德的人，因具备自然的品德，所以不表现为形式上的品德(如仁、义、礼等)。[2]有德：被尊崇为有德。[3]下德：与上德相对，指仁、义、礼等德性。老子将德分为上、下两个层次，上德是无心的流露，是与自然同一的品德；下德是有心的产物，是人为的品德，含有勉强的成分，也易产生虚伪。所以下德的人自以为不离失德，实际上是没有达到“德”的境界的。[4]无为而无以为：顺其自然而无心作为。[5]为之而有以为：在形式上表现“德”并有心作为。

[6]为之：施以仁爱。无以为：无心作为。[7]有以为：有心作为。[8]莫之应：得不到别人回应。[9]攘臂：伸出手臂。扔之：用手引他们、强掣拽他们，强迫别人服从。[10]失道而后德：失去了“道”，然后才有了“德”。[11]薄：浅薄、缺少。[12]前识者：指预设种种礼仪规范者。[13]道之华：外在于“道”的虚华。[14]厚：质朴敦厚。薄：浅薄，指礼。[15]实：朴实。华：虚华。[16]去彼取此：舍去虚华的礼，采取厚实的道与德。

第三十九章

昔之得一者[1]：天得一以清[2]；地得一以宁；神得一以灵；谷得一以盈[3]；万物得一以生；侯得一以为天下贞[4]。其致之[5]。

天无以清将恐裂；地无以宁将恐废[6]；神无以灵将恐歇[7]；谷无以盈将恐竭；万物无以生将恐灭；侯王无以贞将恐蹶[8]。

故贵以贱为本，高以下为基。是以侯王自谓孤、寡、不穀[9]。此非以贱为本耶？非乎？故致数舆无舆[10]。不欲琭琭如玉，珞珞如石。[11]

[1]一：指“道”。[2]清：清明，与“浊”相对。[3]谷：河谷。盈：盈满。[4]贞：即“正”，首领的意思。[5]其致之：推而言之。[6]废：陷塌。[7]歇：消亡。[8]蹶(jué)：跌倒，引申为挫折，失败。侯王的失败就是亡国。[9]孤、寡、不穀：侯王对自己的谦称。孤：意思是说自己孤单，有争取臣民拥护的意思。寡：与孤相似。一说孤、寡分别是孤德、寡德的意思，即指自己德性不好。不穀：有不善的意思。[10]致：追求。舆：即“誉”，荣誉。追求过多的荣誉，最终将无一誉可获。[11]不欲琭琭如玉：不要像华丽的美玉。珞珞如石：而要像坚实朴实的石头。此句解释与上文“贵以贱为本，高以下为基”互相印证。

第四十章

反者道之动[1]；弱者道之用[2]。

天下万物生于有，有生于无。

[1]反：有两种解释。一是相反、相对；二是同“返”，反复、循环的意思。道之动：道的运动(规律)。[2]弱者道之用：柔弱是道的作用。这是形容道在运作时并不带有压力。弱：柔弱。

第四十一章

上士闻道[1]，勤而行之；中士闻道，若存若亡[2]；下士闻道，大笑之[3]。不笑不足以为道。故建言有之[4]：明道若昧[5]，进道若退，夷道若纇[6]，上德若谷，大白若辱[7]，广德若不足。建德若偷[8]，质真若渝[9]，大方无隅[10]，大器晚成，大音希声[11]，大象无形[12]。道隐无名。夫唯道善贷且成[13]。

[1]上士：上等的士人。[2]若：相当于“或”，意思是有时。存：留在心里。亡：同“忘”。若存若亡：时而想起、时而忘记。[3]笑：嘲笑。[4]建言：立言。[5]明：明显。昧：幽昧。[6]夷：平坦。纇(lèi)：崎岖、不平坦。[7]辱：黑垢。[8]建：通“健”，刚健。偷：懈怠。[9]渝：变得污浊。[10]大方无隅：最方正的反而没有棱角。[11]希：微薄。[12]象：形象。[13]贷：施予。成：成就、成全。善贷且成：指道善于施予万物，并且善于成就万物。

第四十二章

道生一[1]，一生二[2]，二生三[3]，三生万物。万物负阴而抱阳[4]，冲气以为和[5]。

人之所恶，唯孤、寡、不穀，而王公以为称。

故物或损之而益[6]，或益之而损。

人之所教，我亦教之。强梁者不得其死[7]，吾将以为教父[8]。

[1]生：显现。一：即“道”。一说指天地未有之前的混沌之气。[2]二：阴阳二气，也就是天、地。[3]三：有几种说法。一说指阴、阳、气；一说指由阴、阳二气相合而形成的一种匀调和谐的状态；一说三不是实指，而是多数的意思。二生三，就是说有了阴阳，很多东西就产生出来了。[4]负：在背后。抱：在胸前。负阴抱阳：背阴而向阳。[5]冲气：阴阳之气协调碰撞。和：均匀稳定的和谐状态。[6]损之而益：受到损失反而获益。[7]强梁者不得其死：强横的人不能得到善终。[8]父：一家之首叫父。教父：即教首、教的开头，亦即教人的头一条。

第四十三章

天下之至柔[1]，驰骋天下之至坚[2]。无有入无间[3]，吾是以知无为之有益。

不言之教[4]，无为之益，天下希及之[5]。

[1]至柔：最柔弱的东西。[2]驰骋：驾驭。[3]无有：无形的力量。无间：没有间隙的物体。[4]教：教导。[5]希：通“稀”，很少。及：达到。

第四十四章

名与身孰亲[1]？身与货孰多[2]？得与亡孰病[3]？

甚爱必大费[4]；多藏必厚亡[5]。

知足不辱[6]，知止不殆[7]，可以长久。

[1]名：声名，荣誉。身：生命。亲：亲近。[2]货：财货，财产。多：贵重，多字在此相当于“重”。[3]亡：失去。病：有害。[4]甚爱：过分的喜爱。大费：破费、耗费。[5]藏：储藏。厚亡：惨重的损失。[6]辱：屈辱。[7]止：适可而止。殆：危害。

第四十五章

大成若缺[1]，其用不弊[2]。

大盈若冲[3]，其用不穷[4]。

大直若屈[5]，大巧若拙，大辩若讷。

躁胜寒，静胜热。[6]清静为天下正[7]。

[1]成：成功圆满。[2]用：功用。弊：败坏、衰竭。最圆满的东西好像有所缺失，但其功用是不会衰竭的。[3]冲：空虚。[4]穷：穷尽。[5]屈：弯曲。[6]躁：疾走。疾走可以御寒，清静可以耐热。[7]正：正途。一说含有模范的意思。

第四十六章

天下有道[1]，却走马以粪[2]。天下无道，戎马生于郊[3]。

祸莫大于不知足，咎莫大于欲得[4]。故知足之足常足矣[5]。

[1]天下有道：国家政治清明(没有战争)。[2]却：退回。走马：战马。粪：农事耕种。[3]戎马：战马。生：生出小马。郊：战场。[4]咎：过失，罪过。[5]知足之足：知道满足的这种满足。常足：永远都是满足的。

第四十七章

不出户，知天下；不窥牖，见天道。[1]其出弥远[2]，其知弥少。

是以圣人不行而知，不见而名，不为而成。[3]

[1]窥牖：窥探窗外。天道：自然的规律。[2]弥：越。[3]不见而名：不见而明晓。不为而成：不刻意作为就能成功。

第四十八章

为学日益[1]，为道日损[2]。损之又损，以至于无为。

无为而无不为[3]。取天下常以无事[4]，及其有事[5]，不足以取天下。

[1]为学日益：学习每天能增加对外物的知识。[2]为道日损：学习“道”每天会减少欲求。[3]无为而无不为：不妄为，没有什么事情做不成。[4]取：治理。无事：无挠攘之事。[5]有事：妄为，政举繁苛。

第四十九章

圣人无常心[1]，以百姓心为心[2]。

善者吾善之[3]；不善者吾亦善之；德善[4]。

信者吾信之[5]；不信者吾亦信之；德信[6]。

圣人在天下，歙歙为天下浑其心[7]，圣人皆孩之[8]。

[1]无常心：帛书乙本为“常无心”，即无私心。[2]心：意念。[3]善者：善良的人。善(之)：善待(之)。[4]德善：人人得善，行善。德：假借为“得”。[5]信者：诚信的人。信(之)：信任(之)。[6]德信：人人得信，人人守信。[7]歙(xī)：通“翕”，收敛，形容不高傲自大。浑其心：使人心回归浑厚，质朴。[8]圣人皆孩之：圣人使百姓回复到婴孩纯真的状态。

第五十章

出生入死[1]。生之徒十有三[2]；死之徒十有三[3]；人之生，动之于死地亦十有三[4]。

夫何故？以其生生之厚[5]。盖闻善摄生者[6]，陆行不遇兕虎[7]，入军不被甲兵[8]。兕无所投其角，虎无所措其爪，兵无所容其刃。夫何故？以其无死地[9]。

[1]出生入死：人出世则为生，入地则为死。[2]生之徒：长寿的人。徒：类，属。十有三：十分之三。[3]死之徒：短命的人。[4]人之生，动之于死地：过分奉养生命而走向死亡的人。[5](前一个)生：养生。(后一个)生：生命。厚：过度。[6]摄生：养生。[7]兕(sì)：犀牛。[8]入军不被甲兵：参战时不被兵器伤害。[9]无死地：没到死亡的范围。

第五十一章

道生之[1]，德畜之[2]，物形之[3]，势成之[4]。

是以万物莫不尊道而贵德。

道之尊，德之贵，夫莫之命而常自然[5]。

故道生之，德畜之；长之育之；亭之毒之[6]；养之覆之。生而不有，为而不恃[7]，长而不宰[8]，是谓玄德[9]。

[1]生：产生。之：万物。[2]畜：畜养。[3]物形之：万物呈现多样形态。[4]势：环境。成：成长。[5]命：强制命令。常：永恒。[6]亭之毒之：两种解释，一作“安”“定”讲，亭为定，毒为安，即定之安之；二作“成”“熟”讲，亭读为“成”，毒当读为“熟”，即成之熟之。[7]为而不恃：有所作为却不居功。[8]宰：主宰。[9]玄德：最深妙的德。

第五十二章

天下有始[1]，以为天下母[2]。既得其母，以知其子[3]，既知其子，复守其母[4]，没身不殆[5]。

塞其兑[6]，闭其门[7]，终身不勤[8]。开其兑，济其事[9]，终身不救[10]。见小曰明[11]，守柔曰强[12]。用其光[13]，复归其明[14]，无遗身殃[15]。是谓习常[16]。

[1]始：本始。[2]母：根源，指道。[3]子：万物。[4]复：返回。守：持守。[5]没身：终身。[6]塞：堵塞。兑：感官的出口。[7]门：欲望的门径。[8]勤：劳苦。[9]济其事：增添纷繁复杂的事件。[10]不救：不可救药。[11]见小：洞察精微细小之事。[12]守柔：持守柔弱处于低下。[13]光：智慧的光亮。[14]复归其明：用外在智慧的光，返照内在的明。[15]无遗身殃：不给自己带来灾祸。殃：灾祸。[16]习常：遵循常道。

第五十三章

使我介然有知[1]，行于大道[2]，唯施是畏[3]。

大道甚夷[4]，而民好径[5]。朝甚除[6]，田甚芜，仓甚虚；服文彩[7]，带利剑，厌饮食[8]，财货有余；是为盗夸[9]。非道也哉！

[1]使：假使。介然有知：微有所知，稍有认知。[2]行：行走。[3]施(yǐ)：邪也，邪径。畏：害怕。[4]夷：平坦。[5]民：指人君。径：邪径。[6]朝：朝廷、朝政。除：有两种解释，一为(宫

室)整洁;二为(朝政)废弛,腐败。今从释二。[7]服:穿着。文彩:华丽的衣服。[8]厌:饱足。[9]盗夸:大盗。

第五十四章

善建者不拔[1],善抱者不脱[2],子孙以祭祀不辍[3]。

修之于身[4],其德乃真[5];修之于家,其德乃余;修之于乡,其德乃长;修之于国,其德乃丰;修之于天下,其德乃普。

故以身观身[6],以家观家,以乡观乡,以国观国,以天下观天下。何以知天下之然哉?以此。

[1]善建者:善于建立把持道的人。拔:被拔除。[2]善抱者:善于抱持遵循道的人。脱:脱落。[3]子孙以祭祀不辍:"善建"和"善抱"的人后代不会灭绝,生生不息。[4]修之于身:这样的修养用于自身。[5]真:真诚。[6]以身观身:从自身观照别人。

第五十五章

含德之厚[1],比于赤子[2]。蜂虿虺蛇不螫[3],猛兽不据[4],玃鸟不搏[5]。骨弱筋柔而握固[6]。未知牝牡之合而全作[7],精之至也[8]。终日号而不嗄[9],和之至也[10]。

知和曰常[11],知常曰明[12]。益生曰祥[13]。

心使气曰强[14]。物壮将老[15],谓之不道,不道早已[16]。

[1]德:德性。厚:深厚。[2]赤子:婴孩。此两句谓含德深厚的人,比得上初生的婴儿。[3]虿(chài):蝎子一类毒虫的古称。虺(huǐ):蜥蜴或大毒蛇。螫(shì):毒虫用尾端刺伤。[4]据:兽类用爪猎食。[5] 玃(jué)鸟:用脚爪取物的鸟。搏:鸟类用脚爪捕食。[6]握固:握紧拳头。[7]牝(pìn)牡(mǔ)之合:男女交合。全:又作"朘"(zuī),指男孩生殖器。作:勃起,挺起。[8]精之至也:精气充足。[9]号:嚎啕大哭。嗄:哑。[10]和之至也:元气柔顺到了极致。[11]和:柔顺至柔。常:顺常。[12]明:启明恒久。[13]益生:贪生纵欲。祥:灾祸,不祥。[14]心使气:欲望指使精气。强:逞强。[15]物壮:事物繁盛(过分强壮)。[16]已:停止、死亡。

第五十六章

知者不言,言者不知[1]。

塞其兑,闭其门,[2]挫其锐,解其分,和其光,同其尘,[3]是谓"玄同"[4]。故不可得而亲，不可得而疏；亦不可得而利，不可得而害；不可得而贵，亦不可得而贱。[5]故为天下贵[6]。

[1]知者不言，言者不知：明白的人不多话，多话的人并不明白。知：读作“智”。[2]“塞其兑”二句：释义见第五十二章(注解[6]、[7])。[3]“挫其锐”四句：释义见第四章(注解[3])。[4]玄同：玄妙齐同的境界，即道的境界。[5]“故不可得”六句：这几句指圣人不区分亲疏、利害、贵贱。亲：亲近。疏：疏远。[6]贵：尊贵。

第五十七章

以正治国[1]，以奇用兵[2]，以无事取天下[3]。吾何以知其然哉？以此：天下多忌讳[4]，而民弥贫；民多利器[5]，国家滋昏[6]；人多伎巧[7]，奇物滋起[8]；法令滋彰，盗贼多有。故圣人云：“我无为而民自化[9]；我好静而民自正；我无事而民自富；我无欲而民自朴。”

[1]正：正道，此处指清静之道。[2]奇：奇巧，诡奇。[3]无事：无所作为。取：治理。[4]忌讳：禁令教条。[5]利器：锐利武器，一说指权谋。[6]滋昏：昏乱。[7]伎巧：智巧。[8]奇物：邪恶异常的事物。[9]自化：自我教化。

第五十八章

其政闷闷，其民醇醇[1]；其政察察，其民缺缺[2]。祸兮福之所倚，福兮祸之所伏[3]。孰知其极[4]？其无正[5]。正复为奇，善复为妖。[6]人之迷[7]，其日固久。是以圣人方而不割[8]，廉而不刿[9]，直而不肆[10]，光而不曜[11]。

[1]政：政令。闷闷：昏昏昧昧，含宽松之意。醇醇：醇厚。[2]察察：严苛。缺缺：狡诈。[3]倚：倚靠。伏：隐藏。[4]极：尽头。[5]其无正：没有定准，指祸福变幻无常。[6]“正复”二句：正再转变为邪，善再变为恶。[7]迷：迷惑。[8]方而不割：方正却不割伤别人。[9]廉而不刿：锐利而不伤害别人。廉：锐利；刿(guì)：伤害。[10]直而不肆：耿直却不放肆。[11]光而不曜：光亮却不刺眼。

第五十九章

治人事天莫若啬[1]。夫为啬，是谓早服[2]；早服谓之重积德；重积德则无不克[3]；

无不克则莫知其极；莫知其极可以有国；有国之母可以长久[4]；是谓深根固柢，长生久视之道[5]。

[1]治人事天：治理国家，保养身性。啬：爱惜、保养，节省精力之意。[2]早服：早做准备。服：通“备”。[3]重积德：不断地积累“德”。克：战胜。[4]有国：含保国之意。母：根本，根本之道。[5]长生久视：长久维持。久视即久立之意。

第六十章

治大国若烹小鲜[1]。

以道莅天下[2]，其鬼不神[3]；非其鬼不神，其神不伤人；[4]非其神不伤人，圣人亦不伤人。夫两不相伤[5]，故德交归焉[6]。

[1]小鲜：小鱼。意指治大国却不需政令繁苛。[2]莅：到临，引申为治理。[3]其鬼不神：鬼不作祟。鬼：阴气过盛；神：作“伸”讲，起作用之意。[4]非：不唯二字之合音。(后一个)神：神祇。[5]两不相伤：圣人和鬼皆不侵越人。[6]德交归焉：德归顺于人，指人们相安无事。

第六十一章

大邦者下流[1]，天下之交[2]，天下之牝[3]。牝常以静胜牡[4]，以静为下。

故大国以下小国[5]，则取小国[6]；小国以下大国，则取大国[7]。故或下以取[8]，或下而取[9]。大国不过欲兼畜人[10]，小国不过欲入事人[11]。夫两者各得其所欲，大者宜为下。

[1]大邦：大国。下流：江河的下流处。[2] 交：交汇的位置。[3] 牝：雌柔的位置。[4]牡：雄性。[5]下：谦卑低下。[6]取：会聚。[7] 取：见容于。[8]或下以取：谦下以聚人。[9]或下而取：谦下而聚于人。[10]兼畜：吞并，包容。[11]入事：归附、顺从。

第六十二章

道者万物之奥[1]，善人之宝[2]，不善人之所保[3]。

美言可以市[4]，尊行可以加人[5]。人之不善，何弃之有？[6]故立天子[7]，置三公[8]，虽有拱璧以先驷马，[9]不如坐进此道[10]。

古之所以贵此道者何[11]？不曰求以得，有罪以免邪[12]？故为天下贵[13]。

[1]奥：奥藏。[2]宝：珍视。[3]“不善”句：不善人也要保有。保：保有。[4]市：交易。[5]加：施加，施加影响于人。[6]“人之”二句：即使是不善的人，有什么理由把他抛弃呢？[7]故：过去的朝代。[8]三公：太师、太傅、太保。[9]拱璧以先驷马：拱璧在前、驷马在后的祭祀仪式。[10]“不如”句：不如用“道”作为祭祀品来敬献。[11]贵：器重。[12]求以得，有罪以免邪：有求必得，有罪可以豁免吗？[13]贵：所尊贵。

第六十三章

为无为[1]，事无事[2]，味无味[3]。

大小多少[4]，报怨以德[5]。图难于其易[6]，为大于其细；天下难事，必作于易，天下大事，必作于细。是以圣人终不为大[7]，故能成其大。

夫轻诺必寡信，多易必多难[8]。是以圣人犹难之，故终无难矣。[9]

[1]为无为：以无为的态度去作为。[2]事无事：以不烦扰的方式去做事。[3]味无味：把无味的事当作有兴味的事。[4]大小多少：大生于小，多起于少。[5] 报怨以德：用德行来报答怨恨。[6]图难于其易：打算办困难的事就要从容易的事做起。[7]不为大：不自以为大。[8]多易必多难：(把事情看得)太容易反而困难多。[9]“是以”二句：因此圣人以艰难之心对待事情，终无大困难。

第六十四章

其安易持[1]，其未兆易谋[2]。其脆易泮[3]，其微易散[4]。为之于未有，治之于未乱。

合抱之木，生于毫末[5]；九层之台，起于累土；千里之行，始于足下。

为者败之，执者失之，是以圣人无为故无败。无执故无失。

民之从事，常于几成而败之[6]。慎终如始[7]，则无败事。

是以圣人欲不欲，不贵难得之货；学不学[8]，复众人之所过[9]，以辅万物之自然，而不敢为。

[1]安：安定。持：保持。[2]兆：征兆。谋：谋划。[3]脆：松脆。泮(pàn)：消解，分离。[4]微：微小。散：离散。[5]毫末：细微的事物，指萌芽。[6]几成：几乎成功。[7]慎：谨慎。[8]学不学：效法人们未能效法的大道。[9]“复众人”句：补救众人所犯过错。

第六十五章

古之善为道者，非以明民[1]，将以愚之[2]。

民之难治，以其智多[3]。故以智治国，国之贼[4]；不以智治国，国之福。

知此两者亦稽式[5]。常知稽式是谓元德。

元德深矣远矣，与物反矣[6]，然后乃至大顺[7]。

[1]非以明民：不是教人民精巧聪明。[2]将以愚之：使人民淳朴敦厚。[3]智：智巧诡诈。[4]贼：灾祸。[5]稽式：法则。[6]与物反矣：和物一同返回到真朴。[7]大顺：自然。

第六十六章

江海所以能为百谷王者[1]，以其善下之[2]，故能为百谷王。

是以欲上民必以言下之[3]；欲先民必以身后之[4]。是以圣人处上而民不重[5]，处前而民不害[6]。是以天下乐推而不厌[7]。以其不争，故天下莫能与之争。

[1]百谷王：河流汇聚之地。[2]下：谦卑低下。[3]"欲上民"句：欲领导人民，必须在言语上对他们谦下。[4]"欲先民"句：欲成为人民的表率，必须将自己的利益放在他们之后。[5]重：重压，负担。[6]害：妨害。[7]推：推崇拥护。

第六十七章

天下皆谓我道大似不肖[1]。夫唯大，故似不肖。若肖久矣，其细也夫![2]

我有三宝，持而保之。一曰慈[3]，二曰俭[4]，三曰不敢为天下先。

慈故能勇；俭故能广；不敢为天下先，故能成器长[5]。

今舍慈且勇[6]，舍俭且广，舍后且先，死矣!

夫慈以战则胜，以守则固。天将救之，以慈卫之[7]。

[1]不肖：不像(具体的东西)。[2]"若肖"二句：如果它像(具体的东西)，早就渺小了。细：渺小。[3]慈：慈爱。[4]俭：与第五十九章"啬"字同义，为有却不用尽的意思。[5]器长：器物的首长。[6]且：取。[7]卫：保护。

第六十八章

善为士者不武[1]；善战者不怒；善胜敌者不与[2]；善用人者为之下[3]。是谓不争之德，是谓用人之力[4]，是谓配天古之极[5]。

[1]善为士者不武：善做将帅的，不逞匹夫之勇。为：管理。士：士卒。管理士卒即为将帅。[2]与：争夺。[3]善用人者为之下：善于用人的，对人谦下。[4]用人之力：运用别人的力量。[5]配天古之极：符合自然的道理。此句帛书乙本为“是谓配天，古之极”，即“这叫合于天道，这是自古以来的最高原则”。

第六十九章

用兵有言：吾不敢为主而为客[1]，不敢进寸而退尺。是谓行无行[2]；攘无臂[3]；扔无敌[4]；执无兵[5]。祸莫大于轻敌，轻敌几丧吾宝[6]。故抗兵相加[7]，哀者胜矣[8]。

[1]为主：采取进攻。为客：采取守势。[2]行无行：虽然摆阵势，却像没有阵势一样。[3]攘无臂：虽然举起手臂，却像没有手臂挥舞一样。[4]扔无敌：虽然要打仗，却像没有面临敌人一样。[5]执无兵：虽然拿着兵器，却像没有握一样。[6]宝：法宝。[7]抗兵相加：两军对抗兵力相当。[8]哀：慈悲。

第七十章

吾言甚易知，甚易行。天下莫能知，莫能行。

言有宗[1]，事有君[2]。夫唯无知，是以不我知[3]。

知我者希[4]，则我者贵[5]。是以圣人被褐而怀玉[6]。

[1]言有宗：言论有主旨。宗：主旨。[2]事有君：指行事有根据。君：根据。[3]不我知：不知我。人们不明白这些道理，所以不明白我。[4]希：同“稀”，稀少。[5]则：仿效。[6]被褐而怀玉：指圣人外面穿粗衣，里面怀揣美玉。

第七十一章

知不知上[1]；不知知病[2]。夫唯病病，是以不病。[3]圣人不病。以其病病，是以不病。

[1]知不知：通行的解释，一说，知道却不认为自己知道；一说，知道自己有所不知道。上：通“尚”，很好。[2]不知知：不知道却以为自己知道。病：缺点。[3]“夫唯”二句：正因为他把缺点当作缺点，所以没有缺点。夫唯：正因为。

第七十二章

民不畏威[1]，则大威至[2]。

无狎其所居[3]，无厌其所生[4]。夫唯不厌，是以不厌。[5]

是以圣人自知不自见[6]；自爱不自贵[7]。故去彼取此[8]。

[1]畏威：畏惧威压、威力。[2]大威：大的威胁、祸乱。[3]“无狎”句：此指为政者不狭迫人民的居所。狎：“狭”的假借字，狭迫、逼迫的意思。居：居所。[4]“无厌”句：统治者不压榨人民的生活。厌：压迫。生：谋生。[5]“夫唯”二句：统治者不压迫人民，人民才不会讨厌他。前一个“厌”为压迫，后一个“厌”为厌恶。[6]见：同“现”，表现、显耀。自见：自我表扬。[7]自贵：自以为高贵。[8]故去彼取此：指舍去自见、自贵，而取自知、自爱。

第七十三章

勇于敢则杀[1]，勇于不敢则活[2]。此两者或利或害。天之所恶，孰知其故？是以圣人犹难之。[3]

天之道[4]，不争而善胜，不言而善应，不召而自来，繟然而善谋[5]。天网恢恢，疏而不失。[6]

[1]敢：坚强行事，敢作敢为。杀：死地。[2]不敢：柔弱处事，无欲无为。活：存活。[3]此句为第六十三章错简重出。[4]天之道：自然的法则。[5]繟然：坦然，安然。[6]天网：自然的范围。恢恢：宽广。失：遗漏。

第七十四章

民不畏死，奈何以死惧之？若使民常畏死而为奇者[1]，吾得执而杀之[2]，孰敢？

常有司杀者杀[3]。夫代司杀者杀[4]，是谓代大匠斫[5]，夫代大匠斫者，稀有不伤其手矣。

[1]奇：诡奇邪恶的行为。[2]执：拘押。[3]司杀者：负责司刑者，也指自然规律中的善恶报应，即天道。[4]代司杀者：代替司法者惩治的人。[5]代：代替。斫(zhuó)：用刀斧来砍劈。代大匠斫：指犯法以律当死者，应由有司治之，代而治之，是谓代大匠斫。

第七十五章

民之饥，以其上食税之多[1]，是以饥。
民之难治，以其上之有为[2]，是以难治。
民之轻死，以其上求生之厚[3]，是以轻死。
夫唯无以生为者[4]，是贤于贵生[5]。

[1]上：统治者。税：赋税。[2]有为：任意妄为。[3]求生之厚：指统治者不惜一切代价保养自己的身体和生命。[4]无以生为：不为了生活享受而行事。[5]贤：胜过，超过。贵生：过分看重生命、过分保养生命。

第七十六章

人之生也柔弱[1]，其死也坚强[2]。万物草木之生也柔脆[3]，其死也枯槁[4]。故坚强者死之徒[5]，柔弱者生之徒[6]。是以兵强则不胜，木强则兵。[7]强大处下，柔弱处上。

[1]柔弱：柔软，特指身体。[2]坚强：僵硬，特指身体。[3]柔脆：草木形质的柔软。[4]枯槁：指草木凋败干枯的样子。[5]徒：指同一种类、派别的东西。死之徒：死亡的一类。[6]生之徒：具有生命力的一类。[7]兵强则不胜，木强则兵：据《列子·黄帝篇》《淮南子·原道训》等书记载，原文应为："兵强则灭，木强则折"，指兵逞强而容易灭亡，木强而容易折断之意。

第七十七章

天之道，其犹张弓欤？高者抑之[1]，下者举之[2]；有余者损之[3]，不足者补之[4]。
天之道损有余而补不足。人之道则不然[5]，损不足以奉有余[6]。
孰能有余以奉天下，唯有道者。
是以圣人为而不恃，功成而不处，其不欲见贤[7]。

[1]高者抑之：弦位高了就放低一些。[2]下者举之：弦位低了就举高一些。[3]余：过剩。损：减损。[4]补：补充。[5]人之道：人类社会的一般法则。[6]奉：供给。[7]不欲见贤：不愿表现自己的聪明才智。贤：一说，同第三章"不尚贤，使民不争"，有"多财"之意；一说，贤，聪明才智，贤能。

第七十八章

天下莫柔弱于水，而攻坚强者莫之能胜，以其无以易之[1]。

弱之胜强，柔之胜刚，天下莫不知，莫能行[2]。

是以圣人云：受国之垢[3]，是谓社稷主[4]；受国不祥[5]，是为天下王。正言若反[6]。

[1]“以其”句：因为没有什么可以替代它(水)。易：替代。[2]行：践行。[3]受国之垢：承担全国的屈辱。受：承受。垢：屈辱。[4]社稷主：国家的君主。[5]不祥：灾祸。[6]正言若反：正道之言好像说反话一样。

第七十九章

和大怨必有余怨[1]，安可以为善[2]？

是以圣人执左契[3]，而不责于人[4]。有德司契[5]，无德司彻[6]。

天道无亲[7]，常与善人[8]。

[1]和：调和，调解。[2]善：妥善。意思是调和大怨非妥善的解决办法。由此引出下文“有德司契”。[3]执：持有，拿着，掌握。契：即契券，古代借贷金钱、粮米等财物都用契券。契券用竹木制成，中间刻横画，两边刻相同的文字，记财物的名称、数量等，劈为两片；左片就是左契，刻着负债人姓名，由债权人保存；右片叫右契，刻着债权人的姓名，由负债人保存。索物还物时，以两契相合为凭据。[4]责：索取偿还。[5]有德司契：即有德的人就像持有借据的人(那样从容大度)。[6]无德司彻：无德的人就像主管租税的人(那样追索计较)。彻：周代规定农民按收成交租的税收制度。司彻：指管租税的人。[7]亲：偏爱。[8]常与善人：经常与为善的人在一起。善人：为善的人。

第八十章

小国寡民[1]。使有什伯之器而不用[2]；使民重死而不远徙[3]。虽有舟舆，无所乘之，虽有甲兵，无所陈之[4]。使民复结绳而用之[5]。

甘其食，美其服，安其居，乐其俗[6]。邻国相望，鸡犬之声相闻，民至老死不相往来。

[1]小国寡民：这是老子设想的一种理想社会，从下文描绘的图景来看，这并非一个原始社会，而是知其文明、守其素朴的社会境界。由此社会境界可引申为老子所追求的一种人的精神境界：对

于一般文明，是能之而不为，而非为之而不能。[2]什伯之器：各种各样先进的器具。什：十倍于(人力)。伯：百倍于(人力)。[3]重(zhòng)：看重、重视。重死：即怕死、看重生命，不轻易冒生命的危险。[4]陈：陈列。一说同“阵”，作动词用，意思是摆列阵势。无所陈之：没有用得着陈列武器装备的地方。小国寡民的状态，使人们与外人无争，所以武器军队在这里没有用处。[5]结绳：远古时代，人们用打绳结来记事。[6]俗：习俗。

第八十一章

信言不美，美言不信。[1]
善者不辩，辩者不善。[2]
知者不博，博者不知。[3]
圣人不积，既以为人己愈有，既以与人己愈多。[4]
天之道，利而不害；[5]圣人之道，为而不争。[6]

[1]“信言”二句：诚信的言辞不华美，华美的言辞不诚信。[2]“善者”二句：行为善良的人不巧辩，巧辩的人不良善。[3]“知者”二句：真正了解的人不广博，广博的人了解不深刻。[4]“圣人”三句：有道的圣人不私自积攒，尽其所有给予别人，自己愈富有。既以：尽其所有。为人：给别人。[5]“天之道”二句：自然的法则，利物而无害。[6] 圣人之道：圣人的行为准则。为：奉献。为而不争：施与而不争夺。

九 《庄子》

[引言]

庄子，名周，蒙(今河南省商丘东北)人，生活在我国战国时代前期，生卒年不详。他曾做过蒙地漆园的小官，与魏惠王、齐宣王同时，后辞官归隐。司马迁说："其学无所不窥，然其要本归于老子之言。"金圣叹将庄子列为"六才子"之首。鲁迅谈庄子散文："汪洋辟阖，仪态万方，晚周诸子之作，莫能先也。"《汉书·艺文志》载《庄子》五十二篇。经秦焚书坑儒，晋代郭象注《庄子》时，只编选三十三篇，即内篇七，外篇十五，杂篇十一。这个注本流传至今。《庄子》共十余万言，大多是寓言故事。关于《庄子》的真伪问题，为宋代苏轼及后人提出。应当说大部分出自庄子手笔。只有个别篇章，是庄子后学或后人的伪托。《庄子》代表着先秦诸子在思想深度和文学艺术两方面的极高成就。

逍遥游

北冥有鱼[1]，其名为鲲[2]。鲲之大，不知其几千里也。化而为鸟，其名为鹏[3]。鹏之背，不知其几千里也。怒而飞，其翼若垂天之云。[4]是鸟也，海运则将徙于南冥[5]。南冥者，天池也[6]。

[1]北冥：北海。冥：通“溟”。[2]鲲(kūn)：大鱼名。[3]鹏：即古“凤”字。大鸟名。[4]“怒而飞”二句：大鹏鸟奋起而飞，它的双翼就像云遮蔽天边。怒：奋起，勉力。垂：通“陲”，边陲。[5]海运：海气运动。明代陆西星《南华经副墨》：“海运者，海气动也。海气动则飓风作，故大鹏乘此风力，怒飞而徙于南冥。”[6] 天池：天然形成的海。

《齐谐》者[1]，志怪者也[2]。《谐》之言曰：“鹏之徙于南冥也，水击三千里[3]，抟扶摇而上者九万里[4]，去以六月息者也[5]。”野马也，尘埃也，生物之以息相吹也。[6]天之苍苍，其正色邪？其远而无所至极邪？[7]其视下也，亦若是则已矣[8]。

[1]《齐谐》：书名，出于齐国，故名《齐谐》。[2]志怪：记怪异之事。[3]水击：指翅膀拍水而飞。[4]“抟扶摇”句：大鹏凭借飓风由地面急剧盘旋而上，展翅高飞。抟(tuán)：通“圜”，环绕。扶摇：旋风。[5] 息：歇息。郭象《庄子注》解释这句：“夫大鸟一去半岁，至天池而息。”[6]“野马”三句：游气和尘埃，都借着生物呼吸的气的吹拂，在空中飘荡。野马：游气。[7]“天之”三句：天的蓝色并非是本色，是因为天很高远看不到尽头，产生了错觉所致。苍苍：天的蓝色。[8]“其视”二句：大鹏从天上往下看，也同人向天上看一样，是看不到真相的。

且夫水之积也不厚，则其负大舟也无力。覆杯水于坳堂之上，则芥为之舟。[1]置杯焉则胶，水浅而舟大也。[2]风之积也不厚，则其负大翼也无力。故九万里，则风斯在下矣，而后乃今培风[3]；背负青天而莫之夭阏者，而后乃今将图南[4]。

[1]“覆杯水”二句：倒一杯水在堂屋低洼处，一棵小草浮在水面上就如同一只小船。坳(ào)堂：室内低洼处。芥：小草。[2]“置杯”二句：把杯子放在同样的地方就胶着了，因为水浅而船大。胶：胶着。[3]培风：乘风。培：通“凭”。[4]夭阏(è)：阻碍。图南：图谋南飞。

蜩与学鸠笑之曰[1]：“我决起而飞，抢榆枋，时则不至而控于地而已矣，奚以之九万里而南为?[2]”适莽苍者，三飡而反，腹犹果然；[3]适百里者，宿舂粮[4]；适千里者，三月聚粮。之二虫又何知！

[1]蜩(tiáo)：蝉。[2]决起：疾飞起。抢：冲、突。枋：檀树。控于地：落在地面。奚以：何以。[3]适：往。莽苍：郊野。飡：通“餐”。果然：很饱的样子。[4]宿舂粮：要准备过一宿的口粮。

小知不及大知，小年不及大年。[1]奚以知其然也？朝菌不知晦朔，蟪蛄不知春秋，[2]此小年也。楚之南有冥灵者[3]，以五百岁为春，五百岁为秋；上古有大椿者[4]，以八千岁为春，八千岁为秋。而彭祖乃今以久特闻[5]，众人匹之[6]，不亦悲乎！

[1]知(zhì)：通“智”，智慧。小年：寿命短者。[2]朝菌：朝生暮死的菌类。晦：每月的最后一天。朔：每月的第一天。蟪蛄：蝉的一种。春生夏死，夏生秋死。[3]冥灵：龟名。[4]大椿：乔木名。[5]彭祖：传说中的长寿人物。《世本》谓彭祖：“姓篯，名铿，在商为守藏史，在周为柱下史，年八百岁。”[6]匹：比。

汤之问棘也是已[1]：穷发之北有冥海者[2]，天池也。有鱼焉，其广数千里，未有知其修者，其名为鲲。有鸟焉，其名为鹏，背若太山，翼若垂天之云，抟扶摇羊角而上者九万里，绝云气，负青天，然后图南，且适南冥也。

斥鴳笑之曰[3]：“彼且奚适也？我腾跃而上，不过数仞而下，翱翔蓬蒿之间，此亦飞之至也，而彼且奚适也？”此小大之辩也。

[1]汤：商汤。棘：夏革，商朝大夫，商汤任命他为师。[2]穷发之北：北极草木不生之地。发：指草木。[3]斥鴳(yàn)：生活在泽中的小鸟。斥：泽。

故夫知效一官[1]，行比一乡[2]，德合一君，而征一国者[3]，其自视也亦若此矣。而宋荣子犹然笑之[4]。且举世而誉之而不加劝[5]，举世而非之而不加沮[6]，定乎内外之分[7]，辩乎荣辱之境，斯已矣。彼其于世未数数然也[8]。虽然，犹有未树也[9]。

[1]知：通“智”。效：胜任。[2]比：适合，亲近。[3]征：取信。[4]宋荣子：宋人，与孟子同时，其学说与墨家相近。[5]劝：发奋勤勉。[6]“举世”句：全天下的人都非难他，他也不会感到沮丧。[7]定乎内外之分：能够确定自我与外物的区别。[8]数数然：汲汲营求虚名的样子。[9]犹有未树也：宋荣子还是没能达到逍遥无为的最高境界。

夫列子御风而行[1]，泠然善也[2]，旬有五日而后反[3]。彼于致福者，未数数然也。此虽免乎行，犹有所待者也。[4]

[1]列子：列御寇。战国时郑国人，早于庄子，属于道家。《庄子》中许多篇目讲他的故事。[2]泠(líng)然：轻妙的样子。[3]旬有五日：十五天。[4]行：步行。有所待：有所依赖。

若夫乘天地之正，而御六气之辩，[1]以游无穷者，彼且恶乎待哉！故曰，至人无己，神人无功，圣人无名。[2]

[1]乘：因循，下文"御"也是此意。正：法则。六气：阴、阳、风、雨、晦、明。辩：通"变"，变化。[2]"至人"三句：至人能达到忘我的境界，神人能超脱于建功立业，圣人不汲汲追求虚名。

（按：本节通过对比许多不能"逍遥"的例子说明，要真正达到自由自在的境界，必须"无己""无功""无名"。）

尧让天下于许由[1]，曰："日月出矣，而爝火不息[2]，其于光也[3]，不亦难乎！时雨降矣，而犹浸灌，其于泽也，不亦劳乎！[4]夫子立而天下治，而我犹尸之，吾自视缺然。请致天下。[5]"许由曰："子治天下，天下既已治也。而我犹代子，吾将为名乎？名者，实之宾也，吾将为宾乎？鹪鹩巢于深林，不过一枝；偃鼠饮河，不过满腹。归休乎君[6]，予无所用天下为！庖人虽不治庖，尸祝不越樽俎而代之矣。[7]"

[1]许由：传说中的高士，隐居于颍水之阳、箕山之下。尧让天下给他，他厌恶其声，故洗耳于颍水之滨，故称洗耳翁。[2]爝(jué)火：火把。[3]于光：与日月比光。[4]于泽：对于润泽禾苗。劳：徒劳。[5]尸：主持(天下事)。缺然：不足。致：让。[6]归休乎君：即"君归休乎"。意为你回去算了。[7]庖人：厨工。尸祝：主祭祀的官。樽：酒器。俎：盛肉器。成语"越俎代庖"即出于此。

肩吾问于连叔曰[1]："吾闻言于接舆[2]，大而无当，往而不返。[3]吾惊怖其言，犹河汉而无极也，大有径庭，不近人情焉。"连叔曰："其言谓何哉？""曰'藐姑射之山，有神人居焉。肌肤若冰雪，绰约若处子[4]；不食五谷，吸风饮露。乘云气，御飞龙，而游乎四海之外；其神凝，使物不疵疠而年谷熟[5]。'吾以是狂而不信也。"连叔曰："然。瞽者无以与乎文章之观，聋者无以与乎钟鼓之声。岂唯形骸有聋盲哉？夫知亦有之。是其言也，犹时女也[6]。之人也，之德也，将旁礴万物以为一[7]，世蕲乎乱[8]，孰弊弊焉以天下为事[9]！之人也，物莫之伤，大浸稽天而不溺，大旱金石流、土山焦而不热。[10]是其尘垢秕糠，将犹陶铸尧舜者也，孰肯以物为事！[11]"

[1]肩吾、连叔：皆庄子虚构人物。[2]接舆：陆通，字接舆，为楚隐士，与孔子同时。佯狂不仕，并劝说孔子归隐。[3]"大而"二句：言谈夸张不实用，侃侃而谈却离题万里。[4]绰约：柔美的样子。[5]疵疠(cī lì)：恶病。[6]"是其"二句：上面所说的盲人、聋人，好像就是你肩吾。女：通"汝"，你，这里指肩吾。[7]旁礴：混同。[8]蕲(qí)：通"期"，求。乱：治。[9]"孰弊"句：谁会把

辛劳地治理天下当回事！弊弊焉：辛苦经营的样子。[10]“物莫”三句：外物无法伤害他，洪水滔天也无法淹没他，大旱使金石融化、土山枯焦也不能使他感到炽热。[11]“是其”三句：神人留下的尘垢和糟粕，就能造就尧、舜，他哪里肯把治理天下当回事！秕糠：比喻道的糟粕。陶铸：造就。

宋人资章甫而适诸越[1]，越人断发文身，无所用之。[2]

[1]“宋人”句：北方的宋人到南方越国去贩卖帽子。资：贩卖。章甫：殷代的一种帽子。[2]“越人”二句：越国人头发都剪短，以纹身作为装饰，用不着帽子。

尧治天下之民，平海内之政。往见四子藐姑射之山[1]，汾水之阳[2]，窅然丧其天下焉[3]。

[1]四子：指王倪、啮缺、被衣、许由。《天地》篇有此四人，是作者虚构的神人。[2]阳：山南水北谓之阳。这里指汾水北面。[3]窅(yǎo)然：茫然自失的样子。丧：忘。尧往见四子，遂忘天下。

（按：本节用一些对话和实例进一步论证：“无己”的人才是精神境界最高的人。）

惠子[1]谓庄子曰：“魏王贻我大瓠之种[2]，我树之成而实五石[3]。以盛水浆，其坚不能自举也。剖之以为瓢，则瓠落无所容[4]。非不呺然大也[5]，吾为其无用而掊之[6]。”庄子曰：“夫子固拙于用大矣。宋人有善为不龟手之药者[7]，世世以洴澼絖为事[8]。客闻之，请买其方百金[9]。聚族而谋曰：‘我世世为洴澼絖，不过数金；今一朝而鬻技百金，请与之。’客得之，以说吴王。越有难，吴王使之将。[10]冬与越人水战，大败越人，裂地而封之。能不龟手，一也；或以封，或不免于洴澼絖，则所用之异也。今子有五石之瓠，何不虑以为大樽而浮乎江湖[11]，而忧其瓠落无所容？则夫子犹有蓬之心也夫[12]！”

[1]惠子：惠施，宋人，曾为梁惠王相，先秦名家的代表。《庄子》多次写到他与庄子论辩。[2]瓠(hù)：葫芦。[3]实：结果实。石：十斗为一石。[4]瓠落：很大的样子。[5]呺(xiāo)然：虚大的样子。[6]掊(pǒu)：击碎。[7]不龟(jūn)手之药：防治手冻疮的药膏。[8]世世以洴澼絖(píng pì kuàng)为事：世世代代以漂絮为业。[9]请买其方百金：愿意用百金购买此药方。[10]“越有难”二句：越国对吴国有军事行动，吴王就派说客统率军队。[11]樽：本意盛酒器，这里指舟楫。[12]有蓬之心：指心被茅塞。比喻惠子见识浅薄，不通道理。

惠子谓庄子曰：“吾有大树，人谓之樗[1]。其大本臃肿而不中绳墨，其小枝卷曲而不中规矩，立之涂，匠者不顾。[2]今子之言，大而无用，众所同去也。”庄子曰：“子独不见狸狌乎[3]？卑身而伏，以候敖者[4]；东西跳梁[5]，不辟高下；中于机辟[6]，死于罔罟。

今夫斄牛[7]，其大若垂天之云。此能为大矣，而不能执鼠[8]。今子有大树，患其无用，何不树之于无何有之乡，广莫之野，彷徨乎无为其侧[9]，逍遥乎寝卧其下。不夭斤斧[10]，物无害者，无所可用，安所困苦哉！[11]”

[1]樗(chū)：落叶乔木，有臭味，木质松脆，不能做器具。[2]“立之涂”二句：把此树种在路旁，木匠都不屑一顾。[3]狸：野猫。狌：黄鼠狼。[4]敖：通“遨”，遨游。[5]跳梁：腾跃跳动。[6]中于机辟：陷进捕兽工具之中。说明灵活巧捷，反而招害。[7]斄(lí)牛：牦牛，体大不灵活。[8]执鼠：捕捉老鼠。[9]彷徨乎无为其侧：任意地悠游在树旁。[10]不夭斤斧：不会遭到斧子砍伐。[11]“无所”二句：没有用处，哪里会有困苦呢？

（按：本节以两个形象生动的事例告诉人们，不为外物所滞，化无用为有用，志在不受任何拘束，才能追求到悠游自得的生活乐趣。）

齐物论

南郭子綦隐机而坐[1]，仰天而嘘[2]，荅焉似丧其耦[3]。颜成子游立侍乎前[4]，曰：“何居乎？形固可使如槁木，而心固可使如死灰乎？今之隐机者，非昔之隐机者也。”子綦曰：“偃，不亦善乎，而问之也！今者吾丧我，汝知之乎？女闻人籁而未闻地籁，女闻地籁而未闻天籁夫！[5]”

[1]南郭子綦(qí)：作者虚构的人物。隐机：凭靠几案。[2]嘘：吐气。[3]荅(tà)焉：神情虚寂的样子。耦：通“偶”，指形体。神与形为偶，忘其形，即“丧其耦”。[4]颜成子游：颜偃，字子游。子綦的弟子。[5]女：通“汝”，你。人籁：人吹奏箫管发出的声响。地籁：风吹洞穴而发出的声响。天籁：天地万物自然发出的声响。

子游曰：“敢问其方[1]。”子綦曰：“夫大块噫气[2]，其名为风。是唯无作，作则万窍怒呺。[3]而独不闻之翏翏乎[4]？山林之畏佳[5]，大木百围之窍穴[6]，似鼻，似口，似耳，似枅，似圈，似臼，似洼者，似污者；[7]激者，謞者，叱者，吸者，叫者，譹者，宎者，咬者，[8]前者唱于而随者唱喁[9]，泠风则小和，飘风则大和，厉风济则众窍为虚。[10]而独不见之调调，之刁刁乎？[11]”

[1]方：道理。[2]大块：大地。噫气：吐气。[3]“是唯”二句：风不刮起则已，一旦刮风千万个穴孔都怒吼起来。[4]翏(liù)翏：象声词，悠长的风声。[5]畏佳：通“巍崔”，山林高峻的样子。[6]围：两手合抱之圆度称围。窍穴：树孔。[7]“似鼻”八句：形容各种洞穴的形状。枅：木质的长颈酒器。圈：杯盂。臼：舂米的石碓。[8]“激者”八句：形容各种怒号的声音。激者：水湍急声。謞(xiào)者：如飞箭之声。譹者：号哭声。宎(yāo)者：沉吟声。咬(jiāo)者：哀泣声。[9]前者：风。随者：洞穴。于、喁：相互应和的声音。[10]泠风：微风。飘风：大风。厉风：狂风。济：停止。虚：空，形容没有声音。[11]调调：树枝大动的样子。刁刁：亦作“刀刀”。树枝微动的样子。

（按：本节借南郭子綦与弟子子游的问答，揭示大自然不同的声响都出于自身，并顺势引起对人的思考。）

子游曰：“地籁则众窍是已，人籁则比竹是已[1]。敢问天籁。”子綦曰：“夫吹万不同[2]，而使其自己也[3]，咸其自取，怒者其谁邪！”

[1]比竹：竹管并排制成的乐器。[2]吹万不同：风吹千万个窍穴所发出的声音各不相同。[3]其自己：从自己本身发出。

大知闲闲[1]，小知间间[2]。大言炎炎[3]，小言詹詹[4]。其寐也魂交[5]，其觉也形开[6]。与接为构，日以心斗。[7]缦者，窖者，密者。[8]小恐惴惴，大恐缦缦。[9]其发若机栝[10]，其司是非之谓也[11]；其留如诅盟[12]，其守胜之谓也；其杀若秋冬[13]，以言其日消也；其溺之所为之，不可使复之也；[14]其厌也如缄，以言其老洫也；[15]近死之心，莫使复阳也。喜怒哀乐，虑叹变慹[16]，姚佚启态[17]；乐出虚，蒸成菌[18]。日夜相代乎前，而莫知其所萌。[19]已乎，已乎！旦暮得此，其所由以生乎！

[1]大知闲闲：大智者率性恬淡，广博安详。[2]小知间间：小智者性灵固执，琐细褊狭。[3]大言炎炎：诠理大言，雄辩激烈。[4]小言詹詹：浅薄小言，琐碎啰嗦。[5]其寐也魂交：人入睡时，精神无故与外人外物交接。[6]其觉也形开：人睡醒时，目开醒悟。[7]“与接”二句：与外人交接时，出于爱憎，不免常陷入勾心斗角。[8]缦者：有心思舒缓的。窖者：有心思深沉的。密者：有心思精细的。[9]惴惴：忧惧不安的样子。缦缦：惊恐失神的样子。[10]机：弩上的发射机关。栝(kuò)：箭末端扣弦的部分。这句意思是，辩者出言骤然犹如机栝疾发。[11]司：通“伺”。伺机。[12]留：持言不发。诅盟：誓约。[13]杀：衰，神情渐趋沮丧。[14]“其溺”二句：沉溺于言辞，无法恢复自然本性。[15]厌：闭塞。缄：束箧绳索。老洫(xù)：如多年沟洫壅闭，泉尽水涸。[16]慹(zhé)：木然。[17]姚佚：轻浮。启态：装模作样。[18]“乐出虚”二句：音乐来自空虚的箫管，菌类由地气蒸发而生成。[19]“日夜”二句：以上各种心态和情绪日夜更替出现，而不知道它们产生的根由。

非彼无我[1]，非我无所取[2]。是亦近矣[3]，而不知其所为使[4]。若有真宰，而特不得其朕[5]。可行已信，而不见其形，有情而无形。[6]百骸，九窍，六藏，[7]赅而存焉，吾谁与为亲？汝皆说之乎？其有私焉？[8]如是皆有为臣妾乎？其臣妾不足以相治乎？其递相为君臣乎[9]？其有真君存焉[10]？如求得其情与不得，无益损乎其真。一受其成形，不亡以待尽。[11]与物相刃相靡，其行尽如驰，[12]而莫之能止，不亦悲乎！终身役役而不见其成功[13]，苶然疲役而不知其所归[14]，可不哀邪！人谓之不死，奚益！其形化[15]，其心与之然，可不谓大哀乎？人之生也，固若是芒乎[16]？其我独芒，而人亦有不芒者乎？

[1]彼：指上文种种情态。[2]取：资，凭借，显现。[3]近：近乎道。[4]不知其所为使：不知道谁使之这样。[5]真宰：自然界的主宰，即“道”。特：惟独。朕：征兆。[6]“可行”三句：真宰的行动是能够验证的，而看不到其形体，但它确实是存在而没有形迹的。情：实。[7]百骸：全身的骨节。九窍：眼、耳、鼻、口、生殖器、肛门。六藏：六脏，心、肝、脾、肺、肾（肾有二脏）。[8]说：通“悦”。私：偏爱。[9]递相：轮流。[10]真君：即前文“真宰”，道。后文“情”也指道。[11]“一受”二句：世人一旦形性形成，不知道抱持“真君”，虽不即死，却也是在坐待死神降临。[12]相刃相靡：相逆相摩擦。行尽：将要死亡。[13]役役：劳碌奔波的样子。[14]苶(nié)然：疲顿的样子。[15]形化：形体丧失活力。[16]芒：通“茫”，茫昧。

夫随其成心而师之[1]，谁独且无师乎？奚必知代而心自取者有之[2]？愚者与有焉。未成乎心而有是非，是今日适越而昔至也。[3]是以无有为有。无有为有，虽有神禹，且不能知，吾独且奈何哉！

[1]“夫随”句：若以个人成见为判断是非的标准。成心：成见，偏见。师：取法。[2]“奚必”句：何必懂得事物变化更替之理的智者，才有判断是非的标准呢？代：事物变化更替的道理。[3]“未成”二句：心中尚未有成见就有是非，就如同今天去越国而昨天就到了一样可笑。

（按：本节论证了一个道理：社会现象与人的心态都出自虚无。）

夫言非吹也[1]，言者有言，其所言者特未定也。[2]果有言邪？其未尝有言邪？其以为异于鷇音，亦有辩乎，[3]其无辩乎？道恶乎隐而有真伪[4]？言恶乎隐而有是非？道恶乎往而不存？言恶乎存而不可[5]？道隐于小成，言隐于荣华[6]。故有儒墨之是非，以是其所非而非其所是。欲是其所非而非其所是，则莫若以明[7]。

[1]吹：风吹窍。[2]“言者”二句：说话的人各执偏见，他们所说的话，并不能作为确定是非的依据。[3]鷇(kòu)音：幼鸟欲出壳时的鸣叫声。辩：通“辨”。区别。[4]恶乎：为何。[5]不可：不被认可。[6]小成：一孔之见，偏见。荣华：浮夸不实之辞。[7]莫若以明：不如抛弃儒、墨之是非，用虚静之心去观照事物。

物无非彼，物无非是。[1]自彼则不见，自知则知之。故曰彼出于是，是亦因彼。彼是方生之说也[2]，虽然，方生方死，方死方生；[3]方可方不可，方不可方可；[4]因是因非，因非因是。[5]是以圣人不由，而照之于天，[6]亦因是也。是亦彼也，彼亦是也。彼亦一是非，此亦一是非。果且有彼是乎哉[7]？果且无彼是乎哉？彼是莫得其偶，谓之道枢。[8]枢始得其环中，以应无穷。是亦一无穷，非亦一无穷也。故曰莫若以明。

以指喻指之非指，不若以非指喻指之非指也；[9]以马喻马之非马，不若以非马喻马之非马也。天地一指也，万物一马也。

[1]“物无”二句：以我观物，则物皆为彼；以物自观，则物皆为此。[2]方生之说：惠施的“方生方死”的说法。[3]“方生”二句：方生即死，方死却又复生。揭示了生与死的对立统一关系。[4]“方可”二句：刚认为是时，非即产生；刚认为非时，是即开始。[5]“因是”二句：是与非都是因为对方的相互依存关系而产生、存在。[6]“是以”二句：圣人不用分辨是非，而让自然天道去鉴别事物的本真。[7]果且有彼是乎哉：如果是非融合于大道，果真还有是非存在吗？[8]“彼是”二句：超脱了是非的对立，就叫作掌握了道枢。偶：对，指矛盾的对立面。道枢：大道的关键。[9]“以指”二句：以手指来说明手指不是手指，不如以非手指来说明手指不是手指。

可乎可，不可乎不可。[1]道行之而成，物谓之而然。恶乎然？然于然。[2]恶乎不然？不然于不然。物固有所然，物固有所可。无物不然，无物不可。故为是举莛与楹，厉与西施，[3]恢诡谲怪，道通为一。

[1]“可乎”二句：人说可，我也说可；人说不可，我也说不可。[2]“恶乎”二句：为何说是这样的？因为它本来就是这样的。[3]莛：草茎。楹：屋柱。厉：病癞，指丑女。

其分也，成也；[1]其成也，毁也。凡物无成与毁，复通为一。唯达者知通为一[2]，为是不用而寓诸庸[3]。庸也者，用也；用也者，通也；通也者，得也；适得而几矣[4]。因是已，已而不知其然，谓之道。[5]劳神明为一，而不知其同也，谓之“朝三”。[6]何谓“朝三”？狙公赋芧[7]，曰：“朝三而暮四。”众狙皆怒。曰：“然则朝四而暮三。”众狙皆悦。名实未亏而喜怒为用，亦因是也。是以圣人和之以是非而休乎天钧[8]，是之谓两行[9]。

[1]“其分”二句：一事物的分解，就是另一事物的形成。[2]达者：通达大道的人。[3]为是：因此。不用：不固执己见区分成与毁。寓诸庸：随从众人的看法。[4]几：近于(大道)。[5]“因是”三句：能了无是非，顺物忘怀，浑然为一，则不知其所以然，这就叫作道。[6]“劳神”三句：未得大道者费尽精神想求得事物的一致，而不知道万物本来的同一性，这就叫“朝三”。[7]狙(jū)公：养猴的老人。赋芧(xù)：分发橡子。[8]“是以”句：因此圣人混同是非，任凭自然调匀。[9]两行：物

我内外并行（发展）。

古之人，其知有所至矣。[1]恶乎至？有以为未始有物者[2]，至矣，尽矣，不可以加矣。其次以为有物矣，而未始有封也[3]。其次以为有封焉，而未始有是非也。是非之彰也，道之所以亏也。道之所以亏，爱之所以成[4]。果且有成与亏乎哉？果且无成与亏乎哉？有成与亏，故昭氏之鼓琴也[5]；无成与亏，故昭氏之不鼓琴也。昭文之鼓琴也，师旷之枝策也[6]，惠子之据梧也[7]，三子之知几乎，皆其盛者也，故载之末年[8]。唯其好之也，以异于彼，其好之也，欲以明之。彼非所明而明之[9]，故以坚白之昧终[10]。而其子又以文之纶终，终身无成。[11]若是而可谓成乎？虽我亦成也。若是而不可谓成乎？物与我无成也。是故滑疑之耀[12]，圣人之所图也。为是不用而寓诸庸，此之谓以明。[13]

[1]“古之”二句：古时的真人，其智慧达到了最高境界。[2]未始有物者：宇宙其始不曾存在任何物体。[3]封：界限。[4]爱：偏爱。[5]昭氏：姓昭名文，善弹琴。鼓：弹。[6]师旷：春秋时期晋平公的乐师，聪明，目盲，善解音律。枝策：持策击打乐器。[7]“惠子”句：惠子倚靠梧树而辩论。据梧：倚靠梧树。[8]载之末年：终身从事自己的爱好。[9]彼非所明而明之：并非别人想要必须明白的，却硬要人明白。[10]“故以”句：坚持“坚白论”的暗昧论题终身。坚白：即“坚白论”。公孙龙一派认为石头的坚硬与白色分离，墨子一派则相反。[11]“而其”二句：昭文之子又以学习弹琴技艺而终其身，但终其一生没有习得父亲弹琴的本领。[12]滑疑：不明的样子。耀：明。[13]“为是”二句：因此圣人不用夸说是非，只是随众人自用，这就叫作“以明”。以明：明于大道，了无是非。

（按：本节论证：万物齐一，是非之争没有价值。）

今且有言于此，不知其与是类乎？[1]其与是不类乎？类与不类，相与为类[2]，则与彼无以异矣。虽然，请尝言之。有始也者，有未始有始也者，有未始有夫未始有始也者[3]。有有也者，有无也者，有未始有无也者，有未始有夫未始有无也者[4]。俄而有无矣[5]，而未知有无之果孰有孰无也。今我则已有谓矣[6]，而未知吾所谓之其果有谓乎，其果无谓乎？

[1]“今且”二句：现在我想在此说些话，不知和其他论者是否相同呢？[2]相与为类：与其他论者一样，都是说话。[3]有未始有夫未始有始也者：指宇宙万物形体显现之前的混沌虚寂状态。[4]有未始有夫未始有无也者：指宇宙万物在未曾有“有”和“无”之前，还有未曾有未曾有“有”和“无”的时候。[5]俄而有无矣：突然产生了有和无。俄而：突然。[6]谓：言说。

天下莫大于秋毫之末，而太山为小；[1]莫寿于殇子，而彭祖为夭。天地与我并生，而万物与我为一。既已为一矣，且得有言乎？[2]既已谓之一矣，且得无言乎？一与言为二，二与一为三。[3]自此以往，巧历不能得[4]，而况其凡乎！故自无适有以至于三[5]，而况自有适有乎！无适焉，因是已。[6]

[1]“天下”二句：宇宙未曾产生万物时秋毫就成为最大的东西，当出现万物时泰山自然就显得很小。[2]“既已”二句：既然万物浑然一体，物我两忘，还有什么可说呢？[3]“一与言”二句：浑然一体的万物为一，加上我的话，就成为二，二再加上言说者就称为三。[4]巧历不能得：善于计算的人也不能计其数。[5]适：推算。[6]“无适”二句：没有必要如此推算下去，还是顺应自然吧！

夫道未始有封，言未始有常，为是而有畛也[1]。请言其畛：有左，有右，[2]有伦，有义，有分，有辩，有竞，有争，此之谓八德。六合之外[3]，圣人存而不论；六合之内，圣人论而不议。[4]春秋经世先王之志[5]，圣人议而不辩[6]。

[1]为是而有畛也：只因为有了一个“是”字，才划出许多界限。畛(zhěn)：界限。[2]有左，有右：古以右为尊，言左右实际是言尊卑。[3]六合：天、地和东、南、西、北四方。[4]“六合”二句：六合之内的事情，圣人只论其大纲，而不议其详。[5]春秋：泛指古史。经世：治理天下。志：记载。[6]圣人议而不辩：圣人只议论其内容，而不辩其是非曲直。

故分也者，有不分也；[1]辩也者，有不辩也。曰：“何也？”“圣人怀之[2]，众人辩之以相示也。故曰：辩也者，有不见也。”夫大道不称，大辩不言，大仁不仁[3]，大廉不嗛，大勇不忮[4]。道昭而不道，言辩而不及，仁常而不成[5]，廉清而不信，勇忮而不成。五者圆而几向方矣！故知止其所不知，至矣。孰知不言之辩，不道之道？若有能知，此之谓天府[6]。注焉而不满[7]，酌焉而不竭，而不知其所由来，此之谓葆光[8]。

[1]“故分”二句：天下事理，有能区分的，有不能区分的。[2]圣人怀之：圣人不争辩，怀之于心，不示于人。[3]大仁不仁：最仁爱者不是有意为仁。[4]大勇不忮(zhì)：最勇敢的人不伤害别人。[5]仁常而不成：仁者常爱，常爱必有不周。[6]天府：以自然为府藏。[7]注焉而不满：大道体虚，任其注入而不满。[8]葆光：包藏光亮而不露。

(按：本节论证：是非无别，荣藏于一体。)

故昔者尧问于舜曰：“我欲伐宗、脍、胥敖，南面而不释然。[1]其故何也？”舜曰：“夫三子者，犹存乎蓬艾之间[2]。若不释然，何哉？昔者十日并出，万物皆照，而况德之进乎日者乎！”

[1]宗、脍、胥敖：古代三个小国名。南面：君位，指临朝听政。不释然：放心不下。[2]存乎蓬艾之间：三国皆处偏僻卑微之地。

啮缺问乎王倪曰："子知物之所同是乎[1]？"曰："吾恶乎知之！""子知子之所不知邪？"曰："吾恶乎知之！""然则物无知邪？"曰："吾恶乎知之！虽然，尝试言之。庸讵知吾所谓知之非不知邪[2]？庸讵知吾所谓不知之非知邪？且吾尝试问乎女：民湿寝则腰疾偏死[3]，鳝然乎哉[4]？木处则惴栗恂惧[5]，猨猴然乎哉？三者孰知正处[6]？民食刍豢，麋鹿食荐，蝍蛆甘带，鸱鸦耆鼠，[7]四者孰知正味？猨猵狙以为雌[8]，麋与鹿交，鳝与鱼游。毛嫱丽姬，人之所美也；鱼见之深入，鸟见之高飞，麋鹿见之决骤[9]。四者孰知天下之正色哉？自我观之，仁义之端，是非之途，樊然殽乱，吾恶能知其辩！"啮缺曰："子不知利害，则至人固不知利害乎？"王倪曰："至人神矣！大泽焚而不能热，河汉沍而不能寒[10]，疾雷破山、飘风振海而不能惊。若然者，乘云气，骑日月，而游乎四海之外。死生无变于己[11]，而况利害之端乎！"

[1]"子知"句：你知道宇宙万物有共同之处吗？[2]庸讵：怎么，哪里。[3]偏死：半身不遂。[4]鳝：泥鳅。[5]木处：爬到树的高处。[6]三者孰知正处：人、泥鳅和猿猴，究竟谁知道居住在什么地方最合适？[7]刍豢：家畜。荐：丰美的草。蝍蛆：蜈蚣。带：蛇。鸱(chī)鸦：猫头鹰。[8]猨猵狙以为雌：雄性猵狙喜与雌猿交配。下文的"交""游"都是交配之意。[9]决骤：疾驰。[10]河汉：黄河、汉水。沍(hù)：冻。[11]死生无变于己：生死对于圣人来说，是没有什么影响的。

（按：本节论证："忘物"才能"齐物"，认识事物没有客观尺度。）

瞿鹊子问乎长梧子曰[1]："吾闻诸夫子[2]，圣人不从事于务[3]，不就利，不违害，不喜求，不缘道；[4]无谓有谓[5]，有谓无谓，而游乎尘垢之外。夫子以为孟浪之言，而我以为妙道之行也。[6]吾子以为奚若？"

[1]瞿鹊子、长梧子：都是虚构人物。[2]夫子：孔子。[3]务：事务，指俗事而言。[4]"不喜求"二句：无求于世，不践迹而行道(作者认为大道应无心相合)。[5]无谓有谓：无言如同有言。[6]孟浪之言：不着边际之言，无稽之谈。妙道之行：大道的表现。

长梧子曰："是皇帝之所听荧也[1]，而丘也何足以知之！且女亦大早计[2]，见卵而求时夜，见弹而求鸮炙。[3]予尝为女妄言之，女以妄听之。奚旁日月，挟宇宙？为其吻合，置其滑涽[4]，以隶相尊[5]。众人役役，圣人愚芚，参万岁而一成纯。[6]万物尽然，而以是相蕴[7]。予恶乎知说生之非惑邪！予恶乎知恶死之非弱丧而不知归者邪[8]！

[1]皇帝：黄帝。听荧：听见而感到迷惑。[2]女亦大早计：你也太操之过急了。[3]时夜：司夜，指报晓的鸡。弹：弹丸。鸮(xiāo)：形似斑鸠而大，毛青绿，肉美。炙：烤。[4]滑涽：滑乱昏暗，随而任之。[5]以隶相尊：把卑贱与尊贵看作一样。[6]"圣人"二句：圣人安于愚昧浑然无知，

糅合古今而成其纯朴。[7]以是相蕴：万物皆相互蕴积包裹，不分是非、可否、死生、利害。[8]“予恶乎”句：我哪里知道讨厌死不是如幼童流落异乡而老大不知回归故乡呢？

丽之姬[1]，艾封人之子也。晋国之始得之也，涕泣沾襟；及其至于王所，与王同筐床，食刍豢，而后悔其泣也。予恶乎知夫死者不悔其始之蕲生乎！梦饮酒者，旦而哭泣；[2]梦哭泣者，旦而田猎。方其梦也，不知其梦也。梦之中又占其梦焉，觉而后知其梦也。且有大觉而后知此其大梦也[3]，而愚者自以为觉，窃窃然知之。[4]君乎，牧乎[5]，固哉[6]！丘也与女，皆梦也；予谓女梦，亦梦也。[7]是其言也，其名为吊诡[8]。万世之后而一遇大圣，知其解者，是旦暮遇之也[9]。

[1]丽之姬：骊姬，晋献公小妾。晋献公攻打骊戎，获骊姬，纳为宠妻。[2]“梦饮”二句：夜里梦见饮酒作乐的人，早晨可能会遇到悲伤的事而哭泣。[3]有大觉而后知此其大梦也：只有觉醒的圣人，方能知晓人生就像一场大梦。[4]“愚者”二句：好执是非的愚昧之人，自以为清醒，好像是明察的样子，什么都知道。[5]牧：牧夫，养马的人。[6]固：鄙陋。[7]“予谓”二句：我说你在做梦，我也是在梦中说你的梦。[8]吊诡：至怪。[9]是旦暮遇之也：也有可能很快就能遇到大圣了。

既使我与若辩矣[1]，若胜我，我不若胜，若果是也，我果非也邪？我胜若，若不吾胜，我果是也，而果非也邪？其或是也，其或非也邪？其俱是也，其俱非也邪？我与若不能相知也，则人固受其黮暗[2]，吾谁使正之[3]？使同乎若者正之？既与若同矣，恶能正之！使同乎我者正之？既同乎我矣，恶能正之！使异乎我与若者正之，既异乎我与若矣，恶能正之！使同乎我与若者正之？既同乎我与若矣，恶能正之！然则我与若与人俱不能相知也，而待彼也邪[4]？”

[1]我：长梧子。若：瞿鹊子。[2]黮(dǎn)暗：暗昧不明的样子。[3]吾谁使正之：我又能让谁作出正确的评定呢？[4]而待彼也邪：是等待造化吗？彼：造化，即下文的“天倪”。

“何谓和之以天倪？”曰：“是不是[1]，然不然。是若果是也，则是之异乎不是也亦无辩；然若果然也，则然之异乎不然也亦无辩。化声之相待[2]，若其不相待。和之以天倪，因之以曼衍，所以穷年也。[3]忘年忘义，振于无竟，故寓诸无竟。[4]”

[1]是不是：“是”便是“不是”。[2]化声：无而忽有曰化，这里指空谷之响。相待：相对。[3]因：因循，顺应。曼衍：变化发展。穷年：享尽天年。[4]“忘年”三句：能够忘掉岁月和义理，逍遥于无物之境，因此终身也就能寄寓于无是无非然否的自由境界了。振：振动鼓舞，这里有“逍遥”的意思。竟：通“境”，境界。

（按：本节通过生动事例说明物之不可分，言之不可辩。）

罔两问景曰[1]："曩子行[2]，今子止；曩子坐，今子起；何其无特操与[3]？"景曰："吾有待而然者邪？吾所待又有待而然者邪？吾待蛇蚹蜩翼邪[4]？恶识所以然！恶识所以不然！"

[1]罔两：影外之阴，影外之影。景：通"影"，影子。[2]曩(nǎng)：从前。[3]何其无特操与：你为何没有独立的操守呢？[4]"吾待"句：我依赖形体行止，就像蛇凭借鳞皮而行、蝉凭借翅膀而飞吧？蚹(fù)：鳞皮。

昔者庄周梦为胡蝶，栩栩然胡蝶也，自喻适志与[1]！不知周也。俄然觉，则蘧蘧然周也。[2]不知周之梦为胡蝶与？胡蝶之梦为周与？周与胡蝶，则必有分矣。此之谓物化[3]。

[1]喻：晓，觉得。适志：快意。[2]俄然：突然。蘧蘧(qú)然：惊醒的样子。[3]物化：指万物化而为一。万物混化而为一，则了无人我是非之辩。

（按：本节借助两个寓言，传达"无所依凭"与物我交合、物我俱化的旨意。）

十 《礼记》

[引言]

《礼记》是一部战国至秦汉年间关于儒家思想的资料汇编。它主要记载和论述先秦的礼制、礼仪，并解释《仪礼》。《礼记》一书各篇的作者大都已不可考，但其编定者一般认为是西汉礼学家戴德及其侄戴圣。戴德选编的八十五篇本为《大戴礼记》，戴圣选编的四十九篇本为《小戴礼记》。后世流传较广的是《小戴礼记》，即今之《礼记》。《礼记》内容庞杂，风格不一，大体可以分为以下几个方面：有专为说明《仪礼》的，如《冠义》《昏义》《乡饮酒义》等篇；有杂记丧服、丧事的，如《檀弓》《丧大记》《问丧》等篇；有记述各种礼节、礼制和守则的，如《投壶》《礼器》《明堂位》《曲礼》《内则》等篇；有记述孔子言论的（其中多为假托孔子之名来阐发儒家思想的言论），如《仲尼燕居》《孔子闲居》等篇；有比较系统地论述儒家某一思想的论文，如《礼运》《学记》等篇。《礼记》中有些篇章如《大学》《中庸》等，谈及儒家关于如何修养道德、为人处世的哲学伦理观念，后被朱熹编入《四书》中，加以大力宣扬；另有《学记》《乐记》等，从理论上对教育、音乐做了非常精辟的论述。从整体上看，《礼记》不仅可供后人研究、了解古代儒家礼制等各方面的思想，而且其中许多重要观点，即便放在今天可以说亦未过时，仍可用来指导我们当今的精神文明建设。

四库全书总目礼记正义六十三卷提要

[引言]

《四库全书总目礼记正义六十三卷提要》详细考证了《大戴礼记》和《小戴礼记》的篇章数及其缘由和渊源关系。

汉郑元注[1]，唐孔颖达疏。《隋书·经籍志》曰："汉初，河间献王得仲尼弟子及后学者所记一百三十一篇献之，时无传之者。至刘向考校经籍，检得一百三十篇，第而叙之[2]。又得《明堂阴阳记》三十三篇、《孔子三朝记》七篇、《王史氏记》二十一篇，《乐记》二十三篇，凡五种，合二百十四篇。戴德删其烦重，合而记之，为八十五篇，谓之《大戴记》。而戴圣又删大戴之书为四十六篇，谓之《小戴记》。[3]汉末马融，遂传小戴之学。融又益《月令》一篇、《明堂位》一篇、《乐记》一篇，合四十九篇"云云。其说不知所本。今考《后汉书·桥元传》云：七世祖仁"著《礼记章句》四十九篇，号曰桥君学"。仁即班固所谓小戴授梁人桥季卿者，成帝时尝官大鸿胪，其时已称四十九篇，无四十六篇之说。又孔疏称："《别录》，《礼记》四十九篇，《乐记》第十九。"四十九篇之首，疏皆引郑《目录》，郑《目录》之末必云此于刘向《别录》属某门。《月令目录》云："此于《别录》属《明堂阴阳记》。"《明堂位》，《目录》云："此于《别录》属《明堂阴阳记》。"《乐记》，《目录》云："此于《别录》属《乐记》，盖十一篇，今为一篇。"则三篇皆刘向《别录》所有，安得以为马融所增？疏又引元《六艺论》曰："戴德传记八十五篇，则《大戴礼》是也。戴圣传礼四十九篇，则此《礼记》是也。"元为马融弟子，使三篇果融所增，元不容不知，岂有以四十九篇属于戴圣之理？况融所传者，乃《周礼》。若小戴之学，一授桥仁，一授杨荣。后传其学者，有刘祐、高诱、郑元、卢植，融绝不豫其授受[4]，又何从而增三篇乎？知今四十九篇实戴圣之原书，《隋志》误也。元延祐中行科举法，定《礼记》用郑元注，故元儒说礼，率有根据。自明永乐中敕修《礼记大全》，始废郑注，改用陈澔《集说》，礼学遂荒。然研思古义之士，好之者终不绝也。为之疏义者，唐初尚存皇侃、熊安生二家。贞观中，敕孔颖达等修《正义》，乃以皇氏为本，以熊氏补所未备。颖达序称："熊则违背本经，多引外义，犹之楚而北行，马虽疾而去愈远。又欲释经文，惟聚难义，犹治丝而棼之[5]，手虽繁而丝益乱也。皇氏虽章句详正，微稍繁广，又既遵郑氏，又时乖郑义[6]，此是木落不归其根，狐死不首其丘[7]。皆二家之弊，未为得也。故其书务伸郑注，未免有附会之处。然采摭旧文，词富理博，说礼之家，钻研莫尽，譬诸依山铸铜，煮海为盐，[8]即卫湜之书尚不能窥其涯涘[9]，陈澔之流益如莛与楹矣[10]。

[1]郑元：即郑玄。此处为避清朝康熙皇帝玄烨之讳，改“玄”为“元”。[2]第而叙之：按次第编排。[3]戴德、戴圣二人为叔侄关系。《大戴礼记》以当时流传的五种二百十四篇礼记为基础，裁剪之后得八十五篇，称为《大戴记》。而戴圣又删大戴之书而成《小戴记》四十九篇(实为四十六篇，因其中《曲礼》《檀弓》《杂记》三篇篇幅过长，各分为上、下两篇，故为四十九篇)，即今《十三经注疏》中的《礼记》。[4]豫：预先，事先。[5]治丝而棼：语出《左传·隐公四年》。指理丝不找头绪，就会越理越乱。比喻解决问题的方法不正确，使问题更加复杂。[6]乖：背离；违背。[7]首其丘：头向着狐穴所在的土丘。传说狐狸将死时，头必朝向出生的山丘。比喻不忘本或暮年思念故乡。[8]依山铸铜，煮海为盐：喻学无止境。[9]崖涘(sì)：界限，范围。[10]莛(tíng)：草茎。楹：高大的庭柱。

曲　礼

[引言]

《曲礼》详尽记载了我国古代的五礼即“吉礼(关于祭祀的典礼)、凶礼(关于丧葬、哀悼等的典礼)、宾礼(关于接待宾客的典礼)、军礼(关于军事活动的典礼)、嘉礼(婚礼冠礼等)”以及其他日常生活等各个方面的礼仪。从中我们可以全面了解古代社会上至国家、下至家庭各成员之间的礼节及其关系，并深入其细微之处，亦可明了我国自古以来“礼仪之邦”的美名并非虚谈。时至今日，虽然其中很多礼节已不适用于今天的现实生活，显得过于烦琐，甚至难以理解，但仍有一些并未过时，值得采纳。建设符合当今社会的现代礼仪，不能完全脱离传统而另立，那样无异于空中楼阁。因此，如何处理好传统与现代、传承与创新的关系便显得至关重要。

上

曲礼曰：“毋不敬[1]，俨若思[2]，安定辞[3]。”安民哉！

敖不可长[4]，欲不可从[5]，志不可满，乐不可极。

贤者狎而敬之[6]，畏而爱之。爱而知其恶[7]，憎而知其善。积而能散，安安而能迁[8]。临财毋苟得[9]，临难毋苟免[10]。很毋求胜[11]，分毋求多。疑事毋质，直而勿有。[12]

若夫坐如尸[13]，立如齐[14]。礼从宜，使从俗。

夫礼者所以定亲疏，决嫌疑，别同异，明是非也。礼不妄说人[15]，不辞费[16]。礼不逾节，不侵侮，不好狎。修身践言，谓之善行[17]。行修言道，礼之质也。礼闻取于人，不闻取人。礼闻来学，不闻往教。

[1]毋(wú)：不要。[2]俨：端庄稳重的样子。[3]安定：审慎，确定。[4]敖：通“傲”，傲慢。[5]从(zòng)：通“纵”，放纵。[6]狎(xiá)：亲近。[7]恶：缺点。[8]“安安”句：安于安乐的生活，也能适应变迁。[9]苟：苟且，随便。[10]难(nàn)：危难。免：免除，引申为逃避之意。[11]很：据郑注，为争讼之意。[12]“疑事”二句：怀疑的事情不要随便下判断，意见正确时也要谦逊，不自矜为己有。[13]若夫(fú)：如果。夫：语助词，无实义。尸：古代祭祀时端坐在神位上充当鬼神接受众人祭祀的人。[14]齐(zhāi)：通“斋”，斋戒。下同。[15]妄说(yuè)：胡乱取悦。说：通“悦”。[16]辞费：言而不行。[17]行(xìng)：品行。下同。

（按：本节主要阐述礼的总体原则及其本质。）

道德仁义，非礼不成，教训正俗，非礼不备。分争辨讼，非礼不决。君臣上下父子兄弟，非礼不定。宦学事师[1]，非礼不亲。班朝治军，莅官行法[2]，非礼威严不行。祷祠祭祀[3]，供给鬼神[4]，非礼不诚不庄。是以君子恭敬撙节退让以明礼[5]。鹦鹉能言，不离飞鸟；猩猩能言，不离禽兽。今人而无礼，虽能言，不亦禽兽之心乎？夫唯禽兽无礼，故父子聚麀[6]。是故圣人作[7]，为礼以教人。使人以有礼，知自别于禽兽。

太上贵德[8]，其次务施报[9]。礼尚往来。往而不来，非礼也；来而不往，亦非礼也。人有礼则安，无礼则危。故曰：礼者不可不学也。夫礼者，自卑而尊人[10]。虽负贩者[11]，必有尊也，而况富贵乎？富贵而知好礼[12]，则不骄不淫；贫贱而知好礼，则志不慑[13]。

[1]宦：为官者。学：还未做官而在学习六艺之人。[2]莅：到。[3]祷祠：因特殊的事情而行的祭礼。祭祀：例行的祭礼。[4]供给(jǐ)：供奉。[5]撙(zǔn)节：节制。[6]麀(yōu)：母鹿，泛指雌兽。[7]作：兴起。[8]太上：指上古三皇五帝的时代。[9]其次：后世，指上古以后的时代。施报：施惠，回报。[10]卑：谦卑。[11]负贩：挑担做买卖的小商贩。[12]好(hào)：喜好。[13]慑：卑怯。

（按：本节主要论述礼的重要性。）

人生十年曰幼，学。二十曰弱，冠[1]。三十曰壮，有室。四十曰强，而仕。五十曰艾[2]，服官政[3]。六十曰耆[4]，指使。七十曰老，而传[5]。八十、九十曰耄[6]，七年曰悼[7]，悼与耄，虽有罪，不加刑焉。百年曰期[8]，颐[9]。

[1]冠(guàn)：冠礼。古代为年满二十岁的男子举行加冠的仪式，表示已长大成人。[2]艾：指年长，老。[3]服官政：成为部门主管，掌管行政事务。[4]耆(qí)：年老，指六十岁以上的年纪。

[5]传：指将家族之事传给子孙。[6]耄(mào)：年老，八九十岁的年纪。[7]悼：指年幼的人。[8]期(jī)：此指一百岁的年纪。[9]颐：由人赡养，颐养天年。

（按：本节主要为对人生各年龄阶段的划分及命名。）

大夫七十而致事[1]。若不得谢[2]，则必赐之几杖[3]，行役以妇人[4]。适四方[5]，乘安车[6]。自称曰老夫，于其国则称名；越国而问焉[7]，必告之以其制。

谋于长者[8]，必操几杖以从之[9]。长者问，不辞让而对，非礼也。

凡为人子之礼：冬温而夏凊[10]，昏定而晨省[11]，在丑夷不争[12]。

夫为人子者，三赐不及车马[13]。故州闾乡党称其孝也[14]，兄弟亲戚称其慈也，僚友称其弟也[15]，执友称其仁也[16]，交游称其信也。见父之执，不谓之进不敢进，不谓之退不敢退，不问不敢对。此孝子之行也。

夫为人子者：出必告，反必面[17]，所游必有常[18]，所习必有业。恒言不称老[19]。年长以倍，则父事之[20]，十年以长，则兄事之，五年以长则肩随之[21]。群居五人，则长者必异席[22]。

[1]致事：上交职务，退休。[2]谢：卸任，辞官。[3]几(jī)：古人坐时凭依或搁置物件的小桌。杖：拐杖。古时君王为照顾老人行、坐不致过于劳累而赐予几、杖。[4]行役：出差办事。[5]适：往，到。[6]安车：安适的小车。[7]越国：出国。[8]谋：商量。[9]操：拿着。[10]凊(qìng)：凉。[11]定：安排衾枕。省：问候安好与否。[12]丑：指众人。夷：同辈之人。[13]三赐：即三命。据郑注，“凡仕者，一命而受爵，再命而受衣服，三命而受车马”。孝子虽受三命之尊，但终不敢受车马。因为受车马，只能使己成尊，而受命则能光宗耀祖，所以不受车马。[14]州闾(lǘ)乡党：皆为古时地方行政单位。据《周礼》，古时二十五户为一闾，四闾为一族，五族为一党，五党为一州，五州为一乡。[15]弟(tì)：通“悌”，敬事兄长，此指以兄长之礼对待同僚。[16]执友：志同道合的朋友。执：朋友，至交。[17]反：通“返”。面：面告。[18]常：常规，恒定不变。此指出游去一定的处所，以免父母担心。[19]恒言不称老：平常说话不说“老”字，以免父母听了因联想而伤感。[20]父事之：以对待父辈的礼节来侍奉他们。[21]肩随：并肩行走时稍稍错后一些，以示谦逊。[22]异席：古时铺席而坐，一席四人。如有五人，则另一人须另坐一席，尤推长者异席，以示尊敬。

为人子者，居不主奥[1]，坐不中席，行不中道，立不中门。食飨不为概[2]，祭祀不为尸[3]。听于无声，视于无形。[4]不登高，不临深。不苟訾[5]，不苟笑。

孝子不服暗[6]，不登危，惧辱亲也。父母存，不许友以死。不有私财。

为人子者：父母存，冠衣不纯素[7]。孤子当室，冠衣不纯采。[8]

幼子常视毋诳[9]，童子不衣裘裳[10]。立必正方。不倾听[11]。长者与之提携，则两手奉长者之手。负、剑[12]，辟咡诏之[13]，则掩口而对。

从于先生，不越路而与人言。遭先生于道[14]，趋而进[15]，正立拱手。先生与之言则对；不与之言则趋而退。

从长者而上丘陵，则必乡长者所视[16]。登城不指，城上不呼。[17]

[1]奥：室内西南角，古人认为是尊位。[2]食(sì)飨：指古时食礼和飨礼，都在宴请宾客或宗庙祭祀时举行。概：限量。[3]不为尸：因为如果儿子充当宗庙的尸，父亲参加祭祀时，尸将尊临其父，这不是孝子所能接受的，故古代一般以孙辈小孩为尸。[4]"听于"二句：指父母还没发话就已经知道他们想要说什么；父母还没有形诸颜色，就知道他们想要做什么。[5]訾(zǐ)：诋毁，指责。[6]服暗：在暗中做事。[7]不纯(zhǔn)素：不以白色镶边。因为白色为丧服之色。纯：镶边。[8]"孤子"二句：失去父亲的孤子如果当家作主，为寄托哀思，除丧之后的衣冠也不用彩色镶边。因为采是喜庆之色。孤：指幼年丧父。[9]视：通"示"，示范。诳：说谎。[10]衣(yì)：穿衣服。裘：裘皮袄。裳：古代称下身穿的衣裙，男女皆服。[11]倾听：歪着头侧耳听人说话。[12]负：背。剑：挟，抱。[13]辟咡(èr)：指交谈时侧着头，不使口气触及对方。诏：教导，告知。[14]遭：遇，碰到。[15]趋：快步走。[16]乡(xiàng)：通"向"。[17]"登城"二句：登上城墙，不要伸手指点，不要在城上呼喊，以免引起城下人的疑惑或惊惧。

（按：这两节皆为对待父母及长者的礼节。）

将适舍，求毋固。[1]将上堂，声必扬。户外有二屦[2]，言闻则入，言不闻则不入[3]。将入户，视必下[4]。入户奉扃[5]，视瞻毋回；户开亦开，户阖亦阖；有后入者，阖而勿遂[6]。毋践屦，毋踖席[7]，抠衣趋隅[8]。必慎唯诺。

大夫士出入君门，由闑右[9]，不践阈[10]。

凡与客入者，每门让于客。客至于寝门，则主人请入为席，然后出迎客。客固辞，主人肃客而入[11]。主人入门而右，客入门而左。主人就东阶，客就西阶，客若降等[12]，则就主人之阶[13]。主人固辞，然后客复就西阶。主人与客让登，主人先登，客从之，拾级聚足[14]，连步以上。上于东阶则先右足，上于西阶则先左足。

帷薄之外不趋[15]，堂上不趋，执玉不趋。堂上接武[16]，堂下布武[17]。室中不翔[18]，并坐不横肱[19]。授立不跪[20]，授坐不立。

[1]"将适"二句：到主人家时，作为客人，不能苛求于主人。各种要求不能像平常在自己家里一样。适：往。舍：居室。固：常。[2]户外有二屦：门外放着两双鞋子，表明屋内有两个人。屦(jù)：鞋子。[3]言不闻则不入：在外面听不到屋内的说话声，则不便入内，因为屋内的人可能在密谋私事。[4]视必下：目光向下看，是为了避免看到他人隐私。[5]扃(jiǒng)：门栓。奉扃：双手捧着门栓，以示恭敬。[6]阖而勿遂：把门关上但不要关紧。[7]毋踖(jí)席：不要从席子上跨过去。踖：践踏，跨越。[8]抠衣趋隅：要提起衣服快步走到席的下角，上席就坐。抠(kōu)：提起。[9]闑(niè)：古代门中央所竖短木。按古礼，进大门主人走闑右，客人从左。[10]阈(yù)：门槛。

[11]肃客：指主人引导客人进入。肃：引导，引进。[12]降等：指客人级别较主人低。[13]就：随。[14]拾(shè)级聚足：指上台阶时，前脚登一级，后脚则跟上与前脚并立在一起。[15]帷：以布帛制作的环绕四周的遮蔽物。薄：通“箔”，帘子。[16]接武：小步行走，脚步接着脚步走。武：足迹。[17]布武：迈开步子行走，脚步分开。[18]翔：指张开双臂行走。[19]肱(gōng)：指胳膊。[20]授立：拿着东西交给站立的人。

（按：本节为入室之礼。）

凡为长者粪之礼[1]，必加帚于箕上[2]，以袂拘而退[3]；其尘不及长者，以箕自乡而扱之[4]。奉席如桥衡[5]，请席何乡[6]，请衽何趾[7]。席南乡北乡，以西方为上；东乡西乡，以南方为上。

若非饮食之客[8]，则布席[9]，席间函丈[10]。主人跪正席，客跪抚席而辞。客彻重席[11]，主人固辞。客践席，乃坐。主人不问，客不先举。将即席[12]，容毋怍[13]。两手抠衣去齐尺[14]。衣毋拨，足毋蹶[15]。

先生书策琴瑟在前，坐而迁之[16]，戒勿越[17]。虚坐尽后[18]，食坐尽前。坐必安，执尔颜。长者不及，毋儳言[19]。正尔容，听必恭。毋剿说[20]，毋雷同。必则古昔[21]，称先王。侍坐于先生：先生问焉，终则对[22]。请业则起[23]，请益则起[24]。父召无诺，先生召无诺，唯而起。[25]侍坐于所尊敬，毋余席[26]。见同等不起。烛至，起，食至，起，上客[27]，起。烛不见跋[28]。尊客之前不叱狗。让食不唾[29]。

[1]“凡为”句：指为长者洒扫的礼节。粪：扫除。[2]加帚于箕上：即把扫帚放在簸箕上，以示恭敬。[3]袂(mèi)：衣袖。拘：遮挡。[4]乡：通“向”。扱(xī)：收取。[5]桥衡：桔槔上的衡木。据郑注，意为捧席时应让席像桔槔上的横木，左高右低。[6]请席：为长者铺坐席。[7]请衽何趾：为长者铺卧席，要请示长者脚朝什么方向。衽(rèn)：卧席，指床褥。趾：脚。[8]非饮食之客：不是来吃饭的客人，指来讨论学问的客人。[9]布：布置，铺。[10]函：指席间的距离。函丈：两席之间隔一丈的距离。[11]彻：撤除。重席：主人给客人铺两重坐席，以示尊敬。[12]即席：就席而坐。[13]怍(zuò)：改变脸色。[14]去：离。齐(zī)：泛指长衣的下摆。[15]蹶(jué)：急促，慌张。[16]迁：移。[17]越：跨越。[18]虚坐：即“非饮食之坐”。尽后：尽量后坐，以示尊敬。后句“食坐尽前”是为了避免弄脏坐席。[19]儳(chán)言：插嘴。[20]剿(chāo)说：抄袭别人的说法。[21]则：效法。[22]终：此指说完，问完。[23]请业则起：请教学业问题要站起来。[24]益：增加。“请益”即再次请教。[25]诺、唯：皆古代应答之语。[26]勿余席：不要空着位子。[27]上客：指贵客。[28]烛不见跋：不要等蜡烛快烧尽了才更换，这样会使客人误会而起身告辞。[29]让食不唾：在主人劝食时，不要吐口水。让：劝让。

侍坐于君子，君子欠伸[1]，撰杖屦[2]，视日蚤莫[3]，侍坐者请出矣。侍坐于君子，君子问更端[4]，则起而对。侍坐于君子，若有告者曰：“少间[5]，愿有复也[6]。”则左右屏而待[7]。毋侧听，毋噭应[8]，毋淫视[9]，毋怠荒。游毋倨[10]，立毋跛[11]，坐毋箕[12]，寝毋伏[13]。敛发毋髢[14]，冠毋免[15]，劳毋袒[16]，暑毋褰裳[17]。

侍坐于长者，屦不上于堂，解屦不敢当阶。就屦，跪而举之，屏于侧。乡长者而屦[18]；跪而迁屦[19]，俯而纳屦[20]。

[1]欠伸：打哈欠。[2]撰：拿。[3]蚤：通“早”。莫：通“暮”。[4]问更端：换了话题询问。[5]少间(xián)：稍有空闲的时候。[6]复：回禀。[7]屏：退避。[8]噭(jiào)应：高声叫喊着答应。[9]淫视：眼神游移不定。[10]游毋倨：行走时不要傲慢。[11]跛：此指站立时身体歪向另一边。[12]坐毋箕(jī)：意为坐着时不要像簸箕一样张开。[13]寝毋伏：睡觉时不要趴着。[14]毋髢(tì)：不要披头散发，因为那样像假发。[15]免：摘掉。[16]袒：袒露。[17]褰(qiān)裳：拉起裙裳。褰：拉起。裳：古代称下身穿的衣裙，男女皆服。[18]乡：通“向”。[19] 迁：移开。[20]纳屦：穿鞋。

（按：这两节为洒扫、入座之礼。）

离坐离立[1]，毋往参焉；离立者，不出中间。

男女不杂坐，不同椸枷[2]，不同巾栉[3]，不亲授。嫂叔不通问，诸母不漱裳[4]。外言不入于梱[5]，内言不出于梱。

女子许嫁，缨[6]；非有大故[7]，不入其门。姑姊妹女子子[8]，已嫁而反[9]，兄弟弗与同席而坐，弗与同器而食。父子不同席。

男女非有行媒，不相知名；[10]非受币[11]，不交不亲[12]。故日月以告君[13]，齐戒以告鬼神[14]，为酒食以召乡党僚友，以厚其别也[15]。

取妻不取同姓；故买妾不知其姓则卜之。寡妇之子，非有见焉，弗与为友。[16]

贺取妻者，曰：“某子使某[17]，闻子有客，使某羞[18]。”

贫者不以货财为礼，老者不以筋力为礼。

名子者不以国[19]，不以日月，不以隐疾[20]，不以山川。

男女异长[21]。男子二十，冠而字[22]。父前，子名；君前，臣名。女子许嫁，笄而字[23]。

[1]离坐离立：意为两人一起并坐或并立。[2]椸(yí)：晾衣杆。枷：通“架”，衣架。[3]栉(zhì)：梳子和篦子的总称。[4]诸母：指庶母。漱：洗涤。[5]梱(kǔn)：门限。[6]缨：用五彩丝带系的香囊，古时女子佩之以示已订婚。[7]大故：大的变故，如灾变或疾病。[8]女子子：指女儿。古时儿女都称“子”，为区别儿子，故称“女子子”。[9]反：通“返”。[10]“男女”二句：男女之间只有通过媒人传话才能知道对方的姓名。[11]受币：指女方接受男方的聘礼。[12]交：交往。亲：亲近。[13]日月：指结婚的日期。[14]齐(zhāi)：通“斋”，斋戒。[15]厚：慎重。[16]“寡妇”三句：寡妇的儿子如有特别的才能则可以与之为友，反之则不与交往。见(xiàn)：表现。[17]某子使某：前一个“某”指贺者，后一个“某”指代表贺者前来送礼之人。[18]羞：进献。[19]“名子”句：给儿子起

名，不能用国名，因为日常用语难以避讳。下同理。名：这里作动词用，意为给……起名字。[20]隐疾：原指位于体表而不暴露于衣外的某些疾患，即隐处的疾病，后指不便告诉人的疾病。[21]男女异长(zhǎng)：男女各自的排行要分开，不能混杂。[22]冠(guàn)：冠礼，古时男子成人礼。字：指成人之后除了名以外，还要起个字。[23]笄(jī)：发簪，此指笄礼，为女子的成人礼。古时女子十五岁可以盘发插笄，以示成人。

（按：本节主要为男女嫁娶、命名之礼。）

凡进食之礼，左殽右胾[1]，食居人之左[2]，羹居人之右。脍炙处外[3]，醯酱处内[4]，葱渫处末[5]，酒浆处右。以脯修置者[6]，左朐右末[7]。客若降等，执食，兴[8]，辞[9]，主人兴，辞于客，然后客坐。主人延客祭[10]：祭食，祭所先进。殽之序，遍祭之。三饭[11]，主人延客食胾，然后辩肴[12]。主人未辩，客不虚口[13]。

侍食于长者，主人亲馈[14]，则拜而食；主人不亲馈，则不拜而食。

[1]殽：通“肴”，带骨头的块状熟肉。胾(zì)：切片的熟肉。[2]食：米饭。[3]脍(kuài)炙：细切的肉和烤熟的肉。[4]醯(xī)：指醋。[5]渫(yì)：蒸葱。[6]脯(fǔ)修：干肉条。[7]朐(qú)：屈曲的肉脯。[8]兴：起立。[9]辞：推辞。[10]延：引导。[11]三饭：吃三口饭。[12]辩：通“遍”。下同。[13]虚口：据郑注，为“酳”(yìn)，即吃完饭后以酒浆漱口。[14]馈：进奉食物。

共食不饱[1]，共饭不泽手[2]。毋抟饭[3]，毋放饭[4]，毋流歠[5]，毋咤食[6]，毋啮骨[7]，毋反鱼肉[8]，毋投与狗骨[9]。毋固获[10]，毋扬饭[11]。饭黍毋以箸[12]。毋嚺羹[13]，毋絮羹[14]，毋刺齿[15]，毋歠醢[16]。客絮羹，主人辞不能亨。[17]客歠醢，主人辞以窭[18]。濡肉齿决[19]，干肉不齿决。毋嘬炙[20]。

卒食，客自前跪，彻饭齐，以授相者。[21]主人兴辞于客，然后客坐。侍饮于长者，酒进则起，拜受于尊所[22]。长者辞，少者反席而饮。长者举未釂[23]，少者不敢饮。长者赐，少者、贱者不敢辞。赐果于君前，其有核者怀其核。御食于君[24]，君赐余[25]，器之溉者不写[26]，其余皆写[27]。

[1]共食不饱：与人共用食器吃饭，不要只顾自己吃饱。[2]泽手：搓手。因古时吃饭是直接用手抓，故与人同吃时，手应洁净，如搓手则会把手弄脏，这样对共饭者不敬。[3]抟(tuán)饭：搓饭团。[4]毋放饭：不要把手里拿过但不吃的饭再放回食器中，这样做同样是不敬。放：放回。[5]流歠(chuò)：不停地喝汤。[6]咤(zhà)食：吃饭时满嘴带响。[7]啮(niè)：啃嚼。[8]反：通“返”。[9]毋投以狗骨：不要把骨头扔给狗吃，因有轻贱食物之意。[10]固获：专门挑一种食物吃。[11]扬饭：抖动热饭。[12]“饭黍”句：吃黄米饭不要用筷子。因古时吃饭为手抓，要等饭稍凉后再吃。而用筷子吃饭有亟不可待之意，故称。[13]嚺(tà)：大口吞食。[14]毋絮羹：指不要往羹汤里加调味品调味，因为这样做会使主人觉得客人嫌食物味道不好。[15]刺齿：剔牙。[16]醢(hǎi)：用

鱼、肉等制成的酱。[17]“客絮羹”二句：若客人不断给羹汤调味，主人要致歉，表示自家不会烹调羹汤。辞：致歉。亨：通“烹”。[18]窭(jù)：指因家贫以致招待不周。[19]濡(rú)：湿。齿决：用牙齿咬断。[20]嘬(chuài)：一口吃下去，吞食。这样的吃相很难看，有贪吃之嫌。[21]彻：撤除。齐(jī)：通“齑”，用醋、酱拌和，切成碎末的菜或肉。相者：侍候客人吃饭的人。[22]尊：通“樽”，盛酒器。[23]釂(jiào)：喝尽杯中酒。[24]御食：指君长进食时在一旁侍候。[25]余：吃剩下的食物。[26]溉：洗涤。写：通“泻”，倾倒。[27]其余：指不可洗涤的食器。

馂余不祭[1]。父不祭子，夫不祭妻。御同于长者[2]，虽贰不辞[3]，偶坐不辞[4]。羹之有菜者用梜[5]，其无菜者不用梜。

为天子削瓜者副之[6]，巾以絺[7]。为国君者华之[8]，巾以绤[9]。为大夫累之[10]，士疐之[11]，庶人龁之[12]。

[1]馂(jùn)：吃剩下的食物。祭：此指古时饭前的祭礼。吃饭前各取少许席前食物放置豆器中，以示对古代造食之人的报答。[2]御同于长者：指陪同长者赴宴。[3]虽贰不辞：主人做出双份的饭菜是为了长者，故作为陪食者不用推辞。贰：指双份的菜肴。辞：推辞。[4]偶坐不辞：作为陪客，与主客并坐而食，也不用推辞。[5]梜(jiā)：筷子。[6]副(pì)：割裂，剖分。[7]絺(chī)：细葛布。[8]华(huā)：剖开。[9]绤(xì)：粗葛布。[10]累(luǒ)：裸露而不用覆盖。[11]疐(dì)：通“蒂”。此指去掉瓜果的蒂。[12]龁(hé)：咬嚼。

（按：此两节为置酒食款待宾客之礼，即飨宴礼。）

父母有疾，冠者不栉，行不翔，[1]言不惰[2]，琴瑟不御[3]，食肉不至变味[4]，饮酒不至变貌，笑不至矧[5]，怒不至詈[6]。疾止复故[7]。

有忧者侧席而坐[8]，有丧者专席而坐。

[1]“父母”三句：意为父母有疾病时，孝子因担忧而无心顾及装束，行走也不能自在轻快。栉(zhì)：梳子。这里用作动词，指梳理头发。翔：张开双臂行走。[2]言不惰：指不说懈怠无聊的话。[3]御：使用。[4]变味：指吃肉多到口味都变了。[5]矧(shěn)：齿龈。[6]詈(lì)：骂。[7]疾止复故：病愈之后儿子才恢复平常的状态。[8]侧：特。“侧席”指独自设席。

（按：本节为父母有疾病时子女应行的礼节。）

水潦降，不献鱼鳖，献鸟者拂其首，畜鸟者则勿拂也[1]。献车马者执策绥[2]，献甲者执胄[3]，献杖者执末。献民虏者操右袂。献粟者执右契[4]，献米者操量鼓。献孰食者操酱齐[5]。献田宅者操书致[6]。

凡遗人弓者[7]：张弓尚筋[8]，弛弓尚角[9]。右手执箫[10]，左手承弣[11]。尊卑垂帨[12]。若主人拜，则客还辟[13]，辟拜。主人自受，由客之左接下承弣；乡与客并[14]，然后受。进剑者左首[15]。进戈者前其镈[16]，后其刃。进矛戟者前其镦[17]。

进几杖者拂之[18]。效马效羊者右牵之[19]；效犬者左牵之。执禽者左首。饰羔雁者以缋[20]。受珠玉者以掬[21]。受弓剑者以袂[22]。饮玉爵者弗挥[23]。凡以弓剑、苞苴、箪笥问人者[24]，操以受命，如使之容[25]。

[1]畜鸟：家禽。[2]策：古代的一种马鞭。绥(suí)：挽以登车的绳索。[3]胄：头盔。[4]右契：契券的右一半。[5]孰：通"熟"。齐(jī)：通"齑"，用醋、酱拌和，切成碎末的菜或肉。[6]致：此指田契、房契。[7]遗(wèi)：馈赠。[8]张弓尚筋：张上弓弦的，弦要朝上。[9]角：弓背。[10]箫：弓的末端。[11]弣(fǔ)：弓把的中部。[12]帨(shuì)：佩巾。[13]还(xuán)：通"旋"。辟(bì)：通"避"。[14]乡(xiàng)：通"向"。[15]首：此指剑柄。[16]镈(zūn)：戈柄下端的圆锥形金属套。[17]镦(duì)：矛戟柄末的平底金属套。[18]拂：擦拭。[19]效：呈献。[20]饰：送。缋(huì)：指彩色的花纹图案。[21]受：接受。掬(jū)：双手捧。[22]袂(mèi)：手提着衣袖去接。[23]挥：挥洒残酒。[24]苞苴(jū)：用苇或茅编织成的包裹鱼肉之类食品的用具。苞：通"包"，蒲包。箪(dān)：古代用来盛饭食的盛器。以竹或苇编成，圆形，有盖。笥(sì)：盛衣物或饭食等的方形竹器。[25]容：姿态。

（按：本节为馈赠之礼。）

凡为君使者，已受命，君言不宿于家。君言至，则主人出拜君言之辱；使者归，则必拜送于门外。若使人于君所，则必朝服而命之；使者反，则必下堂而受命。

博闻强识而让[1]，敦善行而不怠[2]，谓之君子。君子不尽人之欢，不竭人之忠，以全交也。

《礼》曰："君子抱孙不抱子[3]。"此言孙可以为王父尸，子不可以为父尸。为君尸者，大夫士见之，则下之。君知所以为尸者，则自下之，尸必式[4]。乘必以几。

齐者不乐不吊[5]。

居丧之礼，毁瘠不形[6]，视听不衰。升降不由阼阶[7]，出入不当门隧[8]。居丧之礼，头有创则沐[9]，身有疡则浴[10]，有疾则饮酒食肉，疾止复初。不胜丧[11]，乃比于不慈不孝。五十不致毁[12]，六十不毁，七十唯衰麻在身，饮酒食肉，处于内[13]。生，与来日；死，与往日。[14]知生者吊[15]，知死者伤[16]。知生而不知死，吊而不伤；知死而不知生，伤而不吊。吊丧弗能赙[17]，不问其所费。问疾弗能遗[18]，不问其所欲。见人弗能馆[19]，不问其所舍。赐人者不曰来取。与人者不问其所欲[20]。适墓不登垄[21]，助葬必执绋[22]。临丧不笑。揖人必违其位[23]。望柩不歌。入临不翔。当食不叹[24]。邻有丧，舂不相[25]。里有殡，不巷歌。适墓不歌。哭日不歌[26]。送丧不由径[27]，送葬不辟涂潦[28]。临丧则必有哀色，执绋不笑，临乐不叹；介胄[29]，则有不可犯之色。

[1]识：记忆。[2]敦：勤勉。[3]抱孙不抱子：古代祭祀时，尸的角色一般由孙辈的小男孩充

当，儿子不能做尸。因为孙的年纪小，故要由人抱着。[4]式：通“轼”，古代设在车厢前供立乘者凭扶的横木。此指尸要凭轼行答谢之礼。[5]齐：通“斋”，斋戒。下同。[6]毁瘠不形：指要节制哀伤，勿使身体消瘦变形。[7]阼(zuò)阶：大堂前东面的台阶，本为主人上下堂时常行。因为思念，故居丧时不忍走父亲过去走过的台阶。[8]当门隧：走大门正中的道路。[9]创(chuāng)：通“疮”。[10]疡(yáng)：痈疮。[11]胜(shēng)：承受。[12]毁：极度哀伤。[13]内：屋内。[14]与：数，计算。据郑注，“生”指生者服丧的日期，“来日”指人死后第二天，“死”指死者入殓的日期，“往日”指人死当天。[15]知生者吊：认识死者家属的，向家属致慰问辞。[16]知死者伤：认识死者的，向死者致悼词。[17]赙(fù)：拿钱财帮助别人办理丧事。[18]遗(wèi)：馈赠。[19]馆：留人住宿。[20]与(yù)：赠送。[21]适墓不登垄：去墓地不要登上坟头。[22]绋(fú)：指古代下葬时引柩入穴的绳索。[23]违：离开。[24]当：面对。[25]相：指舂谷时的号子声。[26]哭日：吊唁死者的日子，要悲伤哭悼。[27]径：小路。[28]辟(bì)：通“避”。下同。[29]介胄：盔甲，此做动词用，指头戴盔，身披甲。

（按：本节主要为出使、居丧之礼。）

故君子戒慎，不失色于人[1]。国君抚式[2]，大夫下之。大夫抚式，士下之。礼不下庶人，刑不上大夫。刑人不在君侧。

兵车不式。武车绥旌[3]，德车结旌[4]。

史载笔[5]，士载言[6]。前有水，则载青旌[7]。前有尘埃，则载鸣鸢[8]。前有车骑，则载飞鸿[9]。前有士师，则载虎皮。前有挚兽[10]，则载貔貅[11]。行[12]：前朱鸟而后玄武，左青龙而右白虎。招摇在上[13]，急缮其怒[14]。进退有度，左右有局，各司其局。

父之雠[15]，弗与共戴天[16]。兄弟之仇不反兵[17]。交游之仇[18]，不同国。四郊多垒[19]，此卿大夫之辱也。地广大，荒而不治，此亦士之辱也。

临祭不惰。祭服敝则焚之，祭器敝则埋之，龟策敝则埋之[20]，牲死则埋之。凡祭于公者[21]，必自彻其俎[22]。

[1]失色：失态。[2]式：通“轼”。下同。[3]武车：指用于战斗、打猎的战车。绥：舒展的样子。旌：旗帜。[4]德车：指非军事性的体现君王文德的车乘。结：收束。[5]史：史官。载：带着。[6]言：指会盟资料。[7]载青旌：在车上竖起画有青雀的旌旗，以示警戒。[8]鸢(yuān)：一种猛禽，又称鹞鹰。[9]鸿：大雁。[10]挚：通“鸷”，凶猛的鸟。[11]貔貅(pí xiū)：古籍中的猛兽名。[12]行：行军。[13]招(sháo)摇：北斗第七星摇光，此代指北斗。[14]急：坚，坚实。缮：通“劲”，坚劲。[15]雠(chóu)：仇敌。[16]戴天：立于天地之间。意为杀父之仇，不共戴天。[17]“兄弟”句：对于杀害兄弟的仇家，要随身携带武器，这样碰到仇人就可以杀掉，不用回家去拿武器。[18]交游之仇：指杀害朋友的仇家。[19]垒：指用于作战的军事堡垒。[20]龟策：指古时占卜用的龟甲和蓍草。[21]祭于公者：指士带着祭品去国君宗庙助祭。[22]俎(zǔ)：古代祭祀、宴飨时陈置牲体或其他食物的礼器。

（按：本节为军礼、对待仇人之礼及祭后之礼。）

卒哭乃讳[1]。礼，不讳嫌名[2]。二名不偏讳。逮事父母[3]，则讳王父母[4]；不逮事父母，则不讳王父母。君所无私讳，大夫之所有公讳。《诗》《书》不讳，临文不讳[5]。庙中不讳。夫人之讳[6]，虽质君之前[7]，臣不讳也；妇讳不出门。大功小功不讳[8]。入竟而问禁[9]，入国而问俗，入门而问讳。

外事以刚日[10]，内事以柔日[11]。

凡卜筮日：旬之外曰远某日[12]，旬之内曰近某日。丧事先远日，吉事先近日[13]。曰："为日，假尔泰龟有常[14]，假尔泰筮有常。"

卜筮不过三，卜筮不相袭[15]。龟为卜，筴为筮，卜筮者，先圣王之所以使民信时日、敬鬼神、畏法令也；所以使民决嫌疑、定犹与也[16]。故曰："疑而筮之，则弗非也；日而行事，则必践之[17]。"

[1]卒哭：古时丧礼。死者安葬后，改随时哀哭为早晚哭。讳：避讳，避称死者之名。[2]嫌名：指读音相近的名字。[3]逮：赶上。[4]王父母：指祖父母。[5]临文：撰写或研读、抄录文辞。[6]夫人：指国君夫人。[7]质：对。[8]大功：丧服五服之一，服丧期为九个月。小功：丧服五服之一，服丧期为五个月。[9]竟：通"境"。[10]外事：古代指郊祭或田猎之事。亦指对外联合用兵。刚日：指单日。古以"十干"记日。甲、丙、戊、庚、壬五日居奇位，属阳刚，故称。[11]内事：宗庙祭祀之事。柔日：与"刚日"相对。凡天干值乙、丁、己、辛、癸的日子就称柔日。因均属偶数，也称偶日。[12]旬：十天。[13]吉事：指婚礼、冠礼之类的好事。[14]泰：大。[15]卜筮不相袭：不能反复多次使用龟甲、蓍草占卜，有对神明不敬之嫌。[16]犹与：犹豫不定。[17]践：通"善"，良好。

（按：本节为避讳及择日之礼。）

君车将驾，则仆执策立于马前。已驾，仆展軨、效驾[1]，奋衣由右上，取贰绥，跪乘，执策分辔[2]，驱之五步而立。君出就车，则仆并辔授绥。左右攘辟[3]，车驱而驺[4]。至于大门，君抚仆之手而顾，命车右就车；门闾沟渠，必步。

凡仆人之礼，必授人绥。若仆者降等，则受；不然，则否。若仆者降等，则抚仆之手；不然，则自下拘之。客车不入大门。妇人不立乘。犬马不上于堂。故君子式黄发[5]，下卿位[6]，入国不驰，入里必式[7]。

君命召，虽贱人，大夫士必自御之[8]。介者不拜[9]，为其拜而蓌拜[10]。祥车旷左[11]，乘君之乘车不敢旷左，左必式。[12]仆御、妇人则进左手，后右手；御国君，则进右手、后左手而俯。国君不乘奇车[13]。车上不广欬[14]，不妄指。立视五巂[15]，式视马尾，顾不过毂[16]。国中以策彗恤勿驱[17]。尘不出轨。国君下齐牛，式宗庙。大夫士下公门，式路马[18]。乘路马，必朝服载鞭策，不敢授绥，左必式。步路马，必中道。以足蹙路马刍[19]，有诛[20]。齿路马[21]，有诛。

[1]展：察看。效：检验。[2]策：古代的一种马鞭。辔：驾驭马的缰绳。[3]攘：推。[4]驺：通“骤”，疾行。[5]君子：此指国君。式：通“轼”。黄发：指年纪很大的老人。[6]卿位：卿立朝时的位置。[7]式：通“轼”。下同。[8]御：迎，以示尊重国君使命。[9]介：铠甲，此处用作动词。[10]蓌(cuò)：蹲。因甲胄在身，不能折腰，故不拜，而作蹲拜状。[11]祥车：指丧葬用的魂车。旷左：空出左边的位子，以供死者的灵魂乘坐。[12]乘(chéng)君之乘(shèng)车不敢旷左：乘坐国君的车不能空出左边的位子。左为尊位，但又不能空着，因为祥车才旷左，而君王健在，故大臣要凭轼以示谦卑。[13]奇(jī)：不合法度。[14]广欬(kài)：大声咳嗽。[15]槻(guī)：通“规”。车轮转一周为槻。五槻约今 23 米。[16]毂(gǔ)：车轮的中心部位，周围与车辐的一端相接，中有圆孔，用以插轴。[17]策彗：以带叶竹帚制作的马鞭。恤勿驱：用鞭梢轻拂马匹，不让其奔跑。[18]路马：专驾国君车乘的马。[19]蹙(cù)：通“蹴”，践踏。刍：草料。[20]诛：处罚，惩罚。[21]齿：掰开马嘴以看马的年龄。

(按：本节为驾驭之礼，即御礼。)

下

凡奉者当心[1]，提者当带。执天子之器则上衡[2]，国君则平衡，大夫则绥之[3]，士则提之[4]。

凡执主器，执轻如不克[5]。执主器，操币圭璧[6]，则尚左手，行不举足，车轮曳踵[7]。立则磬折垂佩[8]。主佩倚，则臣佩垂。主佩垂，则臣佩委[9]。执玉，其有藉者则裼[10]，无藉者则袭[11]。

国君不名卿老世妇[12]，大夫不名世臣姪娣[13]，士不名家相长妾[14]。君大夫之子，不敢自称曰“余小子”[15]；大夫士之子，不敢自称曰“嗣子某”[16]，不敢与世子同名。君使士射，不能，则辞以疾[17]；言曰：“某有负薪之忧[18]。”侍于君子，不顾望而对，非礼也。

君子行礼，不求变俗。祭祀之礼，居丧之服，哭泣之位，皆如其国之故[19]，谨修其法而审行之。去国三世，爵禄有列于朝，出入有诏于国，若兄弟宗族犹存，则反告于宗后[20]；去国三世，爵禄无列于朝，出入无诏于国，唯兴之日[21]，从新国之法。君子已孤不更名。已孤暴贵，不为父作谥。居丧未葬，读丧礼；既葬，读祭礼；丧复常，读乐章。居丧不言乐，祭事不言凶，公庭不言妇女。

[1]奉：捧着。当心：正当心口。[2]上衡：高于心口，以示尊敬。[3]绥(tuǒ)：下垂。[4]提：指提起至腰部。[5]克：能。[6]币：缯帛，用作祭祀或馈赠的礼品。圭璧：玉圭、玉璧。[7]曳踵(yè zhǒng)：拖着脚跟前进，以示谨慎。[8]磬折：像磬那样曲折。[9]委：下垂。[10]裼(xī)：古行礼时，开出上服前襟，袒出上服左袖，以左袖插于前襟之右，而露出中衣。[11]袭：指古代盛

礼时掩上敞开的外服。[12]名：直呼其名。卿老：指上卿。世妇：妃嫔称号，掌管祭祀、宾客、丧纪之事。[13]世臣：先父时的老臣。姪娣(zhí dì)：古代诸侯贵族之女出嫁，以侄女和妹妹从嫁为媵妾者。[14]家相：管家。长妾：身份较高的妾。[15]余小子：天子之子居丧期间的自称。[16]嗣子：国君之子。[17]辞以疾：托称有病。[18]负薪：背柴。这是一种委婉的托词。[19]故：原来的。[20]反：通"返"。[21]兴：起，起用。

（按：本节主要为执器之礼、称呼之礼、射礼及行礼的总原则——不求变俗。）

振书、端书于君前[1]，有诛。倒策侧龟于君前，有诛。龟策、几杖、席盖、重素、袗絺绤[2]，不入公门。苞屦、扱衽、厌冠[3]，不入公门。书方、衰、凶器[4]，不以告，不入公门。

公事不私议。

君子将营宫室[5]：宗庙为先，厩库为次[6]，居室为后。

凡家造[7]：祭器为先，牺赋为次[8]，养器为后。无田禄者不设祭器；有田禄者，先为祭服。君子虽贫，不粥祭器[9]；虽寒，不衣祭服[10]；为宫室，不斩于丘木[11]。

大夫、士去国[12]，祭器不逾竟[13]。大夫寓祭器于大夫[14]，士寓祭器于士。

大夫、士去国：逾竟，为坛位，乡国而哭[15]。素衣，素裳，素冠，彻缘[16]，鞮屦[17]，素簚[18]，乘髦马[19]。不蚤鬋[20]。不祭食[21]，不说人以无罪；妇人不当御[22]。三月而复服[23]。

大夫、士见于国君，君若劳之[24]，则还辟[25]，再拜稽首；君若迎拜，则还辟，不敢答拜。大夫、士相见，虽贵贱不敌[26]，主人敬客，则先拜客；客敬主人，则先拜主人。凡非吊丧、非见国君，无不答拜者。

大夫见于国君，国君拜其辱[27]。士见于大夫，大夫拜其辱。同国始相见，主人拜其辱。君于士，不答拜也；非其臣，则答拜之。大夫于其臣，虽贱，必答拜之。男女相答拜也。

[1]振书：拂拭书上的灰尘。端：理正。[2]重(chóng)素：通身素服。袗(zhěn)：单衣。[3]苞屦：脚穿草鞋。扱衽(chā rèn)：插衣襟于带。厌冠：头戴塌瘪的帽子。[4]书方：记载丧事用的书板。衰：指丧服。凶器：指棺材之类的器物。[5]营：营造。[6]厩(jiù)：马棚，泛指牲口棚。[7]家：此指大夫家。[8]牺赋为次：其次要搭建豢养祭牲的地方。赋：赋税。[9]粥：通"鬻"(yù)，卖。[10]衣(yì)：穿。[11]斩：砍伐。丘：坟丘。[12]去：离开。[13]逾：越过。竟：通"境"。下同。[14]寓：寄存。[15]乡：通"向"。[16]彻缘：撤去衣服上的彩色镶边。[17]鞮(dī)屦：没有任何修饰的草鞋。[18]素簚(mì)：此指白狗皮覆盖着护栏的车。[19]髦马：此指鬃毛未加梳理的马。[20]不蚤鬋：不修指甲，不剪须发。蚤：通"爪"。鬋：同"剪"。[21]祭食：吃饭之前行祭食礼。[22]御：陪侍。[23]复：恢复。[24]劳：慰劳。[25]还辟：即"旋避"，转身躲避。[26]敌：相当。[27]辱：指屈身前来访问。

（按：本节为大夫、士办公、营造及离开国都出使之礼节。）

国君春田不围泽[1]；大夫不掩群，士不取麛卵[2]。

岁凶，年谷不登[3]，君膳不祭肺[4]，马不食谷，驰道不除[5]，祭事不县[6]。大夫不食粱[7]，士饮酒不乐[8]。

君无故，玉不去身。大夫无故不彻县，士无故不彻琴瑟。士有献于国君，他日，君问之曰："安取彼？"再拜稽首而后对[9]。

大夫私行出疆[10]，必请。反[11]，必有献[12]。士私行出疆，必请；反，必告。君劳之[13]，则拜；问其行，拜而后对。国君去其国，止之曰："奈何去社稷也[14]！"大夫曰："奈何去宗庙也！"士曰："奈何去坟墓也！"国君死社稷[15]，大夫死众[16]，士死制[17]。

[1]田：狩猎。[2]麛(mí)：小鹿。卵：即鸟蛋。[3]登：成。[4]膳：用餐。不祭肺：指不杀牲。古人用牺牲行食前礼。周朝用肺。[5]驰道：国君的专用马路。除：除草，指维护。[6]县：通"悬"。此指悬挂钟磬等乐器。[7]粱：稻粱米，指细粮。[8]乐：奏乐。[9]稽(qǐ)首：古时一种跪拜礼，叩头至地，为九拜中最恭敬者。[10]疆：边境。[11]反：通"返"。下同。[12]献：进献。[13]劳：慰劳。[14]去：离开，抛弃。[15]死：为……而死。[16]众：军队。[17]制：制度。

（按：本节主要为记述国君、大夫、士在田猎、凶年、私行出疆等事情上各自应守之礼。）

君天下，曰天子。朝诸侯[1]，分职、授政、任功[2]，曰予一人。践阼临祭祀[3]：内事曰孝王某，外事曰嗣王某[4]。临诸侯[5]，畛于鬼神[6]，曰有天王某甫[7]。崩，曰天王崩。复[8]，曰天子复矣。告丧，曰天王登假[9]。措之庙[10]，立之主[11]，曰帝。天子未除丧，曰予小子。生名之，死亦名之。

[1]朝(cháo)：朝见。[2]分职：分派职务。授政：授予政事。[3]践阼：登上阼阶，以就天子之位。[4]内事：宗庙祭祀之事。外事：古代指郊祭或田猎之事。亦指对外联合用兵。[5]临：视察。[6]畛(zhěn)：致告辞。[7]甫：通"父"，古代为男子美称。[8]复：古时在人刚去世时为其招魂之礼仪。[9]登假(xiá)：升天。假：通"遐"，远。[10]措：放置。[11]立之主：为其树立木主。主：古时为死者立的牌位。

天子有后，有夫人，有世妇，有嫔[1]，有妻，有妾。天子建天官[2]，先六大[3]：曰大宰、大宗、大史、大祝、大士、大卜，典司六典[4]。

天子之五官[5]：曰司徒、司马、司空、司士、司寇，典司五众。

天子之六府[6]：曰司土、司木、司水、司草、司器、司货，典司六职。

天子之六工[7]：曰土工、金工、石工、木工、兽工、草工，典制六材。五官致贡曰享。

五官之长曰伯：是职方[8]。其摈于天子也[9]，曰天子之吏。天子同姓，谓之伯父；

异姓，谓之伯舅。自称于诸侯，曰天子之老，于外曰公；于其国曰君。

九州之长入天子之国，曰牧[10]。天子同姓，谓之叔父；异姓，谓之叔舅；于外曰侯，于其国曰君。其在东夷、北狄、西戎、南蛮，虽大，曰子。于内自称曰不谷[11]，于外自称曰王老。庶方小侯入天子之国，曰某人，于外曰子，自称曰孤。天子当依而立[12]，诸侯北面而见天子，曰觐。天子当宁而立[13]，诸公东面、诸侯西面，曰朝。

[1]嫔(pín)：天子诸侯姬妾。[2]天官：据郑注，为殷商奉天时事鬼神的神职官员。[3]大(tài)：通“太”。下同。[4]典司：主管；主持。后一个“典”为法典之意。[5]五官：殷、周时分掌政事的五个高级官职。[6]六府：负责收藏管理六种赋税的府库。[7]六工：六种工匠。[8]职方：执掌一方。[9]摈(bìn)：通“傧”。指天子身边接宾传话的官员。[10]牧：九州的首领因有牧养下民之义，故称牧或牧首。[11]不谷：古代王侯自称之谦辞。谷：善。[12]依(yǐ)：通“扆”，屏风。[13]宁(zhù)：古代宫室门和屏风之间的地方。

诸侯未及期相见曰遇[1]，相见于郤地曰会[2]。诸侯使大夫问于诸侯曰聘，约信曰誓，莅牲曰盟[3]。

诸侯见天子曰臣某、侯某；其与民言，自称曰寡人；其在凶服，曰适子孤[4]。临祭祀，内事曰孝子某侯某，外事曰曾孙某侯某。死曰薨，复曰某甫复矣。既葬，见天子曰类见[5]。言谥曰类。

诸侯使人使于诸侯，使者自称曰寡君之老。天子穆穆[6]，诸侯皇皇[7]，大夫济济[8]，士跄跄[9]，庶人僬僬[10]。

天子之妃曰后，诸侯曰夫人，大夫曰孺人，士曰妇人，庶人曰妻。

公侯有夫人，有世妇，有妻，有妾。夫人自称于天子，曰老妇；自称于诸侯，曰寡小君；自称于其君，曰小童[11]。自世妇以下，自称曰婢子。子于父母则自名也。

列国之大夫，入天子之国曰某士；自称曰陪臣某。于外曰子，于其国曰寡君之老。使者自称曰某。

[1]期：约定时间、地点。[2]郤：通“隙”，两国边境。[3]莅牲：指杀牲取血涂于嘴上以示诚信。[4]适(dí)：通“嫡”。[5]类见：继位的诸侯为先君奉行过葬礼之后，未满三年之丧而见天子，只能执类似诸侯谒见天子之礼，故称。[6]穆穆：深沉肃穆。[7]皇皇：显赫轩昂。[8]济济：端庄稳重。[9]跄跄(qiàng)：容貌舒扬。[10]僬僬(jiào)：行走急促。[11]小童：谦称。

（按：此三节主要为天子、妃嫔、诸侯及百官命名之礼。）

天子不言出，诸侯不生名。[1]

君子不亲恶。诸侯失地，名；灭同姓，名。[2]

为人臣之礼：不显谏[3]。三谏而不听，则逃之。

子之事亲也：三谏而不听，则号泣而随之[4]。君有疾，饮药，臣先尝之。亲有疾，饮药，子先尝之。

医不三世，不服其药。[5]拟人必于其伦[6]。

问天子之年[7]，对曰：闻之始服衣若干尺矣[8]。问国君之年：长，曰能从宗庙社稷之事矣；幼，曰未能从宗庙社稷之事也。问大夫之子：长，曰能御矣[9]；幼，曰未能御也。问士之子：长，曰能典谒矣[10]；幼，曰未能典谒也。问庶人之子：长，曰能负薪矣；幼，曰未能负薪也。

问国君之富，数地以对[11]，山泽之所出。问大夫之富，曰有宰食力[12]，祭器衣服不假。问士之富，以车数对。问庶人之富，数畜以对。

[1]“天子”二句：天子即使出奔，史书记载也不能用“出”字。诸侯在世期间史书亦不可直称其名，皆言其尊贵。[2]“君子”五句：是讲例外之处。即天子因亲近恶人而致出奔，则史书记载可用“出”字；诸侯丧失国土或残灭同姓，史书亦可直书其名。[3]显谏：明言国君之过错而行劝谏。[4]号(háo)泣：大声哭泣。[5]“医不三世”二句：医生如果不是三代行医，则不敢服用其开出的药。三世：三代。[6]拟：比拟。伦：辈；类。[7]年：年龄。[8]服：穿。[9]御：驾马车。[10]典谒(yè)：指出迎宾客，往来传话。[11]数地：计算土地面积。[12]有宰食力：意为有官员掌管封地，食用百姓缴纳的赋税。

（按：本节主要为记史、劝谏之礼及在询问年龄、财富时各自的应答之语。）

天子祭天地，祭四方，祭山川，祭五祀，岁遍。诸侯方祀[1]，祭山川，祭五祀，岁遍。大夫祭五祀，岁遍。士祭其先[2]。

凡祭，有其废之莫敢举也，有其举之莫敢废也。非其所祭而祭之，名曰淫祀[3]。淫祀无福。天子以牺牛[4]，诸侯以肥牛[5]，大夫以索牛[6]，士以羊豕[7]。支子不祭[8]，祭必告于宗子。

凡祭宗庙之礼：牛曰一元大武[9]，豕曰刚鬣[10]，豚曰腯肥[11]，羊曰柔毛，鸡曰翰音[12]，犬曰羹献，雉曰疏趾，兔曰明视，脯曰尹祭[13]，槁鱼曰商祭[14]，鲜鱼曰脡祭[15]，水曰清涤[16]，酒曰清酌，黍曰芗合[17]，粱曰芗萁[18]，稷曰明粢[19]，稻曰嘉蔬[20]，韭曰丰本[21]，盐曰咸鹾[22]，玉曰嘉玉，币曰量币[23]。

天子死曰崩，诸侯曰薨，大夫曰卒，士曰不禄，庶人曰死。在床曰尸，在棺曰柩。羽鸟曰降，四足曰渍。死寇曰兵[24]。

祭王父曰皇祖考[25]，王母曰皇祖妣[26]。父曰皇考，母曰皇妣。夫曰皇辟。生曰父、曰母、曰妻，死曰考、曰妣、曰嫔[27]。寿考曰卒[28]，短折曰不禄。

[1]方祀：就其所在之地举行祭祀。[2]先：祖先。[3]淫：滥行，过度。[4]牺牛：指专门喂养的毛色纯正之牛。[5]肥牛：指精心喂养、经过挑选的牛。[6]索牛：临时挑选的牛。[7]豕(shǐ)：猪。[8]支子：主持祭祀的嫡长子叫宗子，之外的诸子叫支子。[9]元：头。武：足迹。下皆为为了敬神给各种祭品起的较为庄重的名称。[10]鬣(liè)：此指猪颈上的毛。[11]豚：小猪，亦泛指猪。腯(tú)：肥壮。[12]翰：长。[13]脯(fǔ)：干肉。尹：正。[14]槁：干。商：商量。[15]脡(tǐng)：挺直。[16]清涤：古代以玄酒祭祀，因其清澈洁净，故称。[17]芗(xiāng)合：祭祀所用之黍类。[18]芗萁：祭祀所用之高粱。[19]粢(zī)：谷物名，即稷。[20]嘉：美。蔬：米粒。[21]本：根。[22]咸鹾(cuó)：古代特指祭祀所用的盐。[23]币：帛。[24]死寇曰兵：被贼寇所杀者，称为“兵”。[25]王父：即祖父。[26]王母：即祖母。[27]嫔：本指君王的侍妾，这里特指已死的妻子。[28]寿考：指长寿。

（按：本节主要为祭祀天地、宗庙之礼。）

天子视不上于袷[1]，不下于带[2]；国君绥视[3]；大夫衡视；士视五步[4]。凡视：上于面则敖[5]，下于带则忧[6]，倾则奸[7]。

君命，大夫与士肄[8]。在官言官[9]，在府言府[10]，在库言库[11]，在朝言朝[12]。

朝言不及犬马。辍朝而顾，不有异事，必有异虑。故辍朝而顾，君子谓之固[13]。

在朝言礼，问礼对以礼。大飨不问卜[14]，不饶富[15]。

凡挚[16]，天子鬯[17]，诸侯圭，卿羔，大夫雁，士雉[18]，庶人之挚匹[19]；童子委挚而退[20]。野外军中无挚，以缨、拾、矢[21]，可也。

妇人之挚，椇、榛、脯、修、枣、栗[22]。

纳女于天子[23]，曰备百姓；于国君，曰备酒浆；于大夫，曰备扫洒。

[1]袷(jié)：古时交叠于胸前的衣领。[2]带：腰带。[3]绥(tuǒ)：下垂。[4]五步：五步之内的距离。[5]敖：通“傲”。[6]忧：忧郁。[7]倾：此指斜眼看人。[8]肄(yì)：学习。[9]官：放文书的地方。[10]府：存放财货、宝物的地方。[11]库：存放车马、兵甲的地方。[12]朝：朝廷，朝堂。[13]固：陋，无礼。[14]大飨(xiǎng)：指天子大宴诸侯。[15]饶富：丰饶，完备。[16]挚：通“贽”，古时拜访相互馈赠的礼物。[17]鬯(chàng)：古代宗庙祭祀用的香酒，以郁金香合黑黍酿成。[18]雉：野鸡。[19]匹：指鸭子。[20]委挚而退：指放下礼物就告退。[21]缨：套马车用的皮带。拾：射箭用的束袖臂套。[22]椇(jǔ)：木名，即枳椇，又名拐枣；亦指其果实。修：长条干肉。[23]纳女于天子：献上女儿给天子做妃嫔。

（按：本节主要为注视、言谈及择礼等方面要注意的礼节。）

礼 运

[引言]

“礼运”，顾名思义，即礼的运行。本篇运用孔子与弟子对话的形式，论述了礼自产生、发展到完善的演变过程，从正反两方面指出礼制对于国、家之长治久安的重要性，并进一步通过阐述人与天地、五行等运行的关系来强调礼对于人而言的根本性作用。

昔者仲尼与于蜡宾[1]，事毕，出游于观之上[2]，喟然而叹[3]。仲尼之叹，盖叹鲁也。言偃在侧[4]，曰：“君子何叹？”孔子曰：“大道之行也[5]，与三代之英[6]，丘未之逮也[7]，而有志焉[8]。大道之行也，天下为公，选贤与能[9]，讲信修睦。故人不独亲其亲[10]，不独子其子，使老有所终，壮有所用，幼有所长，矜寡孤独废疾者皆有所养[11]，男有分[12]，女有归[13]。货[14]，恶其弃于地也，不必藏于己；力，恶其不出于身也，不必为己。是故谋闭而不兴[15]，盗窃乱贼而不作[16]。故外户而不闭[17]，是谓大同。今大道既隐[18]，天下为家，各亲其亲，各子其子，货力为己，大人世及以为礼[19]，城郭沟池以为固，礼义以为纪[20]；以正君臣，以笃父子，以睦兄弟，以和夫妇，以设制度，以立田里，以贤勇知[21]。以功为己，故谋用是作，而兵由此起。禹、汤、文、武、成王、周公，由此其选也。此六君子者，未有不谨于礼者也。以著其义[22]，以考其信[23]，著有过[24]，刑仁讲让[25]，示民有常。如有不由此者，在执者去[26]，众以为殃[27]。是谓小康。”

[1]与(yù)：参与。蜡(zhà)：古时祭仪之名，于每年年终举行，合祭百神。宾：辅助祭祀之人。其时孔子为鲁官，位居助祭者之列。[2]观(guàn)：台，门楼。[3]喟(kuì)：叹息。[4]言偃：孔子弟子。姓言，名偃，字子游。[5]大道之行：大道通行的时代，指上古五帝时期。[6]三代：夏、商、周三代。[7]逮(dài)：赶上。[8]志：记载。指古书上关于五帝及夏、商、周三代的记载。[9]与：通“举”，举荐。[10]亲其亲：前一“亲”为动词，敬爱。后一“亲”为名词，双亲，指父母。[11]矜：通“鳏”(guān)：丧妻者。寡：丧夫者。孤：幼年丧父或父母双亡者。独：老而无子者。废：身体有伤残者。疾：身患疾病者。[12]分(fèn)：职业。[13]归：归属。古时女子出嫁曰归。[14]货：财物。[15]谋：阴谋。[16]作：与“兴”同义，发生，兴起。下同。[17]户：门户。[18]隐：隐没。[19]世及：世代相承，为古代的世袭制度。诸侯传位时，父子相传为世，兄弟相传为及。[20]纪：纲纪，纲常。[21]知：通“智”，此指智者。[22]著：彰显。[23]考：完成。[24]著：辨明。[25]刑：效法。[26] 在执者：在位的有权之人。[27]殃：祸害。

（按：本节首先借孔子之口指出，上古时代是一个“大同”的理想社会，进而表明，由于“大道既隐”而致“天下为家，各亲其亲，各子其子”，于是“谋用是作”，“兵由此起”，故需要用礼来规范君臣、父子、兄弟、夫妇等之间的关系，使纲常伦理井然有序。最后指出夏、商、周三代知礼贤君治下的社会即为“小康”社会。本节所提之“大同”“小康”社会，作为一种社会理想，千百年来一直为人们所向往并努力实践。虽然不同时代对此有着不同的理解，其表现形式也各异，但无不反映出人们对于社会公义的不懈追求。）

言偃复问曰：“如此乎礼之急也？”孔子曰：“夫礼[1]，先王以承天之道，以治人之情，故失之者死，得之者生。《诗》曰[2]：‘相鼠有体，人而无礼。人而无礼，胡不遄死[3]！’是故夫礼必本于天，淆于地[4]，列于鬼神，达于丧、祭、射、御、冠、昏、朝、聘[5]。故圣人以礼示之，故天下国家可得而正也。”

[1]夫(fú)：语气词，无实义。[2]《诗》：此指《诗经·鄘风·相鼠》。[3]遄(chuán)：赶快。[4]淆(xiào)：通“效”，效法。下同。[5]达：畅行。丧(sāng)：即丧礼，古时哀葬死者的礼仪。祭：即祭礼，古时陈物供奉神鬼祖先的礼仪。射：即射礼，古时射箭之礼仪。御：即御礼，古时驾车之礼仪。冠(guàn)：即冠礼，古时男性的成年礼。昏：通“婚”，古时结婚之礼仪。朝：即朝礼，古时诸侯朝见天子之礼。聘：即聘礼，古时天子与诸侯或诸侯与诸侯间遣使通问之礼。

（按：本节主要从总体上论述礼对于国家的必要性。）

言偃复问曰：“夫子之极言礼也，可得而闻与？”孔子曰：“我欲观夏道[1]，是故之杞[2]，而不足征也[3]，吾得《夏时》焉。我欲观殷道，是故之宋[4]，而不足征也，吾得《坤乾》焉。《坤乾》之义，《夏时》之等[5]，吾以是观之。夫礼之初，始诸饮食，其燔黍捭豚[6]，污尊而抔饮[7]，蒉桴而土鼓[8]，犹若可以致其敬于鬼神。及其死也，升屋而号，告曰：‘皋，某复！[9]’然后饭腥而苴孰[10]，故天望而地藏也。体魄则降，知气在上，故死者北首[11]，生者南乡，皆从其初。昔者先王，未有宫室，冬则居营窟，夏则居橧巢[12]。未有火化，食草木之实，鸟兽之肉，饮其血，茹其毛[13]。未有麻丝，衣其羽皮[14]。后圣有作[15]，然后修火之利，范金[16]，合土，以为台榭、宫室、牖户；以炮以燔，以亨以炙，[17]以为醴酪[18]；治其麻丝，以为布帛。以养生送死，以事鬼神上帝，皆从其朔[19]。故玄酒在室[20]，醴醆在户[21]，粢醍在堂，澄酒在下。陈其牺牲[22]，备其鼎俎，列其琴瑟管磬钟鼓，修其祝嘏[23]，以降上神[24]，与其先祖，以正君臣，以笃父子，以睦兄弟，以齐上下，夫妇有所。是谓承天之祜[25]。作其祝号，玄酒以祭，荐其血毛[26]，腥其俎，孰其殽；与其越席[27]，疏布以幂[28]，衣其澣帛[29]；醴醆以献，荐其燔炙，君与夫人交献，以嘉魂魄[30]。是谓合莫[31]。然后退而合亨，体其犬豕牛羊[32]，实其簠簋笾豆铏羹[33]，祝以孝告，嘏以慈告。是谓大祥[34]。此礼之大成也。”

[1]道：礼制。[2]之：到。杞(qǐ)：杞国，夏代的后裔。[3]征：考证。[4]宋：宋国，为殷商之后裔。[5]等：节次。[6]燔(fán)：烤。燔黍：据孔颖达疏，意为以水淘释黍米，加于烧石之上而燔之。捭(bò)：撕裂。豚(tún)：小猪。[7]污(wū)尊：掘地为坑当酒尊。抔(póu)饮：用双手捧水而饮。[8]蒉(kuài)：抟土。桴：通“枹”，鼓槌。土鼓：以瓦为框，蒙皮做鼓。[9]皋(gāo)：缓慢而拖长的呼唤声。复：回来。[10]饭：含。古丧礼，以玉、珠、米、贝等物纳于死者之口。苴(jū)：包裹。孰：通“熟”，此指熟肉。[11]北首：头向北面。下文“生者南乡”，即活着的人向南居住，因南面属阳，北面属阴。[12]橧(zēng)：用柴薪堆造的住处。[13]茹：吞咽。[14]衣(yì)：穿。[15]后圣有作：有圣人兴起。[16]范金：熔化金属以注入模型。[17]炮(páo)：用烂泥涂裹食物置火中煨烤。亨：通“烹”。[18]醴酪(lǐ lào)：酒和奶酪。[19]朔：初。[20]玄酒：古代祭礼中当酒用的清水。[21]醆(zhǎn)：白色浊酒。下文“粢醍(tǐ)”为浅红色的清酒。“澄酒”亦为清酒。[22]牺牲：此指古代祭祀用的纯色牲畜。[23]祝嘏(gǔ)：古代祭祀时祝祷和所传达的言辞。[24]降：降临。[25]祜(hù)：赐福。[26]荐(jiàn)：祭祀时献牲。[27]越(huó)席：用蒲草编织的席。[28]幂(mì)：覆盖。[29]澣(huàn)帛：经过煮练染色的丝织品，多用作祭服。[30] 嘉：使愉悦。[31]合莫：子孙和父祖神灵互通，合二为一。[32]体：指古代用于祭祀或宴飨的牛羊猪的躯体或其切块。[33]簠簋(fǔ guǐ)：均为古代祭祀、宴享时用以盛黍稷稻粱的容器。笾(biān)豆：均为古代祭祀和宴会时盛果脯的器皿。铏(xíng)羹：古祭祀时盛在铏器中调以五味的羹。[34]大祥：古时父母丧后两周年的祭礼。

(按：本节主要论述礼的产生及其发展完善的过程。)

孔子曰：“於呼哀哉[1]！我观周道，幽、厉伤之[2]。吾舍鲁何适矣[3]！鲁之郊禘[4]，非礼也。周公其衰矣[5]。杞之郊也，禹也；宋之郊也，契也。[6]是天子之事守也。故天子祭天地，诸侯祭社稷，祝嘏莫敢易其常古[7]，是谓大假[8]。祝嘏辞说，藏于宗祝巫史，非礼也，是谓幽国。盏斝及尸君[9]，非礼也，是谓僭君[10]。冕弁兵革[11]，藏于私家，非礼也，是谓胁君。大夫具官，祭器不假[12]，声乐皆具，非礼也，是谓乱国。故仕于公曰臣，仕于家曰仆。三年之丧[13]，与新有昏者[14]，期不使[15]。以衰裳入朝[16]，与家仆杂居齐齿，非礼也，[17]是谓君与臣同国。故天子有田以处其子孙[18]，诸侯有国以处其子孙，大夫有采以处其子孙[19]，是谓制度。故天子适诸侯，必舍其祖庙[20]，而不以礼籍入，是谓天子坏法乱纪。诸侯非问疾吊丧，而入诸臣之家，是谓君臣之谑[21]。是故礼者，君之大柄也[22]，所以别嫌明微[23]，傧鬼神[24]，考制度[25]，别仁义，所以治政安君也。故政不正则君位危，君位危则大臣倍[26]，小臣窃。刑肃而俗敝[27]，则法无常，法无常而礼无列[28]，礼无列则士不事也。刑肃而俗敝，则民弗归也。是谓疵国[29]。

[1]於(wū)：通“呜”，语气词。[2]幽、厉：即西周末期的两个国君周厉王和周幽王，皆昏庸无

道。[3]舍：除了。适：往。[4]禘(dì)：古天子所行祭天之礼，于太庙追祭始祖。[5]周公其衰矣：周公的制度已经衰微了。[6]“杞之郊”四句：杞国祭祀大禹，宋国祭祀契都是不对的，因为郊禘是天子的职守。禹：即大禹。契(xiè)：传说中商朝的祖先，为帝喾之子。[7]易：改变。常古：常规古法。[8]假：也是大的意思。[9]斝(jiǎ)：古代青铜制的一种贮酒器，后用来代指酒杯。[10]僭(jiàn)：超越本分，过分。[11]弁(biàn)：古代贵族戴的一种帽子。兵：兵器。[12]假：借。“不假”意为自备。[13]三年之丧(sāng)：古时丧父或丧母时子女要守孝三年，故称。[14]昏：结婚。[15]期(jī)：通“朞”，一周年。使：用，此指派遣公务。[16]衰裳：即丧服。[17]“与家仆”二句：与家仆共处，这样尊卑不分是不合礼法的。齐齿：并列，在一起。[18]处：安置。[19]采：采邑。[20]舍(shè)：住宿，居住。[21]谑(xuè)：戏谑，戏弄。[22]柄：权柄。[23]别：区别。明：辨明。[24]傧(bīn)鬼神：敬事鬼神。[25]考：制成，建立。[26]倍：通“背”，背叛。[27]敝：败坏。[28]无列：即不在列，意为紊乱。[29]疵(cī)：祸害，损害。

（按：本节论述“非礼”的危害性来阐明礼对于国家来说是不可或缺的。）

“故政者，君之所以藏身也。是故夫政必本于天，肴以降命[1]。命降于社之谓殽地，降于祖庙之谓仁义，降于山川之谓兴作，降于五祀之谓制度[2]。此圣人所以藏身之固也。故圣人参于天地[3]，并于鬼神，以治政也。处其所存，礼之序也；玩其所乐[4]，民之治也。故天生时而地生财，人其父生而师教之，四者君以正用之，故君者立于无过之地也。

“故君者所明也[5]，非明人者也。君者所养也，非养人者也。君者所事也，非事人者也。故君明人则有过，养人则不足，事人则失位。故百姓明君以自治也，养君以自安也，事君以自显也。故礼达而分定[6]，故人皆爱其死而患其生[7]。故用人之知[8]，去其诈；用人之勇，去其怒，用人之仁，去其贪。故国有患，君死社稷[9]，谓之义，大夫死宗庙，谓之变[10]。故圣人耐以天下为一家[11]，以中国为一人者，非意之也[12]，必知其情，辟于其义[13]，明于其利，达于其患，然后能为之。

“何谓人情？喜、怒、哀、惧、爱、恶、欲[14]，七者弗学而能。何谓人义？父慈、子孝、兄良、弟弟[15]、夫义、妇听、长惠、幼顺、君仁、臣忠，十者谓之人义。讲信修睦，谓之人利。争夺相杀，谓之人患。故圣人之所以治人七情，修十义，讲信修睦，尚辞让[16]，去争夺[17]，舍礼何以治之？饮食男女，人之大欲存焉。死亡贫苦，人之大恶存焉。故欲恶者，心之大端也[18]。人藏其心，不可测度也[19]。美恶皆在其心，不见其色也[20]。欲一以穷之[21]，舍礼何以哉！

[1]将命：颁布命令。[2]五祀：指祭祀住宅内外的五种神，即门、户、中霤、灶、行。[3]参(sān)：圣人与天、地合称为三。[4]玩：深切地体验。[5]明：尊崇仿效。[6]分(fèn)：尊卑之分。[7]爱其死而患其生：意为尊卑名分确定之后，国君有难，臣子都会因为贪爱国君以义而死而拼死相救，因为耻患其不义而生，而不欲苟且偷生。[8]知：通“智”。[9]死：为……而死。

[10]变：据郑注当为“辩”，正当的。[11]耐：古“能”字。[12]意：臆想。[13]辟(bì)：显明，通晓。[14]恶(wù)：憎恶，下皆同。[15]弟弟(tì)：第一个“弟”为弟弟，第二个“弟”通“悌”，敬爱兄长。[16]尚：提倡，崇尚。[17]去：去掉，除去。[18]端：头绪。[19]度(duó)：揣度，猜测。[20]色：脸色。[21]一以穷之：指彻底穷尽(人们心中的欲念)。

(按：本节主要从正面论述礼的重要性，即可以“治七情，修十义”，使政通人和。)

“故人者，其天地之德，阴阳之交，鬼神之会，五行之秀气也[1]。故天秉阳，垂日星；地秉阴，窍于山川[2]。播五行于四时[3]，和而后月生也[4]，是以三五而盈，三五而阙。[5]五行之动，迭相竭也。五行、四时、十二月，还相为本也[6]。五声、六律、十二管[7]，还相为宫也。五色、六和、十二食[8]，还相为质也[9]。五色、六章、十二衣[10]，还相为质也。故人者，天地之心也，五行之端也[11]，食味、别声、被色[12]，而生者也。故圣人作则[13]，必以天地为本，以阴阳为端[14]，以四时为柄，以日星为纪，月以为量，鬼神以为徒[15]，五行以为质，礼义以为器，人情以为田，四灵以为畜[16]。以天地为本，故物可举也[17]。以阴阳为端，故情可睹也。以四时为柄，故事可劝也[18]。以日星为纪，故事可列也。月以为量，故功有艺也[19]。鬼神以为徒，故事有守也。五行以为质，故事可复也[20]。礼义以为器，故事行有考也。人情以为田，故人以为奥也[21]。四灵以为畜，故饮食有由也[22]。何谓四灵？麟、凤、龟、龙，谓之四灵。故龙以为畜，故鱼鲔不淰[23]；凤以为畜，故鸟不獝[24]；麟以为畜，故兽不狘[25]；龟以为畜，故人情不失。故先王秉蓍龟[26]，列祭祀，瘗缯[27]，宣祝嘏辞说，设制度，故国有礼，官有御[28]，事有职，礼有序。

[1]五行：指金、木、水、火、土。[2]窍：洼地和洞穴。[3]四时：指春、夏、秋、冬。[4]和：调和，调适。[5]“是以”二句：月亮前十五天趋向圆满，后十五天渐渐残缺消失。三五：即十五天。盈：满。阙：通“缺”。[6]还：通“旋”，轮流。[7]五声：指宫、商、角、徵、羽。六律：指黄钟、大蔟、姑洗、蕤宾、夷则、无射。十二管：即六律加上六吕，六吕为：林钟、仲吕、夹钟、大吕、应钟、南吕，阳为律，阴为吕。[8]五色：指黑、白、黄、赤、青。六和：以滑、甘调制酸、苦、辛、咸四种滋味称六和。十二食：指人在一年十二个月中所吃的不同食物。[9]质：主，主体。[10]六章：指青、赤、黄、白、黑、玄六色。十二衣：十二个月里所穿的不同衣服。[11]端：开始。[12]被(pī)：通“披”。色：指各色的衣裳。[13]则：法令，法则。[14]端：首。[15]徒：徒属。[16]畜：家畜。[17]举：兴起。[18]劝：勤勉。[19]艺：准则、限度。[20]复：循环往复，周而复始。[21]奥：主。[22]由：用。[23]鲔(wěi)：纺锤形的一种鱼。淰(shěn)：惊走。[24]獝(xù)：鸟受惊乱飞。[25]狘(xuè)：兽惊跑。[26]蓍(shī)：古代占筮用的蓍草。[27]瘗缯(yì zēng)：古代埋缯帛以祭地。[28]御：统管。

(按：本节主要由论述人与阴阳、五行之间的关系进而强调礼制是顺应上述规律而行的。)

“故先王患礼之不达于下也[1]，故祭帝于郊，所以定天位也；祀社于国，所以列地利也[2]；祖庙，所以本仁也；山川，所以傧鬼神也；五祀，所以本事也。故宗祝在庙，三公在朝[3]，三老在学[4]，王前巫而后史[5]，卜筮瞽侑[6]，皆在左右。王中心无为也，以守至正。故礼行于郊，而百神受职焉；礼行于社，而百货可极焉；礼行于祖庙，而孝慈服焉；礼行于五祀，而正法则焉。故自郊、社、祖庙、山川、五祀，义之修而礼之藏也。

“是故夫礼[7]，必本于大一[8]，分而为天地，转而为阴阳，变而为四时，列而为鬼神。其降曰命[9]，其官于天也[10]。夫礼必本于天，动而之地，列而之事，变而从时，协于分艺[11]。其居人也曰养[12]，其行之以货力、辞让、饮、食、冠、昏、丧、祭、射、御、朝、聘[13]。

[1]患：忧虑。[2]列：显示。[3]三公：古代中央三种最高官衔的合称，各个朝代称谓不同。周朝以太师、太傅、太保为三公。[4]三老：古代掌教化之官。[5]前巫而后史：指巫师在君王前面驱邪，史官在后面记言记事。[6]卜筮(shì)：古时预测吉凶，用龟甲称卜，用蓍草称筮，合称卜筮，此处代指卜筮的官员。瞽(gǔ)：古时乐官。侑(yòu)：古代辅佐天子的谏官。[7]是故：因此。[8]大(tài)：通“太”。“太一”即天地未分时的混沌状态。[9]降：颁行。[10]官：取法，效法。[11]艺：据郑注，指人的才能，此句是说礼合于日月之分，如人才能的长短。[12]养：据郑注，当为“义”字。居人：在人身上。[13]货力：财货和劳动。

（按：本节主要论述礼的表现形式。）

“故礼义也者，人之大端也[1]，所以讲信修睦，而固人之肌肤之会、筋骸之束也[2]；所以养生、送死、事鬼神之大端也[3]；所以达天道、顺人情之大窦也[4]。故唯圣人为知礼之不可以已也[5]。故坏国、丧家、亡人，必先去其礼。故礼之于人也，犹酒之有蘖也；君子以厚，小人以薄。

“故圣王修义之柄、礼之序，以治人情。故人情者，圣王之田也，修礼以耕之，陈义以种之，讲学以耨之[6]，本仁以聚之，播乐以安之。故礼也者，义之实也[7]。协诸义而协，则礼虽先王未之有，可以义起也。义者，艺之分[8]，仁之节也。协于艺，讲于仁，得之者强。仁者，义之本也，顺之体也，得之者尊。故治国不以礼，犹无耜而耕也[9]；为礼不本于义，犹耕而弗种也；为义而不讲之以学，犹种而弗耨也；讲之于学而不合之以仁，犹耨而弗获也；合之以仁而不安之以乐，犹获而弗食也；安之以乐而不达于顺，犹食而弗肥也。四体既正，肤革充盈[10]，人之肥也[11]。父子笃，兄弟睦，夫妇和，家之肥也。大臣法，小臣廉，官职相序，君臣相正，国之肥也。天子以德为车，以乐为御，诸侯以礼相与，大夫以法相序，士以信相考，百姓以睦相守，天下之肥也。是谓大顺。大顺者，所以养生、送死、事鬼神之常也。故事大积焉而不苑[12]，并行而不缪[13]，细行而不失，深而通，茂而有间，连而不相及也，动而不相害也[14]。此顺之至也。故明于顺，然后能守危也。

“故礼之不同也，不丰也[15]，不杀也[16]，所以持情而合危也[17]。故圣王所以顺，山者不使居川，不使渚者居中原[18]，而弗敝也。用水、火、金、木，饮食必时，合男女、颁爵位，必当年、德[19]，用民必顺。故无水旱昆虫之灾，民无凶饥妖孽之疾。故天不爱其道[20]，地不爱其宝，人不爱其情。故天降膏露，地出醴泉，山出器、车，河出马图，凤凰、麒麟皆在郊棷[21]，龟、龙在宫沼，其余鸟兽之卵胎，皆可俯而窥也。则是无故，先王能修礼以达义，体信以达顺，故此顺之实也。”

[1]大端：主要的端绪。[2]固：巩固。[3]养生：奉养活着的人。送死：葬送死者。[4]窦：渠道。[5]已：停止，废止。[6]耨(nòu)：锄草，指存是去非。[7]实：果实。[8]艺：才。[9]耜(sì)：耒下铲土的部件。[10]肤革：即皮肤。[11]肥：健康正常。[12]菀(yùn)：积聚，郁积。[13]缪：出错，乖缪。[14]害：妨害。[15]丰：增加。[16]杀(shài)：减少。[17]合危：据郑注，为合安其危之意。[18]渚(zhǔ)：水中的小块陆地。渚者：指居住在洲渚之中的人。[19]当(dàng)：与……相当，匹配。[20]爱：吝惜。[21]棷(sǒu)：通“薮”，草泽。

（按：本节详细论述礼之于人的重要作用，即“修礼以治人情”，从而达到“大顺”。）

学　记

[引言]

《学记》是一篇关于我国古代儒家教育思想的系统而完整的论文。它对于教育的目的、方法以及教与学的关系都有非常独到的见解。其中的观点诸如教学相长、观摩式教学、启发引导式教学、强调尊重老师等，虽为古代的教育观念，但至今仍可资借鉴，对于现代教育仍然具有重要的启示作用。

发虑宪[1]，求善良，足以谀闻[2]，不足以动众；就贤体远[3]，足以动众，未足以化民。君子如欲化民成俗[4]，其必由学乎！

玉不琢，不成器；人不学，不知道[5]。是故古之王者建国君民，教学为先。《兑命》曰[6]：“念终始，典于学[7]。”其此之谓乎！

虽有嘉肴，弗食，不知其旨也；虽有至道，弗学，不知其善也。故学然后知不足，教然后知困。知不足，然后能自反也；知困，然后能自强也，故曰：教学相长也[8]。《兑命》曰：“学学半[9]。”其此之谓乎！

古之教者，家有塾，党有庠，术有序，国有学。[10]比年入学[11]，中年考校[12]。一年视离经辨志[13]，三年视敬业乐群，五年视博习亲师，七年视论学取友，谓之小成；九年知类通达，强立而不反，谓之大成。夫然后足以化民易俗，近者说服[14]，而远者怀之，此大学之道也。《记》曰："蛾子时术之[15]。"其此之谓乎！

[1]宪：法。[2]谀闻(xiǎo wèn)：小有声名。[3]就：亲近。[4]化民成俗：教化人民形成良好的风俗。[5]知道：知晓道理。[6]兑(yuè)命：据郑注，当作"说命"，为《尚书》佚篇名。[7]典：经常。[8]长(zhǎng)：促进。[9]学(xiào)学半：第一个"学"是"教"的意思，第二个"学"是学习，意为教与学相互都能获得一半的益处。[10]塾：旧时私人设立的进行教学之处。庠(xiáng)：古代的乡学。序、学：皆为古代学校的名称。术(suì)：通"遂"。党和术皆为古代行政区划。国：国都。[11]比(bì)年：每一年。[12]中(zhòng)年：每隔一年。[13]视：考察。离经辨志：对经书进行句读，辨别学习的志向所在。[14]说(yuè)：通"悦"。"说服"即心悦诚服。[15]蛾子时术之：蚂蚁不停地学习衔土，以至最终垒成土堆。蛾(yǐ)：通"蚁"，蚂蚁。

（按：本节主要论述教学的最高宗旨，即"化民成俗"。）

大学始教，皮弁祭菜[1]，示敬道也；《宵雅》肄三[2]，官其始也[3]；入学鼓箧[4]，孙其业也[5]；夏楚二物[6]，收其威也；未卜禘[7]，不视学，游其志也[8]；时观而弗语，存其心也；幼者听而弗问，学不躐等也[9]。此七者，教之大伦也。《记》曰："凡学官先事，士先志。"其此之谓乎！

大学之教也，时教必有正业[10]，退息必有居学[11]。不学操缦[12]，不能安弦；不学博依[13]，不能安《诗》；不学杂服[14]，不能安礼；不兴其艺，不能乐学。故君子之于学也，藏焉，修焉，息焉，游焉。夫然，故安其学而亲其师，乐其友而信其道。是以虽离师辅而不反也[15]。《兑命》曰："敬孙务时敏[16]，厥修乃来[17]。"其此之谓乎！

今之教者，呻其占毕[18]，多其讯言[19]，及于数[20]，进而不顾其安[21]，使人不由其诚，教人不尽其材；其施之也悖[22]，其求之也佛[23]。夫然，故隐其学而疾其师[24]，苦其难而不知其益也，虽终其业，其去之必速。教之不刑[25]，其此之由乎！

[1] 皮弁(biàn)：古时用白鹿皮做的一种礼服。祭菜：古时祭奠先圣、先师的礼仪，祭时将水芹、水藻置于其神位前。[2]宵(xiǎo)：通"小"。《宵雅》即《小雅》。肄：学习。"肄三"即学习三首《小雅》中的诗，据郑注，为《鹿鸣》《四牡》《皇皇者华》。[3]官其始：因这三首诗均为反映君臣宴乐、相互劳问的乐章，故开始就学习这三首是为了让学生有为官奉上的志向。[4]鼓箧(qiè)：古时入学仪式。入学时，学官击鼓召集学生，打开书箱取书。[5]孙(xùn)：通"逊"，恭顺。此句谓鼓箧之礼是为了让学生对学业有一种恭顺的态度。[6]夏楚二物：两种惩罚学生的教鞭。"夏"通"榎"，为榎木条，"楚"为荆条。[7]卜禘：通过巫师占卜择定吉日举行禘祭之礼。[8]游：悠游，从容。[9]躐(liè)：逾越。[10]时教：因时施教。正业：正式课程，相对于下文"居学"来讲。[11]退息：下课回家休息。居

学：指下述“操缦”“博依”“杂服”等起辅助作用的学习活动。[12]操缦：拨弄琴弦。缦：弦索。[13]博依：广博的比喻。[14]杂服：古时的各种礼服。[15]辅：朋友。[16]孙(xùn)：通“逊”，谦逊。[17]厥：代词，其。[18]占(chān)毕：书简。此句是说经师不解经义，只看简上文字诵读以教学生。[19]讯言：解说，告语。类似于今之灌输。[20]及(jí)：通“汲”。数(sù)：通“速”。此句意为汲汲于加速进度。[21]安：通晓。[22]施：施教。[23]佛：通“拂”，拂逆，乖戾。[24]隐：不称扬。疾：痛恨。[25]刑：成功。

（按：本节主要论述教学的总体原则、方法及对当时教学弊病的分析。）

大学之法，禁于未发之谓豫[1]，当其可之谓时，不陵节而施之谓孙[2]，相观而善之谓摩。此四者，教之所由兴也。

发然后禁，则扞格而不胜[3]；时过然后学，则勤苦而难成；杂施而不孙，则坏乱而不修；独学而无友，则孤陋而寡闻；燕朋逆其师[4]；燕辟废其学[5]。此六者，教之所由废也。

君子既知教之所由兴，又知教之所由废，然后可以为人师也。故君子之教喻也，道而弗牵[6]，强而弗抑[7]，开而弗达[8]。道而弗牵则和，强而弗抑则易，开而弗达则思；和易以思，可谓善喻矣。

学者有四失，教者必知之。人之学也，或失则多，或失则寡，或失则易，或失则止。[9]此四者，心之莫同也。知其心，然后能救其失也。教也者，长善而救其失者也。

善歌者，使人继其声；善教者，使人继其志。其言也约而达，微而臧[10]，罕譬而喻，可谓继志矣。

君子知至学之难易，而知其美恶，然后能博喻；能博喻然后能为师；能为师然后能为长；能为长然后能为君。故师也者，所以学为君也。是故择师不可不慎也。《记》曰：“三王四代唯其师[11]。”此之谓乎！

[1]豫：预防。[2]陵节：逾越阶段。孙(xùn)：通“逊”，顺，循序。[3]扞(hàn)格：抵触，格格不入。[4]燕：轻慢。[5]辟：通“譬”，譬喻。[6]道(dǎo)：导引。[7]强：使……坚强、坚定。[8]开而弗达：启发而不说尽以让学生思考。开：启发。[9]多：指贪多。寡：指孤陋寡闻。易：指所学过于浅易而不知深究。止：指自以为已通晓道理因而固步自封。[10]臧(zāng)：完美。[11]三王：指夏、商、周三代之王。四代：指三王的时代再加上虞的时代为四代。

（按：本节论述了教育之兴废的原因及学生在学习时易犯的四种过失，指出教师要善于启发、引导学生，要了解学生心理以纠正其过失。最后强调择师要慎重，因为跟着老师学习最终是为了学习为君之道。）

凡学之道，严师为难[1]。师严然后道尊，道尊然后民知敬学。是故君之所不臣于其臣者二：当其为尸则弗臣也[2]，当其为师则弗臣也。大学之礼，虽诏于天子，无北面[3]；

所以尊师也。

善学者，师逸而功倍，又从而庸之[4]；不善学者，师勤而功半，又从而怨之。善问者，如攻坚木，先其易者，后其节目，及其久也，相说以解[5]；不善问者反此。善待问者，如撞钟，叩之以小者则小鸣，叩之以大者则大鸣，待其从容，然后尽其声；不善答问者反此。此皆进学之道也。

记问之学，不足以为人师。必也听语乎？力不能问，然后语之[6]；语之而不知，虽舍之可也。良冶之子[7]，必学为裘[8]；良弓之子[9]，必学为箕[10]；始驾马者反之[11]，车在马前。君子察于此三者，可以有志于学矣。

古之学者：比物丑类[12]。鼓无当于五声[13]，五声弗得不和。水无当于五色[14]，五色弗得不章[15]。学无当于五官[16]，五官弗得不治。师无当于五服[17]，五服弗得不亲。

君子曰：大德不官，大道不器，大信不约，大时不齐。察于此四者，可以有志于学矣。三王之祭川也，皆先河而后海；或源也，或委也。[18]此之谓务本。

[1]严：尊敬。[2]尸：古代祭仪中充当被祭祀的神灵的人。[3]北面：面向北方。古时天子坐北面南，面南为尊，面北为卑。[4]庸：功劳，此处作动词用，归功。[5]说(tuō)：通“脱”，脱离。[6]语(yù)：告诉。[7]冶：冶炼，引申为铁匠。[8]为裘：把兽皮缝制成裘衣。[9]弓：弓箭，此指制弓之人。[10]为箕：编制畚箕。[11]始驾马者反之：刚学驾车的幼马和大马驾车相反。将幼马拴在车后面以让其适应。[12] 比：排比。丑：比并。[13]五声：指宫、商、角、徵、羽。[14]五色：指黑、白、赤、青、黄。[15]章：通“彰”，彰显。[16]五官：《礼记·曲礼下》中指司徒、司马、司空、司士、司寇五种官职，泛指各级官吏。[17]五服：古代以亲疏为差等的五种丧服，即斩衰、齐衰、大功、小功、缌麻。[18]源：源头，指河。委：指水流汇聚之处，即海。

（按：本节论述进学之道，即要尊师、善学善问、善察，要触类旁通等。）

中　庸

[引言]

《中庸》是一篇重要的儒家经典文献。其作者一般认为是孔子的孙子子思。它本为《礼记》中之一篇，后经韩愈、二程及朱熹等人阐述，最终被发扬光大，对儒家文明乃至中华文明产生了深远的影响。中庸，按朱熹注解为“不偏不倚、无过无不及”之意，但后人多有误解，认为它是一种消极处世的哲学或骑墙派。尽管如此，作为儒家的伦理道德准则，中庸之道至今仍被许多人奉行不辍。

天命之谓性[1]，率性之谓道[2]，修道之谓教[3]。道也者，不可须臾离也，可离非道也。是故君子戒慎乎其所不睹，恐惧乎其所不闻。[4]莫见乎隐[5]，莫显乎微[6]，故君子慎其独也[7]。喜怒哀乐之未发，谓之中[8]，发而皆中节[9]，谓之和[10]。中也者，天下之大本也[11]；和也者，天下之达道也[12]。致中和[13]。天地位焉[14]，万物育焉[15]。

[1]天：此处"天"既有"自然的天"的意蕴，也有形而上的哲学内涵。命：赋予。[2]率性：遵循天性。道：本意为路，这里引申为规律。[3]修道之谓教：根据道的原则来施行自身的修养。修：整治。教：教化。[4]不睹：指看不到的地方。不闻：指听不到的事情。[5]莫：没有什么比……更……。见(xiàn)：通"现"，呈现。隐：隐藏。[6]微：细微。[7]独：独处。[8]中：不偏不倚的"度"。[9]中(zhòng)节：符合法度。[10]和：和谐，无所乖戾。[11]本：根本。[12]达道：通途，通达之路。[13]致：达到。[14]位：指各得其位，各得其所而不错乱。[15]育：发育成长，生生不息。

(按：本节为一篇之要旨，统领全篇，提出了天命、性、道、教、君子慎独及中和等儒家重要概念。)

仲尼曰[1]："君子中庸[2]，小人反中庸。君子之中庸也，君子而时中[3]；小人之中庸也，小人而无忌惮也。"子曰："中庸其至矣乎[4]？民鲜能久矣[5]。"子曰："道之不行也[6]，我知之矣：知者过之[7]，愚者不及也。道之不明也，我知之矣：贤者过之，不肖者不及也。人莫不饮食也，鲜能知味也。"子曰："道其不行矣夫[8]！"

子曰："舜其大知也与[9]？舜好问而好察迩言[10]，隐恶而扬善，执其两端，用其中于民，其斯以为舜乎！"

子曰："人皆曰予知[11]，驱而纳诸罟擭陷阱之中[12]，而莫之知辟也[13]。人皆曰予知，择乎中庸，而不能期月守也[14]。"

子曰："回之为人也[15]，择乎中庸，得一善，则拳拳服膺而弗失之矣[16]。"子曰："天下国家可均也[17]，爵禄可辞也[18]，白刃可蹈也[19]，中庸不可能也。"

子路问强[20]，子曰："南方之强与？北方之强与？抑而强与[21]？宽柔以教，不报无道[22]，南方之强也，君子居之[23]。衽金革[24]，死而不厌[25]，北方之强也，而强者居之。故君子和而不流[26]，强哉矫[27]；中立而不倚[28]，强哉矫；国有道，不变塞焉[29]，强哉矫；国无道，至死不变，强哉矫。"

[1]仲尼：指孔子。[2]中庸：据朱熹注，为不偏不倚、无过无不及之意。庸：平常。中庸之道是儒家的伦理道德准则，为常行之礼。[3]而：古书中"而"与"能"字意义相同。时中：时刻处于中因而能不偏不倚。[4]至：极，最好。[5]民鲜能久矣：人们极少能做到，这种情况已经很久了。鲜(xiǎn)：少。[6]道：指中庸之道。行：施行。[7]知：通"智"。下同。过：超过限度。[8]其：语气助词，无实义。[9]舜：上古时代虞帝的号。姓姚，名重华。与(yú)：句末助词。[10]迩(ěr)：浅近。[11]予：我。此指人们自己，非指孔子。知：通"智"。[12]纳：进入、落入。罟(gǔ)：古时用

来捉鸟、捕鱼的网。擭(huò)：古时用于捕兽的笼子，设有机关。陷阱：捕兽时挖的暗坑。[13]辟(bì)：通“避”。[14]期(jī)月：满一月，整月。[15]回：指颜回，孔子弟子，字子渊。[16]拳拳：奉行不辍的样子。服膺(yīng)：牢记于心。服：着，放置。膺：胸口。[17]均：治理，平定。[18]爵禄：爵位和俸禄。辞：辞去，放弃。[19]白刃：雪亮的刀刃。蹈：踩。[20]子路：孔子弟子。姓仲名由，字子路，一字季路。为人勇武，故问孔子什么是强。[21]抑：抑或，还是，疑问语气。而：即“尔”，你。[22]报：报复。无道：蛮横无理。[23]居：处，持有。[24]衽(rèn)：席，此处作动词用，即以金革为席。金革：刀枪甲盾之类的兵器。[25]厌：憎恶，嫌弃。[26]流：流俗。[27]矫：刚强的样子。[28]倚：不正，偏侧。[29]不变塞：不改变穷困时的志向。塞(sè)：穷困。

（按：本节首先借君子和小人的对比表明，君子是中庸之道的体现者，进而通过舜、颜回、子路等人的例子指出，中庸之道作为至高无上的德行，难以恰如其分地把握。）

子曰：“素隐行怪[1]，后世有述焉，吾弗为之矣。君子遵道而行，半涂而废，吾弗能已矣[2]。君子依乎中庸，遁世不见知而不悔[3]，唯圣者能之。”君子之道，费而隐[4]，夫妇之愚[5]，可以与知焉[6]；及其至也[7]，虽圣人亦有所不知焉。夫妇之不肖[8]，可以能行焉，及其至也，虽圣人亦有所不能焉。天地之大也，人犹有所憾[9]。故君子语大[10]，天下莫能载焉；语小，天下莫能破焉[11]。《诗》云[12]：“鸢飞戾天[13]，鱼跃于渊[14]。”言其上下察也[15]。君子之道造端乎夫妇[16]，及其至也，察乎天地。

子曰：“道不远人[17]。人之为道而远人，不可以为道。《诗》云[18]：‘伐柯伐柯[19]，其则不远。’执柯以伐柯，睨而视之[20]，犹以为远。故君子以人治人，改而止[21]。忠恕违道不远[22]，施诸己而不愿，亦勿施于人。君子之道四，丘未能一焉[23]。所求乎子以事父[24]，未能也；所求乎臣以事君，未能也；所求乎弟以事兄，未能也；所求乎朋友先施之，未能也。庸德之行[25]，庸言之谨[26]，有所不足，不敢不勉[27]，有余，不敢尽，言顾行，行顾言，君子胡不慥慥尔[28]。”君子素其位而行[29]，不愿乎其外[30]，素富贵，行乎富贵，素贫贱，行乎贫贱，素夷狄[31]，行乎夷狄，素患难，行乎患难，君子无入而不自得焉。在上位，不陵下[32]；在下位，不援上[33]。正己而不求于人，则无怨。上不怨天，下不尤人[34]。故君子居易以俟命[35]，小人行险以徼幸[36]。

[1]素隐行怪：探求隐僻的道理，做诡异的事情。素：据《汉书》当作“索”。[2]已：停止。[3]遁世：退世隐居。见知：被人知晓。[4]费：广大。隐：细微。[5]夫妇：匹夫匹妇，即普通男女。[6]与：参与。[7]至：极致。[8]不肖(xiào)：指没有德行修养。[9]憾：遗憾。[10]语(yù)：说。[11]破：分开。[12]《诗》：此指《诗经·大雅·旱麓》。[13]鸢(yuān)：俗称鹞鹰，一种猛禽。戾(lì)：到。[14]渊：深水。[15]察：明察，昭著。[16]造端：开始。[17]远：远离。[18]《诗》：此指《诗经·豳风·伐柯》。[19]伐：砍削。柯：斧柄。[20]睨(nì)：斜眼看人。[21]改：改过。[22]违：离开。[23]丘未能一焉：我一件也没有做到。丘：孔子名。此夫子自称。[24]事：事奉。[25]庸：平常。[26]谨：谨慎。[27]勉：勉力，努力。[28]慥慥(zào)：忠厚老实的样子。[29]素：

平素，此处用作动词。素其位：意为安于现在所处的地位。[30]愿：羡慕。[31]夷狄：古时华夏民族以自己为中心，把四方其他民族都看作未开化之民族。东方的部族称作夷，西方的部族称为狄。[32]陵：欺凌。[33]援：攀附，巴结。[34]尤：怨恨，抱怨。[35]易：平地，引申为平易安定之处。俟(sì)：等待。[36]行险：冒险。徼幸：贪求非分的东西。

（按：本节意在说明君子之道既广大又精微，但它并不远离人们，并强调君子要安其位以待天命。）

子曰："射有似乎君子[1]，失诸正鹄[2]，反求诸其身。"君子之道，辟如行远必自迩[3]，辟如登高必自卑[4]。《诗》曰[5]："妻子好合，如鼓瑟琴[6]。兄弟既翕[7]，和乐且耽[8]。宜尔室家[9]，乐尔妻帑[10]。"子曰："父母其顺矣乎！"

子曰："鬼神之为德[11]，其盛矣乎？视之而弗见，听之而弗闻，体物而不可遗[12]，使天下之人，齐明盛服以承祭祀[13]，洋洋乎如在其上，如在其左右。《诗》曰[14]：'神之格思[15]，不可度思[16]，矧可射思[17]。'夫微之显[18]，诚之不可掩如此夫[19]！"

[1]射：指射箭。[2]正鹄(gǔ)：箭靶正中的圆心。[3]辟：通"譬"，譬如。迩：近。[4]自卑：从低处。[5]《诗》：此指《诗经·小雅·常棣》。[6]好合：和睦。鼓：弹奏。[7]翕(xī)：和睦，融洽。[8]耽：在《诗经》中作"湛"，安乐。[9]宜：安，这里作动词用。尔：你。[10]帑(nú)：通"孥"，儿子。[11]鬼神：据朱熹注，指天地之功用、造化之迹。德：情性功效。[12]体物而不可遗：体现在万物上而无所遗漏。[13]齐(zhāi)：通"斋"，指斋戒。明：洁净。盛服：整齐庄重的着装。[14]《诗》：此指《诗经·大雅·抑》。[15]格：来。思：语末助词，无实义。[16]度(duó)：揣度，猜测。[17]矧(shěn)：况且。射(yì)：《诗经》中作"斁"，厌恶。[18]微之显：鬼神之事本是隐微的，但又是显现于万物的。[19]诚：真实无妄。掩：遮掩，掩盖。

（按：本节主要论述君子之道要从自我、从家庭做起，并指出道是无所不在、不可测度的。）

子曰："舜其大孝也与？德为圣人，尊为天子，富有四海之内，宗庙飨之[1]，子孙保之。故大德必得其位，必得其禄，必得其名，必得其寿。故天之生物，必因其材而笃焉[2]，故栽者培之[3]，倾者覆之[4]。《诗》曰[5]：'嘉乐君子[6]，宪宪令德[7]。宜民宜人，受禄于天。保佑命之，自天申之[8]。'故大德者必受命[9]。"

子曰："无忧者其惟文王乎[10]？以王季为父[11]，以武王为子[12]。父作之，子述之[13]。武王缵大王、王季、文王之绪[14]，壹戎衣而有天下[15]，身不失天下之显名，尊为天子，富有四海之内，宗庙飨之，子孙保之。武王末受命[16]，周公成文武之德[17]，追王大王、王季[18]，上祀先公以天子之礼。斯礼也，达乎诸侯大夫及士庶人[19]。父为大夫，子为士，葬以大夫，祭以士；父为士，子为大夫，葬以士，祭以大夫。期之丧达乎大夫[20]，三年之丧达乎天子。父母之丧，无贵贱一也[21]。"

子曰："武王、周公，其达孝矣乎[22]！夫孝者，善继人之志、善述人之事者也。春秋修其祖庙[23]，陈其宗器[24]，设其裳衣[25]，荐其时食[26]。宗庙之礼，所以序昭穆也[27]。序爵[28]，所以辨贵贱也。序事[29]，所以辨贤也。旅酬下为上[30]，所以逮贱也[31]。燕毛[32]，所以序齿也[33]。践其位[34]，行其礼，奏其乐，敬其所尊，爱其所亲，事死如事生，事亡如事存，孝之至也。郊社之礼，所以事上帝也[35]。宗庙之礼，所以祀乎其先也。明乎郊社之礼[36]，禘尝之义[37]，治国其如示诸掌乎[38]！"

[1]宗庙：古代天子诸侯祭祀先王之所。飨(xiǎng)：祭祀之一种。此处作动词用。[2]材：材质。笃：厚。[3]培：培育，培养。[4]覆：倾覆，覆灭。[5]《诗》：此指《诗经・大雅・嘉乐》。[6]嘉：善。[7]宪宪：兴盛的样子。令：美好。[8]申：重申。[9]受命：秉受天命。[10]文王：指周文王，姓姬，名昌，周武王即位时追谥为"文"。[11]王季：指周文王的父亲，名季历，周武王即位时追谥为"王季"。[12]武王：周文王的儿子。姓姬，名发，谥"武"。[13]作：这里指创业。述：指继承。[14]缵(zuǎn)：继承。大(tài)王：指王季的父亲，古公亶父，周武王追谥为"大王"。绪：基业。[15]壹戎衣：即《古文尚书・康诰》中之"壹戎殷"。据郑注，"壹"通"殪"，诛灭。"衣"当为"殷"。[16]末：此指晚年。[17]周公：名旦，为周武王之弟，辅佐武王伐纣。成：完成，成就。德：德业。[18]追王(wàng)：追封……为王。[19]达：到。[20]期(jī)：满一年。[21]无：无论。一：一样。[22]达孝：最孝顺之人。矣乎：语尾助词。[23]春秋：这里指春秋两季祭祀祖先的时节。[24]陈：摆列。宗器：先世所重之祭器。[25]设：陈设。裳(cháng)衣：指先祖留下来的衣服。[26]荐：进献。时食：正当时令的食物。[27]昭穆：宗庙安放神位的次序，左为昭，右为穆，始祖居中。[28]序爵：按爵位高低排序。[29]序事：安排行祭礼时的职事。[30]旅：众人。酬：劝酒、敬酒。为(wèi)：向。[31]逮(dài)：及，即祖先的恩惠下及晚辈。[32]燕毛：指宴饮时按照头发颜色的深浅来别长幼，排座次。燕：通"宴"。[33]齿：年龄。[34]践：履，登。[35]上帝：上天。[36]郊：古时冬至祭天为郊。社：古时夏至祭天为社。均为天子祭礼。[37]禘(dì)：天子宗庙五年一次的大祭。尝：每年秋天的常祭。[38]示：通"视"。

（按：本节主要通过舜、文王、武王、周公的例子来强调孝道这种大德行的重要性。）

哀公问政[1]。子曰："文武之政，布在方策[2]，其人存，则其政举[3]，其人亡，则其政息[4]。人道敏政[5]，地道敏树。夫政也者，蒲卢也[6]。故为政在人，取人以身，修身以道，修道以仁。仁者，人也，亲亲为大[7]。义者宜也，尊贤为大。亲亲之杀[8]，尊贤之等，礼所生也。在下位不获乎上，民不可得而治矣。[9]故君子不可以不修身；思修身，不可以不事亲，思事亲，不可以不知人，思知人，不可以不知天。天下之达道五，所以行之者三。曰：君臣也，父子也，夫妇也，昆弟也[10]，朋友之交也，五者天下之达道也。知、仁、勇三者，天下之达德也，所以行之者一也。或生而知之，或学而知之，或困而知之，及其知之一也[11]。或安而行之，或利而行之，或勉强而行之，及其成功一也。”

子曰：“好学近乎知，力行近乎仁，知耻近乎勇。知斯三者，则知所以修身；知所以修身，则知所以治人；知所以治人，则知所以治天下国家矣。凡为天下国家有九经[12]，曰：修身也，尊贤也，亲亲也，敬大臣也，体群臣也，子庶民也[13]，来百工也[14]，柔远人也[15]，怀诸侯也[16]。修身则道立，尊贤则不惑，亲亲则诸父昆弟不怨，敬大臣则不眩，体群臣则士之报礼重，子庶民则百姓劝[17]，来百工则财用足，柔远人则四方归之，怀诸侯则天下畏之。齐明盛服，非礼不动，所以修身也；去谗远色[18]，贱货而贵德，所以劝贤也；尊其位，重其禄，同其好恶[19]，所以劝亲亲也；官盛任使[20]，所以劝大臣也。忠信重禄，所以劝士也。时使薄敛[21]，所以劝百姓也。日省月试[22]，既廪称事[23]，所以劝百工也。送往迎来，嘉善而矜不能[24]，所以柔远人也。继绝世[25]，举废国[26]，治乱持危，朝聘以时[27]，厚往而薄来，所以怀诸侯也。凡为天下国家有九经，所以行之者一也。凡事豫则立[28]，不豫则废。言前定则不跲[29]，事前定则不困，行前定则不疚[30]，道前定则不穷。在下位不获乎上，民不可得而治矣；获乎上有道：不信乎朋友，不获乎上矣；信乎朋友有道：不顺乎亲，不信乎朋友矣；顺乎亲有道：反诸身不诚，不顺乎亲矣；诚身有道：不明乎善，不诚乎身矣。诚者，天之道也；诚之者[31]，人之道也。诚者不勉而中[32]，不思而得，从容中道，圣人也。诚之者，择善而固执之者也[33]。博学之，审问之[34]，慎思之，明辨之，笃行之[35]。有弗学，学之弗能，弗措也[36]；有弗问，问之弗知，弗措也。有弗思，思之弗得，弗措也。有弗辨，辨之弗明，弗措也。有弗行，行之弗笃，弗措也。人一能之，己百之；人十能之，己千之。果能此道矣，虽愚必明，虽柔必强。”

[1]哀公：即鲁哀公。春秋时鲁国国君，姓姬，名蒋。“哀”为其谥号。[2]布：布列，记录。方策：古时书写用的简牍。[3]举：实行。[4]息：停息。下同。[5]敏：快捷。[6]蒲卢：即芦苇，生长非常迅速。[7]亲亲：前一个“亲”作动词用，为“爱”之意；后一个“亲”指亲戚。[8]杀(shà)：差别。[9]“在下位”二句：据郑注，这两句在下面，此为误重，应删掉。[10]昆弟：即兄弟。[11]一：一样。[12]为：治理。经：常，纲常，准则。[13]子：这里作动词用，以庶民为子，即爱民如子之意。[14]来：通“徕”，招来。[15]柔：怀柔，使归顺。[16]怀：安抚。[17]劝：勉励。[18]谗：谗言，说人坏话。[19]好恶(hào wù)：爱憎。[20]官盛任使：为大臣设置众多属官，使他们足以听其差遣。[21]时使：在不误农时的情况下役使百姓。薄敛：减轻赋税。[22]省(xǐng)：省察。试：考核。[23]既廪(xì lǐn)称事：发给与其业绩相称的粮食作为俸禄。既：通“饩”，稻米。称：符合。[24]矜：同情，怜悯。[25]绝世：指诸侯中世系断绝的。[26]举：复兴，振兴。废国：指诸侯中国事废弛的。[27]朝聘：古时诸侯见天子之礼。每年一见为小聘，三年一见大聘，五年一见为朝聘。[28]豫：预备，有准备。[29]跲(jiá)：绊倒，引申为不顺畅。[30]疚：愧疚，后悔。[31]诚之：追求真诚。[32]勉：勉强。[33]固执：执着持守。[34]审：详尽。[35]笃行：笃实地履行。[36]弗措：不停止。

（按：本节意在说明君子要治理国家就要有非常高的道德修养，而其关键就在于未雨绸缪，在于诚心，在于善，在于行。）

自诚明谓之性[1]，自明诚谓之教[2]。诚则明矣，明则诚矣。唯天下至诚为能尽其性，能尽其性，则能尽人之性，能尽人之性，则能尽物之性，能尽物之性，则可以赞天地之化育[3]，可以赞天地之化育，则可以与天地参矣[4]。其次致曲[5]，曲能有诚，诚则形[6]，形则著[7]，著则明，明则动[8]，动则变，变则化[9]，唯天下至诚为能化。至诚之道，可以前知[10]。国家将兴，必有祯祥[11]；国家将亡，必有妖孽[12]。见乎蓍龟[13]，动乎四体[14]。祸福将至，善必先知之，不善必先知之，故至诚如神。诚者自成也[15]，而道自道也。诚者，物之终始，不诚无物，是故君子诚之为贵。诚者非自成己而已也[16]，所以成物也。成己仁也，成物知也。性之德也，合外内之道也，故时措之宜也[17]。

[1]自诚明：由真诚而领悟道理。自：由。[2]自明诚：由明达事理而后做到真诚。教：教化。[3]赞：帮助，促进。化育：变化，生长。[4]参（sān）：据朱熹注，人与天、地并立而为三。[5]其次：指次于圣人的贤人。致：用心去做。曲：一端，一个方面。[6]形：表露。[7]著：显著。[8]动：感动。[9]化：化育。[10]前知：预知未来。[11]祯（zhēn）祥：吉祥的预兆。[12]妖孽：妖怪，即不祥的凶兆。[13]见（xiàn）：通“现”，呈现。蓍（shī）龟：古时用来占卜的蓍草和龟甲。[14]四体：即四肢。[15]自成：自我完成。[16]成己：自我完善。[17]时措：随时施行。

（按：本节进一步强调真诚的重要性，并指出只要尽性发挥自身的真诚，就可以感化他人，甚至化育万物，预知未来。）

故至诚无息，不息则久，久则征[1]，征则悠远，悠远则博厚，博厚则高明。博厚所以载物也[2]，高明所以覆物也[3]，悠久所以成物也[4]。博厚配地，高明配天，悠久无疆，如此者不见而章[5]，不动而变，无为而成，天地之道，可一言而尽也。其为物不贰[6]，则其生物不测[7]。天地之道，博也，厚也，高也，明也，悠也，久也。今夫天，斯昭昭之多[8]，及其无穷也，日月星辰系焉[9]，万物覆焉。今夫地，一撮土之多[10]，及其广厚，载华岳而不重[11]，振河海而不泄[12]，万物载焉。今夫山，一卷石之多[13]，及其广大，草木生之，禽兽居之，宝藏兴焉。今夫水，一勺之多，及其不测，鼋鼍蛟龙鱼鳖生焉[14]，货财殖焉[15]。《诗》曰[16]：“维天之命，於穆不已[17]”，盖曰天之所以为天也。“于乎不显[18]，文王之德之纯”，盖曰：文王之所以为文也，纯亦不已。

[1]征：验证。一说“征”应为“彻”。[2]载：承载，负载。[3]覆：覆盖。[4]成物：成就万物。[5]见：通“现”。章：通“彰”，彰明。[6]不贰：诚一，没有二心。[7]测：测度。[8]斯：这。昭昭：光明的样子。[9]系：悬挂。[10]撮（cuō）：一把。[11]华岳：指华山。一说指华山和岳山。[12]河

海：指黄河和大海。[13]卷(quán)石：拳头大小的石头。卷：通“拳”。[14]鼋鼍(yuán tuó)：大鳖和扬子鳄。蛟(jiāo)：古代传说中一种能发洪水的龙。[15]殖：繁殖，生长。[16]《诗》：此指《诗经·周颂·维天之命》。[17]维、於(wū)：皆为语气词，无实义。穆：肃穆。[18]不显：据朱熹注：不显犹言岂不显也。一说“不”通“丕”。“不显”即“大显”。

(按：本节主要论述至诚之道永不停息，天地的法则也与之相通。文王之德也因其真诚而没有止息。)

大哉圣人之道，洋洋乎[1]，发育万物，峻极于天[2]，优优大哉[3]！礼仪三百，威仪三千，[4]待其人然后行。故曰：“苟不至德[5]，至道不凝焉[6]”。故君子尊德性而道问学[7]，致广大而尽精微[8]，极高明而道中庸[9]，温故而知新，敦厚以崇礼。是故居上不骄，为下不倍[10]，国有道，其言足以兴，国无道，其默足以容[11]。《诗》曰[12]：“既明且哲[13]，以保其身”，其此之谓与？

[1]洋洋：充满的样子。[2]峻极：高大到极点。[3]优优：充足有余的样子。[4]三百、三千：极言其多，不确指。礼仪：古代制定的大礼节，主要为吉礼、凶礼、宾礼、军礼、嘉礼等。威仪：指细节方面的礼节，如言谈举止、待人接物等。[5]苟：如果。至德：至高的德性。[6]凝：聚集。[7]尊：恭敬地秉持。问学：询问和学习。[8]致：致力。尽：尽心。[9]极：达到极致。道：遵循。[10]倍：通“背”，悖逆。[11]默：沉默。容：容身，免于祸患。[12]《诗》：此指《诗经·大雅·烝民》。[13]明：聪明。哲：有智慧，通晓事理。

(按：本节接上文，极力赞颂圣人之道，并阐明了达到圣人之道的途径。)

子曰：“愚而好自用[1]，贱而好自专[2]，生乎今之世，反古之道[3]，如此者，灾及其身者也。”非天子不议礼，不制度，不考文。[4]今天下车同轨，书同文，行同伦。[5]虽有其位，苟无其德，不敢作礼乐焉。虽有其德，苟无其位，亦不敢作礼乐焉。

子曰：“吾说夏礼[6]，杞不足征也[7]。吾学殷礼，有宋存焉。吾学周礼，今用之，吾从周。”王天下有三重焉[8]，其寡过矣乎[9]？上焉者虽善无征[10]，无征不信，不信民弗从；下焉者虽善不尊[11]，不尊不信，不信民弗从。故君子之道，本诸身[12]，征诸庶民，考诸三王而不缪[13]，建诸天地而不悖，质诸鬼神而无疑[14]，百世以俟圣人而不惑[15]。质诸鬼神而无疑，知天也。百世以俟圣人而不惑，知人也。是故君子动而世为天下道[16]，行而世为天下法，言而世为天下则，远之则有望[17]，近之则不厌[18]。《诗》曰[19]：“在彼无恶，在此无射[20]。庶几夙夜[21]，以永终誉[22]。”君子未有不如此，而蚤有誉于天下者也[23]。

[1]好(hào)：喜好。自用：自作聪明，刚愎自用。[2]自专：自作主张，独断专行。[3]反：通“返”。[4]议：议定。制：制定。考：考订。[5]轨：轨道，指车行的辙迹。文：文字。伦：伦常。

[6]夏礼：夏代的礼仪。[7]杞：杞国，相传夏禹的后代大都居于此地。征：验证。[8]王(wàng)天下：君临天下，称王。三重：指仪礼、制度、考文。[9]过：过失，过错。[10]上焉者：指周朝以前如夏、商时代的礼制。[11]下焉者：指后世，如孔子所在之世。不尊：没有尊贵的地位。[12]诸：之于。[13]三王：指夏禹、商汤、周文王。缪：通"谬"，谬误。[14]疑：询问。[15]俟：等待。[16]世：世世代代。道：常规。[17]望：仰望，仰慕。[18]厌：厌恶。[19]《诗》：此指《诗经·周颂·振鹭》。[20]射(yì)：《诗经》中本作"斁"，厌恶。[21]庶几(jī)：几乎。夙(sù)：白天。[22]永：永远。誉：赞誉。[23]蚤：通"早"。

（按：本节进一步发挥上节"居上不骄，为下不倍"之意，强调王者要重视统一礼仪、制度和文字，反对独断专行，自以为是。）

仲尼祖述尧舜[1]，宪章文武[2]；上律天时[3]，下袭水土[4]，辟如天地之无不持载[5]，无不覆帱[6]，辟如四时之错行[7]，如日月之代明[8]，万物并育而不相害，道并行而不相悖，小德川流，大德敦化[9]，此天地之所以为大也。唯天下至圣[10]，为能聪明睿知足以有临也[11]，宽裕温柔[12]，足以有容也，发强刚毅[13]，足以有执也[14]，齐庄中正[15]，足以有敬也，文理密察[16]，足以有别也。溥博渊泉[17]，而时出之[18]，溥博如天，渊泉如渊，见而民莫不敬[19]，言而民莫不信，行而民莫不说[20]。是以声名洋溢乎中国，施及蛮貊[21]，舟车所至，人力所通，天之所覆，地之所载，日月所照，霜露所队[22]，凡有血气者，莫不尊亲，故曰配天。唯天下至诚，为能经纶天下之大经[23]，立天下之大本，知天地之化育。夫焉有所倚，肫肫其仁[24]，渊渊其渊[25]，浩浩其天[26]，苟不固聪明圣知达天德者[27]，其孰能知之？

[1]祖：远承。述：传述。[2]宪章：遵从，效法。文武：指周文王、周武王。[3]律：遵循。[4]袭：因袭。[5]辟：通"譬"。[6]覆帱(dào)：覆盖。[7]错行：交错运行。[8]代明：交替光明。[9]敦化：敦实化育万物。[10]至圣：最圣明之人。[11]临：居上而临下。[12]宽裕：指宽大舒广。[13]发强：奋发刚强。[14]执：决断。[15]齐庄中正：整齐、庄重、中庸、正直。[16]文理密查：文字条理周密而明辨。[17]溥(pǔ)：周遍。[18]出：出现，表现。[19]见：通"现"。[20]说(yuè)：通"悦"。[21]蛮貊(mò)：南蛮北貊，古代对边远地区少数民族之称。[22]队(zhuì)：通"坠"。[23]经：理出头绪加以分别。纶：排列同类加以综合。经纶：本意为整理丝线，引申为治理。[24]肫肫(zhūn)：诚恳的样子。[25]渊渊：深静的样子。[26]浩浩：广大的样子。[27]固：确实。

（按：本节从孔子作为中庸之道的典范出发来阐述何谓圣人及其影响。）

《诗》曰[1]："衣锦尚絅。"[2]恶其文之著也[3]。故君子之道，暗然而日章[4]，小人之道，的然而日亡[5]。君子之道，淡而不厌，简而文，温而理，知远之近，知风之自，知微之显，可与入德矣[6]。《诗》云[7]："潜虽伏矣，亦孔之昭[8]。"故君子内省不疚[9]，无恶于志[10]。君子所不可及者，其唯人之所不见乎？《诗》云[11]："相在尔室[12]，尚不愧于屋漏[13]。"故君子不动而敬，不言而信。《诗》曰[14]："奏假无言[15]，时靡有争[16]。"是故君子不赏而民劝，不怒而民威于鈇钺[17]。《诗》曰[18]："不显惟德[19]，百辟其刑之[20]。"是故君子笃恭而天下平。《诗》云[21]："予怀明德，不大声以色。[22]"子曰："声色之于以化民，末也。"《诗》曰[23]："德輶如毛[24]。"毛犹有伦[25]，"上天之载，无声无臭。[26]"至矣。

[1]《诗》：此指《诗经·卫风·硕人》。[2]衣(yì)：穿衣服。絅(jiǒng)：罩在外面的单衣。[3]恶(wù)：厌恶。文：花纹色彩。著：显著，耀眼。[4]暗然：幽暗的样子。日章：日益彰明。章：通"彰"。[5]的(dì)然：显明的样子。[6]入德：进入道德的境界。[7]《诗》：此指《诗经·小雅·正月》。[8]孔：很。昭：清楚。[9]省(xǐng)：反省。[10]无恶于志：即无愧于心。[11]《诗》：此指《诗经·大雅·抑》。[12]相(xiàng)：看。尔：你。[13]屋漏：室内西北角。此句意为独居室内而能无愧于心。[14]《诗》：此指《诗经·商颂·烈祖》。[15]假(gé)：至，此处意为神降临。[16]靡(mí)：没有。[17]鈇钺(fǔ yuè)：古时军中用于行刑的斧子，又称"斧钺"。[18]《诗》：此指《诗经·大雅·烈文》。[19]不：通"丕"，大。一说为语气词。[20]百辟(bì)：众多诸侯。刑：通"型"，效法。[21]《诗》：此指《诗经·大雅·皇矣》。[22]怀：怀念。以：与。色：严厉的脸色。[23]《诗》：此指《诗经·大雅·烝民》。[24]輶(yóu)：轻。[25]伦：比。[26]"上天"二句：出自《诗经·大雅·文王》。载：化生万物。臭(xiù)：气味。

(按：本节最后由圣人之道回到君子之道，引用《诗经》来论述君子之道的内涵及其境界。)

大学

[引言]

同《中庸》一样，《大学》起初也是《礼记》中之一篇，并未单独成书，是后来二程、王阳明、朱熹等尤其是朱熹的阐述才使其影响逐步扩大，并在相当长的时间内占据了儒家正统思想的地位。它所提出的"格物致知、诚意正心、修身齐家、治国平天下"的儒家修身理想，多少年来一直为志士仁人们所继承和发扬。从某种意义上说，中国的历史进程正是在这样的理想信念支配下不断变化发展的。它虽为古代儒家经典文献，但对于我们时下的新文化建设仍有着重要的现实意义。

大学之道[1]，在明明德[2]，在亲民[3]，在止于至善[4]。知止而后有定[5]，定而后能静，静而后能安，安而后能虑，虑而后能得。[6]物有本末，事有终始。知所先后，则近道矣。古之欲明明德于天下者，先治其国，欲治其国者，先齐其家[7]，欲齐其家者，先修其身，欲修其身者，先正其心，欲正其心者，先诚其意，欲诚其意者，先致其知[8]，致知在格物[9]。物格而后知至，知至而后意诚，意诚而后心正，心正而后身修，身修而后家齐，家齐而后国治，国治而后天下平。

[1]大学："大"，在先秦时期一般读作"太"，自宋代以后皆读为"大"(dà)。"大学"，即"大人之学"，相对于"小学"而言。我国古代一般8岁入小学，学习"洒扫应对进退之节、礼乐射御书数之文"，15岁后进入大学，学习"穷理正心，修己治人之道"。道：宗旨。[2]明明德：第一个"明"为动词，意为使……彰明，第二个"明"为形容词，意为光明的。[3]亲：据程颐注，"亲"当为"新"，即革旧图新；一说为"亲近、亲爱"之意。[4]止：停止，停留。至善：即善的最高境界。[5]止：此处为名词，引申为应该达到的目的。定：定向，即志向坚定。[6]定、静、安、虑、得：是儒家达到"止于至善"之境界的五个层次。[7]齐其家：使其家齐，即整治其家，使有条不紊。[8]致：推求，获得。致其知：使自己获得知识。[9]格：穷尽。格物：研究、穷尽事物的道理。

(按：本节为全文的总纲，即朱熹所说的"三纲八目"。"三纲"即明明德、新民、止于至善，"八目"即格物、致知、诚意、正心、修身、齐家、治国、平天下。下文皆为对"八目"的阐释，尤以对"治国平天下"的阐述最为详细。)

自天子以至于庶人[1]，一是皆以修身为本[2]。其本乱而末治者，否矣。其所厚者薄[3]，而其所薄者厚，未之有也。此谓知本，此谓知之至也。

所谓诚其意者，毋自欺也，如恶恶臭[4]，如好好色[5]。此之谓自谦[6]，故君子必慎其独也[7]。小人闲居为不善[8]，无所不至，见君子而后厌然[9]，掩其不善而著其善[10]，人之视己，如见其肺肝然，则何益矣[11]。此谓诚于中，形于外，故君子必慎其独也。曾子曰："十目所视，十手所指，其严乎[12]！"富润屋[13]，德润身，心广体胖[14]，故君子必诚其意。

[1]庶人：普通老百姓。[2]一是：都是。本：根本。[3]厚：注重。薄：轻视。[4]恶(wù)恶(è)臭(xiù)：厌恶恶臭的气味。臭：气味。[5]好(hào)好(hǎo)色：爱好美色。[6]谦(qiè)：通"慊"，惬意，满足。[7]独：独处。[8]闲居：独处，此处指平时。[9]厌(yān)：遮遮掩掩的样子。[10]著：使……明显、显露。[11]益：益处，好处。[12]严：可怕。[13]润：润饰。[14]心广体胖(pán)：心胸宽广自然就身体舒适安泰。

《诗》云[1]："瞻彼淇澳[2]，菉竹猗猗[3]，有斐君子[4]，如切如磋[5]，如琢如磨[6]。瑟兮僩兮[7]，赫兮喧兮[8]，有斐君子，终不可諠兮[9]。"如切如磋者，道学也[10]。如琢如磨者，自修也。瑟兮僩兮者，恂栗也[11]。赫兮喧兮者，威仪也。有斐君子终不可諠兮者，道盛德至善，民之不能忘也。《诗》云[12]："於戏[13]！前王不忘[14]。"君子贤其贤而亲其亲[15]，小人乐其乐而利其利[16]，此以没世不忘也[17]。《康诰》曰[18]："克明德[19]"，《大甲》曰[20]："顾禔天之明命[21]"，《帝典》曰[22]："克明峻德[23]"，皆自明也[24]。汤之《盘铭》曰[25]："苟日新[26]，日日新，又日新。"《康诰》曰："作新民[27]。"《诗》曰[28]："周虽旧邦[29]，其命惟新[30]。"是故君子无所不用其极[31]。《诗》云[32]："邦畿千里[33]，惟民所止[34]。"《诗》云[35]："缗蛮黄鸟[36]，止于丘隅[37]。"子曰："于止[38]，知其所止，可以人而不如鸟乎[39]？"《诗》云[40]："穆穆文王[41]，於缉熙敬止[42]。"为人君止于仁，为人臣止于敬，为人子止于孝，为人父止于慈，与国人交止于信。子曰："听讼，吾犹人也[43]，必也使无讼乎[44]！"无情者不得尽其辞[45]，大畏民志[46]，此谓知本。

[1]《诗》：此指《诗经·卫风·淇澳》。[2]淇：指淇水，在今河南省黄河之北。澳(yù)：水边。[3]菉：通"绿"。猗猗(yī)：美丽茂盛的样子。[4]斐(fěi)：有文采的样子。[5]切、磋：对骨角进行切割磋光。[6]琢、磨：雕琢打磨玉石。[7]瑟兮僩(xiàn)兮：严谨宽大的样子。僩：宽大的样子；一说为"勇猛的样子"。[8]赫兮喧(xuān)兮：煊赫的样子。[9]諠(xuān)：通"谖"，忘记。[10]道：说。[11]恂栗(xún lì)：恐惧战栗。[12]《诗》：此指《诗经·周颂·烈文》。[13]於戏(wū hū)：通"呜呼"，叹词，无实义。[14]前王：指周文王和周武王。[15]贤其贤：尊重有贤德的人。亲其亲：亲近亲人。[16]乐其乐：安享他的快乐。[17]没世：去世。没：通"殁"。[18]《康诰》：为《尚书·周书》中之一篇。[19]克：能够。[20]《大甲》：即《太甲》，为《尚书·商书》中之一篇。[21]顾：顾念。禔(shì)：是，此。明命：光明的德性。[22]《帝典》：即《尧典》，为《尚书·虞书》中之一篇。[23]峻：高大，伟大。[24]自明：自己去发扬光明的德性。[25]汤：指商朝的开国之君成汤。盘铭：指刻在浴盆上的箴言。盘：此指商汤的洗浴用具。[26]苟：如果，假如。新：本指沐浴洗净身上的污垢而更新自身。后两个"新"，皆有引申之意，即心灵、世界的革新。[27]作新民：即弃旧从新，作新式的人民。[28]《诗》：此指《诗经·大雅·文王》。[29]周：指周朝。邦：国。[30]其命：指周朝所承受的天命。惟：助词，无实义。新：革新。[31]是故：因此。无所不用其极：此句指有德行的君子为了除旧布新，没有不尽心竭力去做的。[32]《诗》：此指《诗经·商颂·玄鸟》。[33]邦畿(jī)：古时君王的都城。[34]止：居所。[35]《诗》：此指《诗经·小雅·绵蛮》。[36]缗(mián)蛮：一种鸟叫声。缗，又音 mín。[37]止：栖息。丘隅：山丘多树的角落。[38]于止：对于所居住的地方。[39]可以：即何以，为什么。[40]《诗》：此指《诗经·大雅·文王》。[41]穆穆：端庄肃穆的样子。[42]於(wū)：语气词。缉：继续。熙：光明。敬止：据朱熹注，意为"无不敬而安所止"。[43]犹：如同。[44]必：一定，必定。讼：诉讼。[45]情：真情实意。辞：此指狡辩之词。[46]畏：畏服。民志：民心。

所谓修身在正其心者，身有所忿懥[1]，则不得其正，有所恐惧，则不得其正，有所好乐[2]，则不得其正，有所忧患，则不得其正，心不在焉，视而不见，听而不闻，食而不知其味。此谓修身在正其心。

所谓齐其家在修其身者，人之其所亲爱而辟焉[3]，之其所贱恶而辟焉[4]，之其所畏敬而辟焉，之其所哀矜而辟焉[5]，之其所敖惰而辟焉[6]，故好而知其恶、恶而知其美者[7]，天下鲜矣。故谚有之曰：“人莫知其子之恶，莫知其苗之硕[8]。”此谓身不修不可以齐其家。

所谓治国必先齐其家者，其家不可教，而能教人者无之，故君子不出家而成教于国[9]。孝者所以事君也，弟者所以事长也[10]，慈者所以使众也[11]。《康诰》曰：“如保赤子[12]。”心诚求之，虽不中不远矣[13]。未有学养子而后嫁者也。一家仁，一国兴仁；一家让[14]，一国兴让；一人贪戾[15]，一国作乱。其机如此[16]，此谓一言偾事[17]，一人定国。尧舜率天下以仁，而民从之。桀纣率天下以暴，而民从之，其所令反其所好，而民不从。是故君子有诸己，而后求诸人，无诸己，而后非诸人[18]，所藏乎身不恕[19]，而能喻诸人者[20]，未之有也。故治国在齐其家。《诗》云[21]：“桃之夭夭[22]，其叶蓁蓁[23]。之子于归[24]，宜其家人[25]。”宜其家人，而后可以教国人。《诗》云[26]：“宜兄宜弟。”宜兄宜弟，而后可以教国人。《诗》云[27]：“其仪不忒[28]，正是四国[29]。”其为父子兄弟足法[30]，而后民法之也。此谓治国在齐其家。

[1]忿懥(zhì)：愤怒。[2]好乐(hào yào)：喜好，偏好。[3]之：对于。辟：偏向。[4]恶(wù)：厌恶。[5]哀矜：怜悯。[6]敖：通“傲”，骄傲。惰：懈怠。[7]好(hào)：喜爱。第一个“恶”读作 è，后一个“恶”读作 wù。[8]硕：大。[9]不出家而成教于国：不出家门就能把教化推行到国家。[10]弟：通“悌”，敬事兄长。[11]慈：慈爱，指父母疼爱子女。使众：对待民众。[12]赤子：婴儿，喻指百姓。“如保赤子”即爱民如子之意。[13]中(zhòng)：达到目的。[14]让：谦让，礼让。[15]贪戾：贪婪暴戾。[16]机：关键。[17]偾(fèn)：败坏。[18]非：非难，指责。[19]恕：指儒家推己及人的恕道。[20]喻：晓喻，明白。[21]《诗》：此指《诗经·周南·桃夭》。[22]夭夭(yāo)：娇嫩、美丽的样子。[23]蓁蓁(zhēn)：茂盛的样子。[24]之子：这个女子。于归：女子出嫁。于：无实义。归：古时女子出嫁曰归。[25]宜：适宜，和睦。[26]《诗》：此指《诗经·小雅·蓼萧》。[27]《诗》：此指《诗经·曹风·鸤鸠》。[28]仪：仪容。忒(tè)：差错。[29]正：匡正，教正。四国：四方各国。[30]法：效法。

所谓平天下在治其国者，上老老而民兴孝[1]，上长长而民兴弟[2]，上恤孤而民不倍[3]，是以君子有絜矩之道也[4]。所恶于上，毋以使下，所恶于下，毋以事上，所恶于前，毋以先后，所恶于后，毋以从前，所恶于右，毋以交于左，所恶于左，毋以交于右，此之谓絜矩之道。《诗》云[5]：“乐只君子[6]，民之父母。”民之所好好之[7]，民之所恶恶之[8]，此之谓民之父母。《诗》云[9]：“节彼南山[10]，维石岩岩[11]。赫赫师尹[12]，民具尔瞻[13]。”有国者不可以不慎，辟则为天下僇矣[14]。《诗》云[15]：“殷之未丧师[16]，克配上帝[17]。仪监于殷[18]，峻命不易[19]。”道得众则得国[20]，失众则失国。是故君子先慎乎德。有德此有人[21]，有人此有土，有土此有财，有财此有用。德者本也，财者末也。外本内末，争民施夺[22]。是故财聚则民散，财散则民聚。是故言悖而出者亦悖而入[23]，货悖而入者亦悖而出。

[1]老老：孝敬老人。[2]长长(zhǎng)：尊重长辈。弟：通“悌”。[3]恤：体恤、怜恤。孤：指幼年丧父或父母双亡者。倍：通“背”，背叛。[4]絜(xié)：测量围长用的准绳。矩：画直角用的尺子。絜矩之道：指君子以身作则、推己及人的恕道。[5]《诗》：此指《诗经·小雅·南山有台》。[6]乐：快乐。只：语助词，无实义。[7]两个“好”皆读hào。[8]两个“恶”皆读wù。[9]《诗》：此指《诗经·小雅·节南山》。[10]节：通“截”，高峻的样子。[11]维：语气词，无实义。岩岩：高大的样子。[12]赫赫：显赫、显著的样子。师尹：指周太师尹，周代三公之一。[13]具：通“俱”。尔：你。瞻：瞻仰，仰望。[14]僇(lù)：通“戮”。[15]《诗》：此指《诗经·大雅·文王》。[16]丧师：丧失民心。[17]克：能够。[18]仪：宜。监：观察借鉴。[19]峻：大。不易：不易保有。[20]道：说。[21]此：才。[22]争民：与民争利。施夺：施行劫掠。[23]悖：违逆。

《康诰》曰：“惟命不于常[1]。”道善则得之[2]，不善则失之矣。《楚书》曰：“楚国无以为宝，惟善以为宝。”舅犯曰[3]：“亡人无以为宝[4]，仁亲以为宝。”《秦誓》曰[5]：“若有一介臣，断断兮无他技[6]；其心休休焉[7]，其如有容焉[8]。人之有技，若己有之；人之彦圣[9]，其心好之，不啻若自其口出[10]，寔能容之。以能保我子孙黎民，尚亦有利哉！人之有技，媢嫉以恶之[11]；人之彦圣，而违之俾不通[12]，寔不能容。以不能保我子孙黎民，亦曰殆哉[13]！”唯仁人放流之[14]，迸诸四夷[15]，不与同中国[16]。此谓唯仁人为能爱人，能恶人。见贤而不能举[17]，举而不能先[18]，命也[19]。见不善而不能退[20]，退而不能远，过也[21]。好人之所恶[22]，恶人之所好，是谓拂人之性[23]，菑必逮夫身[24]。

[1]常：恒常留驻一方。[2]道：说。[3]舅犯：春秋时期晋文公重耳的舅舅狐偃。[4]亡人：流亡之人，指重耳，即晋文公，时避难逃亡在外。[5]《秦誓》：为《尚书·周书》中之一篇。[6]断断：老老实实的样子。[7]休休：心胸宽广。[8]容：此指容人之量。[9]彦圣：贤良明智。[10]不啻：不仅。[11]媢(mào)疾：嫉妒。[12]违：压制，阻挠。俾(bǐ)：使。[13]殆：危险。[14]放流：即流放。[15]迸(bǐng)：通“摒”，驱逐。四夷：四方蛮夷之地。[16]中国：指中原地区。[17]举：举荐。[18]先：优先，一说为“近”字之误。[19]命：据郑注，应为“慢”字之误。[20]退：黜退。[21]过：过错。[22]好(hào)人之所恶(wù)：喜好众人所厌恶的。[23]拂：逆，违背。[24]菑：同“灾”。逮：及，到。夫(fú)：语气词，无实义。

是故君子有大道，必忠信以得之，骄泰以失之[1]。生财有大道，生之者众[2]，食之者寡[3]，为之者疾[4]，用之者舒[5]，则财恒足矣。仁者以财发身[6]，不仁者以身发财。未有上好仁，而下不好义者也，未有好义，其事不终者也，未有府库财，非其财者也。孟献子曰[7]：“畜马乘[8]，不察于鸡豚[9]，伐冰之家[10]，不畜牛羊，百乘之家[11]，不畜聚敛之臣[12]，与其有聚敛之臣，宁有盗臣[13]。”此谓国不以利为利，以义为利也。长国家而务财用者[14]，必自小人矣。彼为善之，小人之使为国家[15]，菑害并至，虽有善者亦无如之何矣[16]。此谓国不以利为利，以义为利也。

[1]骄泰：骄横放肆。[2]生：生产。[3]食：享用。[4]疾：迅速。[5]舒：舒缓，缓慢。[6]发：起。[7]孟献子：鲁国大夫，姓仲孙，名蔑。[8]畜：畜养。乘(shèng)：古时用四匹马拉的车。“畜马乘”是古代士人刚开始做官时的待遇。[9]察：察看。豚：小猪。[10]伐冰之家：指卿大夫以上能在丧祭时用得起冰的官宦人家。伐：砍斫，凿。[11]百乘之家：指拥有一百辆车的人家，即有封地的诸侯。[12]聚敛之臣：指专事搜刮钱财的家臣。[13]盗臣：指盗窃公家财物的家臣。[14]长(zhǎng)：统管。务：致力于。[15]为：治理。[16]无如之何：拿它没有办法。

十一 《孝经》

［引言］

《孝经》是儒家经典的十三经之一，在传统文化中占有极其重要的地位。《孝经》有《古文孝经》和《今文孝经》之分。秦始皇焚书坑儒时也将《孝经》列入禁书之中。所以官藏的典籍已经没有了，只在民间有些儒生冒死收藏。汉惠帝废除禁止挟书的律令之后，河间人颜贞献出了祖藏的《孝经》，共十八章，后朝廷诏人用当时流行的隶书抄写，广为传授，这就是《今文孝经》。后来鲁恭王重修宫室，拆毁了孔子故宅旧墙，发现了一批秦焚书时藏起来的经典，其中就有《孝经》。但不同的是这本书有二十二章，其中将《今文孝经》中的两个章节分成了五个章节，还多出了《闺门章》。又由于本书是用秦时的籀文所书，因此被称为《古文孝经》。

关于《孝经》的作者，大概有七种说法：一说是孔子所作；一说是曾参所作；一说是孔子和曾参讨论孝，由曾参的弟子记录而成；一说是子思所作；一说是孔子门徒七十子所作；一说是后人附会而作；一说是汉儒所作。各执己说，难以定论。但从后人的引述来看，成书年代应为战国时期。

《孝经》在唐代非常流行。唐玄宗李隆基两次亲自作注，并勘勒《御制孝经注》于石板上，立于国学供学子传抄，后称《石台孝经》。唐玄宗又诏令元行冲作疏。宋代时，邢昺亦受诏作疏，所取蓝本即为唐玄宗注、元行冲疏，撰成《孝经注疏》三卷，后被收入清阮元校勘的《十三经注疏》，也就是我们今天所通用的本子。

《孝经》共十八章。第一章《开宗明义章》，阐明孝的根本和宗旨，认为孝道对做人和治国都具有重大意义。接下来的五章分别说明了天子、诸侯、卿大夫、士、庶人五个不同的阶层行孝的不同要求，阐明了行孝道无论尊卑贵贱，都应该做到始终如一。第七章《三才章》从天、地、人的关系来看孝道的推行，是符合天理与人性的，这也构成了孝治的基础。接下来《孝治章》《圣治章》分别从理论和实例上说明了孝治的可能性。《纪孝行章》提出了“五要三戒”，阐明孝子的言行要做到这“五要三戒”才算是真正的行孝。《五刑章》论述了什么是不孝的行为，认为要君、非圣、非孝是社会动乱的根源。《广要道章》《广至德章》《广扬名章》分别重申了第一章中的“至德要道”和“夫孝，始于事亲，中于事君，终于立身”，深入阐明为什么孝道是最大的德行和最重要的道理。认为天子要身体力行来遵守孝的规范，这样才可以影响臣民，达到社会和谐，长治久安。人民也随着孝道的推行而自觉地行孝修身，事亲忠君，善始善终，最后使自己声名远播。《谏争章》指出在奉亲事君时不能一味顺从，当尊长的言行有违他们的德行时要敢于谏诤，维护他们的德行，这才是真正的孝道。《感应章》认为天子只要诚心尽孝就可以感动上天，通达神明，从而得到神明的护佑，使人民安居乐业，心向往之。《事君章》深入论述了君子要如何因孝移忠。时刻忠君，发扬圣德，不断反思自己，就能够得到人民的爱戴。《丧亲章》是《孝经》的最后一章，也是孝子奉亲的终结。亲人故去要以最大的悲痛来处理丧事，但也要注意节哀。表现了儒家重死厚葬的传统。

《孝经》对我国传统文化的影响是巨大而深远的。以《孝经》为核心形成了我国特有的孝道文化。孔子自称“吾志在《春秋》，行在《孝经》”；汉代不仅置《孝经》博士，而且在选拔官吏时还有“举孝廉”的方式，并一直沿袭。唐玄宗亲自作注，更加强了孝治的作用。孝道文化博大精深，在家庭伦理、君臣关系、官吏选用、法律经济、赋税徭役等各方面都影响深远。文学作品中还有很多是劝人行孝止恶、弘扬孝道的作品，如《劝孝歌》《百孝图》等。而宗庙、祠堂也代表了以厚丧葬、重祭祀为表征的孝道文化的永恒延续。儒家以仁为核心，而仁又以孝为根本，孝道文化体现了儒家文化的基本精神。在儒学复兴，建设和谐社会的今天，我们应该重新审视孝道文化，从中汲取有益的养分，形成敬长爱亲、长幼有序、修身扬名、和谐美满的社会风气。

四库全书总目孝经正义三卷提要

唐玄宗明皇帝御注，宋邢昺疏。案《唐会要》："开元十年六月，上注《孝经》，颁天下及国子学[1]。天宝二年五月[2]，上重注，亦颁天下。"《旧唐书·经籍志》："《孝经》一卷，玄宗注。"《唐书·艺文志》"今上《孝经制旨》一卷"，注曰："玄宗。"其称"制旨"者，犹梁武帝《中庸义》之称"制旨"，实一书也。赵明诚《金石录》载《明皇注孝经》四卷。陈振孙《书录解题》亦称家有此刻，为四大轴。盖天宝四载九月，以《御注》刻石于太学[3]，谓之《石台孝经》。今尚存西安府学中，为碑凡四，故拓本称四卷耳。玄宗《御制序》末称："一章之中凡有数句，一句之内义有兼明[4]，具载则文繁，略之则义阙。今存于《疏》，用广发挥。"《唐书·元行冲传》称："玄宗自注《孝经》，诏行冲为《疏》，立于学官。"《唐会要》又载："天宝五载诏，《孝经书疏》虽粗发明，未能该备[5]，今更敷畅以广阙文[6]，令集贤院写颁中外[7]。是《注》凡再修，《疏》亦再修。"其《疏》，《唐志》作二卷，《宋志》则作三卷，殆续增一卷欤？宋咸平中，邢昺所修之《疏》，即据行冲书为蓝本。然孰为旧文，孰为新说，今已不可辨别矣。

[1]国子学：中国古代教育管理机构，晋武帝时始设，与太学并立。[2]天宝：唐玄宗李隆基的年号。天宝二年：公元743年。[3]太学：晋武帝时在京师设立的全国最高教育机构，设五经博士专门讲授儒家经典《易》《书》《诗》《礼》《春秋》。[4]兼：同时涉及。明：理解。兼明：这里指有不同的理解。[5]该备：详尽、完备。[6]敷畅：详细叙述，使之流畅。[7]中外：即国内以及其他诸侯国。

（按：本节说明了《孝经》的版本源流。）

《孝经》有今文、古文二本。今文称郑玄注，其说传自荀昶，而《郑志》不载其名。古文称孔安国注，其书出自刘炫，而《隋书》已言其伪[1]。至唐开元七年三月[2]，诏令群儒质定[3]。右庶子刘知幾主古文，立十二验以驳郑[4]。国子祭酒司马贞主今文[5]，摘《闺门章》文句凡鄙，《庶人章》割裂旧文，妄加"子曰"字及《注》中"脱衣就功"诸语以驳孔。其文具载《唐会要》中。厥后今文行而古文废。元熊禾作《董鼎孝经大义序》，遂谓贞去《闺门》一章，卒启元宗无礼无度之祸[6]。明孙本作《孝经辨疑》，并谓唐宫闱不肃，贞削《闺门》一章乃为国讳。夫削《闺门》一章，遂启幸蜀之衅[7]，使当时行用古文，果无天宝之乱乎？唐宫闱不肃诚有之，至于《闺门章》二十四字，则绝与武、韦不相涉。指为避讳，不知所避何讳也？况知幾与贞两议并上，《会要》载当时之诏，乃郑依旧行用。孔《注》传习者稀，亦存继绝之典。是未因知幾而废郑，亦未因贞而废孔。迨时阅三年，乃有御注太学刻石，署名者三十六人，贞不预列。

[1]伪：伪作，作者姓名或作品年代不可靠的书。[2]开元：唐玄宗李隆基的年号。开元七年：公元719年。[3]质定：辨别、确定。[4]立：举出。验：证据。驳：反驳。[5]国子祭酒：即国子监主持政务的长官。[6]"卒启"句：指唐玄宗李隆基娶儿媳杨玉环为贵妃是不符合礼节和规矩的事情，将导致祸乱。[7]幸蜀之衅：这里指天宝十四载(755)，安禄山发动的安史之乱，唐玄宗离开长安逃到四川。幸：皇帝亲临某地称为"幸"。

（按：本节记述了今文孝经与古文孝经之别。）

《御注》既行[1]，孔、郑两家遂并废，亦未闻贞更建议废孔也。禾等徒以朱子《刊误》偶用古文，遂以不用古文为大罪。又不能知唐时典故[2]，徒闻《中兴书目》有"议者排毁，古文遂废"之语[3]，遂沿其误说，愦愦然归罪于贞[4]。不知以《注》而论，则孔佚郑亦佚。孔佚罪贞，郑佚又罪谁乎？以《经》而论，则郑存孔亦存，古文并未因贞一议亡也，贞又何罪焉？今详考源流，明今文之立，自玄宗此《注》始。玄宗此《注》之立，自宋诏邢昺等修此《疏》始。众说喧呶[5]，皆揣摩影响之谈[6]，置之不论不议可矣。

[1]既行：已经通行、普及。[2]典故：原指典制和掌故。后来指诗文中引用的古代故事和有来历的词语。这里指《今文孝经》和《古文孝经》在唐代关于谁是正统的争辩。[3]徒闻：仅仅听说。[4]愦愦然：昏乱的样子。[5]喧呶：喧嚣、嘈杂。[6]揣摩：估计、推测。

（按：本节说明了孔、郑两家注不传于后世的原因。）

开宗明义章第一[1]

仲尼居，曾子侍。[2]子曰："先王有至德要道[3]，以顺天下，民用和睦，上下无怨。汝知之乎？"曾子避席曰[4]："参不敏[5]，何足以知之？"子曰："夫孝[6]，德之本也，教之所由生也。复坐[7]，吾语汝[8]。身体发肤，受之父母，不敢毁伤，孝之始也。立身行道[9]，扬名于后世，以显父母，孝之终也。夫孝，始于事亲，中于事君，终于立身。[10]《大雅》云：'无念尔祖，聿修厥德。[11]'"

[1]开宗明义章：铺开宗旨，阐明义理。这里是直接阐明孝道的宗旨和义理的意思。章：本意为乐曲演奏完毕，引申为篇籍的单位。[2]仲尼：孔子的字。居：坐着。曾子：曾参，孔子的学生。侍：陪侯。主要指晚辈站或坐于尊长的身边。[3]至德要道：最大的德行，重要的道理。[4]避席：站起来离开座位。古人席地而坐，晚辈在回答长辈问话的时候站起来回答表示尊敬。[5]参：曾子的名。不敏：不聪明。这里是曾子的谦逊之语。[6]夫：发语词，无实义。[7]复坐：回原位坐下。

[8]语(yù)：告诉。汝：你。[9]立身：树立自己的德行，成就功名事业。行道：实行大道。[10]“夫孝”四句：孝道的初级阶段在于侍奉父母；中间阶段，即中年时如果出仕，则要忠于君王；孝道的最高阶段在于成就声名，显耀父母。始：开始，最初。事：侍奉、从事。中：中间，中年。终：最后，最高阶段。[11]“无念”二句：出自《诗经·大雅·文王》，意思是思念你们的祖先，将他们的德业发扬光大。无：发语词。聿(yù)：述，继续发挥。厥：其。

(按：本章直接阐明孝道的宗旨和义理。)

天子章第二[1]

子曰：“爱亲者[2]，不敢恶于人[3]；敬亲者，不敢慢于人；[4]爱敬尽于事亲[5]，而德教加于百姓[6]，刑于四海[7]，盖天子之孝也[8]。《甫刑》云：‘一人有庆，兆民赖之。’”[9]

[1]天子：是殷商以来对一统天下的君王的称谓。[2]爱亲者：热爱父母的人。[3]恶(wù)：厌恶，憎恨。[4]敬：尊敬。慢：怠慢。[5]尽：竭尽。[6]加：施行。[7]刑：通“型”，是正例、典范的意思。[8]盖：大概，这就是。[9]《甫刑》：《尚书》中的篇名。“一人”二句：意思是天子以孝道治国，人民就有了依靠，社会安定，没有危险。一人：指天子。庆：善，爱敬。兆民：万民。

(按：本章提出天子的孝是博爱天下的父母，广施德行教化，成为天下人的榜样。)

诸侯章第三[1]

在上不骄[2]，高而不危，制节谨度[3]，满而不溢[4]。高而不危，所以长守贵也；满而不溢，所以长守富也。富贵不离其身，然后能保其社稷[5]，而和其民人[6]，盖诸侯之孝也。《诗》云：“战战兢兢，如临深渊，如履薄冰。”[7]

[1]诸侯：是商周分封制下所分各国国君的称谓。[2]骄：骄傲。无礼为骄。[3]制节：花费节省。谨度：谨慎实行礼仪法度。[4]满：财库充盈。不溢：不过分。这里指不奢侈浪费。[5]社稷：社指土地神，稷为谷神。古代只有天子和诸侯有祭祀社稷的权力。这里社稷指代国家。[6]和(hé)：使……和睦。[7]“战战”三句：出自《诗经·小雅·小旻(mín)》，意思是诸侯要随时保持慎戒之心。战战兢兢：恐惧、戒慎的样子。临：靠近。履：行走。

(按：本章讲诸侯的孝在于谦虚、节用、使百姓和睦。)

卿大夫章第四[1]

非先王之法服不敢服[2]，非先王之法言不敢道[3]，非先王之德行不敢行。是故非法不言，非道不行。口无择言[4]，身无择行[5]，言满天下无口过[6]，行满天下无怨恶[7]，三者备矣，然后能守其宗庙，盖卿大夫之孝也。《诗》云："夙夜匪懈，以事一人。[8]"

[1]卿大夫：是诸侯国中地位仅次于诸侯的尊贵者，是王国政令的执行者。[2]法服：先王规定的不同等级的人所穿的服饰。(后一个)服：穿。[3]法言：合符礼节的语言。[4]择(yí)言：指说出的话没有让人嫌恶的。[5]择(yí)行：自身做事情合乎礼仪，没有让人厌恶的。[6]口过：说话不合礼节，让人厌恶。[7]怨恶：怨恨、厌恶。[8]"夙夜"二句：出自《诗经·大雅·烝民》，意思是卿大夫要早起晚睡，毫不懈怠地侍奉君王。夙：早上。夜：夜晚。匪：通"非"，不。懈：懈怠。

(按：本章指出卿大夫的孝表现在服饰、言论、行动上谨尊礼制，为民众做出表率。)

士章第五[1]

资于事父以事母而爱同，资于事父以事君而敬同。[2]故母取其爱，而君取其敬，兼之者父也[3]。故以孝事君则忠[4]，以敬事长则顺[5]；忠顺不失，以事其上，然后能保其禄位，而守其祭祀[6]，盖士之孝也。《诗》云："夙兴夜寐，无忝尔所生。[7]"

[1]士：是周代最低的爵位，分上士、中士、下士三等，也是各种有才能者的通称。[2]"资于"二句：此句意思是，拿侍奉父亲的爱戴之心去侍奉母亲，使他们得到同样的热爱；用侍奉父亲的态度去对待国君，使他们得到同样的尊敬。资：拿，取。[3]兼之者父也：意思是对父亲的孝道是既要敬又要爱。兼之：指爱与敬一起。[4]以孝事君则忠：指以对待父母的孝心去对待国君则能够做到忠诚。[5]以敬事长则顺：指以对待兄长的态度来侍奉上级，则可以做到婉顺。长：兄长、长上。[6]祭祀：祭奠祖先的活动。[7]"夙兴"二句：出自《诗经·小雅·小宛》，意思是要早起晚睡，兢兢业业地侍奉君王，顺从卿大夫，千万不要使生养自己的父母受到羞辱。夙兴夜寐：早起晚睡。忝：羞辱。尔所生：生养你的人。

(按：本章指出士的孝道在于爱、敬、忠、顺，以事亲的态度侍奉君上。)

庶人章第六[1]

用天之道[2]，分地之利[3]，谨身节用[4]，以养父母，此庶人之孝也。故自天子至于庶人，孝无终始而患不及者[5]，未之有也[6]。

[1]庶人：庶人指有自由身份的普通百姓。庶者，众也。[2]用：顺应，利用。天之道：大自然的规律。这里指四季的劳作(即春耕、夏耘、秋收、冬藏)有很强的季节性，要遵守规律去做才有好的收获。[3]分：分辨、区别。地之利：土地的益处。即根据土地的地理特性分出山林、川泽、丘陵、坟衍、原隰五种，然后根据土质来播种相应的作物，才能有好的收成。[4]谨身：处世谨慎小心。节用：节约用度。[5]孝无终始：施行孝道没有开始和结束的差异，指孝道无处不在。患：担

心。不及：做不到。[6]未之有也：从来没有过的。另有解释说是没有必要的。

（按：本章指出庶人的孝最基本的是要努力耕作，谨慎节用，供养父母。）

三才章第七[1]

曾子曰："甚哉，孝之大也![2]"子曰："夫孝，天之经也[3]，地之义也[4]，民之行也[5]。天地之经而民是则之[6]，则天之明[7]，因地之利[8]，以顺天下[9]，是以其教不肃而成[10]，其政不严而治[11]。先王见教之，可以化民也[12]。是故先之以博爱，而民莫遗其亲；[13]陈之以德义，而民兴行；[14]先之以敬让，而民不争；导之以礼乐，而民和睦；[15]示之以好恶，而民知禁。[16]《诗》云：'赫赫师尹，民具尔瞻。[17]'"

[1]三才：指天、地、人。[2]"甚哉"二句：这里是曾子感叹孝的内容博大和意义重大。甚哉：多么、非常。大：博大、伟大。[3]经：常也。不变的原则、规律。[4]义：利物为义。态度公正，合理合法。[5]行：履行、实行。[6]则：效法。[7]则天之明：效法天(日、月、星)给人以光明。[8]因地之利：根据土地的(土质、高下等)来进行耕作，获得最大的收益。[9]以顺天下：用孝道来和顺百姓。以：用。[10]是以：因此。肃：严厉惩罚的方法。成：成功，达到目的。[11]政：政事。严：严厉、苛刻。治：社会太平安定。[12]化民：感召、教化百姓。[13]先：率先，做出榜样。博爱：广泛推行仁爱。遗其亲：遗弃自己的父母。[14]陈：陈说、广布。兴：兴起。行：施行。[15]敬让：敬爱、礼让。导：引导。[16]示：表示，拿出来看使人明白。好(hào)：喜爱的、推崇的。恶(wù)：厌弃的、反对的。禁：禁止，非法的。[17]"赫赫"二句：出自《诗经·小雅·节南山》，意思是声名显赫的师尹，负责教化，地位重要，百姓都在看着你的一举一动。赫赫：声威显扬的样子。具：全、都。瞻：看。

（按：本章指出孝是符合天地运行法则和人的本性的行为，先王以孝治国，教化百姓，不用严厉的态度和严峻的法制就可以把国家治理得很好。）

孝治章第八[1]

子曰："昔者明王之以孝治天下也[2]，不敢遗小国之臣[3]，而况于公、侯、伯、子、男乎[4]？故得万国之欢心，以事其先王。[5]治国者不敢侮于鳏寡[6]，而况于士民乎？故得百姓之欢心，以事其先君[7]。治家者不敢失于臣妾[8]，而况于妻子乎[9]？故得人之欢心，以事其亲。[10]夫然，故生则亲安之，祭则鬼享之，[11]是以天下和平，灾害不生，祸乱不作。[12]故明王之以孝治天下也如此。《诗》云：'有觉德行，四国顺之。[13]'"

[1]孝治：指以孝道治理天下。[2]昔：过去、古代。明王：圣明的君王。[3]遗：遗忘。小国之臣：指小诸侯国家的君主派来朝觐天子的臣僚。[4]况：何况，更不必说。公、侯、伯、子、男：

周代的五种爵位。[5]万国：泛指很多国家。欢心：欣喜承命之心。事其先王：指诸侯国到朝中助祭先王的宗庙。[6]治国者：指诸侯，国家的治理者。天子是治天下者。侮：轻视、怠慢。鳏(guān)：老而无妻的人。寡：老而无夫的人。[7]事其先君：这里指诸侯国的国君以孝道获得百姓的欢心，百姓主动献物协助国君祭祀诸侯先君。[8]治家者：据唐玄宗注，为卿大夫。失：失礼。臣妾：指家中的男女仆役。[9]妻子：妻子和儿子。[10]人：指全家上下人。以事其亲：指奉养父母老人。[11]夫：发语词。然：照着这样。生：父母健在。安：舒适安乐。鬼：人死曰鬼。享：享用(祭祀品)。[12]和平：和睦太平。灾：天违反时令为灾。害：地违反常理为害。祸：鬼神作祟为祸害。乱：以下犯上为乱。[13]"有觉"二句：出自《诗经·大雅·抑》，意思是天子有崇高伟大的道德行为，所有的人都会顺从他的统治。觉：大。德行：高尚的道德行为。四国：指天下所有的诸侯国。顺：驯化、服从。

（按：本章进一步阐发孝道的作用。讲过去圣明的君王都提倡孝治，对所有臣民一视同仁，尊重有礼，所以得到诸侯国的拥护和百姓的欢心。所以天下太平，不会出现灾害祸乱。）

圣治章第九[1]

曾子曰："敢问圣人之德[2]，无以加于孝乎[3]？"子曰："天地之性，人为贵[4]。人之行，莫大于孝，[5]孝莫大于严父[6]，严父莫大于配天[7]，则周公其人也。昔者周公郊祀后稷以配天[8]，宗祀文王于明堂以配上帝[9]，是以四海之内各以其职来助祭[10]。夫圣人之德，又何以加于孝乎？故亲生之膝下[11]，以养其父母日严[12]。圣人因严以教敬[13]，因亲以教爱[14]。圣人之教，不肃而成，其政不严而治，其所因者本也。[15]父子之道，天性也，[16]君臣之义也[17]。父母生之，续莫大焉[18]；君亲临之，厚莫重焉[19]。故不爱其亲，而爱他人者，谓之悖德[20]；不敬其亲，而敬他人者，谓之悖礼[21]。以顺则逆，民无则焉，[22]不在于善，而皆在于凶德[23]；虽得之，君子不贵也。[24]君子则不然[25]，言思可道[26]，行思可乐[27]，德义可尊[28]，作事可法[29]，容止可观[30]，进退可度[31]，以临其民，是以其民畏而爱之，则而象之。[32]故能成其德教[33]，而行其政令。《诗》云：'淑人君子，其仪不忒。[34]'"

[1]圣治：就是圣人如何用孝道来治理社会。[2]敢：谦辞，冒昧的意思。圣人：本章指周公。德：德行。[3]"无以"句：没有比孝道更加重要的吗？加：高于、更多、在其上。[4]人为贵：人与天、地相配成为三才，所以宝贵。[5]行：行为。莫：没有。[6]严父：尊重、尊敬父亲。[7]配天：匹配与配享。即父亲在世时视作自己的天，与上天匹配而敬，父亲去世后在祭祀天的时候要同时祭祀父辈，称配天之礼。[8]郊祀：古代在郊外祭祀天地，南郊祭天，北郊祭地。这里指周公在祭天时以周人始祖后稷配祭。[9]宗祀：聚集宗族进行祭祀。明堂：古代帝王宣明政教的地方。上帝：神明。[10]四海：各地的诸侯国。以其职：按照职位的规定(献贡品)。助祭：协助天子祭祀。

[11]亲：亲近爱戴。生：萌发、产生。膝下：人幼年依于父母膝下。喻孩童时期。[12]养：奉养。严：尊敬。[13]因：以、由于。严：尊崇。敬：敬畏。[14]亲：亲近。爱：爱戴。[15]不肃而成：不严厉而能成功。不严而治：（政教）不苛刻而国家安定有序。本：根本。这里指孝道。[16]父子之道：父亲与儿子之间的人伦关系。天性：自然的属性。[17]义：合宜的行为。[18]续：延传，指繁衍后代。没有比这更重大的事了。[19]君亲：君主一样的父亲（在面前）。厚：厚重、重要。[20]悖德：违背公认的道德。[21]悖礼：违背礼义。[22]以顺则逆：以有背礼仪的行为去教化百姓，而想使他们顺从，就会造成逆乱。顺：使动用法，以之顺民。则：就。民无则焉：民众失去了榜样。[23]凶德：违背道德。[24]得：得到、得志。君子：有德行的人。不贵：看不起。[25]然：像这样。[26]言：说出的话。思：思虑，考虑到。可道：可以称颂。[27]行：行为。可乐：使别人快乐。[28]德义：立德行义。尊：尊重。[29]作事：制作事业。法：效法。[30]容止可观：指举止合乎礼仪节度。容：仪容。止：举止。观：看、观摩。[31]度：尺度。[32]临：统治、管理。则而象之：作为准则并效法他。[33]德教：道德教化。[34]“淑人”二句：出自《诗经·曹风·鸤鸠》，意思是有德行的人，他的仪容和行为都不会有差错。淑：美好。君子：有德行的人。仪：仪容。忒：差错。

（按：本章主要讲周公如何行孝以治理社会。）

纪孝行章第十[1]

子曰：“孝子之事亲也，居则致其敬[2]，养则致其乐[3]，病则致其忧[4]，丧则致其哀[5]，祭则致其严[6]，五者备矣[7]，然后能事亲。事亲者，居上不骄[8]，为下不乱[9]，在丑不争[10]；居上而骄则亡，为下而乱则刑，[11]在丑而争则兵[12]，三者不除[13]，虽日用三牲之养[14]，犹为不孝也。”

[1]纪孝行：即记下孝行的具体内容，论述什么是孝行。纪：记录。[2]居：平常家居。致：极尽。[3]养：奉养。乐：高兴。[4]忧：担心、忧虑。[5]丧：去世。哀：哀痛，悲伤。[6]祭：祭祀。严：庄重肃穆。[7]五者备：即敬、乐、忧、哀、严的态度具备。[8]居上：身居高位。[9]为下：为人臣下，处于下位。乱：反叛、犯上。[10]丑：众，即卑贱的意思。在丑：处于卑贱的地位。争：忿争。[11]亡：灭亡。刑：处罚。[12]兵：戮杀。[13]三者：指骄、乱、争。[14]日：每天。三牲：祭祀时用的猪、牛、羊。养：奉养。这里指用丰盛的食物供养父母。

（按：本章要求侍奉双亲时有五致三戒。五致：居则敬、养则乐、病则忧、丧则哀、祭则严。三戒：戒骄、戒作乱、戒忿争。）

五刑章第十一[1]

子曰：“五刑之属三千，[2]而罪莫大于不孝。[3]要君者无上，[4]非圣人者无法，[5]非孝者无亲[6]，此大乱之道也。”[7]

[1]五刑：指古代的五种刑法，据《尚书·吕刑》载，五刑为黥刑、劓刑、剕刑、宫刑、大辟刑。[2]五刑之属：被处以五刑的罪行。三千：三千条。[3]莫：没有。[4]要：要挟、强求。无上：目无君主。[5]非圣人：责难、诋毁圣人。无法：藐视法度。[6]非孝：不赞成他人的孝行。无亲：不可亲。[7]大乱：最严重的祸乱。道：根源。

[按：本章论述什么是不孝的行为，并认为三种不孝(要君、非圣、非孝)是造成社会不安定的根源。]

广要道章第十二[1]

子曰："教民亲爱，莫善于孝；[2]教民礼顺，莫善于悌；[3]移风易俗，莫善于乐；[4]安上治民，莫善于礼。[5]礼者，敬而已矣[6]。故敬其父则子悦，敬其兄则弟悦，敬其君则臣悦，敬一人而千万人悦[7]。所敬者寡[8]，而悦者众[9]，此之谓要道也。"

[1]广：推广。要道：最根本、最重要的道德。[2]教：教化。亲爱：亲善仁爱。善：好。[3]礼顺：顺从礼仪制度的规定。悌：敬爱顺从。[4]移：改变。风：风气。易：更换。俗：风俗。乐：音乐。[5]安上：使上(国君)安心。治民：使民众得到治理。礼：礼仪制度。[6]敬：恭敬。[7]悦：高兴。[8]寡：少。[9]众：多。

(按：本章呼应第一章，重在阐发什么是先王的"至德要道"。)

广至德章第十三[1]

子曰："君子之教以孝也[2]，非家至而日见之也[3]。教以孝，所以敬天下之为人父者也；[4]教以悌[5]，所以敬天下之为人兄者也；教以臣[6]，所以敬天下之为人君者也。《诗》云：'恺悌君子，民之父母。[7]'非至德[8]，其孰能顺民如此[9]，其大者乎[10]？"

[1]广至德：推广阐发至高无上的道德。[2]君子：这里指天子。教：教化。以：用、拿。[3]非：不是。家至：到每家每户。[4]教以孝：以如何行孝来教化民众。所以：因此。[5]教以悌：以如何做弟弟尊敬兄长来教化民众。[6]教以臣：以如何做臣子来教化民众。[7]"恺悌"二句：出自《诗经·大雅·泂酌》。恺悌：亲和、平易近人的样子。本句有两种解释，一种解释为"用平易亲和来教化民众的君子可以做天下苍生的父母"；一种解释为"平易亲和的君主，使百姓感受到有父之尊，有母之亲"。现代解释中多取后者。[8]非：没有，不是。[9]孰：谁、何。顺民：顺应民心。[10]大：伟大。

(按：本章进一步论述了为什么孝道是天下最高尚的道德。天子应该在孝、悌、臣方面做出榜样，影响社会，治理天下。)

广扬名章第十四[1]

子曰："君子之事亲孝[2]，故忠可移于君[3]；事兄悌[4]，故顺可移于长[5]；居家理[6]，故治可移于官[7]。是以行成于内[8]，而名立于后世矣[9]。"

[1]扬名：使名字流传于后世。[2]君子：有德行的人。事亲：侍奉父母。[3]移：转移，秉承。君：国君。[4]事兄：对待、侍奉兄长。[5]长：长上、年长的人。[6]居家：处理家事。理：治理，有秩序。[7]治：治理社会的能力。官：当官。[8]行：行为。成：成功、有成效。内：家庭之内。这里指在事亲、事兄、治家的行为中养成好的品德，取得好的成效。[9]名：名声。立：建立。

（按：本章阐发了行孝与扬名后世的关系。从在家事亲以孝到出仕事君以忠是一个顺承的过程。如果能尽孝、行悌、治家，就能够忠君、扬名。）

谏争章第十五[1]

曾子曰："若夫慈爱、恭敬、安亲、扬名，则闻命矣[2]！敢问：子从父之令，可谓孝乎？[3]"子曰："是何言与[4]！是何言与！昔者天子有争臣七人[5]，虽无道[6]，不失天下[7]；诸侯有争臣五人，虽无道，不失其国；[8]大夫有争臣三人，虽无道，不失其家；[9]士有争友[10]，则身不离于令名[11]；父有争子[12]，则身不陷于不义[13]。故当不义[14]，则子不可以不争于父[15]，臣不可以不争于君。故当不义则争之，从父之令[16]，又焉得为孝乎[17]？"

[1]谏：直言规劝；争：照实说出错误或不当之处。一般指居下位者置生死于度外，制止(居上位者的)过失。争：同"诤"。[2]闻命：听到过(夫子的)教诲。[3]敢问：冒昧地问。从：顺从，无条件地听从。令：命令。[4]是：这。何言：什么话。与：感叹词，相当于啊、呢。[5]争臣：照实指出错误，直言规劝君主的臣下。七人：指辅佐天子的三公四辅，即太师、太保、太傅为"三公"。左辅、右弼、前疑、后丞为"四辅"。[6]无道：不遵循圣贤的德教之道，暴虐。[7]失：丧失、灭亡。天下：王国的统治权。[8]五人：有两说，一指孤及三卿与上大夫；一指三卿加内史、外史。三卿：分管民事、军事、工事的司徒、司马、司空。国：诸侯的封地。[9]三人：指的是辅佐大夫的家相、宗老和侧室(或邑宰)。家：家族。[10]争友：能直言规劝的朋友。[11]不离：不远离、不失去。令名：善、好的名声。[12]争子：敢于直言劝谏的子女。[13]陷：没、掉进去。不义：没有道义。[14]故：所以、因此。当：面临、对着。[15]争于父：向父亲进谏。[16]从：顺从。令：命令。[17]焉得为孝乎：孝又在哪里呢？焉：哪里、怎么。

（按：本章讨论谏诤的重要性。儿子对父亲不是一味地顺从，对父亲的不义行为可以指出、规劝，这样可以保护父亲的好名声，是孝道的内容之一。）

感应章第十六[1]

子曰："昔者明王事父孝[2]，故事天明[3]；事母孝，故事地察[4]；长幼顺[5]，故上下治[6]；天地明察[7]，神明彰矣[8]！故虽天子，必有尊也[9]，言有父也；必有先也[10]，言有兄也。宗庙致敬[11]，不忘亲也[12]；修身慎行[13]，恐辱先也[14]；宗庙致敬，鬼神著矣[15]。孝悌之至[16]，通于神明[17]，光于四海[18]，无所不通[19]。《诗》云：'自西自东，自南自北，无思不服。[20]'"

[1]感应：指人与神灵之间的交相呼应、相互影响。[2]昔：过去、古代。明王：圣明的君王。[3]事天：祭祀上天。明：明察，了解得清楚。[4]事地：祭祀土地神。察：明察。[5]长幼：兄弟之间的礼仪，即兄爱弟恭。顺：有序。[6]上下：尊卑等级之间的关系。治：有治理。[7]天地明察：上天与土地神都明白、了解了(孝的诚心)。[8]神明彰矣：即神灵降福保佑的意思。彰：彰显。[9]尊：更尊敬的人。[10]先：前，指早于(天子)降生的人。[11]宗庙：祭祀祖先的地方。致敬：表达对祖先的崇敬。[12]忘：遗忘。[13]修身：修养自己的道德。慎：小心、戒慎。行：行为举止。[14]恐：害怕、担心。辱：辱没。先：祖先。[15]著：与"彰"同义，有神灵保佑的意思。[16]至：极致。[17]通：通达、交融。[18]光：充满，到处都是。四海：泛指天下。[19]无所不通：这里指没有哪个地方不是受到孝道的感化的。[20]"自西"三句：出自《诗经·大雅·文王有声》，意思是天下的人没有不归服的。自：从、到。服：归顺，服从。

(按：本章论述人尽孝道可以感动上天。天子诚心尽孝，就能感动神灵福佑人间，百姓受感化都来归附，达到长治久安。)

事君章第十七[1]

子曰："君子之事上也[2]，进思尽忠[3]，退思补过[4]，将顺其美[5]，匡救其恶[6]，故上下能相亲也[7]。《诗》云：'心乎爱矣！遐不谓矣！中心藏之，何日忘之。[8]'"

[1]事君：侍奉国君。[2]事上：侍奉国君。上：国君。[3]进：在朝廷做官。思：考虑。尽忠：竭尽忠诚。[4]退：退隐、闲居家中。补过：弥补自身的过失。[5]将：秉持、奉行。顺：顺从。美：美好的、正确的。[6]匡：改正。救：制止、弥补。恶：不好的、错误的。[7]上下：指君臣。相亲：相互亲爱。[8]"心乎"四句：出自《诗经·小雅·隰桑》。乎：感叹词，无实义。谓：诉说。中心：内心。之：指代所爱。这里指忠心奉行国君德行的人。

(按：本章提出对国君尽忠是扬名的基础，也是孝的表现。尽忠要求顺美匡恶。)

丧亲章第十八[1]

子曰："孝子之丧亲也，哭不偯[2]，礼无容[3]，言不文[4]，服美不安[5]，闻乐不乐[6]，食旨不甘[7]，此哀戚之情也。三日而食[8]，教民无以死伤生[9]，毁不灭性[10]，此圣人之政也[11]；丧不过三年[12]，示民有终也[13]。为之棺椁，衣衾而举之[14]；陈其簠簋而哀慼之[15]；擗踊哭泣[16]，哀以送之[17]；卜其宅兆而安措之[18]；为之宗庙，以鬼享之[19]；春秋祭祀，以时思之。[20]生事爱敬[21]，死事哀戚[22]，生民之本尽矣[23]！死生之义备矣[24]！孝子之事亲终矣[25]！"

[1]丧：失去，死。丧亲：父母去世。[2]偯(yǐ)：哭泣的余声。古时哭丧有讲究，根据亲疏关系哭出的声调高低顿挫不同。不偯：指没有这种尾声了，就是悲哀到了极点，已经顾不上规矩了。[3]礼：礼貌接待。无容：不注意容貌修饰。指丧礼期间因为悲伤而不像平常那样注意仪容。[4]言：说话、语言。文：修饰，有文采。[5]服：穿着。美：质地好、华丽的衣服。不安：心中不安稳。[6]闻乐不乐：前一个乐(yuè)指音乐；后一个乐(lè)指高兴。[7]食：吃。旨：鲜美的食物。甘：香甜，这里指感到可口。[8]三日而食：三天之后，再悲痛也要吃东西。[9]教：教导。无以：不要因为。死：父母的死亡。伤生：伤害自己的生命。[10]毁：悲痛伤身。灭性：违背人性。[11]政：政教。[12]丧：服丧。不过：不超过。[13]示：明示。终：终结、结束。[14]为：制作。棺椁(guǒ)：棺材。衣衾(qīn)：寿衣。举：抬起来(入殓)。[15]陈：摆放。簠(fǔ)簋(guǐ)：盛放食物的器皿。[16]擗：悲伤时以手捶胸。踊：痛哭时以足顿地，跳跃。[17]送：出殡。[18]卜：卜筮。宅兆：墓穴。安措之：安放好死者。[19]鬼享：用酒食供祭亡灵。[20]春秋：言春以含夏，言秋以含冬，指一年四季。时：季度，指寒暑更迭的时候。思：思念。[21]生：活着。事：对待。爱敬：爱戴、尊敬。[22]哀戚：悲伤、悲戚。[23]本：根本。这里指孝道。尽：完成。[24]义：道义。备：完备。[25]终：终结、结束。

（按：本章主要讲父母死后如何行孝。具体论述了丧礼的规范，办好丧礼是事亲尽孝的最后阶段。）

十二　《尔雅》

[引言]

“训诂之学，始于尔雅。”(胡朴安语)《尔雅》是我国第一部按义类编排的统释上古汉语普通词语和百科名词的综合性辞书。关于《尔雅》的命名，刘熙《释名·释典艺》云：“《尔雅》，尔，昵也；昵，近也。雅，义也；义，正也。五方之言不同，皆以近正为主也。”“近正”即接近雅言。“雅言”即当时规范的共同语。“尔雅”就是以雅正之言解释方言词语和古词语，使之近于规范。关于《尔雅》的作者和成书年代历来有不同的说法。一说为周公所作，成书在西周；一说为孔子或其门徒所作，成书在东周；一说为汉儒所作。但根据现代学者的考证，《尔雅》不是一时一人之作，而是杂采几代多家的训诂材料汇编而成。初具规模的时代在公元前400年至公元前300年的战国时期，汉代古文经典的传注发达起来后，经过一度增补润色而成。《汉书·艺文志》著录《尔雅》三卷二十篇，原有《序篇》，唐宋间佚，今本存十九篇。十九篇按内容可分为五类：一、释语言，包括释诂、释言、释训三篇；二、释家庭亲属，仅释亲一篇；三、释宫室器物，包括释宫、释器、释乐三篇；四、释天地山川，包括释天到释水五篇；五、释生物，包括释草到释畜七篇。关于《尔雅》的释词体例，胡朴安在《中国训诂学史》中认为：“其释诂、释言、释训三篇，大概以今语释古语，以通语释方言，以一条之训诂言，谓之转注，以一字之训诂言，则又有假借存焉。”“释训以下诸篇，名物之释，以俗名释雅名，亦有声韵之关系。”弄清《尔雅》训释词与被训释词之间的关系，必须以《尔雅》的注疏为桥梁。普遍使用的注本是晋代郭璞的《尔雅注》，为郭注作疏的最通行的有两家：宋代邢昺的《尔雅注疏》和郝懿行的《尔雅义疏》。

四库全书总目尔雅注疏十一卷提要

晋郭璞注，宋邢昺疏。璞字景纯，河东闻喜人。官至弘农太守，事迹具《晋书》本传。昺有《孝经疏》，已著录。案《大戴礼·孔子三朝记》称孔子教鲁哀公学《尔雅》，则《尔雅》之来远矣。然不云《尔雅》为谁作。据张揖《进〈广雅〉表》称，周公著《尔雅》一篇(案《经典释文》以揖所称一篇为《释诂》)。今俗所传三篇(案《汉志》:《尔雅》三卷。此三篇谓三卷也)，或言仲尼所增，或言子夏所益，或言叔孙通所补，或言沛郡梁文所考，皆解家所说，疑莫能明也。于作书之人，亦无确指。其余诸家所说，小异大同，今参互而考之，郭璞《尔雅注序》称："豹鼠既辨，其业亦显。"邢昺《疏》以为汉武帝时终军事。《七录》载犍为文学《尔雅注》三卷(案《七录》久佚。此据《隋志》所称梁有某书，亡。知为《七录》所载)，陆德明《经典释文》以为汉武帝时人，则其书在武帝以前。曹粹中《放斋诗说》曰(案此书今未见传本，此据《永乐大典》所引)："《尔雅》，毛公以前其文犹略，至郑康成时则加详。如'学有缉熙于光明'，毛公云：'光，广也。'康成则以为学于有光明者。而《尔雅》曰：'缉熙，光明也。'又'齐子岂弟'，康成以为犹'发夕'也。而《尔雅》曰：'岂弟，发也。''薄言观者'，毛公无训。'振古如兹'，毛公云：'振，自也。'康成则以'观'为多，以'振'为古。其说皆本于《尔雅》。使《尔雅》成书在毛公之前，顾得为异哉?"则其书在毛亨以后(案《诗传》乃毛亨作，非毛苌作，语详《诗》正义条下)。大抵小学家缀缉旧文，递相增益，周公、孔子皆依托之词。观《释地》有鹣鹣，《释鸟》又有鹣鹣，同文复出，知非纂自一手也。其书，欧阳修《诗本义》以为学《诗》者纂集博士解诂。高承《事物纪原》亦以为大抵解诂诗人之旨。然释《诗》者不及十之一，非专为《诗》作。扬雄《方言》以为孔子门徒解释六艺，王充《论衡》亦以为五经之训故。然释五经者不及十之三四，更非专为五经作。[1]今观其文，大抵采诸书训诂名物之同异以广见闻，实自为一书，不附经义。如《释天》云："暴雨谓之涷。"《释草》云："卷施草，拔心不死。"此取《楚辞》之文也。《释天》云："扶摇谓之猋。"《释虫》云："蒺藜，蝍蛆。"此取《庄子》之文也。《释诂》云："嫁，往也。"《释水》云："瀵大出尾下。"此取《列子》之文也。《释地》云："西王母。"《释兽》云："小领，盗骊。"此取《穆天子传》之文也。《释地》"四极"云："东方有比目鱼焉，不比不行，其名谓之鲽。南方有比翼鸟焉，不比不飞，其名谓之鹣鹣。"此取《管子》之文也。又云："邛邛岠虚，负而走，其名谓之蟨。"此取《吕氏春秋》之文也。又云："北方有比肩民焉，迭食而迭望。"《释地》云："河出昆仑虚。"此取《山海经》之文也。《释诂》云："天、帝、皇、王、后、辟、公、侯。"又云："洪、廓、宏、溥、介、纯、夏、幠。"《释天》云

“春为青阳”至“谓之醴泉”。此《尸子》之文也。《释鸟》曰：“爰居，杂县。”此取《国语》之文也。如是之类不可殚数。盖亦《方言》《急就》之流，特说经之家多资以证古义，故从其所重，列之经部耳。璞时去汉未远，如“遂㠯大东”称《诗》，“钊我周王”称《逸书》，所见尚多古本，故所注多可据。后人虽迭为补正，然宏纲大旨，终不出其范围。昺《疏》亦多能引证，如《尸子·广泽》篇、《仁意》篇，皆非今人所及睹。其犍为文学、樊光、李巡之注，见于陆氏《释文》者，虽多所遗漏，然疏家之体，惟明本注，注所未及，不复旁搜。此亦唐以来之通弊，不能独责于昺。惟既列注文，而疏中时复述其文，但曰郭注云云，不异一字，亦更不别下一语，殆不可解。岂其初疏与注别行欤？今未见原刻，不可复考矣。

[1]《尔雅》引用《诗经》或“五经”，不等于就是解“经”。引文只是起到书证的作用，其目的旨在诠释其中所包含的词。

尔雅序

（晋）郭　璞

夫《尔雅》者，所以通诂训之指归[1]，叙诗人之兴咏[2]，总绝代之离词[3]，辩同实而殊号者也。诚九流之津涉[4]，六艺之钤键[5]，学览者之潭奥，摛翰者之华苑也。[6]

[1]通诂训之指归：言此书所以通畅古今之言，训道百物之貌，使人知其指意归向也。诂：古也，通古今之言使人知也。训：道也，道物之貌以告人也。指归：谓指意归向也。[2]叙诗人之兴咏：《舜典》：“歌永言。”孔注：“歌咏其义以长其言。”又《诗序》：“言之不足，故嗟叹之；嗟叹之不足，故咏歌之。”斯皆诗人所为，此书能次叙之，故言“叙诗人之兴咏”也。[3]总绝代之离词：郭璞叙《方言》云“标六代之绝语，类离词之指韵”，亦犹此也。以其六代绝远，四方乖越，故今古语异，夷夏词殊。此书能总聚而释之，使人知也。总：聚，汇集。绝代：远代。离词：异词。[4]九流之津涉：九流者，叙六艺为九种，言于六经若水之下流也；津涉者，济渡之处名。言九流之多，非此书无以通，喻九河之广，非津涉无以渡。[5]六艺之钤键：案《汉书·艺文志》六艺谓《易》《书》《诗》《礼》《乐》《春秋》六经也。“凡六艺，一百三家，三千一百二十三篇。”《说文》：“钤，锁也。”《方言》：“户钥，自关之东，陈、楚之间谓之键。”《小尔雅》：“键谓之钥。”言此书为六艺之锁钥，必开通之，然后得其微旨也。[6]“学览”二句：潭，渊也；室中西南隅谓之奥，言隐奥也。此书释二仪之形象，载八表之昏荒，虽博学广览之士，莫能究渊深隐奥，故云“学览者之潭奥”也。云“摛翰者之华苑也”者，言此书森罗万有，纯粹六经，摛文染翰之士，足以掇其英华若园苑然，故云“华苑”也。

若乃可以博物不惑，多识于鸟兽草木之名者，莫近于《尔雅》。《尔雅》者，盖兴于中古，隆于汉氏。豹鼠既辩，其业亦显。[1]

[1]“豹鼠”二句：汉武帝时，孝廉郎终军既辩豹文之鼠，人服其博物，故争相传授，《尔雅》之业，于是遂显。言不但兴行，兼亦广显，故云“亦”也。

英儒赡闻之士，洪笔丽藻之客，靡不钦玩耽味，为之义训。璞不揆梼昧[1]，少而习焉，沈研钻极，二九载矣。虽注者十余，然犹未详备，并多纷谬，有所漏略。是以复缀集异闻，会稡旧说，考方国之语，采谣俗之志，错综樊、孙，博关群言[2]，剟其瑕砾，搴其萧稂，[3]事有隐滞，援据征之。其所易了，阙而不论，别为音图，用袪未寤。[4]辄复拥篲清道。企望尘躅者，[5]以将来君子为亦有涉乎此也[6]。

[1]璞不揆梼昧(táo mèi)：此自谦也。揆，度也。梼谓梼杌，无知之貌。昧，暗也。郭氏言己不度其无知暗昧，自少小而习此书焉。[2]博关群言：关，通也。群言，谓子史及小说也。言非但援引六经，亦博通此子史等以为注说也。[3]“剟其”二句：去恶取善也。“剟其瑕砾”，以玉石喻也。剟，削也。削去其疵瑕瓦砾，以取瑾瑜也。“搴其萧稂”，以禾莠喻也。搴，拔也。萧，蒿也。稂，童粱，莠类也。拔去其萧蒿稂莠，以存其嘉禾也。[4]“别为”二句：谓注解之外，别为《音》一卷，《图赞》二卷，字形难识者，则审音以知之；物状难辨者，则披图以别之。用此音图以袪除未晓寤者。[5]“辄复”二句：此郭氏自问也。拥，手持也。篲，帚也。清道，谓清洁道涂也。企望者，企踵而瞻望也。尘躅者，尘路躅迹也。言己注此书，若人持帚以清道，企踵而望其芳尘美迹。[6]“以将来”句：此自答也。言己注此书非他，以为将来有德君子之为必欲研核百氏，探讨九流，非《尔雅》不可，必涉历此途，若其注释未备，则恐迷误后人。作注之由，良为此也。

释　诂

初、哉、首、基、肇、祖、元、胎、俶、落、权、舆，始也。[1]

[1]始：本义是开始，“初、哉、首、基、肇、祖、元、胎、俶(chù)、落、权”均有开始之义，初者，《说文》：“从衣从刀，裁衣之始也。”哉者，古文作才，《说文》：“才，草木之初也。”以声近借为哉始之哉。首者，头也，首之始也。基者，《说文》：“墙始筑也。”肇者，说文作肁，“始开也”。祖者，宗庙之始也。元者，善之长也。长即始义。胎者，人成形之始也。俶者，动作之始也。落者，木叶陨坠之始也。《说文》：“权，黄华木。”但“始”还可引申为根本，“基、祖、元、舆”均有根

本之义。《诗经·小雅·南山有台》:“乐只君子,邦家之基。”毛传:“基,本也。”《淮南子·厚道》:“夫无形者,物之大祖也。”《文子·道德》:“夫道者德之元,天之根,福之门,万物待之而生。”《左传·襄公二十四年》:“夫令名,德之舆也;德,国家之基也。”被训释词“基、祖、元”兼具二义。“初、哉、首、肇、胎、俶、落、权”只有开始之义,“舆”只有根本之义,训释词“始”在两个意义上分别与所列被训释词构成同义关系。

林、烝、天、帝、皇、王、后、辟、公、侯,君也[1]。

[1]君:训释字“君”代表“君王”“群聚”两个词。王引之《经义述闻》曰:“君字有二义:一为君上之君,天、帝、皇、王、后、辟(bì)、公、侯是也;一为群聚之群,林、烝是也。”这种数义同条的释词体例多出现在《释诂》《释言》中。

弘、廓、宏、溥[1]、介[2]、纯、夏[3]、幠[4]、厖[5]、坟[6]、嘏[7]、丕[8]、弈[9]、洪、诞[10]、戎[11]、骏、假、京、硕、濯、讦、[12]宇、穹、壬、路、淫、甫[13]、景[14]、废、壮[15]、冢[16]、简[17]、箌[18]、昄、晊、将[19]、业[20]、席,大也。

[1]溥(pǔ):广大。《诗经·大雅·公刘》:“逝彼百泉,瞻彼溥原。”[2]介:《方言》:“东齐海岱之间谓之介。” [3]夏:《方言》:“自关而西秦晋之间,凡物之壮大而爱伟之,谓之夏。”[4]幠(hū):大。《诗经·小雅·巧言》:“无罪无辜,乱如此幠。”[5]厖(máng):深之大也。[6]坟:《方言》:“坟,地大也。青、幽之间凡土而高且大者谓之坟。”[7]嘏(gǔ):远大。《方言》:“秦晋之间凡物壮大谓之嘏。”[8]丕:宏大。《说文》:“丕,大也。”《尚书·大禹谟》:“嘉乃丕绩。”[9]弈:《说文》:“弈,大也。”《诗经·大雅·韩弈》:“弈弈梁山。”[10]诞:大。《诗经·大雅·生民》:“诞弥厥月。”[11]戎:大。《方言》:“宋鲁陈卫之间谓之嘏,或曰戎。”[12]京、硕、濯、讦(xū):秦晋之间凡人大谓之奘,燕之北鄙、齐楚之郊或曰京,齐宋之间曰硕,荆吴杨瓯之郊曰濯,中齐西楚之间曰讦,此皆谓大,方俗之殊语也。[13]甫:《诗经·齐风·甫田》:“无田甫田。”[14]景:《诗经·周颂·潜》:“以介景福。”[15]壮:秦晋之间,凡人大谓之奘,或谓之壮。[16]冢:舍人曰:冢,封之大也。《诗经·大雅·绵》:“乃立冢土。”[17]简:《诗经·周颂·执竞》:“降福简简。”[18]箌(zhào):《说文》:“草大也。”《韩诗》:“箌彼圃田。”[19]将:《诗经· 周颂·敬之》:“日就月将。”[20]业:版之大也。《诗经·大雅·灵台》:“虡业维枞。”

幠、厖,有也。迄、臻、极、到、赴、来、吊[1]、艐、格、戾、怀、摧、詹,[2]至也。

[1]吊(dì):《诗经·小雅·天保》:“神之吊矣。”[2]艐(jiè)、格、戾、怀、摧、詹:皆方俗语。《方言》:“假(音驾)、洛(古格字)、怀、摧、詹、戾、艐(古届字),至也。邠唐冀兖之间曰假,或

曰徦，齐楚之会郊或曰怀。摧、詹、戾，楚语也。艐，宋语也。皆古雅之别语也，今则或同。”

如[1]、适、之[2]、嫁、徂、逝，[3]往也。

[1]如：自我而往也。《春秋》公及大夫朝聘皆曰如。[2]之：《论语》：“之一邦。”言又往一国也。[3]适、嫁、徂、逝：皆方俗语。《方言》：“嫁、逝、徂、适，往也。自家而出谓之嫁，犹女而出为嫁也。逝，秦晋语也。徂，齐语也。适，宋鲁语也。往，凡语也。”

赉[1]、贡、锡、畀[2]、予、贶[3]，赐也。

[1]赉(lài)：赏赐。《论语・尧曰》：“周有大赉。”[2]畀(bì)：给予。《诗经・鄘风・干旄》：“彼姝者子，何以畀之?”[3]贶(kuàng)：惠赐。《诗经・小雅・彤弓》：“中心贶之。”

仪[1]、若[2]、祥[3]、淑[4]、鲜[5]、省、臧[6]、嘉[7]、令[8]、类[9]、綝[10]、彀[11]、攻[12]、穀[13]、介[14]、徽[15]，善也。

[1]仪：形象之善。[2]若：惠顺之善。[3]祥：李巡曰：“福之善也。”《尚书・泰誓》：“袭于休祥。”[4]淑：有德之善。《诗经・曹风・鸤鸠》：“淑人君子。”[5]鲜：清洁之善。《诗经・邶风・新台》：“籧篨不鲜。”[6]臧：功能之善。《诗经・齐风・猗嗟》：“射则臧兮。”[7]嘉：美之善。《诗经・大雅・抑》：“无不柔嘉。”[8]令：善，美好。《诗经・大雅・卷阿》：“令闻令望。”[9]类：《左传・昭公二十八年》：“勤施无私曰类。”[10]綝(chēn)：良善。[11]彀(gòu)：把弓拉满。《说文》：“彀，张弩也。”后指善射。[12]攻：坚致之善。[13]穀：养生之善。《诗经・小雅・小明》：“式穀以女。”[14]介：大善。[15]徽：美善。

舒[1]、业[2]、顺[3]，叙也。
舒、业、顺、叙，绪也。

[1]舒：展舒，徐缓有次。[2]业：事有次叙。[3]顺：不逆，有叙。

怡、怿、悦、欣、衎[1]、喜、愉、豫[2]、恺[3]、康、妉[4]、般[5]，乐也。

[1]衎(kàn)：饮食之乐。《诗经・小雅・南有嘉鱼》：“君子有酒，嘉宾式燕以衎。”[2]豫：逸乐。《诗经・小雅・白驹》：“逸豫无期。”[3]恺：康乐。[4]妉(dān)：乐之久也。[5]般(pán)：游乐。郑笺：“般，乐也。”

悦、怿、愉、[1]释[2]、宾[3]、协[4]，服也。

[1]悦、怿、愉：皆喜乐而服也。[2]释：释去恨怨而服也。[3]宾：怀德而服也。[4]协：和合而服也。

遹、遵、率、循、由、从，自也。

遹、遵、率，循也。

靖[1]、惟[2]、漠[3]、图[4]、询、度、咨、诹、[5]究[6]、如[7]、虑[8]、谟[9]、猷[10]、肇[11]、基[12]、访[13]，谋也。

[1]靖：安谋也。《诗经·小雅·小旻》："靖共尔位。"[2]惟：思谋也。[3]漠：舍人曰：心之谋也。《诗经·小雅·小弁》："圣人莫之。"漠、莫音义同。[4]图：《诗经·大雅·崧高》："我图尔居。"[5]询、度、咨、诹：《诗经·小雅·皇皇者华》传云："访问于善为咨。咨事为诹。咨事之难易为谋。咨礼义所宜为度。亲戚之谋为询。"[6]究：《诗经·小雅·小弁》："不舒究之。"[7]如：通"茹"。忖度。[8]虑：计谋也。[9]谟：大谋也。[10]猷：以道而谋。《诗经·大雅·文王》："厥犹翼翼。"猷、犹音义同。[11]肇：《诗经·大雅·江汉》："肇敏戎公。"[12]基：君子作事谋始也。[13]访：谋政事也。

典、彝[1]、法、则、刑、范、矩、庸、恒、律、戛[2]、职、秩，常也。

[1]彝：常，常道，法度。《诗经·大雅·烝民》："民之秉彝，好是懿德。"[2]戛(jiá)：常礼，常法。

柯、宪、刑、范、辟、律、矩、则，法也。

辜、辟、戾，辠也[1]。

[1]辠(zuì)：同"罪"。《说文》："辠，犯法也。"

黄发、齯齿、鲐背、耇、老，寿也。

允[1]、孚[2]、亶[3]、展[4]、谌[5]、诚、亮[6]、询[7]，信也。

[1]允：诚实不欺。《方言》："齐鲁之间曰允。"[2]孚：《说文》："孚，一曰信也。"[3]亶：实在，诚然。[4]展：诚然。《方言》："荆吴淮汭之间曰展。"[5]谌(chén)：诚然，的确。《方言》："燕岱东齐曰谌。"[6]亮：通"谅"。信实。《方言》："众信曰谅。"[7]询：确实。郝疏："询者，恂之假音也。"《方言》："宋卫汝颍之间曰恂。"

展、谌、允、慎、亶，诚也。

“謔浪笑敖”，戏谑也。

粤、于、爰，曰也。

爰、粤，于也。

爰、粤、于、那、都、繇，於也。

敆[1]、郃[2]、盍、翕、仇[3]、偶、妃[4]、匹、会，合也。

[1]敆(gě)：《说文》：“敆，合会也。”[2]郃(xiá)：对合。[3]仇(qiú)：同伴；配偶。《诗经·周南·兔罝》：“赳赳武夫，公侯好仇。”[4]妃：《左传》：“嘉耦曰妃。”

仇、讎[1]、敌、妃、知、仪，匹也。

[1]讎(chóu)：俦、侣、辈、类之匹也。《诗经·大雅·抑》：“无言不讎，无德不报。”

妃、合、会，对也。

妃，媲也。

绍、胤、嗣、续、纂、緌[1]、绩、武、系，继也。

[1]緌(ruí)：古代帽带结子的下垂部分。

忥[1]、谥[2]、溢[3]、蛰[4]、慎[5]、貉[6]、谧[7]、顗[8]、頠[9]、密[10]、宁，静也。

[1]忥(xì)：休息。[2]谥：人死将葬，诔列其行而作之也。[3]溢：盈溢者宜静。《诗经·周颂·维天之命》：“假以溢我。”[4]蛰：藏伏静处也。《易》：“龙蛇之蛰。”[5]慎：谨静也。《诗经·大雅·抑》：“淑慎尔止。”[6]貉：同“貊”，静定也。《诗经·大雅·皇矣》：“貊其德音。”郑笺：“德正应和曰貊。”[7]谧：《说文》：“静语也。”[8]顗(yǐ)：安静；庄重恭谨。[9]頠(wěi)：安静，安详。[10]密：宁也。《诗经·周颂·昊天有成命》：“夙夜基命宥密。”

陨、磒、湮、下、降、坠、摽[1]、蘦[2]，落也。

[1]摽(biào)：坠落。《诗经·召南·摽有梅》：“摽有梅，其实七兮。”[2]蘦(líng)：通“零”。蘦者，《说文》：“草曰蘦，木曰落。”散而言之，他物之落亦言蘦。

命、令、禧、畛、祈、请、谒、讯、诰，告也。

永、悠、迥、违、遐、逷、阔，远也。

永、悠、迥、远，遐也。

亏、坏、圮、垝，毁也。

矢[1]、雉[2]、引[3]、延[4]、顺[5]、荐[6]、刘[7]、绎[8]、尸[9]、旅[10]，陈也。

[1]矢：陈列，陈述。《尚书·大禹谟》："皋陶矢厥谟。"[2]雉：陈列。[3]引：伸陈也。[4]延，铺陈也。[5]顺：《说文》："顺，理也。"引申为陈列。[6]荐：馔陈也。[7]刘：陈，铺陈。[8]绎：复陈也。[9]尸：主陈也。[10]旅：布陈也。

尸、职，主也。

尸[1]，寀[2]也。

[1]尸：古代祭祀时代表死者受祭的人，引申为神主之位。[2]寀(cǎi)：同"采"，古代卿大夫的封地。

寀、寮，官也。

绩、绪、采、业、服、宜、贯、公，事也。

永、羕、引、延、融、骏，长也。

乔、嵩、崇，高也。

崇，充也。

犯、奢、果、毅、克、捷、功、肩、堪，胜也。[1]

[1]胜：训释词"胜"在此有三义：一为"陵犯"之义，"犯"是也；二为"胜利"之义，"奢、果、毅、克、捷、功"是也；三为"胜任"之义，"肩"是也。"堪"兼具"胜利""胜任"二义。

胜、肩、戡、刘、杀，克也。

刘、狝、斩、刺，杀也。

亹亹[1]、蠠没[2]、孟、敦、勖[3]、钊、茂、劭[4]、勔，勉也。

[1]亹亹(wěi wěi)：勤勉不倦。《诗经·大雅·文王》："亹亹文王，令闻不已。"[2]蠠没(mǐn mò)：勉力，努力。[3]勖(xù)：勉力，勉励。《诗经·邶风·燕燕》："先君之思，以勖寡人。"[4]劭(shào)：劝勉。

骛、务、昏、暋，强也。

卬[1]、吾、台、予、朕、身、甫、余、言，我也。

[1]卬(áng)：第一人称代词，我。《诗经·邶风·匏有苦叶》：“人涉卬否，卬须我友。”

朕、余、躬，身也。

台、朕、赉、畀、卜、阳，予也。[1]

[1]予：训释词“予”有两义：一为第一人称“予我之予”，一为动词“给予之予”，而被训释词“台(yí)、朕、赉、畀、卜、阳”也有此两词义。“台、朕、阳”为第一人称“予我之予”义，其中“阳”为方俗语。郭注：“今巴濮之人自呼阿阳。”“台、朕”皆“予我之予”之常语。“赉、畀、卜”为“给予之予”义。《诗经·鄘风·干旄》：“彼姝者子，何以畀之?”《尚书·说命上》：“朝夕纳诲，以辅台德。”

肃、延、诱、荐、餤、晋、寅、荩，进也。

羞[1]、饯[2]、迪[3]、烝[4]，进也。

[1]羞：进献。《礼记·曲礼》：“闻子有客，使某羞。”[2]饯：进饮食之名。[3]迪：以道而进。[4]烝：进献。《诗经·周颂·丰年》：“烝畀祖妣。”

诏、亮、左、右、相，导也。

诏、相、导、左、右、助，勴[1]也。

[1]勴(lǜ)：赞助。《说文》：“勴，助也。”

亮、介、尚，右也。

左、右，亮也。

缉熙[1]、烈、显、昭、晧[2]、颎，光也。

[1]缉熙：光明。《诗经·周颂·敬之》：“日就月将，学有缉熙于光明。”[2]晧：日光。

劼、巩、坚、笃、掔[1]、虔、胶，固也。

[1]掔(qiān)：坚固，牢固。

畴、孰，谁也。

暀暀[1]、皇皇[2]、藐藐[3]、穆穆[4]、休、嘉、珍、祎[5]、懿、铄[6]，美也。

[1]暀暀(wàng wàng)：明亮美盛的样子。《说文》：“暀，光美也。”[2]皇皇：美盛鲜明的样子。

《诗经·小雅·皇皇者华》："皇皇者华。"[3]藐藐：美盛貌。《诗经·大雅·崧高》："寝庙既成，既成藐藐。"毛传："藐藐，美貌。"[4]穆穆：仪容或言语之美。《诗经·大雅·文王》："穆穆文王，於缉熙敬止。"毛传："穆穆，美也。"《荀子·大略》："言语之美，穆穆皇皇。"[5]祎(yī)：美好。张衡《东京赋》："汉帝之德，侯其祎而。"[6]铄(shuò)：美盛。《诗经·周颂·酌》："于铄王师，遵养时晦。"

谐、辑、协，和也。

关关、噰噰，[1]音声和也。

[1]关关、噰噰：鸟鸣音声相和。《诗经·周南·关雎》："关关雎鸠。"《诗经·邶风·匏有苦叶》："噰噰鸣雁。"

勰、燮，和也。

从、申、神、加、弼、崇，重也。

觳[1]、悉、卒、泯、忽、灭、罄、空、毕、罊[2]、歼、拔、殄，尽也。

[1]觳(què)：尽。郭注："觳，忽然尽貌。"[2]罊(qì)：空，尽。《说文》："罊，器中尽也。"

苞、芜、茂，丰也。

揫[1]、敛、屈、收、戢[2]、蒐[3]、裒[4]、鸠、楼，聚也。

[1]揫(jiū)：聚集。郭注："《礼记》曰：秋之言揫，揫，敛也。"[2]戢(jí)：藏聚。《国语·周语》："夫兵戢而时动，动则威。"[3]蒐(sōu)：通"搜"。郭注："春猎为蒐，蒐者，以其聚人众也。"[4]裒(póu)：聚集。《诗经·小雅·棠棣》："原隰裒矣，兄弟求矣。"

肃、齐、遄[1]、速、亟、屡、数、迅，疾也。

[1]遄(chuán)：快，迅速。《诗经·邶风·泉水》："遄臻于卫。"

寁[1]、骏、肃、亟、遄，速也。

[1]寁(zǎn)：迅速；快捷。

壑[1]、阬阬[2]、滕、征、隍[3]、漮[4]，虚也。

[1]壑：溪壑。《诗经·大雅·韩奕》："实墉实壑。"[2]阬阬：坎陷之虚也。[3]隍：城池无水者。《易》曰："城复于隍。"[4]漮：《说文》："水虚也。"水的中心有空处。郭注引《方言》："康之言空也。"《诗经·小雅·宾之初筵》："酌彼康爵。"郑笺："康，虚也。"漮、康音义同。

黎、庶、烝、多、丑、师、旅，众也。

洋、观、裒、众、那，多也。

流[1]、差[2]、柬[3]，择也。

[1]流：通"求"。求取，择取。《诗经·周南·关雎》："参差荇菜，左右流之。"[2]差(chāi)：选择。《诗经·小雅·吉日》："吉日庚午，既差我马。"[3]柬(jiǎn)：挑选。《荀子·修身》："安燕而血气不衰，柬理也。"

战、栗、震、惊、戁[1]、竦、恐、慴[2]，惧也。

[1]戁(nǎn)：恐惧。《诗经·商颂·长发》："不戁不竦，百禄是总。"[2]慴(shè)：同"慑"，恐惧。《管子·戒篇》："身在草茅之中而无慑意。"

痡[1]、瘏[2]、虺颓[3]、玄黄、劬劳[4]、咎、顇、瘽、瘉、鳏、戮、癙[5]、癵[6]、痱、痒、疷[7]、疵、闵、逐、疚、痗、瘥[8]、痱、擅、瘵、瘼[9]、瘠[10]，病也。

[1]痡(pū)：疲劳而致病。《诗经·周南·卷耳》："我仆痡矣。"[2]瘏(tú)：劳累而致病。《诗经·周南·卷耳》："陟彼砠矣，我马瘏矣。"[3]虺颓(huītuí)：同"虺隤"，生病的样子。《诗经·周南·卷耳》："陟彼崔嵬，我马虺隤。"[4]劬(qú)劳：劳累，劳苦。[5]癙(shǔ)：忧郁病。《诗经·小雅·正月》："哀我小心，癙忧以痒。"[6]癵(luán)：病体拘曲。[7] 疷(qí)：忧病。《诗经·小雅·白华》："之子之远，俾我疷兮。"[8]瘥(cuó)：病，疫病。《诗经·小雅·节南山》："天方荐瘥，丧乱弘多。"[9]瘼：病，疾苦。《诗经·小雅·四月》："乱离瘼矣，爰其适归。"[10]瘠：因病而面容消瘦。《礼记·玉藻》："亲瘠，色容不盛，此孝子之疏节也。"

恙、写、悝、盱、繇、惨、恤、罹，忧也。

伦、勚、邛、敕、勤、愉、庸、瘅，劳也。[1]

[1]劳：训释词"劳"有三义：一为劳苦之劳，"伦、勚(yì)、邛、勤、愉、庸、瘅"是也；《诗经·小雅·雨无正》："莫知我勚。"《诗经·大雅·板》："下民卒瘅。"二为功劳之劳，"伦、庸"是也；《晋书·周处周访列传》："庸绩书于王府。"三为慰劳之劳，"敕"是也。

劳、来、强、事、谓、翦、篲，勤也。
悠、伤、忧，思也。
怀、惟、虑、愿、念、惄[1]，思也。

[1]惄(nì)：忧愁的样子。邢疏引舍人曰："惄，志而不得之思也。"《诗经·小雅·小弁》："我心忧伤，惄焉如捣。"

禄、祉、履、戬[1]、祓[2]、禧、禠[3]、祜[4]，福也。

[1]戬(jiǎn)：幸福，吉祥。《诗经·小雅·天保》："天保定尔，俾尔戬穀。"[2]祓(fú)：古代为除灾求福而举行的一种仪式。[3]禠(sī)：幸福。《说文》："禠，福也。"[4]祜(hù)：厚福，大福。《诗经·周颂·载见》："永言保之，思皇多祜。"

禋[1]、祀、祠[2]、烝[3]、尝[4]、禴[5]，祭也。

[1]禋：烧柴升烟以祭。《说文》："禋者，洁祀也。"[2]祠：春祭名。《诗经·小雅·天保》毛传："春曰祠，夏曰禴，秋曰尝，冬曰烝。"《礼记·月令》："(仲春之月)祀不用牺牲，用圭璧更皮币。"《说文》："春祭曰祀，品物少，多文词也。"[3]烝：冬祭名。[4]尝：秋祭名。[5]禴(yuè)：同"礿"。夏祭名。

俨[1]、恪[2]、祗[3]、翼、諲[4]、恭[5]、钦[6]、寅[7]、熯[8]，敬也。

[1]俨：庄重的样子。郭注："俨然，敬貌。"《论语》："俨然人望而畏之。"[2]恪：恭敬。《尚书·周书·微子之命》："恪慎克孝。"[3]祗(zhī)：恭敬。《尚书·虞书·大禹谟》："祗承于帝。"[4]諲：恭敬。郝疏："諲者，禋之假音也。"[5]恭：敬貌。《诗经·大雅·抑》："温温恭人。"[6]钦：恭敬。《尚书·虞书·尧典》："钦若昊天。"[7]寅：敬。《尚书·周书·无逸》："严恭寅畏。"[8]熯(nǎn)：恭敬。《诗经·小雅·楚茨》："我孔熯矣。"

朝、旦、夙、晨、晙，早也。
颈、竢、替、戾、底、止、徯，待也。[1]

[1] 颈：等待。《说文》："颈，待也。"段注："今字多作需、作须，而颈废矣。"《诗经·邶风·匏有苦叶》："卬须我友。"竢者，同"俟"，等待。颈、须，竢、俟音义同。替、戾、底者，郭云："皆止也。止亦相待。"

噊[1]、幾、烖[2]、殆，危也。

[1]噊(yù)：诡谲狡诈。[2]烖(zāi)：同“灾”。

饑[1]，汔[2]也。

[1]饑(qí)：接近。《说文》：“刏，摩也。”郭读饑为刏，云：“谓相摩近。”[2]汔：副词，表示将近。《诗经·大雅·民劳》：“民亦劳止，汔可小康。”

治、肆、古，故也。
肆、故，今也。
惇、亶[1]、祜[2]、笃、掔[3]、仍、肶[4]、埤[5]、竺、腹，厚也。

[1]亶(dǎn)：忠厚，淳厚。[2]祜(hù)：厚福。[3]掔(qiān)：厚实；坚实。[4] 肶(pí)：同“膍”。厚。《诗经·小雅·采菽》：“乐之君子，福禄膍之。”[5]埤：增加。

载[1]、谟[2]、食、诈，伪也。

[1]载：郭注：“载者，言而不信。”[2]谟：郭注：“谟者，谋而不忠。”

话、猷、载、行、讹，言也。
遘[1]、逢，遇也。

[1]遘(gòu)：相遇，遭遇。郭注：“谓相遭遇。”

遘、逢、遇，遻也[1]。

[1]遻(wǔ)：遇到。《说文》：“相遇惊也。”

遘、逢、遇、遻，见也。
显、昭、覲、钊、觌[1]，见也。

[1]觌(dí)：相见。《荀子·大略》：“私觌，私见也。”曹植《洛神赋》：“尔有觌于彼者乎?”

监、瞻、临、涖、頫、相，视也。

鞠、訩、溢，盈也。

孔、魄[1]、哉、延、虚、无、之、言，间也[2]。

[1]魄(bó)：同“薄”。动词词头。《诗经·周南·葛覃》：“薄污我私，薄浣我衣。”[2]间：孔、延、虚、无等实词表事物中的间隙，魄、哉、之、言等助词表语句中的间隙。

瘗[1]、幽、隐、匿、蔽、窜[2]，微也[3]。

[1]瘗(yì)：埋藏，隐藏。[2]窜(cuàn)：隐匿，躲藏。[3]微：隐蔽，藏匿。《说文》：“微，隐行也。”《左传·哀公十六年》：“白公奔山而缢，其徒微之。”

讫、徽、妥、怀、安、按、替、戾、底、废、尼、定、曷、遏，止也。

豫、射，厌也。

烈、绩，业也。

绩、勋，功也。

功、绩、质、登、平、明、考、就，成也。

梏、梗、较、颋、庭、道，直也。

密、康，静也。

豫、宁、绥、康、柔，安也。

平、均、夷、弟，易也。

矢，弛也。

弛，易也。

希、寡、鲜，罕也。

鲜，寡也。

酬、酢、侑，报也。

毗刘[1]，暴乐也。

[1]毗刘(pí liú)：树木枝叶枯落，树荫稀疏。郭注：“谓树木叶缺落，荫疏暴乐。”舍人曰：“毗刘，爆乐之意也。木枝叶稀疏不均，为爆乐。”

覭髳[1]，茀离也[2]。

[1]覭髳(míng méng)：草木丛茸、朦胧不清。郭注：“草木之丛茸翳荟也。”[2]茀离：草木众多

的样子。郭注："茀离即弥离，弥离犹蒙茏耳。"

蛊、谄、贰，疑也。

桢[1]、翰[2]、仪[3]，干也。

[1]桢：古代筑墙时两头用的柱子。[2]翰：通"干"。草木的茎干，引申为骨干，栋梁。《诗经·小雅·桑扈》："之屏之翰，百辟为宪。"[3]仪：通"檥"。《说文》："檥，干也。"

弼、棐[1]、辅、比，俌也。

[1]棐(fěi)：本指辅正弓弩的器具，后引申为辅助。《说文》："棐，辅也。"

疆、界、边、卫、圉[1]，垂也。

[1]圉(yǔ)：边境，边疆。《诗经·大雅·召旻》："我居圉卒荒。"

昌[1]、敌、彊[2]、应、丁[3]，当也。

[1]昌：《说文》："昌，美言也。"故有正当、美善之义。[2]彊：相当。郭注："彊者，好与物相当值。"[3]丁：当，遭逢。《诗经·大雅·云汉》："宁丁我躬。"

浡[1]、肩[2]、摇、动、蠢[3]、迪、俶[4]、厉[5]，作也。

[1]浡：郭注："兴作貌。"[2]肩：胜任。[3]蠢：《说文》："蠢，虫动也。"[4]俶：始作也。[5]厉：《方言》："厉、卬，为也。瓯越曰卬，吴曰厉。"

兹、斯、咨、呰[1]、已，此也。

[1]呰(zǐ)：同"此"。郭注："呰、已皆方俗异语。"

嗟、咨，䟽也。

闲、狎、串、贯，习也。

曩[1]、尘、伫、淹、留，久也。

[1]曩(nǎng)：以往，过去。《韩非子·外储说左下》："寡人曩不知子，今知矣。"

逮、及、暨，与也。

骘、假、格、陟、跻、登，升也。

挥、盝[1]、歇、涸，竭也。

[1]盝(lù)：通“漉”。使水干竭。《周礼·考工记》：“清其灰而盝之，而挥之。”

抿[1]、拭、刷，清也。

[1]抿(zhèn)：擦拭。《礼记·丧大记》云：“抿用巾。”

鸿[1]、昏[2]、於、显[3]、间，代也。

[1]鸿：代。邢疏：“鸿雁之属，九月而南，正月而北，是知其时运而更代南北也。故云鸿雁知运代。”[2]昏：昼夜更代之时。邢疏：“日入后二刻半为昏，昏来则明往，故云昏主代明。”[3]显：郭注：“明亦代昏。显即明也。”明者，昏之代也。

馌[1]、饟[2]，馈也。

[1]馌(yè)：给耕者送食。[2]饟：同“饷”。给在田间里劳动的人送饭。后引申为馈赠。《三国志·魏志·文帝纪》：“帝以素书所著《典论》及诗赋饷孙权。”

迁、运，徙也。

秉、拱，执也。

廞[1]、熙[2]，兴也。

[1]廞(xīn)：兴，作。《周礼·春官·笙师》：“大丧，廞其乐器。”郑注：“廞，兴也。”兴谓作之。[2]熙：兴起，兴盛。《书·尧典》：“庶绩咸熙。”

卫、蹶、假[1]，嘉也。

[1]假：通“嘉”。赞美，表彰。《诗经·大雅·假乐》：“假乐君子，显显令德。”

废、税、赦，舍也。

栖迟[1]、憩、休、苦、㱃、齂、呬，[2]息也。

[1]栖迟：郭注："栖迟，游息也。"[2]喟(kuì)、齂(xiè)、呬(xì)：郭注："皆气息貌。今东齐呼息为呬也。"

供、峙、共，具也。
煤、怜、惠，爱也。
娠、蠢、震、戁[1]、妯[2]、骚、感[3]、讹[4]、蹶[5]，动也。

[1]戁(nǎn)：摇动。郭注："戁，摇动貌。"邢疏："戁者，恐动也。"《诗经・商颂・长发》云："不戁不竦。"[2]妯(chōu)：扰动，不平静。《诗经・小雅・钟鼓》："忧心且妯。"[3]感：通"撼"。动摇。《诗经・周南・野有死麕》："无感我帨兮。"[4]讹：通"吪"。行动。《诗经・小雅・无羊》："或寝或讹。"[5]蹶(guì)：动，摇动。《诗经・大雅・绵》："文王蹶厥生。"

覆、察、副，审也。
契、灭、殄，绝也。
郡、臻、仍、迺、侯，乃也。
迪、繇、训，道也。
佥、咸、胥，皆也。
育[1]、孟[2]、耆、艾[3]、正[4]、伯[5]，长也[6]。

[1]育：长上。郭注："育、养亦为长。"《诗经・邶风・谷风》："既生既育。"郑笺："育谓长老也。"[2]孟：排行第一。《史记・鲁周公世家》："庄公筑台临党氏，见孟女，说而爱之。"[3]艾：老，老年人。《曲礼》曰："五十曰艾，服官政。六十曰耆，指使。"[4]正：君长，官长。郭注："正、伯皆官长。"《诗经・大雅・云汉》："以戾庶正。"[5]伯：古代统领一方的长官。又指兄弟排行次序。《尚书・盘庚》云："邦伯师长。"[6]长：训释词"长"在此处有官长，年长之义。

艾[1]，历也。

[1]艾：经历，阅历。郭注："长者多更历。"

麻、秭、算，数也。
历，傅也。
艾、历、覛[1]、胥[2]，相也。

[1]覛(mì)：察看。郭注："覛谓相视也。"[2]胥：相互。《公羊传》曰："胥盟者何？相盟也。"

乂[1]、乱[2]、靖、神、弗、淈[3]，治也。

[1]乂(yì)：治理，安定。《汉书·武五子传》："保国乂民。"[2]乱：治理。本义是理丝。《说文》："乱，治也。"《尚书·泰誓》："予有乱臣十人，同心同德。"[3]淈(gǔ)：通"汩"。《说文》："汩，治水也。"

颐、艾、育，养也。
汱[1]、浑、陨，坠也。

[1]汱(quǎn)：水落的样子。郭注："汱、浑皆水落貌。"

际、接、翜[1]，捷也[2]。

[1]翜(shà)：快，迅速。[2]捷：相接续。郭注："捷谓相接续也。"

毖、神、溢，慎也。
郁陶[1]、繇[2]，喜也。

[1]郁陶：欢悦。邢疏："郁陶者，心初悦而未畅之意也。"郭注："《礼记》曰：'人喜则斯陶，陶斯咏，咏斯犹。'犹即繇也。古今字耳。"[2]繇(yóu)：欢悦。

馘[1]、穧[2]，获也。

[1]馘(guó)：古代战争中割取敌人的左耳以计数献功。郭注："今以获贼耳为馘，获禾为穧。"《诗经·大雅·皇矣》："攸馘安安。"[2]穧(jì)：收割谷物。亦指收割后的禾束。

阻、艰，难也。
剡[1]、䂮[2]，利也。

[1]剡(yǎn)：尖，锐利。《九章·橘颂》："曾枝剡棘，圆果抟兮。"[2]䂮(lüè)：锋利。通作"略"。《诗经·周颂·载芟》："有略其耜。"

允、任、壬，佞也。
俾、拼、抨，使也。
俾、拼、抨、使，从也。

儴[1]、仍，因也。

[1]儴(ráng)：因循，沿袭。郭注："皆谓因缘。"

董、督，正也。
享，孝也。
珍、享，献也。
纵、缩，乱也。
探、篡、俘，取也。
徂、在，存也。
在、存、省、士，察也。
烈[1]、枿[2]，余也。

[1]烈：遗余。《诗经·大雅·云汉》叙云："宣王承厉王之烈。"[2]枿(niè)：同"蘖"。槁木之遗。郭注："晋卫之间曰蘖，陈郑之间曰烈。"

迓，迎也。
元、良，首也。
荐、挚，臻也。
赓、扬，续也。
祔[1]、祪[2]，祖也。

[1]祔：祭名。原指古代帝王在宗庙内将后死者神位附于先祖旁而祭祀。[2]祪(guǐ)：已毁庙的远祖。段注："祔谓新庙。祪谓毁庙。皆祖也。"

即，尼也。
尼，定也。
迩、几、暱，近也。
妥，安，坐也。
貉、缩，纶也。
貉、嗼、安，定也。
伊[1]，维也[2]。

[1]伊：发语辞。《诗经·郑风·溱洧》："维士与女，伊其相谑。"[2]维：发语辞。《诗经·小

雅·大东》："维南有箕，不可以簸扬。"

伊、维，侯也[1]。

[1]侯：发语辞。《诗经·小雅·六月》："侯谁在矣。"

时、寔[1]，是也。

[1]寔(shí)：通"是"。此，这。

卒、猷、假、辍，已也。
求、酋、在、卒、就，终也。
崩[1]、薨[2]、无禄[3]、卒、徂[4]、落、殪[5]，死也。

[1]崩：《曲礼》曰："天子死曰崩，诸侯曰薨，大夫曰卒，士曰不禄，庶人曰死。"郑注："自上颠坏曰崩。"[2]薨(hōng)：诸侯之死。[3]无禄：士死的讳称。即"不禄"。郑注："不禄，不终其禄。"[4]徂(cú)：同"殂"，死亡。[5]殪(yì)：死亡。《左传·隐公九年》："衷戎师，前后击之，尽殪。"杜预注："殪，死也。"

释　言

殷、齐，中也。斯、诊，离也。谡、兴，起也。还、复，返也。宣、徇，遍也。驲[1]、遽[2]，传也。蒙、荒，奄也。告、谒，请也。肃、噰，声也。格、怀，来也。畛、底，致也。恀、怙，恃也。律、遹[3]，述也。俞、盒，然也。豫、胪，叙也。庶几，尚也。观、指，示也。若、惠，顺也。敖、幠[4]，傲也。幼、鞠，稚也。逸、諐[5]，过也。疑、休，戾也。疾、齐，壮也。悈、褊，急也。贸、贾，市也。厞[6]、陋，隐也。遏、遾[7]，逮也。征、迈，行也。圮、败，覆也。荐、原，再也。抚、敉，抚也。臞[8]、脙[9]，瘠也。桄[10]、颎[11]，充也。屡、暱，亟也。靡、罔，无也。爽，差也。爽，忒也[12]。佴，贰也。剂、翦，齐也。馈[13]、馏[14]，稔也[15]。媵[16]、将，送也。作、造，为也。餥[17]、餱[18]，食也。鞫、究，穷也。卤、矜、咸，苦也。干[19]、流，求也。流，覃也。覃，延也。佻，偷也。潜，深也。潜、深，测也。穀、鞠，生也。啜，茹也。茹、虞，度也。试、式，用也。诰、誓，谨也。竞、逐，彊也。御、圉，禁也。窒、薶，塞也。黼[20]、黻[21]，彰也。膺、身，亲也。恺悌[22]，发也。髦、士，官也。畯，农夫也。盖、割，裂也。邕、支，载也。諈诿[23]，累也。漠、察，清也。庇、庥，荫也。穀、履，禄也。履，礼也。隐，占也。逆，迎也。憯，曾也。增，益也。窭[24]，贫也。薆，隐也。僾[25]，唈也。基，经也。基，设也。祺，祥也。祺，吉也。兆，域也。肇，敏也。挟，藏也。浃，彻也。替，废也。替，灭也。速，征也。征，召也。琛，宝也。探，试也。髦，选也。髦，俊也。俾，职也。纰[26]，饰也。凌，栗也。栗，戚也。蠲[27]，明也。茅，明也。明，朗也。猷，图也。猷，若也。偁，举也。称，好也。坎、律，铨也。矢，誓也。舫，舟也。泳，游也。迨，及也。冥，幼也。降，下也。佣，均也。强，暴也。宨，肆也。肆，力也。俅，戴也。瘗[28]，幽也。鼈[29]，阙也[30]。烘，燎也。煁，烓也。陪，朝也。康，苛也。樊，藩也。赋，量也。粻，粮也。庶，侈也。庶，幸也。筑，拾也。奘，驵也[31]。集，会也。舫，泭也。洵，均也。洵，龛也。逮，遝也[32]。是，则也。画，形也。赈，富也。局，分也。悈，怒也。僁，声也。葵，揆也。揆，度也。逮，及也。怒，饥也。昈，重也。猎，虐也。土，田也。戍，遏也。师，人也。硈[33]，巩也。弃，忘也。嚣，闲也。谋，心也。献，圣也。里，邑也。襄，除也。振，古也。怼，怨也。缡，介也。号，谑也。凶，咎也。苞，稹也[34]。逜，寤也。颜，题也。猷、肯，可也。务，侮也。贻，遗也。贸，买也。贿，财也。甲，狎也。菼，骓也。菼，薍也[35]。粲，餐也。渝，变也。宜，肴也。夷，悦也。颠，顶也。耋，老也。輶，轻也。俴，浅也。绹，绞也。讹，化也。跋，躐也。疐[36]，跲也[37]。烝，尘也。戎，相也。饫[38]，私也。孺，属也。幕，暮也。煽，炽也。炽，盛也。柢，本也。窕，闲也。沦，率也。

[1]驲：驿马。郭注：“皆传车驿马之名。”《左传·文公十六年》：“楚子乘驲会师于临品。”[2]遽：驿车，驿马。《左传·昭公二年》：“乘遽而至。”[3]遹(yù)：遵循。《尚书·康诰》：“今民将在祗遹乃文考。”[4]怃(hū)：傲慢。《礼记》：“毋怃毋傲。”[5]諐(qiān)：同“愆”。过失，过错。[6]厞：屋角隐蔽之处。《礼记》：“厞用席。”[7]遾(shì)：相及。《方言》：“东齐曰遏，北燕曰遾，皆相及逮。”“逮”为通语。此条是用通语训释方俗语。[8]臞(qú)：消瘦。《说文》：“臞，少肉也。”[9]脙(xiū)：瘦。郭注：“齐人谓瘠瘦为脙。”[10]桄：充满。《说文》：“桄，充也。”[11]颎(jiǒng)：《说文》：“颎，火光也。”郭注：“充盛也。”[12]忒：变，不专一。邢疏引孙炎曰：“忒，变杂不一。”郭注：“皆谓用心差错，不专一。”《诗经·大雅·瞻印》：“鞫人忮忒。”[13]馈(fēn)：蒸饭。《说文》：“馈，一蒸米也”。《诗经·大雅·泂酌》：“可以馈饎。”馈、馈音义同。[14]馏：把凉了的食品再蒸热。郭注：“今呼餐饭为馈，馈熟为馏。”[15]稔(rěn)：本义是庄稼成熟，引申为事物酝酿成熟。《说文》：“稔，谷熟也。”《后汉书·明帝纪》：“岁比登稔。”[16]媵(yìng)：随嫁，陪送出嫁，《左传·僖公五年》：“以媵秦穆姬。”[17]餥(fēi)：古代中国陈、楚一带人们相见后请吃麦饭称“餥”。《方言》：“陈楚之间相呼食为餥。”[18]餱(hóu)：干粮。《说文》：“餱，干食也。”也写作“糇”。《诗经·小雅·

伐木》："干馁以愆。"[19]干：求取。《论语》："子张学干禄。"[20]黼(fǔ)：古代礼服上绣的黑白相间的花纹。《周礼·考工记·画缋》："白与黑谓之黼，黑与青谓之黻。"郭注："黼文如斧，黻文如两已相背。"《诗经·小雅·采菽》："玄衮及黼。"[21]黻(fú)：古代礼服上青黑相间的花纹。《诗经·秦风·终南》："君子至止，黻衣绣裳。""黼黻"也泛指花纹和有文采。刘勰《文心雕龙·情采》："五色杂而成黼黻。"[22]恺悌(kǎi tì)：破晓出发。《诗经·齐风·载驱》："齐子恺悌。"郑笺："此恺悌犹言发夕也。"[23]诿诿：嘱托，烦劳。邢疏引孙炎曰："楚人曰诿，秦人曰诿。"郭注："以事相属累为诿诿。"[24]窭(jù)：贫寒。《诗经·邶风·北门》："终窭且贫。"[25]僾：呼吸不畅。郭注："呜唈短气。"《诗经·大雅·桑柔》云："亦孔之僾。"[26]纰(pí)：在衣冠或旗帜上镶边。《诗经·鄘风·干旄》："素丝纰之。"[27]蠲(juān)：显示，昭明。郭注："蠲，清明貌。"《左传·襄公十四年》："惠公蠲其大德。"[28]瘗(yì)：埋藏；隐藏。《说文》："瘗，幽埋也。"[29]氂(máo)：长毛。[30]罽(jì)：细密毛织物之古称。邢疏："罽者，织毛为之。"[31]驵(zǎng)：好马，骏马。引申为粗大。《说文》："驵，壮马也。""奘""驵"皆为方言。郭注："今江东呼大为驵，驵犹粗也。"《方言》："秦晋之间凡人大谓之奘，或谓之壮。"此条是以方言训释方言。[32]遝：相及。逮为通语，遝为方言。郭注："今荆楚人皆云遝。"《方言》卷三："遝，及也。东齐曰迨，关之东西曰遝，或曰及。"此条是以方俗语训释通语。[33]硈(qià)：坚固。[34]穑：植物丛生。郭注："今人呼物丛致者为穑。"邢疏引孙炎曰："物丛生曰苞，齐人名曰穑。"此条也是以方俗言训释通语。[35]菼(wàn)：初生的荻。[36]疐(zhì)：绊倒。《说文》："踬即疐也。"《诗经·豳风·狼跋》："狼跋其胡，载疐其尾。"[37]跲(jiá)：绊倒。《吕氏春秋·不广》："鼠前而兔后，趋则跲，走则颠。"[38]饫(yù)：古代家庭私宴的名称。邢疏引孙炎曰："饫，非公朝，私饮酒也。"郭注："宴饮之私。"《诗经·小雅·棠棣》："饮酒之饫。"

罹，毒也。检，同也。邮，过也。逊，遁也。毙，踣也[1]。偾[2]，僵也。畛，殄也。曷，盍也。虹，溃也。隌，暗也。韧[3]，胶也。孔，甚也。厥，其也。戛，礼也。阁，台也。囚，拘也。攸，所也。展，适也。郁，气也。宅，居也。休，庆也。祈，叫也。浚、幽，深也。哲，智也。弄，玩也。尹，正也。皇、匡，正也。服，整也。聘，问也。愧，惭也。殛，诛也。克，能也。翌，明也。讻，讼也。晦，冥也。奔，走也。逡，退也。疐，仆也。亚，次也。谂[4]，念也。届，极也。弇，同也。弇，盖也。恫，痛也。握，具也。振，讯也。阋[5]，恨也。越，扬也。对，遂也。燬，火也。懈，怠也。宣，缓也。遇，偶也。曩[6]，曏也。偟，暇也。宵，夜也。懊[7]，怃也。愒[8]，贪也。楮，柱也。裁，节也。竝，并也。卒，既也。慒，虑也。将，资也。粛[9]，秩也。递，迭也。矧，况也。廪，廯也。逭，逃也。讯，言也。间，俔也。沄，沆也。干，扞也。趾，足也。跸，刖也。襄，驾也。忝[10]，辱也。燠，煖也。块，堛也。将，齐也。糊，饘也。启，跪也。矈[11]，密也。开，辟也。袍，襺也[12]。障，畛也。靦，姡也。鬻，糜也。舒，缓也。翢[13]，纛也[14]。纛，翳也。隍，壑也。芼[15]，搴也。典，经也。威，则也。苛，妎也[16]。芾，小也。迷，惑也。狃，复也。逼，迫也。般，还也。班，赋也。济，渡也。济，成也。济，益也。缗[17]，纶也。辟，历也。漦[18]，盝也。宽，绰也。衮[19]，黻也。华[20]，皇也[21]。昆[22]，后也。弥，终也。

[1]踣(bó)：向前仆倒。郭注："前覆。"邢疏："踣谓之僵，皆仰偃也。"[2]偾(fèn)：倒仆。[3]昵(nì)：粘。《方言》："昵，黏也。齐鲁青徐、自关而东，或曰昵。"[4]谂(shěn)：思念。《诗经·小雅·四牡》："将母来谂。"[5]阋(xì)：不和，争吵。《说文》："阋，恒讼也。"郭注："相怨恨。"《诗经·小雅·常棣》："兄弟阋于墙。"[6]曩：以往，从前。邢疏："在今而道既往，或曰曩，或曰曏。"[7]懊：贪。郭注："谓爱忨。"[8]愒(kài)：荒废。《左传·昭元元年》："主民玩岁而愒日。"杜注云："玩，愒，皆贪也。"[9]黹(zhǐ)：缝纫，刺绣。郭注："今人呼缝紩衣为黹。"[10]忝：辱，有愧于，常用作谦辞。《诗经·小雅·小宛》曰："无忝尔所生。"[11]矈(mián)：密致。郭注："谓致密。"[12]襺(jiǎn)：丝绵衣服。邢疏："襺是袍之别名，谓新丝着袍者也。"[13]翢(dào)：古乐舞中所用的上有羽毛装饰的旗子。[14]纛(dào)：古代用毛羽做的舞具或帝王车舆上的饰物。[15]芼(mào)：择，择取。《诗经·周南·关雎》："参差荇菜，左右芼之。"[16]妎(hài)：嫉妒。《说文》："妎，妒也。"郭注："烦苛者多嫉妎"，言烦苛之人多嫉妒。[17]缗：钓鱼绳。郭注："缗，绳也。江东谓之纶。"《诗经·召南·何彼秾矣》："维丝伊缗。"[18]漦(chí)：渗流。《说文》："漦，顺流也。"[19]衮：古代帝王或三公(古代最高的官)穿的礼服，绣有龙纹。郭注："衮衣有黻文。"《诗经·小雅·采菽》："玄衮及黼。"[20]华(huā)：花。《诗经·周南·桃夭》："桃之夭夭，灼灼其华。"[21]皇：草木之花。邢疏："草木之华，一名皇。"[22]昆：子孙，后嗣。郭注："谓先后。方俗语。"《大禹谟》云："官占惟先蔽志，昆命于元龟。"

释训

明明、斤斤，察也。条条、秩秩，智也。穆穆、肃肃，敬也。诸诸、便便，辩也。肃肃、翼翼，恭也。廱廱[1]、优优，和也。兢兢、憴憴[2]，戒也。战战、跄跄，动也。晏晏、温温，柔也。业业、翘翘，危也。惴惴、恌恌，惧也。番番[3]、矫矫，勇也。桓桓、烈烈，威也。洸洸、赳赳，武也。蔼蔼、济济，止也。悠悠、洋洋，思也。蹶蹶、踖踖[4]，敏也。薨薨、增增，众也。烝烝、遂遂，作也。委委、佗佗，美也。忯忯、惕惕，爱也。偁偁、格格，举也。蓁蓁[5]、孽孽[6]，戴也。愿愿、媞媞，安也。祁祁、迟迟，徐也。丕丕、简简，大也。存存、萌萌，在也。懋懋、慔慔，勉也。庸庸、慅慅，劳也。赫赫、跃跃，迅也。绰绰、爰爰，缓也。坎坎、壿壿[7]，喜也。瞿瞿、休休，俭也。旭旭、跻跻，憍也。梦梦、訰訰[8]，乱也。爆爆[9]、邈邈，闷也。儚儚、洄洄，惛也。版版[10]、荡荡[11]，僻也。爞爞、炎炎，薰也。居居，究究，恶也。仇仇、敖敖，傲也。佌佌、琐琐，小也。悄悄、惨惨，愠也。痯痯、瘐瘐，病也。殷殷、惸惸[12]、忉忉、忄专忄专[13]、钦钦、京京、忡忡、惙惙、怲怲、弈弈，忧也。

[1]廱廱：和谐；和乐。《诗经·大雅·思齐》："廱廱在宫。"[2]憴憴：小心谨慎的样子。《诗经·大雅·抑》："子孙绳绳。"憴、绳音义同。[3]番番(bō)：勇武的样子。《诗经·大雅·崧高》："申伯番番。"[4]踖踖(jí)：敏捷的样子。《诗经·小雅·楚茨》："执爨踖踖。"[5]蓁蓁：草木茂盛的样子。《诗经·周南·桃夭》："其叶蓁蓁。"[6]孽孽：头戴物，妇人盛饰的样子。《诗经·卫风·硕人》："庶姜孽孽。"[7]壿壿(cūn)：欢喜的样子。《诗经·小雅·伐木》："坎坎鼓我，蹲蹲舞我。"郑笺云："为我击鼓坎坎然，为我兴舞蹲蹲然。谓以乐己也。"壿、蹲音义同。[8]讠屯讠屯(zhùn)：杂乱。讠屯、谆音义同。[9]懪懪(báo)：烦闷。同"藐藐"。《诗经·大雅·抑》："听我藐藐。"[10]版版：邪僻。版、板音义同。《诗经·大雅·板》："上帝板板。"毛传云："板板，反也。"[11]荡荡：法度废坏的样子。《诗经·大雅·荡》"荡荡上帝。"[12]惸惸(qióng)：忧伤的样子。毛传："惸，忧意也。"《诗经·小雅·正月》："忧心惸惸，念我无禄。"[13]忄专忄专(tuán)：忧虑的样子。《诗经·桧风·素冠》："劳心忄专忄专兮。"毛传："忄专忄专，忧劳也。"

畇畇[1]，田也。畟畟[2]，耜也。郝郝[3]，耕也。绎绎，生也。穟穟，苗也。绵绵，穮也[4]。挃挃，获也。栗栗，众也。溞溞，淅也。烰烰，烝也。俅俅，服也。峨峨，祭也。锽锽[5]，乐也。穰穰，福也。

[1]畇畇：农田平整的样子。《诗经·小雅·信南山》："畇畇原隰。"毛传云："畇畇，垦辟貌。"[2]畟畟(cè)：深耕入地的样子。《诗经·周颂·良耜》："畟畟良耜，俶载南亩。"[3]郝郝(shì)：土块散碎的样子。《诗经·周颂·载芟》："其耕泽泽。"郝郝、泽泽并音释，其义亦同。[4]穮(biāo)：耘田，锄草。《说文》："穮，耨锄田也。"[5]锽锽：钟鼓之音。郭注："钟鼓音。"《诗经·周颂·执竞》云："钟鼓喤喤。"锽、喤音义同。

"子子孙孙"，引无极也。"颙颙[1]、卬卬"，君之德也。丁丁[2]、嘤嘤，相切直也。蔼蔼[3]、萋萋[4]，臣尽力也。"噰噰喈喈[5]"，民协服也。佻佻[6]、契契[7]，愈遐急也。宴宴、粲粲，尼居息也。哀哀、凄凄，怀报德也。傖傖[8]、嘒嘒[9]，罹祸毒也。晏晏、旦旦，悔爽忒也。皋皋[10]、琄琄[11]，刺素食也[12]。懽懽[13]、愮愮，忧无告也。宪宪、泄泄，制法则也。謔謔[14]、謞謞[15]，崇谗慝也[16]。"翕翕[17]、訿訿[18]"，莫供职也。速速[19]、蹙蹙[20]，惟逑鞫也[21]。

[1]颙颙(yóng)：仰慕的样子。《诗经·大雅·卷阿》："颙颙卬卬，如圭如璋，令闻令望。"毛传："颙颙，温貌。卬卬，盛貌。"郑笺："令，善也。王有贤臣，与之以礼义相切嗟，体貌则颙颙然敬顺，志气则卬卬然高朗，如玉之圭璋也。人闻之则有善声誉，人望之则有善威仪，德行相副。"[2]丁丁：砍木声。《诗经·小雅·伐木》："伐木丁丁，鸟鸣嘤嘤。"郭注："丁丁，伐木声。嘤嘤，两鸟鸣以喻

朋友切磋相正。”[3]蔼蔼：草木茂盛；贤士众多的样子。《诗经·大雅·卷阿》：“蔼蔼王多吉士。”[4]萋萋：草茂盛的样子。《诗经·大雅·卷阿》：“菶菶萋萋，雝雝喈喈。”[5]噰噰喈喈：鸟鸣相和。《诗经·大雅·卷阿》：“噰噰喈喈。”毛传：“梧桐盛也，凤皇鸣也，臣竭其力，则地极其化；天下和洽，则凤皇乐德。”郑笺：“菶菶萋萋，喻君德盛也。雝雝喈喈，喻民臣和协。”[6]佻佻：独行的样子。毛传：“佻佻，独行貌。”[7]契契：忧苦的样子。毛传：“契契，忧苦也。”[8]儵儵(dí)：忧思的样子。郝疏：“儵儵即悠悠。”毛传“儵”训为“忧”。郭注：“悼王道秽塞，羡蝉鸣自得，伤己失所，遭谗贼。”[9]嘒嘒：蝉声。《诗经·小雅·小弁》：“鸣蜩嘒嘒。”[10]皋皋：欺诳。《诗经·大雅·召旻》：“皋皋訿訿，曾不知其玷。”毛传：“皋皋，顽不知道也。”[11]琄琄(xuàn)：佩玉的样子。《诗经·小雅·大东》：“鞙鞙佩璲，不以其长。”毛传：“鞙鞙，玉貌。”琄、鞙音义同。[12]刺素食：讽刺那些无德而空食其禄的贵族们。素：空也。[13]懽懽(guàn)：忧惧无所诉的样子。《诗经·大雅·板》：“老夫灌灌。”懽、灌音义同。[14]謔謔：喜乐的样子。《诗经·大雅·板》：“天之方虐，无然謔謔。”毛传：“謔謔然喜乐。”[15]謞謞(hè)：盛烈的样子。《诗经·大雅·板》：“多将熇熇，不可救药。”毛传：“熇熇然炽盛也。”謞、熇音义同。[16]崇谗慝：形容助虐增恶。崇：增长。慝(tè)：邪恶，恶念。[17]翕翕：苟合。《诗经·小雅·小旻》：“潝潝訿訿，亦孔之哀。”翕，潝音义同。[18]訿訿(zǐ)：竞营私利，不供君职。《诗经·大雅·召旻》：“皋皋訿訿。”[19]速速：鄙陋。《诗经·小雅·正月》：“蔌蔌方有谷。”毛传：“蔌蔌，陋也。”郑笺：“谷，禄也。”言鄙陋小人专据爵禄。速、蔌音义同。[20]蹙蹙：局缩不舒展。《诗经·小雅·节南山》：“我瞻四方，蹙蹙靡所骋。”郑笺：“蹙蹙，缩小之貌。”[21]逑：急迫。鞫：穷困。逑鞫：言鄙陋小人专据爵禄，国土侵削，贤士永哀念其穷迫也。

抑抑，密也。秩秩，清也。

甹夆[1]，掣曳也[2]。朔，北方也。不俟，不来也。不遹，不迹也。不彻，不道也。勿念，勿忘也。萲谖，忘也。每有，虽也。饎，酒食也。舞、号，雩也[3]。暨，不及也。蠢，不逊也。

[1]甹夆(píng fēng)：牵引违离正道。邢疏引孙炎曰：“谓相掣曳入于恶也。”郭注：“谓牵挽。”《诗经·周颂·小毖》：“莫予荓蜂。”毛传：“荓蜂，摩曳也。”[2]掣曳：挽离正道，使就邪僻。甹、荓，夆、蜂，掣、摩，音义同。[3]雩：古代求雨的祭祀。邢疏引孙炎云：“雩之祭，有舞有号。”《左传·桓公五年》：“龙见而雩。”郭注：“雩之祭，舞者吁嗟而请雨。”

“如切如磋”，道学也。“如琢如磨”，自修也。[1]“瑟兮僩兮[2]”，恂栗也[3]。“赫兮烜兮[4]”，威仪也。“有斐君子，终不可谖兮[5]”，道盛德至善，民之不能忘也。“既微且尰”，骭疡为微，肿足为尰。“是刈是濩[6]”，濩，煮之也。“履帝武敏”，武，迹也；敏，拇也。“张仲孝友”，善父母为孝，善兄弟为友。“有客宿宿”，言再宿也。“有客信信”，言四宿也。[7]

[1]如切如磋、如琢如磨：语出《诗经·卫风·淇澳》。以下引语也出自同处。“切、磋、琢、磨”本是古代治玉石器、骨象器的不同工艺方法，引申为治学应如切锉骨器那样严谨，一丝不苟。修身应如琢磨玉器那样精细，精进不休。毛传：“治骨曰切，象曰磋，道其学而成也。”郭注：“骨象须切磋而为器，人须学问以成德。”毛传：“治玉曰琢，石曰磨，听其规谏以自修，如玉石之见琢磨。”郭注：“玉石之被雕磨，犹人自修饰。”[2]瑟：矜持端庄的样子。僩：胸襟开阔的样子，此处为威武、威严的样子。[3]恂栗：惶恐、惧怯。这里为谦恭谨慎的样子。[4]赫：光明、显耀。烜：盛大、显扬。[5]谖：遗忘、忘记。[6]濩：煮。《诗经·周南·葛覃》：“维叶莫莫，是刈是濩。”[7]有客宿宿、有客信信：《诗经·周颂·有客》：“有客宿宿，有客信信。”宿：一宿曰宿。信：再宿曰信。或谓宿宿为再宿，信信为再信，亦可通。叠用“宿宿信信”，表示住了好几天。郭注：“再宿为信，重言之，故知四宿。”

美女为媛；美士为彦。“其虚其徐[1]”，威仪容止也。“猗嗟名兮[2]”，目上为名。“式微式微”者[3]，微乎微者也。之子者，是子也。“徒御不惊[4]”，辇者也。襢裼[5]，肉袒也。暴虎[6]，徒搏也。冯河[7]，徒涉也。

[1]其虚其徐：语出《诗经·邶风·北风》。《诗》作“其邪”，此作“其徐”，字虽异，音实同。郑笺：“邪读如徐。”郭注：“雍容都雅之貌。”[2]猗嗟名兮：语出《诗经·齐风·猗嗟》。猗嗟：叹美之词。名：眉睫之间。郭注：“眉眼之间。”[3]式微式微：语出《诗经·邶风·式微》。式：发语辞。微：昧，黄昏；衰微。郭注：“言至微。”[4]徒御不惊：语出《诗经·小雅·车攻》。徒：挽车之人。御：驾车之人。不惊：警戒。不，助句之词。毛传：“徒，辇也。御，御马也。”[5]襢裼：脱衣露体、赤膊。《诗经·郑风·大叔于田》：“襢裼暴虎，献于公所。”[6]暴虎：徒手与老虎搏斗。《诗经·小雅·小旻》：“不敢暴虎。”毛传：“暴虎，空手以搏之。”郭注：“空手执也。”[7]冯(píng)河：徒步涉河。比喻有勇无谋，鲁莽冒险。《诗经·小雅·小旻》：“不敢冯河。”郭注：“无舟楫。”毛传：“冯，陵也。”

籧篨[1]，口柔也。戚施[2]，面柔也。夸毗[3]，体柔也。婆娑，舞也。擗[4]，拊心也。矜怜[5]，抚掩之也。

[1]籧篨(qú chú)：看人脸色说奉承话的人。《诗经·邶风·新台》：“籧篨不鲜。”郭注：“籧篨之疾，不能俯。口柔之人，视人颜色，常亦不伏，因以名云。”[2]戚施：驼背。比喻谄谀献媚的人。《诗经·邶风·新台》：“得此戚施。”郭注：“戚施之疾，不能仰。面柔之人常俯，似之，亦以名云。”[3]夸毗：谄媚，屈己卑身。《诗经·大雅·板》：“天之方懠，无为夸毗。”郭注：“屈己卑身以柔顺人也。”[4]擗(pǐ)：捶胸。《诗经·邶风·柏舟》：“寤擗有摽。”郭注：“谓椎胸也。”[5]矜怜：怜悯。《诗经·小雅·鸿雁》：“爰及矜人。”

绒，羔裘之缝也。殿屎[1]，呻也。帱谓之帐。侜张[2]，诳也。谁昔，昔也。不辰，不时也。凡曲者为罶[3]。鬼之为言归也。

[1]殿屎(diàn xī)：呻吟声。《诗经·大雅·板》云："民之方殿屎。"毛传："殿屎，呻吟也。"[2]侜张：欺诳。《尚书·无逸》："民无或胥诪张为幻。"侜、诪音义同。[3]罶(liǔ)：捕鱼的竹篓。《诗经·小雅·鱼丽》："鱼丽于罶。"

释　亲

父为考[1]，母为妣[2]。父之考为王父[3]，父之妣为王母。王父之考为曾祖王父，王父之妣为曾祖王母。曾祖王父之考为高祖王父，曾祖王父之妣为高祖王母。父之世父叔父为从祖祖父[4]，父之世母叔母为从祖祖母。父之晜弟[5]，先生为世父，后生为叔父。男子先生为兄，后生为弟。谓女子，先生为姊，后生为妹。父之姊妹为姑，父之从父晜弟为从祖父[6]，父之从祖晜弟为族父[7]。族父之子相谓为族晜弟[8]，族晜弟之子相谓为亲同姓。兄之子、弟之子相谓为从父晜弟。子之子为孙，孙之子为曾孙，曾孙之子为玄孙，玄孙之子为来孙，来孙之子为晜孙，晜孙之子为仍孙，仍孙之子为云孙。王父之姊妹，为王姑；曾祖王父之姊妹，为曾祖王姑；高祖王父之姊妹，为高祖王姑。父之从父姊妹[9]，为从祖姑；父之从祖姊妹[10]，为族祖姑。父之从父晜弟之母，为从祖王母[11]；父之从祖晜弟之母，为族祖王母。父之兄妻为世母，父之弟妻为叔母，父之从父晜弟之妻为从祖母[12]，父之从祖晜弟之妻为族祖母[13]，父之从祖祖父为族曾王父，父之从祖祖母为族曾王母，父之妾为庶母。祖，王父也。晜，兄也。——宗族。

[1]考：对已故父亲的称谓。[2]妣：对已故母亲的称谓。《礼记·曲礼下》："生曰父、曰母，死曰考、曰妣。" [3]王：中国古代对祖父母的尊称。[4]世父：大伯父。后用为伯父的通称。[5]晜：同"昆"，兄。[6]从父晜弟：同祖父、不同父亲的兄弟，即堂兄弟。从祖父：父亲的堂兄弟。[7]从祖晜弟：同曾祖父的兄弟。[8]族晜弟：同高祖的兄弟。《仪礼·丧服》："族昆弟。"贾公彦疏："己之三从兄弟。"胡培翚正义："族昆弟者，高祖之玄孙，己之三从昆弟也。"[9]从父姊妹：同祖父的姊妹，即堂姊妹。《仪礼·丧服》："从父姊妹。"郑玄注："父之昆弟之女。"[10]从祖姊妹：同曾祖父的姊妹。[11]从祖王母：即从祖祖母，伯祖母或叔祖母。[12]从祖母：即堂伯母、堂叔母。[13]族祖母：胡培翚《仪礼正义》认为"族祖母"应为"族母"，《尔雅》："父之从祖晜弟为族父。父之从祖晜弟之妻为族母。"

母之考为外王父[1]，母之妣为外王母，母之王考为外曾王父[2]，母之王妣为外曾王母，母之晜弟为舅，母之从父晜弟为从舅，母之姊妹为从母[3]，从母之男子为从母晜弟，其女子子为从母姊妹。——母党。

[1]外王父：外祖父。因为异姓，所以称外。[2]王考：对已故祖父的敬称。[3]从母：母亲的姐妹。即姨母。

妻之父，为外舅；妻之母，为外姑。[1]姑之子为甥[2]，舅之子为甥。妻之晜弟为甥，姊妹之夫为甥。妻之姊妹同出为姨。女子谓姊妹之夫为私，男子谓姊妹之子为出。女子谓晜弟之子为姪，[3]谓出之子为离孙，谓姪之子为归孙。女子子之子为外孙，女子同出，谓先生为姒，后生为娣。女子谓兄之妻为嫂，弟之妻为妇。长妇谓稚妇为娣妇，娣妇谓长妇为姒妇。——妻党。

[1]外舅、外姑：妻之父、母，即岳父、岳母。[2]甥：姊妹的子女。郑笺："姊妹之子为甥。"《说文》："谓我舅者，吾谓之甥。"段注："此泛释甥义也……姑之子，吾父母得甥之。舅之子，吾母侄之，吾父得甥之。妻之晜弟，吾父母得甥之。姊妹之夫，吾父母婿之而甥之。是四者，皆舅吾父者也。舅者，老旧之称。甥者，后生之称。故异性尊卑异等者，以此相称。"段氏以为此"甥"乃"后生"之称，也许这应该是"甥"的古义。[3]出、姪：这一称谓可见族外婚制的遗迹。按照族外婚制规定，姊妹之子必须从本氏族出嫁到对方氏族中去。所以称之为"出"。反之，因为兄弟出嫁到对方氏族中去，与对方氏族女子所生之子一定要嫁回本氏族来。所以称之为"姪"。姪者，至也。因从外而至，所以字形从女从至。

妇称夫之父曰舅，称夫之母曰姑。姑舅在，则曰君舅、君姑；没，则曰先舅、先姑。谓夫之庶母为少姑，夫之兄为兄公，夫之弟为叔，夫之姊为女公，夫之女弟为女妹。[1]子之妻为妇，长妇为嫡妇，众妇为庶妇。女子子之夫为婿，婿之父为姻，妇之父为婚。[2]父之党为宗族[3]，母与妻之党为兄弟[4]。妇之父母、婿之父母，相谓为婚姻。两婿相谓为亚[5]。妇之党为婚兄弟，婿之党为姻兄弟。嫔[6]，妇也。谓我舅者，吾谓之甥也。——婚姻。

[1]女公、女妹：丈夫的姐妹。[2]姻：男方的父亲。引申为由婚姻关系而形成的亲戚。婚：女方的父亲。也引申为由婚姻关系而形成的亲戚。《说文·女部》："婚，妇家也。礼，娶妇以昏时。妇人，阴也，故曰婚。""姻，婿家也。女之所因，故曰姻。"因，就也。所因即所就，即女子趋就夫家。[3]党：亲族。[4]兄弟：古代对亲戚的统称。[5]亚：姊妹的丈夫相互间的称谓。[6]嫔：对死去的妻子的美称。《礼记·曲礼下》："生曰父、曰母、曰妻，死曰考、曰妣、曰嫔。"

释宫

宫谓之室[1]，室谓之宫。牖户之间谓之扆，其内谓之家。[2]东西墙谓之序[3]，西南隅谓之奥[4]，西北隅谓之屋漏[5]，东北隅谓之宧[6]，东南隅谓之窔[7]。

[1]宫、室：别二名也。《释名》："宫，穹也，言屋见于垣上穹崇然也。室，实也。言人物实满于其中也。"郭注："皆所以通古今之异语，明同实而两名。"《说文》："宫，室也"，"凡宫之属皆从宫"，可知"宫"为古代对居室、房屋的通称。按邢昺疏，"古者贵贱者所居皆称宫"，而自秦汉以来"宫"则专称帝王的住所。又有说，宫与室相对，宫指整个围墙内的房屋，而室则指其中的一个单位。[2]牖(yǒu)：窗户。扆(yǐ)：古代宫殿内门和窗之间的地方。郭注："窗东户西也。"邢疏："牖者，户西窗也。此牖东户西为牖户之间，其处名扆。"家：指居处。邢疏："扆内即谓之家。"《说文》："家，居也。"[3]序：郭注："所以序别内外。"邢疏："次序分别内外亲疏，故谓之序也"。[4]奥：屋子的西南角，泛指房屋及其他深处隐蔽的地方。郭注："室中隐奥之处。"邢疏："古者为室，户不当中而近东，则西南隅最为深隐，故谓之奥。"[5]屋漏：屋子的西北角。《诗经·大雅·抑》："相在尔室，尚不愧于屋漏。"郑笺："屋，小帐也。漏，隐也。"又"礼：祭于奥，既毕，改设馔于西北隅，而厞隐之处，此祭之末也"。而邢疏引孙炎曰："屋漏者，当室之白，日光所漏入。"[6]宧(yí)：屋子的东北角。邢疏引李巡曰："东北者，阳始起，育养万物，故曰宧。宧，养也。"《说文》亦云。[7]窔(yào)：屋子的东南角。泛指隐暗处。郭注，"窔亦隐暗"。邢疏："窔亦隐暗之义也，与奥相类。"

柣谓之阈[1]，枨谓之楔[2]，楣谓之梁[3]，枢谓之椳[4]。枢达北方，谓之落时[5]。落时谓之扆[6]。垝谓之坫[7]，墙谓之墉[8]，镘谓之杇[9]，椹谓之榩[10]，地谓之黝，墙谓之垩。[11]樴谓之杙[12]。在墙者谓之楎，在地者谓之臬。[13]大者谓之栱，长者谓之阁。[14]阁谓之台，有木者谓之榭。[15]

[1]柣(zhì)：门下横木，门槛。阈(yù)：郭注："门限。"[2]枨(chéng)：古代门两旁竖立的木柱。郭注："门两旁木。"[3]楣(méi)：按黄侃《尔雅音训》，"楣"有三义：一是指前梁，即房屋的次梁。有《仪礼·乡饮酒礼》："宾西阶上，当楣北面答拜。"郑玄注："楣，前梁也。"二是指"门枢之横梁"，又《说文》作"楣"(mào)，吕伯雍："门枢之横梁也。"三是指屋檐口椽端的横板。《说文》有"秦名屋櫋联也，齐谓之檐，楚谓之梠"。邢昺疏引郭璞注："门户上横梁"，引吕伯雍语。邢昺又引《仪礼·乡射礼》："堂，则物当楣。"而郑玄注："是制五架之屋也，正中曰栋，次曰楣。"是次梁之意。

[4]椳(wēi)：承托门轴的门臼。《说文》："椳，门枢谓之椳。"[5]落时：郭注："门持枢者，或达北稳以为固也。"郝疏："户在东南，其持枢之木或达于北方者名落时。落之言络，连缀之意。"[6]扈：同"戺"(shì)。黄侃《尔雅音训》："案落时施于户上，扈之言户也，又护也，作扈亦非伪耳。"[7]垝(guì)：郭璞注："在堂隅。"垝是放置物品的土台。坫(diàn)：邢昺疏："坫者，堂角也，一名垝。"[8]墉(yōng)：邢疏："墙者，室之防也，一名墉。""墉"亦有城墙之意。此处"墉"当作墙垣。《诗经·召南·行露》："谁谓鼠无牙，何以穿我墉?"[9]镘(màn)：邢疏："镘者，泥镘也，一名杇，涂工之作具也。《论语》曰：'粪土之墙不可杇。'是也。"杇(wū)：《说文》："所以涂也。秦谓之杇，关东谓之槾。"俗称瓦刀。又，二者皆可作动词，粉刷，涂饰。[10]椹(zhēn)、榩(qián)：郭注："斫木榩也。"邢疏："椹者，斫木所用以藉者之木名也，一名榩。"即砧，垫板。[11]黝(yǒu)：郭注："黑饰地也。"垩(è)：郭注："白饰墙也。"邢疏："以黑饰地谓之黝，以白饰墙谓之垩。"[12]樴(zhí)：木桩。杙(yì)：郭注："橛也。"邢疏："杙即橛也，一名樴。"[13]楎(huī)：钉在墙上，用来悬挂衣服的木橛。臬(niè)：郭注："即门橛也。"邢疏："置杙在墙者，名楎。在地及门中者，名臬。"[14]栱(gǒng)：立柱与横梁交接处向外伸出成弓形的承重结构。阁：《说文》："所以止扉也。"开门后插于两旁用于固定门扇的长木。[15]阇(dū)：郭注："积土四方。"即城门上的高台。榭(xiè)：郭注："台上起屋。"即建于高台上的木屋，多为游观之所。邢疏："积土四方而高者名台……名阇。李巡云：'积土为之，所以观望。'……彼以阇为城台，于此台上有木起屋者名榭。"

鸡栖于弋，为榤；[1]凿垣而栖，为埘[2]。

[1]弋(yì)：木桩。榤(jié)：木桩，也指鸡栖息的木桩。[2]埘(shí)：凿墙做鸡窝，也指在墙上凿的鸡窝。邢疏引李巡曰："'别鸡所栖之名也'，而'苦寒之乡也，避寒，故穿墙以栖鸡'。"

植谓之传[1]，传谓之突。杗廇谓之梁，其上楹谓之棁，闲谓之槉。[2]栭谓之楶，栋谓之桴，桷谓之榱。[3]桷直而遂谓之阅，直不受檐谓之交。[4]檐谓之樀[5]。容谓之防，连谓之簃。[6]屋上薄谓之筄，两阶间谓之乡。[7]中庭之左右谓之位，门屏之间谓之宁。[8]屏谓之树，闭谓之门，正门谓之应门。[9]观谓之阙，宫中之门谓之闱，其小者谓之闺，小闺谓之閤，衖门谓之闳。[10]门侧之堂谓之塾，橛谓之阒，阖谓之扉，所以止扉谓之闳。[11]

[1]植：门外闭时用以加锁的中立直木。邢疏："植谓户之维持锁者也。植木为之，因名云。又名传，又名突也。"[2]杗廇(máng liù)：郭注："屋大梁也。"棁(zhuō)：郭注："侏儒柱也。"邢疏："一名侏儒柱，以其短小故也。"闲(biàn)：柱上方木。槉(jí)。邢疏："闲者，柱上木名也。又谓之槉，又名欂，亦名枅。"[3]栭(ér)：柱顶上支撑梁的方木。楶(jié)：斗拱，支撑大梁的方木。桴：房屋的二梁。《说文》："桴，栋名。"桷(jué)：方形的椽子。郭注："屋椽。"榱(cuī)：椽子。吕沈云："齐鲁名桷，周人名榱。"[4]阅：屋椽长直而遂达五架屋际者。郭注："谓五架屋际椽正相当。"交：屋椽直不上于檐者。郭注："谓五架屋际椽不直上檐，交于穩上。"[5]樀(dí)：屋檐。邢疏："屋檐，一名樀，一名屋梠，又名宇，皆屋之四垂也。"[6]容：屏风。郭注："形如今床头小曲屏风，唱射者

所以自防隐。"邢疏："容者，射礼唱获者蔽身之物也。一名防，言所以容身防矢也。一名乏。"簃(yí)：堂楼阁边小屋。郭注："堂楼阁边小屋，今呼之簃厨、连观也。"[7]薄：帘子。筄(yào)：铺在房屋椽上瓦下的席。乡：郭注："人君南乡当阶间。"邢疏："此别君臣之位处也。人君南面，乡明而治，其位在两阶间，因名云也。"[8]位：郭注："群臣之侧位也。"邢疏："位，群臣之列位也。"宁：郭注："人君视朝所宁立处。"邢疏："谓路门之外，屏树之内，人君视朝宁立之处，因名为宁。"[9]闬(bēng)：庙门。同"祊"。《诗经·小雅·楚茨》："祝祭于祊。"应门：朝门。[10]观：古代宫门前的双阙。闱：宫中相通的小门。阁(gé)：旁门，小门。衖(xiàng)：同"巷"。闳(hóng)：巷门。《说文》："闳，巷门也。"[11]闑(niè)：古代竖立在大门中央的木柱。阖：门扇。《说文》："阖，门扇也。"闳：郭注："门辟旁长橛也。"

瓴甋谓之甓[1]，宫中衖谓之壸[2]，庙中路谓之唐[3]，堂途谓之陈[4]。路、旅，途也。路、场、猷、行，道也。一达谓之道路，二达谓之歧旁，三达谓之剧旁，四达谓之衢，五达谓之康，六达谓之庄，七达谓之剧骖，八达谓之崇期，九达谓之逵。

[1]瓴甋(líng dì)：砖。郭注："甋砖也。今江东呼瓴甓(pì)。"[2]壸(kǔn)：古代宫中的路。郭注："巷阁间道。"[3]唐：朝堂前或宗庙门内的大路。[4]陈：堂下到门的道路。郭注："堂下至门径也。"

室中谓之时，堂上谓之行，堂下谓之步，门外谓之趋，中庭谓之走，大路谓之奔。[1]堤谓之梁，石杠谓之徛。[2]室有东西厢曰庙，无东西厢有室曰寝[3]，无室曰榭。四方而高曰台，陕而修曲曰楼。

[1]时、行、步、趋、走、奔：邢疏："此皆人行步趋走之处，因以名云。室中名时，时然后动。堂上曰行，谓平行也。堂下曰步。《白虎通》云：'人践三尺，法天地，人再举足曰步，备阴阳也。'门外曰趋。郑玄云：'行而张拱曰趋。'中庭曰走。走，疾趋也。大路曰奔。奔，大走也。"[2]堤：郭注："即桥也。或曰：石绝水者为梁。"堤一名梁。郭氏两解：一名即桥也，以木为之；一云以石绝水。石杠：郭注："聚石水中以为步渡彴也。或曰今之石桥。"郭氏亦两解：一云聚石水中以为步渡彴也。《广雅》："彴，步桥也。"一云或曰今之石桥。徛(jì)：石桥，放在水中用来渡水的石头。[3]寝：古代宗庙分两部分，前面祭祀的地方叫庙，后面停放牌位和先人遗物的地方叫寝。《月令·仲春》："寝庙毕备。"郑注："前曰庙，后曰寝。"以庙长接神之处，其处尊，故在前。寝，衣冠所藏之处，对庙为卑，故在后。

释 器

木豆谓之豆[1]，竹豆谓之笾，瓦豆谓之登。盎谓之缶，瓯瓿谓之瓵，康瓠谓之甈。[2]斪斸谓之定，斫谓之鐯，斛谓之疀。[3]

[1]豆：古代一种盛食物的器皿，形似高脚盘。[2]盎：一种腹大口小的盛器。缶：盛酒的瓦器。瓯(ōu)：盛物的小盆。瓿(bù)：古代盛酱醋之类的小瓮。瓵(yí)：瓮、缶一类的瓦器。康瓠：空壶，破瓦壶。甈(qì)：破瓦壶。[3]斪斸(qú zhú)：古代锄类的农具。郭璞注："锄属。"斫(zhuó)：大锄。鐯(zhuō)：大锄。斛(tiāo)：古代的一种农具，即锹。疀(chā)：古代的一种农具，即锸。

缨罟谓之九罭[1]。九罭，鱼罔也。嫠妇之笱谓之罶[2]。罺谓之汕，篧谓之罩，槮谓之涔。[3]鸟罟谓之罗，兔罟谓之罝，麋罟谓之罞，彘罟谓之羉，鱼罟谓之罛。[4]繴谓之罿。罿，罬也。罬谓之罦。罦，覆车也。[5]

[1]缨罟(zōng gǔ)：网眼细密的鱼网。罭(yù)：捕小鱼的细网。通称"九罭"。《诗经·豳风·九罭》："九罭之鱼。"毛传："九罭，缨罟，小鱼之网也。"[2]笱：竹制的捕鱼器具。[3]罺(cháo)：捕鱼用的小网。汕：捕鱼的网。篧(zhuó)：捕鱼用的罩。槮(sēn)：郭注："今之作罧者，聚积柴木于水中，鱼得寒，入其里藏隐，因以簿围捕取之。"[4]罗：捕鸟的网。罝(jū)：捕兔的网，也泛指捕鸟兽的网。罞(máo)：捕捉麋鹿的网。羉(luán)：捕捉野猪用的网。罛(gū)：捕鱼的大网。捕鱼之具，最大者名罛。《诗经·卫风》："施罛濊濊。"[5]繴(bì)：一种能自动翻盖的捕鸟器。罿(chōng)：即罦(fú)，一种捕鸟的网，鸟入网后，能自动将鸟罩住。罬(zhuó)：一种设有机关的捕鸟兽的网。覆车：邢疏引孙炎曰："覆车网可以掩兔者也。一物五名，方言异也。"

绚谓之救[1]。律谓之分[2]。大版谓之业[3]。绳之谓之缩之。

[1]绚(qú)：网罟的别称。郭注："救丝以为绚。或曰亦罥名。"[2]律：古代音乐中用来正音的一种竹管。[3]业：古代悬钟磬用的大木板。

彝、卣、罍，器也。[1]小罍谓之坎[2]。

[1]彝：古代青铜器通称，多指宗庙祭祀用的礼器。卣(yǒu)：古代用青铜制的中型酒尊。

罍(léi)：古代酒器名。[2]坎：一种壶形小酒器。

衣褫谓之祝[1]，黼领谓之襮[2]。缘谓之纯[3]，衸谓之褮[4]。衣眥谓之襟[5]，衱谓之裾[6]，衿谓之袸[7]，佩衿谓之褑[8]，执衽谓之袺[9]，扱衽谓之襭[10]。衣蔽前谓之襜[11]。妇人之袆谓之缡[12]，缡，緌也。裳削幅谓之纀[13]。

[1]褫：衣缕；古时妇女长袍上的装饰。郭注："衣缕也。齐人谓之挛。或曰袿，衣之饰。"[2]襮(bó)：绣有花纹的衣领。[3]缘：古时衣服的边饰。郭注："衣缘饰也。"纯(zhǔn)：衣服鞋帽的镶边。[4]衸(xué)：衣服开孔。郭注："衣开孔也。"褮(yīng)：开孔衣。[5]眥(zì)：衣领交接处。郭注："交领。"[6]衱(jié)：衣裾；衣服的后襟。裾(jū)：衣服的前后襟。[7]衿：系衣裳的带子。袸(jiàn)：小带。郭注："衣小带。"[8]褑(yuàn)：衣襟上佩玉的带子。[9]衽：衣襟。袺(jié)：提衣襟盛东西。郭注："持衣上衽。"[10]襭(xié)：把衣襟掖在腰带上来兜东西。[11]襜(chān)：遮至膝前的短衣。即围裙。[12]缡：古代妇女出嫁时所系的佩巾。[13]纀(pú)：古时官吏们在家所穿的衣服的下裳。

舆革，前谓之鞎[1]，后谓之笰[2]。

[1]鞎(hén)：古代车厢前面的皮制遮蔽物。[2]笰(fú)：古代车厢后面的遮蔽物。

竹，前谓之御，后谓之蔽。环谓之捐，镳谓之钀。[1]载辔谓之轙[2]，辔首谓之革。

[1]镳：马嚼子。钀(niè)：镳。郭注："马勒旁铁。"[2]轙：车衡上贯穿缰绳的大环。郭注："车轭上环，辔所贯也。"

餀谓之餯，食饐谓之餲[1]。抟者谓之糷，米者谓之檗。[2]肉谓之败，鱼谓之馁。肉，曰脱之；鱼，曰斮之。冰，脂也。肉谓之羹，鱼谓之鮨。肉谓之醢，有骨者谓之臡。[3]康谓之蛊[4]，淀谓之垽[5]。

[1]餀(hài)：食物腐败发臭。餯(huì)：饭馊臭。饐：(食物)腐败发臭。餲(ài)：食物经久而变味。[2]抟(tuán)：把东西捏聚成团。檗(bó)：半生半熟的饭。[3]醢(hǎi)：肉酱。臡(ní)：带骨的肉酱。[4]康：谷久积所生之小飞虫。《左传·昭公元年》："谷之飞亦名蛊。"[5]淀：沉淀的泥渣。垽(yìn)：泥渣。郭注："今江东呼垽。"

鼎绝大谓之鼐[1]，圜弇上谓之鼒[2]，附耳外谓之釴[3]，款足者谓之鬲[4]；鬵谓之鬵。鬵，鉹也。[5]

[1]鼐(nài)：最大的鼎。[2]鼒(yǎn)：器具口小肚大。鼒(zī)：上端收敛而口小的鼎。[3]釴(yì)：附耳在唇外的方鼎。[4]鬲(lì)：鼎一类的烹饪器，三足中空。[5]鬵：同"甑"。《方言》："甑，自关而东或谓之甗，或谓之鬵。"郭注："鬵，凉州呼鉹。"

璲[1]，瑞也。玉十谓之区[2]。

[1]璲：古代贵族佩带的一种端玉。[2]区：郭注：玉的计数单位。"双玉曰瑴，五瑴为区。"

羽本谓之翮[1]。一羽谓之箴，十羽谓之缚，百羽谓之緷[2]。

[1]翮(hé)：鸟翎的茎，翎管。郭注："鸟羽根也。"[2]緷(gǔn)：古代量词，用百根羽毛捆成的一束。

木谓之虡[1]。旄谓之藣[2]。菜谓之蔌。白盖谓之苫[3]。

[1]虡(jù)：古代悬挂钟或磬的架子两旁的柱子。郭注："县钟磬之木，植者名虡。"[2]藣(bēi)：古代跳舞者所执的牛尾。[3]苫(shān)：白茅编成的覆盖物。郭注："白茅苫也。今江东呼为盖。"

黄金谓之璗，其美者谓之镠；白金谓之银，其美者谓之镣。鉼金谓之钣，锡谓之钏。

象谓之鹄[1]，角谓之觷[2]。犀谓之剒，木谓之剫，玉谓之雕。金谓之镂，木谓之刻，骨谓之切，象谓之磋，玉谓之琢，石谓之磨。

[1]鹄：治理象牙。[2]觷(xué)：加工兽角。郭注："皆治朴之名。"

璆[1]、琳，玉也。简，谓之毕；不律[2]，谓之笔。

[1]璆(qiú)：同"球"，美玉。[2]不律：郭注："蜀人呼笔为不律也，语之变转。"

灭谓之点。绝泽谓之铣[1]。金镞翦羽，谓之鍭[2]。骨镞不翦羽，谓之志。弓有缘者谓之弓[3]，无缘者谓之弭。以金者谓之铣，以蜃者谓之珧[4]，以玉者谓之珪。珪大尺二寸谓之玠，璋大八寸谓之琡，璧大六寸谓之宣。[5]肉倍好[6]，谓之璧；好倍肉，谓之瑗；肉好若一，谓之环。

[1]铣：有光泽的金属。郭注："铣即美金，言最有光泽也。"[2]鍭：古代用于打猎的一种金镞齐羽的箭。《方言》云："箭，自关而东谓之矢，江淮之间谓之鍭，关西曰箭。"[3]缘：弓之两端以丝线

缠绕作装饰。郭注："缘者缴缠之。"[4]蜃(shèn)：大蛤。[5]珪：同"圭"。用作凭信的玉，形状上圆(或上尖)下方。璋：一种玉器，形状像半个圭。璧：平而圆、中心有孔的玉。[6]肉：古代圆形有孔的钱币或玉器，孔外称"肉"，孔内称"好"。

缕，绶也[1]。一染谓之縓，再染谓之赪，三染谓之纁。[2]青谓之葱，黑谓之黝，斧谓之黼。

[1]缕：古代贯穿佩玉的带子。[2]縓(quàn)：郭注："今之红也。"赪(chēng)：郭注："浅赤。"纁(xūn)：郭注："纁，绛也。"

邸谓之柢[1]。雕谓之琢，蓐谓之兹[2]。

[1]邸：通"柢"。树根，物的基部。郭注："根柢，皆物之邸。柢即底，通语也。"[2]蓐：草席，草垫子。

竿谓之箷[1]。箦谓之笫[2]。

[1]箷(yí)：衣架。郭注："衣架。"《曲礼》："男女不同椸枷。"[2]箦：竹编的床垫，竹席。笫(zǐ)：竹席。

革中绝谓之辨，革中辨谓之韏。[1]镂，鎪也[2]。卣[3]，中尊也。

[1]绝：断。辨(piàn)：皮革中断、裂开。郭注："中断皮也。"韏(quàn)：郭注："复分半也。"[2]鎪(sōu)：刻镂。郭注："刻镂物为鎪。"[3]卣：音 yǒu。

释　乐

宫谓之重，商谓之敏，角谓之经，徵谓之迭，羽谓之柳。[1]大瑟谓之洒[2]，大琴谓之离。大鼓谓之鼖[3]，小者谓之应。大磬谓之毊[4]。大笙谓之巢，小者谓之和。[5]大篪谓之沂[6]。大埙谓之嘂[7]。大钟谓之镛，其中谓之剽，小者谓之栈。大箫谓之言，小者谓之筊。大管谓之簥，其中谓之篞，小者谓之篎。[8]大籥谓之产，其中谓之仲，小者谓之箹。[9]徒鼓瑟谓之步，徒吹谓之和，徒歌谓之谣，徒击鼓谓之咢，徒鼓钟谓之修，徒鼓磬谓之骞。所以鼓柷谓之止，所以鼓敔谓之籈。[10]大鼗谓之麻，小者谓之料。[11]和乐谓之节[12]。

[1]宫、商、角、徵、羽：我国五声音阶中五个不同音的名称，类似现在简谱中的“1”“2”“3”“5”“6”。郝懿行在《尔雅义疏》中引徐景安《乐书》中所引的刘歆的解释：“宫者，中也，君也，为四音之纲，其声重厚，如君之德而为重。商者，章也，臣也，其声敏疾如臣之节而为敏。角者，触也，民也，其声圆长经贯清浊如民之象而为经。徵者，祉也，事也，其声抑扬递续其音如事之绪而为迭。羽者，宇也，物也，其声低平掩映自高而下，五音备成，如物之聚而为柳。”而重、敏、经、迭、柳皆五音之别名。[2]瑟：古代拨弦乐器。形似古琴，通常有二十五根弦。[3]鼖(fén)：古代军中用的大鼓。[4]磬：古代一种用玉或石雕制而成的敲击乐器。毊(xiāo)：敲击乐器名，即大磬。[5]笙：一种簧管乐器。“巢”是大笙，“和”是小笙。[6]篪(chí)：古代的一种竹管制管乐器。[7]埙(xūn)：古代的一种陶制吹奏乐器，六孔。嘂(jiào)：吹奏乐器，即“大埙”。[8]管：一种类似笛子的管乐器。大管声音洪亮，称“簥”，中管声音精密，称“篞”，小管声音清妙，称“篎”。[9]籥(yuè)：古代的一种管乐器。大籥称“产”，中等大小的籥称“仲”，小籥称“箹”(yuè)。[10]柷：古代打击乐器，用木头做成，奏乐开始时敲打。止：用来敲击“柷”使之发声的椎。敔(yǔ)：古代打击乐器，奏乐将终时，击之使演奏停止。籈(zhēn)：古代敲敔用的木板。[11]鼗(táo)：一种长柄手摇鼓，类似“拨浪鼓”。大鼗称“麻”，小鼗称“料”。郭注：“麻者音概而长也，料者声清而不乱。”[12]和乐谓之节：八音克谐，无相夺伦，谓之和乐。乐和则应节。《乐记》云：“治世之音安以乐，其政和。”《乐记》又云：“大业与天地同和，大礼与天地同节。”礼乐相将，故此和乐亦谓之节。

释　天

穹苍[1]，苍天也。春为苍天[2]，夏为昊天[3]，秋为旻天[4]，冬为上天[5]。四时。

[1]穹苍：苍天，天形穹隆，其色苍苍。[2]苍天：春，万物苍苍然生。[3]昊天：言气皓旰。[4]旻天：旻犹愍也，愍万物凋落。[5]上天：言时无事，在上临下而已。

春为青阳[1]，夏为朱明[2]，秋为白藏[3]，冬为玄英[4]。四气和，谓之玉烛。春为发生，夏为长嬴，秋为收成，冬为安宁。[5]四时和为通正[6]，谓之景风。甘雨时降，万物以嘉[7]，谓之醴泉。祥。

[1]青阳：气清而温阳。[2]朱明：气赤而光明。[3]白藏：气白而收藏。[4]玄英：气黑而清

英。[5]发生、长赢、收成、安宁：为春、夏、秋、冬的别名。[6]通正：平畅。[7]嘉：善。

谷不熟为饥[1]，蔬不熟为馑，果不熟为荒，仍饥为荐[2]。灾。

[1]谷：谓五谷，黍、稷、麻、麦、豆也；熟，成也。五谷不成曰饥。[2]荐：连年不熟。

大岁在甲曰阏逢，在乙曰旃蒙[1]，在丙曰柔兆，在丁曰强圉，在戊曰著雍，在己曰屠维，在庚曰上章，在辛曰重光，在壬曰玄黓[2]，在癸曰昭阳。岁阳。

[1]旃：音 zhān。[2]黓：音 yì。

大岁在寅曰摄提格，在卯曰单阏，在辰曰执徐，在巳曰大荒落，在午曰敦牂，在未曰协洽，在申曰涒滩，在酉曰作噩，在戌曰阉茂，在亥曰大渊献，在子曰困敦，在丑曰赤奋若。

载，岁也。夏曰岁[1]，商曰祀[2]，周曰年[3]，唐虞曰载[4]。岁名。

[1]夏曰岁：取岁星行一次。[2]商曰祀：取四时一终。[3]周曰年：取禾一熟。[4]唐虞曰载：取物终更始。

月在甲曰毕，在乙曰橘，在丙曰修，在丁曰圉[1]，在戊曰厉，在己曰则，在庚曰窒，在辛曰塞，在壬曰终，在癸曰极。月阳。

[1]圉：音 yǔ。

正月为陬[1]，二月为如，三月为寎[2]，四月为余，五月为皋，六月为且，七月为相，八月为壮，九月为玄，十月为阳，十一月为辜，十二月为涂。月名。

[1]陬：音 zōu。[2]寎：音 bǐng。

南风谓之凯风[1]，东风谓之谷风[2]，北风谓之凉风[3]，西风谓之泰风[4]。焚轮谓之穨[5]，扶摇谓之猋[6]。风与火为庉[7]，回风为飘[8]，日出而风为暴，风而雨土为霾，阴而风为曀[9]。天气下，地不应曰雺[10]；地气发，天不应曰雾。雾谓之晦，螮蝀谓之雩[11]。螮蝀，虹也。蜺为挈贰，弇日为蔽云[12]。疾雷为霆霓，雨霓为霄雪。暴雨谓之涷，小雨谓之霡霂[13]。久雨谓之淫，淫谓之霖，济谓之霁。风雨。

[1]凯风：《诗经·邶风·凯风》："凯风自南。"[2]谷风：《诗经·邶风·谷风》："习习谷风。"[3]凉风：《诗经·邶风·北风》："北风其凉。"[4]泰风：《诗经·大雅·桑柔》："大风有隧。"[5]穨：暴风从上下。[6]猋：暴风从下上。[7]庉：炽盛。[8]飘：旋风。[9]曀：音 yì。[10]雺：音 wù。[11]螮(dì)蝀(dōng)：彩虹。[12]弇：遮蔽。[13]霢霂：音 mài mù。

寿星[1]，角亢也。天根[2]，氐也。天驷[3]，房也。大辰[4]，房心尾也。大火谓之大辰。析木谓之津[5]。箕、斗之间，汉津也[6]。星纪[7]，斗、牵牛也。玄枵，虚也。颛顼之虚，虚也。北陆，虚也。营室谓之定[8]。娵觜之口，营室、东壁也[9]。降娄，奎、娄也。大梁，昴也。西陆，昴也[10]。浊谓之毕，咮谓之柳[11]，柳，鹑火也。北极谓之北辰，何鼓谓之牵牛，明星谓之启明，彗星为欃枪[12]，奔星为彴约。星名。

[1]寿星：数起角、亢，列宿之长，故曰寿。[2]天根：角亢下系于氐，若木之有根。[3]天驷：龙为天马，故房四星谓之天驷。[4]大辰：龙星明者，以为时候，故曰大辰。[5]津：即汉津也。[6]箕：龙尾。斗，南斗。汉津：天汉之津梁。[7]星纪：牵牛、斗者，日月五星之所终始，故谓之星纪。[8]定：正也。[9]营室、东壁：星四方似口，因名云。[10]昴：西方之宿，别名旄头。[11]咮：朱鸟之口。[12]欃(chán)枪：彗星的别名，古人认为是凶星。

春祭曰祠，夏祭曰礿，秋祭曰尝，冬祭曰蒸。[1]祭天曰燔柴[2]，祭地曰瘗薶[3]，祭山曰庪县[4]，祭川曰浮沈[5]。祭星曰布[6]，祭风曰磔[7]。是禷是祃，师祭也。[8]既伯既祷，马祭也。[9]禘，大祭也。绎，又祭也。周曰绎，商曰肜[10]，夏曰复胙。祭名。

[1]祠、礿、尝、蒸：此四时之祭名也。郭注："祠之言食。礿，新菜可汋。尝，尝新谷。蒸，进品物也。"[2]祭天曰燔柴：《祭法》："燔柴于泰坛，祭天也。"郭注："既祭，积薪烧之。"[3]祭地曰瘗(yì)薶：《祭法》："瘗埋于泰圻，祭地也。"然则祭神州地祇于北郊，瘗缯埋牲，因名祭地曰瘗薶。[4]庪县：祭山之名也，庪谓埋藏之。《大宗伯》："以貍沈祭山林川泽。"郑注："祭山林曰埋。"是也。县谓县其牲币于山林中，因名祭山曰庪县。郭注："或庪或县，置之于山。"是也。[5]浮沈：祭川之名也。郭注："投祭水中，或浮或沈。"《大宗伯》："以貍沈祭山林川泽。"郑注："祭川泽曰沈，顺其性之含藏。"是也。[6]祭星曰布：李巡曰："祭星者以祭布露地，故曰布。"孙炎曰："既祭，布散于地，似星布列也。"郭注："布散祭于地。"[7]磔：谓披磔牲体，象风之散物，因名云。郭注："今俗当大道中磔狗，云以止风。此其象。"[8]是禷(lèi)是祃(mà)：语出《诗经·大雅·皇矣》。师祭也：作者所以解诗也，言用师出征之祭名也。[9]既伯既祷：语出《诗经·小雅·吉日》。马祭也：作者所以释诗也。毛传："伯，马祖也。重物慎微，将用马力，必先为之祷其祖。祷，祷获也。"[10]肜：音 róng。

春猎为搜，夏猎为苗，秋猎为狝，冬猎为狩。[1]宵田为獠[2]，火田为狩[3]，乃立冢土，戎丑攸行。[4]起大事，动大众，必先有事乎社而后出，谓之宜。振旅阗阗，出为治兵，尚威武也。入为振旅，反尊卑也。[5]讲武。

[1]此说田猎习武之事也。云“春猎为搜，夏猎为苗，秋猎为狝，冬猎为狩”者，此四时田猎之名也。[2]宵：夜也；夜猎名獠。[3]火田为狩：郭注：“放火烧草猎，故为狩。”[4]“乃立”二句：语出《诗·大雅·绵》。郭注：“冢土，大社。戎丑，大众。”[5]振旅阗阗：语出《诗·小雅·采芑》。郑笺：“至战止将归，又振旅伐鼓阗阗然。振犹止也；旅，众也。”郭注：“振旅，整众。阗阗，群行声也。”“出为治兵，尚威武也。入为振旅，反尊卑也”者，此亦作者释上《诗》文也。

素锦绸杠，纁帛縿，素升龙于縿，练旒九，饰以组，维以缕。[1]缁广充幅，长寻曰旐，[2]继旐曰旆[3]，注旄首曰旌[4]，有铃曰旂[5]，错革鸟曰旟[6]，因章曰旃[7]。旌旂。

[1]此别旌旂之异名也。“素锦绸杠”者，自此至“维以缕”，说旂之制也。绸，韬也，杠，竿也。先以白地锦韬旂之竿，《礼记》所谓绸练设旐夏也，则以纁帛著于素锦名縿(shān)，縿即众旒所著者。升，上也。又画白龙于縿，令上向。又练绛帛为旒九以著于縿。饰旒之边，用綦组；维持其旒，使不曳地，以朱缕。[2]缁：黑色；以黑色之帛，广全幅，长八尺，属于杠，名旐。又以帛继续旐末为燕尾者，名旆。[3]继旐(zhào)曰旆：帛续旐末，为燕尾者。[4]注旄首曰旌：载旄于竿头，如今之幢，亦有旒。[5]有铃曰旂：悬铃于竿头，画蛟龙于旒。[6]错革鸟曰旟：此谓合剥鸟皮毛置之竿头。即《礼记》云载鸿及鸣鸢。[7]因章曰旃：以帛练为旒，因其文章，不复画之。《周礼》：“通帛为旃。”

释　地

两河间曰冀州[1]，河南曰豫州[2]，河西曰雝州[3]。汉南曰荆州[4]，江南曰杨州[5]。济、河间曰兖州[6]，济东曰徐州[7]，燕曰幽州[8]，齐曰营州[9]。九州。

[1]冀州：自东河至西河。[2]豫州：自南河至汉。[3]雝州：自西河至黑水。[4] 荆州：自汉南至衡山之阳。[5]杨州：自江南至海。[6]兖州：自河东至济。[7]徐州：自济东至海。[8]幽州：自易水至北狄。[9]营州：自岱东至海。

鲁有大野，晋有大陆，秦有杨陓[1]，宋有孟诸，楚有云梦，吴、越之间有具区。齐有海隅，燕有昭余祁，郑有圃田，周有焦护。十薮。

[1]陓：音 yū。

东陵阠[1]，南陵息慎，西陵威夷，中陵朱滕，北陵西隃，雁门是也。陵莫大于加陵[2]，梁莫大于溴梁[3]，坟莫大于河坟。八陵。

[1]阠：音 xìn。[2]陵：大阜也。莫：无也。言"陵莫大于加陵"者，谓加陵最大也。[3]溴(jú)：水名。

东方之美者，有医无闾之珣玗琪焉[1]；东南之美者，有会稽之竹箭焉[2]；南方之美者，有梁山之犀象焉[3]；西南之美者，有华山之金石焉[4]；西方之美者，有霍山之多珠玉焉；西北之美者，有昆仑虚之璆琳琅玕焉[5]；北方之美者，有幽都之筋角焉[6]；东北之美者，有斥山之文皮焉[7]；中有岱岳[8]，与其五谷鱼盐生焉。九府。

[1]医无闾：山名，今在辽东。珣玗琪，玉属。[2]会稽：山名，今在山阴县南。竹箭：筱也。[3]犀：犀牛皮、角。象：象牙。[4]金石：黄金、礝石之属。[5]璆(qiú)琳：美玉名。琅玕：状似珠。[6]幽都：山名。筋角：野牛筋角。[7]斥：音 chǐ。文皮：虎豹之属，皮有缛采者。[8]岱岳：泰山。

东方有比目鱼焉，不比不行，其名谓之鲽[1]；南方有比翼鸟焉，不比不飞，其名谓之鹣鹣[2]；西方有比肩兽焉，与邛邛岠虚比，为邛邛岠虚啮甘草，即有难，邛邛岠虚负而走，其名谓之蟨[3]；北方有比肩民焉[4]，迭食而迭望；中有枳首蛇焉[5]。此四方中国之异气也。五方。

[1]鲽：音 dié。[2]鹣：音 jiān。[3]蟨(jué)：《吕氏春秋》曰："北方有兽，其名为蟨。鼠前而兔后，趋则顿，走则颠。"然则邛(qióng)邛岠虚亦宜鼠后而兔前，前高不得取甘草，故须蟨食之。[4]比肩民：此即半体之人，各有一目、一鼻、一孔、一臂、一脚，亦犹鱼鸟之相合，更望备惊急。[5]枳首蛇：即两头蛇。

邑外谓之郊[1]，郊外谓之牧，牧外谓之野，野外谓之林，林外谓之坰[2]。下湿曰隰[3]，大野曰平，广平曰原，高平曰陆，大陆曰阜，大阜曰陵，大陵曰阿。可食者曰原，陂者曰阪，下者曰隰。田一岁曰菑[4]，二岁曰新田，三岁曰畬[5]。野。

[1]邑(yì)：京城，国都。[2]坰：音 jiōng。[3]隰(xí)：低湿的地方。[4]菑(zī)：初耕的田地。[5]畬：音 yú。

东至于泰远，西至于邠国[1]，南至于濮铅[2]，北至于祝栗，谓之四极。觚竹、北户、西王母、日下，谓之四荒。九夷、八狄、七戎、六蛮，谓之四海。岠齐州以南戴日为丹穴[3]，北戴斗极为空桐，东至日所出为大平，西至日所入为大蒙。大平之人仁，丹穴之人智，大蒙之人信，空桐之人武。[4]四极。

[1]邠(bīn)：古代诸侯国名。[2]铅：音 qiān。[3]岠：去也。齐：中也，中州犹言中国也。戴，值也。言去中国以南，北户以北，值日之下，其处名丹穴。[4]言土地之气刚柔不同，使之仁、智、信、武耳。

十三　许慎《说文解字·序》

[引言]

《说文解字》由东汉著名经学家、文字学家许慎(约 58—约 147)所著，是中国文字学的奠基之作。全书收入正文 9 353 字，重文 1 163 字，合计为10 516 字，首创 540 个部首编排法。《说文解字》自东汉问世以来，一直为历代语言文字研究者所推崇，为后代研究文字的重要依据。

古者庖牺氏之王天下也，仰则观象于天，俯则观法于地，视鸟兽之文与地之宜[1]，近取诸身，远取诸物，于是始作易八卦，以垂宪象[2]。及神农氏，结绳为治[3]，而统其事。庶业其繁[4]，饰伪萌生，黄帝之史仓颉，见鸟兽蹄迒之迹[5]，知分理之可相别异也，初造书契。百工以乂[6]，万品以察，盖取诸夬[7]，夬“扬于王庭”；言文者，宣教明化于王者朝廷，君子所以施禄及下，居德则忌也[8]。

[1]文：文理，指鸟兽的形状及皮毛上的花纹等。宜：指地形地貌。[2]垂：显示。宪象：事物的基本规律。[3]结绳为治：就是有大事绳上结个大节，小事绳上结个小节。[4]其：同“綦”，极。[5]迒(háng)：野兽的足迹。[6]乂(yì)：治理。[7]夬(guài)：《易经》中的一卦。[8]居德：尤言养德。文字是君子用来施行德泽于下的，然自身养德，则禁忌重文不重德。

（按：本节旨在说明上古庖牺、神农、黄帝时期的造字情况。）

仓颉之初作书，盖依类象形，故谓之文。其后形声相益，即谓之字。文者，物象之本，字者，言孳乳而浸多也[1]。著于竹帛谓之书，书者，如也[2]。以迄五帝三王之世，改易殊体。封于泰山者，七十有二代，靡有同焉。

[1]孳乳：滋生增益。浸：渐渐。[2]如：如事物的形状。

（按：本节旨在说明仓颉作书，初依类象形，后形声相益。）

《周礼》八岁入小学，保氏教国子[1]，先以六书：一曰指事。指事者，视而可识，察而可见，“上”“下”是也。二曰象形。象形者，画成其物，随体诘诎[2]，“日”“月”是也。三曰形声。形声者，以事为名[3]，取譬相成，“江”“河”是也。四曰会意。会意者，比类合谊[4]，以见指㧑[5]，“武”“信”是也。五曰转注。转注者，建类一首，同意相受，“考”“老”是也。六曰假借。假借者，本无其字，依声托事，“令”“长”是也。

[1]国子：公卿大夫等贵族子弟。[2]诘诎(jié qū)：弯弯曲曲。[3]事：事情。名：指文字。以事为名：即以事物为文字的表义部分。[4]谊：通“义”。[5]㧑(huī)：通“挥”。

（按：本节解释何为六书。）

及宣王太史籀，著大篆十五篇[1]，与古文或异。至孔子书六经，左丘明述《春秋传》，皆以古文，厥意可得而说[2]。

[1]大篆：即籀文，西周晚期文字。[2]说：解说，解释。

其后诸侯力政[1]，不统于王，恶礼乐之害己，而皆去其典籍，分为七国。田畴异亩，车涂异轨，律令异法，衣冠异制，言语异声，文字异形。秦始皇帝初兼天下，丞相李斯乃奏同之，罢其不与秦文合者。斯作《仓颉》篇，中车府令赵高作《爰历》篇，太史令胡毋敬作《博学》篇，皆取史籀大篆；或颇省改[2]，所谓小篆者也。

[1]政：通“征”，以武力征伐。[2]颇：略微。省：简化。

是时秦烧灭经书，涤除旧典，大发隶卒，兴役戍，官狱职务繁。初有隶书，以趣约易，而古文由此绝矣。自尔秦书有八体：一曰大篆；二曰小篆；三曰刻符[1]；四曰虫书[2]；五曰摹印[3]；六曰署书[4]；七曰殳书[5]；八曰隶书。

[1]刻符：刻在兵器上的字。[2]虫书：刻在符节上的字。[3]摹印：加有鸟虫形笔画的字体。[4]署书：刻在印章上的字。[5]殳书：用作题署的字。

汉兴有草书。尉律：学僮十七已上，始试，讽籀书九千字[1]，乃得为史。又以八体试之。郡移太史并课[2]，最者以为尚书史。书或不正，辄举劾之。今虽有尉律不课，小学不修，莫达其说久矣。

[1]讽：背诵。籀：诵读并演绎其文义。[2]课：考试。

孝宣时，召通《仓颉》读者，张敞从受之[1]。凉州刺史杜业，沛人爰礼，讲学大夫秦近，亦能言之。孝平时，征礼等百余人，令说文字未央廷中，以礼为小学元士。黄门侍郎杨雄，采以作《训纂》篇，凡《仓颉》已下十四篇[2]，凡五千三百四十字，群书所载，略存之矣。

[1]受：受学。[2]十四篇：《仓颉篇》《博学篇》《爰历篇》《凡将篇》《急就篇》《元尚篇》《训纂篇》七部字书，各书分上、下篇，共十四篇。

及亡新居摄，使大司空甄丰等，校文书之部。自以为应制作[1]，颇改定古文。时有六书：一曰古文，孔子壁中书也；二曰奇字，即古文而异者也；三曰篆书，即小篆，秦始皇帝使下杜人程邈所作也；四曰佐书，即秦隶书；五曰缪篆[2]，所以摹印也；六曰鸟虫书，所以书幡信也[3]。

[1]制作：制礼作乐等，古时乃天子之事，王莽以真龙天子自居，故制礼作乐。[2]缪篆：弯弯

曲曲的字体，主要用在印章上。[3]幡：旗幡。信：符节。

（按：以上几节讲从宣王至新的文字发展情况。）

壁中书者，鲁恭王坏孔子宅，而得《礼记》《尚书》《春秋》《论语》《孝经》；又北平侯张苍，献《春秋左氏传》；郡国亦往往于山川得鼎彝[1]，其铭即前代之古文，皆自相似，虽叵复见远流[2]，其详可得略说也。

[1]彝：古代宗庙常用礼器的总名。[2]叵(pǒ)：不可。

而世人大共非訾[1]，以为好奇者也。故诡更正文[2]，乡壁虚造不可知之书[3]，变乱常行，以燿于世。诸生竞说字解经谊[4]，称秦之隶书为仓颉时书。云父子相传，何得改易，乃猥曰："马头人为长，人持十为斗，[5]虫者屈中也。"廷尉说律，至以字断法[6]，苛人受钱[7]，"苛"之字止"句"也。若此者甚众，皆不合孔氏古文，谬于《史籀》。俗儒啚夫，玩其所习，蔽所希闻，不见通学，未尝睹字例之条。怪旧埶而善野言[8]，以其所知为秘妙，究洞圣人之微旨；又见《仓颉》篇中"幼子承诏"，因号："古帝之所作也，其辞有神仙之术焉。"其迷误不谕，岂不悖哉。

[1]訾：诽谤。[2]诡：改变。[3]乡：通"向"。[4]谊：义。[5]马头人："马"字上加"人"字。人持十："人"字旁加"十"字。[6]法：法律。[7]苛人受钱：谓有治人之责者而受人钱财。[8]野言：不合规矩的说法。

（按：以上两节旨在说明世人对"古文"喜向壁虚造，怪旧埶而善野言。）

《书》曰："予欲观古人之象。"言必遵修旧文而不穿凿。孔子曰："吾犹及史之阙文[1]，今亡矣夫。"盖非其不知而不问[2]，人用己私，是非无正，巧说邪辞，使天下学者疑。

[1]史之阙文：古代良史于字有疑则空缺之，以待能者。[2]非：批评。

（按：本节旨在说明"言必遵修旧文而不穿凿"。）

盖文字者，经艺之本，王政之始，前人所以垂后，后人所以识古。故曰"本立而道生"，"知天下之至啧而不可乱也"[1]。今叙篆文，合以古籀，博采通人，至于小大，信而有证，稽撰其说[2]。将以理群类，解谬误，晓学者，达神旨。分别部居，不相杂厕也[3]。万物咸睹，靡不兼载，厥谊不昭[4]，爰明以谕。其偁《易》孟氏、《书》孔氏、《诗》毛氏、《礼》周官、《春秋》左氏、《论语》《孝经》，皆古文也，其于所不知，盖阙如也[5]。

[1]啧：精妙、深奥。[2]稽：考证。撰：诠释。[3]杂厕：胡乱放置。[4]谊：此兼指字义、字形、字音。[5]阙：通“缺”，谓缺而不言，以待能者。

（按：本节旨在说明自己篆文是以“合以古籀，博采通人，至于小大，信而有证，稽撰其说”为原则。）

十四　司马迁《史记·项羽本纪》

［引言］

《史记》是我国历史上第一部纪传体通史，作者为西汉司马迁。该书约成书于公元前104至公元前91年，共一百三十篇。分为十二本纪(记帝王言行政绩)、十表(记大事年月)、八书(记历代典章制度)、三十世家(记诸侯王国之事)、七十列传(重要历史人物传记)，记载了上迄传说中的黄帝，下至汉武帝元狩元年(前122)共三千年左右的历史，全面而深刻地反映了我国古代的社会面貌。《史记》不仅记事翔实，对历史事件的考证非常严谨，而且语言生动，塑造的人物形象亦十分鲜明。它对后世的史学和文学均产生了深远的影响，被鲁迅誉为“史家之绝唱，无韵之《离骚》”。本章所选之《项羽本纪》，详细记述了项羽自起兵抗秦到建立帝王之业再到最后身死国灭的全过程。虽为记史，但在司马迁笔下，项羽的悲剧形象被刻画得入木三分。历来世人对项羽的是非功过评价颇多，但褒贬不一。以今而论，若不以成败论英雄，项羽亦不失为一代豪杰。

项籍者，下相人也，字羽。初起时[1]，年二十四。其季父项梁[2]，梁父即楚将项燕，为秦将王翦所戮者也[3]。项氏世世为楚将，封于项[4]，故姓项氏。

项籍少时，学书不成，去学剑[5]，又不成。项梁怒之。籍曰："书足以记名姓而已[6]。剑一人敌[7]，不足学[8]，学万人敌。"于是项梁乃教籍兵法，籍大喜，略知其意，又不肯竟学[9]。

项梁尝有栎阳逮[10]，乃请蕲狱掾曹咎书抵栎阳狱掾司马欣，以故事得已[11]。项梁杀人，与籍避仇于吴中。吴中贤士大夫皆出项梁下。每吴中有大徭役及丧，项梁常为主办[12]，阴以兵法部勒宾客及子弟[13]，以是知其能。

秦始皇帝游会稽[14]，渡浙江，梁与籍俱观。籍曰："彼可取而代也。"梁掩其口，曰："毋妄言，族矣[15]！"梁以此奇籍[16]。籍长八尺余[17]，力能扛鼎[18]，才气过人，虽吴中子弟皆已惮籍矣[19]。

[1]初起：指项羽于公元前 209 年在苏州起兵反抗秦朝的统治。[2]季父：叔父。[3]王翦：战国末期秦国大将，于公元前 223 年攻灭楚国。[4]项：地名。春秋时一小国，后为楚国所并，在今河南项城东北。[5]去：离开，此处指不再学书，转而学剑。[6]足以：够得上。[7]敌：抵挡，对抗。[8]足：值得。[9]竟学：即学到底。[10]栎(yuè)阳：古县名，战国初期秦国都城，在今陕西临潼东北。逮(dài)：讯及，意为有罪相连及。[11]以故事得已：因为这个缘故这件事才得以了结。[12]为(wèi)：给，替。[13]阴：暗中。部勒：部署，约束。[14]会(kuài)稽：古时郡名，因绍兴会稽山得名。即今江苏绍兴。[15]族：灭族。古时一人有罪，诛灭九族的刑罚。[16]奇籍：以籍为奇。[17]八尺：古时度量衡时有变化，并不恒定。当时一尺约为今 0.23 米。以今衡量，八尺约为 1.84 米。[18]扛(gāng)鼎：用双手把鼎举起来。[19]惮(dàn)：害怕，忌惮。

(按：本节介绍了项羽少时的奇异才能及心志。)

秦二世元年七月，陈涉等起大泽中[1]。其九月，会稽守通谓梁曰："江西皆反，此亦天亡秦之时也。吾闻先即制人，后则为人所制。吾欲发兵，使公及桓楚将[2]。"是时桓楚亡在泽中[3]。梁曰："桓楚亡，人莫知其处，独籍知之耳[4]。"梁乃出，诫籍持剑居外待[5]。梁复入，与守坐，曰："请召籍，使受命召桓楚。"守曰："诺。"梁召籍入。须臾，梁眴籍曰[6]："可行矣！"于是籍遂拔剑斩守头。项梁持守头，佩其印绶。门下大惊，扰乱，籍所击杀数十百人。一府中皆慑伏[7]，莫敢起。梁乃召故所知豪吏[8]，谕以所为起大事[9]，遂举吴中兵[10]。使人收下县，得精兵八千人。梁部署吴中豪杰为校尉、候、司马。有一人不得用，自言于梁。梁曰："前时某丧，使公主某事[11]，不能办，以此不任用公。"众乃皆伏。于是梁为会稽守，籍为裨将[12]，徇下县[13]。

[1]指陈胜、吴广于公元前 209 年在大泽乡起兵反秦。大泽：古地名，在今安徽宿州。[2]桓楚：战国时楚国大将。将(jiàng)：统率、指挥。[3] 亡：逃亡。[4]独：只有。[5]诫：告诫。

[6]眴(shùn)：眨眼示意。[7]慑伏：因惧怕而屈服。伏：通“服”。[8]故：原先。[9]谕：晓谕，告知。[10]举：兴起，发动。[11]主：主持，主办。[12]裨(pí)将：指副将。[13]徇：掠取，招抚。

（按：本节叙述了项梁、项羽在会稽起兵反秦的经过。）

广陵人召平于是为陈王徇广陵[1]，未能下[2]。闻陈王败走，秦兵又且至[3]，乃渡江矫陈王命[4]，拜梁为楚王上柱国[5]。曰：“江东已定，急引兵西击秦。”项梁乃以八千人渡江而西。

闻陈婴已下东阳，使使欲与连和俱西[6]。陈婴者，故东阳令史，居县中，素信谨[7]，称为长者。东阳少年杀其令，相聚数千人，欲置长，无适用，乃请陈婴。婴谢不能[8]，遂强立婴为长[9]，县中从者得二万人。少年欲立婴便为王[10]，异军苍头特起[11]。陈婴母谓婴曰：“自我为汝家妇，未尝闻汝先古之有贵者[12]。今暴得大名[13]，不祥。不如有所属，事成犹得封侯，事败易以亡[14]，非世所指名也。”婴乃不敢为王。谓其军吏曰：“项氏世世将家，有名于楚。今欲举大事，将非其人，不可。我倚名族，亡秦必矣。”于是众从其言，以兵属项梁[15]。项梁渡淮，黥布、蒲将军亦以兵属焉。凡六七万人，军下邳[16]。

[1]于是：在此时。广陵：古地名，在今江苏省扬州市。[2]下：攻克，降服。[3]且至：将要到达。[4]矫：诈称，假托。[5]上柱国：战国时楚国最高军事统帅。“柱国”原为国都之意。[6]使使：派遣使者。[7]素：向来，一向。[8]谢：推辞，拒绝。[9]强(qiǎng)：迫使。[10]便：立即。[11]“异军”句：让军队佩戴青色头巾以和其他义军相区别。[12]先古：即先祖。[13]暴：突然。[14]易以亡：容易逃脱。[15]属：归属，隶属。[16]军：驻扎。下邳(pī)：古地名，在今江苏省睢宁西北。

（按：本节主要讲述陈婴被强立为长后，听从母计率部归属项梁。）

当是时，秦嘉已立景驹为楚王，军彭城东，欲距项梁[1]。项梁谓军吏曰：“陈王先首事，战不利，未闻所在。今秦嘉倍陈王而立景驹[2]，逆无道。”乃进兵击秦嘉。秦嘉军败走，追之至胡陵。嘉还战一日，嘉死，军降。景驹走死梁地。项梁已并秦嘉军，军胡陵，将引军而西。

章邯军至栗，项梁使别将朱鸡石、余樊君与战[3]。余樊君死。朱鸡石军败，亡走胡陵。项梁乃引兵入薛，诛鸡石。项梁前使项羽别攻襄城[4]，襄城坚守不下。已拔，皆阬之[5]。还报项梁。项梁闻陈王定死，召诸别将会薛计事。此时沛公亦起沛[6]，往焉。

居鄛人范增[7]，年七十，素居家，好奇计，往说项梁曰：“陈胜败固当[8]。夫秦灭六国，楚最无罪。自怀王入秦不反，楚人怜之至今，故楚南公曰‘楚虽三户，亡秦必楚’也。今陈胜首事[9]，不立楚后而自立，其势不长。今君起江东，楚蜂午之将皆争附君者[10]，以君世世楚将，为能复立楚之后也。”于是项梁然其言，乃求楚怀王孙心民间，为人牧羊，立以为楚怀王，从民所望也。陈婴为楚上柱国，封五县，与怀王都盱眙[11]。项梁自号为武信君。

[1]距：通“拒”，抗拒，抵御。[2]倍：通“背”，背叛。[3]别将：即偏将。[4]别：另外。[5]阬：通“坑”，坑杀。[6]沛(pèi)：地名，在今江苏沛县。[7]居鄛(cháo)：古地名，在今安徽桐城，一说为安徽巢湖。范增：项羽主要谋士。[8]固当：本来就应当。[9]首事：首先起事，即起兵反秦。[10]蜂午之将：极言将士之多。[11]都：定都。盱眙(xū yí)：地名，在今江苏淮阴。

（按：本节主要记述项梁在攻灭景驹、秦嘉且听闻陈王已死后，听从范增建议立楚怀王孙为王。）

居数月，引兵攻亢父，与齐田荣、司马龙且军救东阿，大破秦军于东阿。田荣即引兵归，逐其王假。假亡走楚。假相田角亡走赵。角弟田间故齐将，居赵不敢归。田荣立田儋子市为齐王。项梁已破东阿下军，遂追秦军。数使使趣齐兵[1]，欲与俱西。田荣曰：“楚杀田假，赵杀田角、田间，乃发兵。”项梁曰：“田假为与国之王，穷来从我[2]，不忍杀之。”赵亦不杀田角、田间以市于齐。齐遂不肯发兵助楚。项梁使沛公及项羽别攻城阳，屠之。西破秦军濮阳东，秦兵收入濮阳。沛公、项羽乃攻定陶。定陶未下，去，西略地至雝丘[3]，大破秦军，斩李由。还攻外黄，外黄未下。

项梁起东阿，西，北至定陶，再破秦军，项羽等又斩李由，益轻秦[4]，有骄色。宋义乃谏项梁曰：“战胜而将骄卒惰者败。今卒少惰矣[5]，秦兵日益，臣为君畏之。”项梁弗听。乃使宋义使于齐。道遇齐使者高陵君显，曰：“公将见武信君乎?”曰：“然。”曰：“臣论武信君军必败。公徐行即免死，疾行则及祸。”秦果悉起兵益章邯[6]，击楚军，大破之定陶，项梁死。

沛公、项羽去外黄攻陈留，陈留坚守不能下。沛公、项羽相与谋曰：“今项梁军破，士卒恐。”乃与吕臣军俱引兵而东。吕臣军彭城东，项羽军彭城西，沛公军砀。

章邯已破项梁军，则以为楚地兵不足忧，乃渡河击赵，大破之。

[1]趣：通“促”，催促。[2]穷：困窘，处境艰难。[3]略：夺取，抢掠。[4]轻：轻视。[5]少(shāo)：稍微。[6]益：增援。下同。

（按：本节主要记述项梁因数破秦军后生骄，最终战败身亡。）

当此时，赵歇为王，陈馀为将，张耳为相，皆走入钜鹿城。章邯令王离、涉间围钜鹿，章邯军其南，筑甬道而输之粟。陈馀为将，将卒数万人而军钜鹿之北，此所谓河北之军也。

楚兵已破于定陶，怀王恐，从盱眙之彭城[1]，并项羽、吕臣军自将之。以吕臣为司徒，以其父吕青为令尹。以沛公为砀郡长，封为武安侯，将砀郡兵。

初，宋义所遇齐使者高陵君显在楚军，见楚王曰："宋义论武信君之军必败，居数日，军果败。兵未战而先见败征，此可谓知兵矣。"王召宋义与计事而大说之[2]，因置以为上将军；项羽为鲁公，为次将，范增为末将。救赵，诸别将皆属宋义，号为"卿子冠军"[3]。

行至安阳，留四十六日不进。项羽曰："吾闻秦军围赵王钜鹿，疾引兵渡河[4]，楚击其外，赵应其内，破秦军必矣。"宋义曰："不然。夫搏牛之虻，不可以破虮虱。[5]今秦攻赵，战胜则兵罢[6]，我承其敝[7]；不胜，则我引兵鼓行而西，必举秦矣[8]。故不如先斗秦赵[9]。夫被坚执锐[10]，义不如公；坐而运策[11]，公不如义。"因下令军中曰："猛如虎，很如羊[12]，贪如狼，强不可使者[13]，皆斩之。"乃遣其子宋襄相齐[14]，身送之至无盐[15]，饮酒高会[16]。天寒大雨，士卒冻饥。项羽曰："将戮力而攻秦[17]，久留不行。今岁饥民贫，士卒食芋菽，军无见粮[18]，乃饮酒高会，不引兵渡河因赵食[19]，与赵并力攻秦，乃曰'承其敝'。夫以秦之强，攻新造之赵[20]，其势必举赵。赵举而秦强，何敝之承！且国兵新破[21]，王坐不安席，埽境内而专属于将军[22]，国家安危，在此一举。今不恤士卒而徇其私[23]，非社稷之臣。"项羽晨朝上将军宋义，即其帐中斩宋义头，出令军中曰："宋义与齐谋反楚，楚王阴令羽诛之。"当是时，诸将皆慑服，莫敢枝梧[24]。皆曰："首立楚者，将军家也。今将军诛乱。"乃相与共立羽为假上将军[25]。使人追宋义子，及之齐，杀之。使桓楚报命于怀王。怀王因使项羽为上将军，当阳君、蒲将军皆属项羽。

[1]之：往，至。[2]说：通"悦"，喜欢。[3]卿子：古时尊称。冠(guàn)：超出众人，居于首位。冠军，即全军之首。当时宋义为上将军，故称。[4]疾：快速，急速。河：此指黄河。[5]"夫搏牛"二句：意为用很大的力气可以拍死牛虻，但打不死牛身上的虮虱。宋义是想说明出兵的目的在于攻灭秦国，而不在于营救赵国。搏：击打。虮：虱子的卵。[6]罢：通"疲"，疲惫。[7]承其敝：趁它疲惫的时候攻打它(秦)。敝：疲惫。[8]举：攻占，攻克。[9]斗：动词使动用法，意为使秦国和赵国相斗。[10]被(pī)：通"披"。坚和锐分别代指盔甲和武器。[11]坐而运策：即运筹帷幄之意。[12]很：通"狠"，执拗。[13]强：倔强。[14]相(xiàng)齐：做齐国的国相。[15]身：亲自。[16]高会：举行盛大的宴会。[17]戮(lù)力：并力，合力。戮，通"勠"。[18]见(xiàn)粮：现成的粮食。见，通"现"。[19]因：凭借。[20]新造：刚建立起来的。[21]新破：指项梁所率楚军刚在定陶被章邯击破。[22]埽：通"扫"，聚集。属(zhǔ)：委托，托付。[23]恤：体恤，怜悯。徇：谋求。[24]枝梧：抵抗，抗拒。[25]假：代理。

（按：本节主要记述宋义因预言项梁失败而被楚怀王拜为上将军。赵在秦军攻击下危在旦夕，而宋义却作壁上观，想坐收渔翁之利，终为项羽所杀。）

项羽已杀卿子冠军，威震楚国，名闻诸侯。乃遣当阳君、蒲将军将卒二万渡河[1]，救钜鹿。战少利[2]，陈馀复请兵。项羽乃悉引兵渡河，皆沈船[3]，破釜甑[4]，烧庐舍，持三日粮，以示士卒必死，无一还心。于是至则围王离，与秦军遇，九战，绝其甬道，大破之，杀苏角，虏王离[5]。涉间不降楚，自烧杀。

当是时，楚兵冠诸侯。诸侯军救钜鹿下者十余壁[6]，莫敢纵兵。及楚击秦，诸将皆从壁上观。楚战士无不一以当十，楚兵呼声动天，诸侯军无不人人惴恐。于是已破秦军，项羽召见诸侯将，入辕门[7]，无不膝行而前，莫敢仰视。项羽由是始为诸侯上将军[8]，诸侯皆属焉。

章邯军棘原，项羽军漳南，相持未战。秦军数却，二世使人让章邯[9]。章邯恐，使长史欣请事。至咸阳，留司马门三日，赵高不见，有不信之心。长史欣恐，还走其军，不敢出故道[10]，赵高果使人追之，不及。欣至军，报曰："赵高用事于中[11]，下无可为者。今战能胜，高必疾妒吾功；战不能胜，不免于死。愿将军孰计之[12]。"陈馀亦遗章邯书曰[13]："白起为秦将，南征鄢郢，北阬马服，攻城略地，不可胜计，而竟赐死。蒙恬为秦将，北逐戎人，开榆中地数千里，竟斩阳周[14]。何者？功多，秦不能尽封，因以法诛之。今将军为秦将三岁矣，所亡失以十万数，而诸侯并起滋益多。彼赵高素谀日久[15]，今事急，亦恐二世诛之，故欲以法诛将军以塞责[16]，使人更代将军以脱其祸。夫将军居外久，多内隙[17]，有功亦诛，无功亦诛。且天之亡秦，无愚智皆知之。今将军内不能直谏，外为亡国将，孤特独立而欲常存，岂不哀哉！将军何不还兵与诸侯为从，约共攻秦，分王其地[18]，南面称孤；此孰与身伏𫓧质[19]，妻子为僇乎[20]？"章邯狐疑，阴使候始成使项羽，欲约。约未成，项羽使蒲将军日夜引兵度三户，军漳南，与秦战，再破之。项羽悉引兵击秦军汙水上，大破之。章邯使人见项羽，欲约。项羽召军吏谋曰："粮少，欲听其约。"军吏皆曰："善。"项羽乃与期洹水南殷虚上。

[1]河：此处指漳河，在河南、河北之间。[2]少（shāo）：稍微。[3]沈：通"沉"。[4]釜甑（zèng）：皆古代做饭用的器皿。[5]虏：通"掳"。[6]壁：壁垒。[7]辕门：即营门。古时军营用两辆兵车竖起车辕相对为门，故称辕门。[8]由是：从此。[9]让：责备，责问。[10]故道：原路。[11]用事：执政，当权。[12]孰：通"熟"，仔细，周密。[13]遗（wèi）：送交。书：信。[14]竟：最后。[15]谀（yú）：谄媚。[16]塞（sè）责：推卸责任。[17]隙：离间的话。[18]王（wàng）：统治，称王。[19]孰与：两者相比怎么样，表示疑问语气。用于比较对照。𫓧质：通"斧锧"，古代刑具。[20]僇：通"戮"。

（按：本节主要记述钜鹿之战的全过程。项羽破釜沉舟，以少胜多。秦将章邯多遭猜忌，率部归降项羽。）

已盟，章邯见项羽而流涕，为言赵高[1]。项羽乃立章邯为雍王，置楚军中。使长史欣为上将军，将秦军为前行。到新安。诸侯吏卒异时故繇使屯戍过秦中，秦中吏卒遇之多无状，及秦军降诸侯，诸侯吏卒乘胜多奴虏使之，轻折辱秦吏卒。秦吏卒多窃言曰："章将军等诈吾属降诸侯，今能入关破秦，大善；即不能，诸侯虏吾属而东，秦必尽诛吾父母妻子。"诸侯微闻其计，以告项羽。项羽乃召黥布、蒲将军计曰："秦吏卒尚众，其心不服，至关中不听，事必危，不如击杀之，而独与章邯、长史欣、都尉翳入秦。"于是楚军夜击阬秦卒二十余万人新安城南。

行，略定秦地。函谷关有兵守关，不得入。又闻沛公已破咸阳，项羽大怒，使当阳君等击关。项羽遂入，至于戏西。

沛公军霸上，未得与项羽相见。沛公左司马曹无伤使人言于项羽曰："沛公欲王关中，使子婴为相，珍宝尽有之。"项羽大怒，曰："旦日飨士卒[2]，为击破沛公军！"当是时，项羽兵四十万，在新丰鸿门，沛公兵十万，在霸上。范增说项羽曰："沛公居山东时，贪于财货，好美姬。今入关，财物无所取，妇女无所幸[3]，此其志不在小。吾令人望其气，皆为龙虎，成五采，此天子气也。急击勿失。"

楚左尹项伯者，项羽季父也，素善留侯张良[4]。张良是时从沛公，项伯乃夜驰之沛公军，私见张良，具告以事，欲呼张良与俱去。曰："毋从俱死也。"张良曰："臣为韩王送沛公，沛公今事有急，亡去不义，不可不语[5]。"良乃入，具告沛公。沛公大惊，曰："为之奈何？"张良曰："谁为大王为此计者？"曰："鲰生说我曰'距关[6]，毋内诸侯[7]，秦地可尽王也'。故听之。"良曰："料大王士卒足以当项王乎？"沛公默然，曰："固不如也，且为之奈何？"张良曰："请往谓项伯，言沛公不敢背项王也。"沛公曰："君安与项伯有故？"张良曰："秦时与臣游，项伯杀人，臣活之[8]。今事有急，故幸来告良。"沛公曰："孰与君少长？"良曰："长于臣。"沛公曰："君为我呼入，吾得兄事之[9]。"张良出，要项伯[10]。项伯即入见沛公。沛公奉卮酒为寿[11]，约为婚姻，曰："吾入关，秋豪不敢有所近，籍吏民[12]，封府库，而待将军。所以遣将守关者，备他盗之出入与非常也[13]。日夜望将军至，岂敢反乎！愿伯具言臣之不敢倍德也[14]。"项伯许诺。谓沛公曰："旦日不可不蚤自来谢项王[15]。"沛公曰："诺。"于是项伯复夜去，至军中，具以沛公言报项王。因言曰："沛公不先破关中，公岂敢入乎？今人有大功而击之，不义也，不如因善遇之。"项王许诺。

[1]为：对，向。[2]旦日：明天。飨：犒劳。[3]幸：宠幸。[4]善：交好，与……要好。[5]语(yù)：告诉。[6]鲰(zōu)生：浅薄愚陋之人。"鲰"，小。说(shuì)：劝说。距：通"拒"。[7]内：通"纳"。[8]活之：使之活，即使项伯免于死罪。[9]兄事之：像对待兄长一样对待他。[10]要：邀请。[11]奉：捧着。卮(zhī)：古时酒器。为寿：古时献酒致祝颂词叫为寿。[12]籍：登记造册。[13]非常：意外的变故。[14]倍：通"背"。倍德，即忘恩负义之意。[15]蚤：通"早"。谢：道歉。

（按：本节主要记述项羽坑杀秦二十余万降卒后，听说刘邦已破咸阳，大怒，于是采纳范增建议准备进攻刘邦。但项伯却暗中告诉了张良，并居中调和。）

沛公旦日从百余骑来见项王，至鸿门，谢曰："臣与将军戮力而攻秦，将军战河北，臣战河南，然不自意能先入关破秦[1]，得复见将军于此。今者有小人之言，令将军与臣有隙[2]。"项王曰："此沛公左司马曹无伤言之；不然，籍何以至此。"项王即日因留沛公与饮。项王、项伯东向坐[3]。亚父南向坐[4]。亚父者，范增也。沛公北向坐，张良西向侍。范增数目项王[5]，举所佩玉玦以示之者三[6]，项王默然不应。范增起，出召项庄，谓曰："君王为人不忍，若入前为寿，寿毕，请以剑舞，因击沛公于坐，杀之。不者[7]，若属皆且为所虏。"庄则入为寿，寿毕，曰："君王与沛公饮，军中无以为乐，请以剑舞。"项王曰："诺。"项庄拔剑起舞，项伯亦拔剑起舞，常以身翼蔽沛公[8]，庄不得击。于是张良至军门，见樊哙。樊哙曰："今日之事何如？"良曰："甚急。今者项庄拔剑舞，其意常在沛公也。"哙曰："此迫矣，臣请入，与之同命。"哙即带剑拥盾入军门。交戟之卫士欲止不内，樊哙侧其盾以撞，卫士仆地[9]，哙遂入，披帷西向立，瞋目视项王，头发上指，目眦尽裂。项王按剑而跽曰[10]："客何为者？"张良曰："沛公之参乘樊哙者也[11]。"项王曰："壮士，赐之卮酒。"则与斗卮酒。哙拜谢，起，立而饮之。项王曰："赐之彘肩。"则与一生彘肩。樊哙覆其盾于地，加彘肩上，拔剑切而啗之。项王曰："壮士，能复饮乎？"樊哙曰："臣死且不避，卮酒安足辞！夫秦王有虎狼之心，杀人如不能举[12]，刑人如恐不胜[13]，天下皆叛之。怀王与诸将约曰'先破秦入咸阳者王之'。今沛公先破秦入咸阳，豪毛不敢有所近，封闭宫室，还军霸上，以待大王来。故遣将守关者，备他盗出入与非常也。劳苦而功高如此，未有封侯之赏，而听细说[14]，欲诛有功之人。此亡秦之续耳，窃为大王不取也[15]。"项王未有以应，曰："坐。"樊哙从良坐。

[1]不自意：自己没想到。[2]隙：嫌隙。[3]东向坐：面向东而坐，以示尊贵。[4]亚父：尊称，指地位仅次于父亲之人。[5]数(shuò)目：屡次用眼色示意。[6]玦(jué)：古时佩带的玉器。环形，有缺口。常用以表示决断、决绝之意。三：概数，表示多次。[7]不：通"否"。[8]翼蔽：像翅膀一样保护。[9]仆地：倒地。[10]跽(jì)：两膝着地，上身挺直。[11] 参乘(cān shèng)：即"骖乘"，古代主将战车上居于右侧担任护卫的武士，以示警戒。[12]举：穷尽。[13]刑人：加刑于人。胜：尽。[14]细说：小人的谗言。[15]窃：私下，谦辞。

坐须臾，沛公起如厕[1]，因招樊哙出。沛公已出，项王使都尉陈平召沛公。沛公曰："今者出，未辞也，为之奈何？"樊哙曰："大行不顾细谨[2]，大礼不辞小让[3]。如今人方为刀俎[4]，我为鱼肉，何辞为？"于是遂去。乃令张良留谢。良问曰："大王来何操[5]？"曰："我持白璧一双，欲献项王，玉斗一双，欲与亚父，会其怒[6]，不敢献。公为我献之。"张良曰："谨诺。"当是时，项王军在鸿门下，沛公军在霸上，相去四十里。沛公则置车骑，脱身独骑，与樊哙、夏侯婴、靳强、纪信等四人持剑盾步走，从郦山下，道芷阳间行[7]。沛公谓张良曰："从此道至吾军，不过二十里耳。度我至军中[8]，公乃入。"沛公已去，间至军中[9]，张良入谢，曰："沛公不胜杯杓[10]，不能辞。谨使臣良奉白璧一双，再拜献大王足下；玉斗一双，再拜奉大将军足下。"项王曰："沛公安在?"良曰："闻大王有意督过之[11]，脱身独去，已至军矣。"项王则受璧，置之坐上。亚父受玉斗，置之地，拔剑撞而破之，曰："唉！竖子不足与谋[12]。夺项王天下者，必沛公也，吾属今为之虏矣。"

沛公至军，立诛杀曹无伤。

[1]如厕：上厕所。[2]大行：做大事。谨：礼节。[3]辞：推辞，此处有避开，回避之意。让：责备。[4]俎：切肉用的砧板。[5]操：拿，带。[6]会：适逢。[7]道：取道。间行：抄小路走。[8]度：估计，推测。[9]间：秘密地，暗中。[10]不胜：经不起。杯杓：酒杯和勺子。借指饮酒。[11]督过：责备。[12]竖子：即小子，对人的蔑称。

（按：此两节即为著名的鸿门宴，最终刘邦全身而退。）

居数日，项羽引兵西屠咸阳，杀秦降王子婴，烧秦宫室，火三月不灭；收其货宝妇女而东。

人或说项王曰："关中阻山河四塞[1]，地肥饶，可都以霸[2]。"项王见秦宫皆以烧残破，又心怀思欲东归，曰："富贵不归故乡，如衣绣夜行[3]，谁知之者!"说者曰："人言楚人沐猴而冠耳，果然。"项王闻之，烹说者。

项王使人致命怀王[4]。怀王曰："如约。"乃尊怀王为义帝。

项王欲自王[5]，先王诸将相。谓曰："天下初发难时，假立诸侯后以伐秦[6]。然身被坚执锐首事，暴露于野三年，灭秦定天下者，皆将相诸君与籍之力也。义帝虽无功，故当分其地而王之。"诸将皆曰："善。"乃分天下，立诸将为侯王。

项王、范增疑沛公之有天下，业已讲解[7]，又恶负约[8]，恐诸侯叛之，乃阴谋曰[9]："巴、蜀道险，秦之迁人皆居蜀[10]。"乃曰："巴、蜀亦关中地也。"故立沛公为汉王，王巴、蜀、汉中，都南郑。而三分关中，王秦降将以距塞汉王[11]。项王乃立章邯为雍王，王咸阳以西，都废丘。长史欣者，故为栎阳狱掾，尝有德于项梁；都尉董翳者，本劝章邯降楚。故立司马欣为塞王，王咸阳以东至河，都栎阳；立董翳为翟王，王上郡，都高奴。徙魏王豹为西魏王，王河东，都平阳。瑕丘申阳者，张耳嬖臣也[12]，先下河南郡，迎楚河上，故立申阳为河南王，都雒阳。

[1]阻：倚仗，凭借。[2]都：建都。[3]衣（yì）绣：穿锦绣衣服。[4]致命：传达使命。[5]王（wàng）：称王。[6]假立：暂时拥立。[7]讲解：讲和。[8]恶（wù）：憎恶。负约：违背约定。[9]阴谋：暗中谋划。[10]迁人：被流放之人。[11]距：通"拒"，阻塞。[12]嬖（bì）臣：宠幸之臣。

韩王成因故都[1]，都阳翟。赵将司马卬定河内，数有功[2]，故立卬为殷王，王河内，都朝歌。徙赵王歇为代王。赵相张耳素贤，又从入关，故立耳为常山王，王赵地，都襄国。当阳君黥布为楚将，常冠军，故立布为九江王，都六。鄱君吴芮率百越佐诸侯，又从入关，故立芮为衡山王，都邾。义帝柱国共敖将兵击南郡，功多，因立敖为临江王，都江陵。徙燕王韩广为辽东王。燕将臧荼从楚救赵，因从入关，故立荼为燕王，都蓟。徙齐王田市为胶东王。齐将田都从共救赵，因从入关，故立都为齐王，都临菑。故秦所灭齐王建孙田安，项羽方渡河救赵，田安下济北数城，引其兵降项羽，故立安为济北王，都博阳。田荣者，数负项梁，又不肯将兵从楚击秦，以故不封。成安君陈馀弃将印去，不从入关，然素闻其贤，有功于赵，闻其在南皮，故因环封三县。番君将梅鋗功多，故封十万户侯。项王自立为西楚霸王，王九郡，都彭城。

汉之元年四月，诸侯罢戏下[3]，各就国[4]。项王出之国，使人徙义帝，曰："古之帝者地方千里，必居上游。"乃使使徙义帝长沙郴县。趣义帝行，其群臣稍稍背叛之[5]，乃阴令衡山、临江王击杀之江中。韩王成无军功，项王不使之国，与俱至彭城，废以为侯，已又杀之[6]。臧荼之国，因逐韩广之辽东，广弗听，荼击杀广无终，并王其地。

田荣闻项羽徙齐王市胶东，而立齐将田都为齐王，乃大怒，不肯遣齐王之胶东，因以齐反，迎击田都。田都走楚。齐王市畏项王，乃亡之胶东就国。田荣怒，追击杀之即墨。荣因自立为齐王，而西杀击济北王田安，并王三齐。荣与彭越将军印[7]，令反梁地。陈馀阴使张同、夏说说齐王田荣曰："项羽为天下宰[8]，不平。今尽王故王于丑地[9]，而王其群臣诸将善地，逐其故主赵王，乃北居代，馀以为不可。闻大王起兵，且不听不义，愿大王资馀兵[10]，请以击常山，以复赵王，请以国为扞蔽[11]。"齐王许之，因遣兵之赵。陈馀悉发三县兵，与齐并力击常山，大破之。张耳走归汉。陈馀迎故赵王歇于代，反之赵。赵王因立陈馀为代王。

[1]因：因袭。[2]数（shuò）：屡次。[3]戏下：大将军旗帜之下。戏，通"麾"，将帅的大旗。一说"戏"指戏水，"戏下"即戏水之下。[4]各就国：指跟随项羽伐秦的战事结束之后，各诸侯受封领赏，各自回到自己的封国。[5]稍稍：渐渐。[6]已：随后，旋即。[7]与：交给。[8]宰：主宰。[9]丑地：很差的地方。[10]资：助。[11]扞蔽：屏障。

（按：此节主要记述灭秦后项羽分封天下，击杀怀王。后齐、赵反。）

是时，汉还定三秦。项羽闻汉王皆已并关中，且东，齐、赵叛之，大怒。乃以故吴令郑昌为韩王，以距汉。令萧公角等击彭越。彭越败萧公角等。汉使张良徇韩，乃遗项王书曰："汉王失职，欲得关中，如约即止，不敢东。"又以齐、梁反书遗项王曰："齐欲与赵并灭楚。"楚以此故无西意，而北击齐。征兵九江王布。布称疾不往[1]，使将将数千人行。项王由此怨布也。

汉之二年冬，项羽遂北至城阳，田荣亦将兵会战。田荣不胜，走至平原，平原民杀之。遂北烧夷齐城郭室屋[2]，皆阬田荣降卒，系虏其老弱妇女。徇齐至北海，多所残灭。齐人相聚而叛之。于是田荣弟田横收齐亡卒得数万人，反城阳。项王因留，连战未能下。

春，汉王部五诸侯兵[3]，凡五十六万人，东伐楚。项王闻之，即令诸将击齐，而自以精兵三万人南从鲁出胡陵。四月，汉皆已入彭城，收其货宝美人，日置酒高会。项王乃西从萧，晨击汉军而东，至彭城，日中，大破汉军。汉军皆走，相随入穀、泗水，杀汉卒十余万人。汉卒皆南走山，楚又追击至灵璧东睢水上。汉军却[4]，为楚所挤，多杀，汉卒十余万人皆入睢水，睢水为之不流。围汉王三匝[5]。于是大风从西北而起，折木发屋[6]，扬沙石，窈冥昼晦[7]，逢迎楚军[8]。楚军大乱，坏散[9]，而汉王乃得与数十骑遁去[10]，欲过沛，收家室而西；楚亦使人追之沛，取汉王家。家皆亡，不与汉王相见。汉王道逢得孝惠、鲁元，乃载行。楚骑追汉王，汉王急，推堕孝惠、鲁元车下，滕公常下收载之。如是者三。曰："虽急不可以驱，奈何弃之?"于是遂得脱。求太公、吕后不相遇。审食其从太公、吕后间行，求汉王，反遇楚军。楚军遂与归，报项王，项王常置军中。

[1]称疾：托言有病。[2]烧夷：烧成平地。[3]部：率领。[4]却：退却。[5]三匝(zā)：三层。[6]木：树木。发：掀起。[7]窈(yǎo)冥：昏暗的样子。昼晦：意为白天如黑夜一样。[8]逢迎：迎面相逢。[9]坏散：此处指军队土崩瓦解。[10]遁：逃遁。

（按：本节主要记述项羽击杀田荣之后，刘邦伐楚，但被项羽打败，太公、吕后也落入项羽手中。）

是时吕后兄周吕侯为汉将兵居下邑，汉王间往从之，稍稍收其士卒。至荥阳，诸败军皆会[1]，萧何亦发关中老弱未傅悉诣荥阳[2]，复大振。楚起于彭城，常乘胜逐北[3]，与汉战荥阳南京、索间，汉败楚，楚以故不能过荥阳而西。

项王之救彭城，追汉王至荥阳，田横亦得收齐，立田荣子广为齐王。汉王之败彭城，诸侯皆复与楚而背汉[4]。汉军荥阳，筑甬道属之河[5]，以取敖仓粟。汉之三年，项王数侵夺汉甬道，汉王食乏，恐，请和，割荥阳以西为汉。

项王欲听之。历阳侯范增曰："汉易与耳[6]，今释弗取[7]，后必悔之。"项王乃与范增急围荥阳。汉王患之，乃用陈平计间项王[8]。项王使者来，为太牢具[9]，举欲进之。见使者，详惊愕曰[10]："吾以为亚父使者，乃反项王使者。"更持去，以恶食食项王使者[11]。使者归报项王，项王乃疑范增与汉有私，稍夺之权[12]。范增大怒，曰："天下事大定矣，君王自为之。愿赐骸骨归卒伍[13]。"项王许之。行未至彭城，疽发背而死[14]。

汉将纪信说汉王曰："事已急矣，请为王诳楚为王[15]，王可以间出[16]。"于是汉王夜出女子荥阳东门被甲二千人[17]，楚兵四面击之。纪信乘黄屋车，傅左纛[18]，曰："城中食尽，汉王降。"楚军皆呼万岁。汉王亦与数十骑从城西门出，走成皋。项王见纪信，问："汉王安在?"信曰："汉王已出矣。"项王烧杀纪信。

汉王使御史大夫周苛、枞公、魏豹守荥阳。周苛、枞公谋曰："反国之王，难与守城。"乃共杀魏豹。楚下荥阳城，生得周苛[19]。项王谓周苛曰："为我将，我以公为上将军，封三万户。"周苛骂曰："若不趣降汉，汉今虏若，若非汉敌也。"项王怒，烹周苛，并杀枞公。

[1]会：会聚。[2]未傅：未登记入册，指还未到服兵役年龄之人。[3]北：败北。[4]与：归附。背：背叛。[5]属(zhǔ)：连接。[6]易与：容易对付。耳，语气词。[7]释：放。[8]间：离间，指挑拨项羽与范增的关系。[9]太牢：古代祭祀，牛、羊、猪三牲具备谓之太牢。具：酒食。[10]详：通"佯"，假装。[11]恶食：很差的食物。食(sì)：以酒食款待。[12]稍：逐渐。[13]赐骸骨：意为乞身告老。古人视做官为委身于君，年老要求退休叫作乞骸骨。归卒伍：意为回乡为民。古时户籍制度以五户为伍，三百家为卒。"卒伍"，代指乡里。[14]疽(jū)：一种毒疮。[15]诳(kuáng)：通"诓"，诓骗。[16]间：秘密地。[17]出：使……出。[18]傅：安插。纛(dào)：帝王车上用牦牛尾或雉尾制成的饰物。[19]生得：生擒，活捉。

(按：本节主要记述楚汉相争时刘邦多次用计，终于脱离险境。)

汉王之出荥阳，南走宛、叶，得九江王布，行收兵，复入保成皋。汉之四年，项王进兵围成皋。汉王逃，独与滕公出成皋北门，渡河走修武，从张耳、韩信军。诸将稍稍得出成皋，从汉王。楚遂拔成皋[1]，欲西。汉使兵距之巩[2]，令其不得西。

是时，彭越渡河击楚东阿，杀楚将军薛公。项王乃自东击彭越。汉王得淮阴侯兵，欲渡河南。郑忠说汉王，乃止壁河内。使刘贾将兵佐彭越，烧楚积聚。项王东击破之，走彭越[3]。汉王则引兵渡河，复取成皋，军广武，就敖仓食。项王已定东海来，西，与汉俱临广武而军，相守数月。

当此时，彭越数反梁地，绝楚粮食，项王患之。为高俎，置太公其上，告汉王曰："今不急下[4]，吾烹太公。"汉王曰："吾与项羽俱北面受命怀王[5]，曰'约为兄弟'，吾翁即若翁，必欲烹而翁[6]，则幸分我一杯羹。"项王怒，欲杀之。项伯曰："天下事未可知，且为天下者不顾家，虽杀之无益，祇益祸耳。"项王从之。

楚汉久相持未决，丁壮苦军旅，老弱罢转漕[7]。项王谓汉王曰："天下匈匈数岁者[8]，徒以吾两人耳。愿与汉王挑战，决雌雄，毋徒苦天下之民父子为也[9]!"汉王笑谢曰[10]："吾宁斗智，不能斗力。"项王令壮士出挑战。汉有善骑射者楼烦[11]，楚挑战三合，楼烦辄射杀之[12]。项王大怒，乃自被甲持戟挑战[13]。楼烦欲射之，项王瞋目叱之，楼烦目不敢视，手不敢发，遂走还入壁，不敢复出。汉王使人间问之，乃项王也。汉王大惊。于是项王乃即汉王相与临广武间而语。汉王数之[14]。项王怒，欲一战，汉王不听。项王伏弩射中汉王[15]。汉王伤，走入成皋。

项王闻淮阴侯已举河北，破齐、赵，且欲击楚，乃使龙且往击之。淮阴侯与战，骑将灌婴击之，大破楚军，杀龙且。韩信因自立为齐王。项王闻龙且军破，则恐，使盱眙人武涉往说淮阴侯。淮阴侯弗听。是时，彭越复反，下梁地，绝楚粮。项王乃谓海春侯大司马曹咎等曰："谨守成皋，则汉欲挑战，慎勿与战，毋令得东而已。我十五日必诛彭越，定梁地，复从将军。"乃东，行击陈留、外黄。外黄不下。数日，已降，项王怒，悉令男子年十五已上诣城东[16]，欲阬之。外黄令舍人儿年十三，往说项王曰："彭越强劫外黄，外黄恐，故且降，待大王。大王至，又皆阬之，百姓岂有归心？从此以东，梁地十余城皆恐，莫肯下矣。"项王然其言[17]，乃赦外黄当阬者。东至睢阳，闻之皆争下项王。

[1]拔：攻克。[2]巩：地名。在今河南省。因在洛水之间，四面皆山，可以巩固，故名。[3]走：使……败走。[4]急下：赶快投降。[5]北面：面朝北。古时君主见臣下，南面而坐，臣下北面朝见君主，故以北面指称臣。[6]而：通"尔"，你的。[7]罢转漕：疲于水陆运输。罢：通"疲"。转：车运。漕：水运。[8]匈匈：纷扰动乱的样子。[9]徒：白白地。[10]谢：拒绝。[11]楼烦：古代北方部族名，善骑射。此指善于骑射的士卒。[12]辄：每每，总是。[13]被：通"披"。[14]数(shǔ)：数落，责备。[15]伏弩：埋伏弓箭手。[16]已：通"以"。[17]然其言：认为他说的话对。然：认为……正确。

（按：本节主要记述项羽此时在楚汉相争中已处于捉襟见肘的不利境地。）

汉果数挑楚军战，楚军不出。使人辱之，五六日，大司马怒，渡兵汜水。士卒半渡，汉击之，大破楚军，尽得楚国货赂[1]。大司马咎、长史翳、塞王欣皆自刭汜水上[2]。大司马咎者，故蕲狱掾，长史欣亦故栎阳狱吏，两人尝有德于项梁，是以项王信任之。当是时，项王在睢阳，闻海春侯军败，则引兵还。汉军方围钟离昧于荥阳东，项王至，汉军畏楚，尽走险阻。

是时，汉兵盛食多，项王兵罢食绝。汉遣陆贾说项王，请太公，项王弗听。汉王复使侯公往说项王，项王乃与汉约，中分天下，割鸿沟以西者为汉，鸿沟而东者为楚。项王许之，即归汉王父母妻子。军皆呼万岁。汉王乃封侯公为平国君。匿弗肯复见。曰："此天下辩士，所居倾国[3]，故号为平国君。"项王已约，乃引兵解而东归。

汉欲西归，张良、陈平说曰："汉有天下太半[4]，而诸侯皆附之。楚兵罢食尽，此天亡楚之时也，不如因其机而遂取之[5]。今释弗击，此所谓'养虎自遗患'也。"汉王听之。汉五年，汉王乃追项王至阳夏南，止军，与淮阴侯韩信、建成侯彭越期会而击楚军。至固陵，而信、越之兵不会。楚击汉军，大破之。汉王复入壁，深堑而自守。谓张子房曰："诸侯不从约，为之奈何？"对曰："楚兵且破，信、越未有分地，其不至固宜[6]。君王能与共分天下，今可立致也。即不能[7]，事未可知也。君王能自陈以东傅海[8]，尽与韩信；睢阳以北至穀城，以与彭越，使各自为战，则楚易败也。"汉王曰："善。"于是乃发使者告韩信、彭越曰："并力击楚。楚破，自陈以东傅海与齐王，睢阳以北至穀城与彭相国。"

使者至，韩信、彭越皆报曰：“请今进兵。”韩信乃从齐往，刘贾军从寿春并行，屠城父，至垓下。大司马周殷叛楚，以舒屠六[9]，举九江兵，随刘贾、彭越皆会垓下，诣项王。

[1]赂：财物。[2]自刭：自刎。[3]倾：倾覆。[4]太半：大半。[5]因其机：趁这个机会。[6]固宜：本来就应该。[7]即：如果。[8]傅：至，达。[9]以舒屠六：以舒县的兵力屠戮了六县。舒县、六县皆古地名。

（按：本节主要记述项羽在楚军大败时与刘邦订约中分天下，但刘邦随即毁约，合兵攻打项羽至垓下。）

项王军壁垓下[1]，兵少食尽，汉军及诸侯兵围之数重。夜闻汉军四面皆楚歌，项王乃大惊曰：“汉皆已得楚乎？是何楚人之多也！”项王则夜起，饮帐中。有美人名虞，常幸从；骏马名骓，常骑之。于是项王乃悲歌忼慨[2]，自为诗曰：“力拔山兮气盖世，时不利兮骓不逝[3]。骓不逝兮可奈何，虞兮虞兮奈若何[4]！”歌数阕[5]，美人和之。项王泣数行下，左右皆泣，莫能仰视。

于是项王乃上马骑，麾下壮士骑从者八百余人[6]，直夜溃围南出[7]，驰走。平明[8]，汉军乃觉之，令骑将灌婴以五千骑追之。项王渡淮，骑能属者百余人耳[9]。项王至阴陵，迷失道，问一田父，田父绐曰“左”[10]。左，乃陷大泽中。以故汉追及之。项王乃复引兵而东，至东城，乃有二十八骑。汉骑追者数千人。项王自度不得脱。谓其骑曰：“吾起兵至今八岁矣，身七十余战，所当者破，所击者服，未尝败北，遂霸有天下。然今卒困于此，此天之亡我，非战之罪也。今日固决死，愿为诸君快战[11]，必三胜之，为诸君溃围，斩将，刈旗[12]，令诸君知天亡我，非战之罪也。”乃分其骑以为四队，四向[13]。汉军围之数重。项王谓其骑曰：“吾为公取彼一将。”令四面骑驰下，期山东为三处[14]。于是项王大呼驰下，汉军皆披靡[15]，遂斩汉一将。是时，赤泉侯为骑将，追项王，项王瞋目而叱之，赤泉侯人马俱惊，辟易数里[16]，其骑会为三处。汉军不知项王所在，乃分军为三，复围之。项王乃驰，复斩汉一都尉，杀数十百人，复聚其骑，亡其两骑耳。乃谓其骑曰：“何如？”骑皆伏曰[17]：“如大王言。”

[1]壁：驻扎。[2]忼慨：即“慷慨”，感慨激昂。[3]逝：跑。[4]奈若何：拿你怎么办。[5]阕：乐曲每终了一次叫一阕。[6]麾：古时用以指挥军队的军旗。麾下：部下。[7]直：通“值”，当。溃围：冲破包围。[8]平明：天刚亮时。[9]属(zhǔ)：连接，此为跟随、跟上之意。[10]田父(fǔ)：老农。绐(dài)，通“诒”，欺骗。[11]快战：痛快地打一仗。[12]刈(yì)：砍，割。[13]向：方向。[14]期：约定。山东：此指山的东面。[15]披靡：草木倒伏，这里喻指军队溃败。[16]辟易：退避，避开。[17]伏：通“服”。

（按：本节主要记述项羽被围垓下的凄凉景况。）

于是项王乃欲东渡乌江[1]。乌江亭长檥船待[2]，谓项王曰："江东虽小，地方千里，众数十万人，亦足王也。愿大王急渡。今独臣有船，汉军至，无以渡。"项王笑曰："天之亡我，我何渡为！且籍与江东子弟八千人渡江而西，今无一人还，纵江东父兄怜而王我，我何面目见之？纵彼不言，籍独不愧于心乎？"乃谓亭长曰："吾知公长者。吾骑此马五岁，所当无敌，尝一日行千里，不忍杀之，以赐公。"乃令骑皆下马步行，持短兵接战。独籍所杀汉军数百人。项王身亦被十余创[3]。顾见汉骑司马吕马童，曰："若非吾故人乎？"马童面之[4]，指王翳曰："此项王也。"项王乃曰："吾闻汉购我头千金[5]，邑万户，吾为若德[6]。"乃自刎而死。王翳取其头，余骑相蹂践争项王，相杀者数十人。最其后，郎中骑杨喜，骑司马吕马童，郎中吕胜、杨武各得其一体[7]。五人共会其体，皆是。故分其地为五：封吕马童为中水侯，封王翳为杜衍侯，封杨喜为赤泉侯，封杨武为吴防侯，封吕胜为涅阳侯。

项王已死，楚地皆降汉，独鲁不下。汉乃引天下兵欲屠之，为其守礼义，为主死节[8]，乃持项王头视鲁[9]，鲁父兄乃降。始，楚怀王初封项籍为鲁公，及其死，鲁最后下，故以鲁公礼葬项王穀城。汉王为发哀，泣之而去。

诸项氏枝属，汉王皆不诛。乃封项伯为射阳侯。桃侯、平皋侯、玄武侯皆项氏，赐姓刘。

太史公曰：吾闻之周生曰"舜目盖重瞳子[10]"，又闻项羽亦重瞳子。羽岂其苗裔邪[11]？何兴之暴也[12]！夫秦失其政，陈涉首难，豪杰蜂起，相与并争，不可胜数。然羽非有尺寸乘执[13]，起陇亩之中[14]，三年，遂将五诸侯灭秦[15]，分裂天下，而封王侯，政由羽出，号为"霸王"，位虽不终[16]，近古以来未尝有也。及羽背关怀楚[17]，放逐义帝而自立，怨王侯叛己，难矣。自矜功伐[18]，奋其私智而不师古[19]，谓霸王之业，欲以力征经营天下[20]，五年卒亡其国[21]，身死东城，尚不觉寤而不自责[22]，过矣[23]。乃引"天亡我，非用兵之罪也"[24]，岂不谬哉！

[1]乌江：古地名，在今安徽和县。[2]檥(yǐ)：停船靠岸。[3]被：遭受。创：创伤。[4]面：通"偭"(miǎn)，背对。[5]购：悬赏。[6]吾为若德：意为我给你点好处。德：恩惠。[7]一体：身体的一部分。四肢和头合称五体。[8]死节：为节操而死。[9]视：给……看。[10]盖：大概。重瞳子：两个瞳仁。[11]苗裔：后裔，后代。[12]暴：突然。[13]尺寸：极言其少。乘执：可以利用的权势。执：通"势"。一说"尺寸"指尺寸之地，"乘执"连接下句，为趁势之意。[14]陇(lǒng)亩：田野之间，代指民间。陇：通"垄"。[15]将：统帅。[16]位：王位。终：到最后。[17]背关：舍弃函谷关。[18]矜：夸耀。攻伐：功劳。[19]奋：施展。师：学习、效法。[20]力征：武力征伐。[21]卒：最后。[22]寤：通"悟"。[23]过：错。[24]乃：竟然。

（按：本节主要记述项羽兵败，最终在乌江自刎及司马迁对项羽一生功过的评价。）

十五　班固《汉书·苏武传》

［引言］

《汉书》是东汉时期的历史学家班固(32—92)在其父班彪续补《史记》之作《后传》基础上编写而成，其中的八表和《天文志》，则由其妹班昭及马续共同完成。《汉书》体例基本承袭《史记》，共有十二纪、八表、十志、七十传，共一百篇，八十余万字。记载了从汉高祖刘邦元年(前206)，到王莽地皇四年(23)之间230年的历史，是中国第一部纪传体的断代史，成为其后官修史书的范本。《汉书》内容以史料丰富、闻见博洽著称，语言上庄严工整、典雅古奥，与《史记》的平易自然形成鲜明的对比。《苏武传》节选自《汉书·李广苏建传》，是《汉书》中最出色的名篇之一，记述了苏武出使匈奴，被扣留19年，面对威逼利诱坚守节操，历尽艰辛而不辱使命的事迹。苏武作为爱国精神的英雄人物典型，成为后人永远敬仰的对象。

武字子卿[1]，少以父任，兄弟并为郎，[2]稍迁至栘中厩监[3]。时汉连伐胡，数通使相窥观。[4]匈奴留汉使郭吉、路充国等，前后十余辈[5]。匈奴使来，汉亦留之以相当。天汉元年[6]，且鞮侯单于初立[7]，恐汉袭之，乃曰："汉天子我丈人行也[8]。"尽归汉使路充国等。武帝嘉其义，乃遣武以中郎将使持节送匈奴使留在汉者[9]，因厚赂单于[10]，答其善意。武与副中郎将张胜及假吏常惠等募士斥候百余人俱[11]。既至匈奴，置币遗单于[12]。单于益骄，非汉所望也。

[1]苏武事迹附于其父苏建传后。[2]以：因为。任：职任。并：都。郎：官名。汉制凡二千石以上官员，得任其子为郎。[3]稍：渐渐。迁：升迁。栘(yí)中厩：宫中养马的厩名。监：管事的官员。[4]胡：此处指匈奴。通使：互通使节。[5]辈：批。[6]天汉元年：公元前100年。天汉：汉武帝年号。[7]且(jū)鞮(dī)侯单于：匈奴最高首领，公元前100年至前96年在位。[8]丈人行(háng)：年长一辈的人。[9]节：汉代使者手持的出使凭证，以竹制，其上饰以牦牛尾。[10]赂：赠送财物。[11]假吏：指临时充当使臣的属吏。士：士卒。斥候：侦察兵。[12]遗(wèi)：赠送。

（按：本节介绍了苏武因父任职，奉旨出使西域以答谢单于遣返汉使，单于日益骄横。）

方欲发使送武等，会缑王与长水虞常等谋反匈奴中[1]。缑王者，昆邪王姊子也[2]，与昆邪王俱降汉，后随浞野侯没胡中[3]。及卫律所将降者[4]，阴相与谋劫单于母阏氏归汉[5]。会武等至匈奴，虞常在汉时素与副张胜相知，私候胜曰[6]："闻汉天子甚怨卫律，常能为汉伏弩射杀之。吾母与弟在汉，幸蒙其赏赐。"张胜许之，以货物与常。后月余，单于出猎，独阏氏子弟在。虞常等七十余人欲发，其一人夜亡，告之[7]。单于子弟发兵与战。缑王等皆死，虞常生得[8]。

[1]会：适逢。缑(gōu)王：匈奴的一个王。长水虞常：一个陷于匈奴的汉朝长水胡人。[2]昆(hún)邪(yé)王：匈奴的一个王，其部落在今甘肃的西北部。[3]浞(zhuó)野侯：汉将赵破奴的封号。没：陷没。[4]卫律：汉朝长水胡人，受李延年推荐，被派遣出使匈奴。归还时正逢李延年因罪被捕，怕被牵连而投奔匈奴，匈奴封其为丁灵王。将：领。降者：投降匈奴的人。[5]阴：暗地里。相与：一起。阏(yān)氏(zhī)：匈奴王后的称号。[6]私候胜：私自拜访张胜。[7]告之：告发这件事。[8]生得：被活捉。

（按：本节叙述虞常与苏武的副将张胜相谋劫持单于母亲归汉，被告发失败。）

单于使卫律治其事。张胜闻之，恐前语发，以状语武。[1]武曰："事如此，此必及我。见犯乃死[2]，重负国。"欲自杀，胜、惠共止之。虞常果引张胜[3]。单于怒，召诸贵人议，欲杀汉使者。左伊秩訾曰[4]："即谋单于，何以复加？[5]宜皆降之。"单于使卫律召武受辞[6]，武谓惠等："屈节辱命，虽生，何面目以归汉！"引佩刀自刺。卫律惊，自抱持武，驰召医[7]。凿地为坎，置煴火，[8]覆武其上，蹈其背以出血[9]。武气绝，半日复息[10]。惠等哭，舆归营[11]。单于壮其节，朝夕遣人候问武[12]，而收系张胜[13]。

[1]发：暴露。状：情况。[2]见犯：受到侵犯，侮辱。[3]引：牵引，招供。[4]左伊秩訾(zī)：匈奴官名。[5]"即谋"二句：如果谋杀单于，还能怎样加重处罚他们。[6]受辞：受审讯。[7]驰召医：(派人)骑马去请医生。[8]坎：坑。煴(yūn)火：无焰的火。[9]蹈：通"搯"(tāo)。轻叩，按摩。[10]息：气息。[11]舆归营：抬回营帐。[12]候问：问候。[13]收系：逮捕监禁。

(按：本节讲述苏武受张胜之事牵连，不愿受辱，两次自杀被拦阻和医救，单于感其气节而善待之。)

武益愈[1]。单于使使晓武[2]，会论虞常[3]，欲因此时降武。剑斩虞常已，律曰："汉使张胜谋杀单于近臣，当死，单于募降者赦罪[4]。"举剑欲击之，胜请降，律谓武曰："副有罪，当相坐[5]。"武曰："本无谋，又非亲属，何谓相坐？"复举剑拟之[6]，武不动。律曰："苏君，律前负汉归匈奴，幸蒙大恩，赐号称王，拥众数万，马畜弥山[7]，富贵如此。苏君今日降，明日复然[8]。空以身膏草野[9]，谁复知之！"武不应。律曰："君因我降，与君为兄弟，今不听吾计，后虽欲复见我，尚可得乎？"武骂律曰："女为人臣子[10]，不顾恩义，畔主背亲[11]，为降虏于蛮夷[12]，何以女为见[13]？且单于信女，使决人死生，不平心持正，反欲斗两主，观祸败。南越杀汉使者，屠为九郡；宛王杀汉使者，头县北阙[14]；朝鲜杀汉使者，即时诛灭。独匈奴未耳。若知我不降明[15]，欲令两国相攻，匈奴之祸从我始矣。"

[1]益愈：渐渐痊愈。[2]使使晓武：派使者通知苏武。[3]会论虞常：会同审定虞常的罪。论：审判。[4]募降者赦罪：招募投降的人免罪。[5]相坐：连带治罪。[6]举剑拟之：举起剑来做出要砍的样子。[7]弥：满。[8]复然：也会这样。[9]以身膏草野：以自己的血肉肥沃草原，指死。[10]女：同"汝"。[11]畔：同"叛"。[12]蛮夷：指边远民族。[13]何以女为见：即何以见女为，见你干什么。[14]县：同"悬"。阙：门楼。[15]若知我不降明：你明明知道我不投降。若：你。

(按：本节讲述单于命卫律于斩虞常、降张胜之际招降苏武，受到苏武的痛斥。)

律知武终不可胁，白单于。单于愈益欲降之，乃幽武置大窖中[1]，绝不饮食，天雨雪，武卧啮雪与旃毛并咽之[2]，数日不死。匈奴以为神，乃徙武北海上无人处[3]，使牧羝，羝乳乃得归，[4]别其官属常惠等，各置他所[5]。

[1]幽：禁闭。[2]啮：咬。旃：同"毡"，毛织的毡毯。[3]北海：今俄罗斯境内的贝加尔湖。[4]羝：公羊。乳：产子。羝乳乃得归：公羊产子才能回去。[5]别：分别隔离。官属：部下。

(按：本节讲述单于欲降苏武，绝其饮食数日而不死，于是放他到北海荒地牧羊。)

武既至海上，廪食不至[1]，掘野鼠去中实而食之[2]。杖汉节牧羊，卧起操持，节旄尽落[3]。积五六年，单于弟於靬王弋射海上[4]。武能网纺缴，檠弓弩，[5]於靬王爱之，给其衣食。三岁余，王病，赐武马畜服匿穹庐[6]。王死后，人众徙去。其冬，丁令盗武牛羊[7]，武复穷厄。

[1]廪食：公家供给的粮食。[2]去：同"弆"(jǔ)，收藏。屮：古同"草"。屮实：野生果实。[3]节旄(máo)尽落：节上牦牛尾的毛全部脱落。[4]"单于"句：单于的弟弟於(wū)靬(jiān)王在北海打猎。弋射：用绳系在箭上而射。[5]网：结网。纺缴(zhuó)：纺制系在箭尾的丝绳。檠(qíng)：用檠校正弓弩。[6]服匿：盛酒用的陶器。[7]丁令：即丁灵，匈奴族的一支。

(按：本节讲述苏武牧羊的艰苦生活，因能网纺缴、檠弓弩受到单于弟弟的厚待及之后的困厄。)

初，武与李陵俱为侍中[1]，武使匈奴明年[2]，陵降，不敢求武[3]。久之，单于使陵至海上，为武置酒设乐，因谓武曰："单于闻陵与子卿素厚，故使陵来说足下，虚心欲相待。终不得归汉，空自苦亡人之地[4]，信义安所见乎[5]？前长君为奉车[6]，从至雍棫阳宫[7]，扶辇下除[8]，触柱折辕，劾大不敬[9]，伏剑自刎，赐钱二百万以葬。孺卿从祠河东后土[10]，宦骑与黄门驸马争船[11]，推堕驸马河中溺死，宦骑亡，诏使孺卿逐捕不得，惶恐饮药而死。来时，大夫人已不幸[12]，陵送葬至阳陵[13]。子卿妇年少，闻已更嫁矣。独有女弟二人[14]，两女一男[15]，今复十余年，存亡不可知。人生如朝露，何久自苦如此！陵始降时，忽忽如狂，自痛负汉，加以老母系保宫[16]，子卿不欲降，何以过陵？[17]且陛下春秋高[18]，法令亡常，大臣亡罪夷灭者数十家[19]，安危不可知，子卿尚复谁为乎？愿听陵计，勿复有云。"武曰："武父子亡功德，皆为陛下所成就，位列将，爵通侯，兄弟亲近[20]，常愿肝脑涂地。今得杀身自效，虽蒙斧钺汤镬[21]，诚甘乐之。臣事君，犹子事父也。子为父死无所恨。愿勿复再言。"陵与武饮数日，复曰："子卿壹听陵言[22]。"武曰："自分已死久矣[23]！王必欲降武，请毕今日之驩，效死于前！[24]"陵见其至诚，喟然叹曰："嗟乎，义士！陵与卫律之罪上通于天。"因泣下沾衿，与武决去[25]。

[1]侍中：汉代加官名，可以出入皇宫中。[2]明年：第二年。[3]求：访求。[4]亡人之地：荒无人烟的地方。亡：同"无"。[5]见：同"现"。[6]长君：大哥。奉车：奉车都尉，主管皇帝所乘的车子。[7]从至雍棫(yù)阳宫：跟随皇帝到雍城的棫阳宫去。雍：县名，在今陕西凤翔。棫阳宫：本为秦宫，汉代犹存。[8]扶辇下除：扶着皇帝的车子下殿阶。除：殿阶。[9]劾(hé)：审判。[10]"孺卿"句：你弟弟苏贤跟随皇帝去河东祭祀地神。孺卿：苏武弟弟苏贤的字。祠：祀。河东：指今山西省境。后土：相对皇天而言，指地神。[11]宦骑：侍卫皇帝的骑马的宦官。黄门驸马：汉代掌管皇帝出行车马的官。[12]大夫人：指苏武的母亲。不幸：指死。[13]阳陵：县名，今陕西咸阳东。[14]女弟：妹妹。[15]两女一男：指苏武的三个孩子。[16]系保宫：关押在保宫。保宫：狱

名。[17]“子卿”二句：你不想投降的心情，怎么能超过当时的我。[18]春秋高：年岁大。[19]夷灭：消灭，指全家杀尽。[20]亲近：担任皇帝的近臣。[21]斧钺(yuè)汤镬(huò)：这里泛指刑戮。[22]壹：一定，决断之辞。[23]自分(fèn)：自己料定。[24]驩：通“欢”。效：献出。[25]决：同“诀”，辞别。

(按：本节讲述李陵欲劝降苏武，置酒设乐深情款待，告之以家中妻离子散、母亡兄死等噩耗，并讲述自己当初投降的原委，为其权衡利弊。苏武义正词严，誓死不降，令李陵感动而惭愧流泪。)

陵恶自赐武[1]，使其妻赐武牛羊数十头。后陵复至北海上，语武：“区脱捕得云中生口[2]，言太守以下吏民皆白服，曰上崩。”武闻之，南乡号哭，欧血，旦夕临[3]。

[1]恶(wù)：羞愧。[2]区(ōu)脱：边境上两边不管的地方。云中：郡名，今内蒙古自治区南部。生口：俘虏。[3]欧血：呕血。旦夕临：早晚哭悼。

(按：本节讲述李陵对苏武的关照，苏武听闻皇上驾崩后的悲痛。)

数月，昭帝即位[1]。数年，匈奴与汉和亲。汉求武等，匈奴诡言武死。后汉使复至匈奴，常惠请其守者与俱，得夜见汉使，具自陈道。教使者谓单于，言天子射上林中[2]，得雁，足有系帛书，言武等在某泽中[3]。使者大喜，如惠语以让单于[4]。单于视左右而惊，谢汉使曰[5]：“武等实在。”于是李陵置酒贺武曰：“今足下还归，扬名于匈奴，功显于汉室，虽古竹帛所载，丹青所画，何以过子卿！陵虽驽怯，令汉且贳陵罪[6]，全其老母，使得奋大辱之积志，庶几乎曹柯之盟[7]，此陵宿昔之所不忘也。收族陵家[8]，为世大戮，陵尚复何顾乎？已矣！令子卿知吾心耳。异域之人，壹别长绝！”陵起舞，歌曰：“径万里兮度沙幕[9]，为君将兮奋匈奴。路穷绝兮矢刃摧，士众灭兮名已隤。老母已死，虽欲报恩将安归！”陵泣下数行，因与武决[10]。单于召会武官属，前以降及物故[11]，凡随武还者九人。

[1]昭帝：汉武帝少子，前87—前74年在位。[2]上林：上林苑，皇帝游猎的场所。[3]泽：指北海。[4]让：责备。[5]谢：认错道歉。[6]贳(shì)：赦免。[7]曹柯之盟：曹指春秋时鲁将曹沫，曹与齐战，屡败，愿割地以求和，鲁庄公十三年(前682)齐鲁会盟于柯，曹沫劫持齐桓公归还鲁国的失地。[8]族：族灭。[9]幕：同“漠”。[10]决：同“诀”，诀别。[11]物故：死去。

(按：本节讲述至昭帝时匈奴与汉和亲，苏武复归汉室。李陵感叹自己与苏武命运的不同，流泪歌别。)

武以始元六年春至京师[1]。诏武奉一太牢谒武帝园庙[2]，拜为典属国[3]，秩中二千石[4]，赐钱二百万，公田二顷，宅一区。常惠、徐圣、赵终根皆拜为中郎，赐帛各二百匹。其余六人老，归家，赐钱人十万，复终身[5]。常惠后至右将军，封列侯，自有传。武留匈奴凡十九岁，始以强壮出，及还，须发尽白。

[1]以始元六年：在始元六年(前 81)。始元：汉昭帝年号。[2]太牢：牛。[3]典属国：官名，掌管臣服于汉的各少数民族事务。[4]秩：俸禄。[5]复终身：免除终身徭役。

（按：本节讲述苏武等人归汉后所受厚待。）

武来归明年，上官桀子安与桑弘羊及燕王、盖主谋反。武子男元与安有谋，坐死。

初桀、安与大将军霍光争权，数疏光过失予燕王[1]，令上书告之。又言苏武使匈奴二十年不降，还乃为典属国，大将军长史无功劳，为搜粟都尉，光颛权自恣[2]。及燕王等反诛，穷治党与，武素与桀、弘羊有旧，数为燕王所讼[3]，子又在谋中。廷尉奏请逮捕武。霍光寝其奏[4]，免武官。

[1]疏：条陈。[2]颛(zhuān)权：专权。[3]讼：申诉。[4]寝：搁置。

（按：本节讲述苏武受燕王等谋反之事牵连被免官，儿子处死。）

数年，昭帝崩，武以故二千石与计谋立宣帝[1]，赐爵关内侯，食邑三百户。久之，卫将军张安世荐武明习故事，奉使不辱命，先帝以为遗言[2]。宣帝即时召武待诏宦者署[3]，数进见，复为右曹典属国[4]。以武著节老臣，令朝朔望[5]，号称祭酒[6]，甚优宠之。

[1]与：参与。[2]先帝：指昭帝。[3]宦者署：宦者令的衙门。[4]右曹：在皇帝左右，掌章奏等事。这里是典属国的加官。[5]朔望：每月初一、十五。[6]祭酒：古代飨宴时酹酒祭神的长者。

（按：本节讲述宣帝即位，苏武受到封赏提拔。）

武所得赏赐，尽以施予昆弟故人，家不余财。皇后父平恩侯、帝舅平昌侯、乐昌侯、车骑将军韩增、丞相魏相、御史大夫丙吉皆敬重武。武年老，子前坐事死[1]，上闵之[2]，问左右：“武在匈奴久，岂有子乎?”武因平恩侯自白：“前发匈奴时，胡妇适产一子通国，有声问来[3]，愿因使者致金帛赎之。”上许焉。后通国随使者至，上以为郎。又以武弟子为右曹。武年八十余，神爵二年病卒[4]。

[1]坐事：指前述参与谋反事。[2]闵：同“悯”。[3]声问：消息。[4]神爵二年：前 60 年。

（按：本节讲述苏武为人慷慨，受人尊重，与匈奴妇女所生之子亦被召还任用。后高寿而故。）

甘露三年[1]，单于始入朝[2]。上思股肱之美[3]，乃图画其人于麒麟阁，法其形貌，署其官爵姓名。唯霍光不名，曰大司马大将军博陆侯姓霍氏；次曰卫将军富平侯张安世；次曰车骑将军龙弘侯韩增；次曰后将军营平侯赵充国；次曰丞相高平侯魏相；次曰丞相博阳侯丙吉；次曰御史大夫建平侯杜延年；次曰宗正阳城侯刘德；次曰少府梁丘贺；次曰太子太傅萧望之；次曰典属国苏武。皆有功德，知名当世，是以表而扬之，明著中兴辅佐，列于方叔、召虎、仲山甫焉[4]，凡十一人，皆有传。自丞相黄霸、廷尉于定国、大司农朱邑、京兆尹张敞、右扶风尹翁归及儒者夏侯胜等，皆以善终，著名宣帝之世，然不得列于名臣之图，以此知其选矣。

[1]甘露三年：前 51 年。[2]单于：指呼韩邪单于。[3]股肱：大腿与胳膊，指辅佐之臣。[4]列：并列。方叔、召虎、仲山甫：三人皆是辅佐周宣王中兴之功臣。

（按：本节讲述苏武的画像与汉代功劳卓著的大臣、将军等一起，列于麒麟阁，以表彰其功德。）

赞曰：李将军恂恂如鄙人[1]，口不能出辞，及死之日，天下知与不知皆为流涕[2]，彼其中心诚信于士大夫也。谚曰："桃李不言，下自成蹊[3]。"此言虽小，可以喻大。然三代之将，道家所忌，自广至陵，遂亡其宗，哀哉！孔子称："志士仁人，有杀身以成仁，无求生以害仁"，"使于四方，不辱君命"，苏武有之矣。

[1]恂恂(xún)：诚信貌。[2]知：认识。[3]蹊：小路。

（按：本节讲述作者对苏武为人节操的高度赞扬。）

十六　司马相如《子虚赋》

[引言]

《子虚赋》是西汉著名词赋家司马相如的代表作。该赋以子虚、乌有先生的对话为结构框架，对楚国云梦泽的瑰丽景象、丰盛物产、君王出猎的浩大声势以及奢华的生活做了极其生动、夸张的描绘。作品汪洋恣肆，壮丽恢宏，具有强烈的感染力。在艺术手法上，《子虚赋》突出了汉赋铺陈夸张的特点，文辞富丽，句式多变而结构严谨，显示出作者高超的修辞技巧。不足之处在于该赋有时用字冷僻，堆砌辞藻，使得文章略显呆板凝重；而其结尾尽管也有讽喻之辞，但是充溢全篇的是对帝王奢靡生活的渲染，形成劝百讽一的格局。总的来说，《子虚赋》是汉大赋的顶峰杰作之一，对后世赋家及散文家的创作产生了深远的影响。

楚使子虚使于齐，王悉发车骑[1]，与使者出畋[2]。畋罢，子虚过姹乌有先生[3]，亡是公存焉[4]。坐定，乌有先生问曰："今日畋乐乎？"

子虚曰："乐。"

"获多乎？"

曰："少。"

"然则何乐？"

对曰："仆乐齐王之欲夸仆以车骑之众[5]，而仆对以云梦之事也[6]。"

曰："可得闻乎？"

[1]悉：全部。[2]畋(tián)：打猎。[3]过：访问。姹(chà)：夸耀、夸示。子虚、乌有先生：皆为虚拟的人物。[4]亡是公：亦为虚构之人物，亡，即"无"。存焉：在座。[5]仆：我，谦称。[6]云梦：即云梦泽，在今湖北境内。

（按：本节系虚构的楚国使者子虚先生随齐王打猎结束后，与乌有先生的对话，由此引出本赋对于楚国云梦乐事的描述。）

子虚曰："可。王车驾千乘，选徒万骑[1]。畋于海滨，列卒满泽，罘网弥山[2]，掩兔辚鹿[3]，射麋脚麟[4]，骛于盐浦[5]，割鲜染轮[6]，射中获多；矜而自功[7]，顾谓仆曰：'楚亦有平原广泽游猎之地饶乐若此者乎？楚王之猎，孰与寡人乎？'

"仆下车对曰：'臣，楚国之鄙人也[8]，幸得宿卫十有余年[9]，时从出游，游于后园，览于有无[10]，然犹未能遍睹也。又焉足以言其外泽乎。'

"齐王曰：'虽然[11]，略以子之所闻见而言之。'

[1]徒：跟从的车卒。[2]罘(fú)网：本指捕兔之网，此泛指捕捉鸟兽之网。[3]掩：捕捉。辚(lín)：用车碾压。[4]脚麟(lín)；意为抓住大牡鹿的脚将其捕获。[5]骛：急速奔驰。盐浦：海边盐滩地。[6]鲜：新捕获的鸟兽。染轮：(鲜血)染红车轮。[7]矜：骄傲自大。[8]鄙人：小人，自谦之辞。[9]宿卫：王宫的警卫。[10]有无：偏义副词，有，指有狩猎的活动。[11]虽：虽然。然：如此。

（按：本节描述了齐王打猎时宏大的场面，齐王以此向楚使子虚夸耀，而子虚则对以楚国宫廷后园云梦泽之事。）

"仆对曰：'唯唯[1]。臣闻楚有七泽，尝见其一，未睹其余也。臣之所见，盖特其小小者耳[2]，名曰云梦。云梦者，方九百里，其中有山焉。其山则盘纡岪郁[3]，隆崇嵂崒[4]，岑崟参差[5]，日月蔽亏[6]，交错纠纷。上于青云，罢池陂陀，下属江河。[7]其土则丹青赭垩[8]，雌黄白坿[9]。锡碧金银，众色炫耀，照烂龙鳞。[10]其石则赤玉玫瑰，琳珉昆吾[11]，瑊玏玄厉[12]，碝石碔砆[13]。其东则有蕙圃[14]，蘅兰芷若，芎䓖菖蒲，江蓠蘼芜，[15]诸柘巴苴[16]。其南则有平原广泽。登降陁靡[17]，案衍坛曼[18]，缘以大江，限以巫山。[19]其高燥则生葴菥苞荔[20]，薜莎青薠[21]；其埤湿[22]则生藏莨蒹葭[23]，东蘠雕胡[24]，莲藕觚卢[25]，庵闾轩于[26]。众物居之，不可胜图[27]。其西则有涌泉清池，激水推移，外发芙蓉菱华[28]，内隐巨石白沙。其中则有神龟蛟鼍[29]，瑇瑁鳖鼋[30]。其北则有阴林。其树楩枏豫章[31]，桂椒木兰，檗离朱杨[32]，樝梨梬栗[33]，橘柚芬芳。其上则有鹓雏孔鸾[34]，腾远射干[35]；其下则有白虎玄豹，蟃蜒貙犴[36]。'

[1]唯唯：应答之辞，是，好。[2]特：只是。[3]盘纡(yū)岪(fú)郁：山势迂回曲折之貌。[4]隆崇：山高耸之貌。嵂崒(lǜ zú)：山高而陡峭的样子。[5]岑崟(cén yín)参差(cēn cī)：形容山之险峻不平。[6]蔽：被隐蔽。亏：亏缺。[7]"罢池"二句：意为倾斜的山坡与江河相连。罢(pí)池：倾斜而下的样子。陂陀(pō tuó)：斜坡。属(zhǔ)：相连。[8]丹：朱砂。青：青土。赭(zhě)：红土。垩(è)：白土。[9]雌黄：又名石黄，可作颜料的黄色矿物。白坿(fù)：白石英，可涂墙。[10]"众色"二句：意为众多色彩闪耀，如龙鳞般绚烂。照烂：灿烂而照耀。[11]琳：美玉。珉(mín)：似玉之美石。[12]瑊玏(jiān lè)：美玉。玄厉：可作磨刀石的黑石。[13]碝(ruǎn)石：似玉的美石。碔砆(wǔ fū)：似玉的白纹石。[14]蕙圃：香草园。[15]蘅(héng)：杜蘅。芷(zhǐ)：白芷。若：杜若。芎䓖(xiōng qióng)：香草，可入药。菖蒲：香草名，可作香料。江蓠(lí)、蘼芜(mí wú)：皆为香草名。[16]诸柘(zhè)：甘蔗。巴苴(jū)：芭蕉。[17]陁(yǐ)靡：地势斜长的山坡。[18]案衍：地势低下之貌。坛曼：地势平宽之貌。[19]"缘以"二句：云梦泽在长江西岸，以巫峡为界限。[20]葴(zhēn)：马蓝。菥(xī)：菥草，似燕麦。苞：苞草。荔：马兰。[21]薜：艾蒿。莎(suō)：莎草。青薠(fán)：似莎而比莎大的草。[22]埤(pí)湿：指低湿之地。埤，同"卑"。[23]藏莨(zāng làng)：荻草。蒹葭(jiān jiā)：芦苇。[24]东蘠(qiáng)：可食用的植物。雕胡：菰米。[25]觚(gū)卢：葫芦。[26]庵闾(ān lǘ)：似艾蒿的水草。轩于：莸草。[27]不可胜图：难以胜数。胜：尽。图：计算。[28]菱华：菱花。[29]鼍(tuó)：扬子鳄。[30]瑇瑁(dài mào)：龟类。鼋(yuán)：大鳖。[31]楩(pián)：黄楩。枏(nán)：楠树。豫章：樟树。[32]檗(bò)：黄檗。离：山梨。朱杨：河柳。[33]樝(zhā)：山楂。梬(yǐng)栗：黑枣。[34]鹓(yuān)：凤凰。孔鸾(luán)：孔雀和鸾鸟。[35]腾远：猿猴。射(yè)干：小狐。[36]蟃蜒(wàn yán)：似狸而长的兽。貙犴(chū àn)：似狸而大的猛兽。

(按：本节借子虚之口，极力渲染了云梦泽极为美妙的自然景观与极其丰富的出产：高峻崎岖又富于变化的地势，缤纷灿烂的矿物宝石以及大量奇特的动植物等。)

"'于是乎乃使专诸之伦[1]，手格此兽[2]。楚王乃驾驯驳之驷[3]，乘雕玉之舆，靡鱼须之桡旃[4]，曳明月之珠旗，建干将之雄戟[5]，左乌号之雕弓[6]，右夏服之劲箭[7]。阳子骖乘[8]，孅阿为御[9]，案节未舒[10]，即陵狡兽[11]，蹴蛩蛩[12]，辚距虚[13]，轶野马[14]，穗陶駼[15]，乘遗风[16]，射游骐[17]。倏眒倩浰，雷动猋至，星流霆击，[18]弓不虚发，中必决眦，洞胸达掖，绝乎心系，[19]获若雨兽[20]，掩草蔽地[21]。于是楚王乃弭节徘徊[22]，翱翔容与[23]，览乎阴林，观壮士之暴怒，与猛兽之恐惧，徼𠆳受诎[24]，殚睹众物之变态[25]。’

[1]专诸：古代著名刺客。意为专诸之类的勇士。[2]格：搏斗。[3]驯驳之驷：毛色不纯的马。[4]靡：挥动。桡旃(náo zhān)：曲柄旗。[5]干将：古代铸剑名师。戟(jǐ)：兵器名。[6]左乌号之雕弓：意为左边佩带用乌号做的有雕饰的弓箭。乌号：桑木。雕弓：雕刻之弓。[7]夏服：夏后氏的箭囊。[8]阳子：传说中仙人名。骖(cān)：通"参"。[9]孅(xiān)阿：古代驾车名师。[10]案节未舒：控制住马的步伐节奏，没有奔驰。[11]陵：践踏。[12]蹴(cù)：踩踏。蛩蛩(qióng)：青色兽，似马而小，善奔跑。[13]辚：碾压。距虚：似马的兽。[14]轶(yì)：超过。[15]轊(wèi)：车轴头，此指用车轴头撞碾压、践踏。陶駼(táo tú)：良马。[16]遗风：千里马的名字。[17]骐：青马。[18]"倏眒"三句均形容奔逐中威猛迅疾之态。倏眒(shū shēn)倩浰(lì)：迅速奔驰的样子。猋(biāo)：狂风。星流：如流星陨落。[19]"中必"三句：此描述猎杀野兽的情状。中：射中。决：开裂。眦(zì)：眼眶。洞：洞穿。掖：同"腋"。绝：断绝。心系：连着心脏的血脉经络。[20]若雨：如天降之雨一样多。[21]掩草蔽地：意为(多得)遮住了草和地。[22]弭节：按节。徘徊：缓步而行。[23]容与：安闲自得的样子。[24]徼：拦截捕获。𠆳(jué)：极其疲倦(的野兽)。[25]殚：尽。变态：各种姿态的变化。

(按：本节借子虚之口，对楚王打猎时的武器、坐骑等装备以及打猎时的风采、所获猎物的情状等进行了描绘渲染。)

"'于是郑女曼姬[1]，被阿緆[2]，揄纻缟[3]，杂纤罗，垂雾縠[4]，襞积褰绉，纡徐委曲，郁桡溪谷[5]。衯衯裶裶，扬袘戌削[6]，蜚襳垂髾[7]。扶舆猗靡[8]，翕呷萃蔡[9]，下靡兰蕙[10]，上拂羽盖；错翡翠之威蕤[11]，缪绕玉绥[12]。眇眇忽忽，若神仙之髣髴[13]。’

[1]郑女：郑国出美女，故郑女为美女之代称。曼姬：美姬。[2]被：披。阿：丝织物。緆(xì)：细布。[3]揄(yú)：拖曳。纻(zhù)：麻布。缟(gǎo)：素绢。[4]雾縠(hú)：如雾的轻纱。[5]"襞积"二句：意为衣裙的褶皱如深曲的溪谷。襞(bì)积褰绉(qiān zhòu)：裙褶衣皱。郁桡(náo)：深曲的样子。[6]扬：提举。袘(yì)：衣袖。戌削(xū xuē)：形容衣服裁制合体。[7]蜚：飞，飘扬。襳(xiān)：上衣的带。垂髾(shāo)：上衣的下端。[8]扶舆：长裙转动。猗靡：体态美好的样子。[9]翕(xì)呷萃蔡：象声词，形容走路时的声音。[10]靡：通"摩"，轻抚。[11]威蕤：羽毛光鲜茂盛的样子。[12]缪绕：缭绕。绥：指登车时手挽的索。[13]髣髴：朦胧不分明之貌。

"'于是乃相与獠于蕙圃[1]，媻姗勃窣[2]，上乎金堤[3]。掩翡翠[4]，射鵔䴊[5]，微矰出[6]，孅缴施[7]，弋白鹄，连驾鹅，[8]双鸧下[9]，玄鹤加[10]。怠而后发，游于清池。浮文鹢，扬旌栧，[11]张翠帷，建羽盖。罔瑇瑁[12]，钩紫贝。摐金鼓，吹鸣籁。[13]榜人歌，声流喝。[14]水虫骇[15]，波鸿拂，涌泉起，奔扬会。磊石相击[16]，硠硠礚礚[17]，若雷霆之声，闻乎数百里之外。将息獠者[18]，击灵鼓，起烽燧[19]，车按行，骑就队，[20]纚乎淫淫，般乎裔裔。[21]'

[1]相与：一起。獠：打猎。[2]媻姗勃窣：形容美姬们在林间行走之态。媻姗(pán shān)：匍匐而行。勃窣(bó sū)：摇摆匍匐行走。[3]金：坚固如金。堤：堤坝。[4]掩：捕捉。翡翠：鸟名。[5]鵔鸃(jùn yí)：锦鸡。[6]微矰(zēng)：短箭。[7]孅：同"纤"，纤细。缴(zhuó)：拴在箭上的丝线，用于射鸟。[8]弋：射。连：沾。驾鹅：野鹅。[9]鸧(cāng)：鸟名。[10]加：被射中。[11]浮：泛舟。文鹢(yì)：此指饰有水鸟图案的船。栧(yì)：旌旗。[12]罔：通"网"，用网打。[13]摐(chuāng)：撞击，引申为演奏。籁：箫。[14]榜人：船夫。流喝：大声悲喝。[15]水虫：水族。[16]磊石：众石。[17]硠硠(láng)礚礚(kē)：众石碰撞之声。[18]息：停止。[19]烽燧：烽火，此指火把。[20]"车按行"二句：指车马依次而行，秩序井然。按：归依。行：行列。就：归。[21]纚：相连有序。淫淫：车队行进之状。般：排列。裔裔：形容车队行进的样子。

（按：本节借子虚之口，描写了楚王与众美人在蕙圃夜猎以及打猎后泛舟游乐的情景。）

"'于是楚王乃登云阳之台[1]，怕乎无为，憺乎自持，[2]勺药之和具[3]，而后御之[4]。不若大王终日驰骋，曾不下舆，脟割轮焠[5]，自以为娱。臣窃观之，齐殆不如[6]。'于是齐王无以应仆也。"

[1]云阳之台：高台。[2]"怕乎"二句：意为淡泊无为，保持内心宁静之态。怕：通"泊"。[3]勺药之和：此指五味调和。和：调和。具：齐备。[4]御：进献。[5]脟割轮焠：意为在打猎现场切割、烧烤捕获的野兽。脟(luán)割：把肉切成块。轮：车轮。焠：烤炙。[6]殆：大概，恐怕。

（按：本节子虚描述了打猎结束后楚王宁静祥和的身心状态，并以此反诘齐王。）

乌有先生曰："是何言之过也！足下不远千里[1]，来贶齐国[2]，王悉发境内之士，备车骑之众，与使者出畋，乃欲戮力致获[3]，以娱左右[4]，何名为夸哉？问楚地之有无者，愿闻大国之风烈[5]，先生之余论也[6]。今足下不称楚王之德厚，而盛推云梦以为高，奢言淫乐，而显侈靡；窃为足下不取也。必若所言，固非楚国之美也。无而言之，是害足下之信也[7]。彰君恶，伤私义，[8]二者无一可，而先生行之，必且轻于齐而累于楚矣[9]。且齐东陼巨海[10]，南有琅邪，观乎成山，射乎之罘，[11]浮渤澥，游孟诸。[12]邪与肃慎为邻，右以汤谷为界；[13]秋田乎青丘[14]，彷徨乎海外，吞若云梦者八九于其胸中，曾不蒂芥[15]。若乃俶傥瑰玮[16]，异方殊类，珍怪鸟兽，万端鳞崪[17]，充牣其中[18]，不可胜记，禹不能名，卨不能计。[19]然在诸侯之位，不敢言游戏之乐，苑囿之大；先生又见客[20]，是以王辞不复[21]，何为无以应哉？"

[1]足下：古代下对上或同辈的尊称。[2]来贶齐国：意为给齐国带来恩惠。贶(kuàng)：惠赐。[3]戮力：合力。[4]左右：你，称左右而不直接指称本人，表示尊敬。[5]风烈：功业，事业。[6]余论：高论。[7]信：诚信。[8]"彰君恶"二句：显露君王的恶行，损害自己的信义。[9]轻于齐而累于楚：被齐国轻视，使楚国受连累。[10]陼：通"渚"，水边。巨海：大海。[11]观：游览。成山：山名，在今山东荣城。之罘(fú)：山名，在今山东烟台。[12]渤：渤海。澥：港湾。孟诸：水泽名，在今河南商丘。[13]邪：同"斜"。肃慎：古国名，在今东北地区。汤谷：即旸谷，传说中太阳升起之处。[14]秋：秋天。田：打猎。青丘：古国名。[15]蒂芥：难以下咽的小阻塞物。[16]俶傥：气度不凡。[17]万端鳞崪：千万种物品像鱼鳞一样汇集一处。崪(cuì)：通"萃"，聚集。[18]充牣：充满。[19]"禹不"二句：意为连最博闻强识的圣人都无能为力。名：辨别，说出。卨(xiè)："契"的古字，传说中尧的司徒，商朝的始祖。[20]见客：受到宾客般的礼遇。[21]辞：谢绝。复：回答。

(按：本节中乌有先生反驳了子虚先生，称其奢言淫乐，描述又显得虚张声势；乌有先生随后渲染了齐国的大海名山、异方殊类等，试图以此压倒子虚先生对云梦泽的夸张描绘。)

十七　曹丕《典论·论文》

[引言]

曹丕(187—226)，字子桓，沛国谯县人。曹操次子，即魏文帝，好诗赋，著作颇多，为当时文士集团的领袖之一。《典论》为曹丕精心结撰，抄写立碑的著作，流传下来的仅《论文》《自叙》两篇。《三国志·魏志·文帝传》："初帝好文学，以著述为务，自所勒成垂百篇。"裴松之注引《魏书》载丕《与王朗书》自称："生有七尺之形，死唯一棺之土，唯立德扬名，可以不朽，其次莫如著篇籍。疫疠数起，士人凋落，余独何人，能全其寿。"故论撰所著《典论》、诗赋，盖百余篇。

《典论·论文》是一篇开文学批评风气的重要论文。主要谈到了四个方面：文学的价值问题，作家的个性与作品的风格问题、文体问题、文学批评态度的问题。"盖文章，经国之大业，不朽之盛事"的提出，显示了文学从经学的附庸独立出来的事实。这种认知既是文学创作繁荣后的结果，也显示了人的主体意识觉醒后，希望以文字流传千古而不朽的追求。所以曹丕抬高文学地位的论述不仅是个人之私见，更是时代之共识，充分说明了魏晋南北朝乃文学的自觉时期。其他关于作家个性与风格的联系、文体的共性与特殊性以及批评态度的论述，虽然只是简略提及，但对后代影响很大。

文人相轻，自古而然。傅毅[1]之于班固，伯仲之间耳，而固小之[2]，与弟超[3]书曰："武仲以能属文为兰台令史[4]，下笔不能自休。"夫人善于自见，而文非一体，鲜能备善，是以各以所长，相轻所短。里语曰："家有弊帚，享之千金。"[5]斯不自见之患也。

[1]傅毅：(？—89)，字武仲，扶风茂陵人。东汉文学家。《后汉书》卷八十上《文苑传》有传。[2]小之：轻视他。[3]超：班超，字令升，班彪的少子。[4]以能属文为兰台令史：属，连缀；属文，即写作。兰台，汉代宫中藏书之处，后置兰台令史，掌书奏。[5]"里语曰"三句：《东观汉记》卷一《光武帝纪》："上闻之，下诏让吴汉副将刘禹曰：城降，婴儿老母，口以万数，一旦放兵纵火，闻之可为酸鼻。家有弊帚，享之千金。"极言重视己物耳。

今之文人，鲁国孔融文举，广陵陈琳孔璋，山阳王粲仲宣，北海徐干伟长，陈留阮瑀元瑜，汝南应玚德琏，东平刘桢公干：斯七子者[1]，于学无所遗[2]，于辞无所假[3]，咸以自骋骥騄于千里，仰[4]齐足而并驰，以此相服，亦良难矣。盖君子审己以度人，故能免于斯累而作《论文》。

[1]斯七子者：文中所举七人，后世称为建安七子或邺下七子。[2]于学无所遗：无所不学。遗，余留。[3]于辞无所假：假，借，言不借助于前人已有文辞，能自创新辞。[4]仰：依靠。毛苌《诗传》："田猎齐足，尚疾也。"这句说七子之才并驾齐驱。

王粲长于辞赋，徐干时有齐气[1]，然粲之匹也。如粲之《初征》[2]《登楼》《槐赋》《征思》，干之《玄猿》[3]《漏卮》《圆扇》《橘赋》，虽张、蔡[4]不过也。然于他文，未能称是。琳瑀之章表书记[5]，今之隽[6]也。应玚和而不壮，刘桢壮而不密[7]，孔融体气高妙；有过人者，然不能持论，理不胜词，以至乎杂以嘲戏[8]。及其所善，扬、班俦也[9]。

[1]齐气：齐地舒缓的生活环境影响到作家的个性和作品风格，使得徐干个性及作品带有舒缓的特征。[2]"如粲之《初征》"句：《初征赋》《槐赋》见于严可均辑《全后汉文》。《登楼赋》见《文选》。《征思》已佚。[3]"干之《玄猿》"句：《圆扇赋》见严可均辑《全后汉文》。《玄猿赋》《漏卮赋》《橘赋》已佚。[4]张、蔡：张衡、蔡邕。张衡有《西京赋》《东京赋》《南都赋》《述志赋》《思玄赋》。蔡邕有《述行赋》。[5]琳、瑀之章表书记：琳，陈琳，字孔璋；阮瑀，字元瑜，曹丕《与吴质书》："孔璋章表殊健，微为繁富。""元瑜书记翩翩，致足乐也。"章、表、书、记为四种文类。[6]隽：同"俊"。[7]刘桢壮而不密：锺嵘《诗品》称刘桢"气过其文，雕润恨少"，可参看。[8]嘲戏：嘲弄、戏耍。孔融《与曹公书》有"武王伐纣，以妲己赐周公"句，就是嘲戏曹丕取袁绍儿媳甄氏为妻之事。[9]"扬、班"句：扬雄有《解嘲》，班固有《答宾戏》，是"嘲戏"之作中的上品。

常人贵远贱近，向声背实，又患暗于自见，谓己为贤。夫文，本同而末异[1]。盖奏议宜雅，书论宜理，铭诔尚实，诗赋欲丽。此四科不同，故能之者偏也；唯通才能备其体。

文以气为主；气之清浊有体[2]，不可力强而致。譬诸音乐，曲度虽均，节奏同检[3]；至于引气[4]不齐，巧拙有素，虽在父兄[5]，不能以移子弟。

[1]本同而末异：本：指一切文章的共同性；末：指不同文章的特殊性。[2]气之清浊有体："气"，本为哲学名词，此处指作家的气质。"清浊"，指风格的特点："清"，近于刚健；"浊"，近于柔弱。本文所说的"齐气"，就属于柔浊的一种。[3]节奏同检：音调缓急的度数为节。检，法度。[4]引气：引，犹言运行，指吹奏时的引气。[5]"虽在父兄"二句：李善注："桓子《新论》曰：惟人心之所独晓，父不能以禅子，兄不能以教弟也。"

盖文章，经国[1]之大业，不朽之盛事[2]。年寿有时而尽，荣乐止乎其身，二者必至之常期，未若文章之无穷。是以古之作者，寄身于翰墨，见意于篇籍，不假良史之辞，不托飞驰之势，而声名自传于后。故西伯幽而演《易》[3]，周旦显而制《礼》，不以隐约[4]而弗务，不以康乐而加思[5]。夫然则古人贱尺璧而重寸阴，惧乎时之过已。而人多不强力，贫贱则慑于饥寒，富贵则流于逸乐，遂营目前之务，而遗千载之功。日月逝于上，体貌衰于下，忽然与万物迁化[6]，斯志士之大痛也！

融等已逝，唯干著论，成一家言[7]。

[1]经国：治国。[2]不朽之盛事：《左传》："太上有立德，其次有立功，其次有立言，虽久不废，此之谓不朽。"文章属于立言范围之内，所以说是不朽之盛事。[3]西伯幽而演易：《史记·太史公自序》："昔西伯拘羑里，演《周易》。"[4]隐约：穷困。[5]加思：加，移。加思，谓转移著述的念头。[6]迁化：犹言死去。[7]"唯干著论"二句：徐干著有《中论》一书。曹丕《与吴质书》："伟长独怀文抱质，恬淡寡欲，有箕山之志，可谓彬彬君子者矣。著《中论》二十余篇，成一家之言，辞义典雅，足传于后，此子为不朽矣。"

十八　陆机《文赋》

[引言]

陆机(261—303)，字士衡，吴郡华亭人，西晋文学家、书法家，与其弟陆云合称“二陆”。曾历任平原内史、祭酒、著作郎等职，世称“陆平原”。陆机的《文赋》是我国古代文学理论批评史上的一篇名作。它着重探讨了文学的内部规律，第一次全面系统地研究了文学创作的基本理论。

余每观才士之所作[1]，窃有以得其用心[2]。夫放言遣辞[3]，良多变矣[4]。妍蚩好恶[5]，可得而言。每自属文[6]，尤见其情。恒患意不称物[7]，文不逮意[8]，盖非知之难[9]，能之难也[10]。故作《文赋》以述先士之盛藻[11]，因论作文之利害所由[12]，他日殆可谓曲尽其妙[13]。至于操斧伐柯[14]，虽取则不远，若夫随手之变[15]，良难以辞逮。盖所能言者，具于此云尔[16]。

[1]才士：即文章之士。作：作文。[2]窃：私意。用心：构思。[3]放言：运用语言。遣辞：修饰词语。[4]良：实在。[5]妍：好。蚩：通“媸”，即丑。[6]属文：缀文。[7]意：构思之意。称物：适合外物。[8]逮意：表达思想。[9]知：指通晓作文之理。[10]能：指个人实际写作。[11]盛藻：美文。[12]利害：关键。[13]殆：或者。曲尽其妙：穷尽文章写作的奥妙。[14]操斧伐柯：指借鉴前人创作经验，研究写作规律。[15]随手之变：指具体作文的灵活变化。[16]云尔：句尾助词。

（按：本节是序言，叙述写作《文赋》缘由和目的。）

伫中区以玄览[1]，颐情志于典坟[2]。遵四时以叹逝，瞻万物而思纷；[3]悲落叶于劲秋，喜柔条于芳春。心懔懔以怀霜[4]，志眇眇而临云[5]；咏世德之骏烈[6]，诵先人之清芬[7]；游文章之林府，嘉丽藻之彬彬。[8]慨投篇而援笔，聊宣之乎斯文。

[1]伫：久立。中区：宇宙之间。玄览：深刻的观察。[2]颐：陶冶。典坟：三皇之书称三坟，五帝之书称五典，这里指古籍。[3]遵：循。思纷：思虑纷纭。[4]懔懔：危惧貌。[5]眇眇：高远貌。[6]世德：世代相传的德行。骏烈：丰功伟绩。[7]清：节操。芬：芳名。[8]林府：指众多的文章。嘉：赞美。丽藻：华丽的语言。

（按：本节旨在说明在创作前，必须要有较高的文学艺术修养和观察社会、自然的能力。）

其始也，皆收视反听[1]，耽思傍讯[2]，精骛八极[3]，心游万仞。其致也，情曈昽而弥鲜[4]，物昭晰而互进[5]，倾群言之沥液[6]，漱六艺之芳润[7]，浮天渊以安流[8]，濯下泉而潜浸[9]。于是沉辞怫悦[10]，若游鱼衔钩，而出重渊之深，浮藻联翩[11]，若翰鸟缨缴，而坠曾云之峻。收百世之阙文，采千载之遗韵[12]，谢朝华于已披，启夕秀于未振，[13]观古今于须臾，抚四海于一瞬。

[1]收视反听：不视不听，有视而不见、听而不闻、心不外用之意。[2]耽思傍讯：深思博采。[3]精：精神。骛：奔驰。八极：喻远。[4]曈昽：天蒙蒙亮。[5]昭晰：明显。互进：纷至沓来。[6]倾：倾注。群言：众说。[7]漱：咀嚼。芳润：指精华。[8]天渊：星名。安流：平静流动。[9]濯：洗涤。潜浸：沉浸。[10]沉辞怫悦：吐辞艰涩。[11]浮藻联翩：出语骏利。[12]阙文：古籍脱文。遗韵：佚诗之类。[13]谢：弃去。华：通“花”。披：指开过。秀：以喻文。振：发生。

（按：本节旨在说明进入创作活动之后，首先要进入“虚静”的状态，然后才能灵感活跃，文思奔涌，创作出清新独特的佳作。）

然后选义按部，考辞就班，[1]抱景者咸叩，怀响者毕弹。[2]或因枝以振叶，或沿波而讨源[3]，或本隐以之显，或求易而得难，或虎变而兽扰，或龙见而鸟澜，[4]或妥帖而易施，或岨峿而不安。[5]罄澄心以凝思，眇众虑而为言，[6]笼天地于形内，挫万物于笔端。[7]始踯躅于燥吻，终流离于濡翰，[8]理扶质以立干[9]，文垂条而结繁，信情貌之不差[10]，故每变而在颜；思涉乐其必笑，方言哀而已叹。[11]或操觚以率尔，或含毫而邈然。[12]

[1]选义：按照内容。按部、就班：安排位置。考辞：提炼语言。[2]“抱景”二句：物有抱光景者，必以思叩触之而求文理；物有怀音者，必以思弹击之以发文意。[3]沿波而讨源：应注意本末源流。[4]虎变：虎毛色更新，斑斓生色。扰：驯服。见：通“现”。澜：散。[5]妥帖：恰当。岨峿：不相合。[6]“罄澄”二句：言细致思索，深思熟虑。罄：尽。澄心：潜心。[7]笼：囊括。形内：胸中。挫：截取。[8]踯躅：徘徊不前。流离：转徙。濡：渍。[9]理：文义。立干：树立根本。[10]情貌之不差：指辞与义相合。[11]哀与乐指义，叹与笑指辞的作用。[12]觚：方形的木简。率尔：不经意。邈然：渺茫。

（按：本节旨在说明构思有难易，置辞有顺涩。构思时要进入“虚静”状态，执笔时要立意正确，然后才能文思顺畅，“义”“辞”相符。）

伊兹事之可乐，固圣贤之所钦[1]，课虚无以责有，叩寂寞而求音，[2]函绵邈于尺素，吐滂沛乎寸心。[3]言恢之而弥广，思按之而逾深，[4]播芳蕤之馥馥，发青条之森森，[5]粲风飞而猋竖，郁云起乎翰林。[6]

[1]钦：敬佩。[2]“课虚”二句：说明构思的作用。课：试。责：要求。[3]绵邈：指远。尺素：径尺的生绢。滂沛：指盛大。[4]“言恢”二句：言思虑一发，愈深恢大。恢：扩大。按：抑按。[5]蕤：草木华垂貌。馥馥：芳香。森森：树木茂盛。[6]粲：明丽。猋：暴风。郁云：浓云。翰林：文士荟萃之处。

（按：本节旨在说明为文之乐，在于赋无形于有形，赋无声于有声。只要文思泉涌，就会辞随意起。）

体有万殊，物无一量，[1]纷纭挥霍[2]，形难为状。辞程才以效伎，意司契而为匠，[3]在有无而僶俛[4]，当浅深而不让[5]。虽离方而遁员，期穷形而尽相。[6]故夫夸目者尚奢，惬心者贵当，言穷者无隘，论达者唯旷。[7]诗缘情而绮靡[8]。赋体物而浏亮[9]。碑披文以相质[10]。诔缠绵而凄怆[11]。铭博约而温润[12]。箴顿挫而清壮[13]。颂优游以彬蔚[14]。论精微而朗畅[15]。奏平彻以闲雅[16]。说炜晔而谲诳[17]。虽区分之在兹，亦禁邪而制放[18]。要辞达而理举[19]，故无取乎冗长。

[1]体：文体。量：标准。[2]纷纭：杂乱。挥霍：疾速。[3]程：展示。效伎：表现技巧。契：指意思相合。[4]僶俛：勉强求之。[5]不让：不必谦让。[6]离方而遁员：言作文无一定规矩。穷形而尽相：穷尽技法之妙。[7]夸目：炫耀。奢：浮夸。惬：快意。当：恰到好处。穷：局促简约。旷：畅达。[8]缘情：因情。绮靡：艳丽。[9]体物：状物。浏亮：清明。[10]碑以叙德，故文质相半。[11]诔以陈哀，故缠绵凄惨。[12]博约：事博文约。[13]箴以讥刺得失，故顿挫清壮。[14]颂褒述功美，以辞为主，优游彬蔚。[15]论评议臧否，以当为宗，精微朗畅。[16]奏陈情叙事，平彻闲雅。[17]说感动为先，炜晔谲诳。[18]禁邪：禁止邪说。制放：制止荒诞。[19]辞达：语言通畅。理举：理合。

（按：本节提出文体不同，故其内容风格也不同。特别提出了“诗缘情而绮靡”说和“赋体物而浏亮”说，正确地肯定了文学作品的抒发感情和形象塑造的重要，反映了文学的彻底觉醒。）

其为物也多姿[1]，其为体也屡迁[2]。其会意也尚巧，其遣言也贵妍[3]。暨音声之迭代[4]，若五色之相宣。虽逝止之无常，固崎锜而难便。[5]苟达变而识次，犹开流以纳泉。[6]如失机而后会[7]，恒操末以续颠，谬玄黄之秩序，故淟涊而不鲜[8]。

[1]物：指文言，情随物迁，文因情异，随物变化，故文也多姿。[2]体：体制。[3]遣言：运用语言。[4]音声迭代：指文辞更替。[5]逝止：去留，指语辞取舍。崎锜：艰险不安。难便：不适合。[6]达变：通晓变化之理。识次：识别事物的次第。纳泉：容纳。[7]失机：言语失序。[8]淟涊：垢浊。

（按：本节主张立意要巧，置辞须妍，声律要美。意、辞和声律的安排要善于抓住时机，注意次序的顺畅。）

或仰偪于先条[1]，或俯侵于后章[2]。或辞害而理比[3]，或言顺而义妨。离之则双美，合之则两伤。考殿最于锱铢[4]，定去留于毫芒。苟铨衡之所裁，固应绳其必当[5]。

[1]仰偪：指文辞前后矛盾。先条：指前段的文辞。[2]俯侵：指前面的文章影响后面的文章。[3]理比：理顺。[4]殿最：次第的等级，上者为最，下者为殿。锱铢：比喻极小。[5]铨衡：衡量。绳：纠正，量度。

（按：本节旨在说明考辞选义应有一定的标准，即辞和义的相合。）

或文繁理富，而意不指适[1]。极无两致，尽不可益。[2]立片言而居要，乃一篇之警策[3]。虽众辞之有条，必待兹而效绩。[4]亮功多而累寡，故取足而不易。[5]

[1]指适：恰当。[2]"极无"二句：其理既极，而无两致，其言又尽，而不可益。[3]警策：中心思想。[4]"虽众辞"二句：意为辞虽多，必待警策以效功。[5]亮：信。不易：不可改易。

（按：本节旨在说明选择警句的重要性，作用在于纲举目张，警醒全篇。）

或藻思绮合，清丽千眠。[1]炳若缛绣，凄若繁弦。[2]必所拟之不殊，乃暗合乎曩篇[3]。虽杼轴于予怀，怵他人之我先。[4]苟伤廉而愆义，亦虽爱而必捐。[5]

[1]藻思：文情。绮合：文采合于情思。千眠：光色盛貌。[2]缛绣：彩色缤纷。繁弦：曲调复杂。[3]曩篇：先贤的文章。[4]"虽杼轴"二句：意为虽出自己情，惧他人先于己道也。杼轴：以织喻。[5]"苟伤廉"二句：意为他人言我虽爱之，必须去之。

（按：本节旨在说明文章贵在独创，反对模拟抄袭。）

或苕发颖竖，离众绝致。[1]形不可逐，响难为系。[2]块孤立而特峙，非常音之所纬。[3]心牢落而无偶，意徘徊而不能揥。[4]石韫玉而山晖，水怀珠而川媚。彼榛楛之勿翦，亦蒙荣于集翠。[5]缀《下里》于《白雪》，吾亦济夫所伟。[6]

[1]"或苕发"二句：言作文利害，理难俱美，或有一句同乎苕发颖竖，离于众辞，绝于致思。苕：草苕。颖：禾穗。[2]"形不可"二句：指"方之于影，而形不可逐；譬之于声，而响难系"。喻为佳句难得。[3]"块孤立"二句：文之绮丽，若经纬相成，一句既佳，块然立而特峙，非常音所能纬。纬：经纬。[4]"心牢落"二句：言思心牢落，而无偶揥之意，徘徊而未能也。牢落：犹辽落。揥：去。[5]榛：小栗。楛：作箭之木。榛楛：喻庸音；意为珠玉既存，榛楛亦美。[6]《下里》：庸音。《白雪》：雅曲。伟：奇。

（按：本节再论美言佳句警醒带动的作用。）

或托言于短韵，对穷迹而孤兴。[1]俯寂寞而无友，仰寥廓而莫承。[2]譬偏弦之独张，含清唱而靡应。[3]

[1]言文小而事寡，故曰穷迹；迹穷而无偶，故曰孤兴。短韵：小文，即诗。[2]意为事寡而无偶，俯求之则寂寞而无友，仰应之则寥廓而无所承。[3]意为累句以成文，犹众弦之成曲；今短韵孤起，譬偏弦之独张；弦之独张，含清唱而无应；韵之孤起，蕴丽则而莫承也。

（按：本节旨在说明文章不能太短小，短小无以成文。）

或寄辞于瘁音，言徒靡而弗华。[1]混妍蚩而成体，累良质而为瑕。[2]象下管之偏疾，故虽应而不和。[3]

[1]瘁音：恶辞。靡：美。言空美而不光华。[2]妍：谓言靡。蚩：谓瘁音。既混妍蚩共为一体，翻累良质而为瑕。[3]象：类。其音既瘁，其言徒靡，类乎下管，其声偏疾，升歌与之间奏，虽复相应而不和谐。

（按：本节旨在说明文章不能调谐之病。）

或遗理以存异，徒寻虚而逐微。言寡情而鲜爱，辞浮漂而不归[1]。犹弦么而徽急，故虽和而不悲。[2]

[1]漂：犹流。不归：不归于实。[2]么：小。鼓琴循弦谓之徽，悲雅俱有，所以成乐，直雅而无悲则不成。

（按：本节旨在说明文章应重在以鲜明的爱憎感情感人，不应舍本追末，徒事语言的奇瑰。）

或奔放以谐合，务嘈囋而妖冶[1]。徒悦目而偶俗，固声高而曲下。寤《防露》与《桑间》[2]，又虽悲而不雅。

[1]嘈囋：声貌。[2]《防露》：古曲名，楚客放逐后作。《桑间》：为亡国之音。

（按：本节旨在提倡文章雅正，反对俚俗。）

或清虚以婉约，每除烦而去滥，阙大羹之遗味，同朱弦之清泛。[1]虽一唱而三叹，固既雅而不艳。

[1]遗味：余味。清泛：清散也。

（按：本节旨在反对文章过分简约平淡，要求雅艳并美。）

若夫丰约之裁，俯仰之形。[1]因宜适变，曲有微情。[2]或言拙而喻巧。或理朴而辞轻。或袭故而弥新[3]。或沿浊而更清。或览之而必察。或研之而后精。譬犹舞者赴节之投袂，歌者应弦而遣声。[4]是盖轮扁所不得言，亦非华说之所能精。[5]

[1]丰约：指文辞之繁简。俯仰：指文辞之位置。[2]因宜适变：即序文所谓“随手之变”。曲有微情：即序文所谓“难以辞逮”。微：妙。[3]袭：因。[4]袂：衣袖。遣：发。[5]轮扁：见《庄子·

天道》。轮扁曰："徐则甘而不固，疾则苦而不入，不徐不疾，得之于手，而应于心，口不能言，有数存焉于其间。"轮：车轮匠。扁：车轮匠名。华说：巧言。

（按：本节旨在说明选辞考义的精深细微之处难以言说，只有深入体会，才能运用自如。）

普辞条与文律[1]，良余膺之所服。练世情之常尤，识前修之所淑。[2]虽浚发于巧心，或受蚩于拙目[3]。彼琼敷与玉藻[4]，若中原之有菽。同橐籥之罔穷[5]，与天地乎并育。虽纷蔼于此世，嗟不盈于予掬[6]。患挈瓶之屡空[7]，病昌言之难属。故踸踔于短韵[8]，放庸音以足曲。恒遗恨以终篇，岂怀盈而自足。惧蒙尘于叩缶，顾取笑乎鸣玉。[9]

[1]辞条：即文律，指文之法式。[2]尤：过错。前修：先贤。淑：善。[3]蚩：笑。[4]琼敷、玉藻：喻文。[5]橐籥：《老子》："天地之间，其尤橐籥乎?"此处也指天地。[6]掬：《毛诗》曰："终朝采绿，不盈一掬。"毛苌曰："绿，王刍。两手曰掬。"[7]挈瓶：喻小智之人。[8]踸踔：单脚走路。[9]蒙尘：比喻有所遮蔽。缶：瓦器，比喻俗乐。鸣玉：指先王之雅奏。

（按：本节旨在说明作文之难，非知之难，乃形之难耳。）

若夫应感之会，通塞之纪，[1]来不可遏，去不可止。藏若景灭，行犹响起。方天机之骏利，夫何纷而不理。[2]思风发于胸臆，意泉流于唇齿。[3]纷威蕤以馺遝，唯毫素之所拟。[4]文徽徽以溢目，音泠泠而盈耳。[5]及其六情底滞[6]，志往神留，兀若枯木[7]，豁若涸流，揽营魂以探赜，顿精爽而自求。[8]理翳翳而愈伏，思乙乙其若抽。[9]是故或竭情而多悔，或率意而寡尤。虽兹物之在我，非余力之所勠[10]。故时抚空怀而自惋，吾未识夫开塞之所由也[11]。

[1]会、纪：两者都有时机之义。[2]天机：自然。理：治。[3]犹言思如风发，言如泉流。[4]威蕤：盛貌。馺遝：多貌。毫：笔。[5]徽徽：指文采盛。泠泠：音韵之清。[6]六情：喜、怒、哀、乐、好、恶之谓也。[7]枯木：取其寂漠无情。[8]营魂：营即魂，两字复合成词；后之精爽也是两字复合成词。[9]翳翳：掩蔽貌。乙乙：难出之貌。[10]勠：并，言文之不来，非予力之所并。[11]开：谓天机骏利。塞：谓六情底滞。

（按：本节旨在论述文思灵感的通塞情景，把握之难，应顺应它的到来，但不可强求。）

伊兹文之为用，固众理之所因。[1]恢万里而无阂，通亿载而为津。[2]俯贻则于来叶，仰观象乎古人。济文武于将坠[3]，宣风声于不泯。涂无远而不弥，理无微而弗纶。[4]配沾润于云雨，象变化乎鬼神。[5]被金石而德广，流管弦而日新。[6]

[1]兹文：泛指文章。因：由也。此句是说理通过文来表达。[2]阂：限。津：渡。[3]文武：文王、武王之道。[4]涂：通“途”。弥：止，引申为到达。纶：整理丝线，这里引申为经纶牵引。[5]喻文有云雨之智，似鬼神般变化多端。[6]被：覆盖。金：钟鼎。石：碑碣。流：谱。管弦：乐器。

（按：本节总结全文，论文章的功用和奥妙。）

十九　刘勰《文心雕龙》

[引言]

在我国古代文学理论批评发展史上，《文心雕龙》是一部“体大虑周”的杰作。无论在理论的深度、广度还是在体系性上，其都堪称空前而启后的皇皇巨制。全书以《序志》为纲，以《原道》《征圣》《宗经》《正纬》《辨骚》为文之枢纽，围绕文体论、创作论、批评论诸理论板块系统展开，深入而系统。据“位理定名，彰乎大易之数”的原则，全书共置十卷，五十篇，共三万七千余言，“其为文用”，则四十九篇。

刘勰(约465—约532)，字彦和，东莞莒(今山东莒县)人。幼年早孤，家贫不婚娶。发奋好学，兼通经、史、子、集，后依沙门僧祐十余年。曾官临川王萧宏记室、车骑仓曹参军、太末令、东宫通事舍人、步兵校尉等。后受梁武帝命入定林寺与慧震编定佛经，稿定而后削发为僧，取名慧地，次年逝世。

原　道

[引言]

本篇是《文心雕龙》的第一篇。作者意在阐述的问题有二：一是确立“文”存在的合法性，即道有文、自然有文，故人亦有文，因此“人文”便具有了存在的合理性。二是确立“人文”与道、圣的关系模式，即“道沿圣以垂文，圣因文以明道”，以此确立了创设“人文”，包括文学、文章创作，应当征圣、宗经以明道的终极或最高目的。这一观点对中国古典文论史上“文以明道”“文以载道”观点的形成具有重要影响。

文之为德者大矣[1]，与天地并生者何哉？夫玄黄色杂，方圆体分，[2]日月叠璧，以垂丽天之象；[3]山川焕绮，以铺理地之形[4]；此盖道之文也[5]。仰观吐曜，俯察含章，[6]高卑定位，故两仪既生矣[7]。惟人参之，性灵所钟，[8]是谓三才；为五行之秀[9]，实天地之心。心生而言立，言立而文明，自然之道也。[10]傍及万品[11]，动植皆文：龙凤以藻绘呈瑞[12]，虎豹以炳蔚凝姿[13]；云霞雕色，有逾画工之妙；草木贲华[14]，无待锦匠之奇。夫岂外饰？盖自然耳[15]。至于林籁结响，调如竽瑟；[16]泉石激韵，和若球锽[17]：故形立则章成矣，声发则文生矣。夫以无识之物，郁然有彩，有心之器，[18]其无文欤！

[1]“文之”句：文章作为宇宙大道的根本体现这一点被广大的领域普遍地印证着。德：道之器也，以道为其本，故“德”是作为宇宙万物最高规律的道对具体世界发生作用的体现，即“物所道始谓之道，所得以生谓之德”。大：广也，即可以推衍至各种自然与社会领域。[2]玄黄：古人关于天地颜色的表述，即天玄地黄。方圆：古人关于天地形状的描述，即天圆地方。[3]叠：重叠。叠璧：比况日月曾像璧玉一样重叠着。丽：犹着也。丽天：附着于天。[4]焕绮(qǐ)：焕发锦绣光彩。铺：铺设、展开。理地：使大地富有文理。[5]此盖道之文也：这就是宇宙自然之道所体现出来的文理吧。道：此处主要指宇宙自然之道。[6]吐曜(yào)：发光，指日月星辰焕发光芒。含章：山川万物所含之文采。[7]两仪：天地两极。[8]参(sān)：三，与天地并列而为三才。性灵：人之天生灵性。钟：聚集。[9]五行：指古人认为构成世界的五种基本元素，即金、木、水、火、土。[10]文：名词，指文章或文明。明：动词，呈现、显现出来。自然之道：自然而然的道理。[11]傍：当作“旁”，推广。万品：万类。[12]藻绘：文采彩饰。[13]炳蔚：色泽光艳华美。[14]贲(bì)华：形容草木缀饰自然之华丽美艳。[15]自然：自然而然形成的。[16]籁：孔穴里发出的声音。调(tiáo)：声音调和。竽：笙类乐器。瑟：琴类乐器。[17]和(hé)：声音和谐、协调。球：玉磬。锽(huáng)：钟。[18]无识之物：指自然事物。郁然：文采繁盛的样子。有心之器：指人。

（按：本节以作为宇宙的最高规律之“道”有文这一观点为逻辑起点，从论述“自然”有文入手，进而确立了“人文”亦有文的合法性、自然性。）

人文之元，肇自太极，[1]幽赞神明，易象惟先。[2]庖牺画其始，仲尼翼其终，[3]而乾坤两位，独制《文言》[4]。言之文也[5]，天地之心哉！若乃河图孕乎八卦，洛书韫乎九畴，[6]玉版金镂之实，丹文绿牒之华，谁其尸之，亦神理而已。[7]自鸟迹代绳，文字始炳，[8]炎皞遗事，纪在《三坟》，[9]而年世渺邈，声采靡追。[10]唐虞文章，则焕乎始盛。元首载歌[11]，既发吟咏之志；益稷陈谟，亦垂敷奏之风。[12]夏后氏兴，业峻鸿绩，九序惟歌，勋德弥缛。[13]逮及商周，文胜其质，《雅》《颂》所被，英华日新。[14]文王患忧，繇辞炳曜，符采复隐，精义坚深。[15]重以公旦多材，振其徽烈，剬诗缉颂，斧藻群言。[16]至夫子继圣，独秀前哲，镕钧六经，必金声而玉振；[17]雕琢情性，组织辞令，木铎起而千里应，席珍流而万世响，[18]写天地之辉光，晓生民之耳目矣。

[1]人文：指人类的文明与文化。元：源头，始。肇：开始。太极：天地未分前客观存在的“无”。[2]幽赞：深入细微地阐明。神明：变化莫测的事理。易象：《易》卦下分释卦象的称为象辞。[3]庖牺：传说中的圣王，或作包牺、庖羲、宓牺、伏羲，八卦创始人。翼：指相传孔子为解释《易经》所作的十翼，即《彖辞》上下、《象辞》上下、《系辞》上下、《文言》《说卦》《序卦》《杂卦》。[4]文言：即传说中的孔子十翼中之《文言》，是对乾坤两卦的解释。[5]言：语言。文：文采性。言之文：语言所具有的文采性。[6]河图：相传庖牺“俯则观法于地”而“远取诸物”时，有背负“河图”之龙马从黄河出，庖牺始依之而作“八卦”。洛书：相传大禹治水时，有背负“洛书”的神龟从洛水出，禹始依而作《九畴》。韫(yùn)：蕴藏。[7]镂：刻。金镂：刻着金字。牒：竹简。尸：主管。神理：神灵显示的自然之理。[8]鸟迹：文字的代称。相传仓颉造字时仿兽蹄鸟迹而制造出的文字。绳：指上古人类结绳以记事。炳：明显。[9]炎：指炎帝神农氏。皞(hào)：太皞(一作太昊)伏羲氏。《三坟》：相传伏羲氏、神农氏、黄帝之书为《三坟》。[10]渺邈：遥远。靡：不能。[11]元首：指舜帝。载：始。[12]益：伯益。稷(jì)：后稷。益稷：均为舜帝之辅臣。陈谟：陈述谋略。敷奏：臣对君上书曰奏。敷：陈献。[13]夏后氏：夏禹。兴：兴起。业峻鸿绩：当如“峻业鸿绩”。九序：金、木、水、火、土、谷、正德、利用、厚生。勋德：功德。弥缛：愈加丰富。[14]逮及：及、到。被：及。英华：精华。[15]繇(zhòu)辞：卦辞和爻辞，即解释卦和爻的话。符采：玉的横纹，代指文采。复隐：含蓄。精义：精深微妙的道理。[16]重(chóng)：又，再。公旦：周文王子周公，名旦。振：发扬。徽：美、善。烈：功业。剬(tuán)：同“制”。缉：辑。斧藻：删减润饰。[17]夫子：孔子。继圣：继文、武、周公后又一圣人。秀：秀出、超过。前哲：前代圣贤。镕钧：制作编订。金声：钟声。玉振：磬声。金声而玉振：形容孔子删诗辑颂而集古圣贤之大成。[18]木铎(duó)：古代施行文教时所摇的木舌铃，其以木为铃舌。席珍：席上的珍宝。流：流动。响：回应。

（按：本节意在阐述从人类文明肇端至孔子时期“文”的发展史，点明“文”在历史中的重要性、确定性、合法性。）

爰自风姓，暨于孔氏，[1]玄圣创典，素王述训，[2]莫不原道心以敷章，研神理而设教，取象乎河洛，问数乎蓍龟，[3]观天文以极变，察人文以成化；[4]然后能经纬区宇，弥纶彝宪，发辉事业，彪炳辞义。[5]故知道沿圣以垂文，圣因文而明道，旁通而无滞，日用而不匮。[6]《易》曰：鼓天下之动者存乎辞。辞之所以能鼓天下者，乃道之文也。

[1]爰：于是。风姓：传说伏羲氏姓风。暨(jì)：及、到。[2]玄圣：上古时圣人的称呼，这里指伏羲氏。素王：指孔子，汉人认为孔子有王德而无王位，故称其为素王。述训：传述先王之典籍。[3]原：推究，考究。道心：宇宙自然之道的基本精义。敷章：敷写文章。数(shù)：命运。蓍龟：古人占卜用的蓍草和龟甲。问数乎蓍龟：通过用蓍草龟甲占卜来卜问命运。[4]极变：推究宇宙自然演变的最高或最终规律。成化：即成就对人的教化功能。[5]经纬：治理。区宇：代指天下。经纬区宇：定纲纪以期治天下。弥纶：包举、综括。彝宪：常理、常法。弥纶彝宪：制统括一切的人间恒常法典。彪炳：流光溢彩的样子。[6]旁通：遍通。无滞：没有阻碍。不匮：不会匮乏。

（按：本节旨在阐述道、圣、文的关系，提出圣人作文“原道心以敷章，研神理而设教”“经纬区宇，弥纶彝宪，发辉事业，彪炳辞义”的创作动机论，而后进一步强调道、圣、文的关系模式，即“道沿圣以垂文，圣因文以明道”，是对全文主旨的精辟概括。）

赞曰：道心惟微[1]，神理设教。光采玄圣，炳燿仁孝。[2]龙图献体，龟书呈貌。[3]天文斯观，民胥以效。[4]

[1]道心：宇宙自然之道的精义。惟微：十分微妙。[2]玄圣：此处不仅指伏羲氏，是对含孔子在内的上古时圣人的通称。炳燿仁孝：使仁孝大义得到光耀发扬。[3]龙图：指河图。龟书：指洛书。体、貌：指龙、龟的身体。“龙图献体，龟书呈貌”即“龙图献于体，龟书呈于貌”，意谓河图显现在龙体上，洛书呈现在龟体上。[4]斯：助词。胥：都。效：效法。

宗　经

[引言]

本篇意在论述为文之道需宗经，因为儒家经典，尤其是作者所论及的“五经”是后世文章的众类之源，也为各文类树立了六种基本的写作原则。因此，“文能宗经”则“后进追取而非晚，前修文用而未先”，“骋无穷之路，饮不竭水源”，会从经典中汲取无穷的营养，指导创作，而后方能“励德树声”“不其懿欤”。

三极彝训[1]，其书言经。经也者，恒久之至道，不刊之鸿教也。[2]故象天地，效鬼神，参物序，制人纪，洞性灵之奥区，极文章之骨髓者也。[3]皇世《三坟》，帝代《五典》，重以《八索》，申以《九邱》，[4]岁历绵暧，条流纷糅。[5]自夫子删述，而大宝咸耀。[6]于是《易》张《十翼》，《书》标七观，《诗》列四始，《礼》正五经，《春秋》五例。[7]义既埏乎性情，辞亦匠于文理，[8]故能开学养正，昭明有融。[9]然而道心惟微，圣谟卓绝，墙宇重峻，而吐纳自深。[10]譬万钧之洪钟，无铮铮之细响矣。[11]

[1]三极：指天、地、人三才。彝：常。彝训：常训。[2]至道：推究到极点或最高形态的道理。刊：削除、删改。不刊：不能删改。鸿：大。[3]象：取法。效：效法。参：参究。人纪：人伦纲纪。洞：深入洞晓。奥区：奥秘的领域。极：深入到底。骨髓：喻文章之精华。[4]《三坟》：指伏羲、神农、黄帝之书。《五典》：相传为少昊、颛顼(zhuān xū)、高辛、唐尧、虞舜之书。典：常道。《八索》：一般释为关于八卦之书。索：探求卦义。《九邱》：一般释为关于九州的书。[5]绵暧：久远而不明晰。纷糅：纷杂。[6]夫子删述：相传孔子删《诗》《书》，定《礼》《乐》，作《十翼》《春秋》。大宝：指经书。[7]七观：指《尚书大传》中"六《誓》可以观义，五《诰》可以观仁，《甫刑》可以观诫，《洪范》可以观度，《禹贡》可以观事，《皋陶谟》可以观治，《尧典》可以观美"。四始：指《毛诗》中的风、小雅、大雅、颂。始："王道兴盛之所由"为始。五经：指宾礼、军礼、吉礼(祭祀)、凶礼(丧葬)、嘉礼(婚、冠、宴、贺)。五例：指杜预《春秋左传序》中"为例之情有五"：一曰微而显，二曰志而晦，三曰婉而成章，四曰尽而不污，五曰惩恶而劝善。[8]埏(shān)：和泥制瓦，代指教化。匠：掌握熟练技术的工匠，这里指掌娴熟握写作的原理。[9]正：正道。昭明：明亮。融：长。[10]圣谟：圣人所传的典谟。墙宇重峻：喻指圣人的道德学问极为高深精微。墙宇：《论语·子张》："叔孙武叔语大夫于朝曰：'子贡贤于仲尼。'子服景伯以告子贡。子贡曰：'譬之宫墙，赐之墙也及肩，窥见室家之好。夫子之墙数仞，不得其门而入，不见宗庙之美，百官之富。得其门者，或寡矣。夫子之云，不亦宜乎。'"故以墙宇喻指道德学问。重：深。峻：高。吐纳：主要指教化之言论。[11]钧：古代重量单位，三十斤为一钧。铮铮：金属相碰的声音。

（按：本节意在说明经书无所不包的作用，并着重指出孔子在整理经书、确立经书叙述与表述原则方面的巨大贡献。）

夫《易》惟谈天，入神致用。[1]故《系》称旨远辞文，言中事隐，[2]韦编三绝，固哲人之骊渊也。[3]《书》实记言，而诂训茫昧，通乎尔雅，[4]则文意晓然。故子夏叹《书》，昭昭若日月之明，离离如星辰之行，言昭灼也。[5]《诗》主言志，诂训同《书》，摛风裁兴，藻辞谲喻，温柔在诵，故最附深衷矣。[6]《礼》以立体，据事剬范，章条纤曲，执而后显，采掇生言，[7]莫非宝也。《春秋》辨理，一字见义，五石六鹢，以详略成文；雉门两观，以先后显旨。其婉章志晦，谅以邃矣。[8]《尚书》则览文如诡，而寻理即畅；《春秋》则观辞立晓，而访义方隐。此圣人之殊致，表里之异体者也。[9]

[1]天：天道。入神致用：深究神理而可触类以用。[2]《系》：相传为孔子解释《易经》所作《十翼》之一的《系辞》。辞文：辞富文采。中：得当。隐：深奥。[3]韦：熟牛皮，古人用以编连书简。韦编三绝：指《史记·孔子世家》所载“孔子晚而喜《易》……读《易》韦编三绝”。绝：断。骊(lí)渊：潜伏着黑龙的深渊，比喻《易》富于精深幽微的道理。[4]书实记言：《汉书·艺文志》云：“古之王者，世有史官，君举必书……左史记言，右史记事，事为《春秋》，言为《尚书》……。”诂训：即训诂，解释古语。茫昧：不明。《尔雅》：儒家十三经之一，为中国古代最早的、按义类编排的解释词义的综合性辞书。[5]子夏：孔子学生，姓卜名商。离离：分明的样子。昭灼(zhuó)：明白清晰。[6]摛(chī)：铺陈，引申为创作。裁：制作，引申为创作。风：指风、雅、颂之风，为《诗三百》之文类。兴(xìng)：指赋、比、兴之兴，为《诗三百》之表达方式。藻辞：文章辞采。谲喻：通过赋、比、兴等手法隐喻其事而不直言。温柔：儒家认为“温柔敦厚，诗教也”，故温柔敦厚为儒家诗教传统。深衷：心灵情感之最深者。[7]《礼》：即《礼经》，含《周礼》《仪礼》《礼记》。体：体统，即社会行为准则。剬范：制定社会行为所遵循的范式法度。执：推行、践行。显：效能显著。采掇生言：或书作“采掇片言”。[8]一字见(xiàn)义：即一字寓褒贬的春秋笔法。五石：五颗陨石。六鹢(yì)：六只像鸬鹚的水鸟。五石六鹢：见《春秋·僖公十六年》，意在说明《春秋》记事符合见闻的过程。雉门：鲁宫南门。两观：宫门外左右两台上的楼。雉门两观，以先后显旨：见《春秋·定公二年》，意谓《春秋》叙事以叙述的先后次序来昭示作者意旨。婉章志晦：语出杜预《春秋左氏传序》的春秋五例。邃：深远。[9]圣人之殊致：或写作“圣文之殊致”。表里之异体：指文章之真旨或隐或显，这是因为借以表达的体例相异而已。

（按：本节旨在说明五经的体制特征及不同的表现方法。）

至根柢槃深[1]，枝叶峻茂，辞约而旨丰，事近而喻远，是以往者虽旧，余味日新，后进追取而非晚，前修文用而未先[2]，可谓太山遍雨[3]，河润千里者也。

[1]柢(dǐ)：树根。槃(pán)：弯曲。[2]前修：前辈。前修文用而未先：或写作“前修久用而未先”。[3]太山：即泰山。

（按：本节在说明经书对后世作者的深远影响。）

故论说辞序，则《易》统其首；诏策章奏，则《书》发其源；赋颂歌赞，则《诗》立其本；铭诔箴祝，则《礼》总其端；纪传铭檄，则《春秋》为根：并穷高以树表[1]，极远以启疆，所以百家腾跃，终入环内者也。[2]若禀经以制式，酌雅以富言，是仰山而铸铜[3]，煮海而为盐也。故文能宗经，体有六义：一则情深而不诡[4]，二则风清而不杂[5]，三则事信而不诞[6]，四则义直而不回[7]，五则体约而不芜[8]，六则文丽而不淫[9]。扬子比雕玉以作器[10]，谓五经之含文也。夫文以行立，行以文传，四教所先，[11]符采相济，励德树声[12]，莫不师圣，而建言修辞，鲜克宗经[13]。是以楚艳汉侈，流弊不还，正末归本，不其懿欤[14]？

[1]穷高：穷尽到最高处。树表：树立规范。[2]腾跃：形容异常繁富活跃的样子。环：力所能及的范围。[3]仰山：或写作“即山”。[4]诡：虚伪。[5] 风：“风(fèng)也，教也”。风清而不杂：教化纯一而没有杂质。[6]诞：虚妄、欺诈。[7]直：或写作“贞”，正确。回：歪曲。[8]约：文章体制精练。芜：冗沉繁杂。[9]淫：文章修饰堆彻的词藻过多。[10]扬子比雕玉以作器：见《法言·寡见篇》：“玉不雕，玙璠不作器；言不文，典谟不作经。”[11]行：德行。四教：指文、行、忠、信。孔子以四者教育子弟。[12]励：通“砺”，磨砺。树：树立。[13]鲜：很少。克：能够。[14]懿：美好。

（按：本节则进一步阐明宗经的原因：一是经书为后世各种文类的源头；二是经书为文章创作树立了六种创作原则。并且指出：文能宗经，则可以“正末归本”，匡救为文之时弊。）

赞曰：三极彝道，训深稽古。[1]致化归一，分教斯五。[2]性灵镕匠，文章奥府。渊哉铄乎[3]，群言之祖。

[1]三极彝道，训深稽古：或写作“三极彝训，道深稽古”。道深稽古：道理深奥，可考究于古代经书。[2]致化归一：实现教化的目的总归于一。分教斯五：施行教化时则分别凭借五经教育来进行。[3]渊：指经义之深奥。铄(shuò)：光耀美盛的样子。

明　诗

[引言]

本篇主要探讨了以下关于诗歌的问题：一是诗的概念；二是诗尤其是四言、五言诗至两晋时期的发展史；三是关于诗体的等级观及诗体的风格论问题；四是追述了一些杂体诗的源头。其中，兼涉了对个别作家或作家群的创作风格论述。

大舜云：“诗言志，歌永言。[1]”圣谟所析[2]，义已明矣。是以“在心为志，发言为诗”[3]，舒文载实[4]，其在兹乎！诗者，持也，持人情性；三百之蔽，义归“无邪”[5]，持之为训，有符焉尔[6]。

[1]语出《尚书·虞书·舜典》：“诗言志，歌永言，声依永，律和声。”永：延长。[2]圣：指大舜。谟：典谟。圣谟：圣典。[3]语出《毛诗序》：“诗者，志之所之也。在心为志，发言为诗。”[4]舒：铺陈。文：文辞。实：情志。[5]语出《论语·为政》：“子曰：‘《诗》三百，一言以蔽之，曰：

思无邪。'”[6]焉：代词，此。尔：语气助词。

（按：本节作者引经据典，对诗的含义进行了双重界定：从创作论而言，“诗言志”也，强调发抒作者主观心志的本质；从接受论而言，“诗者，持也，持人情性”，强调诗歌的教化作用。）

人禀七情，应物斯感；感物吟志，莫非自然。[1]昔葛天氏乐辞云，《玄鸟》在曲；[2]黄帝《云门》，理不空绮。[3]至尧有《大唐》之歌，舜造《南风》之诗，[4]观其二文，辞达而已。及大禹成功，九序惟歌[5]；太康败德，五子咸怨，[6]顺美匡恶[7]，其来久矣。自商暨周，《雅》《颂》圆备，四始彪炳，六义环深。[8]子夏监绚素之章，子贡悟琢磨之句，故商赐二子，可与言诗。[9]自王泽殄竭[10]，风人辍采[11]，春秋观志，讽诵旧章，酬酢以为宾荣，吐纳而成身文。[12]逮楚国讽怨，则《离骚》为刺。秦皇灭典，亦造《仙诗》。[13]

[1]七情：《礼记·礼运》：“何谓人情？喜、怒、哀、惧、爱、恶、欲，七者弗学而能。”感物吟志：心感于外物生志，志遂从心咏吟而发。自然：自然而然的道理。[2]昔葛天氏乐辞云：或写作“昔葛乐辞”。《玄鸟》：据《吕氏春秋·古乐篇》为葛天八阕之一：“昔葛天氏之乐，三人操牛尾投足以歌八阕，一曰《载民》，二曰《玄鸟》，三曰《遂草木》，四曰《奋五谷》，五曰《敬天常》，六曰《达帝功》，七曰《依地德》，八曰《总万物之极》。”[3]《云门》：歌颂黄帝的一首乐曲。理不空绮：或写作“理不空弦”，即理当有歌词与曲配合。按：《玄鸟》《云门》都没有歌词传下来。[4]《大唐》：《礼记·乐记》作“大章，章之也”，郑玄注：“尧乐名也，言尧德章明也。《周礼》阙之，或作大卷。”《尚书大传》以大章为大唐之歌。《周礼》既阙，则刘勰所见，疑为后人仿作。《南风》：《礼记》：“昔者舜作五弦之琴，以歌南风。”[5]九序：水、火、金、木、土、谷、正德、利用、厚生。[6]太康：夏启之子。五子：一说为太康之弟五观；一说为太康之五个弟弟。[7]顺：助而行之。匡：纠正。[8]圆备：皆备。四始：风、大雅、小雅、颂。六义：风、雅、颂、赋、比、兴。环深：周密精深。[9]子夏：姓卜，名商，字子夏。监：明了。绚：彩色。素：白色。子夏监绚素之章：《论语·八佾》：“子夏问曰：‘巧笑倩兮，美目盼兮，素以为绚兮，何谓也?’子曰：‘绘事后素。’曰：‘礼后乎?’子曰：‘起予者商也！始可与言《诗》已矣。’”子贡：姓端木，名赐，字子贡。《论语·学而》：“子贡曰：‘贫而无谄，富而无骄，何如?’子曰：‘可也。未若贫而乐，富而好礼者也。’子贡曰：‘《诗》云：“如切如磋，如琢如磨。”其斯之谓与?’子曰：‘赐也，始可与言《诗》已矣！告诸往而知来者。’”[10]王泽：周王朝的教化之泽。殄(tiǎn)竭：尽。[11]风人：古代采诗之官。辍：停止。[12]春秋观志：指春秋时代诸国外交盟誓时主宾均以诵吟《诗经》章句以表达交流。酬：主人劝酒。酢(zuò)：客人回敬。宾荣：宾客的荣誉。吐纳：即讽诵旧章。身文：身亦有文，即典雅的言辞是身文的表现。[13]秦皇灭典：即秦始皇焚书事件。《仙诗》：即始皇三十六年命博士所作之《仙真人诗》，已佚。

（按：本节概述了诗至战国时期的发展史。）

汉初四言，韦孟首唱[1]，匡谏之义，继轨周人[2]。孝武爱文，柏梁列韵，[3]严马之徒[4]，属辞无方。至成帝品录，三百余篇，[5]朝章国采，亦云周备，而辞人遗翰[6]，莫见五言，所以李陵班婕妤见疑于后代也[7]。按《召南·行露》，始肇半章；[8]孺子《沧浪》[9]，亦有全曲；《暇豫》优歌[10]，远见春秋；《邪径》童谣[11]，近在成世：阅时取证，则五言久矣。又古诗佳丽，或称枚叔，[12]其《孤竹》一篇，则傅毅之词。[13]比采而推[14]，两汉之作乎？观其结体散文[15]，直而不野，婉转附物，怊怅切情，实五言之冠冕也。[16]至于张衡《怨》篇，清典可味；[17]《仙诗缓歌》，雅有新声。[18]

[1]韦孟：彭城人氏，西汉初诗人。尝作《讽谏诗》讽谏楚王刘戊的荒淫。[2]轨：法则。[3]孝武(前156—前87)：即汉武帝刘彻，字通，孝武是其谥号。柏梁列韵：《古文苑》卷八："武帝元封三年，作柏梁台，诏群臣二千石有能为七言诗，乃得上座。"列韵：联句。其诗每句七字，句句用韵。顾炎武《日知录》以为此诗为后人伪作。[4]严：即严忌(约前188—前105)，西汉初期辞赋家，由拳(今浙江嘉兴)人，本姓庄，后人避明帝刘庄讳而改其姓为严。马：即司马相如。[5]成帝：即刘骜(前51—前7)，谥号"孝成皇帝"。品录：品评辑录。三百余篇：《汉书·艺文志·诗赋略》载为三百一十四篇。[6]遗翰：传下来的诗篇。[7]李陵(？—前74)：字少卿，陇西成纪(今甘肃静宁南)人，武帝时期的名将。婕妤(jié yú)：成帝时宫中女官名。班婕妤(前48—2)：姓班，名不可考，西汉女辞赋家，祖籍楼烦(山西宁武)人，成帝妃子。按：署二人之作被后人疑为伪托之作。[8]《召南·行露》："谁谓雀无角？何以穿我屋？谁谓女无家？何以速我狱？虽速我狱，室家不足。"肇：始。[9]孺子：儿童。《孟子·离娄》："沧浪之水清兮，可以濯我缨。沧浪之水浊兮，可以濯我足。"[10]暇豫：闲乐。优：倡优，春秋时晋献公之优施。《国语·晋语》载优施对里克讽劝之歌："暇豫之吾吾，不如鸟乌。人皆集于苑，己独集于枯。"[11]邪径：《汉书·五行志》："邪径败良田，谗口乱善人；桂树华不实，黄爵巢其颠，故为人所羡，今为人所怜。"[12]古诗：即《古诗十九首》。枚叔：即枚乘(？—前140)，西汉辞赋家，字叔，秦建制时淮阴人，创制了汉大赋之"七发"体。[13]《孤竹》：即《古诗十九首》之《冉冉孤生竹》，实为无名氏之作。傅毅(？—89)：字武仲，东汉作家，扶风茂陵人。[14]比：对照比较。推：推论判定。[15]其：代《古诗十九首》。结体：形成的风格。散文：舒展之文，即行文。[16]附：贴切。怊(chāo)怅：惆怅失意的样子。冠冕：帽子，引申为第一。[17]张衡(78—139)：字平子，南阳西鄂人，东汉著名科学家、作家。《怨》篇：载于《御览》卷八三九："猗猗秋兰，植彼中阿；有馥其芳，有黄有葩；虽曰幽深，厥美弥嘉；之子之远，我劳如何？"清典：清丽典雅。[18]《仙诗缓歌》：已不可考。雅：常。新声：非四言诗。

（按：本节主要概述了四言诗、五言诗在两汉时期的发展概貌。）

暨建安之初，五言腾踊，[1]文帝陈思[2]，纵辔以骋节，王徐应刘[3]，望路而争驱。并怜风月，狎池苑[4]，述恩荣，叙酣宴，慷慨以任气，磊落以使才。造怀指事[5]，不求纤密之巧；驱辞逐貌，唯取昭晢之能[6]：此其所同也。乃正始明道，诗杂仙心，[7]何晏之徒[8]，率多浮浅，唯嵇志清峻，阮旨遥深，故能标焉。[9]若乃应璩《百一》，独立不惧，辞谲义贞，亦魏之遗直也。[10]

[1]建安：汉献帝年号(196—220)。腾踊：大量涌现。[2]文帝：即曹丕(187—226)，字子桓，沛国谯(今安徽亳州)人，三国时期政治家、文学家。陈思：即曹植(192—232)，字子建，沛国谯(今安徽亳州)人，曹操之子，文帝曹丕之弟，谥号思，三国时魏国文学家。[3]王：即王粲(177—217)，字仲宣，山阳高平(今山东邹城)人，东汉末年著名文学家，“建安七子”之一，为“七子之冠冕”。徐：即徐干(170—217)，字伟长，北海郡(今山东昌乐)人，“建安七子”之一，文学家。应：即应玚(？—217)，字德琏，汝南(今河南汝南东南)人，“建安七子”之一，文学家。刘：即刘桢(186—217)，字公幹，东汉末钜平(今山东宁阳)人，“建安七子”之一，文学家。[4]狎(xiá)：(作为狎客伴所附权贵)游玩。[5]造怀：抒写胸臆。指事：描摹具体事物。[6]唯取昭哲之能：或写作“唯取昭晰之能”。[7]正始：魏废帝齐王曹芳年号(240—249)。明道：阐述道家思想。仙心：亦指道家思想。[8]何晏(？—249)：字平叔，南阳宛县(今河南南阳)人，三国时魏国玄学家。[9]嵇：即嵇康(223—262 或 224—263)，字叔夜，上虞人，“竹林七贤”之一，三国时魏末文学家、思想家、音乐家、玄学家。阮：即阮籍(210—263)，字嗣宗，陈留尉氏(今属河南)人，“竹林七贤”之一，三国魏诗人。标：高出众人。[10]应璩(qú)(190—252)：字休琏，汝南(今河南汝南东南)人，三国时曹魏文学家。辞谲：文辞曲折。义贞：文章意义正直。遗直：文章有古人讽谏遗风。

(按：本节主要概述了建安至正始时期诗的发展史。)

晋世群才，稍入轻绮[1]，张潘左陆[2]，比肩诗衢[3]，采缛于正始，力柔于建安，[4]或析文以为妙，或流靡以自妍，[5]此其大略也。江左篇制，溺乎玄风，嗤笑徇务之志，崇盛亡机之谈。[6]袁孙已下[7]，虽各有雕采，而辞趣一揆[8]，莫与争雄；所以景纯仙篇[9]，挺拔而为俊矣。宋初文咏，体有因革[10]，庄老告退，而山水方滋；俪采百字之偶[11]，争价一句之奇，情必极貌以写物，辞必穷力而追新，此近世之所竞也。

[1]轻绮：轻浮绮丽的风格。[2]张：即张载(生卒年不详)，字孟阳，安平(今属河北)人，西晋文学家；张协：(？—约 307)，字景阳，安平人，西晋文学家；张亢：(生卒年未详)，字季阳，安平人，西晋文学家。潘：即潘岳(247—300)，字安仁，荥阳中牟(今属河南)人，又称潘安，西晋文学家。左：即左思(约 250—305)，字太冲，齐国临淄(今山东淄博)人，西晋著名文学家。陆：即陆机(261—303)，字士衡，吴郡华亭(今上海松江)人，西晋文学家、书法家，与其弟陆云合称“二陆”；陆云(262—303)，字士龙，吴郡华亭人，西晋文学家。[3]衢：大道。[4]采缛于正始：文采比正始文学更为繁富。力柔于建安：风力比建安作品更为柔弱。[5]析文：追求文辞的对偶藻饰。流靡：讲究音节的流利。[6]江左：即江东，长江下游地区，代指东晋。溺乎：沉溺于。玄风：玄学之风。徇务：从事政务。亡机之谈：或写作“忘机之谈”，即忘掉机务，也即指热衷于谈论老庄哲学。[7]袁：即袁宏(约 328—376)，字彦伯，陈郡阳夏(今河南太康)人，东晋玄言诗人。孙：即孙绰(314—371)，字兴公，太原中都(今山西平遥)人，东晋玄言诗人。[8]揆(kuí)：量度、测量。一揆：一致。[9]景纯：即郭璞(276—324)，字景纯，河东闻喜(今属山西)人，东晋著名学者、文学家。[10]因革：继承革新。[11]俪：对偶。

(按：本节主要概述两晋时期诗的发展概貌。)

故铺观列代，而情变之数可监；[1]撮举同异[2]，而纲领之要可明矣。若夫四言正体，则雅润为本；[3]五言流调，则清丽居宗；[4]华实异用，惟才所安。[5]故平子得其雅，叔夜含其润，茂先凝其清，景阳振其丽；兼善则子建仲宣，偏美则太冲公幹。然诗有恒裁，思无定位，随性适分，[6]鲜能通圆。若妙识所难，其易也将至；忽之为易，其难也方来。至于三六杂言，则出自篇什[7]；离合之发，则明于图谶；[8]回文所兴，则道原为始；[9]联句共韵，则柏梁余制；巨细或殊，情理同致，总归诗囿，故不繁云。

[1]铺观：纵观。情变之数：诗中思想感情变化的规律。可监：可以明晰察知。[2]撮：总括。[3]若夫四言正体：《诗经》以四言为主，而刘勰论文宗经，故以四言为正体。雅：典雅。润：修饰文辞，使之富有文采。[4]五言流调：刘勰论文宗经，故称五言为流调。清丽：清新绮丽。[5]华实：指清丽之文风。实：指雅润之文风。异用：根据华实文风的特征不同而各有所用。惟才所安：作者据自己才性选择遣用华实两种风格。[6]恒裁：恒定的体裁。定位：固定的规矩。分(fèn)：天分。[7]篇什：《诗经》每十篇为“什”，故以“篇什”指代《诗经》。[8]离合：即拆字诗。图谶(chèn)：古代称将迷信性质的预言与纬书相结合而形成的图书为图谶，或曰“谶书”。如《孝经右契》：“宝文出，刘季握。卯金刀，在轸(zhěn)北，字禾子，天下服。”乃以此宣扬高祖刘邦(刘季系其别名)享有天下的君权神授性质。[9]回文：一种按一定法则将字词排列成文，能回环往复诵读而自成律句的诗歌体式。道原：未详。

(按：本节提出了四言正体、五言流调的诗体等级观及正体以雅润为高、流调以清丽居宗的诗体风格论，并结合诗史谈了正流两体不同的诗体风格在诗人作品中的体现，同时对其他杂体诗歌的源头进行了简要溯源。)

赞曰：民生而志，咏歌所含[1]。兴发皇世，风流二南。神理共契，政序相参。[2]英华弥缛，万代永耽。[3]

[1]含：所包含的内容。[2]契：契合。政序：政治伦理秩序。参：配合。[3]英华：指文采。耽：沉溺、喜爱。

神　思

[引言]

本篇意在阐述文章写作构思所涉及的几个问题：第一，作者从写作想象入手，认为想象性构思具有突破时空有限性的特征；第二，创作构思需要主体具备虚静的审美心境、丰富的知识储备、深邃的思维能力、娴熟的语言运用能力，以期能解决创作中“意—思—言—象”这一核心问题；第三，作者认为，要具备以上几个方面的条件，主体必须加强学习与修养。

古人云：“形在江海之上，心存魏阙之下。[1]”神思之谓也[2]。文之思也，其神远矣[3]。故寂然凝虑，思接千载；悄焉动容，视通万里；吟咏之间，吐纳珠玉之声[4]；眉睫之前，卷舒风云之色：其思理之致乎[5]？故思理为妙，神与物游[6]。神居胸臆，而志气统其关键[7]；物沿耳目，而辞令管其枢机。[8]枢机方通，则物无隐貌；关键将塞，则神有遁心[9]。是以陶钧文思[10]，贵在虚静，疏瀹五藏，澡雪精神；[11]积学以储宝，酌理以富才[12]，研阅以穷照[13]，驯致以怿辞[14]；然后使玄解之宰[15]，寻声律而定墨；独照之匠，窥意象而运斤：[16]此盖驭文之首术，谋篇之大端。[17]

[1]江海：指隐居民间。魏阙：古代宫门上左右相对的两个高楼观，代指朝廷。“形在江海之上，心存魏阙之下”，语出《庄子·让王》：“中山公子牟谓瞻子曰：‘身在江海之上，心居乎魏阙之下，奈何！’”此处指创作不受身处的环境、空间及既定社会关系限制。[2]神思：作家创作过程中的想象构思。[3]远：指突破作家身处的有限性时空而达到时空的无限性。[4]吐纳：发出。[5]思理：指想象的创作构思。致：情态，情致。[6]神：指主体的想象活动。物：指客体事物的形象。神与物游：即创作构思的过程为主体的想象活动与客体事物的形象二者间的契入化合。[7]志气：思想情趣。[8]沿：循着。辞令：文章言辞。枢机：关键。[9]遁心：即逃逸初衷，这里指文思枯竭，构思时感觉力不从心。[10]陶钧：制作陶器的转轮，这里比喻为创作过程中的酝酿构思。[11]疏瀹(yuè)：洗净、洗除。五藏：即心、肝、脾、肾、肺五脏。澡雪：洗涤干净。[12]酌理：斟酌事理。富才：增长才华。[13]阅：阅历。研阅：研究自身所阅历之事。穷照：透彻地观察理解事理。[14]驯：依照、顺从。致：情致。怿：通“绎”，抽取。怿辞：遣用文辞。[15]玄解：深奥的道理。宰：主宰，指作家的心。玄解之宰：语出《庄子·养生主》庖丁解牛的故事。[16]独照：对事理的独到洞见。独照之匠：语出《庄子·天道》中轮扁斲轮的故事。斤：斧头。运斤：写作时的润色修饰。[17]首术：创作时首要的方法。大端：指谋篇写作时的重要开端。

（按：本节主要探讨了创作活动中神思即想象构思的特征，以及神思的展开对主体创作心境、知识储备、思维能力、阅事照理的要求。）

夫神思方运，万涂竞萌[1]，规矩虚位，刻镂无形；[2]登山则情满于山，观海则意溢于海，我才之多少，将与风云而并驱矣。[3]方其搦翰，气倍辞前；[4]暨乎篇成，半折心始[5]。何则？意翻空而易奇，言征实而难巧也。[6]是以意授于思，言授于意；密则无际，疏则千里；[7]或理在方寸而求之域表[8]；或义在咫尺而思隔山河[9]。是以秉心养术[10]，无务苦虑；含章司契[11]，不必劳情也。

[1]万涂：纷杂的意念。萌：滋生。[2]规矩：按一定要求使之具象化。虚位：抽象的东西。无形：义同“虚位”。[3]我才：创作主体的想象力。并驱：一同舒卷铺排、纤化构生。[4]搦(nuó)翰：执笔。气：创作物化阶段前主体构思所预设倾注于作品中的文气。[5]半折：折损一半。心始：创作物化前构思所想到的。[6]意翻空而易奇：变化莫测的想象所产生的意境是奇幻瑰丽的。言征实而难巧：即语言坐实于具体的物象，那么其就难于表现出奇幻巧妙的意象来。征实：坐实。[7]密：合、贴切。无际：没有疏纰之处。疏：远。[8]方寸：心。域表：域外，主体之思所不能及的地方。[9]咫：八寸。咫尺：眼前。[10]秉心：秉持虚静之心。养术：操练构思创作的方法。[11]章：文采。含章：呈现在脑海中的奇幻意象。契：契约，指创作法则。司契：掌握创作规则。

（按：本节进一步剖析了创作构思的特征在于情思的丰富性、意象的奇幻性，以及语言在物化构思中的有限性，以此突出如何处理“意—思—言—象”四者关系对创作的重要性。最后提出作家必须修养心神方能勉力进入构思佳境。）

人之禀才，迟速异分；[1]文之制体[2]，大小殊功：相如含笔而腐毫[3]，扬雄辍翰而惊梦[4]，桓谭疾感于苦思[5]，王充气竭于思虑[6]，张衡研京以十年[7]，左思练都以一纪[8]，虽有巨文，亦思之缓也。淮南崇朝而赋骚[9]，枚皋应诏而成赋[10]，子建援牍如口诵[11]，仲宣举笔似宿构[12]，阮瑀据案而制书[13]，祢衡当食而草奏[14]，虽有短篇，亦思之速也。若夫骏发之士[15]，心总要术，敏在虑前，应机立断；覃思之人[16]，情饶歧路[17]，鉴在疑后，研虑方定。机敏故造次而成功，虑疑故愈久而致绩。[18]难易虽殊，并资博练[19]。若学浅而空迟，才疏而徒速，以斯成器，未之前闻。是以临篇缀虑[20]，必有二患：理郁者苦贫，辞溺者伤乱。[21]然则博见为馈贫之粮，贯一为拯乱之药[22]，博而能一，亦有助乎心力矣。

[1]禀才：禀赋才气。分(fèn)：天分。[2]制体：文章的体裁与规模。[3]毫：细长而尖的毛，引申为毛笔。语出《汉书·枚皋传》：“司马相如善为文而迟，故所作少而善于皋。”[4]语出《新论·祛蔽》：“余少时见扬子云之丽文高论，不自量年少新进，而猥欲逮及，尝激一事而作小赋，用精思太剧，而立感动发病，弥日瘳。子云亦言成帝时，赵昭仪方大幸。每上甘泉，诏令作赋，为之卒暴思精苦，赋成，遂困倦小卧，梦其五脏出在地，以手收而内之。及觉，病喘悸，大少气，病一岁。由此言之，尽思虑，伤精神也。”[5]桓谭(？—56)：字君山，沛国相(今安徽濉溪西北)人，东汉哲学家、经学家。[6]王充(27—97?)：字仲任，会稽上虞人，东汉著名思想家。气竭：志力衰耗。典出《后汉书·王充传》：“充好论说，始若诡异，终有理实。以为俗儒守文，多失其真。乃闭门潜思，绝庆吊之礼，户牖墙壁，各置刀笔，著《论衡》八十五篇，二十余万言。……年渐七十，志力衰耗，乃造《养性书》十六篇，裁节嗜欲，颐神以自守。”[7]语出《后汉书·张衡传》：“时天下承平日久，自王侯以下，莫不逾侈。衡乃拟班固《两都》作《二京赋》，因以讽谏。精思傅会，十年乃成。”[8]一纪：十二年。语出《文选·三都赋序》李善注引臧荣绪《晋书》：“左思字太冲，齐国人。少博览文史，欲作《三都赋》，乃诣著作郎张载访岷邛之事。遂构思十稔，门庭藩溷(hùn)，皆著纸笔，遇得一句即疏之，征为秘书。赋成，张华见而咨嗟，都邑豪贵，竞相传写。”[9]语出荀悦《前汉纪·孝武皇帝

纪》："初，安朝，上使作《离骚赋》。旦受诏，食时毕。"[10]典出《汉书·枚皋传》："上有所感，辄使赋之。为文疾，受诏辄成，故所赋者多。"[11]典出杨修《答临淄侯笺》："又尝亲见执事，握牍执笔，有所造作，若成诵在心，借书于手，曾不斯须少留思虑。"[12]典出《三国志·魏书·王粲传》："善属文，举笔便成，无所改定，时人常以为宿构。然正复精意覃深，亦不能加也。"[13]《三国志·魏书·王粲传》注引《典略》："太祖尝使瑀作书与韩遂。时太祖适近出，瑀随从，因于马上具草，书成呈之。太祖揽笔欲有所定，而竟不能增损。"[14]典出《后汉书·祢衡传》："(黄祖长子射)时大会宾客，人有献鹦鹉者，射举卮于衡曰：'愿先生赋之，以娱嘉宾。'衡揽笔而作，文无加点，辞采甚丽。"[15]骏：速。骏发：文思敏捷。[16]覃(tán)思：深思，故文思迟缓。[17]饶：丰富，多。歧路：面对多种选择而决意不定。[18]造次：急促。致绩：成功。[19]博练：博学与练才。[20]缀虑：构思。[21]郁：思路郁积不得展开。贫：贫乏，指内容空洞。辞溺：溺于辞藻之中。乱：杂乱无章。[22]贯一：使文辞所表之意具有统一的中心。

（按：本节指出创作主体的才性有迟速之分，创作构思的关键在于主体的学识与才性，因而主体应当加强学识修养与才性锤炼。）

若情数诡杂[1]，体变迁贸[2]，拙辞或孕于巧义，庸事或萌于新意，[3]视布于麻，虽云未费，杼轴献功，焕然乃珍。[4]至于思表纤旨，文外曲致，[5]言所不追，笔固知止。至精而后阐其妙，至变而后通其数[6]，伊挚不能言鼎[7]，轮扁不能语斤[8]，其微矣乎！

[1]情数：情思。诡杂：变化莫测而杂乱纷繁。[2]体变：体裁。迁贸：变化。[3]孕：包蕴。萌：萌芽、滋生。[4]视布于麻：布与麻相比较。(按：此处布与麻的关系是布由麻纺织而成)未费：杨明照先生认为当作"未贵"。杼轴：织布机，这里指写作中的构思、组织。焕然：富于光彩的样子。[5]表：外。纤：细微。曲致：幽微婉曲的情趣。[6]数：技巧。[7]伊挚：即伊尹，名挚，汤的大臣。典出《吕氏春秋·本味》："汤得伊尹……明日设朝而见之。说汤以至味，汤曰：'可对而为乎?'对曰：'……鼎中之变，精妙微纤，口弗能言，志弗能喻。'"[8]轮扁：古代斫轮的巧匠。斤：斧头。典出《庄子·天道》："臣也，以臣之事观之：斫轮，徐则甘而不固，疾则苦而不入；不徐不疾，得之于手而应于心，口不能言，有数存焉于其间；臣不能以喻臣之子，臣之子亦不能受之于臣，是以行年七十而老斫轮。"

（按：本节意在突出构思修饰在写作中的作用，并强调了文思精妙，故写作构思之道非语言所能曲尽其妙。）

赞曰：神用象通[1]，情变所孕。物以貌求，心以理应。刻镂声律，萌芽比兴。结虑司契，垂帷制胜。[2]

[1]神：神思。用：因为、凭借。象：意象。通：贯通。[2]结虑：即"缀虑"，构思。垂帷：下帷，指作文构思。

体　性

[引言]

本篇主要阐述了文章风格的问题：第一，文章风格呈现出千变万化的特征，是由主体的才、气、学、习四大因素综合形成的；第二，作者从二元对立的思维出发，对文章风格进行了两两对立的简单划分，即：典雅、远奥、精约、显附、繁缛、壮丽、新奇、轻靡八种风格；第三，强调了后天的学习对于文章创作及风格形成的重要性。

夫情动而言形，理发而文见，盖沿隐以至显[1]，因内而符外者也。然才有庸俊，气有刚柔，学有浅深，习有雅郑，[2]并情性所铄，陶染所凝，[3]是以笔区云谲，文苑波诡者矣。[4]故辞理庸俊，莫能翻其才[5]；风趣刚柔，宁或改其气[6]；事义浅深，未闻乖其学[7]；体式雅郑，鲜有反其习[8]：各师成心[9]，其异如面。

[1]隐：指内心的情理。显：指文辞调韵等。[2]才：才能、才华。俊：杰出。雅：周天子都邑附近的音乐，即雅乐。郑：郑国靡靡之音，即俗音。[3]情性：即先天的才与气。铄：冶炼，引申为使……成形。陶染：即后天的学与习。[4]笔区、文苑：互文，指文学创作的领域。云谲、波诡：指像云与水波一样变化万端。[5]翻：超出或“与……相违”。[6]宁或：岂能。[7]乖：违背。[8]鲜：少有。[9]成心：即作家的习性、个性，含上文所言的才、气、学、习四种因素。

（按：本节开宗明义，点明创作与才、气、学、习的关系，正是这四者决定了文章呈现出不同的风格。）

若总其归涂，则数穷八体：[1]一曰典雅，二曰远奥，三曰精约，四曰显附，五曰繁缛，六曰壮丽，七曰新奇，八曰轻靡。典雅者，镕式经诰，方轨儒门者也；[2]远奥者，馥采典文，经理玄宗者也；[3]精约者，核字省句[4]，剖析毫厘者也；显附者，辞直义畅，切理厌心者也[5]；繁缛者，博喻酿采，炜烨枝派者也；[6]壮丽者，高论宏裁，卓烁异采者也；[7]新奇者，摈古竞今，危侧趣诡者也；[8]轻靡者，浮文弱植，缥缈附俗者也。[9]故雅与奇反，奥与显殊，繁与约舛，壮与轻乖，文辞根叶，苑囿其中矣。

[1]涂：同“途”，路。穷：尽。[2]镕式：取法并熔铸为一体。经诰：经典。诰：一种具有告诫功能的文体。方轨：并轨齐驾。方轨儒门：沿着儒家所指引的路径前进。[3]馥采典文：或写作“馥采曲文”。馥：同“复”，隐而不显。玄宗：玄妙的理论。[4]核字省句：字斟句酌，形容炼字精确。

[5]切理：切中事理。厌心：使心理满足。[6]博喻：多方设喻。酿采：满蓄辞采。炜烨(wěi yè)：形容光明的样子，这里指色泽绚丽。枝派：铺张的描写。[7]宏裁：宏大的体裁。卓烁：卓越的光采。[8]摈：排斥。危侧：险僻，指不遵循文之正统，追求新奇靡丽之文。趣：通“趋”。[9]浮文：浮浅的文辞。弱植：孱弱的情志。缥缈：指文风轻浮浅薄。

（按：本节主要论述了八种文章风格的特征。）

若夫八体屡迁[1]，功以学成，才力居中，肇自血气；[2]气以实志[3]，志以定言，吐纳英华，莫非情性。是以贾生俊发[4]，故文洁而体清；长卿傲诞，故理侈而辞溢；[5]子云沉寂[6]，故志隐而味深；子政简易，故趣昭而事博；[7]孟坚雅懿[8]，故裁密而思靡；平子淹通[9]，故虑周而藻密；仲宣躁锐，故颖出而才果；[10]公幹气褊，故言壮而情骇；[11]嗣宗俶傥，故响逸而调远；[12]叔夜俊侠[13]，故兴高而采烈；安仁轻敏[14]，故锋发而韵流；士衡矜重[15]，故情繁而辞隐：触类以推，表里必符，岂非自然之恒资，才气之大略哉！

[1]八体屡迁：八体的变化。[2]居中：谓才力居于学养和气质之间。血气：先天的气质，即文章中的“气”。[3]实：充实。[4]贾生：即贾谊。俊发：才气俊朗而志向高扬。[5]长卿：即司马相如。诞：放荡。侈：夸大。嵇康《高士传赞》云：“长卿慢世，越礼自放。犊鼻居市，不耻其状。托疾避官，蔑此卿相。乃赋《大人》，超然莫尚。”[6]子云：即扬雄。《汉书・扬雄传》：“默而好深湛之思，清静亡为，少耆欲。”[7]子政：即刘向。《汉书・刘向传》：“向为人简易无威仪，廉靖乐道，不交接世俗。”简易：平易近人。昭：明晰。[8]孟坚：即班固。雅懿：美德。《后汉书・班固传》：“及长，遂博贯载籍，九流百家之言无不穷究……性宽和容众，不以才能高人。”[9]平子：即张衡。淹通：广博通达。《后汉书・张衡传》：“……遂通五经，贯六艺，虽才高于世，而无骄尚之情。”[10]仲宣：即王粲。躁锐：好与人追名逐利。《魏志・杜袭传》：“粲性躁竞。”颖出：(才气)锋芒毕现。果：机敏果断。[11]公幹：即刘桢。褊：偏激。骇：使……感到害怕。《三国志・魏书・王粲传》：“桢以不敬被刑。”[12]嗣宗：即阮瑀。俶傥：同“倜傥”，洒脱不拘。逸：高超。《三国志・魏书・王粲传》：“瑀子籍，才藻艳逸而倜傥放荡，行己寡欲，以庄周为模则。”[13]叔夜：即嵇康。俊：隽秀的风采。侠：刚烈而正直的性情。[14]安仁：即潘岳。轻敏：才思敏捷。《文心雕龙・才略》：“潘岳敏给。”[15]士衡：即陆机。矜重：矜持庄重。《晋书・陆机传》：“伏膺儒术，非礼不动。”

（按：本节举文学史上具体例子证明作家才性与作品风格的关系。）

夫才有天资，学慎始习，斲梓染丝[1]，功在初化，器成彩定，难可翻移。故童子雕琢，必先雅制，[2]沿根讨叶，思转自圆[3]，八体虽殊，会通合数，得其环中，则辐辏相成。[4]故宜摹体以定习，因性以练才，[5]文之司南[6]，用此道也。

[1]斲：砍。梓：树名，用以制作木器。语出《尚书・梓材》：“若作梓材，既勤朴斫。”染丝：语出《墨子・所染》：“子墨子言，见染丝者而叹曰：‘染于苍则苍，染于黄则黄，所入者变，其色亦

变……故染不可不慎也。”梓因斲而成器，丝因染而成取色，一旦成器色则不可更变，故“功在初化”而“难可翻移”。[2]雕琢：言写作文章，如雕琢器物也。雅：正、合乎规范。制：（文章）体制、成法。雅制：合乎规范的文章创作体制、成法。全句意谓：从事写作始，就须取法乎上。[3]思转：写作思路的转承变化。圆：即下文之“会通”。[4]会通：融会贯通。合数：合于规则。环中：指轴心。辐：车轮中的直木。辐辏（còu）：车轮上的辐条集中于毂（gǔ，车轮中间有圆孔可以插辐的地方）上。“得其环中，则辐辏相成”：掌握了车轮的轴心，则许多车辐就可以相辅面而相成；喻指创作中掌握了关键规则，则纲举目张而自成妙文。[5]摹体以定习：承“习有雅郑”而言，意即取法“雅制”而端正创作方向。因性以练才：承“气有刚柔”而言，意即按照主体的个性特征，锻炼自己的艺术创作才能。[6]司南：即指南针。

（按：本节首先强调了文章成法对于初涉写作的重要性，进而提出勤于练习以掌握规律、会通成法，从而取法乎上的创作要求。）

赞曰：才性异区，文辞繁诡[1]。辞为肤根，志实骨髓。[2]雅丽黼黻，淫巧朱紫。[3]习亦凝真，功沿渐靡。[4]

[1]才性异区，文辞繁诡：作者才性各异，故所创作出的文章风格亦纷繁迥异。[2]辞为肤根：或写作“辞为肌根”“辞为肌肤”，意为辞即文章的体貌。志实骨髓：作者的才性是文章内在的精义。志：作者的才性。[3]雅丽：丽且无伤于正者谓之雅丽。黼黻（fǔ fú）：古礼服上绣的花纹，黑白相间的斧形花纹为黼，青黑相间的亞形花纹为黻。朱紫：朱为正色，紫为间色，此处偏取紫色。[4]真：即作者的才气。功：加强学习而得的成果。靡：扩大。

风　骨

[引言]

本章主要论述了风骨的相关问题：第一，描述了风骨的内涵特征；第二，探讨了气与风骨的关系；第三，探讨了风骨与“宗经”原则下文辞的运用问题。

诗总六义[1]，风冠其首，斯乃化感之本源，志气之符契也。[2]是以怊怅述情，必始乎风，沉吟铺辞，莫先于骨。故辞之待骨，如体之树骸；情之含风，犹形之包气。[3]结言端直，则文骨成焉；意气骏爽，[4]则文风清焉。若丰藻克赡，风骨不飞，则振采失鲜，负声无力。[5]是以缀虑裁篇，务盈守气，[6]刚健既实，辉光乃新，其为文用，譬征鸟之使翼也[7]。故练于骨者，析辞必精；深乎风者，述情必显。捶字坚而难移，结响凝而不滞，[8]此风骨之力也。若瘠义肥辞，繁杂失统[9]，则无骨之征也。思不环周，索莫乏气，[10]则无风之验也。昔潘勖锡魏，思摹经典，群才韬笔，乃其骨髓峻也；[11]相如赋仙，气号凌云，蔚为辞宗，乃其风力遒也。[12]能鉴斯要，可以定文，兹术或违，无务繁采。

[1]六义：即《毛诗序》中的风、雅、颂、赋、比、兴。[2]化感：教化感染。志气：情志与才性气质。符契：信约，引申为作品是志气的表现。[3]体之树骸、形之包气：意谓体待骸方能树立，形包气才有生命。[4]结言：即组织语言。端直：正确有力地表现思想。意气：昂扬的志气。骏爽：直爽。[5]赡：充裕。四句意谓：倘使作品有繁富的词藻而无刚健之风骨，则词气不相契合，文章就不可能呈现鲜明的色彩与响亮的音调。[6]缀虑：构思。裁篇：作文。守气：调养守持精神。[7]征鸟：迅猛疾速的禽。[8]捶字：斟酌字句。坚：精练准确，表现力强。结响凝：组织文句，构成声律。不滞：不黏滞，指声调与情思谐变。[9]统：条理、纲序。[10]环周：周密圆合。索莫：杨明照注为“索课”，指勉强的样子。[11]潘勖：字元茂，东汉末人。建安十八年(213)，汉献帝策命曹操为魏公，加九锡，策文乃潘勖作，潘文乃取法《尚书》。事见《文选》卷三十五及《三国志·魏书·武帝纪》。韬笔：搁笔。峻：峻拔有力。[12]事见《史记·司马相如传》：“相如以为列仙之传，居山泽间，形容甚臞，此非帝王之仙意也。乃遂就《大人赋》……相如既奏《大人》之颂，天子大说，飘飘有凌云之气，似游天地之间意。”又《汉书·叙传》说司马相如“蔚为词宗，赋颂之首”。宗：宗师。遒：劲。

(按：本节从《诗》六义的传统中钩沉出“风”的范畴，进而从正反两个方面描述了“风”“骨”的特征，并探究了“风骨”对文章语言的要求，然后举潘勖与司马相如的例子阐明“风骨”对文章的重要性。)

故魏文称“文以气为主，气之清浊有体，不可力强而致”[1]。故其论孔融，则云“体气高妙[2]”；论徐干，则云“时有齐气[3]”；论刘桢，则云“有逸气[4]”。公幹亦云：“孔氏卓卓，信含异气，笔墨之性，殆不可胜。[5]”并重气之旨也。夫翚翟备色，翾翥百步，[6]肌丰而力沉也；鹰隼乏采，翰飞戾天，[7]骨劲而气猛也：文章才力，有似于此。若风骨乏采，则鸷集翰林[8]，采乏风骨，则雉窜文囿[9]：惟藻耀而高翔，固文笔之鸣凤也。

[1]魏文：指魏文帝曹丕。以下论气至“时有齐气”，均出自曹丕《典论·论文》。气：指作家的气质才性。[2]体气：气质风格。[3]齐气：齐地习俗舒缓，称为齐气。[4]逸气：超逸不羁的气质才性。[5]卓卓：卓越。异气：独特的气质。性：特性。殆：几乎。胜：超过。[6]翚翟(huī dí)：五采的、长尾巴的野鸡。翾翥(xuān zhù)：小飞。[7]隼(sǔn)：亦名鹘(hù)，猛禽。翰飞：高飞。戾：至、到。[8]鸷(zhì)：如鹰、雕等类凶猛的鸟。翰林：指文艺园地。[9]文囿：与翰林形成互文，义同“翰林”。

(按：本节引述了曹丕《典论·论文》关于“气”的观点来阐明“气”对风骨形成的重要性，同时也论述了风骨与文采的关系。)

若夫镕铸经典之范，翔集子史之术，洞晓情变，曲昭文体[1]，然后能孚甲新意[2]，雕画奇辞[3]。昭体故意新而不乱，晓变故辞奇而不黩[4]。若骨采未圆，风辞未练，而跨略旧规，驰骛新作，虽获巧意，危败亦多。岂空结奇字，纰缪而成经矣[5]。《周书》云："辞尚体要，弗惟好异[6]。"盖防文滥也。然文术多门，各适所好，明者弗授，学者弗师。于是习华随侈，流遁忘反。若能确乎正式[7]，使文明以健，则风清骨峻，篇体光华。能研诸虑，何远之有哉[8]？

[1]曲：周到。曲昭：详尽地昭示。[2]孚甲：萌生。[3]雕画：修饰。[4]黩：浮滑。[5]纰缪：谬误。[6]体要：体察要领，即得当。好(hào)异：爱好奇异的东西。[7]正式：正当的法式。[8]何远之有哉：指达到"风清骨峻"这种理想的境界是不难的。

（按：本节意在说明，要使文章"风清骨峻"，必须学习借鉴经典所确立起来的写作法式，有鉴于此，作者重申对"文滥""习华随侈"写作习气的反感。）

赞曰：情与气偕，辞共体并。文明以健，珪璋乃聘[1]。蔚彼风力，严此骨鲠。[2]才锋峻立，符采克炳[3]。

[1]珪璋：古代诸侯在朝聘时佩带的玉器。[2]风力：风骨之力。骨鲠：骨力。[3]符采：文采。炳：焕发。

通　变

[引言]

本篇开章提出"设文之体有常，变文之数无方"的观点，为下文结合文学史发展的具体时代创作风貌、作家作品来阐述文学创作中的革新问题奠定基础。最后指出：作家创作不能拘泥于自见与一孔之得、片面之解，即"龌龊于偏解，矜激乎一致"，而应当"望今制奇，参古定法"，做到既要继承前贤文章优良传统，又要吸纳时人作品的可资之处，承中有革，革中有承，方能使自己"骋无穷之路，饮不竭之源"，保持创作优秀作品的不竭生命力。

夫设文之体有常，变文之数无方，[1]何以明其然耶？凡诗赋书记，名理相因[2]，此有常之体也；文辞气力[3]，通变则久[4]，此无方之数也。名理有常[5]，体必资于故实[6]；通变无方，数必酌于新声[7]：故能骋无穷之路，饮不竭之源。然绠短者衔渴[8]，足疲者辍涂[9]，非文理之数尽，乃通变之术疏耳。故论文之方，譬诸草木，根干丽土而同性，臭味晞阳而异品矣。[10]

[1]体：体制、体裁。常：不变。数：方法、规律。无方：没有定规。[2]名：指各种文体的名称，此处当指《文心雕龙》中从《明诗》到《书记》的各类文体。理：指各种文体的写作原理。[3]气力：指文章的风格。[4]通变：会通适变。[5]名理有常：文章体制有定的意思。[6]资：凭借。故实：前人的作品。[7]酌：斟酌。新声：新近的作品。[8]绠(gěng)：汲水的绳子。衔渴：受渴。[9]辍涂：停止于路上。[10]丽：附着于。晞(xī)阳：晒太阳。

（按：本节意在阐明"设文之体有常，变文之数无方"的观点，并提出为文之体则应"资于故实"，而为文之术则应"酌于新声"，认为只要能掌握住为文之"通变之术"则作家会受益无穷。）

是以九代咏歌，志合文则。[1]黄歌《断竹》[2]，质之至也；唐歌《在昔》，则广于黄世；[3]虞歌《卿云》，则文于唐时；[4]夏歌《雕墙》，缛于虞代；[5]商周篇什[6]，丽于夏年。至于序志述时，其揆一也[7]。暨楚之骚文，矩式周人[8]；汉之赋颂，影写楚世[9]；魏之策制，顾慕汉风；晋之辞章，瞻望魏采。搉而论之[10]，则黄唐淳而质，虞夏质而辨，[11]商周丽而雅，楚汉侈而艳[12]，魏晋浅而绮[13]，宋初讹而新[14]。从质及讹，弥近弥澹[15]。何则？竞今疏古，风味气衰也。[16]今才颖之士[17]，刻意学文，多略汉篇，师范宋集，[18]虽古今备阅，然近附而远疏矣。夫青生于蓝，绛生于蒨[19]，虽逾本色，不能复化。[20]桓君山云[21]："予见新进丽文，美而无采；及见刘扬言辞[22]，常辄有得。"此其验也。故练青濯绛[23]，必归蓝蒨，矫讹翻浅[24]，还宗经诰；斯斟酌乎质文之间，而檃括乎雅俗之际[25]，可与言通变矣。

[1]九代：指下文提及的黄帝、唐、虞、夏、商、周、汉、魏、晋。志：指诗所言之情志。文则：文章法则。[2]黄歌：黄帝时的歌谣。《断竹》：即《弹(tán)歌》，相传为黄帝时作品，词为："断竹，续竹，飞土，逐肉。"[3]唐歌：唐尧时的歌谣。《在昔》：现已佚。广：较黄帝时歌谣有所发展。[4]虞歌：虞舜时的歌谣。《卿云》：见于《尚书大传》："卿云烂兮，纠缦缦兮，日月光华，旦复旦兮。"文：文采。文于唐时：文采胜过唐尧时的歌谣。[5]《雕墙》：即《五子之歌》，伪古文《尚书》有存。缛于虞代：文采比虞代歌谣更为繁盛。[6]篇什：即《诗经》。[7]揆：道理。一：一致、统一。[8]矩式：取法。[9]影写：模仿。[10]搉(què)：扬搉、约略。[11]淳：淳厚。质：质朴。辨：明析。[12]侈：铺张。[13]浅：浅薄。绮：绮丽。[14]讹：怪诞。新：穿凿新奇。[15]澹：平淡无味。[16]竞今：争着模仿今人之作。疏古：疏忽借鉴古人佳作。味：当作"昧"，暗昧。[17]颖：秀出、杰出。[18]略：忽略。宋集：刘宋时期的各家文集。[19]绛(jiàng)：深红色。蒨(qiàn)：通"茜"，茜草，可染红色。[20]逾：胜过。复化：再生变化。[21]桓君山：即桓谭。东汉初著名学者，著有《新论》，原书失传，今为辑录本。[22]刘、扬：刘向、扬雄。[23]练青：提炼青色。濯：洗染，亦

有提炼之意。[24]讹：即上文指的讹体。[25]檃(yǐn)括：矫正曲木之工具，这里名词作动词用，引申为纠正之意。

（按：本节按历史发展的顺序，举例阐明文学发展史的历史传承性，批评了时下文人“竞今疏古”的错误倾向，强调“矫讹翻浅”需要“还宗经诰”的主旨。）

夫夸张声貌，则汉初已极，自兹厥后，循环相因，虽轩翥出辙，[1]而终入笼内[2]。枚乘《七发》云：“通望兮东海，虹洞兮苍天[3]。”相如《上林》云：“视之无端，察之无涯，日出东沼，月生西陂。[4]”马融《广成》云：“天地虹洞，固无端涯，大明出东，[5]月生西陂。”扬雄《校猎》云：“出入日月，天与地沓[6]。”张衡《西京》云：“日月于是乎出入，象扶桑于蒙汜。[7]”此并广寓极状[8]，而五家如一。诸如此类，莫不相循，参伍因革，通变之数也。[9]

[1]厥：其，指代汉初文学。轩翥(zhù)：高飞。辙：车轮的痕迹。轩翥车辙：指超出前代文章的规范。[2]笼内：旧框子之内。终入笼内：喻文学创作最终须遵循前代所创设的根本规范。[3]虹洞：相连。[4]沼：水池。陂(bēi)：(山)坡。[5]马融(79—166)：字季长，右扶风茂陵(今陕西兴平)人，东汉著名古文经学大师，传见于《后汉书》卷六十，作品见于《全后汉文》卷十八。大明：太阳。[6]沓(tà)：合、会合。[7]是：此。扶桑：神话中的神树，太阳升起处。蒙汜(méng sì)：日落处。[8]寓：用作动词，托喻。状：用作动词，描绘情状。[9]参伍：殷商尚五，周人尚三。参伍因革：即有所传承变革。数：根本大法。

（按：本节以前代作家创作为例，意在表明文学革新也须有所继承。）

是以规略文统[1]，宜宏大体[2]：先博览以精阅，总纲纪而摄契[3]；然后拓衢路[4]，置关键，长辔远驭[5]，从容按节[6]，凭情以会通，负气以适变，[7]采如宛虹之奋鬐[8]，光若长离之振翼[9]，乃颖脱之文矣[10]。若乃龌龊于偏解，矜激乎一致，[11]此庭间之回骤，岂万里之逸步哉？[12]

[1]规略：规划。统：总纲。[2]大体：根本原则。[3]摄：持取。契：要领。[4]衢路：四通八达的道路。[5]辔：马缰绳。远驭：驱马远行。[6]节：法度。按节：按照既定的法度进行写作。[7]情：作家想表达的思想感情。会通：融会贯通。负：义同“凭”。气：作家气质、才性。适变：为适应所抒发的情志而变化。[8]宛：屈曲。鬐(qí)：指形状像鱼鳍的东西，这里指虹脊。[9]长离：朱鸟星，对南方七个星宿的总称。[10]颖脱：指突出、特出之意。[11]龌龊：局促。矜激乎一致：偏执于片面之见，一孔之解。[12]回：曲折回旋。骤：跑马。逸步：轻快地跑。

（按：本节简要地指出“通变”的基本原则，并要求作家创作应当不执着于偏见。）

赞曰：文律运周[1]，日新其业。变则其久，通则不乏。趋时必果[2]，乘机无怯[3]。

望今制奇[4]，参古定法[5]。

[1]文律：文章创作规律。运周：运转不息。[2]趋时：顺应时代的要求。果：果决。[3]乘机：随机应变。[4]望今：辨识清楚文学发展的新动态。制奇：创作出与众不同的作品。[5]参古：参考借鉴古人作品。定法：确定自己写作的法式。

物　色

[引言]

本篇是承传统的诗学命题即"物感"说而来，但其重点不在于探讨创作发生论，而在于探讨如下两个问题：一是情与景的关系，提出著名的"情以物迁，辞以情发"的观点；二是探讨怎样描述外物的声色形态，这一问题实质上是对陆机《文赋》"意不称物，文不逮意"的回应。对此，作者提出了诸如"因方以借巧，即势以会奇""善于适要""入兴贵闲""物色虽繁，而析辞尚简"等重要观点。

春秋代序，阴阳惨舒，[1]物色之动，心亦摇焉。盖阳气萌而玄驹步[2]，阴律凝而丹鸟羞[3]，微虫犹或入感，四时之动物深矣[4]。若夫珪璋挺其惠心[5]，英华秀其清气[6]，物色相召，人谁获安？[7]是以献岁发春，悦豫之情畅；[8]滔滔孟夏，郁陶之心凝。[9]天高气清，阴沉之志远；[10]霰雪无垠，矜肃之虑深。[11]岁有其物，物有其容；情以物迁[12]，辞以情发。一叶且或迎意，虫声有足引心。[13]况清风与明月同夜，白日与春林共朝哉！

[1]春秋：代指四季。代：更替轮转。序：次序。阴：指秋冬，阳：指春夏。惨舒：凄凉与舒畅。阴阳惨舒：即阴惨阳舒。[2]阳气萌：冬至后阳气开始萌生。玄驹：蚂蚁。步：走动。[3]阴律凝：阴历八月阴气凝聚。丹鸟：螳螂。羞：吃食。按：古代以十二律比附十二月，阳律六月，阴律六月。[4]动物：感动影响外物。[5]惠心：即慧心。[6]英华：对自然万物的美称。[7]物色相召：指外物对人内在情感的感召。安：静而不动情为安。[8]献岁：迈入新的一年。悦豫：即悦愉。[9]滔滔：阳气极盛的样子。孟夏：初夏，四月。郁陶：心情郁闷不畅的样子。[10]天高气清：指秋天。志：情志。[11]霰(xiàn)雪：小雪珠。矜肃：端庄严肃。[12]以：因为。迁：变化。[13]迎意：触动人的情思。引心：引发感触。

（按：本节重点阐述"物色之动，心亦摇焉"的观点，实是对传统的"物感"说诗学理论的具化。）

是以诗人感物，联类不穷[1]。流连万象之际，沉吟视听之区。[2]写气图貌，既随物以宛转；[3]属采附声，亦与心而徘徊。[4]故“灼灼”状桃花之鲜[5]，“依依”尽杨柳之貌[6]，“杲杲”为出日之容[7]，“瀌瀌”拟雨雪之状[8]，“喈喈”逐黄鸟之声[9]，“喓喓”学草虫之韵[10]。“皎日”“嘒星”[11]，一言穷理；“参差”“沃若”[12]，两字连形：并以少总多[13]，情貌无遗矣。虽复思经千载，将何易夺[14]？及《离骚》代兴，触类而长，[15]物貌难尽，故重沓舒状[16]，于是“嵯峨”之类聚，葳蕤之群积矣。[17]及长卿之徒，诡势瑰声[18]，模山范水，字必鱼贯[19]，所谓诗人丽则而约言，辞人丽淫而繁句也。[20]

[1]联类：联想类比。[2]流连：依依不舍貌。万象：自然万物。沉吟：低声咏吟。视听：视听觉的所见所闻。[3]写气：描绘外物的生气。图貌：指绘外物的状貌。随物：顺应外物的特性。宛转：委婉曲折地描绘外物。[4]属：联缀。属采附声：即摹写自然对象的声音情态。徘徊：踱来踱去以示潜心构思的状态。[5]灼灼：状桃花色彩鲜明。语出《诗经·周南·桃夭》：“桃之夭夭，灼灼其华。”[6]依依：状柳条的柔嫩。语出《诗经·小雅·采薇》：“昔我往矣，杨柳依依。”[7]杲杲(gǎo)：状日光明亮。语出《诗经·卫风·伯兮》：“其雨其雨，杲杲日出。”[8]瀌瀌(biāo)：状雪大的样子。语出《诗经·小雅·角弓》：“雨雪瀌瀌，见晛(xiàn，日光)日消。”[9]喈喈(jiē)：状鸟鸣声。语出《诗经·周南·葛覃》：“黄鸟于飞，集于灌木，其鸣喈喈。”[10]喓喓(yāo)：状虫声。语出《诗经·召南·草虫》：“喓喓草虫。”[11]皎日：光明的太阳。语出《诗经·王风·大车》：“谓予不信，有如皎日。”嘒(huì)星：小星。语出《诗经·召南·小星》：“嘒彼小星。”[12]参差：状不整齐貌。语出《诗经·周南·关雎》：“参差荇菜。”沃若：状柔嫩貌。语见《诗经·卫风·氓》：“桑之未落，其叶沃若。”[13]总：概括。[14]夺：代替。将何易夺：想要代替它，谈何容易！[15]代兴：指《楚辞》代《诗经》而兴。长：引申。[16]重沓：复沓。舒：舒展。舒状：铺陈状貌。[17]嵯峨(cuó é)：状山势高峻。语见《楚辞·招隐》：“山气巃嵸兮石嵯峨。”葳蕤(wēi ruí)：状枝叶繁盛。语见《楚辞·七谏·初放》：“上葳蕤而防露兮，下泠泠而来风。”[18]诡势：奇诡的态势。瑰声：瑰丽的声韵。[19]鱼贯：如游鱼般先后相续。[20]语见扬雄《法言·吾子》：“诗人之赋丽以则，辞人之赋丽以淫。”

（按：本节指出，作家创作能做到“诗人感物，联类不穷”“流连万象之际，沉吟视听之区”，则会产生“以少总多，情貌无遗”之美。）

至如《雅》咏棠华，“或黄或白”；[1]《骚》述秋兰，“绿叶”“紫茎”[2]。凡摛表五色，贵在时见，[3]若青黄屡出，则繁而不珍。

[1]棠华：棠棣花，或曰郁李花。或黄或白。语见《诗经·小雅·裳裳者华》：“裳裳者华，或黄或白。”[2]绿叶紫茎：见《楚辞·九歌·少司命》：“秋兰兮青青，绿叶兮紫茎。”[3]摛表：描绘。时见：适时呈现。

（按：本节意在过渡，指明描绘“物色”贵在适时而见的道理。）

自近代以来[1]，文贵形似，窥情风景之上，钻貌草木之中。吟咏所发，志惟深远，体物为妙，功在密附。[2]故巧言切状，如印之印泥，不加雕削，而曲写毫芥。[3]故能瞻言而见貌，即字而知时也。[4]然物有恒姿，而思无定检，[5]或率尔造极，或精思愈疏。[6]且《诗》《骚》所标，并据要害，故后进锐笔，怯于争锋。莫不因方以借巧，即势以会奇，[7]善于适要，则虽旧弥新矣。[8]是以四序纷回，而入兴贵闲；[9]物色虽繁，而析辞尚简；使味飘飘而轻举，情晔晔而更新。[10]古来辞人，异代接武[11]，莫不参伍以相变，因革以为功，[12]物色尽而情有余者，晓会通也[13]。若乃山林皋壤，实文思之奥府，[14]略语则阙，详说则繁。[15]然则屈平所以能洞监《风》《骚》之情者[16]，抑亦江山之助乎？

[1]近代：指晋宋两代。[2]体物：描摹事物。密附：密切契合。[3]印泥：古代之信以泥封口，于泥上盖印。曲：细致。毫芥：毫毛芥草。[4]瞻：看见。即：触接。知时：辨知时令。[5]恒姿：常态。定检：恒定的规则。[6]率尔：随便。造极：臻于最妙境界。疏：疏远，不能达于预期效果。[7]因方：依据《诗》《骚》描绘景物的方法。势：《定势》之"势"。即势：依从所写文章的态势。会奇：兼用多种方法创作出新的动人之作。[8]适要：恰切于要领。旧：常见的或前人写作的景物。新：给前人写作的或常见的事物赋予新形象。[9]四序：四季。入兴：进入创作。闲：恬淡虚静。[10]味：诗味。晔晔(yè)：鲜明。[11]武：步子。接武：接步，引申为继承。[12]参伍：即三五，指传承革新之意。因：沿袭。[13]会通：融会贯通。[14]皋壤：沼泽边的洼地。奥府：深奥的府库。[15]"略语"二句：描绘事物则宜详略适中。阙：同"缺"。[16]洞监：深察。

（按：本节首先批评了近代文章"文贵形似"的特征，提出了"因方以借巧，即势以会奇""善于适要""入兴贵闲""物色虽繁，而析辞尚简"等方法原则来矫正"文贵形似"，以及在体物状貌中的错误倾向。）

赞曰：山沓水匝，树杂云合。[1]目既往还，心亦吐纳。[2]春日迟迟，秋风飒飒，[3]情往似赠，兴来如答。[4]

[1]沓：重重叠叠。匝(zā)：萦绕。杂：交错。合：连接。[2]目既往还：即上文"既随物以宛转，亦与心而徘徊"。吐纳：倾吐发抒。[3]迟迟：舒缓融和。飒：风声貌。[4]情往：指作家饱含深情地观察物色。兴来：指作家得物色之助而触发诗兴。

知　音

[引言]

本篇主要探讨了文学鉴赏的问题。在文章中，作者主要强调了以下观点：一是文学鉴赏的难度；二是文学鉴赏之难的原因分析；三是进行文学鉴赏的原则、方法；四是对“俗鉴之迷”的批判。

知音其难哉[1]！音实难知，知实难逢，逢其知音，千载其一乎！夫古来知音，多贱同而思古[2]，所谓“日进前而不御，遥闻声而相思也”[3]。昔《储说》始出[4]，《子虚》初成[5]，秦皇、汉武，恨不同时。既同时矣，则韩囚而马轻，[6]岂不明鉴同时之贱哉？至于班固、傅毅，文在伯仲，而固嗤毅云：“下笔不能自休”[7]。及陈思论才，亦深排孔璋；[8]敬礼请润色，叹以为美谈；[9]季绪好诋诃，方之于田巴，[10]意亦见矣。故魏文称“文人相轻”[11]，非虚谈也。至如君卿唇舌，而谬欲论文，[12]乃称史迁著书，咨东方朔，于是桓谭之徒，相顾嗤笑。彼实博徒，轻言负诮，[13]况乎文士，可妄谈哉！故鉴照洞明，而贵古贱今者，二主是也[14]；才实鸿懿，而崇己抑人者，班、曹是也；[15]学不逮文[16]，而信伪迷真者，楼护是也：酱瓿之议，岂多叹哉！[17]

[1]知音：《列子・汤问》载：“伯牙鼓琴，志在登高山，钟子期曰：‘善哉！峨峨兮若泰山。’志在流水，曰：‘洋洋兮若江河。’”这里化用此典来阐述文学鉴赏的若干问题。[2]同：同时代的作家。古：前辈作家。[3]日：天天。进前：在近前、面前。御：用。声：名声。语出《鬼谷子・内楗(jiàn)》。[4]《储说》：指《韩非子》中的《内储说》《外储说》。[5]《子虚》：指司马相如《子虚赋》。[6]典出《史记・老庄申韩列传》：“秦王见《孤愤》《五蠹》之书，曰：‘嗟乎！寡人得见此人，与之游，死不恨矣。’”又，《汉书・司马相如传》：“蜀人杨得意为狗监侍上。上读《子虚赋》而善之，曰：‘朕独不得与此人同时哉！’”又，《史记・老庄申韩列传》载：“李斯、姚贾害之……秦王以为然，下吏治非，李斯使人遣非药，使自杀。”按：司马相如受诏后为“郎”，被视为倡优弄臣，晚年罢官闲居，郁郁而终。[7]语出曹丕《典论・论文》。[8]陈思：即曹植，被封为陈王，谥号“思”。孔璋：陈琳之字。典见《与杨德祖书》：“以孔璋之才，不闲于辞赋，而多自谓能与司马长卿同风，譬画虎不成，反为狗也。”[9]敬礼：即丁廙(yì)(？—220)，字敬礼，沛郡(治今安徽濉溪)人，汉末作家。典见《与杨德祖书》：“昔丁敬礼尝作小文，使仆润饰之，仆自以才不过若人，辞不为也。敬礼谓仆：‘卿何所疑难。文之佳恶，吾自得之，后世谁相知定吾文者邪？’吾常叹此达言，以为美谈。”[10]季绪：刘修之字，汉末作家。诋诃：诽谤。田巴：战国时齐国辩士。方：比拟。语出《与杨德祖书》：“刘季绪才不能逮于作者，而好诋诃文章，掎摭(jǐ zhí)利病。昔田巴毁五帝、罪三王，訾五霸于稷下，一旦而服千人。鲁连一说，使终身杜口。刘生之辩，未若田氏；今之仲连，求之不难，可无叹息乎？”[11]语出曹丕《典论・论文》：“文人相轻，自古而然。”[12]君卿：楼护，西汉末年辩士。唇舌：指有口才。谬：谬见。[13]彼：指楼护。博徒：赌徒。轻言：草率之言。负诮：遭受嘲讽。[14]二主：指上文的秦皇、汉武。[15]鸿懿：大而美。班、曹：班固、曹植。[16]逮：及。学不逮文：学问肤浅而不足以品评文章。[17]瓿(bù)：小瓦罐。酱瓿之议：语见《汉书・扬雄传赞》：“(雄著《太玄》)刘歆亦尝观之，谓雄曰：‘空自苦……吾恐后人用覆酱瓿也。’”多：多余。

（按：本节开宗明义，感叹文学鉴赏“音实难知”，并剖析了其原因，大抵为“贵古贱今”“崇己抑人”“学不逮人”而“信伪迷真”。）

夫麟凤与麏雉悬绝[1]，珠玉与砾石超殊[2]，白日垂其照，青眸写其形。[3]然鲁臣以麟为麏[4]，楚人以雉为凤[5]，魏氏以夜光为怪石[6]，宋客以燕砾为宝珠[7]。形器易征[8]，谬乃若是；文情难鉴，谁曰易分？

[1]麏(jūn)：同“麇”，獐子。悬绝：差异很大。[2]砾(lì)石：碎石。超殊：义同“悬绝”。[3]其：代指上句所列举事物。青眸：雪亮的眼睛。[4]典见《孔丛子・记问》：“叔孙氏之车子曰钼商，樵于野而获兽焉。众莫之识，以为不祥，弃之五父之衢。冉有告孔子曰：‘麕身而肉角，岂天之妖乎？’夫子曰：‘今何在？吾将观焉。’遂往，谓其御高柴曰：‘若求之言，其必麟乎！’到视之，果信。”[5]典见《尹文子・大道》：“楚人担山雉者，路人问何鸟也？担雉者欺之曰：‘凤凰也。’”[6]典出《尹文子・大道》：“魏田父有耕于野者得宝玉径尺，弗知其玉也，以告邻人。邻人阴欲图之，谓之曰：‘怪石也。’……田父虽疑，犹录以归，置于庑下，其夜玉明，光照一室，田父称家大怖。”[7]典出《艺文类聚》所引《阙子》：“宋愚人得燕石于梧台之东，归而藏之，以为宝。周客闻而观焉……掩口而笑曰：‘此特燕石也，其与瓦甓不殊。’”[8]征：验证。

（按：本节引用四个掌故以证明“文情难鉴”，实是进一步申明“知音其难哉”的观点。）

夫篇章杂沓[1]，质文交加，知多偏好[2]，人莫圆该[3]。慷慨者逆声而击节[4]，酝藉者见密而高蹈[5]，浮慧者观绮而跃心[6]，爱奇者闻诡而惊听[7]。会已则嗟讽[8]，异我则沮弃[9]，各执一隅之解，欲拟万端之变：[10]所谓“东向而望，不见西墙”也[11]。

[1]杂沓(tà)：纷杂。[2]知：即知音。[3]该：兼备。[4]逆：迎。击节：拍节应和以示欣赏。[5]酝(yùn)藉：含蓄隽永。密：缜密。高蹈：情思活跃。[6]浮慧者：浮华小慧之士。绮：华丽的丝织品，本处指华丽的作品。跃心：欢心雀跃。[7]诡：新奇。惊听：以为动听。[8]会：契合。会己：契合自己的爱好。嗟讽：诵颂不已。[9]异我：不符合自己的爱好。沮弃：沮然地抛弃。[10]一隅之解：片面的理解。拟：衡量。[11]语出《淮南子・泛论》：“故东面而望，不见西墙；南面而视，不睹北方。”

（按：本节首先简略地交代“篇章杂沓，质文交加”是“文情难鉴”的文本学原因，接着从批评主体的角度入手，重点分析了文学批评中“贵古贱今”“崇己抑人”等现象所造成的“文情难鉴”之更为深刻的主观原因是“知多偏好，人莫圆该”。）

凡操千曲而后晓声，观千剑而后识器；[1]故圆照之象[2]，务先博观。阅乔岳以形培塿[3]，酌沧波以喻畎浍[4]，无私于轻重，不偏于憎爱，然后能平理若衡[5]，照辞如镜矣。是以将阅文情，先标六观[6]：一观位体[7]，二观置辞[8]，三观通变[9]，四观奇正[10]，五观事义[11]，六观宫商[12]。斯术既形[13]，则优劣见矣。

[1]操千曲而后晓声：语出《太平御览》引桓谭《新论》："成少伯工吹竽，见安昌侯张子夏鼓瑟，谓曰：'音不通千曲以上，不足以为知音。'"观千剑而后识器：语出《意林》引桓谭《新论》："扬子云工于赋，王君大习兵器。余欲从二子学。子云曰：'能读千赋则善赋。'君大曰：'能观千剑则晓剑。'"[2]圆：透彻。照：观察。象：方法。[3]乔岳：高山。形：显示。培塿(pǒu lǒu)：小土丘。[4]酌：酌量。沧波：沧海大波。喻：知晓。畎浍(quǎn kuài)：田间小水沟。[5]衡：秤。[6]观：名词，方面。[7]位体：确立文体。[8]置辞：组织语言。[9]通变：对前代文学遗产的承传会通。[10]奇正：或奇异或雅正的表达方式。[11]事义：用典故以明理。[12]宫商：作品的音律。[13]斯术：即上文所言之六观。

（按：本节提出"操千曲而后晓声，观千剑而后识器"的观点，强调鉴赏者必须加强自身的文学修养；并提出了鉴赏"文情"的六个向度，颇具有指导意义。）

夫缀文者情动而辞发，观文者披文以入情[1]，沿波讨源[2]，虽幽必显。世远莫见其面，觇文辄见其心[3]。岂成篇之足深，患识照之自浅耳[4]。夫志在山水，琴表其情，况形之笔端，理将焉匿?[5]故心之照理，譬目之照形，目瞭则形无不分[6]，心敏则理无不达[7]。然而俗鉴之迷者[8]，深废浅售[9]，此庄周所以笑《折杨》[10]，宋玉所以伤《白雪》也[11]。昔屈平有言："文质疏内，众不知余之异采。[12]"见异唯知音耳。扬雄自称："心好沈博绝丽之文[13]"，其事浮浅[14]，亦可知矣。夫唯深识鉴奥，必欢然内怿[15]，譬春台之熙众人，乐饵之止过客。[16]盖闻兰为国香，服媚弥芬；[17]书亦国华，玩绎方美；[18]知音君子，其垂意焉。

[1]披：披阅。披文以入情：由阅读文辞进而领受作品的思想感情。[2]讨：探寻。[3]觇(chān)：看、阅读。辄：往往。[4]识照：鉴别力。[5]夫志在山水，琴表其情：见本文对"知音"的注释。匿：隐匿。[6]瞭：眼睛明亮。[7]敏：机敏。达：通晓。[8]俗鉴之迷者：即俗士在文学鉴赏方面的迷误。[9]深废浅售：即内容深刻的作品被沮弃，而内容浅薄的却广为俗士接受。[10]见《庄子·天地》："大声（按：指《咸池》《大韶》之乐）不入于里耳，《折杨》《皇华》（按：民间歌曲），则嗑(hé，笑貌)然而笑。"[11]见《对楚王问》："客有歌于郢中者，其始曰《下里巴人》，国中属而和者数千人；其为《阳阿》《薤露》，国中属而和者数百人；其为《阳春》《白雪》，国中属而和者不过数十人……是其曲弥高，其和弥寡。"[12]语见《楚辞·九章·怀沙》，即"文疏质内"，内，同"讷"。意为：外表疏疏落落，内心朴实。[13]语见《古文苑》卷十《答刘歆书》："雄为郎之岁，自奏少不得学，而心好沈博绝丽之文。"沈博：深沉广博。绝丽：超乎寻常的词藻。[14]其事浮浅：疑为"其不事浮浅"，或"不事浮浅"。[15]怿(yì)：喜悦。[16]语出《老子》："众人熙熙，如登春台""乐与饵，过客止。"[17]见《左传·宣公三年》："以兰有国香，人服媚之如是。"服：佩带。媚：喜爱。[18]国华：一国文明的精华。玩绎：鉴赏探究。

（按：本节首先提出文学鉴赏的原则在于“披文以入情”；而后批评了“深废浅售”这种“欲鉴之迷”，强调了文学鉴赏需要“深识鉴奥”，则会使批评主体“欢然内怿”。）

赞曰：洪钟万钧，夔旷所定。[1]良书盈箧，妙鉴乃订。[2]流郑淫人，无或失听。[3]独有此律，不谬蹊径。[4]

[1]洪钟：大钟。钧：三十斤为一钧。夔：舜时乐官。旷：战国时晋国乐官。[2]箧(qiè)：箱子。妙鉴：高明的鉴赏者。订：订正。[3]流郑：失于流俗的郑国乐曲。淫人：使人情意迷惑。无或：不可。失听：失去正确的听辨力。[4]此律：代指上文所言的“六观”。蹊径：小路。

序 志

[引言]

本章实为《文心雕龙》的总纲，具体介绍了以下几个问题：一是作者撰写本书的原因；二是作者撰写本书时的纲目，体现出论文的体系性；三是介绍了作者论文的原则。

夫文心者，言为文之用心也。昔涓子《琴心》[1]，王孙《巧心》[2]，心哉美矣，故用之焉。古来文章，以雕缛成体，岂取驺奭之群言雕龙也[3]。夫宇宙绵邈，黎献纷杂[4]，拔萃出类，智术而已。岁月飘忽，性灵不居，腾声飞实，制作而已。夫有肖貌天地，禀性五才，拟耳目于日月，方声气乎风雷，[5]其超出万物，亦已灵矣。形同草木之脆，名逾金石之坚，是以君子处世，树德建言，岂好辩哉？不得已也！

[1]涓子：战国时楚国人，亦作蜎子、环渊，道家代表人物，《列仙传》有载。[2]王孙：王孙子，儒家代表人家，《汉书·艺文志》有载。[3]岂：可。驺奭：战国时齐国人，精于辩术，巧于言辞。[4]黎：平民。献：贤人。[5]夫有肖(xiào)貌天地：或写作“夫人肖貌天地”，指人的容貌像天地之形。五才：指仁、义、礼、智、信。拟：比拟。方：义同“拟”。全句语出《淮南子·精神训》：“是故耳目者，日月也；血气者，风雨也。”

（按：本节首先解释书名来源，接着阐述自己写作这部著作的缘由，体现出了作者强烈的“立言”以求不朽的思想。）

予生七龄，乃梦彩云若锦，则攀而采之。齿在逾立[1]，则尝夜梦执丹漆之礼器，随仲尼而南行；[2]旦而寤，乃怡然而喜[3]，大哉，圣人之难见也，乃小子之垂梦欤[4]！自生人以来，未有如夫子者也。[5]敷赞圣旨，莫若注经；而马郑诸儒[6]，弘之已精；就有深解，未足立家。唯文章之用，实经典枝条，五礼资之以成，六典因之致用，[7]君臣所以炳焕，军国所以昭明，详其本源，莫非经典。而去圣久远，文体解散，辞人爱奇，言贵浮诡，饰羽尚画，文绣鞶帨[8]，离本弥甚，将遂讹滥。盖《周书》论辞，贵乎体要；[9]尼父陈训，恶乎异端；[10]辞训之异，宜体于要。于是搦笔和墨[11]，乃始论文。

[1]齿：年龄。立：三十。齿在逾立：年过三十。[2]丹漆之礼器：朱红色祭器。仲尼：即孔子。南："言化自北而南也"。南行：向南行走，指追随孔子从事教化事业以立名不朽。[3]寤：醒。[4]垂梦：以梦示之。[5]语出《孟子·公孙丑》："自生民以来，未有夫子也。"[6]赞：告，引申为向……阐明。敷赞：敷陈阐明。马：马融(按：见《情采》篇注释)。郑：郑玄(127—200)，字康成，北海高密(今属山东)人，东汉时著名的经学大师。[7]五礼：见《宗经》注释。六典：指治典、教典、礼典、政典、刑典、事典，见《周礼·天官·大宰》。[8]饰羽尚画：在有华彩的羽毛上添加花纹，意指文采过于繁富。鞶(pán)：皮带。帨(shuì)：佩巾。文绣鞶帨：在皮带佩巾上加以文饰，隐喻不必要的文饰。[9]《周书》：伪古文《尚书·毕命》："辞尚体要，不惟好异。"[10]尼父：孔子。语出《论语·为政》："攻乎异端，斯害也已！"[11]搦(nuò)：握着。

(按：本节承上段进一步阐明自己著作《文心雕龙》的原因：因为"去圣久远"，故孔子及儒家经典所设立的文章规范失语，自己则要为文章创作立范，以期继承夫子文教事业而求得坚如金石的不朽美名。)

详观近代之论文者多矣：至于魏文述典[1]，陈思序书[2]，应玚文论[3]，陆机《文赋》[4]，仲洽《流别》[5]，宏范《翰林》[6]，各照隅隙，鲜观衢路；[7]或臧否当时之才[8]，或铨品前修之文[9]，或泛举雅俗之旨，或撮题篇章之意。魏典密而不周[10]，陈书辩而无当[11]，应论华而疏略[12]，陆赋巧而碎乱[13]，《流别》精而少巧[14]，《翰林》浅而寡要[15]。又君山公干之徒，吉甫士龙之辈，[16]泛议文意，往往间出，[17]并未能振叶以寻根，观澜而索源。不述先哲之诰，无益后生之虑。

[1]魏文述典：即曹丕《典论·论文》。[2]陈思序书：即曹植《与杨德祖书》。[3]应玚文论：即应玚《文质论》。[4]陆机：西晋著名文学家。《文赋》：主要探讨创作规律。[5]仲洽：即挚虞(？—311)，字仲洽，京兆长安人，西晋作家，有《文章流别集》及《文集》十卷，前者已佚，后者大半散失，传见于《晋书》卷五十一。[6]宏范：即李充，字宏范，江夏(今湖北安陆)人，东晋文学家，著有《翰林论》，原文仅存几条，见《全晋文》卷五十三。[7]隅隙：角、角落。衢路：通达四方的大道。[8]臧否(zāng pǐ)：褒贬。[9]铨(quán)品：衡量品评。[10]密而不周：即认为《典论·论文》讲才气较为严密，而对文体的探讨则显得不够周详。[11]辩而无当：言《与杨德祖书》品评作家时显示出曹植的能言善辩，但其轻视辞赋则显得不当。[12]华而略疏：指《文质论》语言华美，但没有论及文章，因而显得疏漏。[13]巧而碎乱：指《文赋》文辞精美，内容精巧，但结构显得琐碎杂乱。

[14]《流别》精而少巧：或写作“《流别》精而少功”，意指《流别》追溯各类文体的起源是精当的，但没有讲述各文体的创作要求。[15]《翰林》浅而寡要：指《翰林》讲得浮浅无当。[16]君山：即桓谭(见《神思》篇注释)。吉甫：即应贞(？—269)，字吉甫，汝南(今属河南)人，传见于《晋书·文苑列传》。士龙：即陆云(262—303)，字士龙，吴郡吴(今上海松江)人，晋时文学家。[17]泛论：泛泛而论。间出：间或出现。

(按：本节意在评论前代论文的得失，为独标其《文心雕龙》之价值作对比，强调其为文章创作立范的必要性；同时，也可以理解为再次补充交代作者为何创作《文心雕龙》的另一层原因。)

盖文心之作也，本乎道，师乎圣，体乎经，酌乎纬，变乎骚，文之枢纽，亦云极矣。若乃论文叙笔[1]，则囿别区分[2]，原始以表末[3]，释名以章义[4]，选文以定篇[5]，敷理以举统[6]，上篇以上[7]，纲领明矣。至于割情析采，笼圈条贯，[8]摛神性[9]，图风势[10]，苞会通[11]，阅声字[12]，崇替于《时序》[13]，褒贬于《才略》，怊怅于《知音》[14]，耿介于《程器》[15]，长怀《序志》[16]，以驭群篇[17]，下篇以下，毛目显矣。位理定名，彰乎大易之数，其为文用，四十九篇而已。[18]

[1]文：指有韵之文。笔：指无韵之文。[2]囿：园林，指文体范畴。别：类别，这里指文类，即各类文体。囿别区分：按照各类文体的范畴进行区分。[3]原：追寻、探究。始：源头。末：事物演变的末端。[4]释名：解释各类文体的名称。章义：即彰义，昭示文体的意义。[5]选文：精选例文。定篇：确定论述的篇章。[6]敷理：演绎道理。统：纲目、要领。举统：张显纲目。[7]上篇：共二十五篇，主要讲述“文之枢纽”及文体论；下篇：二十四篇，主要是创作论及鉴赏论；后为总序篇《序志》，全书共五十篇。[8]割情析采：或写作“剖情析采”，指《情采》篇。笼：笼罩。圈：引申为范围。条贯：条理贯通，使成体系。笼圈条贯：在文学范围内综观全局，使分述总论皆以条理贯通，自成系统。[9]摛(chī)：传播、散布，引申为阐述。神性：指《神思》《体性》。[10]图：描绘，引申为阐释说明。风势：指《风骨》《定势》。[11]苞：通“包”，统括。会通：指《附会》《通变》。[12]阅：检阅。声字：指《声律》《练字》。[13]崇替：兴废盛衰。[14]怊怅：感叹。[15]耿介：感怀。[16]长怀：深切地抒发志意。[17]驭：统领。[18]语出《周易·系辞上》：“大衍之数五十，其用四十有九。”彰：明显。

(按：本节意在简要说明《文心雕龙》的写作体系。)

夫铨序一文为易，弥纶群言为难，[1]虽复轻采毛发，深极骨髓，或有曲意密源，似近而远。辞所不载，亦不胜数矣。及其品列成文，有同乎旧谈者，非雷同也，势自不可异也。有异乎前论者，非苟异也。理自不可同也。同之与异，不屑古今[2]，擘肌分理，唯务折衷。[3]按辔文雅之场，环络藻绘之府，[4]亦几乎备矣。但言不尽意，圣人所难，[5]识在瓶管，何能矩矱。[6]茫茫往代，既沈予闻，眇眇来世，倘尘彼观也。[7]

[1]铨序：论述。弥纶：涵括一切。[2]不屑：不顾及。[3]擘(bò)：分开。肌理：肌肉的纹理，引申为文章的组织结构。折衷：即折中，指观点合乎事理。[4]辔：马缰绳。络：马笼头。[5]语出《周易·系辞上》："子曰：'书不尽言，言不尽意。'"[6]瓶管：喻识见囿于视角狭窄故而短浅。矩：曲尺。矱(yuē)：直尺。矩矱：法则。[7]沈：沉。倘：或许。尘：尘蔽。

（按：本节意在申明作者在探讨文章创作原理时的基本态度，即"同之与异，不屑古今，擘肌分理，唯务折衷"。）

赞曰：生也有涯，无涯惟智。逐物实难，凭性良易[1]。傲岸泉石，咀嚼文义。[2]文果载心，余心有寄！

[1]凭性：凭借着本性。[2]傲岸：高傲。咀嚼：体味。

二十　钟嵘《诗品序》

[引言]

钟嵘(约468—约518)，字仲伟，中国南朝文学批评家。颍川长社(今河南长葛)人。曾任参军、记室一类的小官。梁武帝天监十二年(513)以后，仿汉代“九品论人，七略裁士”的著作先例，写成诗歌评论专著《诗品》；以五言诗为主，全书将两汉至梁作家122人，分为上、中、下三品进行评论，故名为《诗品》。《隋书·经籍志》又称之为《诗评》。在《诗品》中，钟嵘提倡风力，反对玄言；主张音韵自然和谐，反对人为的声病说；主张“直寻”，反对用典，提出了一套比较系统的诗歌品评的标准。

气之动物，物之感人，故摇荡性情[1]，形诸舞咏。照烛三才[2]，晖丽万有[3]，灵祇待之以致飨[4]，幽微藉之以昭告[5]。动天地，感鬼神，莫近于诗。

[1]摇荡：振动，感发。[2]三才：天、地、人。[3]万有：万物。[4]灵祇：指天地。致飨(xiǎng)：享用祭品。[5]幽微：幽冥，幽奥深隐之物，此指鬼神。

（按：本节是诗歌发生论。）

昔《南风》之词，《卿云》之颂，[1]厥义夐矣[2]。夏歌曰"郁陶乎予心"，楚谣曰"名余曰正则"，虽诗体未全，然是五言之滥觞也[3]。

[1]《南风》《卿云》：传说舜时之歌曲。[2]厥：其。义：指歌唱之时代。夐(xiòng)：久远。[3]滥：浮起。觞：一种角制的酒杯。滥觞，后指事物的肇始和发端。

（按：本节论五言诗的发端。）

逮汉李陵，始著五言之目矣[1]。古诗眇邈，人世难详，推其文体，固是炎汉之制[2]，非衰周之倡也[3]。自王、扬、枚、马之徒[4]，词赋竞爽[5]，而吟咏靡闻[6]。从李都尉迄班婕妤，将百年间，有妇人焉，一人而已[7]。诗人之风，顿以缺丧。东京二百载中，惟有班固《咏史》，质木无文。

[1]目：体裁项目。[2]炎汉：古代有金、木、水、火、土五行之德交替为王的说法，据说汉代以火德兴起。[3]倡：通"唱"，此处指诗歌作品。[4]王：王褒。扬：扬雄。枚：枚乘。马：司马相如。[5]竞爽：争胜比艳。[6]吟咏：指五言诗。[7]一人：指李陵。

（按：本节论五言诗的源流。）

降及建安[1]，曹公父子，笃好斯文；平原兄弟，郁为文栋[2]；刘桢、王粲，为其羽翼。次有攀龙托凤，自致于属车者[3]，盖将百计。彬彬之盛，大备于时矣！

[1]建安：汉献帝刘协的年号(196—220)。[2]郁：盛也。[3]属车者：指自愿依附曹氏父子的人。

（按：本节论晋代诗歌史上篇。）

尔后陵迟衰微[1]，迄于有晋[2]。太康中[3]，三张、二陆、两潘、一左[4]，勃尔复兴[5]，踵武前王[6]，风流未沫[7]，亦文章之中兴也。

[1]陵迟：逐渐下降。[2]有晋：即晋朝。[3]太康：晋武帝司马炎的年号(280—289)。[4]三张：指张载、张协、张亢。二陆：指陆机、陆云。两潘：指潘岳、潘尼。一左：指左思。[5]勃尔：勃然。[6]踵：继也。武：迹也。[7]未沫：未已，未消。

(按：本节论晋代诗歌史下篇。)

永嘉时[1]，贵黄、老，稍尚虚谈，于时篇什[2]，理过其辞，淡乎寡味。爰及江表，微波尚传，孙绰、许询、桓、庾诸公诗[3]，皆平典似《道德论》，建安风力尽矣。

[1]永嘉：晋怀帝司马炽年号(307—313)。[2]篇什：《诗经》中雅、颂部分篇章，以十篇为什，编为一卷，后人便以篇什代指诗篇。[3]桓：指桓温。庾：庾亮。他们和孙绰、许询都是东晋玄言诗人。

(按：本节论五言诗的发端。)

先是郭景纯用隽上之才[1]，变创其体；刘越石仗清刚之气[2]，赞成厥美[3]。然彼众我寡，未能动俗。逮义熙中[4]，谢益寿斐然继作[5]。元嘉中[6]，有谢灵运，才高词盛，富艳难踪，固已含跨刘、郭[7]，凌轹潘、左[8]。故知陈思为建安之杰，公幹、仲宣为辅；陆机为太康之英，安仁、景阳为辅[9]；谢客为元嘉之雄，颜延年为辅：斯皆五言之冠冕，文词之命世也[10]。

[1]郭景纯：郭璞，字景纯，东晋诗人。隽上：卓越出众。[2]刘越石：刘琨，字越石，东晋诗人。清刚：清新刚健。[3]赞：助也。[4]义熙：东晋安帝司马德宗年号(405—418)。[5]谢益寿：东晋诗人。[6]元嘉：宋文帝刘裕年号(424—453)。[7]含跨：超越。[8]凌轹(lì)：超越。潘：潘岳，字安仁。左：左思。[9]景阳：张协的字。[10]命世：即名世，有名于世。

(按：本节为晋代诗歌史补编。)

夫四言文约意广，取效风骚，便可多得，每苦文繁而意少，故世罕习焉。五言居文词之要[1]，是众作之有滋味者也，故云会于流俗[2]。岂不以指事造形，穷情写物，最为详切者耶！故诗有三义焉：一曰兴，二曰比，三曰赋。文已尽而义有余，兴也；因物喻志，比也；直书其事，寓言写物，赋也。宏斯三义，酌而用之，干之以风力，润之以丹彩[3]，使味之者无极，闻之者动心，是诗之至也。若专用比兴，患在意深，意深则词踬[4]。若但用赋体，患在意浮，意浮则文散，嬉成流移[5]，文无止泊[6]，有芜漫之累矣。

[1]要：当中。[2]流俗：适合世人口味。[3]丹彩：即文采。[4]踬：不顺畅。[5]嬉成流移：轻浮油滑之意。[6]止泊：归宿。

(按：本节为诗歌创作论。)

若乃春风春鸟，秋月秋蝉，夏云暑雨，冬月祁寒[1]，斯四候之感诸诗者也。嘉会寄诗以亲，离群托诗以怨。至于楚臣去境[2]，汉妾辞宫[3]。或骨横朔野[4]，魂逐飞蓬[5]。或负戈外戍，杀气雄边[6]。塞客衣单[7]，孀闺泪尽[8]。或士有解佩出朝，一去忘反。女有扬娥入宠，再盼倾国。凡斯种种，感荡心灵，非陈诗何以展其义？非长歌何以骋其情？故曰："诗可以群，可以怨。"使穷贱易安，幽居靡闷，莫尚于诗矣[9]。

[1]祁寒：大寒、严寒。[2]楚臣：指屈原。[3]汉妾辞宫：指昭君出塞。[4]朔野：北方之郊，指战死。[5]飞蓬：飘飞之蓬草，指生死离别之苦。[6]杀气：秋气。雄：盛也。[7]塞客：指战士。[8]孀闺：指寡妇。[9]尚：超越。

（按：本节为诗歌发生论。）

故词人作者，罔不爱好。今之士俗，斯风炽矣[1]。才能胜衣[2]，甫就小学[3]，必甘心而驰骛焉[4]。于是庸音杂体，人各为容[5]。至使膏腴子弟，耻文不逮。终朝点缀[6]，分夜呻吟，独观谓为警策，众睹终沦平钝。次有轻薄之徒，笑曹、刘为古拙，谓鲍昭羲皇上人[7]，谢朓今古独步，而师鲍昭，终不及"日中市朝满"[8]；学谢朓，劣得"黄鸟度青枝"。徒自弃于高明，无涉于文流矣[9]。

[1]炽：炽盛。[2]胜衣：少年。[3]甫：刚刚。[4]驰骛：奔走相逐。[5]容：法则。[6]点缀：涂改和连续写。[7]鲍昭：即鲍照，字明远，南朝宋著名诗人。上人：至高无上的人。[8]日中市朝满：鲍昭诗《代结客少年场行》的句子。[9]文流：文士之流。

（按：本节为作者文化批评论之一。）

观王公缙绅之士[1]，每博论之余，何尝不以诗为口实，随其嗜欲，商榷不同。淄渑并泛[2]，朱紫相夺，喧议竞起，准的无依。近彭城刘士章，俊赏之士，疾其淆乱，欲为当世诗品，口陈标榜，其文未遂，感而作焉。昔九品论人，《七略》裁士[3]，校以宾实[4]，诚多未值[5]。至若诗之为技，较尔可知[6]，以类推之，殆均博奕。方今皇帝资生知之上才[7]，体沈郁之幽思[8]，文丽日月，赏究天人，昔在贵游，已为称首。况八纮既奄[9]，风靡云蒸，抱玉者联肩，握珠者踵武。[10]固以瞰汉、魏而不顾，吞晋、宋于胸中。谅非农歌辕议[11]，敢致流别[12]。嵘之今录，庶周旋于闾里[13]，均之于谈笑耳。

[1]缙：插也。绅：古之腰带。缙绅：引申为宦官之人。[2]淄、渑：水名，在山东境内，二水异，合则难辨。[3]《七略》：我国最早的图书总目，已失传。[4]宾实：名实。[5] 未值：未相符。[6]较：通"皎"，明显。[7]资：天赋。[8]体：赋有。[9]八纮既奄：天下既已一统。[10]抱玉者、握珠者：均指腹有才学之士。[11]农歌：农人唱的歌曲。辕议：车夫的议论。[12]致流别：辨析和评论作家作品的风格和渊源。[13]庶：大概。周旋：交际。

（按：本节为作者文化批评论之二。）

一品之中，略以世代为先后，不以优劣为诠次[1]。又其人既往[2]，其文克定，今所寓言，不录存者[3]。夫属词比事[4]，乃为通谈。若乃经国文符[5]，应资博古；撰德驳奏，宜穷往烈[6]。至乎吟咏情性，亦何贵于用事[7]？“思君如流水”[8]，既是即目；“高台多悲风”[9]，亦惟所见；“清晨登陇首”[10]，羌无故实；“明月照积雪”[11]，讵出经、史。观古今胜语[12]，多非补假，皆由直寻[13]。

[1]诠次：编排次第。[2]既往：已经逝世。[3]存者：尚活在世上的人。[4]属词：联辞成文。比事：运用典故。[5]文符：指文书、文告等行政档案及符命之类的文体。[6]往烈：古人以往之勋业。[7]用事：在诗中运用典事。[8]思君如流水：徐干《室思》中的诗句。[9]高台多悲风：曹植《杂诗》中的诗句。[10]清晨登陇首：张华的诗句。[11]明月照积雪：谢灵运《岁暮》中的诗句。[12]胜语：佳句。[13]直寻：即直致，直书即目所见。

颜延、谢庄[1]，尤为繁密，于时化之。故大明、泰始中[2]，文章殆同书钞[3]。近任昉、王元长等[4]，辞不贵奇，竞须新事，尔来作者，浸以成俗。遂乃句无虚语，语无虚字，拘挛补衲[5]，蠹文已甚[6]。但自然英旨，罕值其人。词既失高，则宜加事义，虽谢天才[7]，且表学问，亦一理乎[8]！

[1]颜延：颜延之省称。谢庄：字希逸，谢灵运从子。[2]大明：宋孝武帝刘骏年号(457—464)。泰始：宋明帝刘彧年号(465—471)。[3]书钞：资料辑录。[4]王元长：王融的字。[5]拘挛：拘束。补衲：补缀拼合。[6]蠹文：虫蛀后诗意不连贯之文。[7]谢：惭愧。[8] 理：指既无诗才，只能在诗里填塞学问。

（按：以上两节作者提倡“直寻”说，反对“用事”“用典”。）

陆机《文赋》，通而无贬；李充《翰林》，疏而不切；王微《鸿宝》[1]，密而无裁；颜延论文，精而难晓；挚虞《文志》，详而博赡，颇曰知言。观斯数家，皆就谈文体，而不显优劣。至于谢客集诗，逢诗辄取；张隐《文士》，逢文即书。诸英志录[2]，并义在文[3]，会无品第。嵘今所录，止乎五言。虽然，网罗今古，词文殆集，轻欲辨彰清浊[4]，掎摭利病[5]，凡百二十人[6]。预此宗流者，便称才子。至斯三品升降，差非定制，方申变裁[7]，请寄知者尔[8]。

[1]王微(415—453)：字景玄，琅邪临沂人。[2]诸英：诸位俊杰之士。[3]并义在文：指其意义仅在文章纂辑本身。[4]轻欲：随随便便不成熟地想。[5]掎摭利病：指摘利弊。[6]凡百二十人：实际品评人数上品 12 人(古诗算一人)、中品 39 人、下品 72 人，共 123 人。[7]方：将也。申：申

明，表明。变裁：指变更品第。[8]知者：知我者，知音。

（按：本节旨在说明作者要“网罗今古”“辨彰清浊”。）

昔曹、刘殆文章之圣，陆、谢为体贰之才[1]，锐精研思，千百年中，而不闻宫商之辨，四声之论。或谓前达偶然不见，岂其然乎？尝试言之：古曰诗颂，皆被之金竹[2]，故非调五音无以谐会。若“置酒高堂上”[3]，“明月照高楼”[4]，为韵之首。故三祖之词，文或不工，而韵入歌唱，此重音韵之义也，与世之言宫商异矣。今既不被管弦，亦何取于声律耶？齐有王元长者，尝谓余云：“宫商与二仪俱生[5]，自古词人不知之，惟颜宪子乃云律吕音调[6]，而其实大谬；唯见范晔、谢庄颇识之耳，尝欲进《知音论》，未就。”

[1]体贰：意为陆机、谢灵运以曹丕、刘桢为体。[2]金竹：金石丝竹，指乐器。[3]置酒高堂上：曹植《箜篌引》中的诗。[4]明月照高楼：曹植《七哀诗》中的诗。[5]二仪：指天、地。[6]颜宪子：即颜延之。

（按：本节旨在说明古诗重视“谐会”，必调“五音”，而今人不知。）

王元长创其首，谢朓、沈约扬其波，三贤或贵公子孙，幼有文辩。于是士流景慕[1]，务为精密，襞积细微[2]，专相陵架[3]，故使文多拘忌，伤其真美。余谓文制，本须讽读，不可蹇碍[4]，但令清浊通流，口吻调利[5]，斯为足矣。至平上去入，则余病未能；蜂腰、鹤膝[6]，闾里已具。

[1]景慕：景仰、羡慕。[2]襞积：衣角上的皱褶，指声律之细微烦琐。[3]陵架：超越他人之上。[4]蹇(jiǎn)碍：阻滞而不通畅。[5]调利：调和、爽利。[6]蜂腰、鹤膝：沈约“八病说”中的两种，此以蜂腰、鹤膝概八病。

（按：本节旨在说明“声律说”会造成文章“多拘忌，伤其真美”。）

陈思“赠弟”[1]，仲宣《七哀》[2]，公幹“思友”[3]，阮籍《咏怀》[4]，子卿“双凫”[5]，叔夜“双鸾”[6]，茂先“寒夕”[7]，平叔“衣单”[8]，安仁“倦暑”[9]，景阳“苦雨”[10]，灵运《邺中》[11]，士衡《拟古》[12]，越石“感乱”[13]，景纯“咏仙”[14]，王微“风月”[15]，谢客“山泉”[16]，叔源“离宴”[17]，鲍照“戍边”[18]，太冲《咏史》[19]，颜延“入洛”[20]，陶公《咏贫》之制[21]，惠连《捣衣》之作[22]，斯皆五言之警策者也。所以谓篇章之珠泽，文采之邓林。[23]

[1]陈思“赠弟”：指曹植《赠白马王彪》。[2]仲宣《七哀》：王粲《七哀诗》。[3]公幹“思友”：指刘桢《赠徐干》。[4]阮籍《咏怀》：阮籍《咏怀》诗八十二首。[5]子卿“双凫”：指苏武《别李陵诗》。[6]叔

夜“双鸾”：指嵇康《赠秀才入军》。[7]茂先“寒夕”：张华，字茂先；“寒夕”，指其《杂诗》中的一首。[8]平叔“衣单”：指何晏的诗。[9]安仁“倦暑”：指潘岳的《在怀县作》。[10]景阳“苦雨”：指张协的“苦雨”诗。[11]灵运《邺中》：指谢灵运的《拟魏太子邺中集》诗。[12]士衡《拟古》：指陆机的《拟古诗》十二首。[13]越石“感乱”：指刘琨的《扶风歌》《重赠卢谌》等诗。[14]景纯“咏仙”：郭璞的《游仙诗》。[15]王微“风月”：江淹的《杂体诗》。[16]谢客“山泉”：指谢灵运的山水诗。[17]叔源“离宴”：指谢混的诗。[18]鲍照“戍边”：指鲍照的《代出自蓟北门行》。[19]太冲《咏史》：左思有《咏史诗》八首。[20]颜延“入洛”：颜延之的《北使洛》诗。[21]陶公《咏贫》：陶渊明有《咏贫》诗七首。[22]捣衣：古时衣服常由纨素一类织物制作，质地较为硬挺，须先置石上以杵反复舂捣，使之柔软，称为“捣衣”。[23]珠泽、邓林：指文章之荟萃，文采之美盛。

（按：本节列举五言之警策者。）

二一　司空图《与李生论诗书》

[引言]

司空图(837—908)，字表圣，自号知非子，又号耐辱居士。祖籍临淮(今安徽泗县东南)，自幼随家迁居河中虞乡(今山西永济)。唐懿宗咸通十年(869年)进士及第，官至知制诰，中书舍人，唐末农民起义后隐居中条山。朱温代唐，后梁开平二年(908年)，司空图绝食而死。有《司空表圣文集》十卷，《诗集》三卷。

《与李生论诗书》是司空图诗论的代表作。作者着重从韵味的角度谈诗歌意境的创造，认为好诗必须有“韵外之致”“味外之旨”，而这个“味”还必须满足“近而不浮，远而不尽”的要求，要能给读者留下联想和回味的余地，从而达到“思与境偕”的“诣极”。司空图的“韵味说”，源于钟嵘的“滋味说”，又有所发展和深化，并对后世产生了相当深远的影响。此外，司空图还结合自己的诗歌创作，谈到了作品源于生活的问题。他虽然标举“讽喻”，却实际上更偏向于抒写闲情逸致方面。

文之难，而诗之难尤难[1]，古今之喻多矣。而愚以为辨于味而后可以言诗也[2]。江岭之南[3]，凡足资于适口者，若醯[4]，非不酸也，止于酸而已；若鹾[5]，非不咸也，止于咸而已。华之人[6]以充饥而遽辍者，知其咸酸之外，醇美者有所乏耳。彼江岭之人，习之而不辨也宜哉。诗贯六义[7]，则讽谕、抑扬、渟蓄、温雅，皆在其间矣。然直致所得，以格自奇。前辈诸集，亦不专工于此，矧[8]其下者耶？王右丞[9]、韦苏州，澄澹精致，格在其中，岂妨于遒举[10]哉？贾浪仙诚有警句[11]，视其全篇，意思殊馁[12]。大抵附于蹇涩，方可致才，亦为体之不备也，矧其下者哉？噫！近而不浮[14]，远而不尽[15]，然后可以言韵外之致耳[16]。

[1]此句《全唐文》作“诗尤难”，此据《唐文粹》。[2]辨于味而后可以言诗也：味指韵味，是司空图重点标举的一种审美观念，与后面的“韵外之致”“味外之旨”意思相同。司空图认为只有懂得味在于咸酸之外，才能真正得诗中三昧。评论诗歌也是如此。[3]江岭：江指长江；岭指五岭，即大庾、始安、临贺、桂阳、揭阳诸岭。[4]醯：即醋。[5]鹾：即盐。[6]华之人：即陕西华山一带的人，指代中原地区的人。遽辍：立刻停止。[7]“诗贯六义”三句：这里是说，诗用六义，讽谕、抑扬、渟蓄、温雅等效用也便蕴含其中了。其中讽谕是诗的作用，后三者则是诗的情调。渟蓄，清澹含蓄。[8]矧：况且。[9]王右丞：即王维，因官至尚书右丞而得名；韦苏州：即韦应物，因居官苏州刺史而得名。澄澹，指风格清深澹远。精致，指语言的精工。[10]遒举：指笔力的挺拔，不黏滞。[11]贾浪仙诚有警句：贾浪仙，即贾岛，字阆仙，一作浪仙。中唐后期诗人，专写五言律诗，以清苦僻涩为宗。警句，即如世传的“鸟宿池边树，僧敲月下门”之类。[12]意思殊馁：谓其作品内容不够充实，空虚无力。[13]蹇涩：蹇碍，生涩。蹇，艰深；涩：不流畅。[14]近而不浮：谓诗的形象真切鲜明，近在眼前，却不使人感到浮浅。[15]远而不尽：指诗的境界深远，也指诗的意蕴深厚，在言外有不尽的余意。[16]韵外之致：韵，指诗的语言。这句是说言外之意无穷。以上三句都是针对中唐以后诗坛上偏胜诗风来说的，即风格单一，意尽句中，难谈余味。司空图倡“韵外之致”，强调的是一种含蓄慰藉、意在言外的风格。

愚幼常自负，既久而愈觉缺然。然得于早春，则有“草嫩侵沙短，冰轻著雨销”[1]。又“人家寒食月。花影午时天”[2]。（原注：“上句云‘隔谷见鸡犬，山苗接楚田’。”）又“雨微吟足思，花落梦无憀”[3]。得于山中，则有“坡暖冬生笋，松凉夏健人”[4]。又“川明虹照雨，树密鸟冲人”[5]。得于江南，则有“戍鼓和潮暗，船灯照岛幽”[6]；又“曲塘春尽雨，方响夜深船”[7]；又“夜短猿悲减，风和鹊喜灵”[8]。得于塞下，则有“马色经寒惨，雕声带晚饥”[9]。得于丧乱，则有“骅骝思故第，鹦鹉失佳人”[10]。又“鲸鲵入海涸，魑魅棘林高”[11]。得于道宫，则有“棋声花院闭，幡影石幢幽”[12]。得于夏景，则有“地凉清鹤梦，林静肃僧仪”[13]。得于佛寺，则有“松日明金象，苔龛响木鱼”[14]。又“解吟僧亦俗，爱舞鹤终卑”[15]。得于郊园，则有“远陂春早渗，犹有水禽飞”[16]。（原注：“上句‘绿树连村暗，黄花入麦稀’。”）得于乐府，则有“晚妆留拜月，春睡更生香”[17]。得于寂寥，则有

“孤萤出荒池，落叶穿破屋”[18]。得于惬适，则有“客来当意惬，花发遇歌成”[19]。虽庶几不滨于浅涸，亦未废作者之讥诃也[20]。又七言云“逃难人多分隙地，放生鹿大出寒林”[21]。又“得剑乍如添健仆，亡书久似忆良朋”[22]；又“孤屿池痕春涨满，小栏花韵午晴初”[23]；又“五更惆怅回孤枕，犹自残灯照落花”[24]。（原注：“上句‘故国春归未有涯，小栏高槛别人家’。”）又“殷勤元旦日，歌舞又明年”[25]。（原注：“上句‘甲子今重数，生涯只自怜’。”）皆不拘于一概也。

[1]“草嫩侵沙短”二句：见司空图诗《早春》。以下司空图皆以自己的作品举例。[2]“人家寒食月”二句：全篇已佚。[3]“雨微吟足思”二句：见其诗《下方》之二。[4]“坡暖冬生笋”二句：见其诗《下方》之一。[5]“川明虹照雨”二句：见其诗《华下送文浦》。[6]“戍鼓和潮暗”二句：见其诗《寄永嘉崔道融》。[7]“曲塘春尽雨”二句：见其诗《江行》。[8]“夜短猿悲减”二句：全篇已佚。[9]“马色经寒惨”二句：见其诗《塞上》。[10]“骅骝思故第”二句：全篇已佚。[11]“鲸鲵入海涸”二句：全篇已佚。[12]“棋声花院闭”二句：全篇已佚。[13]“地凉清鹤梦”二句：全篇已佚。[14]“松日明金象”二句：见其诗《上陌梯寺怀旧僧》。[15]“解吟僧亦俗”二句：见其诗《僧舍贻友》。[16]“远陂春早渗”二句：见其诗《独望》。[17]“晚妆留拜月”二句：全篇已佚。[18]“孤萤出荒池”二句：见其诗《秋思》。[19]“客来当意惬”二句：见其诗《长安赠王注》。[20]“虽庶几”二句：这是司空图对其五言诗句的自谦之语，意谓上面所列举的这些诗句，即便似乎不会认为近于浅陋枯槁，但是仍免不了会受到真正的大诗人的讥笑。滨，同“濒”，接近。[21]“逃难人多分隙地”二句：见其诗《山中》。[22]“得剑乍如添健仆”二句：见其诗《退栖》。[23]“孤屿池痕春涨满”二句：见其诗《光启四年春戊申》。[24]“五更惆怅回孤枕”二句：见其诗《苹上》。[25]“殷勤元旦日”二句：见其诗《元日》。

盖绝句之作，本于诣极[1]，此外千变万状，不知所以神而自神也[2]，岂容易哉？今足下之诗，时辈固有难色[3]，倘复以全美为工，即知味外之旨矣[4]。勉旃[5]。某再拜。

[1]诣极：极高的造诣。[2]不知所以神而自神也：这句话意思是说，不知道为什么会神韵天成，而它却自己已神韵天成了。这“神”是司空图所指诗的最高境界，自然生动，浑然天成。[3]时辈固有难色：时辈，同时代的诗人。固，固然。难色，为难的神色。此句谓同时代的诗人与李生的诗相比美，是不容易的，即李生的诗已达到了相当高的成就。[4]味外之旨：即情味之外的意旨，咀嚼不尽的诗味，与前文之“咸酸之外”“韵外之致”意思相近。[5]勉旃：鼓励语。旃，助词，“之焉”二字的合读。

二二　严羽《沧浪诗话·诗辨》

［引言］

《沧浪诗话》是宋代诗话批评的代表作，在中国文学批评史上占有重要地位。由《诗辨》《诗体》《诗法》《诗评》和《考证》五部分构成。《诗辨》阐述理论观点，是整个《诗话》的总纲；《诗体》探讨诗歌的体制、风格和流派；《诗法》研究诗歌的写作方法；《诗评》评论历代诗人诗作；《考证》对一些诗篇的文字、篇章、写作年代和撰人进行考辨。五个部分合成一部体系严整的诗歌理论著作。宋理宗淳祐四年(1244 年)刊行的诗话汇编《诗人玉屑》曾将它的内容全部采录。历代刊刻《沧浪吟卷》，也大多同时收录《沧浪诗话》。另有单行刻本，并被辑入多种丛书中。为它作注释的有清人胡鉴《沧浪诗话注》、王纬庆《沧浪诗话补注》，近人胡才甫《沧浪诗话笺注》和今人郭绍虞《沧浪诗话校释》。严羽论诗，集中在《诗辨》一篇。其中最值得注意的是他“以禅喻诗”“以禅论诗”，突破了宗教与文艺的界限，为文艺思维打开了“方便法门”，彰显了中国文艺审美具有民族特色的表现方式。同时，“以禅喻诗”充分肯定审美主体的“自性”对于我们深入探索文艺审美主体在审美过程中的思维方式意义重大。

《诗辨》中的核心范畴为“妙悟”。论“妙悟”者，代不乏人，今人关于“妙悟”大体有以下几种观点：一是认为“妙悟”是一种形象思维，以郭绍虞先生为代表；二是认为“妙悟”与“灵感”有关，以周来祥、吴调公等人为代表；三是认为“妙悟”是一种艺术直觉，以童庆炳等人为代表；四是认为“妙悟”是艺术想象力与移情作用的发挥，以王达津等人为代表；五是认为“妙悟”是通过熟参汉、魏、晋、盛唐诗歌，从而达到最佳的审美境界，以钱锺书、皮朝纲、吴承学等为代表。

夫学诗者以识为主：入门须正，立志须高，以汉、魏、晋、盛唐为师，不作开元、天宝以下人物。若自生退屈[1]，即有下劣诗魔入其肺腑之间；由立志之不高也。行有未至，可加工力；路头一差，愈骛愈远；由入门之不正也。故曰：学其上，仅得其中；学其中，斯为下矣。又曰：见过于师，仅堪传授；见与师齐，减师半德也。工夫须从上做下，不可从下做上。先须熟读《楚词》，朝夕讽咏以为之本；及读《古诗十九首》，乐府四篇，李陵、苏武、汉魏五言皆须熟读，即以李、杜二集枕藉观之，如今人之治经，然后博取盛唐名家，酝酿胸中，久之自然悟入。虽学之不至，亦不失正路。此乃从顶额上做来，谓之向上一路，谓之直截根源，谓之顿门[2]，谓之单刀直入也。

诗之法有五：曰体制，曰格力，曰气象，曰兴趣，曰音节。[3]

诗之品有九：曰高，曰古，曰深，曰远，曰长，曰雄浑，曰飘逸，曰悲壮，曰凄婉。其用工有三：曰起结，曰句法，曰字眼。其大概有二：曰优游不迫，曰沉着痛快。诗之极致有一：曰入神。诗而入神，至矣，尽矣，蔑以加矣！惟李、杜得之。他人得之盖寡也。[4]

禅家者流，乘有小大[5]，宗有南北[6]，道有邪正，具正法眼[7]者，是谓第一义[8]。若声闻、辟支果[9]，皆非正也。论诗如论禅：汉、魏、晋等作与盛唐之诗，则第一义也；大历以还之诗[10]，则已落第二义矣。晚唐之诗，则声闻、辟支果也。学汉、魏、晋与盛唐诗者，临济[11]下也。学大历以还者，曹洞[12]下也。大抵禅道惟在妙语，诗道亦在妙悟。且孟襄阳学力下韩退之远甚，而其诗独出退之之上者，一味妙语故也。惟悟乃为当行，乃为本色。然悟有浅深，有分限之悟，有透彻之悟，有但得一知半解之悟。汉、魏尚矣，不假悟也。谢灵运至盛唐诸公，透彻之悟也。他虽有悟者，皆非第一义也。吾评之非僭也，辩之非妄也。天下有可废之人，无可废之言，诗道如是也。若以为不然，则是见诗之不广，参诗之不熟耳。试取汉、魏之诗而熟参之，次取晋、宋之诗而熟参之，次取南北朝之诗而熟参之，次取沈、宋[13]、王、杨、卢、骆、陈拾遗之诗熟参之，次取开元、天宝诸家之诗而熟参之，次独取李、杜二公之诗而熟参之，又取大历十才子之诗而熟参之，又取元和之诗而熟参之，又尽取晚唐诸家之诗而熟参之，又取本朝苏、黄以下诸家之诗而熟参之，其真是非亦有不能隐者，倘犹于此而无见焉，则是为外道蒙蔽其真识，不可救药，终不悟也。

夫诗有别材，非关书[14]也；诗有别趣，非关理也。而古人未尝不读书、不穷理。所谓不涉理路、不落言筌者，上也。诗者，吟咏情性也。盛唐诗人惟在兴趣，羚羊挂角，无迹可求。故其妙处透彻玲珑，不可凑泊，如空中之音，相中之色，水中之月，镜中之象，言有尽而意无穷。近代诸公乃作奇特解会[15]，遂以文字为诗，以议论为诗，以才学为诗。以是为诗，夫岂不工，终非古人之诗也。盖于一唱三叹之音，有所歉焉。且其作多务使事，不问兴致；用字必有来历，押韵必有出处，读之终篇，不知着到何在。其末流甚者，叫噪怒张，殊乖忠厚之风，殆以骂为诗。诗而至此，可谓一厄也，可谓不幸也。

然则近代之诗无取乎？曰：有之，吾取其合于古人者而已。国初之诗，尚沿袭唐人：王黄州[16]学白乐天，杨文公、刘中山学李商隐，盛文肃学韦苏州[17]，欧阳公学韩退之[18]古诗，梅圣俞学唐人平澹处[19]，至东坡、山谷始自出己法以为诗，唐人之风变矣。山谷用工尤深刻，其后法席盛行，海内称为江西宗派[20]。近世赵紫芝、翁灵舒辈，独喜贾岛、姚合之语，稍稍复就清苦之风；江湖诗人[21]多效其体，一时自谓之唐宗；不知止入声闻、辟支之果，岂盛唐诸公大乘正法眼者哉！嗟乎！正法眼之无传久矣。唐诗之说未唱，唐诗之道或有时而明也。今既唱其体曰唐诗矣，则学者谓唐诗诚止于是耳，兹诗道之重不幸耶！

故予不自量度，辑定诗之宗旨，且借禅以为喻。推原汉、魏以来，而截然谓当以盛唐为法(原注：后舍汉、魏而独言盛唐者，谓古律之体备也)。虽获罪于世之君子，不辞也。

[1]退屈：退缩屈曲。[2]顿门：犹言顿悟之门。佛家以速疾证悟妙果为顿悟。[3]前一节提出了他的学古主张，此节与下一节均从学古之说阐发，所以虽泛论作诗之法，实则正指出了学古之法。[4]这一条各本均析为四条，今从《诗人玉屑》所引合为一条。[5]乘有大小：佛说法因人而殊，人有智愚，故所说有深浅。其说之广大深妙者为大乘，浅小者为小乘。[6]宗有南北：佛教禅宗自五祖弘忍后分为南北二宗。南宗始慧能，北宗始神秀，得法虽一，而开导发悟有顿渐之异，故曰南顿北渐。[7]正法眼：禅家语，指佛所说之正法。[8]第一义：借用佛家语。《大乘义章》云"第一义者，亦名真谛。……彼世谛若对第一，应名第二"。[9]声闻、辟支果：佛家有三乘——菩萨乘，二辟支乘，三声闻乘。菩萨乘普济群生，故称大乘；辟支、声闻仅求自度，故称小乘。辟支，梵语独觉之义，谓并无师承，独自悟道也。声闻，谓由诵经听法而悟道者。[10]大历以还之诗：大历，唐代宗年号，766 到 779 年。大历以还之诗，指中唐之诗。[11]临济："临济宗"源出六祖弟子怀让，怀让传马祖，马祖传百丈，百丈传黄蘖，黄蘖传临济义玄禅师。临济宗至宋时，有杨歧、黄龙二派，其传特盛。[12]曹洞："曹洞宗"源出六祖弟子行思，行思传希迁，希迁传药山，药山传云严，云严传良价禅师，住瑞州洞山；良价传本寂禅师，住抚州曹山，故合称"曹洞宗"。[13]沈、宋：《旧唐书·文艺·沈佺期传》云"佺期善属文，尤长七言之作，与宋之问齐名，时人称为沈、宋"。[14]书：后人称引多误作"学"，非。[15]奇特解会：禅家语。《五灯会元》云"奇特商量"；又云"寻言逐句，求觅解会"。[16]王黄州：王禹偁尝知黄州，故称王黄州。[17]盛文肃学韦苏州：盛度谥文肃，诗学韦应物。[18]欧阳公学韩退之：欧阳修诗力矫昆体，以气格为主，故与韩愈古诗相近。[19]梅圣俞学唐人平澹处：欧阳修《六一诗话》称其诗"覃思精微，以深远闲淡为意"。[20]江西宗派：胡仔《苕溪渔隐丛话》前集谓"吕居仁近时以诗得名，自言传衣江西，尝作《宗派图》，自豫章(黄庭坚)以降，列陈师道、潘大临、谢逸、洪刍、饶节、僧祖可、徐俯，洪朋、林敏修、洪炎、汪革、李錞、韩驹、李彭、晁冲之……合二十五人，以为法嗣，谓其源流皆出豫章也。"江西派中作者，并不都是江西人。[21]江湖诗人：南宋钱塘书贾陈起与江湖诗人友善，刊《江湖集》《江湖前集》《江湖后集》《江湖续集》《中兴江湖集》等，收藏复古诸人作品，后遂称这些诗人为江湖派。

二三　李渔《闲情偶寄》

[引言]

李渔(1611—1679?)，字笠鸿，一字谪凡，号湖上笠翁、无徒，又署笠道人、随庵主人、新亭客樵、觉世稗官等，浙江兰溪人。入清后绝意仕进，家设戏班，到处巡演，积累了丰富的戏曲创作和演出经验。著有《笠翁十种曲》、小说《十二楼》等。《国朝耆献类征》初编卷四二六有传。

《闲情偶寄》的《词曲部》由六个部分组成：《结构第一》《词采第二》《音律第三》《宾白第四》《科诨第五》《格局第六》。它们包括整个戏曲剧本创作的艺术构思、角色塑造，演出的角色安排、科白的运用、场次调度等诸多重要的理论问题和演出实践问题，其系统性和实践性大大超出了前人。

李渔的戏曲理论首重“结构”。他说的“结构”指戏曲创作构思和剧本内部连接。“立主脑”就是要求剧本的主题思想必须突出，剧本必须围绕主要人物和事件来展开。在戏曲的词采和宾白方面，李渔主张贵浅显、重机趣、戒浮泛、忌填塞、求肖似。戏曲主要是面对市民等受众，所以语言浅显是非常必要的，但也不能粗俗僻陋。

结构第一

填词一道，文人之末技也，然能抑而为此，犹觉愈于驰马、试剑，纵酒、呼庐[1]。孔子有言：“不有博弈者乎？为之，犹贤乎已。”[2]博弈虽戏具，犹贤于“饱食终日，无所用心”；填词虽小道，不又贤于博弈乎？吾谓：技无大小，贵在能精；才乏纤洪，利于善用。能精善用，虽寸长尺短，亦可成名，否则才夸八斗[3]；胸号五车[4]，为文仅称点鬼[5]之谈，著书惟供覆瓿之用，虽多，亦奚以为！填词一道，非特文人工此者足以成名，即前代帝王，亦有以本朝词曲擅长，遂能不泯其国事者。请历言之：高则诚、王实甫诸人，元之名士也，舍填词一无表见。使两人不撰《西厢》《琵琶》，则沿至今日，谁复知其姓字？是则诚、实甫之传，《琵琶》《西厢》传之也。汤若士，明之才人也，诗文尺牍，仅有可观，而其脍炙人口者，不在尺牍诗文，而在《还魂》一剧。使若士不草《还魂》，则当日之若士，已虽有而若无，况后代乎？是若士之传，《还魂》传之也。此人以填词而得名者也。历朝文字之盛，其名各有所归，汉史、唐诗、宋文、元曲，此世人口头语也。《汉书》《史记》，千古不磨，尚矣。唐则诗人济济，宋有文士跄跄，宜其鼎足文坛，为三代后之三代也。元有天下，非特政刑礼乐一无可宗，即语言文学之末，图书翰墨之微，亦少概见。使非崇尚词曲，得《琵琶》《西厢》以及《元人百种》[6]诸书传于后代，则当日之元，亦与五代、金、辽同其泯灭，焉能附三朝骥尾[7]，而挂学士文人之齿颊哉！此帝王国事以填词而得名者也。由是观之，填词非末技，乃与史传诗文同源而异派者也。近日雅慕此道，刻欲追踪元人、配飨若士者尽多，而究竟作者寥寥，未闻绝唱。其故维何？止因词曲一道，但有前书堪读，并无成法可宗，暗室无灯，有眼皆同瞽目，无怪乎觅途不得，问津无人，半途而废者居多，差毫厘而谬千里者，亦复不少也。尝怪天地之间，有一种文字，即有一种文字之法脉准绳，载之于书者，不异耳提面命。独于填词制曲之事，非但略而未详，亦且置之不道。揣摩其故，殆有三焉：一则为此理甚难，非可言传，止堪意会。想入云霄之际，作者神魂飞越，如在梦中，不至终篇，不能返神收魂。谈真则易，说梦为难，非不欲传，不能传也。若是，则诚异诚难，诚为不可道矣。吾谓此等至理，皆言最上一乘[8]，非填词之学，节节皆如是也，岂可为精者难言，而粗者亦置弗道乎？一则为填词之理变幻不常，言当如是，又有不当如是者。如填生旦之词，贵于庄雅，制净丑之曲，务带诙谐，此理之常也。乃忽遇风流放佚之生旦，反觉庄雅为非；作迂腐不情之净丑，转以诙谐为忌。诸如此类者，悉难胶柱，恐以一定之陈言，误泥古拘方之作者，是以宁为阙疑，不生蛇足[9]。若是，则此种变幻之理，不独词曲为然，帖括诗文皆若是也。岂有执死法为文，而能见赏于人，相传于后者乎？一则为从来名士以诗赋见重者十之九；以词曲相传者犹不及什一，盖千百人一见者也。凡有能此者，悉皆剖腹藏珠，务求自秘，谓此法无人授我，我岂独肯传人。使家家制曲，户户填词，则无论《白雪》盈车，《阳春》遍世，淘金选玉者，未必不使后来居上，而觉糖秕在前。且使周郎渐出，顾曲者多，攻出瑕疵，令前人无可藏拙，是自为后羿而教出无数逢蒙，环执干戈而害我也[10]，不如仍仿前人缄口不提之为是。吾揣摩不传之故，虽三者并列，窃恐此意居多。以我论之，文章者，天下之公器[11]，非我之所能私；是非者，千古之定评，岂人之所能倒？不若出我所有，公之于人，收天下后世之名贤，悉为同调。胜我者，我师之，仍不失为起予之高足；类我者，我友之，亦不愧为攻玉之他山。持此为心，遂不觉以生平底里和盘托出。并前人已传之书，亦为取长弃短，别出瑕瑜，使人知所从违，而不为诵读所误。知我，罪我，怜我，杀我，悉听世人，不复能顾其后矣。但恐我所言者，自以为是而未必果是；人所趋者，我以为非而未必尽非。但矢一字之公，可谢千秋之罚。噫，元人可作，当必贳予[12]。

填词首重音律，而予独先结构者，以音律有书可考，其理彰明较著。自《中原音韵》一出[13]，则阴阳平仄画有塍区，如舟行水中，车推岸上，稍知率由[14]者，虽欲故犯而不能矣。《啸余》《九宫》二谱[15]一出，则葫芦有样，粉本[16]昭然。前人呼制曲为填词。填者，布也，犹棋枰之中，画有定格，见一格，布一子，止有黑白之分，从无出入之弊。彼用韵而我叶之，彼不用韵而我纵横流荡之。至于引商刻羽，夏玉敲金，虽曰神而明之，匪可言喻，亦由勉强而臻自然，盖遵守成法之化境也。至于“结构”二字，则在引商刻羽之先、拈韵抽毫之始。如造物之赋形，当其精血初凝，胞胎未就，先为制定全形，使点血而具五官百骸之势。倘先无成局，而由顶及踵，逐段滋生，则人之一身，当有无数断续之痕，而血气为之中阻矣。工师之建宅亦然，基址初平，间架未立，先筹何处建厅，何方开户，栋需何木，梁用何材，必俟成局了然，始可挥斤运斧。倘造成一架而后再筹一架，则便于前者，不便于后，势必改而就之，未成先毁，犹之筑舍道旁，兼数宅之匠资，不足供一厅一堂之用矣。故作传奇者，不宜卒急拈毫。袖手于前，始能疾书于后。有奇事，方有奇文。未有命题不佳，而能出其锦心，扬为绣口者也。尝读时髦所撰，惜其惨淡经营，用心良苦，而不得被管弦、副优孟者，非审音协律之难，而结构全部规模之未善也。

词采似属可缓，而亦置音律之前者，以有才技之分也。文词稍胜者，即号才人；音律极精者，终为艺士。师旷[17]止能审乐，不能作乐；龟年[18]但能度词，不能制词；使与作乐制词者同堂，吾知必居末席矣。事有极细而亦不可不严者，此类是也。

立主脑

古人作文一篇，定有一篇之主脑。主脑非他，即作者立言之本意也。传奇亦然。一本戏中，有无数人名，究竟俱属陪宾；原其初心，止为一人而设。即此一人之身，自始至终，离合悲欢，中具无限情由，无穷关目，究竟俱属衍文；原其初心，又止为一事而设。此一人一事，即作传奇之主脑也。然必此一人一事，果然奇特，实在可传，而后传之，则不愧传奇之目，而其人其事与作者姓名，皆千古矣。如一部《琵琶》，止为蔡伯喈一人；而蔡伯喈一人，又止为重婚牛府一事。其余枝节，皆从此一事而生。二亲之遭凶，五娘之尽孝，拐儿之骗财匿书，张大公之疏财仗义，皆由于此。是“重婚牛府”四字，即作《琵琶记》之主脑也。一部《西厢》止为张君瑞一人；而张君瑞一人，又止为白马解围一事。其余枝节，皆从此一事而生。夫人之许婚，张生之望配，红娘之勇于作合，莺莺之敢于失身，与郑恒之力争原配而不得，皆由于此。是“白马解围”四字，即作《西厢记》之主脑也。余剧皆然，不能悉指。后人作传奇，但知为一人而作，不知为一事而作，尽此一人所行之事，逐节铺陈，有如散金碎玉。以作零出则可，谓之全本，则为断线之珠，无梁之屋，作者茫然无绪，观者寂然无声，无怪乎有识梨园望之而却走也。此语未经提破，故犯者孔多。而今而后，吾知鲜矣。

词采第二

曲与诗余，同是一种文字。古今刻本中，诗余能佳，而曲不能尽佳者，诗余可选，而曲不可选也。诗余最短，每篇不过数十字，作者虽多，入选者不多，弃短取长，是以但见其美。曲文最长，每折必须数曲，每部必须数十折，非八斗长才，不能始终如一。微疵偶见者有之，瑕瑜并陈者有之，尚有踊跃于前，懈弛于后，不得已而为狗尾续貂者亦有之。演者观者既存此曲，只得取其所长，恕其所短，首尾并录。无一部而删去数折，止存数折，一出而抹去数曲，止存数曲之理。此戏曲不能尽佳，有为数折可取而挈带全篇，一曲可取而挈带全折，使瓦缶与金石齐鸣者，职是故也。予谓既工此道，当如画士之传真，闺女之刺绣。一笔稍差，便虑神情不似；一针偶缺，即防花鸟变形。使全部传奇之曲，得似诗余选本如《花间》《草堂》[19]诸集，首首有可珍之句，句句有可宝之字，则不愧填词之名，无论必传，即传之千万年，亦非侥幸而得者矣。吾于古曲之中，取其全本不懈、多瑜鲜瑕者，惟《西厢》能之。《琵琶》则如汉高[20]用兵，胜败不一，其得一胜而王者，命也，非战之力也。《荆》《刘》《拜》《杀》之传，则全赖音律。文章一道，置之不论可矣。

宾白第四

自来作传奇者，止重填词，视宾白为末着，常有“白雪阳春”其调而“巴人下里”其言者，予窃怪之。原其所以轻此之故，殆有说焉。元以填词擅长，名人所作，北曲多而南曲少。北曲之介白[21]者，每折不过数言，即抹去宾白而止阅填词，亦皆一气呵成，无有断续，似并此数言亦可略而不备者。由是观之，则初时止有填词，其介白之文，未必不系后来添设。在元人，则以当时所重不在于此，是以轻之。后来之人，又谓元人尚在不重，我辈工此何为！遂不觉日轻一日，而竟置此道于不讲也。予则不然。尝谓曲之有白，就文字论之，则犹经文之于传注；就物理论之，则如栋梁之于榱桷；就人身论之，则如肢体之于血脉，非但不可相轻，且觉稍有不称，即因此贱彼，竟作无用观者。故知宾白一道，当与曲文等视。有最得意之曲文，即当有最得意之宾白。但使笔酣墨饱，其势自能相生。常有因得一句好白，而引起无限曲情，又有因填一首好词而生出无穷话柄者，是文与文自相触发，我止乐观厥成，无所容其思议。此系作文恒情，不得幽渺其说而作化境观也。

语求肖似

文字之最豪宕，最风雅，作之最健人脾胃者，莫过填词一种。若无此种，几于闷杀才人，困死豪杰。予生忧患之中，处落魄之境，自幼至长，自长至老，总无一刻舒眉，惟于制曲填词之顷，非但郁藉以舒，愠为之解，且尝僭作两间[22]最乐之人，觉富贵荣华，其受用不过如此，未有真境之为所欲为，能出幻境纵横之上者。我欲做官，则顷刻之间便臻荣贵；我欲致仕，则转盼之际又入山林；我欲作人间才子，即为杜甫、李白之后身；我欲娶绝代佳人，即作王嫱、西施之元配；我欲成仙作佛，则西天蓬岛即在砚池笔架之前；我欲尽孝输忠，则君治亲年[23]，可跻尧、舜、彭篯之上[24]。非若他种文字，欲作寓言，必须远引曲譬，蕴藉包含，十分牢骚，还须留住六七分；八斗才学，止可使出二三升，稍欠和平，略施纵送，即谓失风人之旨，犯佻达之嫌。求为家弦户诵者，难矣。填词一家，则惟恐其蓄而不言，言之不尽。是则是矣，须知畅所欲言，亦非易事。言者，心之声也，欲代此一人立言，先宜代此一人立心，若非梦往神游，何谓设身处地？无论立心端正者，我当设身处地，代生端正之想；即遇立心邪辟者，我亦当舍经从权，暂为邪辟之思。务使心曲隐微，随口唾出，说一人，肖一人，勿使雷同，弗使浮泛，若《水浒传》之叙事，吴道子[25]之写生，斯称此道中之绝技。果能若此，即欲不传，其可得乎？

[1]呼庐：古时博戏名，用木制骰子五枚，每枚两面，一面涂黑，画片犊；一面涂白，画雉。一掷五子皆黑者为庐，为最胜采。呼，为博戏时呼喊之声。[2]“孔子有言”三句：《论语·阳货》：“子曰：饱食终日，无所用心，难矣哉！不有博弈者乎？为之，犹贤乎已。”弈，下棋；博，有赌注的棋局。孔子认为，即便博弈也比不动脑筋、闲着没事可取。[3]才夸八斗：无名氏《释常谈·八斗之才》：“文章多，谓之八斗之才。谢灵运尝曰：天下才有一石，曹子建独占八斗，我得一斗，天下共分一斗。”[4]胸号五车：《庄子·天下》：“惠施多方，其书五车。”后用五车形容学识渊博。[5]点鬼：语出张鷟《朝野佥载》：“时杨(炯)之为文，好以古人姓名连用……号为点鬼簿。”后用“点鬼簿”讥刺诗文滥用古人掌故或堆砌故实。[6]《元人百种》：即《元人百种曲》，又名《元曲选》，明人臧懋

循编。[7]三朝：指汉、唐、宋。骥尾：《史记·伯夷列传》："颜渊虽笃学，附骥尾而行益显。"喻得人之助。[8]最上一乘：佛教本分大、小乘，禅宗兴起后，自谓超越大、小乘，号最上乘。[9]蛇足：画蛇添足，此寓言出自《战国策·齐策二》。[10]"是自为后羿"二句：《孟子·离娄下》："逢蒙学射于羿，尽羿之道。思天下惟羿为愈己，于是杀羿。"羿，即后羿，又称夷羿。[11]天下之公器：《庄子·天运》："名，公器也，不可多取。"[12]贳：原谅，赦免。[13]《中原音韵》：元周德清著，二卷。根据元代北曲用韵，分十九部。首倡"平分阴阳，入派三声"之说。[14]率由：遵循，沿用。[15]《啸余》：即《啸余谱》，明程明善编。程明善，号玉川，新安人。《九宫》：即《南九宫谱》，南曲谱，明沈璟编。沈璟，字伯英，晚字聃和，号宁庵，别号词隐，吴江人。[16]粉本：夏文彦《图绘宝鉴》卷一："古人画稿谓之粉本。"[17]师旷：春秋晋国著名的乐师，善辨音律。[18]龟年：李龟年，唐玄宗时乐师，曾在梨园供职。[19]《花间》：《花间集》，后蜀赵崇祚编。《草堂》：《草堂诗余》，南宋何士信编。[20]汉高：汉高祖刘邦。[21]介白：介，犹言科，剧本里关于动作、效果、表情的指示。白，戏曲中的说白。[22]两间：天地之间。[23]亲年：父母的年岁。[24]彭篯：即彭祖，古代传说中的长寿者，姓篯，名铿。[25]吴道子：唐著名画家，擅画人物、山水，对后世影响很大。

二四　叶燮《原诗》

［引言］

叶燮(1627—1703)，字星期，号已畦，晚年寓居吴县横山，世称横山先生，吴江人。康熙九年(1670)进士，官宝应知县。有《已畦文集》二十卷、《诗集》十卷、《原诗》内外篇一卷。《清史稿》卷四八四《文苑传》有传，附赵执信传后。

叶燮以“原诗”作为论著名称，试图探究诗歌的本源和创作的规律，而不是盲目鼓吹宗唐宗宋。叶燮论诗，有较为明确的历史观念，如“诗有源必有流，有本必达末；又有因流而溯源，循末以返本。其学无穷，其理日出”以及“诗之为道，未有一日不相续相禅而或息”的变化演进观。

叶燮指出，为诗之本，首先要弄清诗歌的主客观方面，客观方面就是诗歌表现的内容，即理、事、情；主观方面就是诗人的才、胆、识、力等主观要素。所谓“文章者，所以表天地万物之情状也”，理、事、情即“天地万物之情状”的具体内容，“此三言者足以穷尽万有之变态”。

叶燮认为才、胆、识、力是诗人能力和成就的决定因素，“凡形形色色，音声状貌，无不待于此而为之发宣昭著”，“以在我之四，衡在物之三，合而为作者之文章”。叶燮特别强调“识”的重要，“四者无缓急，而要在先之以识”，只有见识卓越，才能够发现表现对象在理、事、情上的特别之处。

诗始于《三百篇》，而规模体具于汉。自是而魏、而六朝、三唐，历宋、元、明，以至昭代，上下三千余年间，诗之质文体裁格律声调辞句，递升降不同。而要之，诗有源必有流，有本必达末；又有因流而溯源，循末以返本。其学无穷，其理日出。乃知诗之为道，未有一日不相续相禅[1]而或息者也。但就一时而论，有盛必有衰；综千古而论，则盛而必至于衰，又必自衰而复盛。非在前者之必居于盛，后者之必居于衰也。乃近代论诗者，则曰：《三百篇》尚矣；五言必建安、黄初；其余诸体，必唐之初、盛而后可。非是者，必斥焉。如明李梦阳不读唐以后书；李攀龙谓“唐无古诗”，又谓“陈子昂以其古诗为古诗，弗取也”。自若辈之论出，天下从而和之，推为诗家正宗，家弦而户习。习之既久，乃有起而掊之，矫而反之者，诚是也；然又往往溺于偏畸之私说。其说胜，则出乎陈腐而入乎颇僻；不胜，则两敝。而诗道遂沦而不可救。由称诗之人，才短力弱，识又矇焉而不知所衷。既不能知诗之源流本末正变盛衰，互为循环；并不能辨古今作者之心思才力深浅高下长短，孰为沿为革，孰为创为因，孰为流弊而衰，孰为救衰而盛，一一剖析而缕分之，兼综而条贯之。徒自翊矜张，为郛廓隔膜之谈，以欺人而自欺也。于是百喙争鸣，互自标榜，胶固一偏，剿猎成说。后生小子，耳食者多，是非淆而性情汩。不能不三叹于风雅之日衰也！

…………

且夫《风》《雅》之有正有变，其正变系乎时，谓政治、风俗之由得而失、由隆而污。此以时言诗，时有变而诗因之。时变而失正，诗变而仍不失其正，故有盛无衰，诗之源也。吾言后代之诗，有正有变，其正变系乎诗，谓体格、声调、命意、措辞、新故升降之不同。此以诗言时，诗递变而时随之。故有汉、魏、六朝、唐、宋、元、明之互为盛衰，惟变以救正之衰，故递衰递盛，诗之流也。从其源而论，如百川之发源，各异其所从出，虽万派而皆朝宗于海，无弗同也。从其流而论，如河流之经行天下，而忽播为九河；河分九而俱朝宗于海，则亦无弗同也。

历考汉魏以来之诗，循其源流升降，不得谓正为源而长盛，变为流而始衰。唯正有渐衰，故变能启盛。如建安之诗，正矣，盛矣；相沿久而流于衰，后之人力大者大变，力小者小变。六朝诸诗人，间能小变，而不能独开生面。唐初沿其卑靡浮艳之习，句栉字比，非古非律，诗之极衰也。而陋者必曰：此诗之相沿至正也。不知实正之积弊而衰也。迨开宝诸诗人，始一大变。彼陋者亦曰：此诗之至正也。不知实因正之至衰变而为至盛也。盛唐诸诗人，惟能不为建安之古诗，吾乃谓唐有古诗。若必摹汉魏之声调字句，此汉魏有诗，而唐无古诗矣。

…………

自开辟以来，天地之大，古今之变，万汇之赜[2]，日星河岳，赋物象形，兵刑礼乐，饮食男女，于以发为文章，形为诗赋，其道万千，余得以三语蔽之：曰理，曰事，曰情，不出乎此而已。然则诗文一道，岂有定法哉！先揆乎其理，揆之于理而不谬，则理得。次征诸事，征之于事而不悖，则事得；终絜诸情，絜之于情而可通，则情得。三者得而不可易，则自然之法立。故法者，当乎理，确乎事，酌乎情，为三者之平准，而无所自为法也。故谓之曰“虚名”。又法者，国家之所谓律也。自古之五刑[3]宅就以至于今，法亦密矣。然岂无所凭而为法哉！不过揆度于事、理、情三者之轻重大小上下，以为五服五章[4]、刑赏生杀之等威、差别，于是事理情当于法之中。人见法而适惬其事理情之用，故又谓之曰“定位”。

…………

曰理，曰事，曰情三语，大而乾坤以之定位，日月以之运行，以至一草一木一飞一走，三者缺一，则不成物。文章者，所以表天地万物之情状也。然具是三者，又有总而持之，条而贯之者，曰气。事、理、情之所为用，气为之用也。譬之一木一草，其能发生者，理也；其既发生，则事也；既发生之后，夭矫滋植，情状万千，咸有自得之趣，则情也。苟无气以行之，能若是乎？

又如合抱之木，百尺干霄，纤叶微柯以万计，同时而发，无有丝毫异同，是气之为也。苟断其根，则气尽而立萎，此时理、事、情俱无从施矣。吾故曰：三者藉气而行者也。得是三者，而气鼓行于其间，絪缊磅礴，随其自然所至即为法。此天地万象之至文也。岂先有法以驭是气者哉？不然，天地之生万物，舍其自然流行之气，一切以法绳之，夭乔飞走，纷纷于形体之万殊，不敢过于法，不敢不及于法，将不胜其劳，乾坤亦几乎息矣。

（内篇上）

曰理，曰事，曰情，此三言者，足以穷尽万有之变态。凡形形色色，音声状貌，举不能越乎此。此举在物者而为言，而无一物之或能去此者也。曰才，曰胆，曰识，曰力，此四言者所以穷尽此心之神明。凡形形色色，音声状貌，无不待于此而为之发宣昭著。此举在我者而为言，而无一不如此心以出之者也。以在我之四，衡在物之三，合而为作者之文章，大之经纬天地，细而一动一植，咏叹讴吟，俱不能离是而为言者矣。

在物者前已论悉之，在我者虽有天分之不齐，要无不可以人力充之。其优于天者，四者具足，而才独外见，则群称其才，而不知其才之不能无所凭而独见也。其歉乎天者，才见不足，人皆曰才之歉也，不可勉强也，不知有识以居乎才之先。识为体而才为用，若不足于才，当先研精推求乎其识。人惟中藏无识，则理事情错陈于前，而浑然范然，是非可否，妍媸黑白，悉眩惑而不能辨，安望其敷而出之为才乎！文章之能事，实始乎此。今夫诗，彼无识者，既不能知古来作者之意，并不自知其何所兴感触发而为诗。或亦闻古今诗家之诗，所谓体裁、格力、声调、兴会等语，不过影响于耳，含糊于心，附会于口；而眼光从无着处，腕力从无措处。即历代之诗陈于前，何所抉择？何所适从？人言是，则是之，人言非，则非之。夫非必谓人言之不可凭也，而彼先不能得我心之是非而是非之，又安能知人言之是非而是非之也。

…………

大约才、识、胆、力，四者交相为济。苟一有所歉，则不可登作者之坛。四者无缓急，而要在先之以识。使无识，则三者俱无所托。无识而有胆，则为妄、为卤莽、为无知，其言背理叛道，蔑如也；无识而有才，虽议论纵横，思致挥霍，而是非淆乱，黑白颠倒，才反为累矣；无识而有力，则坚僻妄诞之辞，足以误人而惑世，为害甚烈。若在骚坛，均为风雅之罪人。唯有识，则能知所从，知所奋，知所决，而后才与胆力，皆确然有以自信，举世非之，举世誉之，而不为其所摇，安有随人之是非以为是非者哉！其胸中之愉快自足，宁独在诗文一道已也！然人安能尽生而具绝人之姿，何得易言有识。其道宜如《大学》之始于“格物”。诵读古人诗书，一一以理事情格之，则前后中边，左右向背，形形色色，殊类万态，无不可得；不使有毫发之罅而物得以乘我焉。如以文为战，而进无坚城，退无横阵矣。若舍其在我者，而徒日劳于章句诵读，不过剿袭依傍、摹拟窥伺之术，以自跻于作者之林，则吾不得而知之矣。

（内篇下）

陈熟、生新，二者于义为对待。对待之义，自太极生两仪以后，无事无物不然。日月、寒暑、昼夜，以及人事之万有——生死、贵贱、贫富、高卑、上下、长短、远近、新旧、大小、香臭、深浅、明暗，种种两端，不可枚举。大约对待之两端，各有美有恶，非美恶有所偏于一者也。其间惟生死、贵贱、贫富、香臭，人皆美生而恶死，美香而恶臭，美富贵而恶贫贱。然逢、比[5]之尽忠，死何尝不美！江总[6]之白首，生何尝不恶！幽兰得粪而肥，臭以成美。海木[7]生香则萎，香反为恶。富贵有时而可恶，贫贱有时而见美，尤易以明，即庄生所云“其成也毁，其毁也成”之义[8]。对待之美恶，果有常主乎！生熟、新旧二义，以凡事物参之：器用以商、周为宝，是旧胜新；美人以新知为佳，是新胜旧；肉食以熟为美者也，果食以生为美者也。反是则两恶。推之诗，独不然乎！舒写胸襟，发挥景物，境皆独得，意自天成，能令人永言三叹，寻味不穷，忘其为熟，转益见新，无适而不可也。若五内空如，毫无寄托，以剿袭浮辞为熟，搜寻险怪为生，均为风雅所摈。论文亦有顺、逆二义，并可与此参观发明矣。

…………

“作诗者在抒写性情。”此语夫人能知之，夫人能言之，而未尽夫人能然之者矣。作诗，有性情必有面目。此不但未尽夫人能然之，并未尽夫人能知之而言之者也。如杜甫之诗，随举其一篇，篇举其一句，无处不可见其忧国爱君，悯时伤乱，遭颠沛而不苟，处穷约而不滥，崎岖兵戈盗贼之地，而以山川景物友明杯酒抒愤陶情：此杜甫之面目也。我一读之，甫之面目跃然于前。读其诗一日，一日与之对；读其诗终身，日日与之对也。故可慕可乐而可敬也。举韩愈之一篇一句，无处不可见其骨相稜嶒，俯视一切；进则不能容于朝，退又不肯独善于野，疾恶甚严，爱才若渴，此韩愈之面目也。举苏轼之一篇一句，无处不可见其凌空如天马，游戏如飞仙，风流儒雅，无入不得，好善而乐与，嬉笑怒骂，四时之气皆备：此苏轼之面目也。此外诸大家，虽所就各有差别，而面目无不于诗见之。其中有全见者，有半见者。如陶潜、李白之诗，皆全见面目；王维五言则面目见，七言则面目不见。此外面目可见不可见，分数多寡，各各不同，然未有全不可见者。读古人诗，以此推之，无不得也。余尝于近代一二闻人，展其诗卷，自始至终，亦未尝不工；乃读之数过，卒未能睹其面目何若，窃不敢谓作者如是也。

…………

诗是心声，不可违心而出，亦不能违心而出。功名之士，决不能为泉石澹泊之音；轻浮之子，必不能为敦庞大雅之响。故陶潜多素心之语，李白有遗世之句，杜甫兴“广厦万间”之愿，苏轼师“四海弟昆”之言。凡如此类，皆应声而出。其心如日月，其诗如日月之光。随其光之所至，即日月见焉。故每诗以人见，人又以诗见。使其人其心不然，勉强造作，而为欺人欺世之语；能欺一人一时，决不能欺天下后世。究之阅其全帙，其陋必呈。其人既陋，其气必苶，安能振其辞乎！故不取诸中心而浮慕著作，必无是理也。

（外篇上）

作诗文有意逞博，便非佳处。犹主人勉强遍处请生客，客虽满坐，主人无自在受用处。多读古人书，多见古人，犹主人启户，客自到门，自然宾主水乳，究不知谁主谁宾。此是真读书人，真作手。若有意逞博，搦管时翻书抽帙，搜求新事、新字句，以此炫长，此贫儿称贷营生，终非己物，徒见蹴踖耳。

…………

学诗者，不可忽略古人，亦不可附会古人。忽略古人，粗心浮气，仅猎古人皮毛。要知古人之意，有不在言者；古人之言，有藏于不见者；古人之字句，有侧见者，有反见者。此可以忽略涉之者乎？不可附会古人：如古人用字句，亦有不可学者，亦有不妨自我为之者。不可学者：即《三百篇》中极奥僻字，与《尚书》殷盘、周诰[9]中字义，岂必尽可入后人之诗！古人或偶用一字，未必尽有精义；而吠声之徒，遂有无穷训诂以附会之，反非古人之心矣。不妨自我为之者：如汉魏诗之字句，未必尽出于汉魏，而唐及宋元，等而下之，又可知矣。今人偶用一字，必曰本之昔人。昔人又推而上之，必有作始之人；彼作始之人，复何所本乎？不过揆之理、事、情，切而可，通而无碍，斯用之矣。昔人可创之于前，我独不可创之于后乎？古之人有行之者，文则司马迁，诗则韩愈是也。苟乖于理、事、情，是谓不通。不通则杜撰。杜撰，则断然不可。苟不然者，自我作古，何不可之有！若腐儒区区之见，句束而字缚之，援引以附会古人，反失古人之真矣。

（外篇下）

[1]相续相禅：前后连续、衔接和递进。禅，此指诗道的演进. [2]赜：幽深难见。[3]五刑：古以墨、劓、剕(刖)、宫、大辟为五刑，从夏代开始确立，西周时写入《吕刑》。后世五刑为笞、杖、徒、流、死，最初见于隋《开皇律》。[4]五服五章：《尚书·皋陶谟》："天命有德，五服五章哉。"伪孔安国传："五服，天子、诸侯、卿、大夫、士之服也，尊卑彩章各异，所以命有德。"[5]逢比：夏代关龙逢和商代的比干的合称。夏桀无道，以妖言惑众将关龙逢杀害。比干，商纣王叔父。商纣王淫乐，比干强谏，纣王将他剖腹挖心。[6]江总(519—594)：南朝诗人，字总持，济阳考城(今河南兰考)人。历仕梁、陈、隋三朝、陈时官至尚书令，人称"江令"。张溥《汉魏六朝百三家集题辞·江令君集》："后主狎客，江总持居首，国亡主辱，竟逃明刑，开府隋朝，眉寿无恙。《春秋》恶佞人，有厚福若是者哉!"江总不顾亡国之耻，陈亡仕隋。[7]海木：一种外来植物名，有香味。海，指来自海外的物种。[8]"其成也毁，其毁也成"二句：《庄子·齐物论》："其分也，成也；其成也，毁也。凡物无成与毁，复通为一。"谓世上万物都是因缘具足，合和而成，强分彼此，毫无意义。[9]殷盘：指《尚书》中的《盘庚》；周诰：指《尚书》中的《大诰》《康诰》，字句极为艰深晦涩。

二五　王国维《人间词话》

[引言]

《人间词话》是近现代学术大师王国维的学术名著。王国维(1877—1927)，字伯隅，又字静安，号观堂，又号永观，又号人间，谥忠悫。浙江省嘉兴市海宁盐官镇人，清末秀才。其在文学、美学、史学、哲学、古文字学、考古学等各方面成就卓著，著有《人间词话》《曲录》《观堂集林》等。在《人间词话》中，王国维把西方美学融于中国诗文评传统，开启中国现代美学和文学理论体系的建构。其著承上启下，继往开来，是从古代向现代过渡的桥梁。他被誉为“中国近三百年来学术的结束人，最近八十年来学术的开创者”；梁启超则盛赞他是“不独为中国所有而为全世界之所有之学人”。

一

词以境界[1]为最上。有境界则自成高格[2]，自有名句。五代北宋之词所以独绝者在此。

[1]境界：王国维美学话语中的核心概念，所指的是由作者主观思想感情和客观景物交融而成的诗歌世界。其特点是描述如画，意蕴丰富，启发读者的联想和想象，具有超越具体形象的更广的艺术空间。[2]高格：高尚的品格，上品。

二

有造境，有写境[1]，此理想与写实二派之所由分。然二者颇难分别。因大诗人所造之境，必合乎自然，所写之境，亦必邻于理想故也。

[1]有造境，有写境：造境，通过想象虚构而创造的艺术世界；写境，通过模仿现实自然而创造的艺术世界。

三

有有我之境，有无我之境。“泪眼问花花不语，乱红飞过秋千去”[1]“可堪孤馆闭春寒，杜鹃声里斜阳暮”[2]，有我之境也。“采菊东篱下，悠然见南山”[3]“寒波澹澹起，白鸟悠悠下”[4]，无我之境也。有我之境，以我观物，故物皆著我之色彩。无我之境，以物观物，故不知何者为我，何者为物。古人为词，写有我之境者为多，然未始不能写无我之境，此在豪杰之士能自树立耳。

[1]“泪眼”二句引自欧阳修《蝶恋花》：庭院深深深几许？杨柳堆烟，帘幕无重数。玉勒雕鞍游冶处，楼高不见章台路。　雨横风狂三月暮，门掩黄昏，无计留春住。泪眼问花花不语，乱红飞过秋千去。[2]“可堪”二句引自秦观《踏莎行》：雾失楼台，月迷津渡。桃源望断无寻处。可堪孤馆闭春寒，杜鹃声里斜阳暮。　驿寄梅花，鱼传尺素。砌成此恨无重数。郴江幸自绕郴山，为谁流下潇湘去。[3]“采菊“二句引自陶潜《饮酒二十首之五》：结庐在人境，而无车马喧。问君何能尔，心远地自偏。采菊东篱下，悠然见南山。山气日夕佳，飞鸟相与还。此中有真意，欲辨已忘言。[4]“寒波”二句引自元好问《颖亭留别》：故人重分携，临流驻归驾。乾坤展清眺，万景若相借。北

风三日雪，太素秉元化。九山郁峥嵘，了不受陵跨。寒波澹澹起，白鸟悠悠下。怀归人自急，物态本闲暇。壶觞负吟啸，尘土足悲咤。回首亭中人，平林淡如画。

四

无我之境，人惟于静中得之；有我之境，于由动之静时得之。故一优美，一宏壮也。[1]

[1]“故一”二句：此优美、壮美之说又见王国维《叔本华之哲学及其教育学说》：“美之中又有优美与壮美之别。今有一物，令人忘利害之关系，而玩之而不厌者，谓之曰优美之感情。若其物直接不利于吾人之意志，而意志为之破裂，唯由知识冥想其理念者，谓之曰壮美之感情。”

五

自然中之物，互相关系，互相限制。然其写之于文学及美术中也，必遗其关系、限制之处。故虽写实家，亦理想家也。又虽如何虚构之境，其材料必求之于自然，而其构造亦必从自然之法则。故虽理想家，亦写实家也。

六

境非独谓景物也。喜怒哀乐，亦人心中之一境界。故能写真景物、真感情者，谓之有境界；否则谓之无境界。

七

“红杏枝头春意闹”[1]，著一“闹”字，而境界全出。“云破月来花弄影”[2]，著一“弄”字，而境界全出矣。

[1]“红杏”句引自宋祁《玉楼春》：东城渐觉风光好，縠皱波纹迎客棹。绿杨烟外晓寒轻，红杏枝头春意闹。　浮生长恨欢娱少，肯爱千金轻一笑。为君持酒劝斜阳，且向花间留晚照。[2]“云

破”句引自张先《天仙子》：水调数声持酒听，午醉醒来愁未醒。送春春去几时回？临晚镜，伤流景，往事悠悠空记省。　沙上并禽池上暝，云破月来花弄影。重重帘幕密遮灯，风不定，人初静，明日落红应满径。

八

境界有大小，不以是而分优劣。“细雨鱼儿出，微风燕子斜”[1]，何遽不若“落日[2]照大旗，马鸣风萧萧”？“宝帘[3]闲挂小银钩”，何遽不若“雾失楼台，月迷津渡”也？

[1]“细雨”二句引自杜甫《水槛遣心二首》之一：去郭轩楹敞，无村眺望赊。澄江平少岸，幽树晚多花。细雨鱼儿出，微风燕子斜。城中十万户，此地两三家。[2]“落日”二句引自杜甫《后出塞五首》之二：朝进东门营，暮上河阳桥。落日照大旗，马鸣风萧萧。平沙列万幕，部伍各见招。中天悬明月，令严夜寂寥。悲笳数声动，壮士惨不骄。借问大将谁，恐是霍嫖姚。[3]“宝帘”句引自秦观《浣溪沙》：漠漠轻寒上小楼，晓阴无赖似穷秋。淡烟流水画屏幽。　自在飞花轻似梦，无边丝雨细如愁。宝帘闲挂小银钩。

九

严沧浪《诗话》谓：“盛唐诸公，唯在兴趣，羚羊挂角，无迹可求。故其妙处，透澈玲珑，不可凑泊，如空中之音，相中之色，水中之月，镜中之象，言有尽而意无穷。”余谓北宋以前之词，亦复如是。然沧浪所谓兴趣，阮亭[1]所谓神韵，犹不过道其面目，不若鄙人拈出“境界”二字，为探其本也。

[1]阮亭：清代王士祯(1634—1711)，为康熙年间诗坛领袖。

十六

词人者，不失其赤子之心者也。故生于深宫之中，长于妇人之手，是后主为人君所短处，亦即为词人所长处。

十七

客观之诗人，不可不多阅世，阅世愈深则材料愈丰富、愈变化，《水浒传》《红楼梦》之作者是也。主观之诗人，不必多阅世，阅世愈浅则性情愈真，李后主是也。

十八

尼采谓："一切文学，余爱以血书者。"后主之词，真所谓"以血书者"也。宋道君皇帝《燕山亭》词亦略似之。然道君不过自道身世之戚，后主则俨有释迦、基督担荷人类罪恶之意，其大小固不同矣。

二十六

古今之成大事业、大学问者，必经过三种之境界："昨夜西风凋碧树，独上高楼，望尽天涯路"[1]，此第一境也。"衣带渐宽终不悔，为伊消得人憔悴"[2]，此第二境也。"众里寻他千百度，蓦然回首，那人却在灯火阑珊处"[3]，此第三境也。此等语皆非大词人不能道。然遽以此意解释诸词，恐为晏、欧诸公所不许也。

[1]"昨夜"三句引自晏殊《蝶恋花》：槛菊愁烟兰泣露，罗幕轻寒，燕子双飞去。明月不谙离恨苦，斜光到晓穿朱户。　昨夜西风凋碧树，独上高楼，望尽天涯路。欲寄彩笺兼尺素。山长水阔知何处？[2]"衣带"二句引自柳永《蝶恋花》：伫倚危楼风细细，望极春愁，黯黯生天际。草色烟光残照里，无言谁会凭阑意。　拟把疏狂图一醉，对酒当歌，强乐还无味。衣带渐宽终不悔，为伊消得人憔悴。[3]"众里"三句引自辛弃疾《青玉案·元夕》：东风夜放花千树。更吹落、星如雨。宝马雕车香满路。凤箫声动，玉壶光转，一夜鱼龙舞。　蛾儿雪柳黄金缕。笑语盈盈暗香去。众里寻他千百度。蓦然回首，那人却在，灯火阑珊处。

四十

问"隔"与"不隔"之别，曰：陶、谢之诗不隔，延年则稍隔矣。东坡之诗不隔，山谷则稍隔矣。"池塘生春草"[1]"空梁落燕泥"[2]等二句，妙处唯在不隔。词亦如是。即以一人一词论，如欧阳公《少年游》(咏春草)上半阕云：“阑干十二独凭春，晴碧远连云。二月三月，千里万里，行色苦愁人。”语语都在目前，便是不隔。至云“谢家池上，江淹浦畔”，则隔矣。白石《翠楼吟》：“此地宜有词仙，拥素云黄鹤，与君游戏。玉梯凝望久，叹芳草、萋萋千里”，便是不隔。至“酒祓清愁，花消英气”[3]，则隔矣。然南宋词虽不隔处，比之前人，自有浅深厚薄之别。

[1]出自谢灵运《登池上楼》：潜虬媚幽姿，飞鸿响远音。薄霄愧云浮，栖川怍渊沉。进德智所拙，退耕力不任。徇禄反穷海，卧疴对空林。衾枕昧节候，褰开暂窥临。倾耳聆波澜，举目眺岖嵚。初景革绪风，新阳改故阴。池塘生春草，园柳变鸣禽。祁祁伤豳歌，萋萋感楚吟。索居易永久，离群难处心。持操岂独古，无闷征在今。[2]出自薛道衡《昔昔盐》：垂柳覆金堤，蘼芜叶复齐。水溢芙蓉沼，花飞桃李蹊。采桑秦氏女，织锦窦家妻。关山别荡子，风月守空闺。恒敛千金笑，长垂双玉啼。盘龙随镜隐，彩凤逐帷低。飞魂同夜鹊，倦寝忆晨鸡。暗牖悬蛛网，空梁落燕泥。前年过代北，今岁往辽西。一去无消息，那能惜马蹄。[3]出自姜夔《翠楼吟》：月冷龙沙，尘清虎落，今年汉酺初赐。新翻胡部曲，听毡幕元戎歌吹。层楼高峙。看槛曲萦红，檐牙飞翠。人姝丽，粉香吹下，夜寒风细。　　此地宜有词仙，拥素云黄鹤，与君游戏。玉梯凝望久，叹芳草、萋萋千里。天涯情味。仗酒祓清愁，花销英气。西山外，晚来还卷，一帘秋霁。

四十一

“生年不满百，常怀千岁忧。昼短苦夜长，何不秉烛游?”[1]“服食求神仙，多为药所误；不如饮美酒，被服纨与素。”[2]写情如此，方为不隔。“采菊东篱下，悠然见南山。山气日夕佳，飞鸟相与还。”[3]“天似穹庐，笼盖四野。天苍苍，野茫茫，风吹草低见牛羊。”[4]写景如此，方为不隔。

[1]出自《古诗十九首》第十五：生年不满百，常怀千岁忧。昼短苦夜长，何不秉烛游？为乐当及时，何能待来兹？愚者爱惜费，但为后世嗤。仙人王子乔，难可与等期。[2]出自《古诗十九首》第十三：驱车上东门，遥望郭北墓。白杨何萧萧，松柏夹广路。下有陈死人，杳杳即长暮。潜寐黄泉下，千载永不寤。浩浩阴阳移，年命如朝露。人生忽如寄，寿无金石固。万岁更相送，贤圣莫能度。服食求神仙，多为药所误。不如饮美酒，被服纨与素。[3]出自陶潜《饮酒诗》其五：结庐在人境，而无车马喧。问君何能尔？心远地自偏。采菊东篱下，悠然见南山。山气日夕佳，飞鸟相与还。此中有真意，欲辨已忘言。[4]出自斛律金《敕勒歌》：敕勒川，阴山下。天似穹庐，笼盖四野。天苍苍，野茫茫。风吹草低见牛羊。

四十二

古今词人格调之高，无如白石。惜不于意境上用力，故觉无言外之味，弦外之响，终不能与于第一流之作者也。

四十三

南宋词人，白石有格而无情，剑南有气而乏韵，其堪与北宋人颉颃者，唯一幼安耳。近人祖南宋而祧北宋，以南宋之词可学，北宋不可学也。学南宋者，不祖白石，则祖梦窗；以白石、梦窗可学，幼安不可学也。学幼安者，率祖其粗犷、滑稽，以其粗犷、滑稽处可学，佳处不可学也。幼安之佳处，在有性情、有境界。即以气象论，亦有"横素波、干青云"之概，宁后世龌龊小生所可拟耶？

四十四

东坡之词旷，稼轩之词豪。无二人之胸襟而学其词，犹东施之效捧心也。

四十五

读东坡、稼轩词，须观其雅量高致，有伯夷、柳下惠之风。白石虽似蝉蜕尘埃，然终不免局促辕下。

四十六

苏、辛词中之狂，白石犹不失为狷，若梦窗、梅溪、玉田、草窗、西麓辈，面目不同，同归于乡愿而已。

四十七

稼轩中秋饮酒达旦，用《天问》体作《木兰花慢》以送月曰："可怜今夜月，向何处，去悠悠？是别有人间，那边才见，光景东头。"词人想象，直悟月轮绕地之理，与科学家密合，可谓神悟。

四十八

周介存谓："梅溪词中喜用'偷'字，足以定其品格。"刘融斋谓："周旨荡而史意贪。"此二语令人解颐。

四十九

介存谓梦窗词之佳者，如"水光云影，摇荡绿波，抚玩无极，追寻已远"。余览《梦窗甲乙丙丁稿》中，实无足当此者；有之，其"隔江人在雨声中，晚风菰叶生秋怨"二语乎？

五十

梦窗之词，余得取其词中之一语以评之曰："映梦窗，凌（当作'零'）乱碧。"玉田之词，余得取其词中之一语以评之曰："玉老田荒。"

五十一

"明月照积雪"[1]"大江流日夜"[2]"中天悬明月"[3]"黄河落日"圆[4]，此种境界，可谓千古壮观。求之于词，唯纳兰容若塞上之作，如《长相思》之"夜深千帐灯"[5]、《如梦令》之"万帐穹庐人醉，星影摇摇欲坠"[6]，差近之。

[1]出自谢灵运《岁暮》：殷忧不能寐，苦此夜难颓。明月照积雪，朔风劲且哀。运往无淹物，

年逝觉已催。[2]出自谢朓《暂使下都夜发新林至京邑赠西府同僚》：大江流日夜，客心悲未央。徒念关山近，终知返路长。秋河曙耿耿，寒渚夜苍苍。引领见京室，宫雉正相望。金波丽鳷鹊，玉绳低建章。驱车鼎门外，思见昭丘阳。驰晖不可接，何况隔两乡？风云有鸟路，江汉限无梁。常恐鹰隼击，时菊委严霜。寄言罻罗者，寥廓已高翔。[3]出自杜甫《后出塞》(之二)：朝进东门营，暮上河阳桥。落日照大旗，马鸣风萧萧。平沙列万幕，部伍各见招。中天悬明月，令严夜寂寥。悲笳数声动，壮士惨不骄。借问大将谁？恐是霍嫖姚。[4]出自王维《使至塞上》：单车欲问边，属国过居延。征蓬出汉塞，归雁入胡天。大漠孤烟直，长河落日圆。萧关逢候骑，都护在燕然。[5]出自纳兰性德《长相思》：山一程，水一程，身向榆关那畔行，夜深千帐灯。　风一更，雪一更，聒碎乡心梦不成，故园无此声。[6]出自纳兰性德《如梦令》：万帐穹庐人醉，星影摇摇欲坠，归梦隔狼河，又被河声搅碎。还睡、还睡，解道醒来无味。

五十二

纳兰容若以自然之眼观物，以自然之舌言情。此由初入中原，未染汉人风气，故能真切如此。北宋以来，一人而已。

五十三

陆放翁跋《花间集》，谓“唐季五代，诗愈卑，而倚声者辄简古可爱。能此不能彼，未可(当作‘易’)以理推也”。《提要》驳之，谓“犹能举七十斤者，举百斤则蹶，举五十斤则运掉自如”。其言甚辨。然谓词必易于诗，余未敢信。善乎陈卧子之言曰：“宋人不知诗而强作诗，故终宋之世无诗。然其欢愉愁苦(当作‘怨’)之致，动于中而不能抑者，类发于诗余，故其所造独工。”五代词之所以独胜，亦以此也。

五十四

四言敝而有楚辞，楚辞敝而有五言，五言敝而有七言，古诗敝而有律、绝，律、绝敝而有词。盖文体通行既久，染指遂多，自成习套。豪杰之士，亦难于其中自出新意，故遁而作他体，以自解脱。一切文体所以始盛中衰者，皆由于此。故谓文学后不如前，余未敢信；但就一体论，则此说固无以易也。

五十五

诗之《三百篇》《十九首》，词之五代、北宋，皆无题也。非无题也，诗词中之意不能以题尽之也。自《花庵》《草堂》每调立题，并古人无题之词亦为作题。如观一幅佳山水，而即曰此某山某河，可乎？诗有题而诗亡，词有题而词亡。然中材之士，鲜能知此而自振拔者矣。

五十六

大家之作，其言情也必沁人心脾，其写景也必豁人耳目，其辞脱口而出，无矫揉妆束之态。以其所见者真，所知者深也。诗词皆然。持此以衡古今之作者，可无大误矣。

五十七

人能于诗词中不为美刺投赠之篇，不使隶事之句，不用粉饰之字，则于此道已过半矣。

五十八

以《长恨歌》之壮采，而所隶之事，只“小玉、双成”四字，才有余也。梅村歌行，则非隶事不办。白、吴优劣，即于此见。不独作诗为然，填词家亦不可不知也。

五十九

近体诗体制，以五七言绝句为最尊，律诗次之，排律最下。盖此体于寄兴言情，两无所当，殆有韵之骈体文耳。词中小令如绝句，长调似律诗，若长调之《百字令》《沁园春》等，则近于排律矣。

六十

诗人对宇宙人生，须入乎其内，又须出乎其外。入乎其内，故能写之；出乎其外，故能观之。入乎其内，故有生气；出乎其外，故有高致。美成能入而不能出。白石以降，于此二事皆未梦见。

六十一

诗人必有轻视外物之意，故能以奴仆命风月。又必有重视外物之意，故能与花鸟共忧乐。

六十二

“昔为倡家女，今为荡子妇。荡子行不归，空床难独守。”[1]“何不策高足，先据要路津。无为久贫贱，轗轲长苦辛。[2]”可谓淫鄙之尤。然无视为淫词、鄙词者，以其真也。五代、北宋之大词人亦然，非无淫词，读之者但觉其亲切动人。非无鄙词，但觉其精力弥满。可知淫词与鄙词之病，非淫与鄙之病，而游词之病也。“岂不尔思，室是远而。”而子曰：“未之思也，夫何远之有？”恶其游也。

[1]出自《古诗十九首》第二：青青河畔草，郁郁园中柳。盈盈楼上女，皎皎当窗牖。娥娥红粉妆，纤纤出素手。昔为倡家女，今为荡子妇。荡子行不归，空床难独守。[2]出自《古诗十九首》第四：今日良宴会，欢乐难具陈。弹筝奋逸响，新声妙入神。令德唱高言，识曲听其真。齐心同所愿，含意俱未申。人生寄一世，奄忽若飙尘。何不策高足，先据要路津。无为守穷贱，轗轲长苦辛。

六十三

“枯藤老树昏鸦，小桥流水人家，古道西风瘦马。夕阳西下，断肠人在天涯。”此元人马东篱《天净沙》小令也。寥寥数语，深得唐人绝句妙境。有元一代词家，皆不能办此也。

六十四

白仁甫《秋夜梧桐雨》剧，沈雄悲壮，为元曲冠冕。然所作《天籁词》，粗浅之甚，不足为稼轩奴隶。岂创者易工，而因者难巧欤？抑人各有能有不能也？读者观欧、秦之诗远不如词，足透此中消息。

再版后记

《中华文化原典选读》一书即将由北京师范大学出版社再版，此书是教育部课程思政示范课程《中外语言文学与文化专题研究(中华文化——〈十三经〉)》教材用书及教育部教学改革重点项目“文化原典导读与人才培养”成果。

这本书的编写来源于我在高校四十年教学中一直思考的问题，即钱学森之问：为什么我们的学校总是培养不出杰出人才？

这个问题揭露出高校人才培养隐含的一个普遍现象，就是学生基础不扎实、过于浮躁。因此，只有对症下药，学生培养才能够有的放矢。法国著名学者弗朗索瓦·于连(又译朱利安)提出：“我们正处在一个西方概念模式标准化的时代。这使得中国人无法读懂中国文化，日本人无法读懂日本文化，因为一切都被重新结构了。”①为什么连西方人都认为中国人读不懂中国文化、文学与文论？这是一个要害问题。很多学者不熟悉中华文化经典，不熟悉“十三经”，不熟悉《诸子集成》《史记》《汉书》等经典，基础不扎实直接导致学风空疏、以讹传讹，导致伪创新层出不穷。之所以不熟悉中华文化经典，主观原因是学习态度不认真，客观原因是他们基本研读的是被阐释过、咀嚼过的二手资料，这种学习基本上是“走了样”的。

为什么是“走了样”的呢？因为今天的教育，多半是由老师讲时代背景、主要内容、艺术特色之类的“导读”，是空讲，而不是由学生真正阅读文本、背诵作品。这种教育体制是与教育规律相违背的。先学语法再学讲话，先看导读再看文本，思想观念先入为主，违背教育规律，文学概论、文学史及各种概论和空论大行其道，实实在在的经典阅读太少。学生应当“跳下水去学游泳”，沉下心来阅读和背诵经典。

故而，我在慨叹当下是一个“没有学术大师的时代”的同时，也希望通过教学改革，教材编写等措施来培养更多人文素养好、出类拔萃的青年学子，为造就博古通今、学贯中西的学术人才打下基础。我认为不读原典，根本谈不上学术研究。比如对中国古典文

---

① 秦海鹰：《关于中西诗学的对话——弗朗索瓦·于连访谈录》，《中国比较文学》，1996 年第 2 期。

学中“风骨”的研究，讨论了近半个世纪，仍然没人能说清楚。找原文来读，发现其实很好理解。为什么本来很好懂的东西，反而越说越糊涂呢？因为我们所用的读本基本是“古文今译”，并非让同学们直接进入文化原典文本，与原作隔了一层，已经走样变味。

以《诗经·关雎》的阐释为例：“关关雎鸠，在河之洲，窈窕淑女，君子好逑。”对这几句，余冠英先生译为：“水鸟儿闹闹嚷嚷，在河心小小洲上。好姑娘苗苗条条，哥儿想和她成双。”①余先生的今译是下了功夫的，但无论怎样今译，还是将《诗经》搞成了打油诗。还有译得更好玩的：“河里有块绿洲，水鸭勒轧朋友；阿姐身体一扭，阿哥跟勒后头。”②试想，读这样的古文今译，能真正进入中国古代文化吗？能真正“博古”吗？当然不可能！

针对基础不扎实问题，我要求学生精研原典，背诵名篇，必须系统学习《十三经》，必须经过这种严格的古文功底训练。我的课程考试，参考教材采用的便是这本《中华文化原典选读》，考中国古代文学典籍，范围包括“经、史、子、集”，题型多样，涵盖面极广。既有大量的填空、古文断句、翻译等客观题，又有相当数量的简答、分析、论述等主观题，让考生叫苦不已。没有全面深入地学习第一手文献，是不可能过关的。每年在这门专业课上败走麦城的考生数量，常常与在英语考试上落马的考生不相上下，甚至更多。我教的学生，都要系统学习《十三经》，采用的教材是中华书局或上海古籍出版社出版的阮元校注繁体字版本，再辅以《中华文化原典选读》，不使用白话译本。应该能直接阅读古代典籍原著，以为今后的学术研究打下深厚的古文基础。同学们从《周易》《诗经》《尚书》《周礼》《仪记》《礼记》《春秋公羊传》《春秋穀梁传》《春秋左氏传》《孝经》《尔雅》《论语》《孟子》等一部部学下来，切切实实、原汁原味地近距离领略中华民族博大精深的文化经典。

经过严格的原典训练后，同学们紧接着要迎接更大的挑战，这也是我每一届学生最难忘的学习体验——背诵古代经典文论。无论是从心理上还是身体上，这都是一种“魔鬼般的训练”。每位同学在课堂上要当堂背诵包括《典论·论文》《文心雕龙》里面的至少10章、陆机《文赋》、司空图《与李生论诗书》、严羽《沧浪诗话》、王国维《人间词话》等古代文论文本。相信每一位了解古代文论的人都知道，对这些古代文论，能理解就很不错了，更别说要一字不漏地全文背诵。但我坚持此举，不容通融。我的用心，就是试图作一个教学改革尝试，让同学们能读到原汁原味的东西，获得实实在在的知识与智慧，而不是大讲空论，凌空蹈虚。故而，《中华文化原典选读》一书在初版的基础上对于中国古

① 余冠英：《诗经选译》，1页，北京，作家出版社，1956。

② 倪海曙：《苏州话诗经》，1页，上海，方言出版社，1949。

代文论经典篇章又进行了增补。

党的二十大报告指出，中华优秀传统文化源远流长、博大精深，是中华文明的智慧结晶，其中蕴含的天下为公、民为邦本、为政以德、革故鼎新、任人唯贤、天人合一、自强不息、厚德载物、讲信修睦、亲仁善邻等，是中国人民在长期生产生活中积累的宇宙观、天下观、社会观、道德观的重要体现。这些中华优秀传统文化精神内涵与价值观念直接源自“十三经”等文化原典。《诗》之婉约、《书》之宏旨、《礼》之肃穆、《易》之玄奥、《春秋》之微言，以及诸子百家之睿智，不仅能够带领我们深入探寻中华优秀传统文化的精魄所在，更能为现代社会提供富含哲理的思想矿藏。正如古人云：“观乎天文，以察时变；观乎人文，以化成天下。”(《易·贲卦》)研读原典，仰观宇宙星辰，俯察人间百态，从而洞悉历史变迁之规律，领悟人文教化之伟力。

在此书即将再版之际，首先要感谢北师大出版社编辑周劲含以及本书助理、我的博士生刘诗诗。这次再版，她们对本书的修订工作给予了全力的帮助，保证了修订工作的顺利进行。

曹顺庆

2023 年 11 月 20 日于成都锦丽园寓所

参考文献

1.(魏)王弼，(晋)韩康伯注，(唐)孔颖达疏．周易正义．十三经注疏．北京：中华书局，1980

2.(汉)孔安国传，(唐)孔颖达等正义．尚书正义．十三经注疏．北京：中华书局，1980

3.(汉)毛公传，(唐)孔颖达正义．毛诗正义．十三经注疏．北京：中华书局，1980

4.(晋)杜预注，(唐)孔颖达正义．春秋左传正义．十三经注疏．北京：中华书局，1980

5.(魏)何晏集解，(宋)邢昺疏．论语注疏．十三经注疏．北京：中华书局，1980

6.(汉)赵岐注，(宋)孙奭疏．孟子注疏．十三经注疏．北京：中华书局，1980

7.(汉)郑玄注，(唐)孔颖达疏．礼记正义．十三经注疏．北京：中华书局，1980

8.(唐)李隆基注，(宋)邢昺疏．孝经注疏．十三经注疏．北京：中华书局，1980

9.(晋)郭璞注，(宋)邢昺疏．尔雅注疏．十三经注疏．北京：中华书局，1980

10.(宋)洪兴祖．楚辞补注．北京：中华书局，1983

11.(魏)王弼注．老子道德经．诸子集成(第三册)．北京：中华书局，1986

12.(清)郭庆藩辑．庄子集释．北京：中华书局，1961

13.(汉)司马迁撰．史记．北京：中华书局，1975

14.(汉)班固撰．汉书．北京：中华书局，1962

15.(汉)许慎撰，(清)段玉裁注．说文解字注．上海：上海古籍出版社，1981

16.(梁)钟嵘著，陈延杰注．诗品注．北京：人民文学出版社，1961

17.(梁)刘勰著，范文澜注．文心雕龙注．北京：人民文学出版社，1958

18.(宋)朱熹撰．诗集传．上海：上海古籍出版社，1968

19.(宋)朱熹撰．四书章句集注．北京：中华书局，1983

20.(清)何文焕．历代诗话．北京：中华书局，1981

21.(清)皮锡瑞撰．经学通论．北京：中华书局，1954

22.(清)王先谦撰．诗三家义集疏．北京：中华书局，1987

23.周祖谟．尔雅校笺．南京：江苏教育出版社，1984

24. 高亨. 周易大传今注. 济南：齐鲁书社，1980

25. 朱东润主编. 中国历代文学作品选. 上海：上海古籍出版社，1979

26. 郭绍虞主编. 中国历代文论选. 上海：上海古籍出版社，1979

27. 北京大学中国文学史教研室选注. 先秦文学史参考资料. 北京：中华书局，2009

28. 北京大学中国文学史教研室选注. 两汉文学史参考资料. 北京：中华书局，2009